Tom Holland

PERZISCH VUUR

De eerste supermacht en
de strijd om het Westen

Vertaald door Jos den Bekker

Athenaeum—Polak & Van Gennep
Amsterdam 2010

Eerste druk, 2007; tweede druk, 2008; derde druk (e-book), 2009;
vierde druk, 2010

Oorspronkelijke titel *Persian Fire. The First World Empire and the Battle for the West*

Omslag Anneke Germers
Omslagbeeld Still uit *Beau Sabreur* (1928)
Foto auteur Camilla Broadbent
Boekverzorging Hannie Pijnappels

ISBN 978 90 253 6394 9 / NUR 683
www.uitgeverijathenaeum.nl

Voor Jamie en Caroline

INHOUD

OPMERKING OVER EIGENNAMEN

Omwille van de toegankelijkheid heb ik in dit boek de bekende gelatiniseerde eigennamen gebruikt in plaats van de oorspronkelijke Griekse of Perzische: Darius bijvoorbeeld, in plaats van Dareios of Dâriûsh.

VOORWOORD

In de zomer van 2001 werd een vriend van mij benoemd tot studiecoördinator geschiedenis van een openbare school. Van de vele beslissingen die hij moest nemen voor het begin van het nieuwe schooljaar in september was er één heel urgent. Al sinds mensenheugenis moesten de leerlingen in hun laatste schooljaar een speciaal werkstuk maken over de opkomst van Hitler. Nu, met de promotie van mijn vriend, ging er een andere wind waaien. Hitler, zo stelde hij zijn collega's voor, moest worden afgezet en vervangen door een heel ander studieonderwerp: de kruistochten. Dat radicale voorstel werd met kreten van ontzetting ontvangen. Wat heeft het voor zin, zo vroegen de collega's van mijn vriend, om een zo vreemde periode te bestuderen, die zo ver af staat van actuele kwesties? Toen mijn vriend antwoordde dat studenten geschiedenis er baat bij konden hebben een onderwerp te bestuderen dat niet uitsluitend handelt over twintigste-eeuwse dictators, nam de verontwaardiging alleen maar toe. Totalitarisme, betoogden de andere docenten, was een thema dat lééfde, en dat kon je niet zeggen van de kruistochten. De haat tussen de islam en het christendom, tussen Oost en West – hoe kon dat relevant zijn?

Het antwoord kwam natuurlijk een paar weken later, op 11 september, toen negentien vliegtuigkapers zichzelf en duizenden anderen opbliezen in naam van een aantal onmiskenbaar middeleeuwse grieven. De kruistochten – volgens Osama bin Laden in elk geval – waren nooit geëindigd. 'Bedenk wel,' had hij de islamitische wereld in 1996 gewaarschuwd, 'dat de moslims altijd hebben geleden onder de agressie, de misdaden en het onrecht van het verbond tussen de zionisten en de kruisvaarders.'[1] Hoe gevaarlijk bedreven hij ook is in het voor zijn eigen doeleinden gebruiken van de moderne wereld van luchtvaart en massacommunicatie, Bin Laden ziet al lange tijd het heden in het licht van de middeleeuwen. In zijn manifesten lopen heden en verleden vaak door elkaar, alsof ze één tijdperk zijn – bloedstollend gescheld op de misdaden van Amerika of Israël wordt afgewisseld met de eis dat het moslimbewind over Spanje of het middeleeuwse kalifaat wordt hersteld. Geen wonder dat toen president Bush in een onbewaakt ogenblik zijn oorlog tegen het terrorisme een 'kruistocht' noemde, zijn adviseurs hem smeekten die onheilspellende term nooit meer te gebruiken.

Dat een Amerikaanse president minder op de hoogte is van de ins en outs van de middeleeuwse geschiedenis dan een Saoedische fanaticus is natuurlijk niet zo verwonderlijk. 'Waarom haten ze ons?' In de dagen en weken na 11 september was president Bush niet de enige die met die vraag worstelde. Overal stonden de kranten vol met de opinies van pandits die het moslimressentiment tegen het Westen probeerden te verklaren, ofwel vanuit de kuren van de recente Amerikaanse buitenlandse politiek, of vanuit de minder recente opdeling van het Midden-Oosten door de Europese koloniale machten, of zelfs vanuit de kruistochten – waarmee ze de redenering van Bin Laden helemaal tot het beginpunt volgden. Het was wel heel erg ironisch te bedenken dat de eerste grote crisis van de eenentwintigste eeuw mogelijk was voortgekomen uit een brij van oeroude, innerlijk tegenstrijdige haatgevoelens. De globalisering zou een einde hebben gemaakt aan de geschiedenis, maar nu leek het alsof er allerlei ongewenste spookgestalten uit hun voorouderlijke graven waren opgestaan. Tientallen jaren lang was het Oosten, waartegen het Westen zich had afgezet, communistisch geweest, en nu was het islamitisch, zoals het altijd, vóór de Russische Revolutie, was geweest. De oorlog in Irak, de groeiende aversie tegen immigranten en vooral moslims in Europa, de vraag of Turkije moet worden toegelaten tot de EU, dat alles, tezamen met de aanvallen van 11 september, heeft gezorgd voor een acuut besef van de breuklijn die het christelijke Westen scheidt van het islamitische Oosten.

Of beschavingen gedoemd zijn in de nieuwe eeuw met elkaar in botsing te komen, zoals zowel Al Qaida-terroristen als Harvard-academici op verschillende gronden hebben betoogd, valt voorlopig nog te bezien. Wat echter niet betwist kan worden is de mate waarin verschillende culturen, in elk geval die van Europa en de moslimwereld, op dit moment gedwongen zijn de grondslagen van hun identiteit te onderzoeken. 'Het verschil tussen Oost en West,' meende Edward Gibbon, 'is arbitrair en varieert per gebied.'[2] Maar dat het bestaat – dat 'Oost is Oost en West is West' – is verreweg de meest hardnekkige premisse in de geschiedenis. De stelling, veel ouder dan de kruistochten, ouder dan de islam, ouder dan het christendom, heeft een eerbiedwaardige stamboom met wortels die bijna tweeënhalfduizend jaar terug in de tijd reiken. 'Waarom haten ze ons?' Met die vraag werd de geschiedschrijving zelf geboren, want het was in het conflict tussen Oost en West dat de eerste historicus ter wereld, in de vijfde eeuw v.Chr., het thema van zijn levenswerk ontdekte.

Zijn naam was Herodotus. Als Griek uit wat nu de Turkse badplaats Bodrum is, maar wat in die tijd Halicarnassus heette, was hij in de periferie van Azië zelf opgegroeid. Waarom, zo vroeg hij zich af, hadden de volkeren van Oost en West er zo'n moeite mee in vrede met elkaar te leven? Het antwoord leek op het eerste gezicht eenvoudig. Aziaten, schreef Herodotus, zagen tussen zichzelf en Europa een onoverbrugbare kloof. 'En zo geloven zij dat de Grieken altijd hun vijanden zullen blijven.'[3] Maar waarom die kloof überhaupt was ontstaan, dat was, zoals Herodotus toegaf, een raadsel. Misschien kwam het door het ontvoeren van een paar prinsessen door Griekse piraten? Of het platbranden van Troje? 'Dat is in elk geval wat veel Aziatische landen betogen – maar wie zal zeggen of ze gelijk hebben?'[4] De wereld, zoals Herodotus heel goed wist, was oneindig groot, en de waarheid van de een kon gemakkelijk de leugen van de ander zijn. Maar de oorsprong van het conflict tussen Oost en West mocht dan schijnbaar in de nevelen van de mythe zijn verdwenen, dat gold niet voor de gevolgen ervan. Die waren maar al te recent en tragisch duidelijk geworden. Verschil had achterdocht gewekt – en de achterdocht had oorlog gebaard.

En wel een oorlog als geen andere. In 480 v.Chr., zo'n veertig jaar voordat Herodotus aan zijn geschiedschrijving begon, had Xerxes, koning van Perzië, een invasie van Griekenland geleid. De Perzen blonken toen allang uit in dit soort militaire avonturen. Tientallen jaren lang had het geleken alsof de overwinning – een snelle, spectaculaire overwinning – hun vanzelf kwam aanwaaien. De aura van onoverwinnelijkheid die hen omgaf kwam voort uit de ongeëvenaarde omvang en snelheid van hun veroveringen. Ooit waren ze niets geweest, een onbeduidende bergstam, teruggetrokken levend in de hoogvlakten en bergen van wat nu Zuid-Iran is. Vervolgens, in de tijd van één generatie, hadden ze het hele Midden-Oosten onder de voet gelopen en oeroude koninkrijken verwoest, legendarische steden bestormd en een rijk uit de grond gestampt dat zich uitstrekte van de Indusvallei tot de Egeïsche Zee. Die overwinningen hadden van Xerxes de machtigste vorst op aarde gemaakt. De middelen die hem ter beschikking stonden waren zo overweldigend dat ze schier oneindig leken. Europa zou pas weer een invasie van die omvang te verduren krijgen in 1944, de zomer van D-day.

Vergeleken bij deze weergaloze juggernaut leken de Grieken gering in getal en hopeloos verdeeld. Griekenland zelf was weinig meer dan een geografische aanduiding: het was geen land, maar een lappendeken van ruziënde en vaak gewelddadig chauvinistische stadstaten. Weliswaar beschouwden de Grieken zich als één volk, verenigd door een gemeenschappelijke taal, religie en cultuur, maar wat de verschillende steden dikwijls gemeen leken te hebben was de neiging om elkaar naar het leven te staan. De Perzen hadden er in de eerste jaren van hun greep naar de macht geen moeite mee gehad de Grieken te onderwerpen die leefden in wat nu West-Turkije is – inclusief de Grieken van Herodotus' geboortestad – en tot onderdanen van hun rijk te maken. Zelfs de twee grootmachten van het Griekse vasteland, de jonge democratie Athene en de streng militaristische staat Sparta, leken niet de slagkracht te hebben om effectief weerstand te bieden. Nu de Perzische koning had besloten eens en voor altijd dat verdeelde, rare volkje aan de westelijke rand van zijn grote rijk te pacificeren, leek alles al bij voorbaat in kannen en kruiken.

Maar het wonderlijke was dat de Grieken van het vasteland erin slaagden stand te houden tegen de grootste expeditiemacht die ooit was uitgerust. De invasie werd afgeslagen. Griekenland behield zijn vrijheid. Het verhaal over hoe zij het opnamen tegen een grootmacht en die zelfs versloegen was in de ogen van de Grieken zelf de meest wonderbaarlijke geschiedenis aller tijden. Hoe hadden ze het hem precies geflikt? En waarom deden ze het? En waarom hadden de Perzen überhaupt besloten hun land binnen te vallen? Vragen als deze, die vier decennia later nog prangend waren, gaven Herodotus aanleiding een heel nieuw soort onderzoek te beginnen. Voor het eerst zocht een chroniqueur de oorzaak van een conflict niet in een zo ver verleden dat het volslagen tot het rijk der fabelen behoorde, en ook niet in de grillen en grollen van een of andere god, noch in de aanspraken van een volk op een pertinente lotsbestemming, maar in verklaringen die hij persoonlijk kon verifiëren. Herodotus ging de getuigenissen optekenen van nog levende informanten en ooggetuigen, en maakte daarvoor een reis door de wereld – de eerste antropoloog, de eerste onderzoeksjournalist, de eerste buitenlandcorrespondent.[5] De vrucht van zijn onverdroten nieuwsgierigheid was niet zomaar een verhaal, maar een diepgaande analyse van een heel tijdperk: veelomvattend, gevarieerd, tolerant. Herodotus zelf noemde het werk dat hij had gedaan 'onderzoeken' – *historia*. 'Ik maak hierbij het verslag wereldkundig van het onderzoek dat ik heb verricht,' verklaarde hij in de eerste zin van het eerste geschiedwerk dat ooit geschreven werd, 'om de herinnering aan het verleden levend te houden en de grootse, indrukwekkende prestaties van de Grieken en andere volkeren te vereeuwigen – en bovenal om te laten zien waarom zij ten oorlog trokken.'[6]

Historici strijden natuurlijk altijd graag over het belang van hun materiaal. In het geval van Herodotus hebben zijn beweringen tweeënhalfduizend jaar de tijd gehad om te worden getoetst. In die tijd is zijn fundamentele stelling – dat de grote oorlog tussen de Grieken en de Perzen van weergaloos belang was – klinkend bevestigd. John Stuart Mill beweerde dat 'de slag bij Marathon zelfs voor de Engelse geschiedenis een belangrijkere gebeurtenis is dan de slag bij Hastings'.[7] Hegel verklaarde, op de meer gezwollen toon die je van een Duitse filosoof verwacht, dat 'het belang van de wereldgeschiedenis hier in de waagschaal lag'.[8] En dat lag het zeker. Elk verhaal over heroïsch hoog spel dat gespeeld wordt is spannend – maar hoeveel spannender wordt het niet als er ongelooflijk, onvergelijkelijk veel te verliezen valt. Er stond bij de Perzische poging om het Griekse vasteland te bedwingen heel wat meer op het spel dan de onafhankelijkheid van wat Xerxes beschouwde als een zootje ongeregelde terroristenstaten. Als onderdanen van een vreemde overheerser zouden de Atheners nooit de kans hebben gehad hun unieke democratische cultuur te ontwikkelen. Veel van wat de Griekse beschaving onderscheidt zou in de kiem zijn gesmoord. De erfenis die ze aan Rome en aan het moderne Europa naliet zou oneindig veel armer geweest zijn. Niet alleen zou het Westen de eerste strijd voor zijn onafhankelijkheid en zijn voortbestaan hebben verloren, maar als de Grieken voor de invasie van Xerxes waren bezweken, had er waarschijnlijk überhaupt nooit zoiets als 'het Westen' bestaan.

Geen wonder dus dat de geschiedenis van de Perzische oorlogen dienstdoet als de ontstaansmythe van de Europese beschaving, het archetype van de zege van vrijheid over slavernij en van gespierde burgerdeugd over futloos despotisme. Het is zeker zo dat naarmate het woord 'christendom' in de nasleep van de reformatie zijn weerklank begon te verliezen, de heldendaden van Marathon en Salamis voor menige idealist een veel stichtelijker voorbeeld van de westerse deugden werden dan de kruistochten. Verdediging was per slot van rekening iets veel principiëlers dan een invasie, en het was beter te strijden voor vrijheid dan uit fanatisme. Vooral één episode, de tot mislukken gedoemde verdediging van de pas bij Thermopylae door een kleine Griekse strijdmacht – 'vierduizend' tegen 'drie miljoen',[9] zoals Herodotus beweerde –, kreeg de bijzondere uitstraling van een mythe. Krioelende horden Aziaten, met de karwats de strijd in gedreven, een Spartaanse koning, Leonidas, vastbesloten om te overwinnen of te sterven, een voorbeeldige dood toen hij met driehonderd van zijn landgenoten werd afgemaakt in een suïcidale laatste verdedigingspoging* – het verhaal bevat alles. Al in de zestiende eeuw betoogde de grote Franse essayist Michel de Montaigne dat andere veldslagen die de Grieken hadden gestreden weliswaar 'de mooiste zusteroverwinningen' waren 'die de zon ooit zag', maar dat hun gezamenlijke glorie verbleekte bij 'de roemvolle nederlaag van koning Leonidas en de zijnen bij de pas van Thermopylae'.[10] Tweeënhalve eeuw later wist Lord Byron, verontwaardigd dat de Grieken van zijn tijd wegkwijnden als een provincie onder de heerschappij van de Turkse sultan, precies waar hij in de geschiedenisboeken moest zoeken naar de meest hartverwarmende oproep tot de strijd.

> Geef weer, o aarde, uit uw schoot
> Spartanen in de strijd gedood!
> Van de driehonderd schenk slechts twee,
> Voor een hernieuwd Thermopylae![11]

Gehoor gevend aan zijn eigen retoriek zou Byron later het voorbeeld van Leonidas volgen door zelf voor de glorieuze zaak van de Griekse vrijheid te sterven. De glamour van zijn einde, de eerste echte dood van een celebrity in de moderne tijd, droeg slechts bij aan de glans van Leonidas en zorgde er mede voor dat Thermopylae voor latere generaties een model werd van martelaarschap voor de vrijheid. De schrijver William Golding vroeg zich tijdens een bezoek aan de pas, begin jaren zestig, af waarom hij zich toch zo vreemd geroerd voelde, ondanks het feit dat Sparta zelf zo'n 'saaie, wrede stad' was.

> Het punt is niet alleen dat de menselijke geest direct, zonder enige argumentatie, reageert op een verhaal over opoffering en moed, zoals een wijnglas onwillekeurig vibreert bij het geluid van een viool. Het gaat er ook om dat in een ver verleden en in een verre graad van verwantschap die strijdmacht de juiste historische stelling innam. Er zit een beetje Leonidas in het feit dat ik kan gaan waar ik wil en schrijven wat ik wil. Hij droeg bij aan onze bevrijding.[12]

* Om helemaal precies te zijn: slechts 298 van de Spartanen die Leonidas meenam naar Thermopylae sneuvelden daar in de strijd. Zie p. 353.

Roerende en ware woorden – en toch is het ontnuchterend te bedenken dat de lofrede van Golding heel goed Adolf Hitler tot geestdrift had kunnen brengen. Voor de nazi's, evenals voor Montaigne, was Thermopylae verreweg de meest glorieuze episode in de Griekse geschiedenis. De driehonderd die de pas verdedigden werden door Hitler beschouwd als de vertegenwoordigers van een waarlijk *Herrenras*, gekweekt en opgevoed om oorlog te voeren, en zo authentiek Germaans dat zelfs de Spartaanse soep, volgens een van de speculatievere uitspraken van de Führer, uit Sleeswijk-Holstein afkomstig was. In januari 1943, tijdens het hoogtepunt van de Slag om Stalingrad, vergeleek Hitler uitdrukkelijk het Duitse Zesde Leger met de Spartaanse driehonderd – en later, toen de generaal zich overgaf, tierde hij dat het heldendom van zijn soldaten 'teniet was gedaan door één karakterloze slappeling'.[13] Omdat het de Wehrmacht aan een Leonidas ontbrak, ziedde Hitler, was ze een unieke kans misgelopen haar eigen Thermopylae te creëren.

Dat de nazi's – evenzeer als Montaigne, Byron of Golding – zich zo hartstochtelijk konden identificeren met het voorbeeld van de driehonderd wijst erop dat een kenschetsing van de Spartanen als verdedigers van de vrijheid misschien niet het hele verhaal vertelt. Zoals zo vaak is de waarheid zowel troebeler als intrigerender dan de mythe. Als Xerxes erin was geslaagd Griekenland te veroveren en Sparta te bezetten, dan zou dat inderdaad het einde hebben betekend van de fiere vrijheid van die stad – want alle onderdanen van de Perzische koning werden tot zijn slaven gerekend. Maar ook slavernij kan relatief zijn: wat door de Spartanen zelf als erger dan de dood werd beschouwd, was misschien een zegen en een opluchting voor hun buren. De grootheid van Sparta, zoals Hitler heel goed besefte, berustte op de genadeloze uitbuiting van haar buurvolkeren, een voorbeeld hoe je *Untermenschen* behandelt, dat brute navolging zou vinden in Polen en bezet Rusland. De Perzische monarchie, die de onderlinge rivaliteit van haar onderdanen briljant en subtiel uitbuitte, zou zeker in een koninklijk gebaar van genade Sparta's buren uit de slavernij hebben bevrijd en beschermd. Voor mensen die generaties lang van de Spartaanse onderdrukking te lijden hadden gehad zou het bewind van Xerxes haast als een bevrijding gevoeld hebben.

Een uiterst belangrijke, ja historische paradox: annexatie door een vreemde mogendheid is onder bepaalde omstandigheden welkom. Xerxes was, daar hadden de Grieken gelijk in, ongetwijfeld een despoot, een Iraniër die heerste als erfgenaam van de duizendjarige tradities van het oude

Irak, van Akkad, Assyrië en Babylon, koninkrijken die het altijd als vanzelfsprekend hadden beschouwd dat een vorst een sterke man was die heerste en veroverde. Meedogenloosheid en onderdrukking, dat waren onveranderlijk de sleutelelementen van de Iraakse imperiale stijl geweest. Het rijk der Perzen echter, ofschoon zeker gegrondvest op 'het slechten van muren, het rumoer van veldtochten en de inname van steden',[14] had ook, naarmate het zich uitbreidde, een geraffineerdere methode ontwikkeld om de problemen van de overheersing te lijf te gaan. Door orde en vrede te garanderen voor de plichtsgetrouwe onderworpenen en door een meesterlijke demonstratie van verdeel-en-heerspolitiek hadden opeenvolgende Perzische koningen voor zichzelf en voor hun volk het grootste rijk opgebouwd dat de wereld ooit had gekend. Ja, het was hun baanbrekende prestatie dat ze voor de toekomst de levensvatbaarheid hadden bewezen van een multi-etnische, multiculturele, wereldomspannende staat. In die zin heeft hun voorbeeld in de geschiedenis op de lange termijn een oneindig veel grotere weerklank gevonden dan het atypische, vluchtige experiment van de Atheense democratie. Het politieke model van de Perzische koningen zou alle volgende grote rijken inspireren, tot in het moslimtijdperk toe – de kaliefen, would-be wereldheersers, bauwden exact, zij het in vrome islamitische bewoordingen, de aanspraken van Xerxes na. Men kan zelfs met enig recht stellen dat het politieke model van de antieke Perzische monarchie in het Midden-Oosten is blijven bestaan tot 1922, toen de laatste kalief, de Turkse sultan, werd afgezet.* Het is natuurlijk het uitdrukkelijke doel van Osama bin Laden om het kalifaat in zijn recht op wereldheerschappij te herstellen.

Toegegeven, de invloed van het oude Perzië, zeker in vergelijking met die van Griekenland, is altijd indirect geweest, verborgen, ondergronds. In 1891 bezocht een jong Brits parlementslid, George Nathaniel Curzon, het paleis van Xerxes, dat er geblakerd en verlaten bij stond sinds het honderdvijftig jaar na Thermopylae door een wraakzuchtige Alexander de Grote in brand was gestoken. 'Voor ons,' schreef Curzon in hoogdravende, byroneske bewoordingen, 'is het doordrongen van de heilige les der eeuwen, het heeft zijn plaats in de orde der dingen die voorbij zijn, en zijn stomme stenen krijgen stem en richten zich tot ons met het onzegbare pathos van de ondergang.'[15] Zeven jaar later, inmiddels baron Curzon of Kedleston, werd hij tot onderkoning van India gekroond. Als zodanig was

* Het kalifaat zelf werd twee jaar later, in 1924, opgeheven.

hij de erfgenaam van de mogols, die zelf trots waren geweest de titel te mogen dragen, niet die van koning, maar van onderkoning van de Perzische koning. De Britse Raj, waarvan de bestuurders waren opgeleid op steil Spartaanse kostscholen, was eveneens grondig doordrongen van 'die schilderachtige pracht en praal die slechts het Oosten te bieden heeft'[16] – en die in laatste instantie is afgeleid van de vervlogen weelde van Xerxes' paleis. Het Britse rijk mocht zich dan vleien met de gedachte dat het de erfgenaam van Athene was, maar tot op zekere hoogte was het ook schatplichtig aan de doodsvijand van Athene.

Perzië was Perzië, met andere woorden, en Griekenland was Griekenland – en soms kwamen die twee wel samen. Ze mogen dan tegenstanders zijn geweest in de oerbotsing der beschavingen, maar de golven van hun invloed, die door de millennia heen tot op de huidige dag voelbaar zijn, maken soms het verschil tussen Oost en West eerder gecompliceerder dan dat ze het verklaren. Als de Atheners bijvoorbeeld de Slag bij Marathon hadden verloren en als hun stad was verwoest, dan zou er geen Plato geweest zijn – en zonder Plato, en de kolossale schaduw die hij over alle volgende theologieën wierp, is het onwaarschijnlijk dat er een islam zou zijn geweest om Bin Laden te inspireren. Omgekeerd, wanneer president Bush het heeft over een 'as van het kwaad', dan legt hij een visie aan den dag die de wereld verdeelt in elkaar bestrijdende krachten van licht en duisternis, en die grijpt in laatste instantie terug op Zarathustra, de oude profeet van Iran. De nederlaag van Xerxes is weliswaar van beslissend belang geweest, omdat de Grieken, en derhalve alle Europeanen, er een gevoel van eigenheid door hebben gewonnen, maar de invloed van Perzië en Griekenland op de geschiedenis kan niet geheel en al beperkt worden tot starre begrippen als Oost en West. Monotheïsme en het idee van een universele staat, democratie en totalitarisme – allemaal vinden ze hun oorsprong in de periode van de Perzische oorlogen. Met recht wordt die periode daarom wel de spiltijd van de wereldgeschiedenis genoemd.

En toch, hoe weinig wordt er door de bank genomen tegenwoordig nog over gelezen. Peter Green, wiens meer dan dertig jaar geleden verschenen prachtige boek, *The Year of Salamis*, het laatste volledige relaas voor een niet-academisch publiek was, verwonderde zich op zijn gebruikelijke snedige manier over het gebrek aan overzichtswerken op dit gebied.

> In aanmerking genomen dat de Griekse overwinning in de Perzische oorlogen gewoonlijk beschreven wordt als een fundamenteel keerpunt

> in de Europese geschiedenis (je kunt niet zeggen dat voorstanders van deze opvatting tegenwoordig betogen dat moskeeën en minaretten in Europa de toon zouden hebben aangegeven als de zaken anders waren gelopen, maar je hoort het ze denken), lijkt deze omissie des te onbegrijpelijker.[17]

Misschien is Green de laatste tijd niet meer in Rotterdam of Malmö geweest, maar toch, het feit dat er tegenwoordig zelfs in Athene, lang de enige hoofdstad van de EU zonder een plaats waar moslims hun eredienst konden houden, moskeeën en minaretten te zien zijn, doet nauwelijks iets af aan zijn gevoel van verbijstering. Integendeel, het wordt er des te sterker door. De Perzische oorlogen mogen dan antieke geschiedenis zijn, ze zijn ook, en op een wijze zoals nog nooit in de twintigste eeuw het geval is geweest, contemporaine geschiedenis.

Green noemt het onbegrijpelijk, maar dat is het niet helemaal. Met heel zijn overweldigende belang, zijn daverende overwinning en zijn dramatiek, is het verhaal van de Perzische oorlogen niet gemakkelijk te ontrafelen. De onbetwistbare waarheid dat dit het eerste conflict in de geschiedenis is dat we tot in detail kunnen reconstrueren, betekent niet dat Herodotus ons er alles over vertelt – verre van dat, jammer genoeg. Ja, historici kunnen proberen een aantal leemten aan te vullen door stukjes en beetjes die ze uit het werk van andere klassieke auteurs bij elkaar hebben gesprokkeld in elkaar te passen, maar dat is lapwerk dat met de grootste omzichtigheid dient te gebeuren. Veel bronnen dateren van eeuwen (zelfs millennia) na de gebeurtenissen die ze heten te beschrijven, en vele daarvan werden niet geschreven als 'onderzoekingen', maar als poëzie of drama. Iris Murdoch merkte in haar roman *The Nice and the Good* over de Griekse geschiedenis op dat die 'een speciale uitdaging betekent voor de gedisciplineerde geest. Het is een spel met erg weinig stukken, waarbij de vaardigheid van de speler bestaat in het ingewikkelder maken van de regels.'[18] Historici van het oude Griekenland, die zelden in romans figureren, mogen deze passage graag citeren, want de taak waarvoor zij gesteld zijn, een verdwenen wereld te reconstrueren aan de hand van vaak schaarse gegevens, lijkt inderdaad tot op zekere hoogte op een spel. We kunnen nooit zeker weten wat er is gebeurd tijdens een zeeslag zoals bij Salamis, wanneer de bronnen waarvan de interpretatie afhankelijk is tegelijk tegenstrijdig zijn en vol lacunes zitten – je zou net zo goed kunnen proberen een half kapotte Rubik-kubus af te maken. Hoe vaak de feiten ook worden bestudeerd, van alle kanten bekeken en opnieuw gerangschikt, het is onmogelijk ze allemaal met elkaar kloppend te krijgen, een definitieve oplossing kan nooit gevonden worden. Maar zelfs Salamis, hoe berucht moeilijk te duiden ook, kan in vergelijking met bijvoorbeeld de vroegste geschiedenis van Sparta een ware overvloed aan details bieden. Over het laatste onderwerp heeft een eminent geleerde een keer ronduit bekend dat het 'een puzzel is waar zelfs de beste denkers hun tanden op stukbijten'.[19] Een andere geleerde zei dat het probleem 'intellectuele acrobatiek' vereiste.[20] En een derde wond er nog minder doekjes om en noemde zijn boek eenvoudigweg *De Spartaanse fata morgana*.[21]

Maar de bronnen voor de Griekse geschiedenis, hoe fragmentarisch ook, zijn tenminste nog van de Grieken zelf afkomstig. De Perzen, op één belangrijke uitzondering na, schreven helemaal niets op wat we kunnen beschouwen als een verslag van ware gebeurtenissen. Er zijn wel kleitabletten met inscripties van ambtenaren bewaard gebleven, tezamen met in paleismuren gebeitelde koninklijke proclamaties, plus natuurlijk de ruïnes van de indrukwekkende paleizen zelf. Maar verder moeten we ons in onze pogingen om vat te krijgen op de Perzen en hun rijk in alarmerende mate op de geschriften van anderen verlaten. En aangezien die voornamelijk van de Grieken afkomstig zijn – een volk dat nu eens een invasie, dan weer een bezetting en plundering van de Perzische legers te verduren kreeg – geven ze niet bepaald een afgewogen beeld van de Perzische aard en prestaties. Herodotus, altijd nieuwsgierig, altijd onbevooroordeeld, is de uitzondering die de regel bevestigt. *Filobarbaros* ('barbarenvriend') werd hij door een verontwaardigde patriot genoemd[22] – een term die in het Oudgrieks het dichtst bij ons moderne 'slappe progressieveling' komt. Maar zelfs Herodotus, die schreef over verre, vreemde volkeren wier talen hij niet sprak, moet een incidentele onnauwkeurigheid, een incidenteel vooroordeel, een incidentele neiging om de vroege Perzische geschiedenis als een sprookje af te schilderen worden vergeven. En dat alles maakt de taak van de moderne historicus er niet makkelijker op.

Er zijn drie voor de hand liggende reacties op deze uitdaging. De eerste is om de Griekse vooroordelen voor waar aan te nemen en de Perzen af te schilderen als verwijfde lafaards die op onverklaarbare wijze de wereld hadden veroverd. De tweede is om alles wat de Grieken over Perzië schreven te veroordelen als racisme, eurocentrisme en nog een hele rits andere gedachtemisdaden. De derde en meest productieve is om te onderzoeken in welke mate de misvattingen van de Grieken met betrekking tot hun grote vijand de waarheid weerspiegelen, hoe misvormd ook, over de Perzische leefwijze en wereldbeschouwing. Deze benadering is de afgelopen dertig jaar door een geducht genootschap van geleerden toegepast, en de resultaten zijn spectaculair: een heel rijk werd tot leven gewekt, verrees uit de vergetelheid, en wel zo concreet dat het, in de woorden van een historicus, iets werd 'waar je je teen aan kunt stoten'.[23] Het is een staaltje van opwekking uit de dood dat zich kan meten met de opening van het graf van Toetanchamon.

Toch blijven de Perzen zelf in duisternis gehuld. Dat is misschien niet zo verwonderlijk. Er zijn geen gouden dodenmaskers om hun herontdekking een gezicht te geven – alleen dikke geleerde boeken en wetenschappelijke tijdschriften. De studie van Perzië berust, meer nog dan van Griekenland, op het minutieus schiften van het beschikbare materiaal, een uiterst nauwkeurige analyse van de bronnen, een hoogst delicate weging van conclusies en alternatieven. Het is een vakgebied waar vrijwel elk detail ter discussie kan staan en bepaalde onderwerpen (zoals, het meest beruchte, de religie van de Perzische koningen) vormen zulk een verraderlijk moeras dat zelfs de grootste geleerden zich er niet in durven wagen.

De meester in zijn wijsheid gist waar de leerling in zijn waan beslist, maar ik hoop toch dat mijn poging om een brug te slaan tussen de academische wereld en het algemene lezerspubliek niet even ijdel zal blijken als de drie kilometer lange pontonbrug die Xerxes, tot spot en afgrijzen van de Grieken, van Azië naar Europa liet bouwen. De lezer zij gewaarschuwd dat veel details die als bouwstenen voor dit boek dienden twijfelachtig zijn en onderwerp van vurige controversen – en dat het plotseling opduiken van een getal in de tekst, als een vlieg boven de mesthoop, er meestal op wijst dat de zaak in een eindnoot wordt genuanceerd. Opmerkelijker echter dan onze onwetendheid, ons onvermogen om een tijd die zo ver achter ons ligt definitief te reconstrueren, is misschien wel het feit dat we überhaupt in staat zijn het te proberen. Ik heb met dit boek gepoogd iets meer te bieden dan louter een verhaal, want het was mijn ambitie om in de voetsporen van Herodotus zelf een panorama te schetsen van de hele wereld die destijds ten strijde trok – Oost zowel als West. De lezer wordt vóór Griekenland meegenomen naar Assyrië, Perzië en Babylon. Hij leest over de opkomst van het eerste wereldomspannende koninkrijk, vóór de komst van het Spartaanse militarisme en de Atheense democratie. En pas halverwege het boek begint het verslag van de Perzische oorlogen zelf. Dat een verhaal dat traditioneel van één kant verteld wordt nu, zij het door matglas, ook van de andere kant zichtbaar wordt, is hoop ik rechtvaardiging genoeg voor mijn poging om aan de hand van de vele verspreide en dubbelzinnige gegevens een nieuwe geschiedenis te schrijven over deze oorlogen, de reden waarom ze werden gevoerd en door wie. Het is immers een even meeslepend en uniek epos als elk ander in de literatuur van de oudheid, en bovendien, ondanks de vele imponderabilia, geen mythe, maar waar gebeurde geschiedenis.

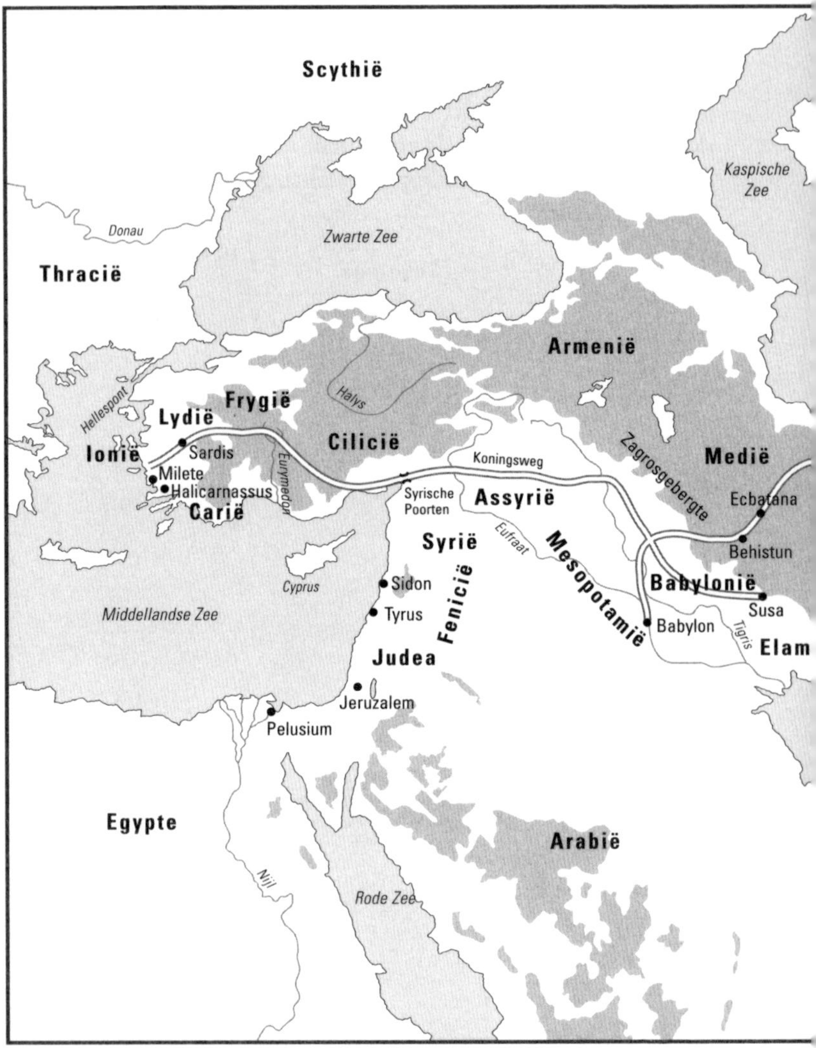
Scythië
Kaspische Zee
Donau
Zwarte Zee
Thracië
Armenië
Hellespont
Lydië
Frygië
Halys
Ionië
Sardis
Cilicië
Zagrosgebergte
Medië
Koningsweg
Eurymedon
Milete
Halicarnassus
Carië
Syrische Poorten
Assyrië
Ecbatana
Eufraat
Mesopotamië
Behistun
Syrië
Babylonië
Sidon
Cyprus
Susa
Middellandse Zee
Tyrus
Fenicië
Babylon
Tigris
Elam
Judea
Jeruzalem
Pelusium
Egypte
Arabië
Nijl
Rode Zee

Het Perzische rijk

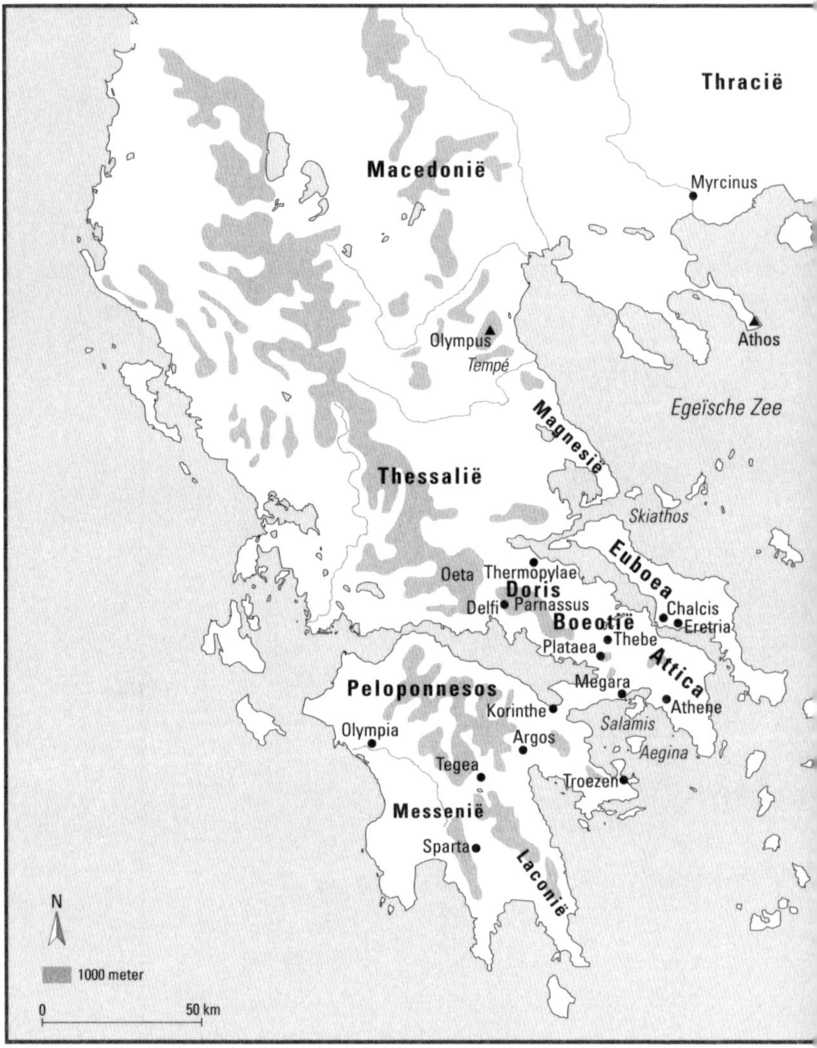

Thracië
Macedonië
Myrcinus
Olympus
Athos
Tempé
Egeïsche Zee
Magnesië
Thessalië
Skiathos
Euboea
Oeta
Thermopylae
Doris
Delfi
Parnassus
Chalcis
Boeotië
Eretria
Thebe
Plataea
Attica
Peloponnesos
Megara
Korinthe
Athene
Salamis
Olympia
Argos
Aegina
Tegea
Troezen
Messenië
Sparta
Laconië
N
1000 meter
0
50 km

Griekenland en de Egeïsche Zee

Ik zal u nog meer vertellen: geen sterveling
Heeft een begin en niemand eindigt in dood en vernietiging;
Er is slechts menging en daarna scheiding van wat vermengd was,
Doch de sterfelijke mens noemt deze processen 'geboorten'.

Empedocles

DE CHORASANWEG

Wee de bloedstad

De goden, die zich niet verwaardigd hadden een wereld te vormen die vlak was, hadden hem in tweeën verdeeld. Zo leek het voor de bewoners van de Zagros, de grote, hooggepiekte bergketen die de Vruchtbare Sikkel scheidt van de hoogvlakte van Iran. Maar die bergen, ofschoon woest, waren niet ontoegankelijk. Eén weg slingerde erdoorheen, de beroemdste ter wereld, de Chorasanweg, die van de uiterste grens van het Oosten naar het Westen liep en de opgaande met de ondergaande zon verbond. Op sommige plaatsen, al stijgend door het Zagrosgebergte en kronkelend langs rivierbeddingen, of meanderend tussen getande pieken en ravijnen, was hij misschien weinig meer dan een voetpad – maar zelfs dan was hij, voor de mensen die hem gebruikten, een waar mirakel. Alleen een goedgunstige god, zo werd algemeen aangenomen, kon ooit een dergelijk wonder hebben gewrocht. Wie precies en wanneer wist niemand met zekerheid,* maar hij was in elk geval oeroud – volgens sommigen misschien wel zo oud als de tijd zelf. Gedurende duizenden jaren waren talloze reizigers deze weg gegaan: nomaden, karavanen – en de legers van veroveraars.

Eén rijk in het bijzonder, eeuwenlang het toonbeeld van onoverwinnelijkheid, wreed en onbarmhartig, had herhaaldelijk expedities de bergen in gezonden en daarbij, in zijn eigen woest pochende bewoordingen, de pieken 'als wol, vuurrood van het bloed' gekleurd.[1] De Assyriërs, inwoners van wat nu Noord-Irak is, waren stedelingen, een volk van de alluviale vlakten, maar voor hun koningen, krijgsheren die tot in Egypte dood en verderf zaaiden, was het Zagrosgebergte niet zozeer een barrière als wel een uitdaging. Als heersers van een trotse, schitterende beschaving, rijk aan paleizen, tuinen en irrigatiewerken, hadden de koningen van Assyrië het altijd als hun plicht beschouwd elk verzet in de wildernis buiten hun

* De Grieken hielden het op Semiramis, een Assyrische krijgsgodin die eveneens Babylon zou hebben gesticht.

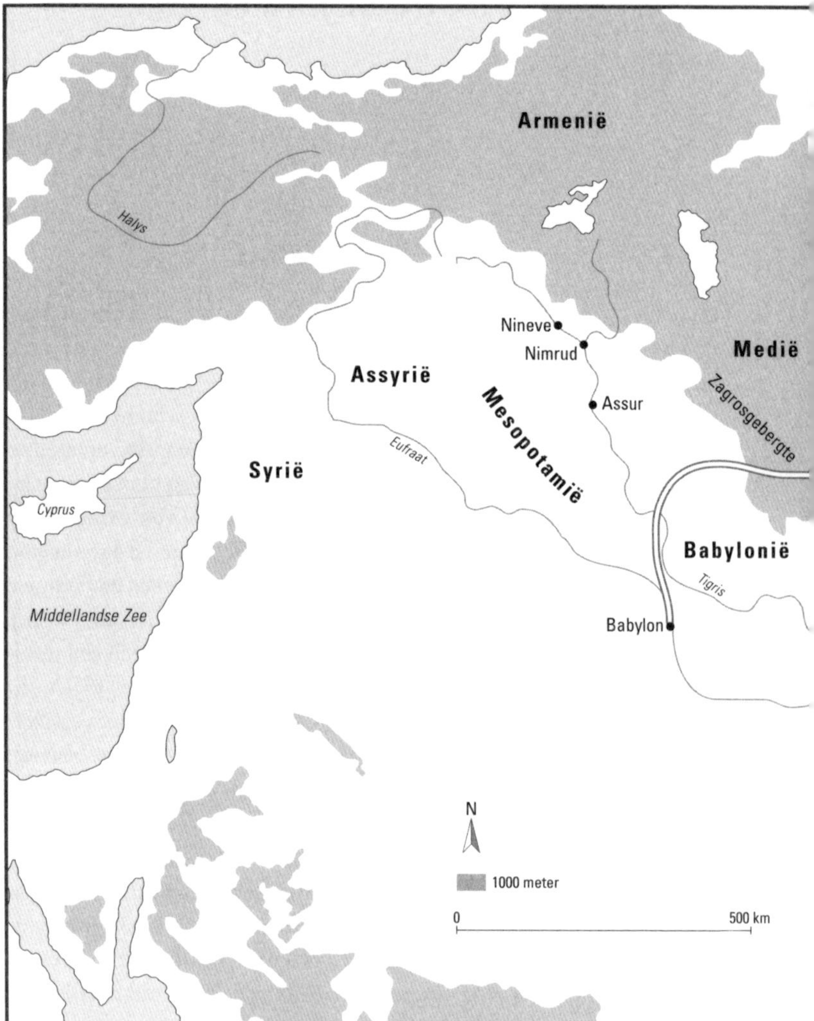
Armenië
Halys
Nineve
Nimrud
Medië
Assyrië
Mesopotamië
Assur
Zagrosgebergte
Eufraat
Syrië
Cyprus
Babylonië
Tigris
Middellandse Zee
Babylon
N
1000 meter
0
500 km

Mesopotamië en Iran

grenzen de kop in te drukken. Aangezien de wildernis nu eenmaal de wildernis was, bleek die roeping een gebed zonder eind. Zelfs met hun weergaloze oorlogsmachinerie konden de Assyriërs niet alle bergstammen pacificeren – want er waren er in de Zagros die als vogels aan de bergpieken kleefden, of in de diepte van dichte wouden scholen, zo primitief dat ze op een hongerdieet van eikels teerden, wilden die het niet verdienden door de koning een blik waardig te worden gekeurd. Maar ook zij konden door middel van regelmatige expedities leren de naam van het rijk te vrezen, en Assyrië de menselijke buit te leveren waar zijn grootheid steeds meer van afhankelijk was. Steeds weer keerden strafexpedities uit de bergen naar de Assyrische vlakten terug, naar de heilige steden Assur, Nimrud en Nineve, met in hun gevolg rijen voortstrompelende, naakte, geketende gevangenen. De Assyriërs namen steeds meer hun toevlucht tot het verplaatsen van hele volksstammen in hun rijk, de ene verslagen vijand werd naar het land van de andere overgebracht om daar de huizen te bewonen van hen die op dezelfde manier verdreven waren, om onkruid te wieden tussen het puin, of de verlaten, geblakerde akkers te bewerken.

Die tactiek wierp uiteindelijk haar vruchten af. Aan het eind van de achtste eeuw v.Chr. was de hele Chorasanweg formeel door het rijk geannexeerd en onder het bewind van een Assyrische gouverneur gesteld. 'Kruipend kwamen ze naar me toe, om bescherming te zoeken voor hun leven,' pochte de grootste Assyrische koning, Sargon II. 'In het besef dat ik anders hun muren zou slechten, vielen ze op hun knieën en kusten mijn voeten.'[2]

Niet dat gevangenen de enige bron van rijkdom waren in de Zagros. Hoewel de bergen bedekt waren met woeste wouden en het klimaat er vaak guur was, werden de valleien van de Zagros geroemd om hun klaverrijke weiden. In de loop van de eeuwen, en in steeds groteren getale, hadden die weidegronden stammen gelokt die zichzelf *Arya* noemden – 'Ariërs': paarden temmende nomaden van de oostelijke hoogvlakten.[3] Ook toen ze daar een sedentair leven gingen leiden behielden die immigranten nog grotendeels de instincten van hun voorouders: ze vulden de valleien van hun nieuwe thuisland met grote kudden langhoornig vee en bleven waar mogelijk in het zadel. De Assyriërs, zelf geen paardenfokkers, spraken bewonderend over de stoeterijen van de Zagros met hun 'talrijke hengsten'.[4] Het was betrekkelijk eenvoudig voor het Assyrische leger om daarvan de fine fleur als buit weg te voeren, want de beste paarden, daar was iedereen het over eens, werden gefokt door de Meden, een los verbond van Arische stammen die zich comfortabel langs de Chorasanweg zelf hadden genesteld. Geen wonder dat de Assyriërs het gebied als belangrijk gingen beschouwen. Hun heerschappij over Medië[5] stelde hen niet alleen in staat 's werelds belangrijkste handelsroute te controleren, maar gaf hun legers ook de gelegenheid een nieuwe en dodelijke snelheid te ontwikkelen. In de achtste eeuw v.Chr. was cavalerie voor Assyrië van vitaal belang geworden om het militaire overwicht te handhaven. Het tribuut van paarden uit de bergen was nu de levensader van zijn grootheid. De rijkste zilvermijn was nog niet zo kostbaar als de stoeterijen van de Zagros.

Maar juist in de suprematie van Assyrië school de kiem van zijn ondergang. Die bergen werden bewoond door een ratjetoe van verschillende volkeren, zowel Ariërs als de oorspronkelijke bewoners, waarbij zelfs de Meden werden geregeerd door een twistziek allegaartje van lagere stamhoofden. Maar door een centraal gezag aan de regio op te leggen had de vreemde overheersing de samenwerking tussen de twistende stammen bevorderd. In de jaren 670 v.Chr. begonnen de Assyriërs, onder dreiging van een schimmige leider van een formeel Medisch verbond, hun greep op de Zagros schrikbarend te verliezen. De aanvoer van paarden droogde op, omdat het steeds gevaarlijker werd ze te gaan halen. Her en der braken openlijk opstanden uit. In de decennia daarna maakten de chroniqueurs van de Assyrische koningen, die de overwinningen van hun meesters te boek stelden, helemaal geen melding meer van Medië.

Achter de sluier van die stilte school een onheilspellende ontwikkeling. In 615 v.Chr. sloot een koning, die beweerde vorst te zijn van alle clanhoofden van de Meden, een zekere Kyaxares, een verbond met de andere opstandige onderdanen van het rijk en hij voerde zijn troepen vanuit hun bolwerken aan tegen de oostelijke flank van de Assyriërs. Het effect van die plotselinge uitbraak der bergbewoners was vernietigend. Na slechts drie jaar van strijd gebeurde het onvoorstelbare: Nineve, het grootste van alle bolwerken van de Assyrische macht, werd bestormd en met de grond gelijkgemaakt. Tot verwondering – en vreugde – van alle onderworpen volkeren werd 'de bloedstad' verpulverd onder de hoeven van de Medische cavalerie. 'Bereden krijgers, met blinkend zwaard en schitterende speer, hordes gevallenen, bergen lijken, doden zonder eind – ze struikelen over de lijken!'[6]

Vier jaar later waren alle sporen van de Assyrische kolos, in wiens schaduw het Nabije Oosten zo lang had vertoefd, uitgewist. Aan de overwinnaars natuurlijk de buit. Medië, dat van de ene op de andere dag een grote mogendheid was geworden, annexeerde een brede noordelijke strook van het rijk. Zijn koningen, niet langer kleine stamhoofden, konden zich nu vermeien in bezigheden die pasten bij hun nieuw verworven status – groot doen en bakkeleien met andere machten. In 610 v.Chr. vielen de Meden brandstichtend en plunderend Noord-Syrië binnen. In 585 voerden ze oorlog tegen de Lydiërs, een volk in wat nu West-Turkije is, en alleen een zonsverduistering boven het slagveld deed de twee kampen uiteindelijk tot de aftocht besluiten. Een haastig in elkaar geflanst verdrag bepaalde dat de Halys, een rivier die midden tussen Medië en Lydië stroomde, de grens zou vormen tussen de rivaliserende rijken, en de volgende dertig jaar bleven in het hele Nabije Oosten vrede en een machtsevenwicht bewaard.[7]

Niet dat de nieuwe koning van Medië, Astyages, ook maar enigszins van plan was zijn zadel aan de wilgen te hangen. Ongehinderd door oorlogen met andere grote rijken richtte hij nu zijn aandacht op de wildernis ten noorden en oosten van zijn koninkrijk, ver verwijderd van de arena van de Vruchtbare Sikkel. Aan het hoofd van een expeditie naar de woestenijen van Armenië en wat nu Azerbeidzjan is, trad hij in de voetsporen van de Assyrische koningen en leerde de wilden die buiten zijn grenzen leefden zijn koninklijke naam te vrezen.[8] Maar ook in andere opzichten schijnen de tradities van de grote monarchieën in het Nabije Oosten, die zijn volk, nog steeds half in nomadisch stamverband levend, zo vreemd waren, de ambities van de Medische koning te hebben geprikkeld. Een heerser van het formaat van Astyages, niet minder machtig dan de koning van Lydië of de farao van Egypte, kon immers zijn rijk niet vanuit een tent besturen. Wat de vorsten van oudere landen altijd als vanzelfsprekend hadden beschouwd – een paleis, een schatkist, een machtige hoofdstad – dat moest Astyages natuurlijk ook hebben: bewijzen van zijn grootheid in goud en marmer.

Reizigers die de laatste klim door de bergen over de Chorasanweg maakten zagen voor zich, als wachter over de toegangen tot de hoogvlakte van Iran, een visioen dat rechtstreeks uit een epische fabel leek te stammen: een paleis binnen zeven glimmende muren, elk in een andere kleur geschilderd, met de kantelen van de twee binnenste muren beslagen met zilver en goud. Dat was Ecbatana, bolwerk van de koningen der Meden, en nauwelijks een eeuw na zijn stichting reeds het handelscentrum van de wereld.[9] De stad beheerste niet alleen de handel tussen Oost en West, maar bood zijn meester ook toegang tot de hele bergketen van de Zagros en het gebied daarachter. Dat was vooral voor de Medische clanhoofden een zeer alarmerende ontwikkeling. De beste garantie om verschoond te blijven van koninklijke inmenging, en van de voortdurende factiestrijd binnen het koninkrijk zelf, was altijd de ontoegankelijkheid van hun leengoed geweest – maar nu werden ze steeds meer onderworpen aan de lange arm van Astyages' hofhouding. Ooit, vóór de bouw van de veelkleurige paleismuren, was Ecbatana een open veld geweest, een vrije ontmoetingsplaats voor de stammen, een functie die nog naklonk in de naam: 'punt van samenkomst'. Maar nu was die tijd voorbij en de Meden, die zo lang hadden gevochten om zich te bevrijden van de despoten van Nineve, waren onderworpen aan een despoot dichter bij huis.

Geen wonder dat Astyages in de herinnering van latere generaties voortleefde als een boeman. En geen wonder ook dat de Meden, toen ze een verklaring zochten voor hun verlies van vrijheid, Ecbatana aanwezen als het symbool én de oorzaak van hun slavernij.[10]

Koning van de wereld

Astyages, zo ging het verhaal, werd ondanks alle tekenen van zijn grootheid geplaagd door profetieën van verdoemenis: vreemde dromen kwelden hem en waarschuwden voor zijn val en de ondergang van zijn koninkrijk. De Meden hechtten zoveel waarde aan dit soort visioenen dat er een hele maatschappelijke klasse, de magiërs, bestond om te duiden wat ze betekenden. Geschoold in alle kunsten om de duisternis op afstand te houden boden deze rituele experts de broodnodige bemoediging aan hun landgenoten. Want het was een leerstelling van de Meden, een vroom en ethisch levend volk, dat er zelfs achter het helderste licht een schaduw doemde. De hele wereld, zo scheen het de magiërs toe, getuigde van deze waarheid. Men kon een vuur eeuwig brandend houden, maar overal, zelfs bij de koelste bron of op de hoogste bergtop, werden de vlammen bedreigd door bezoedeling. De schepping baarde duisternis zowel als daglicht. Schorpioenen en spinnen, hagedissen, slangen en mieren, alles kroop en krioelde, de zichtbare uitwassen van een universele duisternis. Net zoals het de plicht van een magiër was om dergelijk ongedierte overal te verdelgen waar hij het tegenkwam, zo moest hij ook waken voor donkere schimmen wanneer die de dromen der mensen verduisterden. 'Want zij zeggen dat de lucht vol is van spookbeelden die vloeien door uitademing en in het zicht komen van hen met doordringende blik.'[11] Grootheid, net als vuur, moest met zorg gekoesterd worden.

Afbeelding van het hoofd van een koning, gevonden tussen de ruïnes van Ecbatana. Als het geen vervalsing is, dan stelt dit vrijwel zeker Astyages voor, de door dromen geplaagde laatste koning van Medië.

Dat een koninkrijk zo machtig als Medië binnen een eeuw na het bereiken van zijn onafhankelijkheid en grootheid wederom in het stof zou bijten en onderworpen zou worden door een vreemde overheerser, zal voor velen onwaarschijnlijk hebben geleken. Maar dat was, zoals de Meden zelf maar al te goed wisten, altijd de doemvolle dreun van het machtsspel in de regio geweest: grote rijken komen op, grote rijken gaan ten onder. Geen enkel koninkrijk, zelfs Assyrië niet, had ooit allen verpletterd die haakten naar zijn ondergang. In het Nabije Oosten lagen de roofvijanden overal op de loer, speurend naar zwakheid, hun kans afwachtend om toe te slaan. Oeroude staten verdwenen, nieuwe namen hun plaats in, en de chroniqueurs die de ondergang van gevierde koninkrijken optekenden moesten soms vreemde, en tot dan toe onbekende volkeren beschrijven.

Vele daarvan waren, net als de Meden zelf, Ariërs – nomaden wier migraties weinig sporen hadden nagelaten in de tijd. In 843 v.Chr. hadden de Assyriërs bijvoorbeeld oorlog gevoerd tegen een bergstam ten noorden van hun koninkrijk die ze de 'Parsua' noemden. Twee eeuwen later had een volk met een vrijwel gelijkluidende naam zich ver ten zuiden daarvan gevestigd, op de puinhopen van het illustere koninkrijk Anšan, tussen de lagere uitlopers van het Zagrosgebergte en de broeierige kustlanden van de Golf. Geen chroniqueur wist echter met zekerheid te zeggen of zij een en dezelfde waren.[12] Alleen door wortel te schieten en door zich iets van de cultuur van de mensen die ze hadden verdreven toe te eigenen konden de nieuwkomers uiteindelijk tot het bewustzijn van hun meer sedentaire buren doordringen. Niet genegen om eeuwenoude gebruiken te veranderen bleven die het gebied gewoon zo noemen als ze altijd hadden gedaan. Maar de invallers gaven er natuurlijk de voorkeur aan hun nieuwe thuisland naar zichzelf te noemen. Zo kwam het dat wat ooit Anšan was geweest geleidelijk aan een heel andere naam kreeg: Parsa, Perzië, het land der Perzen.[13]

In 559 v.Chr., toen Astyages nog over Medië heerste, besteeg een jongeman de troon van dit nieuwbakken koninkrijk. Zijn naam was Cyrus, en tot zijn attributen behoorden een haakneus, een reusachtige ambitie en een schier grenzeloze bekwaamheid. Al vóór zijn geboorte scheen hij bestemd voor grootheid, want hij was het – als we de verhalen mogen geloven – die was voorzegd de vloek van de Medische macht te worden. Astyages schijnt het allemaal in een droom te hebben gezien: een visioen van zijn dochter Mandane, die urineerde. De gouden stroom bleef aanhouden tot ten slotte heel Medië was ondergelopen. Toen de koning daar de volgende ochtend verslag van deed, werden zijn droomduiders, de magiërs, wit om de neus en waarschuwden hem dat alle zonen van Mandane voorbestemd waren de Medische troon in gevaar te brengen. Schielijk huwelijkte Astyages zijn dochter uit aan een vazal, een Pers, de vorst van een achtergebleven, onbeduidend rijkje, in de hoop daarmee het kwade voorteken af te wenden. Maar toen Mandane zwanger werd, kreeg Astyages een tweede droom: nu zag hij een wijnstok tussen de benen van zijn dochter groeien, en die bleef maar doorgroeien tot hij heel Azië overschaduwde. In paniek wachtte Astyages de geboorte van zijn kleinzoon af en gaf onmiddellijk opdracht het jongetje te doden. Zoals altijd gebeurt in dat soort verhalen werd het bevel niet opgevolgd. De boreling werd in de bergen achtergelaten, waar hij werd gevonden en grootgebracht door een herder. Of misschien een bandiet, zoals sommigen beweerden, of een wolvin, wier volle tepels goed van pas kwamen. Hoe het ook precies in elkaar stak, het wonder van een dergelijke opvoeding was duidelijk een voorteken dat de vondeling een goddelijke toekomst wachtte – zoals later natuurlijk ook bleek. Cyrus had het overleefd en was er wel bij gevaren. Eenmaal opgegroeid tot een stralende volwassene verwierf hij door zijn nobele inborst de Perzische troon. En zo geschiedde het dat alle listen en lagen van Astyages verijdeld werden – en het rijk der Meden tot de ondergang gedoemd was.

Althans, dat wil de legende. Het ligt in de aard van de groten der aarde dat zij sterke verhalen genereren, en het zou kunnen dat de voortekenen van Cyrus' lotsbestemming niet zo duidelijk waren als de Perzen later beweerden.[14] Maar dan nog – en ongeacht of het werkelijk profetieën waren geweest – hij had kennelijk genoeg in zijn mars om Astyages schrik aan te jagen, want de Medische koning, opperheer van de Zagros en beducht voor vazallen die het hoog in de bol hadden, besloot, na zes jaar zijn kleinzoon op de Perzische troon te hebben geobserveerd, dat Cyrus veel te bekwaam en gevaarlijk was om nog langer op zijn plaats te laten zitten. Dus verzamelde hij in 553 v.Chr. zijn geduchte ruiters en trok zuidwaarts ten strijde. De Perzen, zwaar in de minderheid, vochten als leeuwen. Toen overgave onvermijdelijk leek, togen zelfs hun vrouwen naar het slagveld om Cyrus en zijn krijgers aan te moedigen. Drie jaar lang hield het conflict de Zagros in zijn greep – en toen, in 550 v.Chr., was het ineens voorbij. Zelfs de goden, zo leek het, waren verbaasd. Ze verschenen in de dromen van naburige koningen om het verrassende nieuws te verkondigen: 'Cyrus heeft de grote legers der Meden met zijn kleine leger verslagen. En hij heeft

Astyages, koning der Meden, gevangengenomen. En hij heeft hem gevankelijk naar zijn land gevoerd.'[15] Sinds de val van Assyrië had er niet meer een omwenteling op zulke schaal plaatsgevonden.

Hoe kon dat gebeuren? Jawel, Cyrus was een stalen, ontembare tegenstander gebleken. Net als zijn Perzische onderdanen, een volk dat zo door armoede was gehard dat het zonder klagen de zwaarste ontberingen had doorstaan – tot aan het dragen van leren broeken toe, zo heette het. Maar Astyages, met alle middelen van een machtig rijk die hem ten dienste stonden, zou niettemin getriomfeerd hebben als hij niet een smadelijke dolksteek in de rug had gekregen. Het was een vreemd verhaal hoe hij verraden werd, en met het doorvertellen werd het in de loop der jaren steeds fantastischer en grotesker. Aan de naakte kern werd niet getwijfeld. Harpagus, bevelvoerder van het Medische leger en het meest vooraanstaande clanhoofd, was naar Cyrus overgelopen en had midden in de strijd aan het hoofd van een opstandig leger Astyages gevangengenomen. Maar waarom zulk verraad? Omdat – zo werd verteld – Harpagus, die nauw verwant was aan Astyages, tegelijk een afschuwelijke plicht had tegenover de koning van Perzië. Volgens de Meden was het Harpagus die opdracht had gekregen Cyrus als zuigeling te vermoorden, en die opdracht veinsde hij te hebben uitgevoerd. Jaren later, toen de waarheid eindelijk aan het licht kwam, had Astyages naar verluidt bloedig wraak genomen en de zoon van Harpagus afgeslacht, het lichaam aan stukken gesneden en, als lamsvlees bereid, aan de nietsvermoedende vader te eten gegeven. Harpagus zelf, na zijn eigen kind te hebben verorberd, slikte ook de belediging en bleef een trouwe, zij het gekastijde, dienaar van zijn koning. Dat pretendeerde hij tenminste. Zijn act was zeker overtuigend, want toen de oorlog tegen de Perzen uitbrak, benoemde Astyages hem tot opperbevelhebber. Misschien niet de slimste aanstelling – of liever gezegd zo dom dat het te absurd was voor woorden.

Maar hoe kan het dan dat dit sterke verhaal ooit geloofd werd? Valt er misschien ergens in het schimmenspel van gerucht en onwaarschijnlijkheid een spoortje van de waarheid te ontwaren? De bloedverwantschap tussen Astyages en Cyrus weerspiegelde de nauwe banden, zowel cultureel als qua afstamming, die altijd tussen de Perzen en de Meden hadden bestaan. Beide volkeren waren per slot van rekening Ariërs en voor een Ariër was alleen de *anairya* – de niet-Ariër – een vreemde. Ja, de hovelingen van Astyages die last hadden van nostalgie hoefden de blik slechts zuidwaarts te richten om een glimp op te vangen van de goede oude tijd. Net als hun neven, de Meden, waren de Perzen in wezen nomaden, en hun land, 'rijk aan goede paarden, rijk aan goede mannen',[16] was meer een confederatie van verschillende clans dan een staat. Cyrus was weliswaar 'koning van Anšan', maar zijn troon had hij tevens bestegen uit hoofde van zijn status als belangrijkste clanhoofd – want hij was de leider van de Achaemeniden, de voornaamste familie van de Pasargadae, de meest vooraanstaande Perzische stam. Hij was heer over zowel de stijve hofrituelen van het Nabije Oosten als over troepen wilde ruiters die reden onder de blote hemel, over oeroude steden en de heuvels en de vlakten, over de toekomst der Perzen en de overleveringen en gebruiken van hun verleden – Cyrus speelde al die rollen, en meer, met verve. Als gevolg daarvan waren Perzië grotendeels de spanningen bespaard gebleven die Medië teisterden, spanningen tussen een koning die weinig ophad met de traditionele stammenstructuur van zijn volk en de adel die zijn bestaan daar nog steeds aan dankte. Voor de Medische clanhoofden, die zuchtten onder de autoritaire ambities van Astyages, was het niet onopgemerkt gebleven. Na verloop van tijd moet het contrast tussen hun eigen koning en Cyrus voor hen steeds groter hebben geleken. Het was vrijwel zeker om deze reden dat Harpagus zijn beslissende stap nam. 'Zo geschiedde het dat de Perzen, die ooit de slaven waren geweest van de Meden, hun meesters werden,'[17] en Cyrus, die Ecbatana binnentrok, oogstte de welverdiende vruchten van zijn soberheid, zijn schranderheid en zijn charme.

En ook na zijn eerste grote overwinning paste hij met succes zijn subtiele beleid van machtsevenwicht toe. De koningen van Assyrië, die de traditionele rechten van de overwinnaar tot barbaarse hoogten hadden gedreven, hadden hun verslagen vijanden altijd op onuitsprekelijke wreedheden vergast, maar Cyrus gaf, uit berekening en ongetwijfeld ook uit temperament, de voorkeur aan de weg van genade. Na belangrijke groepen van de Medische aristocratie in zijn kamp te hebben gelokt, weerstond hij de verleiding hun landgenoten als slaven te behandelen. Zelfs Astyages, in plaats van gevild te worden en aan de beesten gevoerd of aan de spies geregen, werd met vorstelijk pensioen gestuurd. Goed, de schatkist werd geleegd en zijn inhoud naar Anšan afgevoerd, maar voor het overige bleef Ecbatana het lot van Nineve bespaard. Cyrus was niet van zins de meest strategisch gelegen stad in de Zagros te vernietigen. En ook de meest aangename, want in de winter was het er weliswaar bitter koud, met sneeuwstormen die de passen onbegaanbaar maakten, maar in de zomer, als de laaglanden van Perzië in de zon blakerden, was Ecbatana een groen paradijs, met bergpieken op de achtergrond die een verkoelende sneeuwmuts droegen, terrashellingen buiten de stadsmuren met boomgaarden en moestuinen, een lucht die fris en kristalhelder was. Niet alleen bleef de stad de hoofdstad van Medië, maar ze werd ook, tijdens de broeierige zomermaanden, de facto de hoofdstad van Cyrus' hele rijk. Geen wonder dat de Meden, hoewel niet de gelijken van hun veroveraars, zich ten minste partners konden voelen in het grote avontuur van hun nieuwe bewind.

En dat avontuur, zoals spannende gebeurtenissen algauw zouden aantonen, was nog maar net begonnen. De val van een koning zo groot als Astyages had schokgolven door het hele Nabije Oosten gezonden. Niet alleen het rijk der Meden lag in puin, maar ook de decennia oude internationale status-quo. Ineens, zo leek het, lag alles weer voor het grijpen, en naburige grootmachten, die nog nauwelijks in staat waren de Perzen serieus te nemen, begonnen zich af te vragen wat zij erbij konden winnen. In 547 v.Chr. leidde koning Croesus van Lydië een reusachtig leger over de Halys om te kijken wat er te halen viel. Cyrus daalde uit de bergen van de Zagros af en snelde hem tegemoet, de puinhopen van de Assyrische steden stonden als schildwachten op zijn route, louter grauwe leemhopen, stomme getuigen van de wisselvalligheden van de macht. Maar zo'n les kan voor een ambitieus man zowel een inspiratie als een waarschuwing zijn, en hoewel het laat in het seizoen was voor een veldtocht spoedde Cyrus zich voort, belust op een confrontatie met Croesus. Zoals eerder, toen de Lydiërs vochten met de Meden, bleef de strijd onbeslist, maar deze keer was er geen zonsverduistering en kwam er geen einde aan de oorlog. Met het invallen van de winter trok Croesus terug naar zijn hoofdstad Sardis. Nooit had hij kunnen denken dat Cyrus het zou wagen hem daarheen te volgen, want de stad lag zo ver in het westen dat het vandaar maar drie dagen reizen was naar de Egeïsche Zee – een geweldige afstand van de Medische grens. Maar de Perzen trokken niet terug, ze weerstonden de bittere kou, ze schaduwden Croesus zonder ooit hun aanwezigheid te verraden, lieten hem afscheid nemen van zijn bondgenoten en bleven op de loer liggen terwijl zijn dienstplichtige troepen de een na de ander afzwaaiden. Toen Sardis nagenoeg ontmanteld was, sloeg Cyrus toe. Verwoed verzamelde Croesus de weinige troepen die hem nog restten. Een wanhopige strijd, waarbij de Lydiërs alles inzetten op een laatste cavaleriecharge – en Sardis werd bestormd en Croesus zelf gevangengenomen. Ver weg in de Vruchtbare Sikkel werden de gebeurtenissen opgetekend met een beknoptheid die nauwelijks hun aardschokkende werking verried: '[Cyrus] versloeg de koning [van Lydië], nam zijn bezittingen in beslag en legerde zijn eigen garnizoen aldaar.'[18] In het Lydische rijk zelf veroorzaakte het nieuws van Croesus' val zo'n schok dat, zo werd gezegd, de priesteres van een tempel van schrik een baard kreeg. Daar was de gebeurtenis ook naar, want in krap zes jaar tijd hadden de Perzen, zo gering in aantal en ooit zo achterlijk en onbeduidend, van hun koninkrijk de grootste wereldmacht gemaakt.

Maar de overwinning was niet alleen aan hen te danken. De Medische krijgers te paard, volmaakt uitgerust voor een winterveldtocht met hun jassen van schapenbont en hun taaie bergpaarden, hadden ruimschoots hun aandeel geleverd. Ook de Medische generaals. Van alle adviezen die Cyrus tijdens zijn veldtocht had gekregen kwamen de beste van Harpagus, die vlak voor de laatste Lydische ruiteraanval had voorgesteld de pakkamelen in de voorste Perzische linie te plaatsen. Cyrus had het bevel gegeven, de Lydische paarden, geschrokken van de onbekende geur, waren gaan steigeren en op hol geslagen, en de slag was gewonnen. Het was daarom misschien niet verwonderlijk dat Cyrus, in de wolken door zijn overwinning, de Lydiërs gunstig wilde stemmen, net zoals hij eerder de Meden had gepaaid, ook al waren zijn nieuwe onderdanen *anairya*. Croesus werd net als Astyages niet terechtgesteld en verwelkomd in het gevolg van zijn veroveraar. Zijn fabelachtig rijk gevulde schatkist werd in Sardis gelaten, en zelfs het innen van de schattingen werd aan plaatselijke edelen overgelaten. De Lydiërs, verrast door deze grootmoedigheid, vatten dat echter op als een teken van zwakte, en nauwelijks was Cyrus naar Ecbatana vertrokken of dezelfde aristocraten die hij het meest had vertrouwd, de beheerders van de schatkist, kwamen in opstand. Het was een fatale misrekening. Cyrus, bedreigd door wat hij terecht beschouwde als het laagste, ondankbare verraad, reageerde furieus en gezwind. Verse troepen met verse orders werden met spoed vanuit Ecbatana gezonden. Nu was er geen sprake meer van clementie, nee, nu hadden de Perzen opdracht gekregen hun meesterschap te tonen in meer traditionele methoden van pacificatie: steden dienden met de grond gelijkgemaakt te worden, opstandelingenleiders geëxecuteerd, hun volgelingen tot slaaf gemaakt. En alles geschiedde zoals de koning van Perzië het bevolen had.

Cyrus had nu wel zijn vermogen tot repressie gedemonstreerd, maar hij liet de principes van zijn imperiaal beleid niet varen. In plaats van de Lydiërs kregen nu de Meden een vorm van partnerschap in zijn nieuwe, verblindende orde aangeboden. In dat kader werd Harpagus, voornaamste en meest gewaardeerde van al Cyrus' buitenlandse dienaren, naar het westen gezonden als bevelvoerder van de Perzische strijdkrachten. Het clanhoofd uit de Zagros greep zijn kans, die hij nooit gekregen zou hebben als hij Astyages trouw was gebleven, met beide handen aan en arriveerde in Lydië onder de luisterrijke titel 'Generalissimo van de Zee'.[19] Met barbaarse doeltreffendheid kweet hij zich van zijn taak, en nauwelijks had hij afgerekend met de Lydiërs of hij zocht naar mogelijkheden om zijn vaandels aan de uiterste grens van Azië te planten, helemaal aan de kust van de 'bittere zee',[20] de Egeïsche Zee zelf. Daar, verspreid langs de kustlijn, lagen de aanlokkelijk welvarende, fonkelende steden van een volk dat bij de Perzen bekendstond als de 'Yauna' – de Ioniërs.* De mannen van Ionië, eeuwen geleden uit Griekenland geëmigreerd, waren even standvastig en uitdagend Grieks gebleven als hun landgenoten in het moederland aan de overzijde van de Egeïsche Zee. Te twistziek om een verenigd front te vormen, waren ze een gemakkelijke prooi voor Harpagus. Stad voor stad onderwierp hij ze allemaal op brute wijze. Ja, zijn reputatie was zo angstaanjagend dat veel Ioniërs liever over zee vluchtten en naar Sicilië of het Italiaanse vasteland emigreerden dan zich te onderwerpen aan de Perzische overheersing. Een van hun steden, Phocaea, werd volledig geëvacueerd: 'vrouwen, kinderen, roerende have, kortom alles... waardoor de Perzen slechts een spookstad in handen kregen'.[21] Een zwarte schaduw viel over de verbeeldingswereld van de Ioniërs, en de herinnering aan de komst van Harpagus zou nog lang zelfs de intiemste momenten van vreugde verduisteren:

> In de winter, liggend op een zachte sofa bij het vuur
> Goed doorvoed, noten en zoete wijn verorberend
> Moet je vragen stellen als deze:
> Waar kom je vandaan? Zeg me, hoe oud ben je?
> Hoe oud was jij toen de Mediër kwam?[22]

Niet, zo zij opgemerkt: 'Hoe oud was jij toen de Pers kwam?' – want Harpagus had zoveel indruk gemaakt op de Ioniërs dat ze niet wisten wie hun nieuwe meesters precies waren, ook al hadden ze zich aan hen on-

* Variaties van het woord 'Ioniër' werden in het hele Nabije Oosten gebruikt als overkoepelende term voor 'Griek'. Zie bijvoorbeeld Genesis 10:2, waar een van de zonen van Jafet 'Jawan' genoemd wordt. De Grieken zelf beschouwden de stedelijke eilanden Chios en Samos als Ionisch, zodat er in totaal twaalf steden waren die tot Ionië gerekend werden.

derworpen. In het vervolg zouden de Grieken altijd 'de Meden' zeggen als ze het over de Perzen hadden. Hoe kon een volk dat zo ver van hen af stond de etnische complexiteit begrijpen van het Zagrosgebergte? Dat steden aan de westelijke zee nu onderworpen waren aan een volk waar ze nauwelijks van gehoord hadden wees erop dat een nieuw tijdperk van onzekerheid was aangebroken. De wereld leek ineens gekrompen. Nooit tevoren had de arm van slechts één man zo ver gereikt. Maar Cyrus, verre van op zijn lauweren te rusten, dorstte naar meer. Hoe groot zijn overwinningen in Lydië ook waren, hij vreesde het gevaar dat hij in de rug meende te bespeuren. Teruggekeerd uit Sardis richtte hij zijn blik naar de oostelijke horizon. Werd wat daarachter lag genegeerd, dan kon zelfs de briljantste veroveraar tot de ontdekking komen dat zijn grootheid op drijfzand was gebouwd. Geen koninkrijk kon zich geheel en al zeker voelen zolang het nog vreesde voor de strooptochten van rondtrekkende stammen en hoefgetrappel over de vlakten van Iran. Wie snapte dat beter dan een Pers, zelf een afstammeling van nomaden?

Zo kwam het dat Cyrus het aan anderen overliet de opstand in Lydië de kop in te drukken en de tegenovergestelde route vanuit Ecbatana nam, over de Chorasanweg, die kronkelend naar het verre oosten liep.[23] Dat was zowel voor de Perzen als voor de Meden een reis terug naar het verleden, naar de legendarische stamlanden van hun voorvaderen, 'rijk aan weidegronden en wateren... de woonstee van het vee',[24] waar alles een veel heroïscher schaal leek te hebben, de vlakten weidser waren, de bergen tot de hemel reikten. Na zich een weg de hooglanden in te hebben gevochten, waar zijn blik ten slotte bleef rusten op de Hindoekoesj, zal Cyrus in staat geweest zijn de zon boven de pieken van Centraal-Azië te zien opkomen – 'de onsterfelijke, snelle zonneruiter, die als eerste van een gouden gelid de schone toppen bezet en van daaruit met een goedgunstig oog over de woonstee der Ariërs uitkijkt'.[25] Diezelfde 'woonstee der Ariërs' was, lang nadat de Perzen geëmigreerd waren, nog steeds het domein van pralende jonkheren, achterlijk wellicht vergeleken met hun bloedverwanten uit de Zagros, maar rijk en patserig en belust op oorlog voeren. Toen Cyrus er eenmaal in geslaagd was ze te onderwerpen, leverden ze hem formidabele nieuwe mankracht en rijkdommen. De woeste gronden zouden nooit helemaal hun roerige karakter verliezen, want hun nieuwe meester, immer kameleonachtig, was wel zo wijs zich te afficheren als de erfgenaam van hun tradities en liet de plaatselijke edelen hun onbesuisde levenstrant voortzetten – maar van nu af aan wel voor de zaak van de Perzische koning.

Ofschoon soepel was de orde die Cyrus oplegde geraffineerd toegesneden op zijn behoeften: niet alleen troepen en goud, maar ook een bufferzone. Een immense boog van Perzische provincies, van de Hindoekoesj tot het Aralmeer, diende de toegang tot Perzië af te schermen in het gebied waar het rijk altijd het kwetsbaarst was geweest: in het noordoosten, dat tot dan toe wijdopen had gelegen voor invallen uit de Centraal-Aziatische steppen. Gandhara, Bactrië en Sogdiana: die landen, ooit broedplaatsen van dreiging en instabiliteit, werden nu veranderd in bolwerken van Perzische macht.

En bolwerken van nog veel meer. Wilden, daarover waren alle beschaafde volkeren het eens, hoorden exact thuis waar Cyrus ze vastpinde: in de duistere verte, aan de rand van de wereld. Wat er anders kon gebeuren was nog steeds een nachtmerrie. De Meden bijvoorbeeld, vertelden lugubere sagen over hoe hun rijk op het hoogtepunt van zijn macht werd onderworpen door de spleetogige Saken, een berucht bruut volk, wreed en ongetemd als de steppen waar ze vandaan kwamen, die Medië achtentwintig jaar bezet hielden. Grote paniek dus toen Cyrus oprukte vanuit Sogdiana naar wat nu Kazachstan is en oog in oog kwam te staan met diezelfde demonen uit het verleden der Meden, gemakkelijk te herkennen aan hun hoge puntmutsen en hun schrikbarende behendigheid met de strijdbijl. Een leider van de Saken, gevangengenomen door Cyrus en met voorname ridderlijkheid behandeld, onderwierp zich prompt aan de invallers, en zijn onderdanen, die zich dienstbaar maakten aan de Perzische koning, onderscheidden zich al snel als de krijgshaftigste strijders van het rijk. Dat was echter maar één stam. Achter hun thuisland lagen nog meer steppen, naargeestig en van bandieten vergeven, die in hun uitgestrektheid spotten met al het menselijk streven – zelfs dat van de grootste veroveraar in de geschiedenis. Hoe ver ze zich uitstrekten, kon niemand met zekerheid zeggen, noch wat er aan hun uiteinden te vinden was: griffioenen, zeiden sommigen, en mensen met bokkenpoten, en ijswoestijnen waar de inwoners elke zes maanden een winterslaap hielden, en daar weer achter, als een gordel om de wereld, de grote rivier Rangha, zo breed als de wijdste zee.[26] Cyrus, die de eentonige steppen doorkruiste, was zeker niet van plan zo ver door te stoten, en toen hij ten slotte bij een brede rivier kwam die hem de weg versperde, hield hij aan de oever halt en beëindigde op de moddervlakten en te midden van zoemende muskieten zijn opmars. De rivier zelf, de Jaxartes, was ondiep en lag vol eilanden, zodat hij nauwelijks een natuurlijke barrière vormde. Dus besloot Cyrus de tekortkomingen van de natuur te compenseren en opdracht te geven tot de bouw van zeven grenssteden, waarvan hij de grootste naar zichzelf noemde: 'Cyropolis'.[27] Van toen af aan droeg de effen woestheid van de steppen, als een slaaf, het merkteken van de Perzische koning.

Dit brandmerk van zijn identiteit in het land van de Saken verkondigde een tweeledige imperiale boodschap. Nooit meer zou het de ongetemde krijgshorden van over de Jaxartes worden toegestaan zuidwaarts invallen te doen, en nooit meer hoefden de volkeren aan deze zijde van de rivier voor hun veiligheid te vrezen. De strategie van Cyrus was altijd geweest zijn vijanden schrik aan te jagen en zijn slaven gerust te stellen – en in 540 v.Chr., toen de oostelijke grens gestabiliseerd was, voelde hij zich zeker genoeg om zijn strategie aan de ultieme proef te onderwerpen. Terug in de Zagros richtte hij zijn roofzuchtige blik op het hoogste doel van elke veroveraar, het rijke laagland van wat nu Zuid-Irak is en dat van Assyrië tot de Perzische Golf reikte, al sinds het begin der tijden het domein van luisterrijke steden. Niemand kon waarlijk onthaald worden als heerser van de wereld zolang hij niet de oeroude kern had onderworpen – zoals Cyrus, de arrivist, zich maar al te goed bewust was. Maar hij zal ook hebben geweten dat de inwoners geen achterlijke grensbewoners waren, ongeschoold in de propaganda van despoten. Integendeel, zij waren het die de Perzen als wilden beschouwden. Cyrus, een man die gespecialiseerd was in het slechten van vijandige vooroordelen, ging de nieuwe uitdaging frontaal te lijf. Hij stelde zijn invasie van vijandelijk gebied als een verdediging voor, aan het hoofd van een reusachtig leger poseerde hij als de vleesgeworden vrede. En overal openden bolwerken de poorten voor hem.

De waarheid was dat, gezien de Perzische vuurkracht, dit voor de tegenpartij de enige verstandige politiek was. Met het enige leger dat de invasie tot staan had proberen te brengen was korte metten gemaakt, want Cyrus was, zoals hij in Lydië had aangetoond, niet vies van een incidentele gruweldaad als hij vond dat die een heilzaam doel diende. Maar door de bank genomen gaf hij er de voorkeur aan te handelen naar de hoogdravende claims van zijn propaganda. Had hij eenmaal zijn regime gevestigd, dan volgden er geen pogroms meer. Executies werden tot het allernoodzakelijkste minimum beperkt. Zijn dictaten waren in gematigde, hoffelijke tonen gesteld. Aan steden die vol stonden met oude tempels en die geurden naar wierook presenteerde Cyrus zich als een model van 'vrede en rechtvaardigheid', en zijn 'universele heerschappij' was van de goden gegeven.[28] Maar welke goden precies? Cyrus poseerde zonder blikken of blozen als de favoriet van alle. Diverse priesterkasten juichten hem prompt toe als

Het graf van Cyrus de Grote in Pasargadae. Volgens de overlevering bevatte het een inscriptie die luidde: 'Sterveling! Ik ben Cyrus, die het rijk der Perzen vestigde en ik was koning van Azië. Misgun me mijn monument derhalve niet!' (*Bridgeman Art Library*)

de hunne en diverse volkeren haalden hem in als de erfgenaam van hun mores en sores – het volmaakte verguldsel van zijn heerschappij over de wereld. Een glorieuze triomf voor het clanhoofd van de Achaemeniden, om beschermheer te worden van zulke oude steden als Ur en Uruk. Zelfs in hun kronieken, ofschoon ze teruggingen tot het begin der tijden, was geen man te vinden die zo snel zo hoog was gestegen.

Onvermijdelijk school er voor sommigen iets angstaanjagends, iets monsterlijks zelfs, in zijn bovennatuurlijke gaven. Toen Cyrus eindelijk in de strijd sneuvelde, was hij zeventig, nog immer dorstend naar verovering, want hij vond de dood benoorden de Jaxartes, ver voorbij de grenzen die hij ooit aan zijn eigen ambities had gesteld.[29] De koningin van de stam die hem gedood had, onthoofdde naar verluidt zijn lijk en stopte het hoofd in een met bloed gevulde wijnzak, zodat de oude man eindelijk naar hartenlust zijn dorst kon lessen. Daarmee kreeg Cyrus de rol van een spookgestalte zoals die door de verbeelding van het Nabije Oosten waarde, een demon van de nacht, immer hongerend naar mensenvlees. Maar degenen die zich aan hem hadden onderworpen bewaarden een heel andere herinnering aan hem. Cyrus, de man die de wereld had geschokt, werd in de overlevering vrijwel onvoorwaardelijk bewonderd om zijn buitengewone edelmoedigheid en om het feit dat hij de architect was geweest van een universele vrede. Eeuwenlang bleef de gloed van zijn stichter het rijk der Perzen doortrekken, ook voor zijn bitterste vijanden. 'Hij stelde alle andere vorsten, die voor of na hem kwamen, in de schaduw.' Dat was het oordeel van Xenophon, een Athener, die bijna twee eeuwen na zijn dood schreef. 'Wie hij ook overwon, hij wekte in hen een diep verlangen hem te behagen en zich te koesteren in zijn goedkeuring. Ze verlangden naar de teugels van zijn bewind – van hem en van niemand anders.'[30] Een verbluffend oordeel, zou je zeggen – maar Cyrus had de wereld niet alleen verleid, hij had zich er ook aan opgedrongen, hij had een veelheid van verschillende volkeren ervan overtuigd dat hij ze begreep, dat hij ze respecteerde en hunkerde naar hun liefde. Nooit eerder was een rijk op zo'n grondslag gevestigd. Geen veroveraar had ooit zulke clementie en terughoudendheid betracht.

Dat was het genie van Cyrus – en zijn beloning was een heerschappij op ongedroomde schaal.

O broeder, waar zijt gij?

Hij stierf in de zomer van 530 v.Chr. Zijn lijk, teruggewonnen van de stam die hem gedood had, werd naar Perzië gebracht, waar een immens stenen graf op hem wachtte. Dat was volgens de overlevering gebouwd op de plaats waar Astyages de beslissende nederlaag was toegebracht, en het was een van de vele bouwwerken die Cyrus in die omgeving had laten neerzetten. Het complex was niet zozeer een stad als wel een verzameling paleizen, paviljoenen en tuinen, en het getuigde in ruime mate van de grootheid van het Perzische rijk – maar ook verried het hoe ontwrichtend en overhaast de opkomst van het rijk was geweest. Voorbij het steenwerk zwierven nog steeds kudden vee over de kale heuvels en vlakten. De wind die over het lege landschap loeide bedekte vergulde deuren en zuilen met een laag stof. Ook het paleizencomplex zelf, al was het van steen gebouwd, deed in zijn grondplan onmiskenbaar denken aan een tentenkamp. Niet voor niets werd de plaats Pasargadae genoemd, de naam van de stam van Cyrus. Het was per slot van rekening nauwelijks een paradox dat ook een nomade zijn wortels heeft.

Nu Cyrus dood was, werd elke schermutseling tussen de clans en stammen van Perzië een zaak die miljoenen aanging. Kon een opvolger hopen Cyrus' plaats in te nemen, of was het rijk der Perzen, plotseling ontdaan van het charisma van zijn stichter, gedoemd even snel te verdwijnen als het was opgekomen? Zoals de kronieken van talloze verdwenen rijken getuigden, was de dood van een koning een moment van gevaar voor zelfs de grootste monarchie. Cyrus, behept met een natuurlijk enthousiasme voor voortplanting dat elk hoofd van een dynastie eigen is, had drie dochters en – wat belangrijker was – twee zoons, maar dat garandeerde niets. Zowel voor een groot rijk als voor een nomadenclan kan een overvloed aan erfgenamen even gevaarlijk zijn als geen.

Maar Cyrus, die altijd vooruitzag, had dat gevaar onderkend en zich ertegen gewapend door zorgvuldig aan de verlangens van zijn beide zoons tegemoet te komen. Vóór zijn dood had hij de oudste, Cambyses, tot kroonprins, en de jongste, Bardiya, tot gouverneur van Bactrië benoemd. Dat was de grootste en belangrijkste oostelijke provincie, en hoewel Bardiya geen *kidaris* kreeg, de geribbelde tiara van de koninklijke macht, was hij wel vrijgesteld van schatplicht, een privilege dat bij een koning paste. Of zijn ressentiment jegens zijn broer hiermee was gesust, of dat zijn hang naar koninklijke status er alleen maar door was aangewakkerd, dat zou de tijd leren. In elk geval was de wereld kond gedaan van Cyrus' plannen voor de toekomst. Cambyses kwam op de troon van de Perzen en Bardiya zou zijn plaatsvervanger worden. Verder kreeg niemand een snippertje van de macht. Om dit nog eens goed duidelijk te maken werd een scandaleus huwelijk gearrangeerd tussen Cambyses en zijn twee oudere zusters, Atossa en Rhoxsane, een vertoon van incest dat zijn weerga niet kende in de cultuur van de Perzen, maar dat de ambities van elke rivaliserende adellijke familie blokkeerde.[31] Immers, wie was een waardiger partij voor de dochters van Cyrus dan Cyrus' zoon? De bloedlijn van de grote veroveraar was, als een bron die bewaakt werd door de magiërs, of de vlammen van een heilig vuur, iets kostbaars geworden dat van alle smetten vrij gehouden diende te worden.

Terwijl het lijk van Cyrus te ruste werd gelegd in een gouden sarcofaag, in een graf dat zorgvuldig in de richting van de opgaande zon was georiënteerd, en begeleid door de gebeden en jammerklachten van de magiërs die de begrafenis bijwoonden, ondernam Cambyses stappen om zijn geboorterecht op te eisen. Het koningschap van de wereld was nu aan hem. Toen hij zijn plaats op de troon innam, zullen een paar ogen wel een blik op zijn broer hebben geworpen, maar Bardiya, die het gouverneurschap van het grote leengoed in het oosten in zijn zak had, gaf geen teken van enige verraderlijke intentie. Cyrus' testament bleek heel mooi in elkaar te zitten. Beide broers hadden er veel baat bij de handen ineen te slaan. Te verwachten viel dat Cambyses als eerste prioriteit de dood van zijn vader wilde wreken – maar dan zou hij een massaal leger naar de oostelijke provincies moeten leiden en de openlijke vijandschap van zijn broer riskeren. Te verwachten viel ook dat Bardiya, die beschikte over een dreigende machtsbasis, Cambyses verdere privileges zou willen afdwingen – maar dan zou hij de openlijke vijandschap van de nieuwe koning riskeren. Stilzwijgend of niet, de twee broers sloten een verbond. Bardiya werd ongemoeid gelaten in zijn provincie, maar hij moest zijn broer rugdekking geven.[32] Cambyses, die evenzeer naar veroveringen dorstte als zijn vader, zou zijn legers niet inzetten tegen de verarmde stammen die Cyrus hadden gedood, maar tegen een koninkrijk aan de tegenoverliggende zijde van zijn grensgebieden, vol goud en reusachtige tempels, de enige grootmacht die nog over was van de oude wereldorde en ook nog de meest tijdloze en bejubelde van alle. Hij zou oorlog voeren tegen Egypte.

Een dergelijke veldtocht kon natuurlijk niet overhaast worden ondernomen. Nu de farao's afhankelijk waren geworden van weinig slagvaardige huurlingen en hun bronnen van inkomsten door al te machtige tempelpriesters werden leeggezogen, was hun macht vergeleken bij hun vroegere luister weliswaar aanzienlijk verbleekt, maar nog steeds formidabel. Cambyses trok vier jaar uit om de invasie voor te bereiden. De onderworpen gebieden van het rijk moesten de financiën en de rekruten leveren. Schepen werden gebouwd of geconfisqueerd, en voor het eerst in de geschiedenis van zijn land kwam een Perzische koning aan het hoofd te staan van een grote, sterke zeemacht. Inlichtingen werden ingewonnen en zorgvuldig geanalyseerd. Toen de Perzen ten slotte de Egyptenaren op het slagveld ontmoetten, hadden ze, zo wil de overlevering, katten op hun schilden gebonden, waardoor de boogschutters van de vijand, voor wie de beesten heilig waren, verlamd van verontwaardiging waren.[33] Prompt werd de overwinning behaald. Pelusium, de poort naar Egypte, werd bestormd en de lichamen van de verslagenen werden her en der in het zand achtergelaten – na honderd jaar waren hun beenderen nog zichtbaar. En natuurlijk was het landleger van Cambyses maar één poot van zijn aanval. Al die tijd was zijn oorlogsvloot langs de kust voortgegleden. Met de zee- en de landstrijdkrachten, die elkaar in een volmaakt gecoördineerde amfibische operatie schaduwden, rukten de Perzen op om hun gouden buit binnen te halen. Tegenstand werd bruut de kop ingedrukt. Egypte bezweek. Zijn bevolking verwelkomde de 'Grote Meester van de Vreemde Landen' als farao.

Maar de snelheid van Cambyses' overwinning was bedrieglijk. Een zo oud en mysterieus land liet zich niet gemakkelijk inlijven. Sommige maatregelen waren weliswaar eenvoudig genoeg te nemen – zo werd bijvoorbeeld het inkomen van een bepaalde stad bestemd om schoenen te kopen voor de Perzische zuster-koninginnen[34] – maar andere begonnen Cambyses algauw in het drijfzand te trekken. Veranderingen doorvoeren in Egypte was nooit een eenvoudige zaak geweest, en het bleek dat de meest nijpende noodzaak, het intomen en tot belastingplicht dwingen van de priesterkaste, tevens de meest onuitvoerbare opgave was. Cambyses, bruut op een wijze die de eigen farao's nooit hadden aangedurfd, slaagde er wel in tribuut te vorderen van de puissant rijke tempelcomplexen, maar dat kostte hem vier jaar en leverde hem natuurlijk de eeuwige vijandschap van de priesters op. Geen moeite spaarden ze om zijn naam zwart te maken, en voor altijd zou Cambyses in de Egyptische herinnering voortleven als een gevaarlijke gek die belust was op moordpartijen en bazelend de goden bespotte. Soms, zo luidde de beschuldiging, deed hij allebei tegelijk, zoals toen hij een stier aan het spit reeg die door de Egyptenaren als een goddelijk wezen werd vereerd.

Leugens, allemaal leugens. Verre van het heilige beest te hebben onteerd, zoals de lastercampagne wilde, had Cambyses zich juist voorbeeldig correct gedragen en opdracht gegeven de dode stier te balsemen en eerbiedig naar zijn laatste rustplaats te brengen. Net zoals Cyrus wilde hij zich angstvallig respectvol betonen tegenover vreemde goden, hoe exotisch ook. Als farao was hij immers zelf een zoon van Ra geworden. Voor iemand die nog maar één generatie verwijderd was van het dragen van leren broeken moet de grandeur van de Egyptische tradities, luisterrijk als geen andere, tot diepe reflectie hebben genoopt. Te diep wellicht, want niet alleen de Egyptische priesterkaste ging Cambyses beschouwen als een maniakale onderdrukker, maar ook, en dat was veel onheilspellender, de Perzische clanhoofden. Cyrus had bij zijn verovering van de wereld nooit vergeten waar zijn wortels lagen en was daardoor geliefd en werd de 'vader' van zijn volk genoemd – maar Cambyses zou heel anders in de herinnering van de Perzen voortleven, namelijk als 'wreed en hooghartig', en ze zouden hem een 'despoot' noemen.[35] Ten bewijze daarvan werden wilde verhalen over zijn barbaarsheid verteld: dat hij zijn hofmeester als schietschijf had gebruikt en hem had doodgeschoten, dat hij twaalf edelen levend en met het hoofd naar beneden had begraven. Was ook dat laster? Misschien wel, ja, en die was ongetwijfeld de weerslag van een reële crisis, een crisis die de Meden in Cambyses' gevolg maar al te bekend zal zijn voorgekomen: een koning die geen enkele weerstand duldt en vastbesloten is de wil van de hoofden van rivaliserende clans te breken. Velen van hen, die deel hadden genomen aan het Egyptische avontuur, werden veilig in de buurt van Cambyses gehouden, waar ze hun koning konden dienen, als gijzelaars én als adjudanten. Maar niet allemaal waren ze in Egypte. Ondanks de afwezigheid van het hof bleef Perzië de solide bron van koninklijke macht. Wie het centrum van het rijk won, was tevens heer en meester over de rest. Cambyses' lange afwezigheid in Egypte zorgde ervoor dat deze overweging steeds reëler werd. In de clanlanden van de Perzen klonk verraderlijk gemor.

Drie decennia eerder hadden de Medische clanhoofden zich in hun wanhopige strijd om Astyages van de troon te stoten verwaardigd een buitenlander als koning te aanvaarden. Maar de Perzische edelen, ook al leden ze onder de heerszucht van Cambyses, hadden een acceptabeler alternatief. Bardiya was niet alleen de zoon van Cyrus de Grote, maar bezat ook – en dat was even belangrijk – alle kwaliteiten die de Perzen het meest bewonderden in een koning. Zijn lichaamskracht had hem de bijnaam Tanyoxarkes, 'machtig lichaam', bezorgd en zijn vaardigheid met pijl-en-boog – het Perzische wapen bij uitstek – was legendarisch.[36] Dat hij bijna tien jaar lang de roerige oostelijke grensgewesten onder bedwang had gehouden, was bewijs genoeg van zijn talenten als krijgsheer. Ook op andere wijzen had Bardiya zich een waardige zoon van zijn vader betoond. Net als Cyrus, schijnt het, wist hij zowel te verzoenen als te vechten. Hij had niet alleen begrip voor de grieven van de Perzische edelen, maar bekommerde zich ook om de onderworpen volkeren, die steeds meer gebukt gingen onder de schattingen van Cambyses. Zijn boodschap in de juiste oren fluisterend kwam Bardiya met een verrassend voorstel: zou het wat zijn als de door de Perzen onderworpen volkeren drie jaar lang vrijgesteld werden van schatting en andere tributen aan de koning? Niet dat Cambyses het daar ooit mee eens zou zijn, natuurlijk. Maar een nieuwe koning? Een nieuwe koning zou het er misschien wel mee eens zijn...

Zulke opruiende taal kon niet lang verborgen blijven. Spionnen waren overal. Cambyses, die inmiddels zijn Afrikaanse veroveringen geconsolideerd had, werd zich met een schok bewust van de dreiging in zijn achterhoede. Met al zijn grote wapenfeiten, waarmee hij de heerschappij van het Perzische volk tot ver in de Libische woestijn had uitgebreid, tot aan het land van de fabelachtige Ethiopiërs toe, 'de allergrootste en mooiste mensen',[37] was hij te lang van huis geweest. Begin 522 v.Chr., na eindelijk de lange weg terug naar Perzië te hebben genomen, bevond Cambyses zich in een wanhopige wedloop met de tijd. Zijn elitetroepen waren nog bij hem – en een groot deel van de edelen – maar de gebeurtenissen liepen uit de hand. Op 11 maart maakte Bardiya publiekelijk aanspraak op de troon. Een maand later werd hij in alle oostelijke provincies tot koning uitgeroepen.[38] Zou het rijk van het Perzische volk, dat door Cyrus tot zulke luister was gebracht, nu worden verscheurd door de ambities van zijn twistende zoons, in twee stukken gespleten of wellicht totaal verbrokkeld? Broedermoord leek onontkoombaar.

En toen kwam het toeval – of in elk geval iets wat daar heel erg op leek – tussenbeide.[39] Terwijl Cambyses zijn paard besteeg om zijn opmars door Syrië voort te zetten, verwondde hij naar het schijnt zijn dij aan zijn zwaard. Koudvuur zette in. Binnen een paar dagen was hij dood. Een verrassende tegenspoed, die heel gelegen kwam, en op het juiste moment – als het waar was. Degene die er als eerste baat bij had was natuurlijk Bardiya, die nu de enige mannelijke erfgenaam van Cyrus was en derhalve zowel van rechtswege als van machtswege koning. Alles was voorzien door de magiërs, die uit de geboorte van een hoofdloos kindje, gebaard door Rhoxsane, hadden afgeleid dat het geslacht van Cambyses zou uitsterven. De Egyptische priesters, veel boosaardiger en vindingrijker, fluisterden daarentegen dat hij het vreselijke lot over zichzelf afgeroepen had, want men zei dat hij zijn zusterlijke bruid in de buik geschopt had en niet alleen de foetus maar ook de koningin had gedood. De kinderloosheid van Cambyses bood nu ogenschijnlijk een welkome kans op vrede, en Bardiya greep die kans snel. In juli werd hij formeel door de magiërs geïnstalleerd, gehuld in het staatsiekleed van zijn vader en met de koninklijke *kidaris* op zijn hoofd. Tegelijk trouwde hij met Atossa, de nog levende zuster-bruid van Cambyses. Opvolging en bloedlijn leken beide verzekerd. Wie was er verder immers die Bardiya het koningschap over de wereld zou willen betwisten?

Maar terwijl de nieuwe koning zich, vast vertrouwend op zijn heerschappij, voor de zomer in de koelte van Ecbatana terugtrok, draaide de geruchtenmolen op volle toeren verder en tierden de samenzweringen welig op de verzengende laagvlakten.[40] Toeval of niet, de dood van Cambyses betekende een ontzaglijke verleiding voor anderen dan Bardiya. Op de hoofdweg van Syrië naar de Zagros stond het koninklijk leger nu zonder aanvoerder. Maar hoe lang nog? De hoogste officieren, telgen uit voorname geslachten, vaak nog jong, waren gehard door de strijd en gepokt en gemazeld in het spel van de macht uit Afrika teruggekeerd. Cambyses' 'lansdrager' bijvoorbeeld, een verre neef van de koning, die Darius heette, was nog maar achtentwintig. Rang aan het Perzische hof werd bepaald door nabijheid tot de koning, dus de titel van de jonge Darius duidde niet op ondergeschiktheid, maar was eerder een schitterend en prestigieus eerbetoon dat hem publiekelijk onderscheidde als een belangrijke speler aan het hof en hem toegang verleende tot de meest gevoelige koninklijke geheimen. In de weken voor Cambyses' dood had hij zich geen betere positie kunnen wensen om inlichtingen over de coup uit te pluizen.

Uit te pluizen – en te analyseren. Want Darius zag, met de meedogenloze blik van een geboren politicus, dat de positie van Bardiya wellicht niet zo sterk was als aanvankelijk scheen. De loyaliteit van de clanhoofden was verdeeld en onzeker. Een afkondiging van belastinghervorming, hoe welkom ook voor de onderworpen landen, viel waarschijnlijk niet goed bij de heersende Perzische klasse. Wilde hij niet met een lege schatkist komen te zitten, dan zou Bardiya het tekort aan inkomsten op de een of andere manier moeten compenseren. Aangezien hij geen politieke zelfmoord wilde plegen, was het nauwelijks een optie voor de nieuwe koning om zijn eigen achterban uit te persen. Maar met een groot deel van de edelen ver weg in Syrië (en in het kamp van Cambyses) deed zich een gemakkelijke alternatieve bron van inkomsten voor. Prompt werden de bevelen gegeven. De landgoederen van Bardiya's gedoodverfde tegenstanders, hun 'weidegronden en kudden, hun slaven en huizen',[41] werden allemaal geconfisqueerd. Maar voor die gemakkelijke buit, hoe dringend ook nodig, moest een bittere prijs worden betaald. De scheuring tussen de edelen was een feit. In de ogen van veel Perzen was Bardiya 'een smet op het vaderland en op de oude troon'.[42] Er was die zomer al één koning heengegaan, en nu werden haastig plannen gesmeed voor het opruimen van een tweede.

Er waren in totaal zeven samenzweerders, allemaal van de hoogste rang. Onder hen was Darius, de jonge lansdrager van Cambyses – en een Achaemenide. Niet dat het lidmaatschap van de voornaamste Perzische clan hem automatisch het leiderschap van de samenzweerders garandeerde, want dat werd gedeeld met een ander, een welgestelde edelman die Otanes heette en die ook een oogje op de troon schijnt te hebben gehad. Bovendien, zo werd later verteld, had Otanes als eerste de samenzwering georganiseerd en pas daarna Darius uitgenodigd mee te doen. Maar die versie klopt niet helemaal. Voor een laatkomer werd Darius opmerkelijk snel als de spil van de samenzwering beschouwd. Vanaf het begin schijnt hij een vooraanstaande positie te hebben bekleed. Als bloedverwant van Cyrus was hij ook de kern van het web dat de zeven samenzweerders verbond. Een van hen, Gobryas, was zijn schoonvader én zijn zwager – de huwelijksbanden tussen die twee hadden niet hechter kunnen zijn. De broer van Darius, Artaphernes, een man van zeldzame moed en intelligentie, was eveneens, ofschoon niet een van de zeven samenzweerders, tot handelen bereid, wat er ook besloten werd. Volop aanwijzingen dus voor een familieaangelegenheid. Overal waar je kijkt doemt Darius op als de leider van het complot.

Waarom werd er dan zo op gehamerd dat hij er niet van het begin af bij was geweest? Hoe kon hij profiteren van deze kennelijke verdraaiing van de chronologie? Wat, om het bot te zeggen, had hij te verbergen? Een voor de hand liggend en dodelijk antwoord dringt zich op: koningsmoord. Immers, wie was er in een betere positie om een complot te smeden voor de moord op de koning dan zijn lansdrager? Maar zulk verraad zou zelfs door de vijanden van Cambyses als not done worden beschouwd. Hoewel Darius algauw liet zien dat hij even brutaal als meedogenloos was, liep hij niet bepaald te koop met zijn misdaden. Het gevolg is dat de waarheid over zijn schuld of onschuld voor altijd voor ons verborgen zal blijven.[43] Maar hoewel we de betrokkenheid van Darius bij de dood van Cambyses als onbewezen moeten beschouwen, is zijn aandeel in de ontwikkeling van het complot tegen Bardiya veel zekerder. Toen Otanes, die op voorzichtigheid aandrong, voorstelde om af te wachten en meer mensen bij de samenzwering te betrekken, verklaarde Darius zich een voorstander van snelle actie. Hij betoogde dat ze niet op de kracht van het getal maar op snelheid en verrassing moesten vertrouwen. Als ze aarzelden, zouden ze hun voordeel verliezen. Hoe gedurfder, hoe groter de kans op succes.

Met de ruggensteun van zijn broer Artaphernes en een meerderheid van de zeven samenzweerders kreeg Darius zijn zin. Hij had goed gegokt. Er deed zich inderdaad een zeldzame gelegenheid voor. Toen de samenzweerders en hun volgelingen over de Chorasanweg naar de voet van het Zagrosgebergte reden, zullen ze gevoeld hebben dat de felle zomerhitte op de vlakten begon te verminderen. De herfst naderde. Weldra zou de koning uit de bergen afdalen. Als het moordcommando hem op open terrein in een hinderlaag kon lokken, ergens langs de weg tussen Ecbatana en het centrum van de koninklijke macht in Perzië, dan zouden ze hem relatief gemakkelijk uit de weg kunnen ruimen. Bedreven ruiters als ze allemaal waren – want een Perzische edelman die niet in het zadel was opgegroeid bestond niet –, zetten de zeven samenzweerders en hun handlangers er een moordend tempo in, doodsbang deze kans te missen. In september waren ze aan de grens van Medië gekomen. Voor hen lag de Chorasanweg, die omhoog door de bergen naar Ecbatana slingerde. En afdalend in hun richting, ergens in die bergen, bevond zich Bardiya.

Inlichtingen over zijn voortgang zullen niet moeilijk in te winnen zijn geweest. Het was altijd druk op de weg. Kooplieden die profiteerden van de consolidatie van het Perzisch gezag dromden in groten getale over de handelsroute, zakenlieden van rijke handelssteden uit de laaglanden, hun gesprekken een exotische spraakverwarring, hun volgeladen pakdieren met klepperende hoeven achter hen aan.[44] Reizigers uit Ecbatana zullen de samenzweerders hebben kunnen verzekeren dat de koning inderdaad zijn zomerresidentie had verlaten en dat hij onderweg was, dat hij niet ver meer weg was. Daarna, naarmate Bardiya dichterbij kwam, werd het verkeer op de weg nóg bonter, steeds meer lakeien en begeleiders van de koning doken op, opzichtig gekleed, hun baard en haar overdadig in de krul, een pauwachtige extravagantie tentoonspreidend die de reizigers erop diende te wijzen dat hun heer en meester naderde, de Koning van Perzië, de Koning van de Wereld.

Maar te midden van al die drukte en de klaroenen en de kleurenpracht waren er ook nog tekenen van een veel oudere orde zichtbaar. Eind september zullen de samenzweerders, terwijl ze voortsnelden langs de noordelijke rand van Nisea, de vruchtbaarste vallei in de Zagros, de meest spectaculaire daarvan onder ogen hebben gekregen. Weg van de hovelingen en de karavanen op de doorgaande route ontrolde zich op de klaverrijke weidegronden een tafereel dat talloze generaties vertrouwd zal zijn voorgekomen. Ja, het herinnerde aan het leven in de tijd dat Medië nog niet bestond. Paarden, witte paarden vulden de vallei – wel 160 000 in getal, beweerde men. Die waren van hetzelfde ras dat twee eeuwen eerder als tribuut aan de Assyriërs was betaald, 'de beste en de grootste'[45] ter wereld, want zelfs de fabuleuze koninkrijken van India – waar, zoals welbekend, elk dier reusachtig groot werd – hadden niets wat daarmee te vergelijken viel. Ooit waren de Meden nomaden geweest en nu waren ze onderdanen van een vreemde monarchie, maar als ze over de vlakte van Nisea reden, zij aan zij met de glanzende kudden, waren ze zich bewust dat ze nog steeds superieure paardentemmers waren. Een grote troost in hun slavernij, want de schimmels, zo sterk en zo snel en zo mooi, werden door de volkeren van de Zagros als heilige wezens beschouwd, door mysterieuze banden innig met het goddelijke verbonden, en met hun koning.

Zelfs de Perzische veroveraars erkenden dit. In Pasargadae werd elke maand een Niseïsche schimmel geofferd voor het gewijde graf van Cyrus. Misschien was dat de reden waarom Bardiya tijdens de afdaling van de Chorasanweg afweek en halt hield bij de kudde. Als hij op zoek was naar legitimering, naar een teken uit de hemel, of misschien alleen uitleg wilde over een boze droom, dan zou hij in Nisea experts genoeg hebben gevonden. De magiërs, duiders van alles wat geheimzinnig was, waren tevens de hoeders van de heilige paarden. Heeft Bardiya die kenners van het ritueel bij hem ontboden en ze gevraagd wat de toekomst in petto had? Misschien. Maar zeker is dat op 29 september 522 v.Chr. een man die zich Bardiya noemde in Nisea was, in een fort dat de naam Sikayauvatiš droeg – en dat Darius hem daar eindelijk trof.

Wat er vervolgens gebeurde zou verder verteld worden door iedereen die afstamde van de zeven leiders van het moordcommando. In de loop der jaren moeten heel wat versies zijn uitgesponnen. Maar allemaal zeggen ze dat Bardiya volledig verrast was. Het schijnt dat de samenzweerders en hun gevolg kalm naar de poorten van het fort reden en brutaal aankondigden dat ze gekomen waren om de koning te spreken. De wachters, van ontzag vervuld door de hoge rang van de bezoekers, lieten ze haastig binnen. Pas op de binnenplaats, toen ze naar de koninklijke verblijven gingen, kwam iemand op het idee ze aan te houden – maar toen was het te laat. De moordenaars overmeesterden de hovelingen op hun weg en stormden Bardiya's slaapkamer binnen. De koning, zo heette het, was in het gezelschap van een concubine. Wanhopig probeerde hij zijn aanvallers met een afgebroken stoelpoot af te weren, maar tevergeefs. Men zei ook dat het Darius' broer was, de 'trouwe Artaphernes', die de dodelijke dolksteek toebracht.[46]

En Bardiya, zoon van Cyrus, Koning der Perzen, viel dood neer op de grond.

Dubbelvisie

Of niet? Nauwelijks hadden de moordenaars hun bloedige karwei voltooid of ze vertelden een heel ander verhaal. Het lijk van de vermoorde werd weliswaar niet aan het publiek getoond, maar voor het overige werd er een heleboel onthuld, tot algemene verbazing. Het verhaal dat de samenzweerders vertelden was onthutsend. De man die ze hadden gedood, zo beweerden ze, was helemaal niet Bardiya, zoon van Cyrus. Die Bardiya was allang dood. De naijverige, barbaarse Cambyses had hem al jaren geleden laten vermoorden. Als Darius en zijn volgelingen niet zo gis waren geweest achter het geheim te komen en niet de moed hadden gehad om het aan de kaak te stellen, was het Perzische volk misschien nooit te weten gekomen hoe monsterlijk het een rad voor ogen gedraaid was.

Dat alles liet een nogal voor de hand liggende vraag onbeantwoord. Als de man die in Sikayauvatiš vermoord was niet de zoon was van Cyrus – en de rechtmatige koning – wie was hij dan wel? Hier namen de onthullingen een nog sinisterder wending. Dat een bedrieger de rol van prins van koninklijken bloede had aangenomen was al schrikbarend genoeg, maar dat hij die rol jarenlang gespeeld had zonder zelfs maar door zijn eigen familie te worden gewantrouwd, dat kon alleen maar een bewijs zijn voor de zwartste kunst. Het moest dus wel een magiër zijn, iemand die geschoold was in de kunst van het bovennatuurlijke. Was het louter toeval dat de bedrieger was verrast in Nisea, op de vlakte van de heilige paarden, een welbekende verblijfplaats van de magiërs? Kennelijk niet – want Bardiya's dubbelganger, zoals de samenzweerders haastig verkondigden, was inderdaad een magiër. 'Gaumata is zijn naam.'[47] Hij mocht dan een obscure boef zijn, van lage komaf, maar zijn toverij was zo krachtig, en zo vermetel was zijn intrige, dat hij met zijn bedrog bijna het hele rijk in handen had gekregen.

In sensationele hervertelling na hervertelling van dit verhaal werden de volledige implicaties van het schandaal uitgemolken en verder opgesierd. Het scheen dat de magiër met al zijn macht een belangrijk detail vergeten was te verhullen: zijn oren waren lang geleden door Cyrus, voor een niet nader genoemd vergrijp, afgesneden. Een dochter van Otanes, Phaidime, een van Bardiya's vrouwen, die nooit had vermoed dat hij gedood was en vervangen door een dubbelganger, streek op een avond terwijl hij sliep over zijn hoofd en ontdekte de ontstellende waarheid. Ze vertelde het aan haar vader en zette daarmee de reeks dramatische gebeurtenissen in werking die culmineerden in de moord op de bedrieger. Aldus luidde in elk geval het verhaal dat jaren later in het hele rijk verteld werd. En er was toen niemand meer om het tegen te spreken.

Als er op de avond van de moord zelf iemand in Nisea was geweest die de zelfrechtvaardiging van de samenzweerders in twijfel had willen trekken, of die had willen wijzen op de schreeuwende onwaarschijnlijkheden, of die had willen vragen waarom het lijk van de zogenaamde bedrieger zo snel was weggewerkt, dan zou hij wel zo wijs zijn geweest zijn mond te houden. Het bloed werd nog van Sikayauvatiš gewassen, dus het was nu niet bepaald het moment om te gaan muggenziften. De samenzweerders waren niet in de stemming om tegenspraak te dulden. De waarschuwing die Darius gaf had niet daverender kunnen zijn: 'Gij die hierna koning zijt, hoedt u krachtig voor de Leugen; de man die een volgeling is van de Leugen, straft hem wel!' Het was een duizelingwekkende truc van een meesterlijk politiek strateeg. Niet de moordenaars, maar de aanklagers van de moordenaars werden in het defensief gedrongen. Sceptici dienden vervloekt te worden als de vijanden van de waarheid.

En dat was voor elke Pers een gevreesd en vreselijk lot. Darius' landgenoten geloofden dat zij het waarachtigste volk ter wereld waren. Drie dingen, zei men, werden hun geleerd: 'paardrijden, boogschieten en de waarheid vertellen'.[49] Door degenen te bedreigen die mochten twijfelen aan zijn verhaal over de misdaden van de magiër lapte Darius niet alleen maar een voor het overige rammelend verhaal op, nee, hij mikte veel hoger. En alleen een Pers was daartoe in staat, want alleen een Pers begreep wat waarheid werkelijk betekende. Hij wist wat achterlijker volkeren niet wisten, namelijk dat het heelal zonder waarheid ten onder zou gaan en zou worden prijsgegeven aan de eeuwige nacht. Dat was meer dan een abstractie, meer zelfs dan een ideaal: het was het wezen van het bestaan.

Daarom had Ahura Mazda, de grootste van alle goden, toen hij in den beginne de tijd en de schepping in het bestaan riep, Arta voortgebracht, die de Waarheid was, om orde in het heelal te brengen. Zonder Arta zou het geen vorm of schoonheid bezitten en zouden de grote bestaanscycli die Ahura Mazda in werking zette geen leven in de wereld kunnen brengen. Maar evengoed was het werk van de Waarheid nooit af. Net als vuur dat ten hemel stijgt gepaard gaat met zwarte rook, zo werd ook Arta, wisten de Perzen, vergezeld door Drauga, de Leugen, die hem als een schaduw volgde. Twee ordes – een van perfectie en een van onwaarachtigheid, elkaars spiegelbeeld – waren in een gevecht gewikkeld dat zo oud was als de tijd zelf.

Wat konden stervelingen anders doen dan de zijde van Arta kiezen, tegen Drauga, Waarheid tegen Leugen, opdat het heelal zelf niet zou wankelen en instorten? 'De ongelukkige die bedrog spint zal dood brengen in het land'[50] – zo was het in oude tijden verkondigd. Hoeveel dodelijker was dan niet het gevaar als een 'ongelukkige' erin was geslaagd de troon van het land te bestijgen? De magiër had, door het uiterlijk van Bardiya aan te nemen en zich in de plaats te stellen van de rechtmatige koning, de scepter van de wereld aan Drauga overhandigd. Darius en zijn metgezellen hadden, door naar Sikayauvatiš te rijden, een kwaad verdelgd dat oneindig veel dreigender was dan alleen maar een bedrieger. Verre van een ordinaire putsch te plegen hadden ze niets minder ondernomen dan de redding van de kosmos.

En nu Gaumata verslagen en vernietigd was, zoals het betaamde, nu stond de troon die hij had bezoedeld leeg. De tekenen van de koninklijke macht – een mantel, een boog en een schild – wachtten in Sikayauvatiš op de rechtmatige pretendent. Maar wie dat mocht zijn en hoe hij te herkennen was, bleef op de avond van de aanslag een mysterie. Van wat volgde is alleen een uiterst verward verhaal overgeleverd. De samenzweerders reden bij nacht de open vlakte op, zo luidde het. Op een afgesproken plaats hielden ze halt en wachtten de zonsopgang af. Toen de eerste zonnestralen boven de getande bergketen in het oosten verschenen, begroette Darius' paard ze met gehinnik. Zijn metgezellen stegen onmiddellijk uit het zadel en vielen eerbiedig op hun knieën. Toen de Grieken dit verhaal vertelden, beweerden ze dat de samenzweerders hadden afgesproken dat 'degene wiens paard het eerst na zonsopgang hinnikte de troon zou bestijgen'[51] – en ze voegden er bovendien aan toe dat Darius vals had gespeeld. Zijn knecht, zeiden ze, had zijn vingers van tevoren in de vulva van een merrie gestoken en ze precies op het moment dat de zon opkwam onder de neus van Darius' paard gehouden. Maar dat was een vuile leugen en typisch iets voor de Grieken. Net iets voor hen om de heilige riten van de Waarheid te verdraaien!

Want het is duidelijk, zelfs op grond van de onbevredigende versie die we hebben, dat Darius' troonsbestijging geschraagd werd door een dwingend, indrukwekkend ritueel. De samenzweerders kwamen niet in de kilte van die septembernacht bijeen om uit te vinden wie de volgende koning mocht zijn, maar omdat ze dat al wisten. Otanes, Darius' enige serieuze rivaal, had al het hoofd voor het onvermijdelijke gebogen en zijn kandidatuur voor de troon ingetrokken. Nee, de edelen die over de vlakte van

Nisea reden vierden een fait accompli. Gezegend door het hinniken van de heilige schimmel en door de ochtendstond in het gebergte wist Darius zich tweemaal de kampioen van Arta. Met de eerste zonnestralen die de vlakte verlichtten begon de nacht, de orde van Drauga, dreigend en amorf, te verbleken onder het schitterende licht van de zon. 'Aldus kan ik u herkennen als sterk en heilig, o Mazda, wanneer door de hand waarin u het tweelinglot van de Leugen en de Rechtschapene houdt, en door de gloed van uw vuur, waarvan de kracht de Waarheid is, de macht van de Goede Gedachte tot mij zal komen.'[52] En nu, op deze ochtend eind september, was de macht van de Goede Gedachte inderdaad tot Nisea gekomen, want de Leugenaar was dood en de Rechtschapene was koning.

Zo wenste Darius het tenminste voor te stellen. Maar het beeld, hoewel steeds terugkerend in zijn propaganda, was niet van hemzelf. Het getuigde weliswaar van een eerbied voor Arta die door alle Ariërs gedeeld werd, maar het berustte ook op de leerstellingen van een veel strikter dualisme. 'Het tweelinglot van de Leugenaar en de Rechtschapene' – dat waren niet de woorden van Darius, maar van die meest legendarische van alle zieners, de Arische profeet Zarathustra, de man die voor het eerst aan een verschrikte wereld had onthuld dat deze een slagveld was in de meedogenloze strijd tussen goed en kwaad. Hier, in deze oorlog, vond de grote doodsstrijd der dingen plaats – want de Profeet, die nog meer revolutionaire leerstellingen predikte, had geleerd dat de cycli van de kosmos zich niet eeuwig bleven herhalen, zoals altijd was aangenomen, maar naar een machtig einde toe bewogen, een universele apocalyps waarin de Waarheid uiteindelijk alle onwaarachtigheid zou vernietigen en op de puinhopen daarvan een eeuwig rijk van de vrede zou stichten. Die laatste en beslissende overwinning was aan de Heer van Leven, Wijsheid en Licht, Ahura Mazda zelf – niet, zoals de andere Iraniërs altijd hadden geloofd, een godheid uit vele, maar de allerhoogste, de almachtige, de enige ongeschapen god. Van hem, als een vuur dat van het ene baken naar het andere springt, kwam alle goedheid: zes grootse emanaties van zijn eigen eeuwige licht, de Ameša Spenta's, heilig en onsterfelijk.[53] Voorts een uitgebreider pantheon van goede geesten, de wereld in zijn vele schoonheden, planten en dieren (en met name de egel, omdat hij zijn tijd doorbracht met het verorberen van insecten, die zwermende uitbraaksels van de duisternis), de trouwe en altijd deugdzame hond, en ten slotte, nobelste van alle schepselen, de mens zelf. 'Zet dan uw oren wijd open om het Goede Nieuws te aanhoren – kijk naar de lichtende vlammen met helderziende geest!' had de Profeet verkondigd om de mensheid op te wekken tot de grote beslissing waarvoor ze gesteld was. 'U hebt de keus welk geloof u wilt volgen, iedereen, elk persoon, met de vrijheid die ieder gegeven is in de machtige beproeving des levens.'[54] De verkeerde keuze, en de weg van Leugen en chaos zou worden ingeslagen; de juiste keuze, en de weg van orde, gemoedsrust en hoop opende zich.

Was Darius de eerste usurpator die begreep hoe bruikbaar deze grote religie van vrede en rechtvaardigheid voor zijn eigen doeleinden kon zijn? We zullen het nooit zeker weten. De vroege geschiedenis van Zarathustra en zijn leer was zelfs voor zijn volgelingen een puzzel. Dat de Profeet de enige zuigeling was die bij zijn geboorte lachte in plaats van huilde, dat hij op dertigjarige leeftijd zijn eerste visioen van Ahura Mazda kreeg toen hij uit een rivier opdook, dat hij ten slotte, op zevenenzeventigjarige leeftijd, door het mes van een moordenaar om het leven werd gebracht – die flarden biografie waren door de vromen bewaard. Maar wanneer hij had geleefd en waar, daar liepen de meningen sterk over uiteen. Sommigen dateerden Zarathustra aan het begin van alle tijden, anderen in de tijd van het bewind van koning Astyages.[55] Volgens sommigen was hij in Bactrië opgegroeid, volgens anderen in de steppen. Maar iedereen was het erover eens dat hij geen Mediër en geen Pers was – en dat kennis van zijn leer voor het eerst naar de Zagros was gekomen uit het Oosten.[56]

Maar met welk effect? Het rijk dat Cyrus stichtte was zeker geen theocratie, het was nooit, in geen enkele zin, 'zoroastrisch'. De Perzen bleven hun oude goden aanbidden, eer bewijzen aan bergen en stromen, en paarden offeren voor de grafsteden van hun koningen. Maar ofschoon het hof van de Achaemeniden in veel praktijken heidens bleef, ademde het overwegend een geest die ook weer niet zo ver van de leer van Zarathustra stond. Evenals in de oostelijke koninkrijken van Iran, waar het monotheïsme van de Profeet het diepst wortel had geschoten, werd Ahura Mazda in het westen al lange tijd als oppergod vereerd. Tussen het autochtone paganisme van de Perzen en de leer van Zarathustra schijnt niet zozeer sprake te zijn geweest van rivaliteit als wel van synergie en zelfs versmelting. Beide waren de uitdrukking van één enkele religieuze impuls die in de loop van eeuwen was geëvolueerd en die in de tijd dat de Perzen de wereld veroverden nog steeds fluctueerde. Vooral tussen de magiërs, die lang adepten waren geweest van de allerocculte en allerheiligste kennis, en de priesters van het zoroastrisme waren er veel overeenkomsten. Het was zelfs niet duidelijk welke orde als eerste een permanente oorlog had afgekondigd tegen insecten en reptielen, wie als eerste witte gewaden was gaan dragen als kenteken van zijn status, of wie als eerste de lijken van zijn metgezellen prijsgaf aan de honden en vogels (een lot dat verder door de Perzen zo verschrikkelijk werd gevonden dat het gereserveerd werd voor koningsmoordenaars). Ook wat de verering van de Goede Heer Ahura Mazda betreft was de beïnvloeding wederzijds. Verre van de Meden en Perzen te vervreemden van hun verwanten in het oosten schijnt hun 'mazdaïsme' te hebben gediend als een bron van eenheid.

Een band die Cyrus in elk geval naar waarde wist te schatten. Zoekend naar een manier om zijn ongeëvenaarde heerschappij over de verschillende Iraanse volkeren te dramatiseren had hij zich bewust bepaalde gewoonten uit hun voorvaderlijke landen eigen gemaakt. In de bakermat van zijn eigen stam, in Pasargadae, ver van Bactrië of Sogdiana, had hij drie opzienbarende nieuwe constructies laten bouwen: vuurhouders van steen, die vanboven uitgehold waren zodat ze diepe, brede kommen vormden waarin withete as permanent brandend kon worden gehouden.[57] Vuur was al lange tijd heilig voor veel Iraniërs, maar voor niemand zo heilig als voor Zarathustra zelf, die leerde dat vlammen het symbool waren van rechtschapenheid en waarheid. Het dagelijks gebed voor een vuur was een heilige plicht voor zijn volgelingen, en Cyrus zal tijdens zijn veroveringen in het oosten zeker getuige zijn geweest van zulke erediensten. Het lijdt geen twijfel dat de Perzen aan Zarathustra zelf 'het verbod ontleenden op lijkverbranding of het onteren van vuur op welke manier dan ook', want dat zegt een Lydische geleerde met zoveel woorden – de eerste keer in de geschiedenis dat een *anairya* naar de Profeet verwijst.[58] De vuurhouders die Cyrus bouwde, hun vlammen reikend naar de azuurblauwe Perzische lucht, zullen zeker de nieuwe geloofsleer hoog en duidelijk hebben verkondigd – maar daarbij tevens een heel andere les hebben geleerd. Cyrus had een volmaakt zinnebeeld voor zijn macht gevonden. Hoe kon koninklijke grootheid beter worden weergegeven dan door associatie met vuur? Zelfs voor iemand die verder niets weet van de Iraanse mores valt dat idee makkelijk te begrijpen. Weldra verrezen er in het hele rijk soortgelijke heiligdommen, de vlammen bewaakt door de magiërs, slechts dan uit te doven wanneer een regerend vorst de dood vond, symbolen zowel van Arta als van de heerschappij van de Perzische koning.

En Darius, zijn handen nog druipend van het koninklijk bloed, ondernam nu stappen om die vereenzelviging van de twee ordes, de hemelse en de sterfelijke, nog explicieter te maken. Zoals hij nooit moe werd te erkennen: alles wat hij was, alles wat hij bereikt had, was te danken aan de gunst van Ahura Mazda. 'Hij verleende mij steun, evenals de andere goden, omdat ik niet ongelovig was, ik was geen volgeling van de Leugen, mijn daden waren niet vals.'[59] Het was zonder meer te veel wat Darius bezwoer. Maar als koningsmoordenaar en usurpator had hij weinig keus. Zijn aanspraak op de troon was zo mager dat hij die niet bepaald kon gebruiken om zijn coup te rechtvaardigen. Er moesten andere rechtvaardigingen uitgedokterd worden – en wel snel. Daarom benadrukte Darius, veel meer dan Cyrus of zijn zonen ooit nodig hadden gevonden, zijn rol als de uitverkorene van God.

Wie God precies was, de Ahura Mazda van het pantheon van zijn voorvaderen, of het opperwezen waarover Zarathustra sprak, liet de nieuwe koning graag in het midden. Ambiguïteit had haar nut. Van essentieel belang was dat Darius respect toonde voor de tradities van zijn eigen volk – en toevallig bood zijn situatie op de vlakte van Nisea daarvoor de volmaakte setting. Zo'n vijfentwintig kilometer ten noorden van Sikayauvatiš doemden hoog en somber midden op een vlakte de tweelingpieken van Behistun op, 'de plaats van de goden', de heiligste berg in heel de Zagros.[60] Hier, vlak bij de plek waar hij voor Bardiya een hinderlaag had gelegd, kon Darius een offer brengen zoals de Perzen en de Meden altijd hadden gedaan, in het heiligdom van de zuivere, open lucht. Maar de moord zelf, de strenge, epische manier waarop hij was uitgevoerd, en de hoedanigheid van de moordenaars, zal voor de volgelingen van Zarathustra associaties hebben opgeroepen die even bruikbaar waren voor de propaganda van Darius. Zes in getal, volgens de leer van de Profeet, waren de Ameša Spenta's, de Weldadige Onsterfelijken die voortkwamen uit Ahura Mazda, en zes in getal waren de metgezellen van Darius in zijn strijd tegen de Leugen. Dat de mensen door dit toeval – of deze symmetrie – aan het denken konden worden gezet was alleen maar gunstig voor de zaak van de koning. Darius was misschien niet de zoon van Cyrus, maar hij kon zich voordoen als iemand die oneindig veel meer indruk maakte: de gevolmachtigde van de Goede Heer, van Ahura Mazda zelf.

Deze naadloze vereenzelviging van zijn macht met die van een universele god was een ontwikkeling die van groot belang was voor de toekomst. Usurpators hadden al sinds onheuglijke tijden goddelijke goedkeuring voor hun daden geclaimd, maar nog nooit die welke Ahura Mazda kon leveren. Met de durf en de creativiteit die het keurmerk waren van zijn stijl kwam Darius dodelijk snel in actie om er zijn voordeel mee te doen. Uit moord en usurpatie zou hij voor zichzelf een zeldzame legitimering smeden. Uit zwakte zou hij een kracht putten die een monarch nog nooit bezeten had.

Maar hoe duizelingwekkend deze verbluffende ambitie ook mocht zijn, de diepte van de afgrond die hem eventueel wachtte was dat evenzeer. De uitverkorene van Ahura Mazda kon zich geen misstap veroorloven – één uitglijder, en Darius zou falen. Terwijl hij en de andere samenzweerders nog bezig waren hun posities in Medië te versterken, bereikte hen al verontrustend nieuws over de reactie op hun coup in andere delen van het rijk. In Elam, een oud koninkrijk aan de grens van Perzië, was een opstand uitgebroken. In Babylon,* de voorname metropolis en de grootste en rijkste stad ter wereld, was naar men zei een pretendent opgestaan die aanspraak maakte op zijn sinds lang vacante troon. Ineens zag het ernaar uit dat het rijk van de Perzen, in plaats van Arta's universele vrede aan de mensheid te brengen, zou verbrokkelen, in chaos ten onder zou gaan, en onder een lengende schaduw zou komen te vallen. Voor Darius, de zelfverkoren kampioen van het licht, kwam nu de ultieme test. Niet alleen zijn eigen toekomst, maar die van het hele Nabije Oosten stond op het spel.

Vóór hem wachtte de weg naar Babylon.

* Gelegen vlak ten zuiden van het huidige Bagdad.

BABYLON

Hemeltrap

Zonder slijk zouden er nooit steden of grote koningen geweest zijn. Dat beweerden de inwoners van Babylon, die heel goed beseften dat hun beschaving gekneed was uit leem. In het begin, toen de wereld nog louter zee was, had Heer Marduk, koning der goden, een vlot van riet gebouwd, het met stof bedekt en dat met water vermengd om een primordiale smurrie te maken waaruit hij zich een huis kon bouwen, het Esagila, het eerste gebouw in de wereld. Dat was eonen later nog te zien, het stond midden in Babylon – maar er was geen tempel voor nodig om de Babyloniërs aan het verstand te brengen wat je met aarde en water kon doen. Dat wisten ze zo wel. 'Ik zal bloed nemen,' had Marduk in de eerste dagen van de wereld aangekondigd, 'en ik zal vlees boetseren en ik zal de eerste mens vormen.'[1] Zijn woord gestand doend mengde hij stof met het geronnen bloed van een gedode rivaal en schiep de mensheid uit het kleverige goedje. Daar, in de oerdaad van de menselijke schepping, werd een patroon uitgezet voor alle tijden. De gewassen op het veld, de stenen van een stadsmuur: wat zouden die zijn zonder leem? Ingesloten als ze waren door de verlatenheid van bergen en woestijnen wisten de Babyloniërs, als ze naar hun land keken, dat ze het gelukkigste van alle volkeren waren, gezegend met niet één maar twee machtige rivieren, overvloedig bewijs van de gunst der goden. De vruchtbaarheid van hun landgoederen, de torenhoge luister van hun gebouwen, de snelle toegang die hun kooplieden hadden tot de zee – allemaal waren het geschenken van de Eufraat en de Tigris. Niet voor niets hadden Griekse reizigers de moddervlakten 'Mesopotamië' genoemd, het 'land tussen de rivieren'; want zonder water zou alle rijkdom van Babylon niets dan droog stof geweest zijn.

De stad was dan ook de parel in de kroon van Perzië. Babylon verloren, alles verloren – zo kon het gaan, dat wisten de Babyloniërs zelf heel goed. Aan eigendunk geen gebrek, ze waren gewend hun stad te beschouwen als de spil van grootse gebeurtenissen. Eeuwenlang hadden hun ambities het

Nabije Oosten doen daveren. Van de vele vijanden van Assyrië was Babylon de meest onverzettelijke geweest en het had samen met de Meden de opstand aangevoerd die het gehate rijk verwoestte. Op de puinhopen hadden de Babyloniërs vervolgens hun eigen heerschappij gevestigd en hun buren met dezelfde beminnelijke methoden die ooit door de Assyriërs waren toegepast laten zuchten onder 'een ijzeren juk'.[2] Zoals Jeremia in het verre Judea klaagde: 'Zijn pijlkoker is als een geopend graf, allen zijn het helden. Verslinden zal het uw oogst en uw brood, verslinden zal het uw zonen en uw dochters, verslinden zal het uw schapen en uw runderen, verslinden zal het uw wijnstok en uw vijgenboom; vergruizelen zal het uw versterkte steden, waarop gij uw vertrouwen stelt, door het zwaard.'[3] En alles geschiedde zoals de profeet had voorzegd. In 586 v.Chr. was Jeruzalem ingenomen en in een geblakerde puinhoop veranderd, en de ongelukkige Judeeërs werden in ballingschap afgevoerd. Daar, wenend aan de rivieren van Babel, kregen ze gezelschap van de verdreven volkeren van andere landen in het Nabije Oosten – want Mesopotamië, hoewel volkrijk en vruchtbaar, kon zichzelf allang niet meer bedruipen. Alleen door zich als een vampier aan verre landen te laven had het zich kunnen handhaven, zijn monsterlijke vraatzucht bevredigend met vreemde volkeren en producten. Immigranten, slaven en ballingen, kooplieden en huurlingen, dromden door de straten van Babylon – de eerste werkelijk multiculturele stad in de geschiedenis. Zelfs toen het zijn onafhankelijkheid aan Cyrus verloor bleef Babylon het summum van de smeltkroes in het Nabije Oosten, zijn straten gevuld met duizend tongen, het gebrul van exotische dieren en de kleurenpracht van vreemde vogels, goud en scharlaken en paarlemoer van de uiteinden van de wereld. Wat waren daarbij vergeleken de binnenlanden van Perzië? Het thuisland van een imperium, wellicht – maar nauwelijks het kloppende hart van de wereld.

Het was dan ook niet verwonderlijk dat de Babyloniërs de Perzische heerschappij louter als een – zo de goden het wilden – tijdelijke aberratie beschouwden. Cyrus, met zijn gebruikelijke imperiale grootmoedigheid, had zich niet verwaardigd de verslagen koninklijke familie uit te schakelen, en hoewel de laatste koning, Nabonidus, een oud man was toen zijn stad viel, had hij bij zijn dood de nodige streberige troonopvolgers nagelaten. Een van hen maakte gebruik van de chaos die ontstond na de moord op Bardiya om zich begin oktober uit te roepen tot Nebukadnezar III. Dat was voor iedereen die in het verleden onder Babylons attenties had gezucht een naam die niet veel goeds voorspelde. Immers, de tweede Nebukadnezar was Babylons grootste heerser geweest, de veroveraar van Jeruzalem en wat niet meer, een stedenverwoester en gesel van trotse naties: hij leefde in de herinnering van allen die hij verslagen had voort als fabelachtig, dodelijk en van goud. Maar de naam van de nieuwe koning mocht dan het hele Nabije Oosten doen huiveren, de Babyloniërs zal hij tot dagdromen hebben aangezet. Het moet voor hen hebben geleken of het oude evenwicht van de wereld werd hersteld. De universele heerschappij, aan Mesopotamië ontfutseld door Perzische bandieten, kon nu weer aan de rechtmatige eigenaar worden teruggegeven. Een Nebukadnezar zou wederom de oppermacht hebben, zoals het hoorde.

Darius, die zich geen kans op propaganda liet ontgaan, was wel zo wijs die sentimenten niet te onderschatten. Daarom ging hij, hoewel de opstand in Elam hem van het centrum van zijn rijk had afgesneden, niet naar Perzië, maar rechtstreeks naar Mesopotamië. Zoals gebruikelijk in hoog tempo afdalend uit de bergen, volgde hij dezelfde route die Cyrus zeventien jaar eerder genomen had – en net als Cyrus ontmoette hij in het begin geen weerstand. Een reusachtige, uit steen gehouwen fallus stond langs de weg om de grens te markeren van het Tweestromenland. Vóór hem, plat en ononderbroken, strekte zich de eentonige alluviale vlakte uit. Alleen een bukkend boertje hier en daar, dat gerst plantte, zal de lege ruimte hebben verstoord, plus hier en daar een ongelijke rij palmen. Die volgden de loop van sloten en kanalen en kwamen hier minder veelvuldig voor dan verder naar het zuiden, in het stroomgebied van de Eufraat. Want de Tigris had, in tegenstelling tot haar zusterrivier, indrukwekkend steile oevers en – ergerlijk voor de boeren – ze stroomde zo snel dat haar naam in het Perzisch 'de pijl' betekende.

Maar wat de rivier ongeschikt maakte voor irrigatie, maakte haar ideaal als verdedigingslinie – verreweg de meest geduchte die Mesopotamië bezat in de algemene monotonie van het landschap. Om die te versterken tegen invallen uit Medië en om het open vlakke land tussen de Tigris en de Eufraat af te schermen, was een hele rij forten van acht meter breed en tien meter hoog gebouwd, hun trotse kantelen overal zichtbaar op de verlaten vlakten. Ook nu nog, zestig jaar na de bouw, droeg deze 'Medische Muur' het stempel van de vorst die hem had laten oprichten, Nebukadnezar II, wiens grootheid de schrik van de wereld was geweest. En een gepastere plaats voor dit vertoon van koninklijke macht had nauwelijks gevonden kunnen worden. In Akkad, het gebied waar de Medische Muur doorheen liep, waarde de geest rond van een noodlottige nieuwigheid uit het verleden. Hier werd, millennia vóór Nebukadnezar, een man, Sargon genaamd, bezocht door een bedwelmende droom, en sindsdien was zijn naam nooit meer vergeten, zodat het de koningen van Babylon een eer was zich koning van Akkad te mogen noemen. Een titel die, in tegenstelling tot andere Mesopotamische benamingen – 'Koning der Vier Windstreken' bijvoorbeeld, of 'Koning van het Heelal' –, bescheiden lijkt, maar die de koningen van Babylon verbond met het begin van de imperiumbouw. Akkad mocht dan allang tot de status van een provincie zijn gereduceerd, zijn oude grandeur meegevoerd op de wind, maar ooit was het de zetel van een wereldrijk, want het was in Akkad, in de drieëntwintigste eeuw v.Chr., dat het idee van wereldverovering ontstond.

Sargon, de obscure avonturier die als het ware uit het niets was opgedoken om zijn fiere ambitie waar te maken, om de onafhankelijkheid van de naburige stadstaten teniet te doen en de opperheerschappij te voeren over 'alle landen onder de hemel',[4] was in Mesopotamië altijd het model gebleven voor een sterke man. Bijna tweeduizend jaar na zijn stichting van Akkad was hij nog steeds het richtsnoer voor de grote koningen. Ja, in de decennia vóór de Perzische verovering was de obsessie met hem een ware rage geworden. In Susa, de hoofdstad van Elam, was een overwinningsgedenkteken, dat oorspronkelijk door de kleinzoon van Sargon van een inscriptie was voorzien, liefderijk opgepoetst en prominent tentoongesteld. Toen in Akkad zelf een standbeeld van de grote man werd opgegraven, snelde Nabonidus er opgewonden naartoe om het te inspecteren en toezicht te houden op de restauratie. Overal verrezen musea – in Ur bijvoorbeeld was de verzameling antiek van Nabonidus' dochter, prinses Ennigaldi-Nanna, ter lering van het publiek zorgvuldig gelabeld en tentoongesteld. Intussen zaten in Babylon de geleerden in grote bibliotheken of archieven te grasduinen om oude documenten te achterhalen, archaïsche zinswendingen opnieuw in omloop te brengen en in het verre verleden te speuren naar een legitimering van de wensen en grillen van hun meesters. De bevolking van Mesopotamië, levend tussen de overblijfselen van millennia, had altijd diep respect gehad voor de oudheid. In plaats van zich er bedrukt door te voelen, recycleden en kannibaliseerden ze de geschiedenis en zetten die naar hun hand.

Misschien dat van de Perzen, toen ze werden geconfronteerd met deze dreigende eerbiedwaardigheid, verwacht werd dat ze er heel anders op reageerden dan ze deden: met achterdocht, met angst zelfs. Niet alleen omdat hun eigen geschiedenis daarbij vergeleken maar een oogwenk was. Het verstrijken van de wereldtijdperken, nauwgezet opgetekend in koningslijsten en sterrentafels, betekende kennis voor degenen die ze bijhielden – en kennis was macht. Babylon was befaamd als een metropolis van wichelaars. Door heel Mesopotamië was een groot netwerk van sterrenwachten gebouwd, waardoor astrologen in staat waren de waarschuwingen uit de hemel te volgen en snel het nieuws daarover aan de chefs van hun inlichtingendienst in Babylon terug te spelen. Dit vermogen om de toekomst te lezen en de patronen uit te zetten die de sterren op het staatsbedrijf wierpen was altijd een machtig wapen van de Babylonische koningen geweest. Voeg daarbij de minutieuze, onpeilbare rituelen waar de stad ook beroemd om was, haar talrijke ziggoerats en tempels, de naar men zei oeroude funderingen waarop haar monumenten waren gebouwd, gelegd in het begin der tijden, hun stenen aangeraakt door de goden – er was nauwelijks iemand die niet door Babylon werd overweldigd.

Maar Cyrus was, toen hij in 539 v.Chr. als veroveraar voor het eerst in de stad kwam, totaal niet geïntimideerd. Hij had zich zelfs veel gevoeliger betoond voor de vreemde en complexe tradities van Mesopotamië en het potentieel dat ze voor zijn regime inhielden dan Nabonidus ooit had gedaan. De laatste koning van Babylon was in zijn fascinatie voor de oudheid met zijn research te ver gegaan. De verering van Sargon als held was niet genoeg, hij moest ook zo nodig nog de loftrompet steken over de Assyrische koningen, die hij zijn 'koninklijke voorzaten'[5] noemde en wier oude titel hij voerde. In een stad die ooit een Assyrische koning van het aardoppervlak had willen vagen was dat op zijn zachtst gezegd tactloos. Maar nog pijnlijker voor de Babylonische gevoeligheid, en uiteindelijk fataal voor Nabonidus, was dat hij Marduk had gepasseerd.

Want een lichtgeraakter god was moeilijk te vinden. Geen sterveling, zelfs de grootste vorst niet, kon het zich veroorloven hem te beledigen. Daarom werd van de koning verwacht dat hij elk nieuwjaar een bezoek bracht aan het Esagila, de grootste tempel van de stad, om zich daar op zijn wangen te laten kletsen en aan zijn oren te laten trekken in een spectaculair vernederingsritueel onder de waarschuwende blik van Marduks vergulde standbeeld. Als de koning tranen in zijn ogen kreeg, des te beter, want dat betekende dat het de god wel behaagde. Als de koning echter helemaal niet kwam opdagen, dan voorspelde dat een onafwendbare ramp voor zijn rijk. Nabonidus had zich in de ogen van de Babyloniërs wel erg schandelijk gedragen. Niet alleen was hij tien jaar lang uit Babylon, en dus uit het Esagila, weggebleven, maar hij had ook nog zout in de wonde gestrooid door in de plaats van Marduk de cultus te promoten van een eerbiedwaardige maangod, Sin. Toegegeven, hij had daar goede oudheidkundige redenen voor opgediept – want net zoals Babylon niet de oudste stad in de wereld was, zoals haar inwoners graag pochten, maar in feite relatief recent was gesticht, zo had Marduk, zijn beschermgod, al even laat de godentroon bestegen. Door de eredienst van Sin te bevorderen had Nabonidus gehoopt voor zijn uitgestrekte rijk een minder voor de hand liggend brandpunt van chauvinistische loyaliteit te vinden dan de dominante Marduk. Daarmee had hij zich echter dodelijk kwetsbaar gemaakt voor de propaganda van Cyrus. 'Marduk,' zo werd gesteld, 'zocht alle landen van de wereld af naar een rechtschapen heerser,'[6] en die vond hij in de koning van Perzië. Cyrus, die door zijn nieuwe onderdanen in Babylon werd onthaald, veroordeelde Nabonidus prompt als een ketter, onderwijl zichzelf doodleuk aanprijzend als de uitverkorene van Marduk. De oude rituelen van de stad mochten ongestoord doorgang vinden. Godenbeelden die Nabonidus uit voorzorg in beslag had genomen, keerden terug naar hun heiligdommen. In de eerste maanden van het Perzisch bewind had Cambyses, die als plaatsvervanger van zijn vader optrad, zich zelfs met nieuwjaar in het Esagila gemeld voor het rituele pak slaag.

En Marduk was voldaan. De orde was gehandhaafd in het Tweestromenland. Jawel, de Perzen waren parvenu's, en jawel, het was niet leuk voor de burgers van 's werelds grootste stad om geregeerd te worden als louter provincialen, maar Cyrus en Cambyses hadden de Babyloniërs vrede gebracht. Groter deugd kon een koning niet worden toegeschreven. De priesters van Marduk, die hun primaat behielden, alsmede hun uitgebreide eigendommen in heel Mesopotamië, waren niet de enige Babyloniërs die geestdriftig met de vreemde overheersing collaboreerden. Ook het zakenleven floreerde. De inflatie, die onder Nabonidus de pan uit was gerezen, werd tot staan gebracht. Handelsroutes, niet langer geblokkeerd door Perzische sancties, stroomden weer vol met karavanen. Voor kooplieden en geldschieters had de inlijving van Mesopotamië bij een wereldrijk weergaloze mogelijkheden geopend. Je kon toch niet verwachten dat sentimentele noties over trouw aan het oude regime het maken van winst in de weg stonden? De Egibis bijvoorbeeld, een geslacht van bankiers dat tientallen jaren lang als geldmakelaar voor de koningen van Babylon was opgetreden, pasten zich onmiddellijk na de val van Nabonidus gladjes aan de nieuwe orde aan en dateerden hun handelspapieren vanaf het jaar van Cyrus' troonsbestijging – ze wilden uitbreiden naar Iran. Binnen een paar jaar hadden ze kantoren geopend in Ecbatana en heel Perzië, enthousiast sloegen ze hun vleugels uit naar zulke uiteenlopende terreinen als de slavenhandel en de huwelijksmakelarij. En toen werden ze ineens verrast door de opstand in Mesopotamië en stonden de Egibis voor een totaal bankroet. In het late najaar van 522 v.Chr. had hun hoofdkantoor in Babylon het contact met de filialen verloren. Twee broers zaten afgesneden van de rest van de familie in Perzië. De schulden van de bank begonnen torenhoog op te lopen. Voor de Egibis bracht de opstand van hun stad geen bevrijding maar rampspoed. Hoe vlugger die werd neergeslagen en hoe sneller de orde op de commerciële markt werd hersteld, des te beter.

Natuurlijk, het feit dat het bewind van de Perzen was ontaard in moord en factiestrijd was voor de meeste Babyloniërs op zichzelf een rechtvaardiging van hun opstand. Net zoals Marduk beledigd was door Nabonidus, zo keek hij nu vanzelfsprekend bedenkelijk naar het ruziënde huis van Cyrus. Maar die redenering, ofschoon een bedreiging voor Darius' aanspraak op de troon, bood hem ook een schitterende kans. Waarom zou hij als uitverkorene van Ahura Mazda niet ook de favoriet blijken te zijn van de Babylonische oppergod? Immers, was het aannemelijk dat Marduk, na de ketterse Nabonidus te hebben afgezet, nu zijn zoon zou zegenen? Was er een betere kans voor Darius om zich als heerser van de wereld te bewijzen dan door een opstand in Babylon neer te slaan? Geen wonder dat hij zo snel naar de stad reed. Begin december hadden vooruitgestuurde Perzische ruiters de Medische Muur al bereikt. Darius maakte een omtrekkende beweging en stak met zijn leger de Tigris over, zijn soldaten hangend aan paarden, kamelen en ballonnen van dierenhuid. Op 13 december 522 v.Chr. bond hij de strijd aan met het leger van Nebukadnezar III en versloeg het verpletterend. Zes dagen later voltooide Darius met een tweede overwinning zijn vernietiging van de Babylonische strijdkrachten. Nebukadnezar vluchtte met de resten van zijn cavalerie terug naar zijn hoofdstad. Geen van de achtergeblevenen die zich overgaven werd gespaard. De weg naar Babylon lag wijd open.

Darius aarzelde niet om hem te nemen. Voor hem uit werd de horizon verduisterd door een monsterlijke rook- en stofwolk, de uitwaseming van een metropool die zijn gelijke niet kende in de wereld. In Babylon woonden maar liefst een kwart miljoen mensen, zich verdringend in de nauwe, kronkelige straten. Maar overvol als de stad was, een dichte agglomeratie van stenen, lichamen en uitwerpselen, ze had wel de langste stedelijke verdedigingswerken die ooit gebouwd waren, en die toch nog slechts een deel van haar oppervlak insloten. De muren, ontzagwekkend zoals alles in Babylon, omsloten een oppervlak van wel zeven en een halve vierkante kilometer, met acht kolossale, rijkversierde poorten, en daar waar de Eufraat geen natuurlijke barrière bood, waren ze versterkt met vestinggrachten, 'grote stromen vernietigend water als de geweldige golven van de zee'. Een indrukwekkende ommuring, zoals gepast voor het toneel van 's werelds fantasieën: 'Babylon, de stad van overvloed; Babylon, wiens inwoners verzadigd zijn van weelde; Babylon, de stad van feesten, verblijding en eindeloze dans.'[7] Zelfs in de donkerste achterafsteegjes, zei men, kon je Ishtar, de godin van de liefde, zien zweven op zoek naar haar uitverkorenen in taveernen en buiten op straat, zodat de hele stad, feestend en op jacht naar erotische avonturen, leek te glinsteren van begeerte. Niet verwonderlijk, dan, dat Babylon voor de ballingen uit Judea een broeinest van losbandigheid scheen, en voor de bewoners van verre landen was het een bovenmenselijk en magisch oord. De stadsmuren, zo werd met stelligheid beweerd, waren negentig kilometer lang en bevatten honderd bronzen poorten. Op straat, zo fluisterde men, werd prostitutie als een heilige plicht beschouwd, en vaders verkochten de seksuele diensten van hun eigen dochters of het niets was. Babylon was niet zozeer een stad als wel een ware wereld op zichzelf. Ja, 'zo immens groot was het dat Cyrus', naar beweerd, 'de buitenwijken kon overmeesteren zonder dat iemand in het centrum op de hoogte was van zijn komst, zodat de Babyloniërs, die een feest vierden, doorgingen met dansen en zich te goed doen. En zo kwam het dat de stad voor de eerste keer viel.'[8]

Maar de tweede keer? De verhalen die verteld werden over Cyrus' inname van Babylon, hoewel hoogstonwaarschijnlijk, hadden nog een zweem van strategische waarheid: een leger dat de stad binnendrong kon inderdaad verdwalen in haar uitgestrekte grondgebied. Toen de muren van Babylon voor hen uit de smog opdoemden, moeten de soldaten van Darius hun hart sneller hebben voelen kloppen, want niets, zelfs de tempels van Egypte niet, had hen kunnen voorbereiden op zoiets reusachtigs. Maar het valt te betwijfelen of hun commandant een spoor van twijfel voelde. Darius wist dat Babylon rijp was om te plukken, want dat hadden zijn spionnen hem verteld. De stad leek onneembaar, maar was in werkelijkheid te verdeeld om verdedigd te kunnen worden. Ze mocht dan, zoals haar bewonderaars claimden, een spiegel van de wereld zijn, maar het beeld dat ze weerkaatste was er een van sociale en etnische haat. Niet alleen de priesters en de kooplieden stonden te popelen om met de Perzische koning te collaboreren. Babylon zat ook vol met de nakomelingen van gedeporteerden die verspreid over de buitenwijken woonden. Weinigen van hen waren bereid hun leven te geven voor een Nebukadnezar. Door het kosmopolitische karakter van de grote stad, ooit het handelsmerk en de steunbeer van haar imperiale macht, dreigde er nu anarchie. De Babyloniërs zullen voor dat vooruitzicht zijn teruggeschrokken, ook al moesten ze er de prijs van overgave aan een vreemde heerser voor betalen. Chaos was in Mesopotamië altijd het ultieme schrikbeeld geweest. De mensen wisten dat in den beginne de hele wereld in de macht van demonen was geweest, onbeheersbaar en barbaars, tot de goden medelijden kregen met de mensheid en orde brachten door hun een koning te schenken. Zonder een monarch zou de beschaving zelf bezwijken en zouden de demonen zeker terugkeren. 'Gezag en bezit en kracht, dat zijn de goddelijke koninklijke eigenschappen.' Aldus was het in oude tijden verkondigd, in een ver verleden, toen zelfs Sargon en zijn koninkrijk nog in de toekomst lagen. 'Gij zult u onderwerpen aan de sterke man, gij zult u verootmoedigen voor de man die macht uitoefent.'[9] Wellicht niet het meest heldhaftige devies, maar praktisch en geheiligd door de gewoonten van millennia. Toen de Babyloniërs de Perzische koning triomfantelijk op zich toe zagen rijden, vielen ze prompt voor hem in het stof. Wederom, net zoals ze voor Cyrus hadden gedaan, openden ze hun poorten.

Darius, die door het glanzend blauwe glazuur van de hoofdpoort trok, nam moeiteloos bezit van de stad. Voor hem was er geen verdwalen bij in het stedelijk labyrint. Symmetrie en chaos waren zij aan zij te vinden in Babylon. Net zoals de goden de vormeloze menselijke maatschappij hadden gestructureerd door haar het heilige instituut der monarchie te schenken, zo was er dwars door het borrelen en gisten van 's werelds grootste stad een dwingend netwerk van boulevards aangelegd. Over de grootste daarvan, de Processieweg, maakte Darius zijn entree in Babylon.

Ay-Ibur-Sabu, 'Moge-De-Hooghartige-Niet-Welvaren', noemden de Babyloniërs de straat, ter herinnering aan triomfen uit het verleden, en deze hele weg als heer en meester afleggen betekende aanspraak maken op de stoutste dromen van de stad. Vertoon was in Babylon de essentie van het koningschap. Het werd allerminst als holle praal beschouwd, maar als een schitterend teken van een godgegeven orde, een die, zo kon men zich voorstellen, als een sidderende bliksemschicht door de stad trok en door merg en been ging en door stof en kalksteen en baksteen. De architectuur van de Processieweg illustreerde deze metafoor magnifiek. Aan het eind van de boulevard, dwars erop en zo groot dat het zelfs het Esagila in de schaduw stelde, stond het meest duizelingwekkende monument van heel Babylon, een gigantische getrapte toren, bestaande uit zeventien miljoen stenen en bijna honderd meter hoog: de Etemenanki, ofwel het 'Huis van de fundamenten van hemel en aarde'. Hierin ging, zoals de naam van de tempel impliceert, een diepzinnig mysterie schuil, dat met een overdonderende symboliek midden in de stad was geplaatst. Maar de Etemenanki was daarvan niet de enige belichaming. Dat was in de ogen van de Babyloniërs ook de sterfelijke persoon van hun koning, want hij was volgens de eeuwenoude traditie van Mesopotamië zowel het kloppend hart van de maatschappij als een volkomen opzichzelfstaand wezen. Dat dit geen paradox was, kon worden geïllustreerd door een simpel bezoek aan de Processieweg. Naast de hoofdpoort van de stad en zichtbaar voor iedereen die Babylon binnenkwam, stond een reusachtig paleis, op zijn manier even in het oog springend als de Etemenanki aan het andere eind van de boulevard. Maar de polychrome pracht van zijn steenwerk, ingelegd met goud en zilver en lapis lazuli en ivoor en cederhout, was zodanig dat wie het ook zag onwillekeurig de ogen neersloeg. Een overdaad van die orde was niet alleen een uitdrukking van koninklijke macht, maar was ook nauwkeurig berekend om die te versterken. Iedereen diende zich tot in zijn ziel onderworpen en ootmoedig te voelen.

Mesopotamië had door haar glamour altijd grote invloed gehad op de buurlanden, en de koningen van Anšan, onder vele anderen, hadden Babylon lange tijd als een model beschouwd voor hun koningspracht. Darius, die zijn intrek nam in het grote koninklijke paleis aan de Processieweg, maakte aanspraak op datzelfde rijke erfgoed: als koning van Perzië zou hij heersen als koning van Babylon en, jawel, ook als koning van Akkad. Ofschoon hij trots was op zijn afkomst, 'een Achaemenide en een Pers, de zoon van een Pers',[10] scheen hij zich niet te goed te voelen om zich te tooien met de geroofde mantel van een Mesopotamische 'Koning der Landen'. Veel meer dan Cyrus of Cambyses had hij dwingende redenen om hem om te hangen. Als usurpator had hij elk stukje legitimatie nodig dat hij kon krijgen.

Na Babylon te hebben gewonnen stond Darius open voor alles wat de stad hem te leren had. Voor een man zo schrander als hij moet de stad één grote demonstratie hebben geleken van wat koningschap werkelijk kon betekenen, vervat in ritueel en luxe en steen. De lessen die hij gretig leerde in Babylon beloofden vruchten af te werpen in de toekomst, en dat moest ook wel, want terwijl Darius nog in de stad vertoefde bereikte hem somber nieuws. Zijn overwinning in Mesopotamië had zijn andere vijanden niet de genadeslag toegebracht. Rebellie was wijdverbreid en nam toe in de gebieden die hij wilde beheersen. Van alle kanten bereikten hem berichten over opstand en oorlog.

Voor Darius stond nog steeds de hele wereld op het spel.

Het einde van de geschiedenis

'Alle koningen ter wereld,' had Cyrus ooit gepocht, 'brachten mij rijke gaven en kusten mijn voeten in Babylon.'[11] Het verblijf van Darius in de stad, dat hem slechts tijdingen van rebellie bezorgde, werd door geen van de openlijke gebaren van clementie gekenmerkt waar zijn voorganger zo van hield. Belegerd als hij was, gaf hij eerder de voorkeur aan zorgvuldig afgemeten daden van wreedheid en vergelding. Zo gebeurde het dat de ongelukkige Nebukadnezar, die bij de inname van zijn hoofdstad gevangengenomen was, zelfs het recht op zijn gevierde naam werd onthouden. Darius haalde weer een bekende truc uit de doos: hij beschuldigde hem van bedrog en liet hem terechtstellen als 'Nidintu-Bel'. Net zoals het lijk van 'Gaumata' met verdachte spoed was weggewerkt, zo werd nu ook Nidintu-Bel, in plaats van over de Processieweg te worden geleid, haastig en discreet aan de spies geregen. Negenenveertig helpers van de zogenaamde bedrieger sneefden samen met hem – zijn naaste intimi, ongetwijfeld.* Doden konden per slot van rekening niet praten.

Maar de achterdocht van hen die buiten Darius' bereik waren en die opstandig bleven, was niet zo makkelijk teniet te doen. Hoewel Babylon was ingenomen, zag het er die winter naar uit dat de verstrooide strijdkrachten van de nieuwe koning, die in de minderheid waren, overmeesterd zouden kunnen worden. Zelfs Perzië was in opstand. Hoewel Bardiya's verdeling van de edelen in twee rivaliserende kampen hem noodlottig was geworden, had die er wel voor gezorgd dat de zaak die met zijn naam geassocieerd werd de moord op hem overleefde – want de edelen die geprofiteerd hadden van zijn politiek konden nu nauwelijks nog rekenen op de gunst van zijn moordenaar. Haastig waren ze bijeengekomen om tegen-

* De identiteit van 'Nidintu-Bel' is niet te achterhalen, maar alle gegevens wijzen erop dat hij van koninklijken bloede was.

stand te bieden aan de coup. Ze schoven iemand uit hun midden, Vahyazdata, naar voren als koning en gaven Darius een koekje van eigen deeg door aan te kondigen dat hun man in feite Bardiya zelf was. Alsof er nog niet genoeg troonpretendenten waren, traden nu overal in Azië rebellen uit de schaduw om vergelijkbare aanspraken te maken op bloedverwantschap met afgezette monarchen uit het verleden en op de roem van verdwenen rijken. Oeroude ambities, korte tijd gefnuikt door het Perzisch bewind, laaiden weer op. Het bedreigendst van al was de inname van Ecbatana door een edelman, Phraortes. Hij maakte gemene zaak met de rebellen in de oostelijke helft van het rijk, die hem grotendeels schielijk erkenden als hun heerser, en kondigde aan dat de gouden tijd van Medië herboren was.

Dit verzet tegen Darius was meer dan louter heimwee naar een vervlogen dynastie. Phraortes was er als de kippen bij om te pochen op zijn afstamming van Astyages. Maar hij was ook de erfgenaam van dezelfde ressentimenten die hadden geholpen de laatste Medische koning van de troon te stoten. De Medische edelen – en ook de Perzische, als ze enige vorm van onafhankelijkheid wilden bewaren – hadden geen andere keus dan de usurpator af te zetten. Want Darius, doortastend, bruut en charismatisch, was zeker geen man om de pretenties van anderen te dulden. Het was voor de clanhoofden een martelend dilemma: ofwel ze gaven de kansen op die een wereldrijk bood, maar kregen daarvoor de kleinschaliger genoegens terug van hun onderlinge factiestrijd, óf ze bleven wereldheersers, maar dan wel als vazallen van een universele koning. Dat toonde, zelfs midden in hun schijnbare doodsstrijd, de grootheid van de Perzen aan: dat 'de hemelen en de aarde en de zee en het droge land'[12] konden daveren terwijl de grote beroering in de kern een burgeroorlog was.

Overal waren de gevechten het dodelijkst tussen mannen die nog maar een paar maanden tevoren strijdmakkers waren geweest. Vahyazdata's leger, dat oostwaarts vanuit Perzië aanviel om de naburige provincie in te nemen, werd in zijn opmars gestuit door de gouverneur, die besloten had zijn lot aan Darius te verbinden. In het noorden, waar rebellen waren opgestaan om Phraortes te steunen, werden de Darius-gezinden niet aangevoerd door een Pers, maar door een landgenoot van Phraortes, een Mediër. Intussen vocht in Medië zelf, in de vrieskou en de jachtsneeuw, het ene clanhoofd tegen het andere om de controle over de Chorasanweg. In januari stootten de troepen van Phraortes door en rukten bijna tot de vlakte van Nisea op, vanwaar ze dreigden Mesopotamië binnen te vallen, net zoals Darius zelf twee maanden eerder had gedaan. Hier zou de beslissende slag van de crisis plaatsvinden. Darius, die wist dat hij zich niet kon veroorloven Babylon te verliezen, terwijl hij tegelijk verwoed een oorlog op meerdere fronten coördineerde, stuurde een klein leger onder aanvoering van Hydarnes, een van de zeven oorspronkelijke samenzweerders, om de Chorasanweg koste wat kost in handen te houden. Hydarnes, wiens toekomst nu onherroepelijk met Darius' ster verbonden was, keerde gehoorzaam terug naar de bevroren Zagros en stelde daar met grimmige vastberadenheid zijn troepen op om de afdaling van de opstandige Meden te blokkeren. De strijd ontbrandde snel, maar bleef onbeslist: Phraortes' leger had geen grote verliezen geleden, maar kon zijn opmars ook niet voortzetten. Hydarnes verschanste zich voor de heilige steile wand van de Behistun en hield de wacht tot zijn meester kwam.

Eindelijk, in april, nadat een grote overwinning op Vahyazdata was gerapporteerd en nadat de opstand in het noorden was neergeslagen, was Darius zover om aan de veldtocht tegen de Meden te beginnen. Hij leidde zijn reservetroepen noordwaarts uit Babylon en voegde zich bij Hydarnes, waarna hij in een bloedige en beslissende slag Phraortes versloeg, hem gevangennam en in de boeien sloeg. Het feit dat hij verzuimd had Gaumata of Nidintu-Bel publiekelijk te onteren maakte hij nu meer dan goed. Ja, met Phraortes had hij geen gruwelijker voorbeeld kunnen stellen. Zijn neus, tong en oren werden afgesneden en hij werd, om er nog een schepje bovenop te doen, aan één oog blind gemaakt. Terwijl andere vooraanstaande rebellen levend werden gevild en hun huid met stro werd opgevuld, werd hun leider voor de poorten van het koninklijk paleis in Ecbatana geketend, 'waar iedereen hem kon zien'.[13] Pas toen zijn landgenoten voldoende gelegenheid hadden gehad met open mond naar zijn vernedering te staren, werd Phraortes, de zogeheten koning van Medië, gespiest.

Allemaal ter bijzondere stichting van de clanhoofden, natuurlijk. Zeker zal het gekronkelde lijk dat aan de spies boven Ecbatana hing te rotten even zwaar op het gemoed van de edelen hebben gedrukt als zijn stank in de zomerlucht hing. Twee maanden later werden de Perzische edelen getrakteerd op hetzelfde lesje. Vahyazdata, tot de strijd verlokt en voor de tweede keer verslagen, werd prompt aan de spies geregen, en zijn naaste adjudanten, tot hetzelfde martelende lot veroordeeld, kronkelden aan een woud van staken. Darius bezag het tafereel met een streng en onverbiddelijk gelaat. Er zouden nu geen troonpretendenten meer naar voren komen om te beweren dat ze Bardiya waren. Eindelijk lag de vermoorde koning in zijn graf. Gezwind nam Darius maatregelen om de leden van zijn hof aan zijn persoon te binden. De diverse vrouwelijke telgen van de koninklijke familie – de zusters, vrouwen en dochters van de man wiens plaats hij had ingenomen – werden in het huwelijksbed gezwiept. Een van hen was Atossa, reeds tweemaal weduwe, die nu voor het eerst koningin werd van een man die niet haar broer was. Wat ze voelde in bed met de moordenaar van Bardiya, daar kunnen we alleen maar naar gissen. In elk geval was ze naar verluidt niet Darius' favoriete vrouw. Die titel ging naar haar jongere zus, Artystone – de tweede dochter van Cyrus die de nieuwe koning door het huwelijk een band met het verleden verschafte.

Niet dat Darius, na door het bloed te hebben gewaad om de *kidaris* te grijpen, er de man naar was om louter met een harem zijn aanspraak kracht bij te zetten. Tegelijk met een exclusieve claim op de stamboom van Cyrus verkondigde hij luid het primaat van zijn eigen geslacht: 'Ik ben Darius, Koning der Koningen, Koning van Perzië, Koning der Landen, de zoon van Hystaspes, kleinzoon van Arsames, een Achaemenide.'[14] Zo, met een sonore dreun, werd het luisterrijk verkondigd. 'Acht leden van mijn familie waren koning vóór mij. Ik ben de negende. Negen opeenvolgende keren zijn wij koning geweest.'[15] Wat natuurlijk de waarheid zover oprekte tot ze knapte. En Cambyses dan? En Cyrus? En het legitieme koningsgeslacht? Ja, en zijn vader dan, Hystaspes, die nog steeds, zij het een tikje gegeneerd, in leven was? Nu hij de wereld in handen had, kon Darius zich veroorloven dat soort kleine ongerechtigheden ter zijde te schuiven. Wat ertoe deed was immers niet wat een beperkte kring van hovelingen en clanhoofden wist, maar wat het rijk – en het nageslacht – ingepeperd kon worden.

Bovendien school achter de verdichtsels alleen maar een diepere waarheid. Tegen de zomer van 521 v.Chr. waren er nog smeulende veenbrandjes in Elam en Mesopotamië, maar de overwinning van Darius werd niet meer betwist: hij had de troon veilig in handen en hij had de wereld voor het Perzische volk gered. Wie anders dan een man die stevig in de gunst stond van Ahura Mazda, zoals Darius van zichzelf altijd beweerd had, kon zoiets verbluffends tot stand brengen? De curve van zijn inspanningen vertoonde een opmerkelijke symmetrie – een zeker teken van een meer dan sterfelijke helpende hand. Het was beslist geen toeval, bijvoorbeeld, dat Behistun, heiligste van alle bergen, getuige was geweest van zowel de executie van Gaumata als de nederlaag van Phraortes – de twee beslissende keerpunten in Darius' gang naar de troon. De nieuwe koning, die zijn campagne tegen de Leugen onsterfelijk wilde maken, deed dat naar beho-

Darius Triomfator, zoals afgebeeld in de rotswand van de Behistun, met onder zijn voet de verslagen Gaumata. De negen leugenkoningen die het gewaagd hadden zich tegen hem te verzetten zijn met de halzen aan elkaar geketend. Nidintu-Bel, de opstandige koning van Babylon, is tweede van links. Phraortes, de opstandige koning van Medië, is derde van links. Vahyazdata, de opstandige koning van Perzië, is zesde van links. De opstandige koning van de Saken, met zijn karakteristieke puntmuts, sluit de rij. (R. *Woods*)

ren op de plaats van deze roerende gebeurtenissen. Al vóór zijn overwinning in Perzië waren steenhouwers bij Behistun aan het werk gezet. Voor het eerst in de geschiedenis zou de Perzische taal, 'uitgesneden als de pagina's van een boek in de bloedgekleurde rots',[16] een geschreven vorm krijgen. Het verhaal over hoe Darius de wereld had gered van het kwaad was te belangrijk om aan de recitaties van de magiërs alleen te worden overgelaten. Slechts harde steen was een gepast heiligdom voor een dergelijk epos. 'Zo werd het gebeiteld en voorgelezen in mijn aanwezigheid. En vervolgens werd de inscriptie afgeschreven en naar elke provincie gestuurd.'[17] Niemand in het rijk hoorde onbekend te zijn met de daden van Darius.

Maar op hetzelfde moment dat hij zijn wapenfeiten tot in de verre uithoeken van de wereld verkondigde was de koning al bezig zich te distantiëren van het gewoel van opstand en oorlog. Zijn bedoelingen worden geïllustreerd in de steile wand van de Behistun zelf, uitgehouwen in een levensgroot reliëf te midden van de kolommen spijkerschrift. Daar doemt een reusachtige Darius op die een in het stof bijtende Gaumata onder zijn voet vermorzelt, terwijl vóór hem, dwergachtig klein en geketend, een rij van leugenkoningen staat. Op het gezicht van de veroveraar is echter geen gekrulde lip, geen teken van een kil snierend bevel te zien, slechts sereniteit, waardigheid, majesteit en kalmte, alsof de triomfen die in het reliëf verheerlijkt worden voor hun held slechts rimpels zijn in een orde buiten de tijd. Dit was een radicale afwijking van de norm van koninklijke zelfpromotie. Wanneer de Assyriërs zichzelf afbeeldden terwijl ze hun vijanden vertrapten, deden ze dat tot in de meest buitensporige, bloedspetterende details, te midden van oprukkende stormtorens, vluchtende verslagenen, stapels buit en afgehakte hoofden. In Behistun niets van dat alles. Waar het Darius om ging was niet de strijd, maar het feit dat de strijd gewonnen was; niet het bloedvergieten, maar het feit dat het bloed geronnen was en een tijd van vrede was aangebroken. Ja, de overwinning op de leugenkoningen was groots en verschrikkelijk, en omdat die de waarheid had bewezen van wat hij altijd had beweerd, dat hij inderdaad de kampioen was van Ahura Mazda, had de nieuwe koning opdracht gegeven de details ervan te laten vastleggen en te verkondigen. Maar nooit meer zou hij toestaan dat hij te midden van louter gebeurtenissen werd afgebeeld. Als universeel monarch stond hij daar nu boven. Net zoals Ahura Mazda buiten het doen en laten van de wereld vertoefde, zo was ook zijn plaatsvervanger, de Koning van Perzië, ontstegen aan ruimte en tijd. De geschiedenis was in feite tot een roemrijk besluit gebracht. Het Perzische rijk was er zowel het einde als de samenvatting van – want wat kon een domein dat gans het bereik van de horizon omsloot anders zijn dan het bolwerk van een ware kosmische orde? Van een dergelijke monarchie, door Darius uit de klauwen van de Leugen verlost, mocht worden verwacht dat ze eeuwig bleef bestaan: oneindig, onwankelbaar, de wachttoren van de Waarheid.

Maar de geschiedenis ging natuurlijk gewoon door. In 520 v.Chr., terwijl Darius' steenhouwers nog hard aan het werk waren op de Behistun, kwamen de immer onhandelbare Elamieten opnieuw in opstand. Darius was ziedend en vervloekte ze in nieuwe, verrassende termen: 'Die Elamieten waren goddeloos,' donderde hij. 'Ze aanbaden Ahura Mazda niet.'[18] Deze veroordeling van een natie omdat ze een religie had veronachtzaamd die de hare niet was – dat was wel iets heel opmerkelijks. Tot dan toe had Darius, in navolging van de geraffineerde politiek van Cyrus, altijd angstvallig de goden van andere volkeren gerespecteerd. Nu deelde hij aan de onderworpen naties van de wereld een strenge en tot dan toe ongehoorde waarschuwing uit. Als volkeren zich bleven verzetten tegen de orde van Ahura Mazda, dan konden ze erop rekenen beschouwd te worden, niet louter als aanhangers van de Leugen, maar als aanbidders van *daivas* – valse goden en demonen. Omgekeerd konden de soldaten die tegen hen ten strijde werden gezonden rekenen op 'goddelijke zegen – zowel nu als in het hiernamaals'.[19] Glorie op aarde en de eeuwigheid in de hemel – dat verzekerde Darius zijn mannen. Het bleek een inspirerend manifest. Toen Gobryas, de schoonvader van Darius, een leger tegen Elam aanvoerde, slaagde hij erin de opstand met een dwingende, haast laatdunkende snelheid de kop in te drukken. Nooit weer zouden de Elamieten het wagen de ontzaglijke macht van de Perzische koning te betwisten. Ziedaar het effect van de eerste heilige oorlog in de geschiedenis.

Want er was iets met die anderszins obscure en ongedenkwaardige veldtocht wat niet veel goeds voorspelde. Darius, die alle mogelijkheden van zijn religie tot op het bot uitprobeerde, had een dramatische vernieuwing geïntroduceerd die de kiem bevatte van radicale ideeën: dat vreemde vijanden als ongelovigen vermorzeld mochten worden, dat aan krijgers het paradijs mocht worden beloofd, dat veroveringen uit naam van een god een morele plicht konden worden. Niet dat Darius, toen hij opdracht gaf Elam binnen te vallen, ooit de bedoeling had gehad zijn religie te verbreiden met het zwaard – zo'n idee was totaal vreemd aan de geest van die tijd. Niettemin daagde er een nieuw tijdperk – en Darius stond aan de wieg ervan. Zijn visie van een imperium als een amalgaam van een kosmische, morele en politieke orde bleek verbluffend succesvol: die was de hoeksteen, niet alleen van zijn eigen heerschappij, maar ook van het hele idee van een universele orde. Het rijk dat Cyrus had gesticht, en dat voor uiteenvallen was behoed, werd nu in feite voor de tweede keer gevestigd – en een mondiale monarchie, opnieuw veiliggesteld, zou een mondiale vrede inluiden.

Want hoe wereldschokkend Darius' usurpatie ook was, het was nooit zijn bedoeling geweest de hele wereld op zijn kop te zetten. Geheel integendeel. De oeroude koninkrijken van het Nabije Oosten, waarvoor het laatste uur van de opstand geslagen had, waren nu uitgespeeld als internationale mogendheden. Maar Darius, de man die verantwoordelijk was voor hun genadeslag, bleef hun schim koesteren. De Perzen konden bruut zijn als het nodig was, maar een gewelddadige revolutie was niet bepaald hun ideaal. De nieuwe koning tooide zijn nieuwe orde met de ornamenten van het verleden. Nog steeds heerste er een farao in Egypte, een Babylonische koning in Mesopotamië, iemand die zich uitgaf voor een telg uit het geslacht Astyages in Medië. Darius was al die dingen – en meer. 'Koning der Koningen':[20] dat was zijn roemrijkste titel, niet zozeer omdat hij al die andere koninkrijken als horig aan hem beschouwde – hoewel hij dat ook deed – maar meer omdat hij graag mocht poseren als de essentie van het koningschap. Alle monarchieën die ooit hadden bestaan dienden te worden beschouwd als door hem verpersoonlijkt. Hij was de Grote Koning.

En niemand was nog zijn gelijke. Zelfs zijn voormalige gezellen, zelfs die met de beroemdste en doorluchtigste namen in Perzië, zelfs de zes andere samenzweerders, allemaal werden ze geschaard onder *bandaka* – dienaren des konings. De edelen, gedecimeerd door de burgeroorlog en geïntimideerd door de geharde krijgers van Darius, durfden niet langer de pretenties van de koninklijke macht te betwisten. Darius zelf, die niet voor niets de eerste maanden van zijn bewind in Babylon had doorgebracht, nam snel maatregelen om dit in te peperen. Hij gaf opdracht om in Susa, de hoofdstad van de Elamieten, een groot deel van de oude stad met de grond gelijk te maken en een reusachtige nieuwe koningsstad te bouwen, ter vernedering van de plaats zelf, want hij werd niet gebouwd op de natuurlijke contouren van het land, maar op een kunstmatig geëgaliseerd oppervlak, een immens funderingsblok van grind en gedroogde klei. Darius was echter niet tevreden met het uit de grond stampen van één nieuwe hoofdstad, en begon uit te kijken naar maagdelijk terrein in Perzië zelf, om een tweede en zo mogelijk nog grotere te stichten. Hij koos een locatie ruim dertig kilometer ten zuiden van Pasargadae, een stad die, hoewel Darius zijn eer eraan bleef betuigen, te veel met Cyrus geassocieerd werd om als de zijne te dienen. Darius wilde een toneel voor hem en hem alleen, en hij had zijn oog laten vallen op een plek die al eerder in het schijnsel van zijn glorie had gestaan. Dat was de Genadeberg, een naam die niet zonder ironie was, want aan de voet daarvan waren Vahyazdata en de opstandige edelen aan de spies geregen. Nu gaf Darius opdracht om dwars op de berghelling een reusachtig terras te laten bouwen, een platform met een volmaakt uitzicht op de killingfields daaronder, 'wonderschoon en sereen'[23] – een passende sokkel voor de hoofdstad van de wereld.

Darius noemde haar 'Parsa', alsof heel de uitgestrektheid van Perzië binnen haar stadswallen moest worden gepropt. En in zekere zin gebeurde dat ook. De koning had een onstilbare honger naar centralisatie. De stad die veel later door de Grieken Persepolis zou worden genoemd, werd gebouwd als een zenuwcentrum, een krachtcentrale en een uitstalkast. Niet alleen Perzië, ook de rijken van het uitgestrekte gebied daarbuiten moesten geünificeerd worden in één gigantische administratieve eenheid, met als vanzelfsprekend brandpunt de figuur van de koning zelf. Darius had niet voor niets de eerste vijf jaar van zijn bewind besteed aan het consolideren van zijn rijk, en hij was vastbesloten het nooit meer door ineenstorting te laten bedreigen. Met zijn gebruikelijke energie wierp hij zich op de zwaarste regeringstaak die een monarch ooit had ondernomen: niets minder dan de wereld een gezonde financiële basis te verschaffen. Het was een uitdaging die de ondergang was geworden van Cambyses en Bardiya, maar Darius' talenten bleken wederom zijn ambitie te evenaren. De financiële crisis die het rijk in het laatste jaar van Cambyses' bewind had geteisterd werd kordaat opgelost: het krakkemikkige belastingsysteem dat onder Cyrus en zijn zonen was toegepast werd gestroomlijnd en hervormd; de tributen van elke provincie, tot aan de uiteinden van de bekende wereld, werden zorgvuldig vastgesteld. Het was een ongeëvenaarde prestatie die bijna twee eeuwen lang de grondslag van de Perzische macht zou blijven. Nog meer dan zijn generaalschap, of zijn propagandistisch genie, was het zijn nauwgezette financieel-politieke meesterschap dat het rijk uit het slop trok. Niet alleen de rijzende pracht van Persepolis en Susa getuigde luid van zijn heerschappij, maar ook de bureaucraten die de koninklijke paleizen bemanden en die, beladen met perkamenten, kleitabletten en rekentafels, tussen de bouwwerken door stiefelden. De Perzische edelen mochten dan

Darius en zijn hofhouding, zoals voorgesteld door een Griekse schilder uit de vierde eeuw v.Chr. Een eeuw na Marathon was Darius nog de verpersoonlijking van koninklijke macht. (*Museum van Napels*)

achter Darius' rug hun koning spottend en snierend een 'kruidenier'[22] noemen, maar het rijk, en de grootheid van Perzië, zou zonder boekhouding nergens geweest zijn.

Een waarheid die zichtbaar werd gemaakt door het materiaal van de paleizen zelf – want de belastingafdracht aan de Grote Koning was niet louter een zaak van stoffige archieven, maar van luisterrijk, sacraal drama. In de maanden dat hij in Babylon was zal Darius hebben gezien hoezeer de grootheid van die stad, van de ornamenten van de paleizen tot de vele talen die op straat werden gesproken, getuigde van de omvang van zijn verdwenen rijk. Het was dus alleen maar gepast dat Susa en Persepolis, als hoofdsteden van een grondgebied vele malen groter dan dat van Babylon, rijk werden bedeeld met 'materialen van ver gebracht'.[23] Hier, zoals de opzet was, klonken breed schallende echo's door van de loftrompet die werd gestoken over de luister van alle eerdere koningen. Als aankleding een maat is voor grootheid, dan was Darius met zijn *grands projets* tot weergaloze hoogte gestegen. 'Het goud werd gebracht uit Sardis en uit Bactrië, en hier door ambachtslieden bewerkt, en de edelstenen die hier werden gebruikt, lapis lazuli en kornalijn, die waren gebracht uit Sogdiana.' Zo werd de bezoekers aan Susa plechtig te kennen gegeven. 'Het zilver en het ebbenhout werden uit India gebracht, en de friezen op de muren, die werden uit Ionië gebracht, en het ivoor dat hier werd gesneden, dat kwam uit Nubië en India en Arachosië.'[24] Enzovoort, enzovoort, op hoogdravende, apetrotse toon werden de tributen of werkstukken uit drieëntwintig gebieden van het rijk opgesomd. Nog nooit hadden de details van belastingopbrengsten voor zo'n duizelingwekkend vertoon gezorgd.

En hoe zat het met de Babyloniërs, wier stad voordien de hoofdstad van de wereld was geweest? Hun taak was het om funderingen te graven en kleistenen te bakken. Niet de meest begeerlijke opdracht, zou je denken. Maar toen Darius de verschillende onderworpen volkeren opsomde die aan Susa hadden bijgedragen, zette hij de Babyloniërs boven aan de lijst. 'Dat de aarde was uitgegraven en het puin aangestampt, en de zongebakken stenen waren gevormd, dat was te danken aan de Babyloniërs – zij verrichtten deze taken.'[25] De symboliek lag er dik bovenop en was, Darius kennende, ongetwijfeld ook zo bedoeld. Zoals hij wel geweten moet hebben, was het de praktijk in Mesopotamië om nooit het puin te ruimen van verwoeste monumenten, maar het altijd af te dekken en er vervolgens nieuwe gebouwen bovenop te zetten. Een tempel bijvoorbeeld, al was hij hemelhoog, werd gebouwd op de resten van het verleden. En zo gebeurde het ook met de paleizen van de Grote Koning.

Susa en Persepolis, gebouwd op massieve terrassen van Babylonische stenen en getooid met de schatten en de weelde van de wereld, waren dan misschien geen verblijfplaatsen van goden, maar ze vormden wel de schrijn van een dwingende spirituele visie. Terwijl Babylon zinderde van een energie die voortvloeide uit zijn ontzaglijke omvang, waren de hoofdsteden van de Perzische monarch, gemodelleerd volgens alle grillen van hun stichter, luisterrijke toonbeelden van een harmonieuze orde. Dat wil niet zeggen dat ze niets hadden van een metropool: al voor de stichting van Persepolis had de alomtegenwoordige bankiersfamilie, de Egibis, een kantoor in die contreien geopend, weldra gevolgd door andere kooplieden en geldschieters; overal waar je keek krioelde het van de bureaucraten – en handwerkslieden en arbeiders uit alle hoeken van de wereld droegen hun steentje bij aan de Babylonische spraakverwarring op straat. Maar Persepolis en Susa waren niet zo koortsachtig kosmopolitisch als Babylon, en het had ook nooit in Darius' bedoeling gelegen dat ze dat zouden worden. De Grote Koning hoefde niet uit zijn paleis tussen de riekende menigte te stappen om zijn macht tentoon te spreiden. Een aantekening over een belastingafdracht, veilig opgetekend in een archief, de glinstering op een paleisdeur van een zeldzaam edelmetaal, gedolven in een onnoemelijk verafgelegen berggebied, de afbeelding op een fries van een nederige schatplichtige – een Arabier, of een Nubiër, of een Gandharees – zijn horigheid voor alle tijden vastgelegd in het patroon van de voorstelling –, al die dingen getuigden met volmaakte helderheid van het tijdloze karakter van de Perzische macht. Hoe belangrijk ook de bloedige praktijk van een imperiaal bewind voor Darius was, de afschaduwing daarvan, zijn sacrale visioen van een universele staat waaraan zijn uitgestrekte heerschappij geheel en al was opgelegd in het belang van de onderworpenen, was dat evenzeer. Het verbond, belichaamd door het Perzisch bewind, had niet duidelijker over het voetlicht kunnen worden gebracht: harmonie in ruil voor nederigheid, bescherming voor vernedering, de zegeningen van een wereldorde voor gehoorzaamheid en onderwerping. Dat was natuurlijk in vergelijking met de propaganda van de grote Mesopotamische rijken een boodschap die opmerkelijk vrij was van bloeddorst – maar wel een die zeer effectief diende om wereldwijde veroveringen zonder eind te rechtvaardigen.

Want de logica was schril. Als het de lotsbestemming was van het Perzische volk om vrede te brengen aan een lijdende wereld, dan waren zij die zich ertegen verzetten zonder meer de vertegenwoordigers van anarchie en duisternis. Instrumenten van de Leugen als ze waren, bedreigden ze niet alleen het rijk van Darius, maar ook de kosmos waar het een afspiegeling van was. Zelfs de aarde en de hemel waren bijwijlen in staat hun afkeer kenbaar te maken van de vijanden van de Grote Koning. In 519 v.Chr., een jaar na de onderdrukking van de Elamitische opstand, brak er aan de noordelijke grens van het rijk onder de Saken, die onverbeterlijke rebellen, een nieuwe revolte uit. Darius voerde een strijdmacht tegen ze aan, werd verraden door zijn gids, en verdwaalde en verdorstte in de kale steppen. Met kilometers in de omtrek nergens water, en geen teken van regen, nam de koning zijn toevlucht tot een wanhopige maatregel. Hij klom naar de top van een heuvel, ontdeed zich van zijn mantel en *kidaris*, en stak zijn scepter in de grond. Toen het ochtend werd en de schimmen der duisternis van de aarde werden verdreven, verhief de Koning der Koningen zijn stem in gebed. Zijn smeekbeden werden verhoord: regen viel uit de hemel en de aarde werd verfrist door water. Darius raapte zijn koninklijke uitrusting bij elkaar en leidde zijn leger naar een overwinning op de rebellen. Voor de Perzen kon er nauwelijks een avontuur met een inspirerender strekking zijn geweest: het leerde hun dat er geen oord zo afgelegen was of het kon bedwongen en getemd worden. 'Van deze zijde van de oceaan tot de andere zijde van de oceaan, en van deze zijde van het dorre land tot de andere zijde van het dorre land,'[26] Darius heerste over allemaal.

Het dient gezegd, hoe weergaloos uitgestrekt het bereik van de Grote Koning ook was, het omvatte nog niet de hele wereld. Voorbij de Jaxartes strekten de steppelanden van Azië zich nog onbedwongen tot aan de verre grensrivier de Rangha uit. In Afrika was een Perzisch leger, dat door Cambyses westwaarts was gezonden, geheel en al door een woestijnstorm verzwolgen.* In Europa, aan de overzijde van de zee, tegenover de Ionische steden, lag een nog nauwelijks geëxploreerd continent om binnen te dringen en te onderwerpen. Maar de tijd voor die verre en barbaarse landen zou zeker komen. De legers van de Grote Koning waren onstuitbaar. Orde zou worden opgelegd aan de laatste bolwerken van de Leugen. Nauwelijks was Darius teruggekeerd van zijn overwinning op de Saken of hij keek uit naar nieuwe veroveringen. In 518 v.Chr. richtte hij de blik oostwaarts en rustte een oorlogseskader uit om het mysterieuze land aan de Indus te verkennen. De invasie volgde snel: de Punjab werd bedwongen en kreeg een schatplicht van goudstof, olifanten en soortgelijke wonderen opgelegd. Ja, de grote rivier zelf werd symbolisch onder het juk geplaatst: een grote kruik met zijn water werd naar Darius gebracht en in zijn schatkamer gezet, naast het water van andere rivieren, dat ook gevangen werd gehouden ter meerdere glorie van de koning.[27]

Het was waar, er bestonden nog verdere landen voorbij de Indus die onafhankelijk waren van de Perzische heerschappij, maar zelfs die, ofschoon niet formeel in een provincie ondergebracht, konden gezegend worden met de gunst van de koning. Het enige wat de smekelingen hoefden te doen was hem een gift van aarde en water brengen, waarna ze zich in ruil daarvoor konden warmen aan het licht van zijn aandacht. Een plechtig, ontzagwekkend ritueel ging gepaard met het aanbieden van die giften. De smekelingen moesten een eed van trouw aan Perzië zweren en zich vervolgens op de verstrooide aarde van hun eigen land werpen. Op die manier bracht de Grote Koning symbolisch tot uitdrukking dat de werken van zowel de natuur als van de mensen in zijn orde waren opgenomen – ten bate van iedereen. De smekelingen zelf konden, wanneer ze zich uit de ontzagwekkende aanwezigheid van de koning verwijderden, niet de geringste twijfel hebben over de betekenis van het gebaar dat ze hadden gemaakt. Ze hadden een stap gezet die niet meer ongedaan gemaakt

* Volgens Herodotus in elk geval, die, toegegeven, niet de betrouwbaarste bron is als het gaat om de details van Cambyses' bewind. Eerlijkheidshalve dient vermeld te worden dat alle pogingen om de beenderen van Cambyses' verloren leger te vinden op de plaats waar ze onder het zand van de Libische woestijn zouden moeten liggen, op niets zijn uitgelopen.

kon worden. Ze waren een deel geworden, hoe nederig ook, van het wereldrijk.

De legers van de Grote Koning waren dus niet nodig om de grenzen van de Perzische macht uit te breiden. Westwaarts zowel als oostwaarts, over zee en over land, schoven ze op. Rond de tijd van de verovering van de Punjab voer Otanes, ooit de mededinger van Darius naar de troon, door het oostelijk deel van de Egeïsche Zee. Het eiland Samos was formeel bij het rijk ingelijfd en de naburige eilanden begonnen erover te denken de gezant des konings aarde en water te schenken om de Perzische vloot vóór te zijn. Dit was voor Darius een veelbelovende ontwikkeling. Nu de rijke vlakten van de Indus gepacificeerd waren, kon hij zijn aandacht richten op het andere uiteinde van zijn gebied. Twee continenten hadden zich reeds onderworpen aan zijn heerschappij – waarom dan niet een derde?

De blik van de Grote Koning vestigde zich onverbiddelijk op het westen.

SPARTA

'Wie zijn de Spartanen?'

In de eerste jaren van de Perzische gang naar grootheid, toen Cyrus nog in Lydië was, kreeg hij onverwacht bezoek van een delegatie van de overkant van de Egeïsche Zee. De afgezanten waren Grieken, maar ze waren heel anders dan de Grieken van Azië, wier aanlokkelijk welvarende steden Cyrus op dat moment van plan was te veroveren. De vreemdelingen droegen lang haar en opvallend rode mantels. Ze spraken niet met de subtiliteit en de distinctie die gebruikelijk waren in de diplomatie, maar bruusk, direct, ruw. De boodschap die ze de grootste koning ter wereld brachten was simpel: Cyrus kon maar beter de steden van de Ioniërs met rust laten, anders zou hij te maken krijgen met degenen die hen gestuurd hadden – de Spartanen. Het was duidelijk dat de vreemdelingen het gevoel hadden dat alleen al het noemen van hun naam voldoende was om zijn bloed te doen stollen, want ze voegden er niets meer aan toe. Toen Cyrus ze alleen liet, moest hij een Ionische helper in de buurt ontbieden om totaal verbijsterd te vragen: 'Zeg eens, wie zijn de Spartanen?'[1]

Een rare vraag voor een Griek. Hoe kon een Aziaat nou níét van de Spartanen hebben gehoord? Niets had de vreemde, buitenissige aard van de Perzen beter kunnen illustreren dan het feit dat ze de beruchtste vrouw uit de geschiedenis niet kenden. Helena van Sparta had honderden jaren eerder rampspoed gebracht, zowel over Azië als over Griekenland. Voor haar ontvoering vanuit het huis van haar echtgenoot, koning Menelaos, naar de legendarische stad Troje had de hele wereld moeten bloeden. Tien lange jaren hadden de helden van Oost en West elkaar in de aarde op de Trojaanse vlakte geveld. Alleen met de verwoesting van wat in de ogen van de Grieken de grootste stad van Azië was, met het afslachten van zijn mannen en de onderwerping in slavernij van zijn vrouwen, was er een einde gekomen aan de verschrikkelijke oorlog. De enorme schaal van de teweeggebrachte vernietiging was iets wat de afstammelingen van de overwinnaars bepaald niet vrolijk stemde – er was immers 'een groot expeditieleger op de

Het beeld van de angstaanjagendste staat in Griekenland. Een Spartaanse krijger met lange haren en een mantel om tuurt door de oogspleten van zijn helm. (*Wadsworth Atheneum Museum of Art, Hartford, CT; gift van J. Pierpont Morgan*)

been gebracht dat Azië binnenviel en de macht van Troje vernietigde, alleen maar om één enkele Spartaanse vrouw'.[2] Geen wonder dat veel Grieken, en vooral zij die daadwerkelijk in het grensgebied van Azië woonden, zich voorstelden dat het hele uitgestrekte Oosten nog steeds mokte en broeide van ressentiment om oud onrecht. In hun precaire toestand aan de rand van het grote continent hadden de Ioniërs goede redenen om de wraakzuchtige schimmen van de Trojaanse doden te vrezen.

Voor de Spartanen zelf echter was de nagedachtenis aan de beroemdste dochter van hun staat heilig. Menelaos, zo werd verteld, had naar Helena gezocht in het finale bloedbad dat onder de Trojanen was aangericht, met de bedoeling haar met de andere lijken op een hoop te gooien, een gepaste straf voor de slachtpartij die ze had aangericht. Maar toen hij zijn vrouw eindelijk had gevonden, doodde hij haar niet maar liet zijn zwaard vallen, met stomheid geslagen door de volmaakte schoonheid van haar blote borsten, en nam haar in zijn armen. Samen waren ze naar Sparta teruggekeerd, waar hun graf nog steeds te zien was op een heuvel ten zuiden van de stad, de reusachtige steenblokken gestapeld op aarde zo rood als Menelaos' haar. Helena zelf, de 'godlijke vrouw',[3] was heel wat vergulder dan haar echtgenoot: niet alleen was ze blond, maar zelfs haar spindel was van goud. Als Cyrus had geweten dat de Spartanen het heiligdom van zo'n sensuele en hedonistische vrouw aanbaden, zou hij ongetwijfeld bevestigd zijn geweest in zijn minachting voor hun belachelijke pretenties. In elk geval zullen hun langharige en in scharlakenrode mantels gehulde afgezanten echte adepten van Helena hebben geleken. Want Cyrus zal ruim de gelegenheid hebben gehad om erachter te komen dat het dragen van lang haar bij de Grieken in het algemeen als een teken van verwijfdheid werd beschouwd, en het dragen van kostbaar vermiljoen als een ongebreidelde verkwisting. Het was niet verwonderlijk dat de Perzen verkozen het dreigement van de Spartanen smalend naast zich neer te leggen. Van zulke luxebeesten hadden ze immers niks te vrezen?

Uiterlijke schijn kon natuurlijk bedriegen, maar het was waar dat de Spartanen ooit, in het begin van hun geschiedenis, bekend hadden gestaan om hun materialisme en hebzucht. 'Inhaligheid zal hun ondergang worden,' werd alom voorspeld.[4] Sparta was in de achtste en zevende eeuw v.Chr. een schoolvoorbeeld van alles wat de Grieken hoopten te vermijden: zijn elite was bruut en roofzuchtig, zijn landhonger was obsceen, de armoede van de gemiddelde burger, uitgezogen en vaak ook nog van zijn vrijheid beroofd, was shockerend. Ontstelde buitenlandse waarnemers die het giftige karakter van de Spartaanse klassenhaat zagen, aarzelden niet om te oordelen dat het de 'allerslechtste bestuursvorm' had van alle Griekse staten.[5] En dat in een tijd toen aan competitie geen gebrek was, want overal in de Griekse wereld was tegen de zevende eeuw v.Chr. de kloof tussen rijk en arm, tussen de minderheid en de meerderheid, schrikbarend breder geworden, zodat het ideaal van goed bestuur – *eunomia*, zoals het genoemd werd – een verre droom leek, en instabiliteit troef was.

Ook elders in de wereld was maatschappelijke onrust niet onbekend, zoals de clanhoofden van Medië en Perzië konden bevestigen. Bij de Grieken echter had het verlangen naar *eunomia* een bijzondere urgentie. In hun streven daarnaar stonden ze in zekere zin alleen. Er was in elk geval in hun arme, achtergebleven land geen equivalent van de millennia oude tradities van de oosterse monarchieën. In tegenstelling tot de clanleden van de Zagros waren zij ver verwijderd van de bronnen van de beschaving. Verstoken van een model voor centralisatie of een bureaucratie was de Griekse wereld al vroeg uiteengevallen in talloze met elkaar concurrerende stadstaatjes, elk met hun eigen soort constitutionele crisis. Maar ofschoon geteisterd door chronische sociale spanningen waren de Grieken zich ook welbewust van de vrijheid die het provincialisme hun bood: experimenteren, innoveren en je eigen weg gaan. 'Beter een kleine stad boven op een rots, mits goed bestuurd,' zou je kunnen zeggen, 'dan alle rijkdommen van het idiote Nineve.'[6] Zeker, vergeleken met het ruige landschap waarin de Griekse steden verspreid lagen, leken de lieflijke laagvlakten van Mesopotamië algauw een tikje week. In Griekenland boden de gebergten die de laaglanden insloten en menige staat van de andere scheidde – om maar te zwijgen van de rest van de wereld – zowel een ruig soort autonomie als isolement.

De Spartanen hadden in elk geval hun voordeel gedaan met de ligging van hun stadstaat. Dat ze vrij waren geweest om zich in hun lust tot klassenoorlog uit te leven, was vrijwel geheel aan de geografie te danken. Laconië, het gebied in de zuidelijke uithoek van Griekenland dat door hun stad gedomineerd werd, was rondom omgeven door geweldige natuurlijke barrières: in het oosten en zuiden door de zee, in het noorden door vale, onherbergzame heuvels, in het westen door de immense, woeste Taygetos, een bergketen waarvan de vijf klauwachtige pieken zelfs in de zomerhitte met sneeuw bedekt waren. Achter zulke grenzen kan een stad zichzelf gemakkelijk ongestoord de vernieling in helpen.

Maar achter zulke grenzen kan ze evengoed evolueren en van gedaante

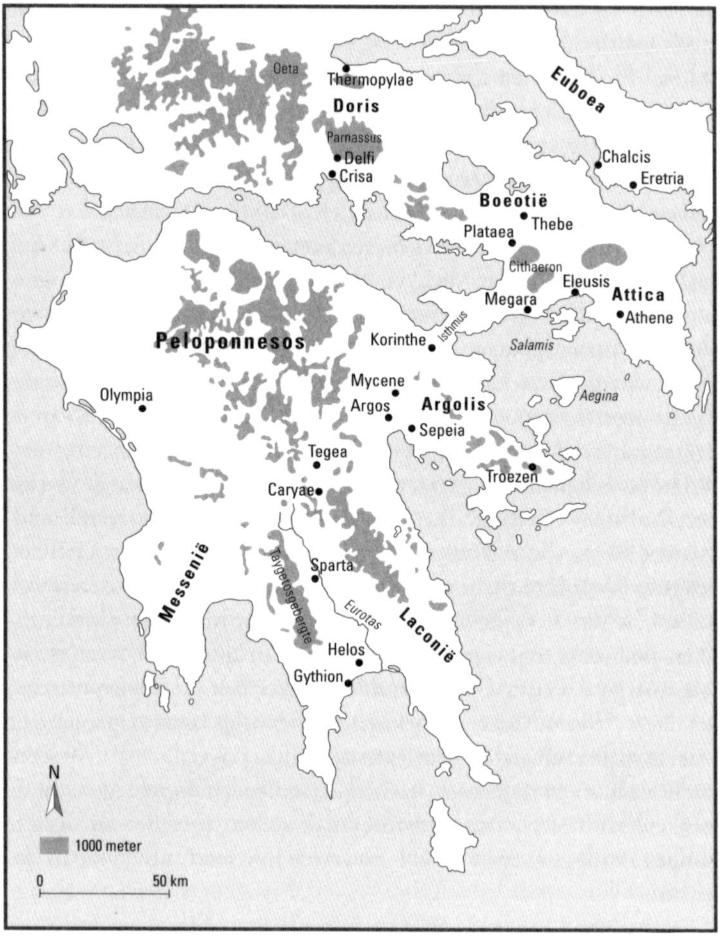

De Peloponnesos

verwisselen. De Spartanen vormden net als de Perzen oorspronkelijk een tribale monarchie, met een staat die wortelde in een oeroud nomadisch verleden. Sparta zelf was, in weerwil van zijn eerbiedwaardige naam, weinig meer dan een agglomeratie van vier dorpen, gesticht op wat voorheen vrijwel maagdelijke grond was. In elk geval had het niets te maken met het oorspronkelijke Sparta, het Sparta van Helena en Menelaos. Hoe indrukwekkend de grafstede van het echtpaar ook over de Laconische vlakte uitkeek, het heiligdom getuigde niet van continuïteit maar juist van het tegendeel: een brute breuk met het verleden. Bergen begraven puin lagen eromheen, alles wat over was van een lang geleden verlaten paleis, misschien wel het paleis waarin Helena en Menelaos zelf gewoond hadden. Toch waren rond 1200 v.Chr. dit en alle andere grote gebouwen van Laconië geplunderd en tot de grond toe afgebrand. Waarom en door wie was snel vergeten: de verwoesting was te totaal om in de herinnering te worden bewaard. Eeuwen waren verstreken. Geleidelijk aan was het gat dat de ineenstorting van Menelaos' koninkrijk had achtergelaten opgevuld door nieuwkomers uit het noorden, rondtrekkende stammen die later Doriërs werden genoemd, ter fiere onderscheiding van de overwonnen inheemse Grieken.[7] Maar ook de Doriërs waren Grieken, en verre van onbekend met het gouden verleden van hun geadopteerde thuisland. Ja, men zei zelfs dat geen andere natie zo verzot was 'op de verhalen uit de heldentijd, het oeroude begin van steden en alles wat te maken had met lang vervlogen tijden'.[8] De kolonisten, geïntrigeerd door de stamboom van Laconië, begonnen die over te nemen. Rond 700 v.Chr. bijvoorbeeld, ruwweg in dezelfde tijd dat de Meden en Perzen wortel schoten in de verre Zagros, werd de fortuinlijke vondst van Helena's graf gedaan. Nog sensationeler was dat de Spartaanse elite ook een stamboom voor zichzelf ging ontwerpen, die tot ver voorbij het bewind van Menelaos reikte, helemaal tot aan de grootste heros van alle, Heracles, verdelger van monsters en zoon van Zeus, de koning der goden. Wat een invasie was geweest door de verre voorouders van de Doriërs kon nu als een terugkeer worden voorgesteld, en wat door verovering was verworven als het eigen erfgoed. De Spartaanse leiders noemden zich 'Heracliden' – en ze maakten als erfgenamen van Heracles niet alleen aanspraak op Laconië, maar ook op het grootste deel van het Griekse grondgebied.

Dat alles was natuurlijk hoogst verontrustend voor hun buren. Tegen 700 v.Chr. hadden de Spartanen een verbluffende prestatie geleverd door de meest intimiderende van hun natuurlijke grenzen, de bergketen Taygetos, over te steken en een annexatieoorlog te beginnen in Messenië, dat ten westen daarvan lag. De 'weidse dansgronden' die daar te vinden waren, 'goed voor de ploeg, goed om fruit te telen',[9] waren vruchtbaarder dan die van Laconië, en ofschoon de Messeniërs eveneens konden bogen op een Dorische afstamming, toonden de Spartanen woest hun dedain voor een mogelijke bloedverwantschap door de bruutheid van hun aanval en door de onverbiddelijkheid van hun voornemen. Een zo groot gebied als Messenië was niet gemakkelijk te onderwerpen, maar de Spartanen, die grimmig bleven vasthouden aan hun doelstelling, doordrenkten tientallen jaren lang zijn velden en bossen met bloed. De onderwerping van de Messeniërs, toen die eindelijk kwam, was totaal. Het had hun veroveraars meer dan een eeuw gekost om hun overwinning af te dwingen.

Een dergelijke onderwerping van het ene Griekse volk door het andere was iets totaal nieuws. Daarmee werden de Spartanen niet alleen het rijkste volk, maar ook het wonderkind van Griekenland, een nieuw ras, beangstigend en uniek. De Spartanen zelf vonden dat deze mysterieuze aura hun alleen maar paste. Waar elders in de wereld, die sinds de heldentijd allang in verval was geraakt, was een bloedlijn te vinden die terugging tot de godenkoning zelf? Ofschoon ze bruut pragmatisch hun bijgeloof inzetten voor hun doeleinden, geloofden de Spartanen ook heilig in hun eigen mythes. Ze voelden zich in alles wat ze deden overgeleverd aan de grillen van de goden. Ontstem de goden, en alles kan verloren raken. Geef gehoor aan hun wensen, en de grootheid van Sparta zal zeker voortduren. Zo kwam het dat ze er uiteindelijk in slaagden Messenië te onderwerpen. En zo kwam het dat ze zich, in weerwil van die oneindige veldtocht, konden herstellen van een nog grotere crisis, een haast fatale sociale meltdown – waar ze verbazend genoeg uit tevoorschijn kwamen als het toonbeeld van *eunomia*.

Deze keus – tussen hervormen of ten onder gaan – hadden de Heracliden lang proberen uit te stellen. De verovering van Messenië had het uur der waarheid echter alleen maar dichterbij gebracht. Hoewel de overwinning Sparta grote rijkdom opleverde, hielp ze weinig om de nood van de armen te lenigen. Integendeel, door nog meer middelen in handen van de aristocratie te spelen, dreigde die alleen maar te verergeren. Misschien, als de situatie van de Spartaanse bovenklasse vergelijkbaar was geweest met die van hun tegenhangers in het verre Medië, hadden ze de verpaupering van hun medeburgers, hun roep om herverdeling van het land en al hun 'muiterij tegen het rijk',[10] kunnen negeren. Maar Sparta was Medië niet – en een grote revolutie in het militair bedrijf, die als een aanzwellende golf door heel Griekenland sloeg, dreigde op dat moment de Heracliden met de ondergang.

Want het was niet de cavalerie – pralend, duur en exclusief aristocratisch – die Messenië voor Sparta gewonnen had. Nee, de overwinning was te danken aan zwoegend voetvolk, burgers van boerenafkomst, mannen die misschien niet over de middelen beschikten om paarden te kopen, maar die wel een wapenrusting konden aanschaffen, en dan met name *hopla*, de ronde houten schilden van een totaal nieuw ontwerp, een meter in doorsnede, en beslagen met brons. Een linie van *hoplon*-dragers – 'hoplieten' – die in een falanx oprukten, soms ook nog beschermd door bronzen helmen en kurassen, en met een bos speren, was een potentieel vernietigend aanvalswapen, en de Spartanen hadden in de loop van de oorlog tegen Messenië alle gelegenheid gehad te experimenteren met deze radicale, dodelijke nieuwe vorm van oorlog voeren. Maar het was niet makkelijk. Er waren speciale mannen voor nodig wilde het slagen. Een falanx diende zijn doel alleen als elke *hoplon* bescherming bood aan zijn buurman én aan zijn drager – zodat de linie bij het oprukken naar de vijand niet het risico liep bij het minste of geringste teken van sociale verdeeldheid uiteen te vallen.

'Blijf bijeen,' maande een Spartaans krijgslied, 'houd het gelid gesloten, geef niet toe aan paniek, of de oneervolle aftocht.'[11] Een roep om discipline gericht tot hoplieten van elke klasse. Wat zou immers het lot in de strijd zijn van zelfs de meest blauwbloedige Heraclide als hij in zijn flank niet kon vertrouwen op zijn buurman, de nederige boer? En wat – een veel dringender vraag – zou het lot van Sparta zelf zijn als die boer zich niet langer zijn dure schild kon veroorloven? De ondergang – zo zeker en gewelddadig als de haat van Messenië. Het Spartaanse establishment, vet geworden over de ruggen van de lagere klassen, kwam ineens, in het uur van de overwinning zelf, tegenover een catastrofe te staan. Halverwege de zevende eeuw kon sociale cohesie niet langer beschouwd worden als een vergeefs streven van haveloze boertjes. Het was zelfs voor de Heracliden een kwestie van leven en dood geworden.

Paniek baarde een waarlijk buitengewone oplossing. Laconië raakte in de greep van een revolutie. Het Spartaanse volk, dat wanhoopte aan zijn toekomst, kwam op de een of andere manier tot de overtuiging dat het zijn aloude klassenverschillen aan de dijk moest zetten en een majestueus maar moordend experiment in *social engineering* moest uitvoeren. Maar hoe precies – en op instigatie van wie? De Spartanen zelf, liefhebbers van dramatische verhalen over antieke heroën, waren er niet bepaald de mensen naar om hun nieuwe orde aan anonieme sociale krachten toe te schrijven. Het kon toch alleen maar het werk van een visionaire wijsgeer geweest zijn? Algauw deed een naam de ronde: 'Lycurgus'. Nauwelijks een eeuw na de vestiging van *eunomia* in Sparta was die mysterieuze figuur al uitgeroepen tot haar architect. In meerderheid was men het erover eens dat hij een Heraclide en een vorst was geweest, een oom van de koning zowaar, van zeer strenge inborst, 'hoogst principieel en rechtvaardig'.[12] Verder ging de overeenstemming tussen zijn biografen echter niet. Zelfs orakels moesten bekennen dat het hun een raadsel was of Lycurgus nu 'mens of godheid' was – hoewel ze door de bank genomen de neiging hadden te geloven dat de wijsgeer goddelijk was.[13] De Spartanen deelden die mening: er werd een tempel gebouwd ter ere van de grote man, en het aan hem toegeschreven hervormingsprogramma werd steeds verder terug in de nevelen van de tijd geschoven, waardoor het, net als de bloedlijn van de Heracliden, een afstamming kreeg die even verheven als onzinnig was. Wie het verleden heeft, heeft de toekomst: de radicaalste chirurgische ingreep die een staat ooit op zichzelf had uitgevoerd werd algauw voorgesteld als het wezen van zijn traditie. Lycurgus was, zo werd later beweerd, 'verblijd en voldaan over de schoonheid en grootheid van zijn wetgeving die hij in volle werking en vooruitgang zag; daarom wenste hij haar onsterfelijk en onveranderlijk achter te laten voor de toekomst, in zoverre menselijke voorzorg dat toeliet'.[14] Door hem te vereren, en mogelijk ook door hem te fabriceren, hadden de Spartanen zijn droom keurig waargemaakt. Een revolutie, dat leerden ze als eerste volk in de geschiedenis, kon het best worden geconsolideerd door haar te transfigureren tot een mythe.

De zweem van buitenissigheid die de Spartanen lang had omgeven doortrok nu de structuur van hun staat. Ze waren, zo leek het voor de andere stedelingen, zowel meer als minder menselijk geworden. Lycurgus heette goddelijk te zijn geweest, maar tegelijk had hij iets beestachtigs, iets woests. 'Hij die het werk van een wolf verwezenlijkt' – dat was, onheilspellend en dreigend, de letterlijke betekenis van zijn naam. Onder de nieuwe wetgeving van Lycurgus mochten de Spartanen niet meer parasiteren op hun eigen soort, de rijken op de armen, de Heracliden op de boeren, maar moesten ze als jagers in één dodelijke troep optrekken. Elke burger, aristocraat of boer, diende in de gelederen te worden opgenomen. Van nu af aan moesten 'zelfs de zeer rijken een leven leiden dat zo veel mogelijk leek op dat van het gewone volk'.[15] Een genadeloze discipline voor allen diende de Spartanen vanaf hun geboorte bij te brengen dat gelijkvormigheid alles was. De burger kreeg zijn plaats in de maatschappij, de hopliet kreeg zijn plaats in een gevechtslinie. Daar moest hij voor de rest van zijn leven blijven, 'zijn voeten stevig uiteen geplant, bijtend op zijn lip, standhoudend tegen zijn vijand'[16] – met alleen de dood om hem te verlossen van zijn plicht. Ja, men zei zelfs dat Lycurgus, als het opperste teken van wat een burger aan de staat verschuldigd was, zover ging dat hij zelfmoord pleegde, in de hoop met dat gebaar zijn volk te stichten. 'Hij stierf dus door zich van voedsel te onthouden, in de overtuiging dat bij staatslieden zelfs hun dood niet zonder betekenis voor de staat en hun levenseinde niet zonder uitwerking, maar een bijdrage tot voortreffelijkheid en daadkracht moest zijn.'[17]

Waarachtig, een macabere filosofie. Maar hoewel die van zelfopoffering getuigde, hechtten de Spartanen er juist waarde aan om de vrijheid die ze erdoor wonnen. Dat hun stad een kazerne was geworden en hun samenleving één immense falanx, klaar voor de oorlog, was geen gevolg van dwang, maar eerder van een moeizaam verworven klassenconsensus. Het evenwicht dat daarmee bewaard werd tussen de rijken en de armen was precair. De Heracliden mochten dan de soevereiniteit hebben gelegd bij het volk, waarmee ze tevens schijnbaar op voet van gelijkheid leefden, maar ze behielden niettemin hun rijkdommen, hun landgoederen en een groot deel van hun macht. De armere klassen, die waren opgenomen in een eliteleger dat zijn weerga niet kende, genoten een status die hun tot dan toe onthouden was – en materiële zekerheid op de koop toe. Voor hen geen sappelen meer om met handel of landbouw hun brood te verdienen. Een krijger had geen tijd voor schoenlappen, hout zagen of ketellappen. Die werkzaamheden konden maar het beste worden overgelaten aan de burgers van andere samenlevingen in Laconië, de *perioikoi*, ofwel 'omwonenden', zoals ze laatdunkend werden genoemd, tweederangsburgers wie de rechten werden onthouden van een volle, beproefde Spartaan.

Voor de ware soldaat was slechts één bron van inkomsten zijn rang waardig. Gelukkig had de verovering van Messenië, door een volk dat ooit werd geplaagd door landhonger, de aristocratie ruim in de gelegenheid gesteld gul te zijn met buit. De exacte details zijn nogal onduidelijk, maar het lijkt erop dat een sleutelelement in het hervormingsprogramma van Lycurgus de opdeling van een groot stuk van Messenië voor de armen was.[18] Niet dat ook maar één lid van het Herrenvolk ooit die lappen grond zelf bewerkte, want het was uitgesloten dat een Spartaanse krijger op het veld ploeterde en zweette. Dat was de taak van de onderworpen Messeniërs. De Spartanen hadden al vóór ze het Taygetosgebergte overstaken een bijzondere gave aan den dag gelegd voor het uitbuiten van hun verslagen vijanden. Hun hele geschiedenis getuigde daarvan. Geleerden die nieuwsgierig waren naar de naam 'heloten' die de Spartanen hun miserabele onderklasse gaven, dachten dat die was afgeleid van Helos, een stad in Laconië, die in de begintijd van hun expansiedrift was veroverd.[19] Wat in eerste instantie in praktijk was gebracht aan één kant van het Taygetosgebergte, werd nu verfijnd en geperfectioneerd aan de andere kant – een hele bevolking werd lijfeigen gemaakt. De Messeniërs, zwoegend 'als ezels onder een zware last',[20] moesten het volle gewicht van Sparta's grootheid dragen.

En zodra de veroveraars merkten dat ze rijk werden over de ruggen van hun heloten begonnen ze uit te kijken naar meer. In het begin van de zesde eeuw v.Chr., toen het westen met succes was gepacificeerd, verschoof het brandpunt van hun ambities onvermijdelijk naar het noorden. Daar bevond zich echter een vervaarlijke rivaal op de weg naar hun imperium. Argos, een stad die maar zo'n zestig kilometer van de grens van Laconië lag, was een even rusteloze en arrogante macht als Sparta, met aanspraken op het zuiden van Griekenland die zo mogelijk nog indrukwekkender waren. De Spartanen mochten dan snoeven dat ze van Menelaos afstamden, de Argiven konden op een nog grotere celebrity bogen: zijn oudere broer Agamemnon, heer van het gulden Mycene en opperbevelhebber van de Grieken in Troje. Mycene zelf, ofschoon niet langer zetel der koningen, stond er nog, zij het als een bouwvallig skelet van zijn voormalige grootheid, opeengepakt tussen twee ravijnen ten noorden van de vlakte van Argos. De Argiven kwamen weliswaar regelmatig in het geweer om het geringste teken van onafhankelijkheid van Mycene de kop in te drukken, maar ze hadden gretig zijn oeroude pretenties overgenomen. En die waren, in de eindeloze propagandaoorlog die door alle Griekse steden werd gevoerd, zeker niet min. Agamemnon had immers geregeerd als erfgenaam van zijn grootvader, de heros Pelops, een avonturier met een ivoren schouder die zijn naam had gegeven aan het hele schiereiland van Zuid-Griekenland. Waarom zouden de Argiven dan in de strijd om de heerschappij over 'het eiland van Pelops' – *Peloponnèsos* in het Grieks – genoegen moeten nemen met een tweede plaats? Argos en niet Sparta diende toch de meesteres van de Peloponnesos te zijn?

Al in 669 v.Chr., in de begintijd van de Lycurgische revolutie, hadden de

Argiven de eerste aanval van het leger van nieuwe Spartaanse burgers op hun grondgebied niet alleen afgeslagen, maar hun tegenstander zelfs volledig vernietigd. Een halve eeuw later hadden de Spartanen er nóg moeite mee hun wil op te leggen aan staten die maar net over de grens lagen. Een reiziger die van Laconië de weg naar het noorden nam passeerde eerst een dorre heuvelrug, om vervolgens af te dalen naar een vruchtbaar land met akkers en olijfgaarden, het grondgebied van Tegea, een stad die de pech had halverwege tussen Argos en Sparta te liggen. Vooral voor de Spartanen was de rijkdom van de Tegeatische landbouwgronden een ontoelaatbare provocatie, en in het begin van de zesde eeuw lanceerden ze een totale annexatieoorlog om ze in bezit te krijgen en van de Tegeaten heloten te maken. De invallers, gesterkt door de verzekering van een orakel dat ze weldra zouden 'dansen op de vlakte van Tegea',[21] waren vol zelfvertrouwen dat ze de overwinning zouden behalen – zozeer zelfs dat ze al landmeetinstrumenten bij zich hadden en ketenen voor hun nieuwe lijfeigenen. Het orakel had hen echter misleid: de invasie werd afgeslagen en dansen deden de Spartanen alleen onder de zweep, als ploeterende krijgsgevangenen, geboeid met de ketenen die ze zelf uit Sparta hadden meegenomen.

Dat was zo'n klap voor het zelfvertrouwen van Sparta dat het een abrupte en beslissende verandering in zijn buitenlandse politiek teweegbracht. Het begon tot de Spartanen door te dringen dat hun doel om de hele Peloponnesos tot het helotendom te brengen monsterlijk overambitieus was en dat er allerlei verschillende vormen van hegemonie waren. Er was geen twijfel aan dat de Tegeaten in het gareel gebracht moesten worden, dus misschien, als naakte onderdrukking niet hielp, moesten ze het proberen met de kracht van prestige. De Spartanen, met hun gebruikelijke mengeling van lage listen en religiositeit, stuurden prompt, onder dekking van een wapenstilstand, een delegatie naar Tegea. Nieuws had hen bereikt over een vreemde vondst op het erf van een smid: de ruggengraat van een monsterlijk skelet, leek het. De Spartanen roken de kans op een propagandastunt en wilden die wondere ontdekking uitbuiten. De vondst werd opgegraven, naar huis gesmokkeld, tentoongesteld, en vervolgens opnieuw begraven. Het skelet, zo werd onthuld, was van niemand minder dan – tadaa! – de zoon van Agamemnon. Een identificatie die de Argiven meer op stang had kunnen jagen was natuurlijk niet denkbaar. Maar de stampij die de Spartanen erover maakten had een veel berekender doel. De beenderen mochten dan wel van Tegea gestolen zijn, maar door ze plechtig in zijn bodem te begraven verzekerde Sparta publiekelijk aan alle anderen op de Peloponnesos dat het respect en waardering had voor hun oude tradities. Niet langer was het de bedoeling, zoals in Messenië, om ze te vertrappen. Steden die hadden getoond zich liever dood te vechten dan tot het helotendom te worden gebracht, konden zich nu aan Sparta onderwerpen zonder voor hun ondergang te vrezen. Ja, lieten de Spartanen doorschemeren, het zou ze zelfs een extraatje kunnen opleveren. Aan de Peloponnesos, die lang door dodelijke rivaliteit was geteisterd, om maar te zwijgen van de dreigementen van Argos, bood Sparta op z'n minst een protectieorganisatie. Je kunt je ergere dingen voorstellen. In 550 v.Chr., luttele decennia na zijn overwinning in de Slag der Boeien, trad Tegea toe tot een bond die was opgericht en die werd gedomineerd door zijn geduchte buur.

Andere steden volgden gauw. Evenals Tegea werden ze door toezeggingen tot onderworpenheid verleid. Spartaanse beenderenjagers gingen tot in de verste uithoeken van de Peloponnesos op zoek naar de stoffelijke resten van andere heroën, waarmee ze, in een landschap dat vergeven was van de mammoetfossielen uit het pleistoceen, behoorlijk succes hadden. Niet dat de Spartanen zich in hun streven om een groot verbond van onderworpen steden tot stand te brengen op de paleontologie alleen verlieten. Tegelijk met hun zelfpromotie als hoeders van het mythische verleden van hun buren, bleven ze trouw aan de idealen van de wolvenroedel, aan de praktijk van terreur en totale oorlog. De aanvankelijke nederlagen die hun nieuwe leger waren toegebracht hadden geen deuk in hun vertrouwen in het Lycurgische systeem geslagen, integendeel: ze werden er alleen maar door gesterkt het te perfectioneren. Een eeuw later had de transformatie van hun samenleving in een moordmachine de Spartanen een zeldzaam bloederig en mystiek air bezorgd. Voor de hoplieten van andere steden, de rijke elites die elk seizoen hun wapenrusting van de hooizolder haalden om haar af te stoffen, en die geheel in amateuristische geest oorlog voeren beschouwden als een rituele, zij het dodelijke sport, was het vooruitzicht om de Spartanen op het slagveld te ontmoeten een waar schrikbeeld. Dat een complete stad zich kon mobiliseren was op zichzelf al alarmerend genoeg, maar dat het voornaamste doel van zijn burgers was om iedereen die zich tegen hen te weer stelde te vernietigen, was angstaanjagend. Veel niet-Spartaanse hoplieten zetten het liever op een lopen dan zich te meten met zo'n tegenstander.

En de Spartanen zelf, meesters van de psychologische alsmede alle andere vormen van oorlogvoering, wisten precies hoe ze het bloed van hun vijanden konden doen stollen. Van veraf werd de opmars van hun falanx al door schril gefluit aangekondigd, en de aarde donderde onder de dreun van hun trage, metronomische nadering. Als ze dan uit het stof op het slagveld opdoemden, verscheen er een verblindende 'muur van brons en scharlaken',[22] want de Spartanen hadden de gewoonte hun schilden blinkend te poetsen en, zogenaamd op persoonlijk voorschrift van Lycurgus zelf, felgekleurde mantels te dragen, zo rood als vers bloed.[23] Boven hun trage marcherende tred uit werden ijselijke strijdliederen aangeheven ter ere van antieke heroën, tot de officieren, herkenbaar aan hun paardenharen helmbossen die van het ene oor naar het andere liepen, een bevel brulden en de falanx ophield met zijn paean. Onmiddellijk na het intreden van de stilte werd die verscheurd door bazuingeschal. De hoplieten versnelden hun pas, staken hun speren vooruit – en begonnen te rennen. Maar niet noodzakelijk als één man: soms rukten de vleugels afzonderlijk op, als de horens van een stier, om de vijand in de flank aan te vallen. De discipline die nodig was voor zo'n manoeuvre en die de ambities, laat staan de mogelijkheden, van amateurtroepen verre te boven ging, was een grimmige getuigenis van de Spartaanse hang naar exercitie. Zoveel kundigheid leek voor de hoplieten van andere steden haast op vals spelen. Het was dus geen eerverlies als je de grootheid erkende van een stad die haar mannen zo'n training gaf en zulke verpletterende vaardigheden bijbracht. Het was, daar kon iedereen zich in vinden, 'iets verschrikkelijks om tegen de Spartanen te vechten'.[24]

Toen in het begin van de jaren 540 v.Chr. Croesus, de koning van Lydië, van een orakel het advies kreeg om 'de machtigste Griekse steden' als bondgenoot te kiezen in de dreigende oorlog tegen de Perzen, aarzelde hij niet om Sparta te benaderen. Geen groter eerbetoon kon aan zijn prestige gebracht worden – en ook geen directere kat aan Argos uitgedeeld. Ja, met de vriendschap van een zo rijke en machtige koning als Croesus, en met Tegea en het grootste deel van de Peloponnesos onderworpen, leek het de Spartanen dat de tijd nu eindelijk aangebroken was om af te rekenen met hun oude vijand. Rond 546 v.Chr., in de tijd dat het Lydische rijk voor Cyrus bezweek, rukten de Spartanen op, niet om Croesus te hulp te schieten, zoals ze door hun verdrag verplicht waren, maar direct tegen Argos. De Argiven grepen terug op een eerder tijdperk en stelden onmiddellijk een toernooi voor, een treffen tussen driehonderd kampioenen uit hun eigen stad en driehonderd van de invallers. De Spartanen, die altijd in geestdrift ontstaken bij het voorbeeld van het antieke heroïsme, stemden toe. Aan het eind van de dag waren er drie mannen over: twee Argiven en een eenzame

Spartaan. De Argiven, die dachten dat ze gewonnen hadden, keerden prompt in triomf terug naar hun stad, waardoor ze hun tegenstander, die weliswaar baadde in het bloed maar nog steeds in leven was, de kans gaven de overwinning voor zichzelf op te eisen omdat zijn tegenstanders het slagveld hadden verlaten. Toen de Argiven daar hoogst verontwaardigd tegen protesteerden, schaarden de Spartanen zich achter hun kampioen. De volgende dag traden ze met hun volle invasiemacht tegen de vijand in het veld en behaalden een verpletterende overwinning. Strategisch belangrijke delen van het grensgebied van Argos werden voorgoed bij Laconië ingelijfd en de Argiven zelf, die als teken van onderwerping hun hoofden schoren, waren voor een generatie vleugellam. Terwijl de scharen in Argos knipten, zwoeren de Spartanen precies het omgekeerde: zij zouden voortaan hun haar lang laten groeien en geoliede lokken dragen, net als de rode mantels een teken van hun identiteit.

Maar midden in hun overwinningsfeest bereikte de Spartanen het nieuws van de val van Croesus. Hun falen om aan de bepalingen van het verdrag met de koning van Lydië te voldoen was een flagrante vernedering. Het werd nog erger. Nog steeds onwillig om troepen naar de andere oever van de Egeïsche Zee te zenden, stuurde Sparta in plaats daarvan een kleine delegatie, die zich bij Cyrus meldde en zijn beroemde kleinering te verduren kreeg: 'Wie zijn de Spartanen?' De Perzen hadden in elk geval geen reden om zich zorgen te maken. Het was een ontnuchterende les. Sparta mocht dan een kolos lijken voor de Grieken, voor de Aziaten hadden de Spartanen niet eens een naam, laat staan macht. Waarom zouden ze ook een naam moeten hebben? Vergeleken met de onvoorstelbare omvang van Cyrus' rijk was de hele Peloponnesos maar een onbeduidend vlekje.

De tijd zou echter nog komen dat de Spartanen de Perzen hun spotternij terug in het gezicht slingerden. 'Wie zijn de Spartanen?' Die vraag, gesteld met dedain, kon net zo goed uit angst gesteld worden. Beschut achter hun bergachtige grenzen, zichzelf bedruipend, xenofoob en achterdochtig – de Spartanen namen maar gaven nooit, ze spiedden maar onthulden niets. Als enigen van de Grieken deden ze geen poging onderscheid te maken tussen Grieken en niet-Grieken: alle niet-Spartanen waren 'vreemdelingen', en bij tijd en wijle joegen ze ze allemaal hun stad uit. Voor hun buren in elk geval was het wolfachtige Herrenvolk van Laconië een bron van obsessieve fascinatie en angst. Het raadsel waar ze hun buren voor stelden was, net als Cyrus' vraag, moeilijk te beantwoorden. De waarheid was versluierd door fantasie, de realiteit door een fata morgana. Zich altijd bewust van de waarde van terreur begrepen de Spartanen heel goed dat hun ster zou dalen als het hart uit hun mysterie werd gerukt. Want in hun mysterie school hun afschrikking.

Slaven der wet

Aan de voet van de steile rots waarop het graf van Helena stond stroomde de snelle, modderige Eurotas. Een reiziger die de licht meanderende rivier noordwaarts volgde zou algauw aan de andere oever iets wat leek op een groepje verspreide dorpjes zien liggen. Er was weinig aan het provinciaalse voorkomen van Sparta dat wees op het ontzag waarmee zijn burgers werden bejegend. 'Stel,' zei de Athener Thucydides op een dag, 'dat de stad verlaten werd, zodat alleen zijn tempels en het grondplan van de gebouwen overbleven – dan zouden zeker met het verstrijken van de tijd toekomstige generaties moeilijk kunnen geloven dat de mensen die hier woonden ooit macht hadden.'[25]

De Spartanen zelf kon het weinig schelen. Een volk gestaald door de deugden van soberheid en vastberadenheid kon alleen maar minachting opbrengen voor grandioze architectuur. Laten de lafaards van andere staten maar muren om hun steden bouwen. De Spartanen hadden geen metselwerk nodig zolang ze hun speren en gepolitoerde schilden hadden. Waarom pompeuze monumenten bouwen van peperduur marmer als een man pas waarlijk een man was wanneer hij leefde als een soldaat in een kazerne? Alleen tempels – een inbreuk van het onaardse en mysterieuze op de anderszins kazerneachtige karigheid van de stad – staken goed waarneembaar boven de gewone gebouwen uit. Daarin konden de Spartanen tenminste nog de door hen geplunderde rijkdommen kwijt. Het grote heiligdom op de akropolis, een laag heuveltje dat dienstdeed als de citadel van de stad, was vanbinnen helemaal bekleed met rechthoekige, massief bronzen gedenkplaten. In een andere tempel, even ten noorden van Sparta, stond een standbeeld van Apollo, de boogschuttergod van de profetie, geheel bekleed met het zuiverste goud.

De spookachtigste van alle Laconische tempels was echter het heiligdom gewijd aan de zuster van Apollo, de maagdelijke Artemis, 'godin van de jacht en de dieren'.[26] Een reiziger die verder noordwaarts langs de Eurotas trok, voorbij het centrum van de stad, zou algauw over een sportterrein komen en een moerassige laagte in gaan, waar een zwart en oeroud beeld

Een masker uit de tempel van Artemis Orthia in Sparta. De maskers hingen aan de muur, sommige van jongemannen of soldaten, maar een groter aantal, zoals dit, verschrompeld en grotesk. In hun lelijkheid lag voor elke Spartaan een waarschuwing besloten voor de mislukking die hij zijn hele leven moest zien te vermijden. (*British School in Athene*)

van de godin stond. De Spartanen hadden daar rond 560 v.Chr., tijdens de eerste golf van hun hegemonie over de rest van de Peloponnesos, een schitterende stenen tempel gebouwd. Maar ondanks het gloednieuwe metselwerk had de plek iets dreigends gehouden. Het punt was niet alleen dat de kikkers maar bleven kwaken in de biezen eromheen, noch dat er soms een moerasdamp als een spookverschijning uit de rivier opsteeg, nee, de tempel zelf was iets om kippenvel van te krijgen. Niet de hele uitrusting was recent. Aan het nieuwe steenwerk hingen ornamenten die waren overgebleven van een veel ouder heiligdom: gezichten van terracotta, deels geïdealiseerde portretten van baardeloze jongelingen of bejaarde krijgers, maar ook groteske monsters met verwrongen gezichten, idioot starend met wijdopen mond in een dierlijke kreet van wreedheid of pijn.[27] Dat waren de gestalten die door de nachtmerries van de Spartanen waarden. Er zal wel haast geen Spartaan geweest zijn die niet door deze gezichten werd achtervolgd, want de tempel van Artemis was de plek waar hij van zijn vroegste jeugd tot zijn hoogste ouderdom kwam voor de overgangsriten van zijn leven. Altijd aanwezig waren ze, met lege ogen naar hem starend, die maskers. De gezichten van heroën om hem te inspireren, en de grimassen van idioten, van gorgonen, van mismaakte, tandeloze heksen om hem in te prenten hoe lelijk falen was. Falen betekende uitgestoten worden, dwalen buiten de grenzen van de stad, waar slechts zij vertoefden die met schande overladen waren, de getikten en de beestachtigen. Alle Spartanen moesten leven met de implicaties van deze waarheid. Allen moesten leven volgens de strenge code die daarvan het gevolg was.

Want overal werden de burgers gevolgd en gecontroleerd. Elke generatie hield als een cipier toezicht op de volgende. De Spartanen, die wisten wat het was om bewondering te hebben voor de 'keurbenden van jongemannen en de dansreien',[28] wantrouwden niettemin de onstuimigheid van de jeugd. Lycurgus, wolventemmer die hij was, vreesde voor de energie van jonge honden en waar die toe kon leiden als ze niet werden ingetoomd. Alleen met de karwats, had hij zijn landgenoten geleerd, konden jonge roofdieren doeltreffend worden afgericht. Zoals de Spartanen heel goed wisten van het grimmige voorbeeld uit hun eigen vroege geschiedenis, konden teugelloze barbaarse instincten en impulsen maar al te makkelijk een samenleving uiteen rijten. Ze hadden al een keer een revolutie ondergaan en wilden die niet nog eens meemaken. De natuurlijke rusteloosheid en gretigheid van jongeren mochten geen enkele speelruimte krijgen. Slechts door discipline, ijzeren discipline, konden ze in de hand gehouden worden. Als er iets veranderd moest worden in Sparta – een gewoonte die haar doel voorbijschoot of een wet die zijn tijd gehad had – dan was het aan de ouderen om daarover te beraadslagen en de noodzakelijke hervorming door te voeren.[29] Waarom zouden ze een maatregel anders accepteren? De ouderen van Sparta waren immers wandelende bewijzen van wat traditie vermocht: een Herrenvolk van heroën vormen.

Zo kwam het dat Sparta ondanks zijn vreeswekkende reputatie ook door iedereen werd geprezen als de stad van de goede manieren. Sparta was de enige stad in Griekenland waar een jongeman altijd plaatsmaakte voor een oudere, want met dat gebaar van respect eerde hij tevens de wetten en gebruiken van zijn volk. Het ging zelfs zover dat de Spartanen een hekel hadden aan openbare toiletten omdat ze gruwden van het idee dat een of andere melkmuil wel eens niet zou kunnen opstaan in het bijzijn van een oudere man. 'De speren van jongemannen' mochten dan in de stad de boventoon voeren, er was geen twijfel aan dat 'het de ouderen zijn die hier de dienst uitmaken'.[30] Zelfs de titulaire hoofden van de staat – want de Spartanen, die alles anders deden dan anderen, hadden niet één, maar twee koningen – moesten voor hun gezag buigen. Als ze de wet te ver oprekten, kon het algauw gebeuren dat ze voor het hoogste gerecht van de stad werden gedaagd, een wetscollege dat onafhankelijk van de twee koningen opereerde en geheel uit gerontocraten van boven de zestig bestond. De Spartanen noemden dit intimiderende lichaam dan ook 'Gerousia', wat net als 'Senaat' bij de Romeinen letterlijk 'ouderenraad' betekent. Aangezien ze buiten haar rol als hoeder van de wet ook het recht had alle moties die bij haar werden ingediend af te wijzen en de uitkomsten van haar eigen beraadslagingen als faits accomplis te presenteren, kon de Gerousia de politiek van Sparta makkelijk in een wurggreep houden. Verkozen te worden tot lid van de raad was niet alleen de hoogste eer die een burger ten deel kon vallen, maar ook gold het lidmaatschap voor het leven. 'Geen wonder dat van alle prijzen der mensheid hierom het felst gevochten werd.' Zelfs niet-Spartanen gaven dat soms toe: 'Ja, sportwedstrijden zijn ook eervol, maar het zijn slechts beproevingen van lichamelijk kunnen. Verkozen te worden tot lid van de Gerousia is het ultieme bewijs van een nobele geest.'[31]

Er was geen verborgen hoekje in Sparta, geen kiertje waar de benige vingers van afbleven. Zelfs pasgeboren baby's werden door oude mannen betast en beklopt. Als een boreling te ziekelijk of te misvormd werd geacht om in de toekomst een bijdrage aan de staat te kunnen leveren, dan gaven de ouderen opdracht zijn leven onmiddellijk te beëindigen. Aangezien van de staat een grote investering werd gevergd om een burger op te voeden, vonden de meeste Spartanen dat alleen maar gepast. Ja, het kon heel goed gebeuren dat de moeder zelf de eugenetica toepaste en haar baby in wijn waste – zoals iedereen wist een probate methode om te testen of het kind epilepsie had. Immers, welke Spartaan zou een zoon willen opvoeden die onverwacht een toeval kon krijgen? Beter een kind vroeg verliezen dan zulke schande mee te maken. Een kloof langs de weg die over de bergen naar Messenië slingerde, de Apothetae, ofwel 'stortplaats', was het toneel voor die kindermoord. Daar, waar ze de stad die hen gebaard had niet langer te schande konden maken, werden de zwakkelingen en misvormden in de diepte van de spleet geslingerd, voor eeuwig verdoemd tot zijn duistere vergetelheid. Het was geen te vondeling leggen, zoals bij andere volkeren wel de gewoonte was, maar een grimmige en formele executieritus. Op redding was geen hoop voor het ongewenste Spartaanse kind – zoals volgens de overlevering wel gebeurde met Cyrus. Hij moest dood, en men moest zien dat hij doodging, *pour encourager les autres*.

En voor degenen die in leven mochten blijven zal het maaswerk van tere botjes waarmee de bodem van de Apothetae bezaaid lag ongetwijfeld gediend hebben als middel om zich vlijmscherp bewust te worden van hun situatie. Spartaanse kinderen moesten wel opgroeien in het trotse besef dat ze een elite waren, en als zodanig bij de geboorte al uitverkoren. Maar de staat legde in ruil voor zijn patronaat strenge en loodzware verplichtingen op. Van Lycurgus werd gezegd dat hij zijn hervormingsprogramma niet op schrift had gesteld omdat hij het liever in de karakters en de lichamen van hen die ernaar moesten leven wilde griffen, zodat ze elkaar konden dienen als wandelende wetboeken. Een dergelijk proces van *social engineering* was natuurlijk alleen uitvoerbaar als het al in de wieg begon. De weke en hulpeloze baby's moesten gehard worden en tot Spartanen gesmeed. In de watten leggen was er voor hen niet bij. Ook geen verwennerij van kleuters, geen toegeven aan hun luimen. 'Als ze voedsel kregen, moesten ze het opeten, geen gezeur. Bang zijn in het donker en aan moeders rokken hangen, het werd ferm de kop ingedrukt. Ook drammen en dreinen.'[32] Het zal niet verbazen dat de Spartaanse kinderjuffen alom bewonderd werden om hun kordate, nuchtere aanpak. Maar hoe streng ze ook waren, ze waren nog niets vergeleken bij de leraren van de stadsschool. Die hadden een rol te vervullen die uniek was in Griekenland, of daarbuiten. Want de Spartanen hadden om de volmaakte onderdaan te vormen een werkelijk bizar en radicaal idee ontwikkeld: het eerste door de staat gerunde systeem voor universeel onderwijs.

En het was zelfs voor meisjes! Pasgeboren jongetjes zullen waarschijnlijk eerder tot de Apothetae veroordeeld zijn geweest dan hun pasgeboren zusjes, maar dat wil niet zeggen dat de Spartanen er geen belang aan hechtten of hun vrouwen pit hadden of niet. Gezonde moeders baarden een gezond krijgsvolk. Net zoals jongens getraind werden voor de oorlogvoering, zo werden de meisjes opgevoed als toekomstig fokvee. Het resultaat, althans voor buitenlandse waarnemers, was een omkering van bijna elke norm. In Sparta kregen de meisjes beter te eten dan de jongens. Tot verbijstering van de andere Grieken leerden ze ook lezen en zich uitdrukken, niet bescheiden zoals het vrouwen betaamt, maar op een agressieve, belerende toon, zodat ze hun kinderen des te beter konden bijbrengen wat het betekende Spartaan te zijn. Ze sportten in het openbaar: hardlopen, speerwerpen en zelfs worstelen. Als ze dansten, dan deden ze dat met zoveel overgave dat ze zelfs met hun hielen tegen hun blote billen sloegen. Want inderdaad – en daar bereikte het ongeloof van buitenlanders meestal het kookpunt – het was de gewoonte van Spartaanse meisjes om te sporten in de allerminiemste tuniekjes, met onthullende dijsplitten. Soms – het toppunt van afgrijzen! – vertoonden ze zich zelfs naakt.

Visioenen van vrouwelijk vlees, geolied en gebruind, glommen in de verbeelding van menige Sparta-watcher. De Spartanen zelf, gepikeerd over de spot waarmee hun dochters als 'dijenflitsers'[33] werden aangeduid, antwoordden 'dat er niets in vrouwelijk naakt was om je voor te schamen, totaal niets immoreels'. Integendeel juist, 'want het bevorderde de zelfbeheersing en wekte een passie op voor lichamelijke fitheid'.[34] Maar hoezeer ook de vereisten voor het eugeneticaprogramma van de Spartanen op de eerste plaats kwamen, er bleef een zweem van erotiek om de sportvelden hangen. De vruchtbaarheid van een toekomstige moeder was het beste af te zien, zou een Spartaan betogen, aan de glans van haar huid en de volmaaktheid van haar borsten. Lichamelijke schoonheid – het lange blonde haar en de slanke enkels waar Spartaanse meisjes om geroemd werden – was de beste maat voor morele schoonheid. Een lelijke dochter joeg haar ouders onvermijdelijk angst aan. Soms moesten drastische maatregelen genomen worden. Er werd een keer een meisje geboren dat zo schokkend lelijk was, vertelde men, dat haar voedster haar als laatste redmiddel mee naar het graf van Helena nam. Daar, voor dat heiligdom, was een mysterieuze vrouw verschenen die het jonge meisje over haar haar streek. De baby, zo profeteerde de verschijning, 'zou uitgroeien tot de mooiste vrouw van Laconië'.[35] En zo geschiedde: het meisje werd een gevierde schoonheid en trouwde met een Spartaanse koning. Kennelijk waarde de geest van Helena soms nog door haar geboorteland.

Zo'n verhaal onthulde iets belangrijks over de Spartaanse mentaliteit. Hoe egalitair hun Lycurgische ideaal ook mocht zijn, een notie van gelijkheid voedde die niet. De verwoede concurrentie die maakte dat elke vrouw de andere in schoonheid wilde overtreffen knaagde aan het gemoed van iedereen in de stadstaat. 'Wat is de beste vorm van bestuur?' werd een Spartaanse koning ooit gevraagd. Hij antwoordde zonder aarzelen: 'Die waarin het grootste aantal burgers met elkaar kan wedijveren in deugd, zonder dat anarchie dreigt voor de staat.'[36] Dat was de reden dat het onderwijssysteem, in een schijnbare paradox, gericht was op zowel gelijkvormigheid als op het selecteren en klaarstomen van een elite. Dat bleek al uit de opvoeding van de meisjes, maar het gold nog sterker voor de training van hun broers. De Spartaan die zich het beste schikte, was de Spartaan die het meeste uitblonk.

Want het doel van de instructeurs was niet louter de individualiteit van een jongen te vermorzelen, maar hem ook te drijven tot verbluffende extremen van uithoudingsvermogen, discipline en eelt op de ziel, zodat hij zich in optima forma kon bewijzen als een wezen omgesmeed in ijzer. Als een jonge Spartaan op zevenjarige leeftijd het huis verliet om samen te gaan wonen met andere jongens, dan werd er meer gebroken en opnieuw gezet dan zijn familiegevoel: dan werd het idee zelf dat hij een eigen identiteit had vanaf dat moment voortdurend ondermijnd. De Spartanen noemden zijn training de *agoge*, een woord dat gewoonlijk werd gebruikt voor het grootbrengen van vee. Zijn supervisor was een *paidonomos*, letterlijk een 'jongensherder'. De jonge Spartaan kreeg niet genoeg te eten, zodat hij gestimuleerd werd te gaan foerageren op de boerderijen van naburige Laconiërs: sluipend en stelend als een vos, om zijn talent voor onverhoedse aanvallen te ontwikkelen.* Of het nu hartje zomer was of

* Het beroemde verhaal over de jongen die een vos ving om op te eten en die, liever dan te bekennen dat hij hem onder zijn mantel had verborgen, het dier zijn buik liet wegknagen, is zeker ontleend aan een authentieke traditie waarin jonge Spartanen werden gestimuleerd om vosachtige trekjes te ontwikkelen – om in zekere zin zelf als de vos in het nauw te worden. Het verhaal op zich slaat echter nergens op, want zelfs al had iemand nog zo'n honger, hij zou nooit een vos uitkiezen om op te eten.

midden in de winter, hij droeg maar één soort tuniek, dezelfde als zijn makkers droegen, en verder niets, zelfs geen schoenen. Er werden strikte beperkingen opgelegd aan zijn conversatie, om de kortaffe spreekstijl te cultiveren die in heel Griekenland bekendstond als 'Laconiek'. Maar terwijl de jonge Spartaan zich onderwierp aan die meedogenloze, uniforme discipline, werd hij constant in de gaten gehouden, vergeleken met anderen en ingeschaald: 'De ouderen plachten toe te kijken wanneer de jongens speelden en veroorzaakten dikwijls krachtmetingen en wedstrijden tussen hen; zodoende kwamen zij nauwkeurig te weten hoe ieders aanleg was op het punt van vermetelheid en het standhouden in de strijd.'[37] Zelfs de meisjes werden er soms bij gehaald: de jongens kregen regelmatig opdracht zich voor hen uit te kleden om te worden geprezen of op spottend gegiechel te worden onthaald. Een ware Spartaan had nooit iets te verbergen.

Dat was een les die een jongen hardhandig kreeg ingeprent als hij op twaalfjarige leeftijd wettelijk in aanmerking kwam om het voorwerp te worden van *cruising*. Pederastie werd elders in Griekenland druk beoefend, maar alleen in Sparta was de praktijk geïnstitutionaliseerd – in die mate zelfs, zei men, dat jongens een boete konden krijgen als ze weigerden een minnaar te nemen. Ook meisjes, zo gingen de geruchten, konden verwachten, als ze niet getrouwd waren, in hun tienertijd regelmatig anaal te worden genomen.[38] In beide gevallen zal de rechtvaardiging ongetwijfeld dezelfde zijn geweest: dat er niets zo privé, zo intiem was of de staat had het recht zich ermee te bemoeien. Maar hoe traumatisch de onderwerping voor de meeste jonge Spartanen ook geweest zal zijn, er waren, althans voor jongens, aanzienlijke compensaties. Het was niet alleen acceptabel dat een minnaar als weldoener voor zijn jonge vriend optrad, dat werd ook nadrukkelijk verwacht. Hoe geëerder een burger, en hoe beter zijn connecties, hoe succesvoller hij de carrière van zijn minnaar kon bevorderen. Elite hielp elite, zodat een jongen die zich overgaf aan het nachtelijk gebonk van een door de strijd getekende oudere man heel goed tot de ontdekking kon komen dat de bronnen van de Spartaanse macht zich voor hem openden.

Hoe het ook zij, tegen de tijd dat hij klaar was met de *agoge* wist een jongeman wel of hij uitverkoren was voor toekomstige grootheid of niet. De beste leerlingen werd de eer van een laatste, bloedige uitdaging gegund. Als lid van een elite-eenheid die bekendstond als de Crypteia werden ze de bergen ingestuurd, ieder slechts gewapend met een dolk en met de opdracht zelf hun kostje bij elkaar te scharrelen. Deze periode van verbanning uit de stad was echter meer dan een survivaltest. Elk lid van de Crypteia ging zijn eigen gang en stak daarbij onvermijdelijk het Taygetosgebergte over naar Messenië. Daar, geruisloos bij nacht aanvallend, zoals elke leerling van de *agoge* getraind was om te doen, werd van ze verwacht dat ze zich bewezen als killers. Van alle mensen, zo luidde het, ontkenden alleen de Spartanen dat moord altijd een misdaad was, want zij vonden het volkomen gerechtvaardigd om hun slaven te doden. Maar toch, opdat de goden zich niet tegen hen keerden, riepen de Spartanen elk jaar de staat van oorlog uit tegen de heloten, een typische manoeuvre van moordende behoedzaamheid om te voorkomen dat de Crypteia het risico liep van bloedbezoedeling.[39] Want hoe anders dan door het zorgvuldig wegsnoeien van de bekwaamste Messeniërs konden de Spartanen natuurlijke horigen kweken? Net zoals ze het uitschot van hun eigen stad tot de Apothetae veroordeelden, zo waren ze er ook op uit elke vonk van talent of rebellie bij hun slaven te doven. Alleen de waarlijk servielen mochten zich voortplanten. Slavenmeesters die niet de ontwikkeling en de vaardigheid van hun heloten in de kiem smoorden werden beboet. De kwestie werd onder de aandacht van de ouderen gebracht. De Crypteia werd getipt en kwam vervolgens geruisloos in actie.

Hij mocht dan een hitman zijn, maar de jonge Spartaan die een veroordeelde Messeniër zijn dolk op de keel zette voerde meer uit dan een executie: het was haast een inwijdingsritueel, een daad van magie. Als hij zijn lemmet diep naar binnen voelde dringen had hij het voorrecht zich een acoliet te weten van de diepste mysteriën van zijn staat. Geen Spartaan kon zijn volk leiden als hij ervoor was teruggeschrokken in koelen bloede te doden. De ouderen die de Crypteia haar opdrachten gaven stelden de deelnemers tegelijk op de proef. Pas als hij zelf de haat geroken had van een opgejaagde Messeniër, als hij die in zijn ogen had gekeken, besefte een Spartaan ten volle het gevaar waaraan zijn stad blootstond. Pas als hij gemoord had, kon hij ten volle waarderen wat ervoor nodig was om dat gevaar op een afstand te houden.

Dat was de kennis voor ingewijden die een lid van de Crypteia door zijn macht verwierf. Maar voor élke Spartaan, man of vrouw, gold dat naïviteit uit den boze was. Helena, zo werd gezegd, was verbaasd geweest toen ze als jong meisje voor het heiligdom van Artemis danste en verkracht werd. Messeense overvallers hadden vóór de onderwerping van hun land een hele dansrei verkracht. En dat zouden ze weer doen, als ze maar even de kans kregen. Elk Spartaans meisje wist wat haar lot was als de hand faalde die de zweep van haar stad hanteerde. Maar haar broers moesten die zekerheid tot de grenzen van hun uithoudingsvermogen beproeven. Elke mannelijke burger van Sparta had als onderdeel van zijn jeugdtraining geleerd hoe het voelt wanneer de zweep erover wordt gelegd. Met hun ruwe tunieken aan flarden geslagen en hun schouders onder de bloedende striemen zagen de kinderen van het Laconische Herrenvolk er soms na rituelen die een geseling vereisten weinig beter uit dan de miserabelste laaggeboren slaaf. En toch hadden ze bewezen juist het tegendeel van een slaaf te zijn. De zweep die de heloot verlaagde, veredelde de Spartaanse jongeling. 'Kortstondig lijden geeft toegang tot de vreugde van blijvende roem,'[40] had Lycurgus zijn volk onderwezen. Degenen die de afranseling het standvastigst doorstonden, werden ongetwijfeld bevorderd tot het lidmaatschap van de Crypteia. De beste meester was hij die het beste het ploeteren als een slaaf kon verdragen.

Dat inzicht diende de Spartaan als richtsnoer voor zijn hele volwassen leven. Hoewel iemand die de *agoge* had doorlopen nooit meer de vernedering van een geseling hoefde te doorstaan, bleef zijn leven aan banden gelegd door beperkingen die een burger van een andere Griekse stadstaat onverdraaglijk zou hebben gevonden. Een Spartaan kon geen openbaar ambt bekleden of zelfs maar zijn eigen financiën beheren als hij nog geen dertig was. Hij kon niet met zijn vrouw samenleven, maar moest uit zijn kazerne wegsluipen voor haastige, dierlijke gemeenschap. Ook al was hij getekend door de strijd, een jongeman die vocht met een andere kon erop rekenen door zijn meerderen te worden behandeld als een stout kind – ja zelfs als een slaaf. Tekenend voor zijn ambigue status was het feit dat een Spartaanse krijger van tussen de twintig en dertig het haar kort droeg, net als een heloot. Hetzelfde, en dat was zo mogelijk nog schokkender, gold voor een Spartaanse bruid.[41]

In Griekenland waren de enige vrouwen met kortgeknipte haren over het algemeen slavenmeisjes, wier lokken werden geschoren om er pruiken van te maken, maar het was typisch voor de vele eigenaardigheden van de Spartanen dat ze, wat elders als een teken van vernedering werd beschouwd juist als een embleem van vrouwelijke trots hanteerden. Na te zijn voorbereid op de voortplanting kon de pasgetrouwde Spartaanse vrouw – een fitte, gezonde en reeds anaal ervaren maagd – ten slotte haar lotsbestemming omarmen. Onderweg werd ze voortdurend door de samenleving aangemoedigd. Hoe vruchtbaarder ze was, hoe groter haar prestige. Als ze drie zonen baarde, werd haar man vrijgesteld van garnizoensdienst. Als ze in het kraambed stierf, dan had ze in elk geval de troost dat haar naam voor alle eeuwigheid in een grafzerk werd gebeiteld. Zo zorgde de staat ervoor dat zelfs het moederschap een kwestie werd van de felste concurrentie.

Maar niets viel natuurlijk te vergelijken met de statusobsessie van jongemannen. De meedogenloosheid waarmee die werd gevoed bereikte, als een Spartaan in de twintig was, werkelijk kannibalistische toppen. De hoogste eer, die elke keer slechts drie abituriënten van de *agoge* ten deel viel, was door de ouderen *hippagretes* te worden genoemd – 'paardencommandant'. Die titel gaf een jonge Spartaan het recht nog eens honderd van zijn makkers uit te kiezen voor het lidmaatschap van de Hippeis, een elite-eenheid van driehonderd man die buiten de normale commandostructuur van andere militaire eenheden opereerde en in het hart van de strijdlinie dienstdeed als lijfwacht van de aanvoerende koning. De jaloezie van degenen die werden gepasseerd door de *hippagretai* was natuurlijk moordend. Afgewezenen werden aangespoord een naijverig, wakend oog te houden op de Hippeis en elke overtreding te rapporteren, altijd op oneervol ontslag van anderen uit te zijn en naar hun plaats te dingen. Geen wonder dat knokpartijen tussen jonge Spartanen zoveel voorkwamen. En geen wonder ook dat ze in toom gehouden moesten worden, zelfs als ze jongvolwassenen waren, door zulke strenge gedragsregels.

Ziedaar de unheimische paradox van de Spartaanse maatschappij: vernedering was trots, beperking bood kansen, discipline baarde vrijheid, onderwerping was het ware meesterschap. Zelfs wanneer een Spartaan op dertigjarige leeftijd eindelijk volwaardig burger werd, een *homoios*, ofwel 'gelijke' van zijn makkers, dan nog leefde hij in omstandigheden die in de ogen van de elite van elke andere stad gelijkstonden aan slavernij. Elke avond moest hij in een kantine eten. Hij nam zelf een rantsoen rauwe ingrediënten mee die de koks mengden tot een zwarte bloedsoep. Zo walgelijk was dat brouwsel dat buitenlanders die het voorrecht smaakten het te mogen proeven spottend zeiden dat ze nu begrepen waarom de Spartanen niet bang waren voor de dood. Een platte mop waaraan je kon zien dat ze er niks van begrepen. De Spartanen zelf, die niet ongevoelig waren voor geestigheid – ze hadden in hun stad zelfs een heiligdom voor de Lach opgericht –, wisten dat sommige dingen te plechtig waren om mee te spotten.

Voor een *homoios* was overdaad altijd de vijand. In andere staten waren de armen vel over been en hadden de rijken veelal de bijnaam 'de dikzakken' – maar niet in Sparta. In andere staten was het de elite die zich te goed deed aan wijn en dronken danste – maar niet in Sparta. In Sparta waren het de slaven. Soms, als de *homoioi* in de kantine zaten te eten, werd er een heloot naar binnen gesleurd, een dierlijk wezen met afhangende schouders, gekleed in sjofele huiden en met een afzichtelijke muts van hondenbont vol vlooien op zijn hoofd. Ter stichting ende vermaak van zijn toeziende meesters werd de arme stakker gedwongen onversneden wijn in zijn keel te klokken tot zijn kin ervan droop. Lachend gaven de Spartanen hem dan opdracht te dansen. Met een vuurrode blos op zijn wangen en nat van het spuug begon de heloot te waggelen en te zwalken en te strompelen tot hij ongans in het stof viel. Zijn meesters amuseerden zich vervolgens door hem met botjes te bekogelen.

Met enig recht kon daarom van Laconië gezegd worden dat daar 'de kwintessens van zowel vrijheid als slavernij te vinden was'.[42] Het ene was immers het spiegelbeeld van het andere. Aan de muren van de tempel van Artemis zagen de maskers van jonge krijgers en wijze oude mannen er des te nobeler uit naast de lelijkheid van de maskers eromheen, die van karonjes, imbecielen, wilden en gedrochten. Evenzo kregen voor de nuchtere *homoioi* aan hun kantinetafel alle strengheid en wreedheid van hun training zin als ze de kwijlende heloot zagen die aan hun voeten in elkaar zeeg. De Spartanen, meesters over hun eigen lichaam en begeerten, alsmede over een grote populatie slaven, waren de vrijste van alle mannen, juist omdat ze onderworpen waren aan de hardste, onbuigzaamste gedragscode. 'Zij zijn vrij, dat is waar, maar niet ongebonden, want zij gehoorzamen aan een heer. En die heer is... de wet!'[43]

Voorouderlijke stemmen

De klaarblijkelijke perfectie van hun wetgeving, om maar te zwijgen van de xenofobie die deze onvermijdelijk bevorderde, leidde ertoe dat de meeste Spartanen de wereld buiten hun grenzen met een mengeling van achterdocht en dedain bekeken. Een reeks debacles in de buitenlandse politiek had hen alleen maar bevestigd in hun isolement. De vernederende kat die Cyrus had uitgedeeld werd in 525 v.Chr. gevolgd door een nog groter echec, toen een zee-expeditie naar Samos, een machtig eiland vlak voor de kust van het door de Perzen ingelijfde Ionië, volledig in de pan werd gehakt. Daarna gaven de meeste Spartanen er de voorkeur aan van verdere oosterse avonturen af te zien en liever niet meer hun neus in het wespennest van de Egeïsche Zee te steken. Het was veel beter om hun heerschappij dichter bij huis veilig te stellen. Als ze te veel van hun ongeëvenaarde krijgers overzee stuurden, wat weerhield de heloten er dan nog van onverwacht in opstand te komen? En dan zwegen ze nog maar over hun zogenaamde bondgenoten. Hou ze allemaal kort en Laconië is verzekerd. Laten de grenzen van de Peloponnesos dan maar de stadswallen van Sparta zijn.

Maar het eiland van Pelops was ondanks zijn naam niet helemaal 'omgeven door zee'.[44] Op drie dagmarsen van Sparta lag de grote handelsstad Korinthe, en daarachter, voorbij de Isthmus, een landengte niet breder dan zo'n kilometer of tien, lagen de steden en bergen van het Griekse vasteland. De Spartanen mochten dan Peloponnesiërs zijn, maar ze konden niet net doen of die landengte niet bestond. En niet alleen omdat sommige steden ten noorden ervan, beroemde steden als Athene en Thebe, zelf belangrijke stukken waren op het bord van het Griekse machtsspel. Er speelden primitieve sentimenten mee, naast de zucht tot zelfbehoud. Ze deden zich dan wel als de erfgenamen van Menelaos voor, maar de Spartanen bleven in laatste instantie Doriërs. Het bergland ten noorden van de Isthmus was het thuisland van hun voorvaderen. Als de weg voorbij de landengte eerst Athene en vervolgens Thebe gepasseerd was, dwongen de bergpieken die het laagland omsloten hem tot een kronkelende gang langs de kust, tot er op het smalste punt nauwelijks nog ruimte was voor twee wagens naast elkaar. Die pas heette Thermopylae, een plek die voor de Spartanen allerlei herinneringen opriep, want op de bergpiek die ten westen ervan hoog oprees, de Oeta, had Heracles zichzelf op een brandstapel geofferd, waarna hij uit de vlammen was opgestegen om zich bij de goden op de Olympus te voegen. Even ten zuiden van de Oeta lag een gebied dat al even zwanger was van betekenis, de vlakte van Doris, waar de Doriërs hun naam aan ontleenden. Ten zuiden van Doris stond weer een andere steile berg, de Parnassus, doorgroefd met diepe kloven, en verder, aan de andere kant van de berg, bevond zich de meest sacrale plek van alle, een heiligdom dat voor de Spartanen goddelijker was dan hun eigen stad, of zelfs heel Griekenland. In Delfi was de lucht zwaar van de profetie. Men geloofde dat daar de god Apollo negen maanden van het jaar vertoefde. Meer dan waar ook in de wereld konden hier glimpen en openbaringen van de toekomst worden opgevangen. Diep binnen het orakel scheurde de voorhang van de tijd zelf.

Dat de Spartanen speciaal bewondering hadden voor Apollo was niet zo verwonderlijk. Net zoals hun voorzaten naar Laconië waren getrokken, zo was ook de boogschuttergod naar Delfi gekomen als een invaller uit het noorden. De paleizen van de Olympus achter zich latend was Apollo de wereld afgereisd, 'met zijn ver schietende boog, op zoek naar een orakel dat tot de stervelingen kon spreken'.[45] Hij vond het op de plek waar een monsterlijke python, volgevreten van een menselijke prooi, bij een zoetstromende koele bron lag te dutten, opgerold tegen de steile rots van de Parnassus, terwijl onder hem, boven een verlaten, gespikkeld ravijn, adelaars door de lucht scheerden. Eén dodelijke pijl van zijn boog was voldoende om een einde te maken aan het schrikbewind van het monster, en vanaf dat moment was het Apollo die heerste als vorst van Delfi. Lauwerboompjes die de god had geplant zuiverden het heiligdom. Na verloop van tijd bouwden de mensen daar een tempel van lauwertakken, zei men, en Apollo had profetieën gesproken door middel van het ruisen van de bladeren. Sinds de jeugd van de god was de ene fundering op de andere gelegd. De tweede was gemaakt van varenstammen, de derde van was en veren, de vierde van brons – want de geschiedenis van Apollo's orakel was legendarisch en werd gekenmerkt door onophoudelijke veranderingen. Mettertijd waren de lauweren gaan zwijgen en verkoos de god te spreken door de trance van een jonge priesteres, de Pythia, in wier titel een echo doorklonk van Apollo's lang geleden verdelgde vijand. Rond 750 v.Chr., als de geschiedenis van Delfi voor het eerst uit de mythe opdoemt, werd een stenen tempel gebouwd. Kort daarop, schijnt het, werd besloten dat alleen een oude vrouw de rol van de Pythia kon vervullen, hoewel ze nog steeds als symbool van kuisheid het kleed van een jong meisje moest dragen.[46] In 548 v.Chr. brandde de tempel tot de grond toe af. Maar te midden van al die beroering sprak de stem van Apollo verder.

Er was geen orakel dat hiermee te vergelijken viel. Het prestige van Delfi was zo groot dat het van de vele heiligdommen die de Grieken stichtten het enige was met een fulltime staf van priesters. Zo'n kader zou bij de grote tempelbureaucratieën van het Oosten nauwelijks verbazing hebben gewekt, maar voor de Grieken was het iets totaal nieuws. Verhalen van reizigers over de bizarre praktijken van Egyptische of Babylonische priesters verbaasden hen altijd weer. Vooral het nieuws dat in Perzië alleen onder toezicht van een magiër offers gebracht konden worden werd met ongeloof ontvangen. In Griekenland kon iedereen, zelfs vrouwen, zelfs slaven, offers brengen. Alleen de inwoners van Delfi, ver weg in hun bergvallei, waar geen andere bron van inkomsten was, leefden van de opbrengsten van hun heiligdom. 'Bewaak mijn tempel,' had Apollo ze bevolen, 'ontvang de mensenmenigten.'[47] De inwoners van Delfi hadden hem gehoorzaamd en er wel bij gevaren. Andere steden, verre van de priesters hun professionalisme te misgunnen, deden mee. De regeling kwam iedereen goed uit. Kon er een betere verzekering zijn van de onpartijdigheid van de priesters dan dat ze iedereen hetzelfde bedrag rekenden? Wanneer rivaliserende facties zich voor arbitrage tot het orakel wendden, dan moesten ze de woorden van de godheid absoluut kunnen vertrouwen. Niemand kon het zich veroorloven dat de neutraliteit van Delfi werd aangetast. Toen in 595 v.Chr. de naburige stad Crisa het orakel probeerde te annexeren, kwam heel Griekenland geschrokken en meedogenloos in actie.[48] Een groot verbond van steden rukte op om de god te verdedigen. De regels van beschaafd gedrag, die chemische oorlogvoering verboden als een misdaad tegen de goden, werden tijdelijk opgeschort en de watertoevoer van Crisa werd vergiftigd, zodat 'de verdedigers aanvallen van diarree kregen en steeds haastig hun stellingen moesten verlaten'.[49] De stadswallen werden bestormd en de goddeloze stad werd verwoest. Eeuwen later was de vlakte waar ooit Crisa had gestaan nog steeds kaal en boomloos, 'alsof ze zuchtte onder een vloek'.[50]

De verschrikkelijke les was geleerd. Delfi was een orakel voor alle Grieken of het was niets. Heilige vlammen verrezen eeuwig boven het publieke altaar van de tempel ten teken van precies die waarheid: fel brandend gehouden door priesteressen, gevoed met dennen- en laurierhout – want nooit mochten ze uitgaan –, laaiden ze als het haardvuur van heel Griekenland. Maar ook niet-Grieken mochten Apollo benaderen en hopen op een antwoord. De goddelijke aanspraken van Delfi waren wereldwijd. In den beginne, zo luidde het, toen Zeus voor het eerst in het koninkrijk van het heelal kwam, wilde hij meten hoe groot zijn erfgoed was en liet één adelaar in het oosten en één adelaar in het westen los, waarna hij hun vlucht volgde om zo het middelpunt van de wereld te bepalen. De twee vogels hadden elkaar bij Delfi ontmoet en die plek werd nog steeds door een grote eivormige rots, de 'Navelsteen', of *Omfalos*, gemarkeerd. Geen wonder dus dat de priesteressen het de gewoonste zaak van de wereld vonden om buitenlandse smekelingen in hun tempel te ontvangen. Toen bijvoorbeeld Croesus, geconfronteerd met de groeiende dreiging van Perzië, goddelijke raad zocht, stuurde hij boodschappers naar alle grote orakels van de wereld, met de instructie om op een bepaalde dag te vragen wat hun heer op dat moment in Lydië deed. Alleen Delfi had het juiste antwoord gegeven: dat Croesus een schotel van lams- en schildpadvlees stond te koken. Vanaf dat moment was de koning van Lydië de grootste weldoener van het orakel geworden. Goudgeschenken zonder weerga, mengkommen, ingots en leeuwenbeelden werden gestuurd, om bij de schatten gevoegd te worden die dicht opeengepakt rond de tempel stonden. Apollo gaf in ruil daarvoor Croesus advies over zijn buitenlandse politiek. Het was op voorstel van de god geweest, bijvoorbeeld, dat de koning van Lydië een bondgenootschap met Sparta was aangegaan.

Natuurlijk had dit hem op de lange duur niet gered. Vaak leken de adviezen van Apollo duidelijk, maar niet altijd. 'De heer wiens orakel te Delfi is, spreekt noch zwijgt, maar zinspeelt.'[51] Wie de god verkeerd uitlegde, wie de dubbelzinnigheden niet herkende die zijn uitspraken soms teisterden, wie zich op basis van wat hij graag wilde geloven vergaloppeerde, zou onherroepelijk ten onder gaan. Croesus, die steeds meer was gaan vertrouwen op Apollo's raad, werd uiteindelijk door zijn eigen verwaandheid en stompzinnigheid tot rampspoed verleid. Om te weten of hij Cyrus moest aanvallen had hij Delfi geraadpleegd en ten antwoord gekregen dat een machtig rijk zou vallen als hij het deed. Croesus was prompt ten strijde getrokken en had moeten toezien hoe zijn eigen rijk viel.

Toen Apollo beschuldigd werd van ondankbaarheid tegenover zijn weldoener, kaatsten zijn priesters in Delfi terug dat de godheid, hoewel hij de loop der dingen niet kon wijzigen, Croesus nog drie jaar van welvaart meer had gegund dan het Lot hem had toebedeeld. Die uitleg werd gretig geloofd: koningen waren altijd de favorieten van de goden geweest. Dat bleek duidelijk uit de verhalen over de oudheid, toen de heroën onveranderlijk van koninklijken bloede waren. Maar wat aanvaardbaar was in legenden was, eerst voor de aristocratieën van de diverse Griekse staten, en vervolgens voor alle klassen van burgers, steeds stuitender geworden. Dat de ene sterveling bevoorrecht was boven de andere betekende niet zoals in het Oosten een legitimatie van het koningschap, maar was eerder een smet op het blazoen – want bij een Griek wilde het er niet in dat hij van nature een slaaf zou zijn. 'Want op de dag dat een man in slavendienst wordt genomen, neemt hem Zeus, de god van de donder, de helft van zijn deugd af.'[52] Het was allemaal goed en wel, misschien, voor de slaafse volkeren van het Oosten om als wijven te leven, op hun nek gezeten door een despoot, maar niet voor een vrijgeboren Griek. Koningen, als ze al niet beperkt bleven tot verre, verwijfde landen, hoorden in oude dichtwerken thuis. Alleen als titel voor bepaalde priesters genoot de rang in een paar Griekse steden een spookachtig leven na de dood – want de intimiteit met de goden die ooit het privilege was geweest van koningen kon niet zomaar aan de kant worden gezet, en soms waren sacrale ceremoniën ervan afhankelijk. Maar zelfs als priester bleef een 'koning' een gevaarlijk figuur. Het charisma dat van nature bij zijn titel hoorde moest grondig aan banden worden gelegd. Er kon hem geen macht verleend worden, behalve religieuze. Zelfs de termijn van zijn ambt was, bijvoorbeeld in Athene, strikt beperkt tot één jaar.

Wat eigenaardig dan, zou je zeggen, dat uitgerekend in Sparta, waar de gemeenschap alles was, het koningschap niet alleen was blijven bestaan, maar zelfs sacraal, spookachtig werd uitgelicht. De andere Spartanen waren *homoioi* – gelijken – maar de koning was iets meer. Als jongen was een kroonprins vrijgesteld van de *agoge*. Als opperbevelhebber voerde een koning zijn landgenoten in de oorlog aan. Als staatshoofd achtte hij zich boven elke man in de stad verheven, en niemand mocht hem aanraken of zelfs maar in het openbaar langs hem heen strijken. Het meest mysterieuze van al, iets wat hem echt onderscheidde van zijn landgenoten, was zijn intimiteit met de goden. Er was geen sterveling in de wereld die een hechtere relatie onderhield met het orakel van Delfi dan een Spartaanse koning. Alle twee – een regeling die geen enkele andere staat kende – hadden ze twee gezanten, de zogenaamde 'Pythianen', permanent klaarstaan om op een koninklijke wenk naar het noorden te galopperen en Apollo te raadplegen. Dat waren de privileges van de afkomst. De koningen waren per slot van rekening verre familieleden van Zeus.

Hun landgenoten wilden natuurlijk profiteren van die bloedlijn. Maar hoezeer ze het koningschap ook eerbiedigden, de Spartanen duldden het niet uit een laf soort serviliteit. Integendeel. Terwijl andere Grieken terugschrokken voor de mystiek van het koningschap, benutten de Spartanen, met die mengeling van gezond verstand en bijgeloof die zo typisch was voor hun hele politiek, het instituut voor hun eigen doeleinden. De koningen beschikten dan wel over het luisterend oor van Apollo, maar de staat beheerste hun doen en laten. Als magnifieke, maar in gevangenschap verkerende roofdieren werden ze op uiterst strenge Spartaanse wijze nauwgezet en onafgebroken in de gaten gehouden. Door elkaar, door de Gerousia, door de massa van het volk. Zelfs als de koningen, zoals aan het eind van de zesde eeuw v.Chr. steeds vaker het geval was, buiten de stadstaat op veldtocht waren, verslapte het toezicht nooit.

Ja, de teugels werden zelfs steeds strakker aangehaald. Naarmate de grootheid van Sparta toenam, en daarmee de kans op buitenlandse avonturen, begon een ooit onbeduidende magistratuur, het Eforaat, als inquisiteur en als bewaker van de koningen op te treden. De eforen, vijf in getal, werden jaarlijks gekozen uit de voltallige volksvergadering en konden dus met recht zeggen dat ze het volk vertegenwoordigden. Een koning kon tot twee keer toe een oproep om voor het Eforaat te verschijnen negeren, maar de derde keer moest hij komen. Dit ter verantwoording roepen van de koningen door het Eforaat, een ritueel dat minstens één keer per maand plaatsvond, betekende een pikante omkering van de rollen. In het begin, luidde het, waren de eforen de dienaren van de koningen geweest, maar in de loop der jaren hadden ze zich door sluwe kuiperijen opgewerkt tot opzieners van hun vroegere meesters. Ze waren dan misschien, in tegenstelling tot de koningen, gezichtloos, maar ook zij beschikten over onaardse krachten. Ze kwamen bijeen in het donker en lazen de toekomst aan de hemel. Als daar ontdekt werd dat een koning 'zondigde tegen de goden',[53] hadden de eforen het recht hem af te zetten. Vervolgens konden ze op eigen houtje doen wat de koning zelf traditioneel deed, namelijk boodschappers naar Delfi sturen. Het orakel, zo werd aangenomen, zou het oordeel van de hemel bevestigen.

Of niet? Welke kant zouden Apollo en zijn priesters kiezen in een doodsstrijd tussen een koning en het Eforaat? Over die vraag dachten de Spartanen, met hun diepgewortelde angst voor constitutionele omwenteling, maar liever niet na. En ze verwachtten ook niet dat dat nodig was: Sparta werd in laatste instantie niet door koningen of eforen geregeerd, maar door het gewoonterecht en door het onnavolgbare karakter van zijn volk. Aan de eigenschap die ze te allen tijde het meest waardeerden gaven de Spartanen de naam *sofrosyne* – gezond verstand, gematigdheid, zorgvuldigheid, zelfbeheersing. De macht van een koning of een efoor mocht dan groot zijn, beiden waren als Spartaanse burgers gestaald om deze niet tot het uiterste door te drijven. 'Want het is altijd uw gewoonte,' zoals een Korinthiër op een dag zou klagen, 'om minder te doen dan u had kunnen doen en om niet te vertrouwen op uw eigen goede oordeel.'[54] Maar dat was voor de Spartanen eerder een aanbeveling. *Sofrosyne* in alles: de geest van de revolutie was in Laconië goed getemd. Net zoals een krijger was opgenomen in de discipline van de falanx, zo waren ook de efoor en de koning deel van de staat: geen zelfzucht, geen onbesuisdheid, geen losbreken van de gelederen.

Toen kwam er in 520 v.Chr.[55] een nieuwe koning op de troon. Hij eigende zich de macht toe zoals hij die zou uitoefenen: meedogenloos en omgeven door schandalen. Al vóór zijn geboorte was Cleomenes in een kluwen van shockerende geruchten verwikkeld. Zijn vader, de koning, wiens geliefde eerste vrouw maar niet zwanger wilde worden, had van de eforen opdracht gekregen haar te verstoten en een tweede vrouw te nemen. Maar hoewel hij liever niet openlijk het Eforaat wilde trotseren, koos de koning in plaats daarvan voor bigamie. Nauwelijks had zijn nieuwe bijslaap hem Cleomenes gebaard of zijn oorspronkelijke vrouw streefde tot ieders verbazing haar rivale voorbij door hem kort achter elkaar drie zonen te schenken. Aangezien zij niet alleen de geliefde van de koning was maar ook nog zijn nichtje, werd Cleomenes, zoals te verwachten viel, verfoeid door zijn vader. De koning schoof zijn favoriet naar voren en noemde de oudste halfbroer van Cleomenes expres Dorieus – de 'Doriër' –, waarna hij hem inschreef voor de *agoge*, waar de prins met vlag en wimpel voor slaagde. Tegelijk poserend als wettig erfgenaam en als man van het volk stelde Dorieus de ongelukkige Cleomenes, zijn ongewenste oudere broer, volledig in de schaduw. 'Dorieus was van al zijn leeftijdgenoten de eerste en hij was er vast van overtuigd dat hij zelf op grond van zijn verdiensten het koningschap zou krijgen.'[56]

Maar de Spartanen waren eerst en vooral een legalistisch volk, en Cleomenes bleef de kroonprins. Koud was zijn vader dood of hij deed een greep naar de macht. Al zijn schwung en populariteit ten spijt liet Dorieus zich overrompelen. Cleomenes verstevigde zijn greep op de macht en zocht naar een manier om zijn halfbroer helemaal uit Sparta te verdrijven. De verbanning van Dorieus, toen het zover was, zal onder het mom zijn gegaan van een exotische buitenlandse missie, maar er viel niet te twijfelen aan de omvang van zijn nederlaag. Sparta was te klein voor beide broers. En er zou ook geen comeback meer volgen voor de steeds meer stuntelende Dorieus. Na een mislukte poging om een kolonie in Afrika te stichten, eindigde hij als huurling op Sicilië, waar hij in een obscure, roemloze schermutseling sneuvelde. In Sparta kon Cleomenes voortaan ongestoord verder regeren.

Maar de omstandigheden van zijn troonsbestijging bleven hem achtervolgen. Zich welbewust van het feit dat velen van zijn landgenoten hem op zijn best als semi-legitiem beschouwden, besloot Cleomenes de koe met bravoure bij de horens te pakken. Niks voor hem, dat nuchtere traditionalisme dat van een Spartaanse koning verwacht werd. En even pertinent niet die omzichtigheid. Of het nu was uit verlangen om zichzelf tegenover zijn sceptici te bewijzen, of uit minachting voor hun beperkte horizon, of omdat hij, sluw en vlug van verstand als hij was, dacht daarmee de belangen van zijn stad het beste te dienen, Cleomenes had zich van het begin af voorgenomen zijn macht te laten voelen. Het gemak waarmee hij Dorieus de laan uit had gestuurd wees erop dat die wel eens aanzienlijk kon zijn. Voor het eerst sinds de Lycurgische revolutie zat er een koning op de Spartaanse troon die vastbesloten was zijn prerogatieven tot het uiterste toe uit te buiten.

Dat alles betekende dat de Spartanen roerige tijden wachtten. Daarnaast was het een bedreiging voor steden ver buiten Laconië. Een sterke man aan het hoofd van de dodelijkste oorlogsmachinerie in Griekenland was een schrikbarend vooruitzicht voor de hele Peloponnesos – en daarbuiten. In 519 v.Chr., nauwelijks een jaar na zijn troonsbestijging, leidde Cleomenes een leger over de Isthmus. Het was een dreigende – en, zoals de tijd leren zou, onheilspellende – intentieverklaring. De nieuwe koning liet zich niet insnoeren door de grenzen van zijn eigen achtertuin en hij had de blik, zo vroeg al in zijn bewind, ferm gericht op Midden-Griekenland: op Delfi, waar de priesters algauw verwikkeld waren in een omkoopschandaal, op Boeotië, de grote vlakte waar vee werd gefokt en die gedomineerd werd door Thebe, maar waar ook kleinere steden lagen die wrok koesterden tegen de knoet van Thebe en die elke indringer ruim de mogelijkheid boden om veenbrandjes te stichten, en op Attica, het vitaal-strategische heuvel- en akkerland waar de hoofdweg van de landengte noordwaarts doorheen slingerde. Op Attica, en op Athene bovenal. Want Athene was een groeiende macht – en dus een potentiële bedreiging. Die moest geneutraliseerd worden. Cleomenes was weliswaar zo nu en dan impulsief, maar je kon toch niet van hem zeggen dat hij een buitenbeentje was alleen maar omdat hij de smaak van preëmptieve machtsuitoefening te pakken had gekregen.

Maar dieper dan hij of wie dan ook kon bevroeden begonnen zich spanningen op te hopen die voor aardschokken zouden zorgen. Cleomenes' bemoeienis met de Atheense politiek zou mede een politieke aardbeving teweegbrengen. Het gevolg was de meest ingrijpende omwenteling in een Griekse stadstaat sinds de tijd van Lycurgus zelf. De naschokken zouden niet alleen in heel Griekenland te voelen zijn, maar ook verder golven over de Egeïsche Zee, oostwaarts naar het rijk der Perzen. Zelfs, hoewel heel ver weg, tot in de kanselarij van Darius.

Revolutie kwam over Athene – en oorlog over de hele wereld.

ATHENE

Uit de aarde geboren

In Griekenland was er nauwelijks een stad zonder een bizarre stichtingsmythe. De Spartanen waren bij lange na de enigen niet die geobsedeerd waren door hun wortels. Met de benauwdheid van een volk dat altijd op zijn hoede is voor rivalen, dat er behoefte aan heeft de gelederen te sluiten, anderen te kleineren, een bijzondere positie op te eisen, vertelden de Grieken van alle steden sterke verhalen over hun verleden. Sommige waren sterker dan andere. De Argiven bijvoorbeeld, hoewel ze net als de Spartanen Doriërs waren en zich dus ook konden beroepen op een afstamming van Heracles, waren er niet bepaald de mensen naar om zich tevreden te stellen met dezelfde stamboom als hun gehate buren. Naarmate ze vaker op het slagveld tegen de Spartanen het onderspit dolven, werden hun genealogische fantasieën steeds bombastischer. Het was een vrouw uit Argos, pochten ze, die de stammoeder was van de Egyptenaren, de Arabieren en nog een hele stoet andere volkeren. Ja, om precies te zijn was er geen natie ter wereld die niet een bloedverwantschap met de Argiven had – althans, dat beweerden de Argiven graag.

Dat soort extravagante pretenties was niet de enige manier om de Spartanen op hun nummer te zetten. De inwoners van Tegea, bijvoorbeeld, die op weinig beroemde namen onder hun voorouders konden bogen, waren toch in staat op hun vervaarlijke buren neer te kijken en ze als parvenu's te beschouwen omdat zij, in tegenstelling tot de Doriërs, altijd op de Peloponnesos hadden gewoond. Diepe wortels betekenden prestige bij de Grieken. De Argiven lieten het niet bij opsnijden over hun blitse overzeese connecties, maar pochten dat ook zij autochtonen waren in hun vaderland, en dat altijd waren geweest. Hun Dorische afstamming, die toch moeilijk met die bewering te rijmen viel, werd vrolijk genegeerd. Logica was zelden een kenmerk van de Griekse stichtingsmythen. Vooral op de Peloponnesos, waar talloze tradities om de overhand vochten, vlogen de claims en tegenclaims je om de oren, en het verleden kon makkelijk à l'improviste worden aangepast.

De ultieme claim was natuurlijk dat een hele regio beweerde nooit te zijn veroverd en altijd zijn cultuur en zijn vrijheid tegen invallers had weten te verdedigen. 'In dit land hebben altijd dezelfde mensen gewoond, generatie na generatie. Het is aan hun prestaties te danken dat ze een land aan ons hebben overgedragen dat vrij is tot op de huidige dag.'[1] De Atheners werden hun hele geschiedenis door nooit moe van dit soort praatjes. Voor hen geen legenden over migratie, de smeltkroes. Nee, op een zelfvoldane manier die andere Grieken uiterst vermoeiend vonden, wezen ze op hun onschendbare grenzen, het feit dat geen Heraclide of Doriër ze ooit had kunnen forceren, en dat ze 'als de tarwe en het gerst' die op de Attische akkers groeiden, 'de wijnranken, de olijven en de vijgen',[2] uit de aarde, uit de grond geboren waren – 'autochtoon'.

Dat was geen metafoor, geen vergezochte vergelijking. Voor de Atheners was het de eenvoudige, letterlijke waarheid. Als ze door hun geboorteland trokken, over de zandwegen door de heuvels van Attica, door de vlakten en rotsachtige valleien, dan voelden ze zich evenzeer deel van het landschap als de bosjes marjolein en bedwelmende tijm, of de weiden vol spookachtige affodillen, zo geliefd bij de goden, of het marmer dat soms te zien was tussen de struiken op een berghelling. Dit was een veel dieper mysterie dan dat van de andere Grieken met hun fabuleuze bloedlijnen of hun gepoch over goddelijke afstamming. Ja, zo'n pretentie zou heiligschennis geweest zijn voor de Atheners. De godin die zij als hun beschermvrouwe aanbaden en aan wie ze hun naam ontleenden was immers Athena, de grijsogige krijgsgodin, patrones van de kunst, dochter van de Wijsheid – en maagd. Voor haar, de sublieme en enigmatische, geen vernederingen van het kraambed. Geen man zou haar ooit bezitten. De enige die dat een keer bijna voor elkaar had gekregen was haar broer Hephaestus, de manke smid van de goden, wiens vakmanschap even grenzeloos was als zijn kromme beentjes zwak waren: hij was zo vol van begeerte geweest naar zijn zus dat hij haar achterna was gehobbeld en haar in zijn zweterige, roetbevlekte armen had willen nemen. Athena had hem met ijzige minachting opzij geduwd, maar toen had Hephaestus, sidderend van opwinding, al over haar dij geëjaculeerd. De godin had het goedje afgeveegd met een pluk wol en die, nog nat, op Attica gegooid, waar het zaad als dikke dauw de schoot van Moeder Aarde bevochtigde. Uit deze bevruchting van 'de graangevende landen' was een jongetje geboren met de gekrulde staart van een slang. Athena had hem geadopteerd en Erechtheus[3] genoemd. Ze had hem op de Akropolis geïnstalleerd, in 'haar rijkbegiftigde tempel... waar hem de jonge

Atheners, de dag dat het jaarfeest gevierd wordt, gunstig proberen te stemmen met offers van stieren en rammen'.[4]

Niet bepaald een verhaal waar een Heraclide zich in kon vinden. Dat de Atheners er geen bezwaar tegen hadden het ontstaan van hun stad toe te schrijven aan een weggegooid vod, spreekt boekdelen over het belang dat ze aan de mythe hechtten. In de loop der eeuwen werd die steeds ingewikkelder, maar de kern was oeroud en weerspiegelde een al even oude waarheid. De Atheners waren inderdaad, precies zoals ze beweerden, een apart volk. Of hun grenzen echt zo onaantastbaar waren gebleven als ze later beweerden lijkt onwaarschijnlijk, maar van alle Griekse landstreken had Attica zeker het beste de storm doorstaan die het paleis van Menelaos en menige trotse hoofdstad in puin en as had gelegd. Tijdens de woelingen van de duistere eeuwen die volgden hadden de verschillende volksgemeenschappen van Attica het idee bewaard dat ze een aparte natie vormden, verenigd door cultuur, taal en etniciteit. Ze doken op uit hun duistere eeuwen met de herinnering dat zij in elk geval nooit thuisloze migranten waren geweest, maar 'het oudste volk van het land'[5] waren. Nu was Athene weliswaar tot de zevende eeuw v.Chr., net als Sparta, weinig meer dan een schamel dorpje dat roemloos om de rots van zijn akropolis dromde, en in andere Attische nederzettingen beschouwden de mensen zichzelf nog niet als Atheners – en misschien niet eens als burgers van één staat.[6] Maar de Akropolis zelf, steil en immens, was voor alle Attische volksgemeenschappen een natuurlijk brandpunt van verering, omdat elke vallei ernaartoe leidde, en geen enkel heiligdom in Attica zijn mystieke aura kon evenaren. De top werd omringd door een gigantische muur van rechthoekige steenblokken, zo zwaar dat alleen reuzen ze op elkaar gestapeld konden hebben. Ruïnes van onmetelijke ouderdom getuigden van het feit dat ze in vroeger tijden door heroën en koningen werden gebruikt.* Gewijd door de aanwezigheid van Athena, die daar haar woonstede had, diende de rots tevens als het graf van Erechtheus, de uit de aarde geborene. Zo kwam het dat alle inwoners van Attica, en niet alleen de Atheners, door de aanblik van de Akropolis herinnerd konden worden aan de aarde waaruit ze waren ontsproten, aan de erfenis die ze deelden en aan de loyaliteit die ze hun vaderland verschuldigd waren.

* In de zevende eeuw v.Chr. moeten op de top van de Akropolis nog resten zichtbaar zijn geweest van een paleis uit de bronstijd.

Het resultaat was een regionale identiteit die uniek was in Griekenland. Dat Athene de enige dominante stad in heel Attica was, was in de ogen van andere Grieken een verbijsterende buitenissigheid. Boeotië, dat ongeveer even groot was als zijn nabuur, was opgedeeld in wel tien steggelende staatjes. Argos, de stad met de meeste inwoners in de Peloponnesos, heerste over een vlakte nauwelijks half zo groot als Attica. Alleen Sparta had van alle Griekse mogendheden een groter territorium dan Athene – maar dat was veroverd en moest met het zwaard in bedwang gehouden worden. De Atheners zelf hadden nooit zoiets heftigs ondernomen. In de zevende eeuw v.Chr., toen de Spartanen hun pacificatie van Messenië voltooiden en schokgolven van geweld door steden in heel Griekenland gingen, zou een bezoeker uit Argos of Korinthe in Attica maar een slaperige provincie hebben aangetroffen. De Atheners schrokken duidelijk terug voor de aanstormende moderniteit. Voor hen geen militaire en politieke revoluties die de rest van Griekenland troffen en vooral van Sparta iets nieuws en gevaarlijks maakten. Liever dan zich aan zo'n experiment te wagen gaven de Atheners de voorkeur aan de veiligheid van provincialisme en nostalgie. In vergelijking zelfs met die op de kleinste Egeïsche eilanden waren hun tempels miezerige, weinig indrukwekkende bouwsels, hun begrafenisrituelen waren steil archaïsch, en zelfs hun aardewerk, waarmee wel een kwart van de stad zijn brood verdiende en dat ooit het meest innovatieve van Griekenland was geweest, greep steeds meer terug op het verleden. Terwijl de rest van de Griekse wereld de blik op duizelingwekkende nieuwe horizonten richtte, leken de Atheners vastbesloten terug te keren naar de tijd van de Trojaanse oorlog.[7]

En ja, wat de structuur van hun maatschappij betreft leek het wel of ze die nooit hadden verlaten. Buiten op de velden en in de bossen van Attica, op een hele dagreis of misschien wel meer van Athene, waren de mensen veelal geen burgers meer, maar lijfeigenen of pachtboeren die een zesde van hun oogst aan een verre landheer betaalden. De landheren zelf woonden, naar de traditie van de heroën, ver van het gewone volk en trouwden onderling, speelden elkaar ambten toe en keken met snoevend dedain op alle anderen neer. De hang naar exclusiviteit van sommige aristocratische clans was zelfs zo groot dat ze hun neus optrokken voor datgene waar Atheners normaliter het meest prat op gingen, en een stamboom voor zichzelf opstelden die zijn wortels had in het sterrendom van de Trojaanse oorlog. Een van die families, de Pisistratiden, beweerde af te stammen van een Messeense koning en een andere, de Philaiden, van Ajax, de rijzigste krijger in de hele Trojaanse oorlog en koning van Salamis, een eiland vlak voor de kust van Attica. Niet voor niets noemden de Atheense edelen zich 'eupatriden' of 'welgeborenen'. Geen enkele andere adel in Griekenland hechtte zo snobistisch aan het verleden.

Maar de krachten die buiten Athene naar verandering streefden waren niet makkelijk in toom te houden, en rond 600 v.Chr. begonnen zelfs de eupatriden ze te verwelkomen. Kosmopolitisme beloofde voor de modieuzen een snelle toegang tot een internationale jetset. Ze identificeerden zich niet in de eerste plaats met hun landgenoten uit de ploeterende onderklasse, maar met andere *sophistiqués* uit de hele Griekse wereld. 'Ik ben gewoon dol op de goede dingen des levens'[8] – dat was een uitspraak die de onbuigzame, ruige heros onmogelijk over de lippen kon krijgen, maar die geen enkele bedenkelijke blik ontlokte aan degenen die meenden dat luxe een afspiegeling was van de goden. Zelfs een vrouw kon, als haar smaak maar voldoende verfijnd was, haar juwelen van goud, haar kleren zacht en rijk gekleurd, hopen een glimp op te vangen van de goden of een woord met ze te wisselen: 'Fonkeltronige, onsterfelijke Aphrodite... kom hierheen zoals in vroeger tijd, toen u mijn stem van ver vernam en mij verhoorde en het gouden verblijf van uw vader verliet op uw wagenspan. Sierlijk voerden snelle mussen u met fladderende vleugels over de donkere aarde uit de hemel neer door de dampkring.'[9] Geen ijdele bede, want lusten, op de juiste wijze genoten, konden voorzeker stervelingen de ogen openen, en een feestelijk diner bood een ordelijker domein dan een staat. De verleidingen van de beau monde, verfijnd en geparfumeerd als ze waren, oefenden op degenen die er de middelen voor hadden een haast spirituele bekoring uit. Smaak en afkomst waren het kenmerk van de elite geworden.

Maar uitgerekend die kenmerken vormden een bedreiging voor de elite. De hang naar luxe, die merendeels uit verlokkelijke overzeese gebieden verscheept moest worden, vermeerderde onvermijdelijk de rijkdom van degenen die de hand hadden in de import en de export. Kapitaal, tot dan toe haast exclusief aan de landgoederen van de adel gebonden, werd steeds vlottender. Rond 600 v.Chr. werd een belangrijke vernieuwing in de steden van Ionië ingevoerd: muntgeld. In de decennia daarna werd het geëxporteerd naar de overzijde van de Egeïsche Zee en begon het in Griekenland te circuleren. De aristocraten, niet verwonderlijk, reageerden met afgrijzen en uiterst geschrokken. Ze gruwden van het idee dat een zakenman evenveel te spenderen zou hebben als een eupatride en hun woordgebruik werd steeds beledigender. *Kakoi*, noemden ze de nouveaux riches, de 'laaggeborenen', de 'onaangenamen', de 'bedriegers'. De *kakoi* zelf konden het zich echter veroorloven hun schouders op te halen en door te gaan met geld binnen harken. Immers, zoals een Spartaan ooit in de tijd van de sociale omwentelingen in zijn eigen stad had gezegd: 'Een man is alleen maar de som van wat hij bezit.' Een passend maxime voor een nieuw, ontwrichtend tijdperk. 'Goud is het enige wat nu nog aanzien verschaft,' zou de *déclassé* edelman met minachtend gekrulde lip kunnen klagen. 'Er is geen andere basis voor achting meer.'[10]

De Spartanen zelf, ooit geschokt door precies dat soort klachten, hadden natuurlijk allang hun eigen remedie ontwikkeld. Voor velen in het Attica van de jaren 590 v.Chr. moet het geleken hebben alsof de geschiedenis zich herhaalde. Net als in Laconië een eeuw tevoren werd opnieuw een hele Griekse landstreek door een landbouwcrisis getroffen. Nog nooit eerder was de onroerendgoedmarkt zo in beweging geweest. Naarmate de verarmde adel, bedreigd door het verlies van zijn erfgoed, bij zijn pachters de duimschroeven aandraaide, werd de ellende van boven in de voedselketen doorgegeven aan de allerarmsten, van de landhuizen van rijke families aan de schraalste, rotsachtigste lapjes grond. Schuldeisers die de grenzen markeerden van beleende olijfgaarden en akkers, doortrokken het landschap met onheilspellende rijen stenen. Ze hadden net zo goed de graven van berooide boertjes kunnen markeren.

De toenemende landhonger zocht een onvermijdelijke uitweg. Aan de andere kant van de zeestraat ten zuiden van Attica lag verleidelijk, ja onweerstaanbaar dichtbij, het eiland Salamis. Atheense geleerden wisten aan de hand van ingewikkelde argumenten op grond van archaïsche epen bevredigend – althans voor zichzelf – aan te tonen dat het oude koninkrijk van Ajax hun toebehoorde. Dat was in elk geval nieuws voor de inwoners van Megara, een klein stadje halverwege tussen Athene en Korinthe, dat ook aanspraak maakte op Salamis en dat het zelfs al had bevolkt met kolonisten. De twee steden trokken prompt ten oorlog. Athene werd verslagen en moest om vrede bidden. Het meest ergerlijke voor de verslagenen was dat Megara als klein stadje maar een derderangs macht was. De Atheners gingen somber bij zichzelf te rade. Geteisterd door een binnenlandse crisis en vernederd in het buitenland konden ze niet langer ontkennen dat ze jammerlijk onder de maat presteerden. Er rotte iets in de staat Athene.

Men begon spookgestalten in de straten van de stad te ontwaren, schijnbare voorboden van naderende ondergang. Zo wanhopig leek de situatie dat de Atheners, met die typisch Griekse geestdrift voor een eenmansdenktank waarvan de verhalen over Lycurgus het beste voorbeeld zijn, gingen omzien naar een wijze. Gelukkig was er prompt een kandidaat voorhanden. In 594 v.Chr.[11] werd Solon, algemeen beschouwd als de wijste man van Athene (om niet te zeggen een van de zeven wijste Grieken die ooit hadden geleefd), tot archont benoemd, de hoogste bestuurlijke post in de stad, met de opdracht de staat te redden. Zijn benoeming werd door iedereen toegejuicht, wat opmerkelijk was voor een zo klassenbewuste stad als Athene. Solon, een blauwbloedige afstammeling van een oude Attische koning, had ook een tijdje in de handel gezeten, en tegelijk liet hij aan de armen blijken dat hij zich hun lot aantrok. Hij was een man die de hele bevolking aansprak.

Maar hoewel zeer bedreven in het toesnijden van zijn verkooppraatjes op elk publiek was Solon geen ijdele redenaar. Zijn type wijsheid was van een bijzonder gespierd gehalte. Hij was het die, nog maar een jaar voordat hij archont werd, de Griekse opinie achter de verdediging van Delfi had gekregen, toen de goddeloze stad Crisa het orakel had willen annexeren. De nederlaag die zijn stad tegen Megara had geleden inspireerde hem tot nog grotere hoogten van verontwaardiging. 'Op naar Salamis,' spoorde hij in gloedvolle verzen aan, 'vecht voor dat schone eiland, laten wij de schande van ons wissen.'[12] Als hoofd van de staat was hij nu in de positie om meer te doen dan alleen leuzen te roepen. Het was Solon wel duidelijk dat de twee grote crises waarmee Athene geconfronteerd werd, een agrarische en een militaire, dezelfde oorzaak hadden: de armoede op het platteland putte de reserve aan Attische mankracht uit, en de boeren zonken steeds dieper weg in de lijfeigenschap. De armen zouden, als ze echt wanhopig werden, zelfs met hun vrijheid voor hun schulden kunnen gaan betalen en eindigen als geketende slaven op hun eigen akkers. Als Solon over de berekenende meedogenloosheid van Lycurgus had beschikt, zou hij makkelijk die trend hebben kunnen aanwakkeren en de armen van zijn stad veroordelen tot het permanente helotendom. Maar hij besloot ze te verheffen. Zelfs degenen die naar het buitenland waren verkocht, zelfs degenen 'die het Attische dialect vergeten waren', werden bevrijd, terwijl Solon in Attica zelf alle schulden op onroerend goed kwijtschold. Op het veld werden de mannen aan het werk gezet 'om de grensstenen op te graven die in de donkere aarde waren gezet'.[13]

De meeste landbezitters waren natuurlijk hoogst verontwaardigd, maar Solon, die de rol van altruïstische wijze tot het uiterste uitspeelde, betoogde streng dat de hervormingen ook in hun belang waren. Immers, hoe zouden ze zonder de grondslag van een vrije boerenstand ooit kunnen hopen Salamis te veroveren, of te voorkomen dat Athene maatschappelijk degenereerde, of voor de stad een positie te verwerven die overeenkwam met haar grootte? Jawel, Solon had het lijden van de armen willen verlichten, maar hij had ook zijn uiterste best gedaan om de rijken aan de macht te laten blijven. De eupatriden waren keurig tot een alliantie met de *kakoi* verleid – zij het met dichtgeknepen neus. Welstand in plaats van afkomst was voortaan de vereiste voor een ambt, en de armen kregen weliswaar het lidmaatschap van een volksvergadering, maar geen spreekrecht. De triomf was er niet een van een revolutie, maar van een zwaarbevochten middenweg. 'Hoewel ze door hun rijkdom afgunst opwekten,' stipte Solon aan, 'wilde ik toch de machtigen beschermen tegen de haat van de onderdrukten. Ik hield stand en gebruikte mijn sterke schild om beide zijden van de klassenscheiding te verdedigen, zodat geen van tweeën een onrechtvaardig overwicht over de ander kon verkrijgen.'[14]

Kortom, de apologie van een geboren centrumpoliticus. Solons lijfspreuk was de traditionele *eunomia*: die bekende Griekse droom van een rechtvaardige, natuurlijke orde, waarin ieder zijn plaats kent en 'de ruwe kantjes worden afgevijld, begeerten getemd en aanmatiging ingetoomd'.[15] Was dat ideaal immers niet het oerrecht van het uit de aarde geboren Atheense volk? Verre van een nieuw politiek experiment te lanceren, was Solon bezig met restauratie en reparatie. Met een gave voor heruitvinding van de geschiedenis die een Spartaan niet zou hebben misstaan, overtuigde hij zijn stad ervan dat de wetgeving die hij had opgesteld in feite dezelfde was als die ze in het verre verleden had gehad. Kopieën van zijn wetten, in het openbaar in draaibare houten tafels gegrift, dienden om dit aan alle maatschappelijke klassen duidelijk te maken. De armen garandeerden ze vrijheid en wettelijke weermiddelen tegen misbruik door de machthebbers, de rijken verleenden ze het exclusieve recht op openbare ambten en het bestuur van de stad. Kon er iets rechtvaardigers, iets natuurlijkers, iets traditionelers zijn dan dat?

Voordat hij zijn macht overdroeg en Athene verliet voor een tien jaar durende cruise door de Middellandse Zee* decreteerde Solon dat zijn wetten minstens een eeuw van kracht dienden te blijven. Zodra hij echter

* Volgens Plato hoorde Solon op deze reis tijdens zijn verblijf in Egypte het verhaal over Atlantis.

onder zeil was gegaan, begonnen de bekende problemen weer hun afzichtelijke koppen op te steken. *Eunomia* was niet zo makkelijk te handhaven in Athene als de afgereisde Solon misschien had gewild. Vrij om zijn macht uit te oefenen liet de adel het weer breed hangen en krakeelde als vanouds. Buiten Athene was Attica nog steeds een lappendeken van rivaliserende loyaliteiten en clans. De oorlog om Salamis, ofschoon hier en daar succesvol, sleepte maar voort. Ondanks alle inspanningen van Solon bleef Athene in hoge mate de zieke man van Griekenland.

Maar toch hadden zijn hervormingen iets ontzagwekkends in gang gezet. Gegrepen door de legenden van zijn stad en haar aanspraak op diepe wortels en de gunst van de goden, was Solon er voetstoots van uitgegaan dat dit een erfenis was waar elke Athener recht op had. Geschokt door de aanblik van zijn landgenoten die als slaven in de aarde wroetten waaruit hun voorvaderen waren ontsproten, had hij opdracht gegeven hen van hun ketenen te bevrijden. Er kon vanaf dat moment geen twijfel meer bestaan over wie een Athener was en wie niet. Er gaat natuurlijk niks boven de onderworpenheid van een ander om je eigendunk op te krikken: dankzij Solon kon nu zelfs de armste boer neerkijken op een slaaf en zich even vrij voelen als de verwaandste eupatride. Toegegeven, als burger stelde hij niet veel voor – hoe kon het ook anders als hij geen openbaar ambt mocht bekleden en zijn stem niet kon laten horen in het debat? Maar de rijken, hoewel ze nog steeds de politieke macht naar zich toe trokken, konden hem en zijn makkers niet helemaal meer negeren. De armen mochten dan niet spreken op de volksvergadering, ze hadden wel stemrecht. 'Want het lag in hun macht functionarissen te kiezen en hun daden te beoordelen – en als de mensen zelfs dat voorrecht was onthouden, ja, dan zouden ze weinig meer dan slaven geweest zijn.'[16]

Het was duidelijk dat er een nieuwe, intrigerende tegenstroom aan de eindeloze draaikolk van aristocratische rivaliteit was toegevoegd. Hoe daarin het beste te navigeren, was een uitdaging die elke ambitieuze edelman voortaan het hoofd diende te bieden. Hij hoefde geen knieval te doen voor de armen – het idee alleen al zou bespottelijk geweest zijn! – maar zelfs voor een eupatride was succes of mislukking nu mede afhankelijk van opgestoken handen. Leerlooiers, timmerlieden, landarbeiders, pottenbakkers, hoefsmeden – allemaal konden ze naar de volksvergadering komen om te stemmen. Terwijl ze doorgingen met politiek bedrijven in de achterkamertjes van hun landhuizen konden de leden van de elite zich niet meer helemaal veroorloven te vergeten waar de soevereiniteit inmiddels berustte. Zoals het een uit de aarde ontsproten stad betaamt, lag die nu niet alleen bij de eupatriden, noch uitsluitend bij de rijken, maar bij de vergadering van alle Atheners, bij het volk – bij de *demos*.

Ik bezet de Akropolis

Het was niet verwonderlijk dat Athena de Akropolis had uitverkoren tot verblijfplaats. Om te beginnen was er het uitzicht. Honderdvijftig meter boven de rest van Athene kon zelfs een sterveling kilometers in het rond kijken. In het zuiden, op een uur gaans, lag Phalerum, de open baai die de natuurlijke haven van Athene was. In het westen werd het zicht op Salamis belemmerd door de piek van de berg Aigaleos. In het noordoosten lag een andere berg, de Pentelikon, waar werklieden van Athene naartoe gingen om marmer te delven en diepe littekens in de hellingen te kerven. Voor een godin, zinderend in de heldere hemel, vormde die natuurlijk geen obstakel, maar voor stervelingen, gebonden aan aardse wegen, was het een heel wat grotere uitdaging. Twee paden maakten een omtrekkende beweging om de berg, het ene slingerde naar het noorden, het andere naar het zuiden. Vooral de edelen die uit Athene reisden volgden vaak de lus om de Pentelikon – want daarachter, vlak en afgezoomd met een strand, lag de volmaakte locatie voor een favoriete sport van de adel. Op de vlakte van Marathon wemelde het van paarden en hun menners.

Maar de spitse hoogte van de Akropolis bood meer dan een uitzicht. De nauwe steegjes in de drukke, overvolle stad beneden zijn steile wand waren geen passende behuizing voor een godin. Ongeplaveid, vaak met puntige stenen en onveranderlijk bedekt met een korst vuil kronkelden de straten van Athene willekeurig alle kanten op. Honden en kippen, geiten en varkens en koeien, allemaal zorgden ze voor stank – en voor vlooien. Karren die piepend door speciaal uitgehakte voren ratelden droegen bij tot het lawaai. In de jaren 560 v.Chr. kookte Athene allang niet meer gaar in het sop van zijn eigen achterlijkheid. Er waren altijd karren in de stad, hoog beladen met goederen, met name aardewerk, want op het gebied van keramiek stonden de Atheense ambachtslieden inmiddels aan de wereldtop. Een wijk van de stad was zelfs naar hen genoemd – hoewel de Ceramicus in feite even beroemd was om zijn kerkhof en zijn goedkope hoeren.

Hoe verhevener waren dan in elk opzicht de hoogten van de Akropolis. De kale rots liet geen twijfel bestaan over hun sacrale karakter. Daar

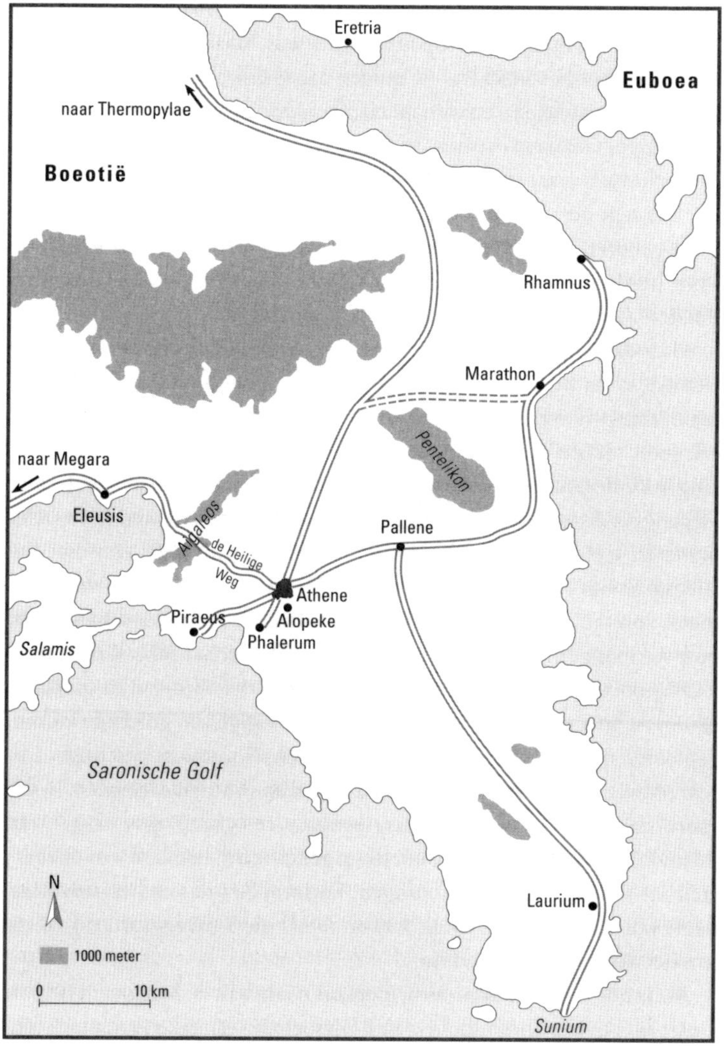
Eretria
Euboea
naar Thermopylae
Boeotië
Rhamnus
Marathon
Pentelikon
naar Megara
Eleusis
Aigaleos
de Heilige Weg
Pallene
Athene
Piraeus
Alopeke
Phalerum
Salamis
Saronische Golf
Laurium
N
1000 meter
0
10 km
Sunium

Attica

groeide uit steen de oerolijfboom, een geschenk van Athena en zo oud als Athene zelf. Ja, men zei dat hij onsterfelijk was. Maar de Atheners namen het zekere voor het onzekere – ze zouden natuurlijk ook niet graag zien dat zijn bladeren afvielen – en verbanden alle geiten van de heuvel. Op één na: één keer per jaar werd er een naar de top gevoerd en aan de goden geofferd. Er mocht zelfs maar één levend wezen op de heilige rots wonen: een slang. Die had zijn nest in een holte vlak bij het graf van Erechtheus, de uit de aarde geboren eerste burger van Athene, die een slangenstaart had. Daar werd hij door priesteressen liefderijk met honingkoekjes gevoed. Men fluisterde dat als hij verdween, de stad gedoemd was.

Maar dat die slang überhaupt op de Akropolis wilde blijven was al een wonder. Want heilig of niet, een vredig plekje kon je het nauwelijks noemen. Jarenlang was het een permanente bouwplaats. Rond 575 v.Chr. werd een grote stenen oprit, gestut door palen, van zo'n vijfenzeventig meter lang, naar de poort van de oude citadel gebouwd, waardoor permanent de toegang tot de top werd verbeterd – en prompt kwamen de werklieden. Het hameren was in de jaren daarna nooit meer opgehouden. Wat ooit een allegaartje van primitieve ruïnes was geweest, werd nu omgebouwd tot het meest spectaculaire heiligdom in Griekenland. De top stond niet alleen propvol met gemetselde gebouwen, maar ook met standbeelden van allerlei grootten: jongemannen met krullen als slakkenhuizen en spotlachjes om de lippen, maagden met kuiltjes in de wangen en golvende lokken, geplooide mantels en nauwsluitende jurken, Gorgonen, geschilderd in schreeuwende kleuren, steigerende paarden en brullende leeuwen. In dat soort beelden was, vaag maar onmiskenbaar, een glimp op te vangen van de invloed van het Oosten, fabuleus en geëxalteerd, het land van onvoorstelbaar rijke en machtige koningen. Kortom, de tijd van het provincialisme was voorgoed voorbij. Er was nu totaal niets navelstaarderigs meer aan het Atheense sanctuarium.

Maar nog steeds werd in feite niets uit naam van de Atheners verricht. De stofwolken op de Akropolis waren allesbehalve een teken van plotseling losgebarsten sociale harmonie, maar precies het tegendeel. Elk bouwproject was een gift van een andere clan. Was er immers een betere manier voor een eupatride om met zichzelf te koop te lopen dan een versiering van de skyline van de stad? Uitmunten betekende voor een edelman niet alleen politiek de blits maken, maar ook de heldentijd emuleren, de onsterfelijke goden imiteren. 'Wees altijd de dapperste,' werd de krijgers in de Trojaanse oorlog voorgehouden, 'altijd de beste.'[17] Eeuwen later kreeg een aristocraat deze boodschap nog steeds met de paplepel ingegoten, en die gold haast in de hele Griekse wereld als stelregel voor de bovenklasse. Dat was de reden waarom de kosmopolitische elite, die zich kenmerkte door een voorliefde voor galadiners, zich in de loop van de zevende eeuw v.Chr. ook ging onderscheiden door een hang naar sport: spectaculaire wedstrijden in uithoudingsvermogen en behendigheid waarin de jongemannen van de *jeunesse dorée*, hun lichamen door fitness glanzend geperfectioneerd, met hun aristocratische gelijken wedijverden om publieke roem. Weliswaar schijnt de eerste winnaar van de Olympische Spelen een kok te zijn geweest en kon er af en toe een geitenhoeder met een droomoverwinning tussendoor glippen, maar in het algemeen waren het alleen de mensen met tijd en geld die zich konden veroorloven tien maanden te trainen, zoals de regels voorschreven. In de eerste helft van de zesde eeuw werd een heel circuit van festivals aan de Olympische Spelen toegevoegd, zodat de deelnemers vaak jaar in jaar uit onderweg waren, hun lichamen bronzend en in model gietend, smoezend met andere leden van de Griekse crème de la crème. In 566 v.Chr. deden zelfs de Atheners mee, terwijl ze in de eeuw daarvoor nog trots hun neus hadden opgehaald voor de Olympische Spelen. Een schitterend festival ter ere van Athena, de Grote Panathenaea, werd in hun stad geopend, met als een van de prijzen, naast roem, een reusachtige amfoor met olijfolie. *Grands projets* op de Akropolis, sporttrofeeën – beide getuigden van 'de zoetheid' van de 'triomf en buitengemene roem'.[18]

Maar niet iedereen applaudisseerde. Glamour en zelfverheerlijking, dat was allemaal goed en wel in Olympia, maar voor hoplieten die in de strijd oprukten betekende het bijvoorbeeld niks. Opmerkelijk was dat de Spartanen, opgevoed als ze werden om hun individualiteit aan het collectief ondergeschikt te maken, de enigen waren in Griekenland die aan teamsport deden – en opmerkelijk was ook dat ze hoogst ambivalent stonden tegenover hun Olympische atleten. Een deelnemer elders uit Griekenland die een eerste prijs op de spelen won, kon erop rekenen dat er standbeelden te zijner ere werden opgericht, of dat hij een beloning kreeg, of zelfs dat er een bres werd geslagen in de ommuring van zijn stad, 'om te tonen', zo heette het, 'dat een staat met zo'n onderdaan nauwelijks versterkingen nodig had'.[19] Voor de Spartanen niets van die flauwekul – niet in de laatste plaats omdat ze überhaupt geen stadsmuren hadden om een bres in te slaan. Hun prestige stond natuurlijk wel op het spel, dus verwachtten ze van hun atleten dát ze deelnamen aan de spelen én dat ze wonnen, maar gedenktekenen voor hun overwinningen schitterden in Sparta door afwezigheid. De kampioenen zelf kregen geen beloning als ze thuiskwamen – behalve misschien de bepaald riskante van een positie in het voorste gelid van de strijdlinie, onmiddellijk vóór de koning.

Want van het buitengewone, het godgelijke, ging altijd een dreiging uit. In de universele ordening verrees een meetlat van perfectie zo hoog als de berg Olympus, met de onsterfelijken aan de top en de stervelingen beneden in de heuvels, altijd eropuit om hoger te klimmen. Maar het was riskant voor een mens om te hoog te willen reiken. Het gevaar was dat niet alleen de held, maar iedereen die hem kende – ja, zelfs zijn hele stad – in het verderf werd gestort. Dat bijvoorbeeld de Atheners, in de tijd van hun isolement, niet alleen maar uit provincialisme achterdochtig stonden tegenover internationale atletiek werd uitvoerig gedemonstreerd door het lot van Cylon, een eupatride en een van hun weinige Olympische sterren. De kampioen, die met de olijfkrans van de overwinnaar naar huis kwam, werd uiteindelijk zo opgeblazen van verwaandheid dat hij in 632 v.Chr. de euvele moed had de Akropolis te bezetten en zich tot heer van Athene uit te roepen. De geschokte stad daverde van de straatgevechten. Cylon en zijn volgelingen barricadeerden zich op de rotsheuvel en zochten asiel in een tempel. Toen de archont ze een vrije doortocht beloofde, kwamen ze tevoorschijn, om vervolgens gestenigd te worden.[20] Een leerzame les over wat de bittere gevolgen zijn als iemand het te hoog in de bol krijgt.

Maar feit was dat in staten die meer dan Athene gelijke tred hielden met de moderniteit mannen als Cylon al hadden bewezen koplopers van de toekomst te zijn. Er waren maar weinig toonaangevende steden in de Griekse wereld die niet ergens in de zevende en zesde eeuw v.Chr. in handen vielen van een sterke man met grootse plannen – waarbij Sparta, zoals altijd, de uitzondering was die de regel bevestigde. *Tyrannides* noemden de Grieken dergelijke regimes – 'tirannieën'. Voor hen had het woord echter totaal niet de bloedbevlekte connotaties die het woord 'tiran' voor ons heeft. Ja, een Griekse tiran diende haast per definitie de steun van het volk te hebben, anders kon hij er niet op hopen lang aan de macht te blijven. Bazuingeschal, leuzen en openbare werken – dat waren onveranderlijk de tekenen van zijn geestdrift waarmee hij te koop liep. Van hem werd ook verwacht dat hij het volk, dat laten we zeggen tientallen jaren door factiestrijd geteisterd was geweest, met stevige hand regeerde – op zijn allerminst. De meesten boden heel wat meer. Periander, een gevierde tiran van Korinthe, bleek bijvoorbeeld zo'n bekwaam staatsman dat hij samen met Solon in de herinnering voortleefde als een van de zeven Griekse Wijzen.* In ruil voor de zegen van orde en welvaart die hij zijn medeburgers bracht kon een tiran natuurlijk ook voor zichzelf een paar eisen stellen. Hij kon erop staan dat bepaalde onwettige maatregelen, bepaalde betreurenswaardige voorzorgsmaatregelen, door de vingers werden gezien – lijfwachten, bijvoorbeeld, of het aan banden leggen van het vrije woord, zo af en toe een middernachtelijke klop op de deur.

Het waren natuurlijk de gelijken van de tiran die het langste gezicht trokken bij deze vernederingen. Er was haast geen grotere marteling denkbaar voor een aristocraat dan een tirannie te verduren – dat kwam erop neer dat elk jaar dezelfde kampioen alle wedstrijden won. Geen wonder dat Megacles, de archont die met een list Cylons volgelingen uit hun tempelasiel naar de dood had gelokt, bereid was geweest de smet van heiligschennis te riskeren – want hij was het hoofd van de Alcmaeoniden, een van de meest vooraanstaande Atheense clans, afstammelingen van een koning, trots en ambitieus, en zeker niemands slaaf. En jawel hoor, de straf voor hem en zijn familie was verschrikkelijk. Het soort misdaad dat Megacles tegen de goden had gepleegd, zelfs al was het ter verdediging van de vrijheid, kon niet gemakkelijk vergeven worden. Het duurde dertig jaar van verwoed traineren door de Alcmaeoniden eer ze ten slotte voor het gerecht werden gedaagd. Maar uiteindelijk, rond 600 v.Chr., waren alle leden van Megacles' clan voor eeuwig tot verbanning veroordeeld.[21] De vermolmde botten van hun voorvaderen werden opgegraven en buiten de stadsgrenzen gedumpt. De Alcmaeoniden waren een vervloekte familie geworden.

Maar zelfs van buiten Athene bleven ze een lange, glamoureuze schaduw over de stad werpen. Ja, die vervloeking versterkte hun dreigende allure zelfs. Het was typisch voor de brutale onbeschaamdheid van de Alcmaeoniden dat ze op het moment dat ze verbannen werden een hoogst profijtelijk handjeklap aangingen met, uitgerekend, de priesters van Delfi. Alcmaeon, de zoon van Megacles, legde een wel erg schaamteloos talent

* De eerlijkheid gebiedt te zeggen dat Periander in een andere overlevering heel verschillend wordt beschouwd. Naar verluidt was hij zo krankzinnig dat hij zijn vrouw vermoordde en vervolgens de liefde bedreef met haar lijk, dat hij driehonderd jongens van een vijandelijke stad liet castreren en dat hij een collega-tiran van woordeloos advies over staatsmanschap had gediend door met een stok in een korenveld alle hoge aren af te slaan. De tegenstrijdigheden in de bronnen geven goed aan hoe ambivalent de Grieken over het algemeen stonden tegenover de tirannie.

Athena Polias – de Beschermvrouwe van de Stad. Het originele beeld, dat angstvallig op de Akropolis werd bewaard door de clan der Boutaden, was het oudste en heiligste standbeeld in heel Athene. (*Acropolis Museum*)

voor hypocrisie aan den dag door de campagne tegen de heiligschennende stad Crisa te leiden. Vervolgens konkelde hij zichzelf in een positie als bemiddelaar tussen het dankbare orakel en koning Croesus, waarvoor hij fabelachtig beloond werd – want Croesus was zo ingenomen met de diplomatie van zijn gezant dat hij hem uitnodigde de koninklijke schatkamer in Sardis te bezoeken en al het goud mee te nemen dat hij kon dragen.[22] Alcmaeon deed naar verluidt zijn voordeel met dit aanbod door de wijde tuniek van een vrouw aan te trekken en de grootste laarzen te dragen die hij kon vinden, waarna hij ze met stofgoud vulde – 'en zo strompelde hij de schatkamer uit, met moeite zijn laarzen meeslepend... zijn mond zat propvol en alles aan hem puilde uit'.[23]

Maar de Alcmaeoniden bleven de blik verlangend op hun geboortestad gericht houden, hoewel die tegen de jaren 560 v.Chr. een steeds ontmoedigender aanblik bood. Athene scheen in dat decennium stevig onder de duim te worden gehouden door een uiterst hooghartige eupatride: Lycurgus, hoofd van de Boutaden, een clan van zo smetteloze afkomst dat hij aanspraak kon maken op een stamboom die rechtstreeks naar de broer van Erechtheus zelf voerde. Die bloedlijn verschafte Lycurgus haast aanspraak op eigendom van de Akropolis – een opsteker die hij, met het oog van een geboren impresario, volledig uitbuitte. Het is vrijwel zeker dat Lycurgus verantwoordelijk was voor de bouw van de massieve stenen oprit naar de top en voor de instelling van het belangrijkste nieuwe stadsfestival: de Grote Panathenaea. Het staat in elk geval vast dat hij officieerde in de meest eerbiedwaardige tempel op de hele Akropolis, die van Athena Polias, de 'Beschermvrouwe van de Stad'.[24] Bescheiden en ouderwets als dat heiligdom mocht zijn, bevatte het in zijn duistere interieur niettemin een voorwerp van onmetelijke heiligheid: een standbeeld dat in vervlogen tijden uit de hemel was komen vallen, een door Athena uit olijfhout gesneden zelfportret.[25] Oprit, festival, godsbeeld – alles droeg Lycurgus' stempel. Te beginnen in 566 v.Chr., en daarna om de vier jaar, telkens als de Grote Panathenaea gehouden werd, besteeg een grote processie de oprit naar de tempel van Athena om het standbeeld, dat om zijn nek al een verguld Gorgonenhoofd had hangen, een prachtig geborduurd kleed aan te bieden, geweven door de edelste maagden van de stad. Hoplieten en bereden krijgers, aanzienlijke ouderen en jonge meisjes, zelfs buitenlanders die in de stad woonden, allemaal hadden ze een plaats in de spectaculaire optocht. Kortom, een show die de Boutaden een publiciteit verschafte om je vingers bij af te likken.

Niet dat Lycurgus de enige was met een topact in de jaren 560 v.Chr. Te midden van alle opwinding over de festiviteiten in Athene maakte een generaal, Pisistratus genaamd, eindelijk korte metten met de nog steeds voortslepende gênante oorlog om Salamis. Hoewel hij aan connecties zeker geen gebrek had – men zei zelfs dat hij als knaap de minnaar van Solon was geweest – maakte Pisistratus zich geen illusies dat hij, als het om snobappeal ging, de Boutaden naar de kroon kon steken. Aan het eind van dat decennium, na Megara te hebben verslagen en Salamis eindelijk veilig in handen van Athene te hebben gespeeld, had hij echter een formidabel prestige opgebouwd. Pisistratus was niet zomaar een oorlogsheld, hij was ook een charmeur en een intrigant die bovendien een potje kon breken bij het gewone volk, en hij had een zeldzaam scherp oog voor de kansen die Solons hervormingen boden. Na zichzelf eerst te hebben opgeworpen als de woordvoerder van de armsten onder de arme plattelanders fingeerde hij een dramatische aanval op zijn persoon en verzocht de volksvergadering om een lijfwacht. Ondanks de verwoede inspanningen van Solon, zijn inmiddels bejaarde voormalige minnaar, die uit de afzondering opdook om onheilspellend te waarschuwen voor een komende tirannie, kreeg Pisistratus zijn zin – en bezette prompt de Akropolis.

De Alcmaeoniden, nog steeds in ballingschap, maar met hun neus in de wind, roken plotseling hun kans. Lijntjes werden uitgegooid naar de Boutaden, en Lycurgus, die door de coup met harde hand gedwongen was zijn bezwaren tegen een terugkeer van de Alcmaeoniden te heroverwegen, hapte gretig toe. Algauw werd een toenadering tussen de twee grote clans bekokstoofd. Tegen het samenspannen van zulke zwaargewichten kon Pisistratus weinig uitrichten. Zijn positie werd met de dag onhoudbaarder. In plaats van stand te houden en zichzelf tot de ondergang te doemen, zoals Cylon had gedaan, besloot hij zijn verlies te nemen en ervandoor te gaan in ballingschap.

Maar hoewel al zijn hoop de bodem was ingeslagen, zal Pisistratus zichzelf wellicht hebben kunnen verzekeren dat zijn tijd wel weer komen zou. Hij zal hebben bedacht dat de Alcmaeoniden – slinks, arrogant en puissant rijk – voor iedereen een lastige partner waren. Wat ook precies de bepalingen waren van hun overeenkomst met Lycurgus, het lijkt niet waarschijnlijk dat ze lang genoegen namen met tweede viool voor hem te spelen. En jawel hoor, nauwelijks waren ze terug in Athene of de Alcmaeoniden richtten hun berekenende blik op dat natuurlijke podium van zelfpromotie, de Akropolis, en begonnen hun reserves Lydisch goud aan te spreken. Het lijkt op zijn minst waarschijnlijk dat een gigantische stenen tempel die rond die tijd werd gebouwd, en die de eerste was van een dergelijke omvang op de Akropolis, het werk was van de Alcmaeoniden.[26] Wie anders had de middelen – of het motief – om zo'n project te financieren? Weelderig versierd, met schilderingen van felgekleurde slangen, stieren en leeuwen, tritons met visstaarten, mannen met drie bovenlichamen en kortgeknipte blauwe baarden, had de tempel nauwelijks een vlammender intentieverklaring kunnen uitvaardigen. In elk geval stelde hij het sjofele oude heiligdom van Athena Polias, en daarmee de Boutaden, grondig in de schaduw.

Maar nieuw was voor de Atheners niet noodzakelijk beter. De tempel van de Alcmaeoniden mocht dan spectaculair zijn, hij miste wat het oudere heiligdom zo bijzonder sacraal maakte: de aanwezigheid van Athena zelf. Halverwege de jaren 550 v.Chr., terwijl de relatie tussen de Alcmaeoniden en de Boutaden steeds meer verzuurde, begonnen de eersten naar nieuwe middelen te zoeken om Lycurgus te overtroeven en de gunst van Athena voor zich te winnen. Die vonden ze, met een uitgekiend vertoon van opportunisme, in een alliantie met uitgerekend de man die ze nauwelijks vijf jaar tevoren in ballingschap hadden gezonden – tezamen met het uitbroeden van een verbazend vergezocht complot. Om de dynastieke alliantie te smeden moest Pisistratus eerst scheiden van zijn vrouw, een blauwbloedige Argive die Timonassa heette, en met een vrouw uit de clan van de Alcmaeoniden trouwen. Vervolgens keerde hij terug naar Attica, waar hij naar een dorp vlak ten zuiden van de berg Pentelikon ging. Daar woonde een bloemenverkoopster, een rijzige vrouw van buitengewone schoonheid met de toepasselijke naam Fyè – 'statuur'. Pisistratus kleedde haar met de wapenrusting en de helm van Athena, zette haar in een strijdwagen en reed met haar de weg op naar Athene. Boodschappers snelden voor hen uit om te verkondigen dat de godin in eigen persoon haar favoriet naar de Akropolis leidde. Het was een verbijsterende stunt – maar Pisistratus kwam er op de een of andere manier mee weg. Niemand haalde het in zijn hoofd de processie uit te lachen – integendeel, iedereen liep uit om zich eraan te vergapen. Voor veel Atheners, onder de indruk bij het zien van een godin die door de straten van hun stad reed, was het een magische, wonderlijke openbaring, en voor anderen, die de strijdwagen nakeken op zijn slingerende gang naar de Akropolis, was het een duizelingwekkend toneelspel. Zelfs de bedreven showman Lycurgus was er immers niet op gekomen Athena in hoogsteigen persoon te laten opdraven om zijn tempel te wijden. De Alcmaeoniden hadden in elk opzicht een geslaagde coup gepleegd.

En Pisistratus had, na voor de tweede keer de Akropolis te hebben veroverd, voor hen geen nut meer. Gladjes brachten ze hem een dolksteek in de rug toe door een choquerend gerucht te verspreiden.[27] Niet alleen had Pisistratus zijn vrouw de geneugten onthouden die elke bruid toekwamen, zo werd er gefluisterd, hij had ook, als het monster dat hij klaarblijkelijk was, op gruwzame en onnatuurlijke wijze zijn eigen begeerten op haar volbloed lichaam botgevierd. Toen Athene eenmaal gonsde van het schandaal, gebood de familie-eer de Alcmaeoniden zich tegen hun voormalige partner te keren, zelfs als dat een handreiking betekende aan Lycurgus, hun voormalige vijand. Pisistratus werd wederom geconfronteerd met een alliantie van de twee machtigste families van de stad en trok zich haastig terug in een tweede eerloze ballingschap. Athene was nu weer in handen van de Alcmaeoniden en de Boutaden. Dit keer was er echter geen twijfel aan welke van de twee de voornaamste clan was.

Maar door Pisistratus te bedriegen hadden de Alcmaeoniden hun man pijnlijk onderschat. Juist door hem te gebruiken en op zo'n lage manier te laten vallen hadden ze hem een waardevolle masterclass gegeven in de duistere kunst van de politiek. In de tien jaar daarna liet Pisistratus zien dat hij zijn lesje goed geleerd had. Op de een of andere manier wist hij de aan de dijk gezette Timonassa ertoe te overreden bij hem terug te komen, en hij slaagde er ook in de vriendschapsbanden te herstellen met haar familie in Argos. Rijke sponsors in Thebe werden met eenzelfde charmeoffensief overgehaald hem te steunen. Er werd een fortuin vergaard en een invasiemacht gerekruteerd. In 546 v.Chr. was Pisistratus klaar. Hij landde met zijn mannen op de vlakke stranden van Marathon. Hier was hij verzekerd van een warm onthaal – want de Pisistratiden hadden altijd nauwe familiebanden gehad met de dorpen op de vlakte van Marathon. De Alcmaeoniden maakten zich schijnbaar niet veel zorgen. Over de zuidelijke route rond de Pentelikon leidden ze een ongeregeld leger naar het dorp Pallene. Daar, duidelijk blijk gevend van hun minachting voor hun voormalige stroman, hielden ze halt voor het middagmaal, in weerwil van het feit dat Pisistratus oprukte. Toen de strijd losbarstte, eindigde die in een totale nederlaag. De Atheners, in hun middaghap gestoord door een leger bestaande uit Thebaanse ruiters en een elite-eenheid van duizend hoplieten uit Argos, bliezen de aftocht en vluchtten in wanorde terug naar Athene. In het stof van Pallene bleef minstens één Alcmaeonide achter, gesneuveld 'in de voorste strijdlinie'.[28] De overgebleven leden van de familie voelden er weinig voor met hun verslagen leger terug te keren naar Athene, waar hun de wraak van Pisistratus wachtte, en vluchtten over de grens van Attica – wederom in ballingschap.

Pisistratus verlustigde zich intussen in zijn overwinning en zette zijn opmars naar Athene voort. Het was nu nauwelijks nog nodig dat een godin hem tot haar favoriet verklaarde. Opnieuw besteeg hij de grote oprit van de Akropolis en nam bezit van de top. Hoogst genadig liet Pisistratus vervolgens aan zijn medeburgers weten 'dat ze niet ongerust of terneergeslagen hoefden te zijn, maar door moesten gaan met hun dagelijkse bezigheden en heel de last van de staat op zijn schouders moesten laten rusten'.[29] De Atheners legden zich bij hun onderwerping neer en deden wat hun nieuwe meester hun bevolen had, in de overtuiging – en misschien opluchting – dat deze keer de tiran zeker zou blijven.

Crisis baart drama

En dat bleek. Geen buitenlandse reizen meer voor Pisistratus. Met een fluwelen meedogenloosheid, die toonde dat de verbannen Alcmaeoniden hem niets meer hoefden te leren, haalde hij zijn mede-eupatriden nu eens dreigend, dan weer paaiend over tot een vergaande dociliteit. De kinderen van prominente rivalen werden als gijzelaars naar het eiland Naxos in de Egeïsche Zee gestuurd. Ineens verschenen er slaven uit de steppen van Scythië, een woeste wildernis ver ten noorden van Griekenland, die door de straten van Athene patrouilleerden, een beangstigend gezicht voor de inwoners van de stad, want de politietroepen waren gewapend met pijl-en-boog en droegen vreemde puntmutsen. Nu er maar één show in de stad over was, kwam er gaandeweg een einde aan de competitieve bouwwerken op de Akropolis. Maar terwijl Pisistratus de rijkste buit voor zichzelf binnenhaalde, zorgde hij er ook angstvallig voor zo nu en dan een vette hap aan zijn rivalen uit te delen – een magistratuur, misschien, of een overzees commando.

Zelfs de allerhoogsten waren bereid zijn patronaat te aanvaarden. Miltiades bijvoorbeeld, hoofd van de Philaiden, kreeg toestemming om een expeditie te leiden over de Egeïsche Zee naar de Hellespont, de nauwe zeestraat die Europa van Azië scheidt en die tegenwoordig de Dardanellen wordt genoemd. Blij zijn vleugels uit te kunnen slaan, greep Miltiades zijn kans met beide handen aan. In de Hellespont aangekomen landde hij op de Chersonesus, het smalle schiereiland dat de Europese oever van de zeestraat vormt en van waaraf de toegang tot de Zwarte Zee en zijn korengouden kusten gemakkelijk te controleren was. Daar voerde hij een snelle pacificatieoorlog, niet alleen tegen de inheemse bevolking, maar ook tegen de Griekse kolonisten die zich daar al hadden gevestigd – ze zouden het eens in hun hoofd kunnen halen hem in de weg te staan. Na met harde hand zijn gezag over het hele schiereiland te hebben gevestigd, begon hij, met de zegen van Pisistratus, zijn eigen tirannie. Iedereen won erbij – behalve natuurlijk de ongelukkige slachtoffers van zijn veldtochten. In elk geval had geen nieuws de harten van de Atheners zo kunnen verblijden. Attica, met zijn magere bodem en groeiende bevolking, kon zichzelf allang niet meer bedruipen, en de angst voor hongersnood, ook al was er welvaart in Athene, lag altijd op de loer. Aan Pisistratus, de man die erop kon bogen Miltiades naar de Chersonesus te hebben gestuurd en daarmee het schiereiland voor de Atheners te hebben gewonnen, kwam natuurlijk grote dankbaarheid toe. De tiran zelf – die erin was geslaagd zijn medeburgers van genoeg voedsel te voorzien, een belangrijke handelsader voor de Atheense kooplieden veilig te stellen en zich te ontdoen van een potentiële rivaal, allemaal in één behendige manoeuvre – kon tevreden terugkijken op een goed geklaard karwei.

Dit doden van vele vliegen in één welgemikte klap was een klassieke Pisistratus-zet. Immers, waarom zou je genoegen nemen met het neutraliseren van de eupatriden als er ook kooplieden, pottenbakkers en boeren te paaien zijn? Solon had jaren eerder die vraag ook al gesteld, maar was voor het antwoord teruggedeinsd. 'Geef een ander de stimulans die men mij gaf,' had hij grimmig en zelfgenoegzaam geschreven, 'iemand zonder scrupules die op zijn eigen voordeel uit is, en je zult zien hoe hij het plebs opruit.'[30] Solon sprak met het morele gezag van een man die de verleidingen van de tirannie had weerstaan. Maar Pisistratus, die er weliswaar met huid en haar voor was bezweken, kon toch met enig recht zeggen dat hij uitsluitend de middenweg van zijn voormalige minnaar bewandelde. In zijn manipulatie van aristocratische rivalen mocht hij dan een weg op zijn gegaan die door de Alcmaeoniden was geëffend, in zijn bekommernis om de *demos* volgde hij even apert het voorbeeld van Solon zelf. Vandaar dat, hoe autocratisch Pisistratus ongetwijfeld ook was, zijn angstvallige eerbiediging van de volksvergadering – 'eerder als een burger dan als een tiran',[31] volgens getuigen – meer was dan louter propaganda. Voor hem niet het dedain van zijn mede-eutrapiden wanneer ze zich verwaardigden de gunst te winnen van het onwelriekende werk- of koopmansvolk. Pisistratus zocht actief steun voor zijn regime onder het volk. Eindeloos toerde hij over het platteland om de nederigste landarbeider de hand te drukken en tot in de verste uithoek gerechtigheid te doen geschieden, 'zodat degenen die klachten hadden niet helemaal naar Athene hoefden te reizen en achteropraakten met hun werk'.[32] Intussen waren in de stad zelf bouwlieden aan het werk gezet voor de aanleg van een spectaculair nieuw plein aan de voet van de Akropolis, waar weldra het geluid van fris water zou klinken dat uit negen fonteinen klaterde, een plein dat zou glimmen van vers geslepen marmer. Welke Athener die zich vergaapte aan dergelijke ongeëvenaarde taferelen kon nu nog twijfelen aan de grootheid en goedheid van de tiran? Athene scheen waarlijk een 'gouden eeuw'[33] te zijn binnengegaan.

In elk geval was er weinig animo voor praatjes over vrijheid. In het voorjaar van 527 v.Chr., toen Pisistratus eindelijk vredig in zijn bed stierf, zetten zijn twee zoons, Hippias en Hipparchus, zonder tegenstand zijn negentienjarige bewind voort. Als de Perzische koning een gezant naar een zo verre en obscure stad als Athene had gestuurd, dan zou die weinig moeite hebben gehad de regeringsvorm te herkennen die ogenschijnlijk in Athene heerste – het regime van de twee broers had inderdaad de schijn van monarchie. Hun smaak neigde, zelfs naar de maatstaven van hun vader, naar het monumentale. Als iemand in de stad daar nog aan twijfelde, hoefde hij maar naar het zuidoosten van Athene te kijken, een nieuw tafereel van hameren en beitelen waar de Pisistratiden, niet tevreden met de steeds verdere verfraaiing van hun vaders magnifieke plein, een zo mogelijk nog ambitieuzer showproject waren begonnen: een tempel voor Zeus, zo adembenemend groot dat filosofen die eeuwen later met grote ogen de plek bekeken hem met de piramiden vergeleken.

Maar Hippias en Hipparchus waren geen farao's. Hun bouwprojecten waren spectaculair, maar in feite bekleedden ze geen enkele formele rang in de stad. Net zoals de plek waar de geweldige zuilen van hun tempel verrezen een oeroude heilige plaats was, gewijd aan Zeus, zo deden ook de Pisistratiden zelf, gesteld voor het natuurlijke conservatisme van hun medeburgers, er wijs aan hun gezag te laten wortelen in de ondergrond van de traditie. Hun geestdrift voor architectuur uitleven, iets wat traditioneel verwacht werd van de streberige eupatriden, was één ding, maar heel iets anders werd het als ze te koop liepen met de werkelijke basis en het werkelijke karakter van hun macht. Rivalen die van geen wijken wisten, kon-

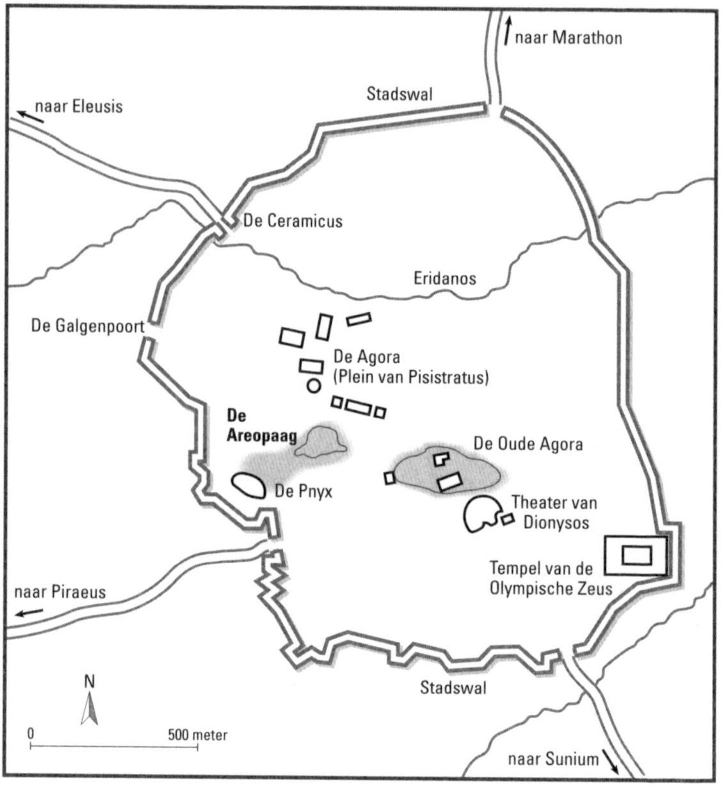

Athene in de zesde en vijfde eeuw v.Chr.

den ze het beste maar stilletjes uit de weg worden geruimd. Wat er gebeurde achter gesloten deuren, in donkere kelders, daar kon niet bepaald in het openbaar te koop mee worden gelopen. De Pisistratiden moesten hun tirannie zowel versluieren als promoten.

Daarom bedekten ze de naaktheid van hun oppermacht netjes met de sluier van Solons wetgeving. Kandidaten van andere families dan de Pisistratiden mochten meedingen naar het ambt van archont. De meesten van hen waren natuurlijk stromannen van de tirannen – de meesten, maar niet allen. Twee sprongen er onmiddellijk uit op de lijst van archonten. De ene was verrassend genoeg een Miltiades – niet de avonturier die een tijdgenoot was van Pisistratus, maar zijn neefje, die kort tevoren als hoofd van de Philaiden naar voren was getreden en zelf aasde op de tirannie van de Chersonesus. Vlak daarboven stond een nog verbazingwekkender naam: een Alcmaeonide, zowaar, ene Cleisthenes, die door de gunst van de tirannen naar Athene en zijn hoogste ambt had kunnen terugkeren. Kon iemand die deze voormalige balling op de lijst van archonten zag nog twijfelen aan de legitimiteit van het regime dat hem daar had geplaatst? Als zelfs de meest onverzoenlijke vijand van de tirannie bereid was die te vereren met zijn functie, wie twijfelde er dan nog aan dat de gebroeders rotsvast in het zadel zaten?

Maar de terugkeer van Cleisthenes kon ook heel anders worden uitgelegd. Was het mogelijk dat de Alcmaeoniden, die onverbeterlijke intriganten, echt de strijdbijl hadden begraven? Je verlaten op hun goede trouw was zeker een gok. En jawel hoor, kort na zijn ambtstermijn overspeelde Cleisthenes zijn hand en werd weer verbannen.[34] Dat kon beschouwd worden als een overwinning voor de Pisistratiden – maar dan wel een bijzonder precaire. Hun legitimiteit berustte immers op het vermogen om de orde en vrede te handhaven. Als ze afgleden naar factiestrijd, zou hun greep op de macht verslappen. Terwijl ze zich aan de ene kant weinig volksonlusten konden veroorloven, konden ze er aan de andere kant – dat was het lastige – ook niet te hard tegen optreden. In dat licht bezien was zelfs de tempel van Zeus misschien niet zozeer een monument van hun zelfvertrouwen als wel een kolossaal staaltje bluf.

En de waarheid was dat dergelijke illusies onverbrekelijk verbonden waren met het regime. Van de ene kant bezien leek Athene inderdaad een monarchie. Maar van de andere kant zag alles er heel anders uit. Wanneer de burger die de lijst van archonten raadpleegde de blik oostwaarts richtte, zag hij in de periferie van de open ruimte glinsterend geld van hand tot hand gaan en hoorde hij handelsrumoer – want de commercie had zich het plein, die dwingende exercitie in Pisistratidische zelfpromotie, al toegeëigend. Kooplieden waren stinkend rijk geworden van de tirannie. De teltafels in de hele stad bogen door onder het gewicht van zilver, muntgeld dat waarschijnlijk door de Pisistratiden zelf was geslagen, met een beeltenis van Athena aan de ene kant en haar heilige uil aan de andere kant – munten zo zuiver dat ze al tot de sterkste van alle steden werden gerekend. Maar terwijl het geld ervoor had gezorgd dat de rijken een steeds krachtiger factor werden, waarmee meer dan ooit rekening moest worden gehouden, had het ook de mensen verheven van wie de handel afhankelijk was, of het nu de pottenbakkers van de Ceramicus waren of de boeren die de olijvenpersen leverden. Hippias en Hipparchus maakten ze, net als hun vader, allemaal het hof. Elke klasse in Athene werd op de een of andere manier gepaaid of in het zonnetje gezet. Net zoals de archonten werden aangespoord om te doen alsof de wet iets meer was dan een glorieuze schijnvertoning, zo werden ook de burgers nog steeds voorgesteld als soevereine mensen, uit de aarde geboren en vrij. Als je dat de pottenbakkers en de boeren maar vaak genoeg vertelde, gingen ze het uiteindelijk geloven – misschien. Dat soort waanideeën kwam de tirannen natuurlijk goed van pas. Acteurs zijn zelden authentieker dan wanneer ze overtuigd zijn van de realiteit van hun rol.

Van de vele gedenktekens die de tirannie voor zichzelf oprichtte is derhalve het meest passende wellicht niet de tempel van Zeus, of welk *grand projet* dan ook, maar de passie van de Atheners om maskers op te zetten, teksten voor te dragen en rollen te spelen. Latere generaties die terugkeken op de mysterieuze geboorte van de tragedie aarzelden niet de tirannen de eer te gunnen van het oorspronkelijke patronaat van een prestigieus nieuw festival, de Stedelijke Dionysia, waarvan het pièce de résistance een wedstrijd was tussen rivaliserende tragediespelers – en al evenmin waren ze blind voor het motief van die sponsoring. Immers: 'Vanaf het moment dat we onszelf toestaan toneelspel te prijzen en te eren,' zoals Solon volgens de overlevering waarschuwde, 'zal het zijn weg vinden in de staatszaken zelf.'[35] En dat was natuurlijk voor de Pisistratiden juist het aantrekkelijke.

Maar ook zij, verdwaald als ze waren in het door henzelf gebouwde spiegelpaleis, schenen soms te verlangen naar een leidende hand. Die te vinden in een stad waar de grenzen tussen fantasie en feit, propaganda en waarheid, zo vaag waren, was natuurlijk moeilijk. Bang te veel te vertrouwen op menselijke tussenkomst kozen de twee broers voor een geloof in het bovennatuurlijke. Van Hippias werd gezegd dat hij 'beter dan wie ook de orakelspreuken tot in de finesses kende',[36] en samen met zijn broer liet hij een uitgebreid archief van profetieën aanleggen, dat ze liefdevol op de Akropolis bewaarden. Toen Hipparchus ontdekte dat de archivaris, een naaste vriend van hem die Onomacritus heette, ermee had zitten knoeien, was de tiran zo van streek dat hij zijn vriend ter plekke verbande. Inlichtingen waren immers niets waard als de bron niet deugde. Met dat in het achterhoofd vertrouwden de broers vooral op hun eigen dromen - en het gevolg was dat ze hun stad onbetwist dertien jaar lang regeerden.

Toen, op een snikhete nacht in de zomer van 514 v.Chr., aan de vooravond van de Grote Panathenaea, kreeg Hipparchus een visioen dat hij niet begreep. Een jongeling van buitengewone schoonheid stond naast zijn bed en waarschuwde hem op de dringende, cryptische manier van dromen dat voor misdaden altijd geboet wordt. Hipparchus werd met een schok wakker, en hij zou normaal gesproken zeker zijn uiterste best hebben gedaan de misdaad die hij had gepleegd te achterhalen, om hem goed te maken. Maar het was de ochtend van de Grote Panathenaea en hij had geen tijd. Hij verliet zijn huis en stak haastig het plein van zijn vader over naar de Ceramicus, waar zijn broer de grote processie organiseerde die weldra de Akropolis op zou trekken. Toen hij voorbij de tempel aan de rand van het plein liep, zag hij twee bekende mannen op hem toe komen. Misschien dat hij toen - te laat - ineens zijn droom begreep. Want de twee mannen waren gekomen om hem te vermoorden. De ene, Harmodius, was de knapste man van Athene, 'in de bloei van zijn jeugd',[37] terwijl de andere, Aristogiton, zijn minnaar was - en Hipparchus, die het oog van een estheet had, had egoïstisch en roofzuchtig geprobeerd het paar te scheiden en ze daarbij dodelijk beledigd. Bang voor de macht van de tiran en in de wetenschap dat ze geen andere toevlucht hadden, wachtten de twee geliefden hun tijd af tot een festival zou plaatsvinden zoals de Panathenaea, wanneer iedereen een zwaard droeg, om hun kans te grijpen. Nu ze voor Hipparchus stonden en zijn lijfwacht door de menigte was afgeleid staken ze hem neer.

Verder ging hun samenzwering niet. Harmodius zelf werd ter plekke gedood en hoewel Aristogiton een paar dagen gemarteld werd, onthulde hij niets over een verder complot. Maar kon Hippias het zich veroorloven te geloven dat ze op eigen initiatief gehandeld hadden? Per slot van rekening was Hipparchus vermoord omdat hij misbruik had gemaakt van zijn macht, en de mensen fluisterden dat hij niet het slachtoffer was geworden van een crime passionnel, maar van een heroïsche aanslag uit naam van de vrijheid. Hippias begon paranoïde te worden. Met het wegebben van zijn vertrouwen leek het schaduwspel dat hij en zijn familie zo lang hadden geregisseerd steeds meer een farce. Het evenwicht dat ze altijd zo angstvallig hadden bewaard – tussen de ware aard van het regime en de decors waarmee het was verlucht, tussen dreiging en gracieuze grootmoedigheid – werd ernstig verstoord. Wanhopig begon de rouwende en in paniek geraakte Hippias steeds meer zijn toevlucht te nemen tot naakte terreur. Executies, die voorheen in stilte werden uitgevoerd, drenkten de stad weldra in bloed. Onderdrukking verwekte samenzwering, samenzwering leidde tot meer onderdrukking. De pretentie dat Athene meer was dan een politiestaat begon op een wrange grap te lijken. Hippias, die eerder 'voor iedereen gemakkelijk te benaderen'[38] was geweest, sloot zich nu op tussen zijn Scythen en andere buitenlandse huurlingen, alsof hij een vreemde despoot was, alsof hij nauwelijks nog Athener was.

Maar wie kon zich van hem ontdoen? Verhitte discussies in de salons van de aristocratie of in de wijnhuizen van de Ceramicus waren allemaal goed en wel, maar iemand moest het initiatief nemen. Alle ogen werden op Cleisthenes gericht, die prompt, nauwelijks een jaar na de dood van Hipparchus en altijd de hyena, aan de noordgrens van Attica verscheen. De Atheners, die de kans om Hippias af te zetten op een presenteerblaadje kregen aangeboden, faalden jammerlijk en maakten er geen gebruik van. Ze waren weliswaar erg gekant tegen de tirannie, maar ze hadden er haast net zo weinig zin in de Alcmaeoniden weer aan de macht te helpen. Toen het invasieleger van Cleisthenes door de huurlingen van Hippias in de pan was gehakt, had hij geen andere keus dan weer met de staart tussen de benen over de grens te vertrekken. Op het slagveld liet hij de lijken achter van de paar Atheners die het hadden aangedurfd hem te steunen. 'Goede en edelgeboren krijgers – ze toonden het bloed dat in hun aderen vloeide.'[39]

Het scheen dat voor de Atheners een grimmige waarheid was onthuld: het alternatief voor slavernij was ballingschap of de dood.

Macht aan het volk

Maar de onstuitbare Cleisthenes zelf had het nog niet opgegeven. Zwelgen in zelftwijfel was niet de manier van de Alcmaeoniden. Terwijl hij zijn wonden likte, ging de man die nog steeds de gevaarlijkste tegenstander van de tirannie was op zoek naar verse bondgenoten. Cleisthenes wist dat hij lang de enige niet was die Hippias afgezet wilde zien. Een andere bedreven intrigant, met het opportunistische oog van een Alcmaeonide, maar beschikkend over veel meer middelen dan de Alcmaeoniden, had ook belang bij de ontwrichting van Athene. Koning Cleomenes van Sparta had dan ook al in 519 v.Chr., op zijn eerste expeditie ten noorden van de Isthmus, een uitval naar de stad gedaan. Bij die gelegenheid hadden de Plataeërs, burgers van een klein stadje ongeveer vijftien kilometer ten zuiden van Thebe, hem benaderd voor steun tegen hun aanmatigende buur. En Cleomenes had hen met kwaadaardige sluwheid geadviseerd hulp te zoeken bij Athene. De gebroeders tirannen konden dat vleiende verzoek niet afwijzen en waren uitgerukt om de Plataeërs te verdedigen, waarbij ze een klinkende overwinning hadden behaald – een resultaat dat de Atheners weliswaar de onsterfelijke loyaliteit van het kleine Plataea opleverde, maar natuurlijk de doodklap betekende voor hun vriendschap met het machtige Thebe. Aangezien die vriendschap al sinds de tweede ballingschap van hun vader de ruggengraat was geweest van de Pisistratidische buitenlandse politiek, kon de hele affaire beschouwd worden als een kapitale blunder. Cleomenes kon zich vergenoegd in de handen wrijven.

Maar zou Cleisthenes, die zes jaar later zijn voelhorens uitstak, de Spartaanse koning zover kunnen krijgen dat hij openlijk tegen Hippias in het geweer kwam? Dat zal misschien een ijdele hoop hebben geleken. Ondanks hun huwelijksband met Argos, hadden de Pisistratiden zich zorgvuldig ingedekt en ervoor gezorgd aan de goede kant van Sparta te blijven – zozeer dat Hippias officieel gold als 'een vriend van het Spartaanse volk'. Voordat hij hun koning benaderde, zal Cleisthenes ongetwijfeld zijn huiswerk over de man hebben gedaan. Hij zal hebben geweten dat Cleomenes, die al had laten zien graag te stoken in de affaires van de steden buiten de Peloponnesos, niet bepaald het schoolvoorbeeld was van een provinciaalse Spartaanse koning. Een politicus met de fluwelen tong van een Cleisthenes zal er vertrouwen in hebben gehad Cleomenes te kunnen overtuigen van wat hij ongetwijfeld toch al graag wilde geloven, namelijk dat Hippias met zijn megalomane bouwprojecten en zijn bondgenootschap met Argos een bedreiging was voor de Spartaanse belangen. Maar van Cleomenes, hoe onorthodox hij ook was in zijn benadering van internationale betrekkingen, kon moeilijk worden verwacht dat hij een onuitgelokte aanval lanceerde op de man die per slot van rekening 'een vriend van het Spartaanse volk' was – althans niet zonder minstens een of andere gefabriceerde rechtvaardiging. Maar ook hier kon de immer vindingrijke Cleisthenes van dienst zijn. Niet voor niets hadden de Alcmaeoniden zich tot de lievelingen van Delfi gemaakt – ze hadden zelfs voor een weelderige restauratie betaald na de grote brand van 548 v.Chr. Nu, na tientallen jaren van toegewijd patronaat, was het tijd om de revenuen binnen te halen. Spartanen die het orakel raadpleegden kregen onveranderlijk hetzelfde antwoord. Welke vraag ze Apollo ook stelden, het antwoord luidde steevast: 'het was hun plicht Athene te bevrijden'.[40] Toen dit verbijsterende nieuws Sparta bereikte, werd het met ontsteltenis ontvangen. Misschien dat alleen Cleomenes, ongetwijfeld getipt door Cleisthenes, niet deelde in de algehele verbijstering en alarmstemming.

Voor een volk zo vroom als de Spartanen kon er natuurlijk geen sprake van zijn dat ze Apollo's bevel naast zich neerlegden, hoe verbijsterd ze er misschien ook door waren. 'Dit gebeurde ondanks het feit dat er nauwe vriendschapsbanden met de Pisistratiden waren aangeknoopt! Maar de wil der goden woog voor hen blijkbaar zwaarder dan de menselijke betrekkingen.'[41] De eerste expeditie die werd uitgezonden naar Athene was – wellicht als gevolg van het ongemakkelijke gevoel dat de Spartanen nog steeds hadden over het illegitieme karakter van hun daad – bescheiden en onderbemand, en Hippias kon de aanval makkelijk afslaan. De tweede, nu hun prestige direct op het spel stond, was overweldigend. In de zomer van 510 v.Chr. rukte een Spartaans leger onder aanvoering van Cleomenes zelf vanuit de Isthmus door Attica op. Deze keer werden Hippias' huurlingen haast laatdunkend weggevaagd. De tiran vluchtte terug naar Athene en verschanste zich met zijn familie op de Akropolis, die Cleomenes onmiddellijk barricadeerde. Hij stopte elk kiertje en gaatje zo nauwgezet dicht dat toen Hippias probeerde zijn kinderen in veiligheid te smokkelen, ze recht in de armen van de Spartanen liepen. Hun vader, die wanhopig voor hun leven onderhandelde, kreeg een grimmig ultimatum: hij moest Attica onmiddellijk verlaten. Verdoofd door zijn plotselinge val had Hippias weinig andere keus dan die bittere voorwaarden te accepteren. Zijn enige troost, toen hij de stad verliet die hij zo lang had geregeerd, was dat verbanning voor een tiran min of meer beschouwd kon worden als een beroepsrisico en dat, zoals zijn vader uitvoerig had aangetoond, niets hem in de weg stond om een complot voor zijn terugkeer te smeden. Voorlopig echter kwam er een einde aan de tirannie. Athene was spectaculair – en onverwacht – bevrijd.

Maar wat betekende die vrijheid? Op dat punt hielden de twee mannen die met hun chicanes het meeste hadden gedaan om Athene de vrijheid terug te geven er akelig tegengestelde meningen op na. Cleisthenes had, wat hij Cleomenes ook beloofd mocht hebben toen hij nog in ballingschap was, niet de geringste intentie om zijn stad een satelliet van Sparta te laten worden. Cleomenes zelf daarentegen wilde, na Spartaanse levens op het spel te hebben gezet in een volkomen illegitieme oorlog, exact dat dividend voor zijn investering. Als hij dan geen regime kon krijgen dat zich daadwerkelijk aan hem onderwierp, wilde hij op z'n minst een Athene dat zo geteisterd werd door factiestrijd dat het geen bedreiging meer betekende voor Sparta. Weldra begon het pact tussen de twee samenzweerders te verkruimelen. In het schaduwgevecht dat volgde leek Cleomenes het voordeel geheel aan zijn kant te hebben. In elk geval was de achterdocht van de eupatriden jegens Cleisthenes nog even zwart als voorheen, en nu de postume invloed van de tirannie was uitgeschakeld, waren er genoeg aristocraten die stonden te popelen om terug te keren naar de goede oude tijd waarin kongsi's werden gevormd tegen de Alcmaeoniden. De oppositie tegen Cleisthenes kristalliseerde rondom een rivaliserende aristocraat die Isagoras heette, 'een voormalige vriend van de tirannen'[42] – met het gevolg dat hij in 508 v.Chr. tot archont werd gekozen. Cleomenes, die zich inmiddels openlijk tegen zijn voormalige partner had gekeerd, liet vanuit Sparta weten dat hij het er van harte mee eens was. Isagoras had de steun van de Spartaanse koning zo belangrijk gevonden, en hij had er zo wanhopig naar getaald, dat hij – zo ging het gerucht – zelfs zijn vrouw aan Cleomenes had uitgeleend.

Hoewel Cleisthenes in zijn tijd menige lage streek had uitgehaald, was hij zo diep toch nooit gezonken. Met al zijn vaardigheid in zwendelarij en het bedienen van de geruchtenmolen was hij veel méér dan de inhalige opportunist die de vijandelijke propaganda van hem maakte. Hij was vastbesloten om Athene niet te laten afglijden tot de status van een Spartaanse satelliet, maar hij zag ook in dat Isagoras en zijn trawanten een strijd voerden die zijn tijd gehad had. Weinig Atheners zullen het hebben doorgehad, maar het karakter van hun stad was voorgoed veranderd. Onder de tirannen was het gezag een schimmige kwestie geworden die aan de greep was ontsnapt van de elite die er vroeger zo strak aan vasthield. Nu de tirannie was verdwenen, viel moeilijk te zeggen waar de macht precies berustte. Bij die paar families, de Alcmaeoniden zelf misschien, of de Philaiden, die nog steeds hun getrouwen hadden? Misschien, maar Cleisthenes had na zijn terugkeer in Athene gemerkt dat zelfs de voornaamste eupatriden, verzwakt door ballingschap of de vernederingen van collaboratie, deerlijk aan prestige hadden ingeboet. Onder dreiging van Isagoras zocht hij steun, niet zoals gebruikelijk was voor iemand met zijn afkomst bij andere facties onder de elite, bij de rijken en welgeborenen, maar bij een geheel nieuwe achterban. In een toespraak tot de volksvergadering van de stad stelde hij in feite een revolutie voor.[43] Indien het volk, zoals Hippias, zoals Pisistratus, zoals zelfs Solon altijd had beweerd, echt soeverein was, dan moest het ook een dienovereenkomstige macht in de stad kunnen uitoefenen. Dan moest het kunnen debatteren over politiek, stemmen, implementeren, ongeacht kwalificaties als klasse of welstand. Dan moest de macht – *kratos* – bij de *demos* berusten. Dan moest Athene kortom een *demokratia* worden.[44]

Een programma zo verbijsterend, zo gedurfd radicaal, dat het zijn weerga niet kende. Zijn tegenstanders waren volkomen van hun stuk gebracht en reageerden met kreten van woede en ongeloof. Terwijl de voorstellen van Cleisthenes, het zal niet verbazen, 'hem de volhartige steun van het volk opleverden',[45] beschouwden Isagoras en zijn volgelingen ze als verschrikkelijk onverantwoordelijk, roekeloos en cynisch, nog erger dan de chicanes van de Alcmaeoniden in het verleden. Maar in werkelijkheid was de zaak zo mogelijk nog ondermijnender voor de aristocratie. De maatregelen die Cleisthenes voorstelde, overweldigend ambitieus en briljant uitgedacht, waren niet de geïmproviseerde tegenzet van een in een hoek gedreven avonturier. Verre van dat – alles wees erop dat ze zorgvuldig waren beraamd. Cleisthenes zal in de bitterheid van zijn ballingschap ruimschoots de gelegenheid hebben gehad te bedenken dat alle ambities van de aristocratie, alle pretenties van zijn eigen en andere eupatridische clans, slechts tot decennialange onderlinge twisten en een onwaardige tirannie hadden geleid. Athene was ziek – daar was iedereen het over eens. Was er dan hoop op een geneesmiddel? Slechts één, schijnen Cleisthenes en de zijnen te hebben besloten. Het patroon doorbreken, de ambities harnassen, niet alleen van de elite, maar van het hele Atheense volk, uit hun energie een toekomst voor Athene smeden die eindelijk in overeenstemming was met het volle pond van zijn potentieel. Een grootse, een allergewichtigste, een adembenemende gok – en Cleisthenes scheen bereid daar alles op in te zetten.

Maar ineens kreeg hij koudwatervrees. Vroeg in de zomer van 507 v.Chr. kwam er een gezant van Sparta en eiste, met een beroep op de oude vervloeking, de uitwijzing van de Alcmaeoniden. Het was wel duidelijk dat in het kat-en-muisspel van de twee voormalige bondgenoten Cleomenes nog steeds veel troeven achter de hand had. Cleisthenes vreesde kennelijk voor wat komen ging en vluchtte met de staart tussen de benen weg. Kort daarop stormde Cleomenes zelf, vergezeld van een kleine lijfwacht van soldaten, de stad in. Kortaf beval hij een verdere zuivering van anti-Spartaanse elementen, in totaal zevenhonderd families. Vervolgens beklom hij parmantig de Akropolis om samen met Isagoras een nieuwe wetgeving op te stellen. Natuurlijk was daarin geen plaats voor die democratische onzin. En even natuurlijk was dat Isagoras, die zijn vrouw al aan Cleomenes had uitgeleend, nu Athene zelf tot hoer van Sparta maakte.

Maar terwijl de twee mannen, koning en collaborateur, palaverden klonk er in de straten ver beneden hen een onheilspellend en gewelddadig geraas: oproer. Van de kantelen omlaag turend zag Cleomenes een woedende mensenmenigte voor de poorten van de Akropolis die hem en zijn soldaten de weg naar beneden versperden. Dat, zacht gezegd, kwam als een verrassing. Wie was in hemelsnaam de regisseur van dit oproer? Cleisthenes was verbannen. Zijn medestanders waren uitgewezen. Langzaam, met het verstrijken van de uren, drong de onverteerbare waarheid door. De Atheners zelf, woedend over het aanmatigende gedrag van Cleomenes en het verraad van Isagoras, waren spontaan in het geweer gekomen voor de vrijheden die hun waren beloofd – en ze leken niet in de stemming zich tot bedaren te laten brengen. Twee dagen lang werd de blokkade gehandhaafd. Op de derde dag had Cleomenes, 'hongerig, vuil en met een stoppelbaard',[46] er genoeg van. Er werd een wapenstilstand overeengekomen: de Spartanen moesten de vernedering van een vrijgeleide tot aan de grens incasseren. Isagoras slaagde er op de een of andere manier in ook uit de stad weg te komen en ging in ballingschap. Intussen werden zijn collaborateurs bijeengedreven en gedood. De democratie, die te midden van de rook en het bloedvergieten van de revolutie een gooi had gedaan naar de toekomst, had de eerste poging om haar om zeep te helpen doorstaan.

Cleisthenes keerde na ontvangst van het nieuws haastig in triomf terug. Maar de overwinning was, zoals iedereen wist, bepaald niet het werk van hem alleen. Zelfs zijn meest fervente tegenstanders moesten nu wel aanvaarden dat het hervormingsprogramma dat hij het Atheense volk beloofd had onomkeerbaar was, want nu het volk de Akropolis had bestormd en Cleomenes verslagen, had het daar eenvoudig recht op. Ja, met de lynchpartij van Isagoras' volgelingen nog vers in het geheugen kon de bovenklasse zich zelfs in zekere zin opgelucht voelen dat Cleisthenes weer terug op het toneel was. Beter hij en zijn zorgvuldig beraamd hervormingspakket, dan bloed dat door de straten vloeide en lijken van eupatriden die op de Akropolis in de zon hingen te rotten.

Zo kwam het dat halverwege dat gedenkwaardige jaar 507 v.Chr. een Alcmaeonide, een familielid van Cleisthenes, als archont naadloos de macht kon overnemen van Isagoras, en Athene kon omvormen tot een staat die zijn gelijke in de geschiedenis niet kende. Was *eunomia* – 'goed bestuur' – het devies van de vroegere Griekse hervormers geweest, van Lycurgus tot Solon, voor Cleisthenes en de zijnen luidde het subtiel en tegelijk radicaal anders: *isonomia* – 'gelijkheid'. Gelijkheid voor de wet, gelijkheid van deelname aan het bestuur van de staat – dat was voortaan het Atheense ideaal. Het was waar, sommige burgers bleven gelijker dan andere: nog steeds, bijvoorbeeld, konden alleen de leden van de bovenklasse zich kandidaat stellen voor hoge ambten. Niettemin, hoewel sommige relicten van de oude orde voor de democratische vloedgolf gespaard bleven, werden er veel meer voorgoed door begraven – Solon zou bijvoorbeeld het toneel van na het springtij nauwelijks hebben herkend. Athene was een stad geworden waarin elke burger, hoe arm of laagopgeleid ook, openbaar spreekrecht had,[47] waarin de politiek niet langer werd bedisseld in de besloten, vergulde salons van de aristocratie, maar openlijk, in de volksvergadering, ten overstaan van 'timmerman, hoefsmid of schoenlapper, koopman of reder, rijk of arm, aristocraat of gewone man',[48] waarin geen maatregel kon worden genomen, geen wet afgekondigd, zonder de stem van alle Atheners. Het was een groots en nobel experiment, een staat waarin een burger voor het eerst het gevoel kreeg dat hij zowel betrokken was als aan de touwtjes trok. Niets in Athene, ja zelfs in heel Griekenland, zou ooit nog hetzelfde zijn.

En daar ging het Cleisthenes en allen die hem steunden helemaal om. De supporters van de Atheense revolutie waren geen bevlogen visionairs die zich lieten leiden door vage ideeën over broederschap met de armen, maar eerder nuchtere pragmatici die heel eenvoudig als Atheense edelen hun stad sterk wilden maken en daar profijt van trekken. Voor dat doel, en voor het hele immense project dat eruit volgde, zetten ze zich ferm en met overgave in. Ze hadden de tijd niet mee, zoals ze heel goed wisten. Niet alleen zon Cleomenes, 'die zich diep gegriefd voelde door de woorden en de behandeling van de Atheners',[49] op wraak, maar Cleisthenes vreesde ook, nu Hippias en Isogaras complotten smeedden voor hun terugkeer, dat de stad elk moment in rivaliserende facties uiteen kon vallen. Dynastieke twisten, die Athene aan de rand van de ondergang hadden gebracht, waren eenvoudig te gevaarlijk om nog langer getolereerd te worden – een conclusie die de dynastieën zelf nu schoorvoetend aanvaardden.

Maar hoe moesten ze geneutraliseerd worden? De oplossing van Cleisthenes was zowel briljant als eenvoudig én fel ambitieus: verbreek de banden tussen de burgers en hun familie, hun buurt en hun lokale clan. Aangezien het onderhouden van die banden van oudsher voor bijna iedereen in Attica een natuurlijk instinct was geweest, vereiste het plan om ze te slaken bijzonder ingenieuze en gedetailleerde maatregelen. Nauwgezet deelde Cleisthenes het land met zijn oeroude lappendeken van steden, landgoederen en dorpen op in bijna honderdvijftig districten. Aan die *demes*, en niet langer aan hun familie, ontleenden de burgers van de nieuwe democratie voortaan verplicht hun achternaam. En ook hun burgerlijke identiteit – want een jongeman die volwassen werd kon na Cleisthenes' hervormingen alleen Atheens burger worden als hij in een *deme* stond ingeschreven. Dat gold voor de verwaandste eupatride evenzeer als voor de nederigste ploeger in het veld: als ze uit dezelfde *deme* kwamen, hadden ze dezelfde achternaam. Natuurlijk waren niet alle eupatriden gecharmeerd van deze nieuwlichterij. Sommigen van hen, vooral de grootsten, die een landgoed of een dorp hadden en dus een *deme* die naar hen genoemd werd, maakten hun ongenoegen met de nieuwe orde maar al te duidelijk kenbaar. De Boutaden bijvoorbeeld, die er genoeg van hadden om hun gedistingeerde naam te moeten delen met tuig van de richel, gaven zichzelf gevat een nieuwe naam: de Authentieke Boutaden.[50]

Maar toch moesten ze oppassen. Te nadrukkelijk afgeven op een medelid van een *deme* kon betekenen dat zelfs een Authentieke Boutade uitgesloten werd van het openbare leven. Cleisthenes had met zijn gebruikelijke vooruitziende sluwe blik verordonneerd dat de leden van een *deme* uit hun midden afgevaardigden moesten kiezen die naar Athene dienden te reizen om daar de agenda van de volksvergadering te bepalen. Welke rechtgeaarde aristocraat zou uit snobisme zo'n uitgelezen kans laten lopen? Net zoals Cleisthenes de eupatriden moest aansporen niet in hun tenten te blijven zitten mokken, zo moest hij ook uitkijken voor het omgekeerde gevaar, namelijk dat een ambitieuze edelman zijn *deme* zou gebruiken als springplank naar de tirannie. Tegen dat risico, en met inzet van hun gebruikelijke anticipatievermogen en hun duivelse vaardigheid om alles waar ze de hand in hadden te compliceren, ontwierpen de stichters van de democratie een hele batterij checks-and-balances. Attica, dat al verdeeld was in *demes*, werd verder opgedeeld en gefragmenteerd. *Demes* werden tot 'derden' samengevoegd; een 'derde', zoals de naam al zegt, werd met twee andere gegroepeerd tot een stam. Aangezien de derden genomen werden uit uiteenlopende gebieden van Attica – zeg, een uit de bergen, een andere van de kust en een derde uit de buurt van Athene zelf – was het onvermijdelijk dat elke stam, waarvan er in totaal tien waren, oeroude wortels uitrukte. In plaats van de simpele clanloyaliteit koesterden de Atheners nu oneindig meer gekunstelde en gepreciseerde loyaliteiten. Stammen, derden en *demes* – het was allemaal zo complex dat het zelfs voor een aristocraat met de beste connecties niet makkelijk te manipuleren was.

Maar werkte het? Aangezien nooit iemand eerder had geprobeerd een democratie te stichten, was er niemand die het werkelijk wist. Athenes buren, die met groeiende ongerustheid de voortgang van de revolutie gadesloegen, konden zich niet veroorloven te rekenen op een mislukking – en vooral Cleomenes had goede redenen om het ergste te vrezen. Cleisthenes en zijn medestanders, verwoed zwoegend om hun hervormingen te consolideren, hielden een zenuwachtig oog op de Spartanen gericht, maar de Spartaanse koning, die een contrarevolutie beraamde, was ook bang dat de tijd hem misschien zou inhalen. Hoe onmogelijk complex de democratische hervormingen ook waren, hun potentieel was voor Cleomenes maar al te onheilspellend duidelijk. Niet langer onderling verdeeld zouden de burgers van een democratisch Athene eindelijk een verenigd front kunnen vormen tegen hun buren. Alleen al de grootte van Attica gaf ze een geduchte slagkracht. Eeuwenlang een militaire dwerg, stond Athene nu op het punt om bijna van de ene op de andere dag een zwaargewicht te worden.

En wat Cleomenes het meeste stak was het feit dat hij door de Pisistratiden af te zetten in feite de vroedvrouw was geweest van het Atheense bandietenregime. Het ontging hem niet dat velen van zijn landgenoten die gekant waren tegen zijn proactieve buitenlandse politiek begonnen te morren, dat ze het hadden over te veel hooi op de vork nemen en dat ze klaagden dat al zijn bemoeienissen met Athene alleen maar tot een ramp hadden geleid. Voorlopig was er niemand sterk genoeg om hem openlijk uit te dagen. De eforen trapten hem nog steeds node op de tenen en zijn medekoning, Demaratus, zoon van het ooit zo lelijke meisje dat door de verschijning van Helena met schoonheid begiftigd was, stond veilig bij hem in de schaduw. Maar hoe langer de neus werd die de Atheners naar hem trokken, hoe dieper de deuk in zijn prestige en hoe angstvalliger hij zich in de rug moest dekken. Cleomenes kon zich in de voorbereiding van zijn laatste aanval op Cleisthenes niet veroorloven een risico te nemen. Deze keer was er geen sprake van Attica binnen banjeren met een paar lijfwachten. Toen hij in de zomer van 506 v.Chr. eindelijk samen met Demaratus over de Isthmus oprukte, met Isagoras in zijn kielzog, voerden de twee koningen een aanvalsleger aan dat niet alleen bestond uit zijn eigen gestaalde landgenoten, maar ook nog was aangevuld met in de hele Peloponnesos geronselde contingenten. En ze hadden nog andere bondgenoten. De Thebanen, nog steeds gekwetst door het bondgenootschap van Athene met Plataea, voegden zich snel bij de meute door vanuit het westen Attica binnen te vallen. Uit Chalcis, een stad in Euboea, het lange, smalle eiland ten noorden van Attica, stak een leger de zeestraat over om de derde speerpunt te vormen van wat een briljant gecoördineerde aanval bleek te zijn. Cleomenes had zijn werk goed gedaan. Athene was effectief omsingeld. De pasgeboren democratie zou zeker in de wieg gesmoord worden.

Maar de Atheners, die ervoor kozen hun sterkste vijand het eerst tegemoet te treden en zuidwaarts tegen de Spartaanse koningen oprukten, voelden zich misschien gesterkt door de weg die ze volgden. Het was geen gewone weg. Elk jaar in september trok er een grote processie van Atheners overheen, getooid met mirte en gekleed in het wit terwijl ze de *iakchos* aanhieven, een kreet van vreugde en triomf. Niet voor niets stond de weg bekend als de 'Heilige Weg', want hij leidde naar het heiligdom van Eleusis, op bijna dertig kilometer van Athene, waar een groot mysterie werd geopenbaard: dat uit de dood leven kan ontstaan en dat in de donkerste wanhoop het licht van de hoop kan gloren. Een goedgunstiger plaats om de vrijheid van de stad te verdedigen was haast niet voorstelbaar – en jawel hoor, toen de Atheners in Eleusis aankwamen, ontdekten ze dat er inderdaad een wonder was geschied.

De Spartanen en heel de meute die met hen was opgerukt waren vertrokken. Men zei dat Demaratus, die jaloers was op zijn medekoning en zijn buitenlandse avonturen niet vertrouwde, verdeeldheid had gezaaid. Een groot deel van de Peloponnesische bondgenoten was onder aanvoering van Korinthe prompt gedeserteerd. Cleomenes, die ineens zonder leger kwam te zitten, was gedwongen geweest in machteloze woede de invasie af te blazen. Verbijsterd door de enorme last waarvan ze bevrijd waren konden de Atheners niet anders dan aannemen dat de goden hen te hulp waren geschoten – hoewel sommigen, met in het achterhoofd Cleisthenes' vroegere vaardigheid met smeergeld, zich zullen hebben afgevraagd of ze het in feite niet aan het goud van de Alcmaeoniden te danken hadden.

Maar de Thebanen, die Athene haatten, lieten zich niet omkopen. Snel noordwaarts oprukkend om de confrontatie met hen aan te gaan werd het nieuwe modelleger van de democratie voor het eerst werkelijk op de proef gesteld. Cleisthenes, en allen die zo hard met hem aan de hervormingen hadden gewerkt, hielden hun adem in. Eén prangende vraag vooral zou nu worden beantwoord. Zouden de Atheners, gewend als ze waren om in het gevolg van een vooraanstaande aristocraat te vechten, nu voldoende loyaal zijn aan een volslagen kunstmatige constructie, hun stam, om stand te houden in de gevechtslinie, om hun medeleden van de *deme* in de flank te dekken, om niet te vechten voor het hoofd van een clan, maar voor een ideaal, voor de vrijheid, voor Athene zelf? Het antwoord, luid en triomfantelijk, was ja. De Thebaanse invasiemacht werd in de pan gehakt. Dezelfde dag nog staken de Atheners over naar Euboea en dwongen Chalcis tot vernederende vredesvoorwaarden: de stad moest op wat vroeger haar eigen territorium was vierduizend Atheense kolonisten toelaten.

> De macht van Athene nam dus steeds meer toe. Hiermee is eens te meer bewezen dat politieke vrijheid in alle opzichten een zaak van belang is. Want toen de Atheners nog onder de tirannie gebukt gingen, waren zij op het slagveld nooit succesvoller dan hun nabuurstaten, maar sinds hun bevrijding zijn zij onverslaanbaar gebleken. Dit toont aan dat zij in een afhankelijke positie opzettelijk hun plicht verzaakten, net als slaven die noodgedwongen voor een meester werken. Maar na het verkrijgen van de vrijheid was iedere Athener bereid zich volledig in te zetten voor zijn eigen belangen.[51]

Het leek erop dat de democratie inderdaad kon werken.

En dat verkondigden de Atheners nu trots aan de hele wereld. Terug in hun stad gaven ze in de extase van hun bevrijding opdracht tot de bouw van een levensgroot gedenkteken – een strijdwagen getrokken door vier geheel uit brons gegoten paarden – dat direct achter de poorten van de Akropolis geplaatst moest worden. Daar, opgesteld in wat ooit de opperste uitstalkast van de aristocratische hoogmoed was, glom het intimiderende beeldhouwwerk, het eerste wat iemand zag die de citadel binnenging, een monument niet voor een individu maar voor 'de zonen van de Atheners'[52] – voor het hele volk. Ook elders, in heel Athene, getuigde het hernieuwde beitelgeklop uitvoerig van de geestdrift die de democratie aan den dag legde voor een facelift. Steenhouwers die nog hadden gezwoegd aan de megalomane tempel van de Pisistratiden waren nu aan het werk op de lage heuvel ten westen van de Akropolis, de Pnyx, waar ze uit zijn rots een nieuwe, reusachtige ontmoetingsplaats voor de volksvergadering hieuwen, met een capaciteit van vijfduizend plaatsen: een eerste – en een passend – monument voor een regering door het volk. Intussen waren andere werklieden ten noorden van de Pnyx en de Akropolis, op het grote plein dat Pisistratus ter ere van zichzelf had laten aanleggen, bezig alle sporen van de tirannie systematisch uit te wissen. De half afgebouwde tempel van Zeus lieten ze staan als een monument voor de dwaasheid van de tirannen, maar de grote openbare ruimte die Pisistratus in het hart van de stad had laten aanleggen kon niet zo gemakkelijk worden weggewerkt – niet in de laatste plaats omdat de burgers van de nieuwe democratie zo'n ontmoetingsplaats nodig hadden. *Agora* gingen ze hem noemen – het woord voor een plek die alle Griekse steden hadden, een ruimte waar de mensen vrij bij elkaar konden komen. De eerbiedwaardige openbare gebouwen op de vroegere Atheense *agora*, ten noordoosten van de Akropolis, werden afgebroken en door andere vervangen, terwijl de nieuwe *agora*, van een omvang en een schoonheid die beter pasten bij de waardigheid van het volk, algauw werd gekoesterd als het symbolische hart van de democratie.[53]

Een punt dat hardhandig werd benadrukt door de installatie, midden op het plein, van twee zware bronzen beelden van de tirannendoders. Harmodius en Aristogiton werden met ernstige gezichten en getrokken zwaarden – hun lichamen heroïsch, zij het onwaarschijnlijk, naakt – voorgesteld als de gezamenlijke redders van Athene en brengers van de vrijheid. Aangezien er in heel Athene geen andere publieke afbeeldingen van historische persoonlijkheden te zien waren, was de dominante positie van die standbeelden op de Agora des te opmerkelijker. Nog verbazender was natuurlijk het feit dat Harmodius en Aristogiton zich helemaal niet hadden opgeofferd voor de vrijheid, maar Hipparchus in een ordinaire vrijersruzie hadden vermoord. Ja, als iemand het verdiende te worden vereerd als bevrijder van de stad, dan was het wel de koning van Sparta – maar daar werden de Atheners liever niet meer aan herinnerd. Vandaar dat de tirannendoders hun zo goed uitkwamen. Net als elke revolutionaire staat in de geschiedenis had het regime van Cleisthenes dringend behoefte aan helden. Harmodius en Aristogiton, lekker bloeddorstig en nog lekkerder dood, werden prompt tot de eerste martelaren van de democratie gebombardeerd.

Harmodius en Aristogiton. Na de instelling van de democratie in Athene waren de bronzen standbeelden van de tirannendoders – hier Romeinse kopieën – de enige afbeeldingen van mensen in de hele stad. Van een triviale crime passionel was een heroïsche verzetsdaad gemaakt. (*Museo Arheologico Nazionale, Napels / Bridgeman Art Library*)

De hype diende ook een dieper doel. Cleisthenes kende zijn pappenheimers goed. Hij wist dat de Atheners, revolutionair als ze verrassenderwijs waren gebleken, in hun hart nog steeds tradionalisten waren. Verre van zich te beroemen op de nieuwe aard van hun democratie, hunkerden ze naar een bevestiging dat die zijn wortels in het verleden had. Cleisthenes, immer geraffineerd, had er daarom voor gezorgd zelfs zijn meest gedurfde experimenten te omhullen met het kleed van de traditie. Zo hadden de stammen allemaal namen gekregen van antieke heroën, alsof ze niet aan de vruchtbare verbeelding van Cleisthenes waren ontsproten, maar, net als de Atheners zelf, direct uit de aarde waren gegroeid. Zelfs de democratie, zo lieten de stichters doorschemeren, was niets nieuws, maar in feite het oeroude geboorterecht van alle mensen van Attica, oorspronkelijk in de heldentijd aan hen geschonken door de gevierde heros Theseus, die de Minotaurus had gedood. Wat waren de twee tirannendoders in dat licht bezien anders dan verdelgers van monsters, onzelfzuchtige patriotten die hun leven hadden gegeven voor het herstel van de Atheense democratie? Allemaal rookgordijnen en spiegelpaleizen, natuurlijk – die trouwens Cleisthenes en de zijnen in de verste verte niet de eer gaven die hun toekwam. Maar het is misschien wel het definitieve bewijs van hun grootheid dat zelfs Cleisthenes, telg uit een geslacht dat zelden uitmuntte in bescheidenheid, inzag hoe essentieel het was om de volle omvang van wat hij tot stand had gebracht te verhullen achter zo'n fantastisch schimmenspel. Met de stichting van de democratie had hij de toekomst van zijn stad uitgevonden, maar ook, en dat was even cruciaal, haar verleden gefabriceerd.

Dus geen standbeeld voor Cleisthenes op de Agora. En ook geen plaats in de harten van zijn landgenoten als de vader van hun democratie. Ja, nauwelijks was hij dood of de Atheners kregen een acute aanval van geheugenverlies en vergaten überhaupt dat ze een revolutie hadden beleefd.* Zo natuurlijk kwam hun nieuwe regeringsvorm hun al voor, zo diep geworteld in de Attische bodem, dat een waar begrip van zijn oorsprong, net zoals Cleisthenes had voorzien, begon te vervagen. Het was een bitterzoete paradox: in het geheugensyndroom dat Cleisthenes in obscuriteit begroef, school het ultieme bewijs van zijn adembenemende succes. Hij had niet alleen zijn land gered van een burgeroorlog, maar het ook op een duurzame

* Het is wellicht tekenend voor de vergetelheid waarin Cleisthenes geraakte dat we niet eens precies weten wanneer hij stierf. Ergens rond 500 v.Chr. lijkt de beste gok.

grondslag gevestigd – van alle tijdgenoten van Cleisthenes was alleen Darius met hem te vergelijken. Zeker, tussen de Pers, koning van de wereld, en de Athener, vriend van het volk, zullen er weinig zichtbare overeenkomsten zijn geweest, maar in wezen, in de omvang van wat ze tot stand hadden gebracht en wat ze betekenden voor de toekomst, konden de twee mannen zich met elkaar meten. Beiden waren door bloedvergieten aan de macht gekomen en hadden hun land vrede geschonken, beiden hadden de ambities van een roerige aristocratie getemd, en daarmee hadden ze beiden een radicaal nieuwe toekomst voor hun volk uitgestippeld, waarbij ze tegelijk hun originaliteit uit vrije wil verborgen achter het brandhout van het verleden. Het meest ontzagwekkende was dat beiden iets rusteloos en gevaarlijks en nieuws hadden geschapen.

En hoezeer Athene ook, op zijn plaats in de verre periferie van de wereld, in natuurlijke obscuriteit was gehuld, Darius was nu niet meer zo onkundig van zijn bestaan als voorheen. Nieuws over zijn revolutie had Persepolis bereikt. In 507 v.Chr., terwijl de Atheners nerveus de aanval van de Spartanen afwachtten en geschrokken toezagen hoe Hippias zich aan de zuidzijde van de Hellespont, op door Perzië bezet grondgebied, verschanste, hadden ze een gezant naar Sardis gestuurd. Daar zetelde Artaphernes, broer van de Koning der Koningen, meedogenloos en sluw. Toen de Atheense gezanten hun opwachting maakten aan zijn hof en hem smeekten om een bondgenootschap tegen de Spartanen, had Artaphernes grootmoedig hun verzoek ingewilligd. Natuurlijk had hij een voorwaarde gesteld: de gebruikelijke gift van aarde en water. De Atheense gezanten hadden hun schouders opgehaald en zijn voorwaarden geaccepteerd. Toen ze in Athene terugkwamen en verslag uitbrachten van het gebaar van onderwerping dat ze voor Artaphernes hadden gemaakt, 'werd het hun uiterst kwalijk genomen'[54] – wat ongetwijfeld de democratie de gelegenheid gaf tevreden te zijn met zichzelf. De Atheners herriepen hun bondgenootschap met Perzië echter niet – en ze kwamen ook niet op hun gebaar van onderwerping terug. Beter aan de veilige kant blijven. Wie wist, zelfs na de grote overwinningen van 506 v.Chr., of Cleomenes niet terug zou komen? Een verzekeringspolis tegen de Spartanen was nooit weg – zelfs al kostte het een symbolische vernedering. En wat stelde een gift van aarde en water nou eigenlijk voor? Het was een gebaar – meer niet.

Althans, dat wilden de Atheners graag geloven.

DE PERZISCHE KONING AAN ZIJN BAARD TREKKEN

Het grote spel

Artaphernes was door zijn koninklijke broer rijk beloond voor de doodklap die hij Bardiya had toegebracht. Sardis was naar alle maatstaven gerekend een vette en passende buit. Het was de hoofdstad van het westen en werd door de Perzen beschouwd als een van de vier hoekstenen van hun domein, een stad zo fabelachtig rijk dat er zelfs goud in de rivieren stroomde. Croesus had, als hij niet het orakel van Delfi omkocht of zich door de Alcmaeoniden een poot liet uitdraaien, de rijkdom van de stad gebruikt om de eerste gouden munt in de wereld te slaan, een innovatie die hem zo mogelijk nog onbeschofter rijk had gemaakt dan hij al was. Na veertig jaar, toen Croesus allang dood was, profiteerden de Perzische veroveraars nog altijd van zijn spendeerdrift.

Zelfs mensen die bekend waren met Babylon zullen niet gauw hun neus hebben opgetrokken voor Sardis. Pièce de résistance van de stad was een magnifieke tempel die aan Cybele was gewijd, een moedergodin zo oud als de heuvels zelf, en in staat haar vereerders tot zulke extremen van godsvrucht te inspireren dat ze dansten op de heuvelhellingen, kronkelden in orgieën en zelfs, als de rituelen opzwepend genoeg waren, hun testikels afhakten. Voorbij de tempel, verrijzend in soortgelijke ringen als die van Ecbatana, doemden de beroemde muren van Sardis op. De binnenste, die de akropolis omgaf, was zo reusachtig dat Croesus de fatale fout maakte te denken dat hij onneembaar was. De akropolis zelf, een scherf rode bergsteen die gekarteld uit de riviervlakte verrees, was zo mogelijk nog intimiderender, met op een van zijn pieken het voormalige koninklijk paleis, dat nu het gistende bolwerk van Perzische macht was. Vandaar uitkijkend over de doolhof van de stad onder hem, of ver westwaarts over de uitgestrekte graanvelden en de weg die drie dagreizen ver naar 'de bittere zee' liep, kon Artaphernes zich de gelijke van elke koning wanen.

Met één uitzondering, natuurlijk. Hij was dan misschien de heerser over het westen, maar Artaphernes – 'de trouwe Artaphernes' – vergat geen moment dat hij slechts de vazal was van zijn broer, diens dienaar, diens *bandaka*. Hoewel hij, om de plaatselijke bevolking een gepast besef van Perzische majesteit bij te brengen, zijn hof had ingericht naar het voorbeeld van Darius, regeerde hij zelf niet als een koning, maar als de 'Hoeder van de Koninklijke Macht' – als een satraap.* Darius, die zijn troon gewonnen had in een inferno van rebellieën, was niet van plan al te machtige onderdanen ooit nog toe te staan zijn eigen grootheid of die van Perzië te ondermijnen. Dus zijn ambtenaren hoefde maar één ruk aan het touw te geven en een satraap danste. Voor de hoofdstad van een provincie was de bezorging van een koninklijke brief een belangrijke en vaak alarmerende gebeurtenis. Sommige satrapen gingen zelfs zo ver dat als ze een missive kregen van de Grote Koning, ze ervoor neerknielden en nederig de grond kusten.

Overijverig – of gewoon gezond verstand? Je wist nooit wie er in de schaduw stond, de wacht hield, aantekeningen maakte. Sommigen zeiden dat de koning spionnen had aangesteld om zijn hele rijk af te reizen, alziende functionarissen die kortweg zijn 'ogen' werden genoemd. Anderen vermoedden nog iets ergers:

> De onderdanen van de koning zouden immers op hun hoede zijn voor elke inspecteur van wie ze wisten dat hij zijn 'oog' was. In werkelijkheid gebeurt precies het tegendeel – want de koning is bereid te luisteren naar iedereen die beweert iets onbehoorlijks te hebben gezien of gehoord. Vandaar het gezegde dat hij duizend ogen en duizend oren heeft.[1]

Dat was paranoia, haast op wereldschaal. Waar zijn onderdanen zich ook bevonden in zijn onmetelijk uitgestrekte rijk, ze konden zich voorstellen dat Darius ze altijd in de gaten hield, altijd alles afluisterde wat ze zeiden.

Het was echter voor een dienaar, zelfs voor een favoriet als Artaphernes, niet voldoende om simpelweg de koning te geven wat de koning toekwam. Darius was weliswaar een meesterboekhouder en zijn honger naar tributen was onstilbaar, maar hij eiste van zijn satrapen nog iets meer dan revenuen alleen. 'Bij de gratie van Ahura Mazda,' prentte hij zijn dienaren in, 'ben ik een man die een vriend is van de rechtschapenen, die onrecht afkeurt, die de zwakken niet onderdrukt wil zien door de sterken.'[2] Darius

* Het Griekse woord *satrapes* was een transliteratie van het oorspronkelijke Perzische woord *chsaçapavan*.

sprak, dat was zijn prerogatief, als de bron van de wet voor de hele wereld, maar hij verwoordde ook nauwgezet hoe de Perzen zichzelf zagen. Geen volk had een groter vertrouwen in zijn eigen deugdzaamheid. Zo streng waren de eisen van rechtvaardigheid onder hen, wilden de Perzen graag geloven, dat ze zelfs de barrières van klasse en afkomst overstegen. Een boer wiens rechtschapen natuur door het immer wakend oog van de koning was opgemerkt, kon verheven worden tot rechter – en eenmaal geïnstalleerd, kon hij tot de ontdekking komen dat hij op stroken gedroogde huid zat, het vel van zijn voorganger, die zijn welverdiende straf had gekregen en levend gevild was. Zulke anekdotes, even stichtelijk als gruwelijk, zetten de Perzen altijd in vuur en vlam. Vanzelfsprekend, want die bevestigden hen in hun gekoesterde vooroordelen. Geen enkel ander volk, stelden ze tevreden vast, kon tippen aan hun zin voor rechtvaardigheid en hun bekwaamheid om te regeren. Wat een geluk voor de mindere naties, dan, dat ze allemaal de slaven waren geworden van de Perzische koning!

En natuurlijk had de Perzische koning zich die rechtvaardiging voor wereldverovering – want dat was het – al eigen gemaakt. Maar dat stelde bijzondere eisen aan Darius' satrapen in de periferie van het rijk, ver van de koninklijke troon. De plicht om recht te doen aan dezelfde provincialen die ze uitzogen was niet zonder complicaties. Waar het makkelijk toe kon leiden, werd duidelijk bij een bezoek aan de koninklijke munt in Sardis, waar nog steeds, net als in de tijd van Croesus, geld werd geslagen, nu met de beeltenis van Darius als boogschutter die de koninklijke boog van de macht spande, de krijgshaftige kampioen van de waarheid, van rechtvaardigheid, van Arta. Vervolgens werd het fel fonkelend goud ingepakt en naar Susa vervoerd.

Misschien moest je ook een beetje een doorgewinterde hypocriet zijn om als satraap te slagen. En dat maakte het luid verkondigen van de *pax Persica* zeker niet tot een totale farce. Artaphernes zorgde er weliswaar voor dat er regelmatig karren met tribuut Sardis uit ratelden, maar hij was er niet op uit zijn provincie tot de laatste druppel uit te zuigen. Dat zou alleen maar schadelijk zijn geweest voor de kip die de glanzend gouden eieren voor de Grote Koning legde. Net als onder Croesus kon Lydië onder Artaphernes blijven bogen op een klasse van inheemse superrijken. Een van hen, een mijneigenaar die Pythius heette, woekerde zo behendig met zijn kapitaal dat naar men zei alleen Darius in het Perzische rijk hoger stond in de toptien van de allerrijksten. Lydiërs als Pythius, voor wie het Perzisch bewind wereldwijde horizonten opende, hadden er niet het minste belang bij te ijveren voor onafhankelijkheid. Artaphernes, niet minder geraffineerd dan zijn broer, moedigde dat soort collaboratie aan waar en wanneer hij kon – en niet alleen onder de rijken. Lydische functionarissen bestuurden nog steeds plichtsgetrouw de provincie voor hun meesters, net zoals ze onder Croesus hadden gedaan. Hun taal, hun gebruiken, hun goden, alles werd angstvallig getolereerd. Alleen in tempels die uitdrukkelijk geassocieerd werden met Croesus en zijn dynastie werden soms symbolen van het oude regime verwijderd of omgebouwd tot vuuraltaren – en dan nog werd geen poging gedaan de eredienst van Ahura Mazda aan de onwillige Lydiërs op te dringen. Integendeel, het waren eerder de veroveraars die de gewoonten van de inboorlingen overnamen. Het meest opzienbarende teken daarvan was op dertien kilometer ten noorden van Sardis te zien, een wonderlijk tafereel dat vanuit het paleis van Artaphernes zichtbaar was: spookachtige bergen stenen en graszoden die boven de graanvelden uitstaken als golven in een gouden zee. Drie daarvan waren de grafheuvels van beroemde Lydische koningen, maar daaromheen verrezen overal in de necropolis nieuwe, kleinere graven, de rustplaatsen van welgestelde Lydiërs en hun Perzische meesters.[3] Zelfs in het stof en de stilte van een begraafplaats was het Sardis van Artaphernes dus onverbloemd multicultureel.

Niet dat de Perzische tolerantie jegens vreemdelingen en hun eigenaardige gewoonten enig respect inhield. Net zoals Cyrus bij zijn verovering van Babylonië er geen been in had gezien de gunst van een hele stoet goden te claimen, juist omdat hij in geen enkele daarvan geloofde, zo liet ook Artaphernes, door zich de Lydische tradities toe te eigenen en deze naar zijn hand te zetten, blijken dat hij een bittere waarheid heel goed begreep, namelijk dat de tradities waaraan een volk zijn identiteit ontleent, waaraan het waarde hecht en waarvan het houdt, ook, als ze maar slim genoeg worden benut, kunnen dienen om dat volk tot slaaf te maken. Deze stelregel, door de Perzen in het uitgestrekte gebied van hun vele satrapieën toegepast, lag aan de basis van heel hun imperialistische filosofie. Elke elite, zo geloofden ze graag, kon op de een of andere manier tot onderwerping worden verleid.

En als er geen elite was, kon die altijd van elders geïmporteerd worden. Terwijl Cyrus de Babyloniërs paaide met zijn attenties voor Marduk, vergat hij niet aandacht te schenken aan de verlangens van de gedeporteerden in de stad, ballingen zoals de Judeeërs, die tientallen jaren tevoren naar Babylon waren gebracht – want de Perzen zagen in die miserabele gevangenen en in hun heimwee grote mogelijkheden. Judea was het scharnier tussen Mesopotamië en Egypte, en een land van zo groot strategisch belang was zeker een kleine investering waard. Niet alleen stond Cyrus de Judeeërs toe terug te keren naar de door onkruid overwoekerde puinhopen van hun land, hij financierde zelfs de wederopbouw van Jeruzalem en de verwoeste tempel. Jahweh, de god van de Judeeërs, zo werd gezegd, had zelfs de Perzische koning uit dankbaarheid verwelkomd als Zijn 'gezalfde', Zijn 'christos',[4] en gesteld dat voor de messias van zijn uitverkoren volk de aarde nog te klein was. 'Koperen deuren zal ik verbreken en ijzeren grendels verbrijzelen. En ik zal u geven de schatten der duisternis en de rijkdommen der verborgen plaatsen, opdat gij weet, dat Ik, de Here, het ben, die u bij uw naam riep, de God van Israël.'[5]

Dat komische idee, dat Cyrus op de een of andere manier zijn grootheid geheel en al te danken had aan de snoeverige god van de Judeeërs, daar hadden de Perzen niettemin totaal geen moeite mee, want ze begrepen heel goed het verlangen van een slaaf om zich de favoriet van zijn meester te wanen. Immers, geen grotere bron van zelfgenoegzaamheid voor een onderworpen natie, geen veiliger garantie voor haar blijvende dienstbaarheid dan het geloof gezegend te zijn met een speciale relatie tot de koning. Zo was het altijd geweest – de Perzen zelf waren, in de tijd dat ze nog onbeduidende nomaden waren, ook gevoelig geweest voor de grootheid van Mesopotamië. Nu ze heer en meester waren over de wereld, wisten ze nog heel goed hoe de aantrekkingskracht van rijkdom en macht en glamour voelde.

Ook de Griekse bovenklasse was al lang vóór de komst van de Perzen geïntrigeerd door de gouden luister van de oosterse koninkrijken. Sportwedstrijden en galadiners waren niet de enige hartstochten van hun jetsets – die richtten zich ook, zoals de decors op de Akropolis flamboyant getuigden, op alles wat zweemde naar de Oriënt. Als dat al overduidelijk was in een achterafplaats als Athene, dan des te meer aan de overzijde van de Egeïsche Zee, aan de kust van Azië zelf, waar de Ioniërs al eeuwenlang hun oosterse smaak cultiveerden. 'Op de *agora* kun je ze zien paraderen in hun purperen mantels, besprenkeld met zware parfum, hun exquise lokken dansend.'[6] Maar toch bleven de Ioniërs voor hun meesters een raadsel – en een uitdaging. Het enige wat ze in de ogen van de Perzen leken te doen was onderling ruziën. Die eindeloze vetes, waardoor ze makkelijk te veroveren waren, maakten hen ook tot zeer moeilijke onderdanen. Waar de Lydiërs hun bureaucraten hadden en de Judeeërs hun priesters, daar schenen de Grieken alleen verraderlijke, glibberige facties te hebben.

Het gevolg was dat de Perzen, met al hun bedrevenheid in psychologische profilering, maar moeilijk vat konden krijgen op hun Ionische onderdanen. Sommige adviseurs hadden hun hoop gevestigd op de priesters van Apollo, die ze beschouwden als het beste Griekse equivalent van de magiërs, en raadden aan hun heiligdommen rijk te bedelen en zo te proberen de harten van de Ioniërs te winnen. Die politiek kreeg steun tot in de hoogste regionen, want Darius zelf was in staat een strenge reprimande uit te delen als hem ter ore kwam dat zijn staatsdienaren de prerogatieven van Apollo hadden geschonden. Maar de koning vergiste zich deerlijk als hij daarmee hoopte de Griekse god van het licht voor de heilige zaak van 'Arta' te winnen. Het lag eenvoudig niet in de aard van Apollo om zijn vereerders de les te lezen over de waarheid. Net zoals in Delfi sprak hij ook in zijn grote orakel van Didyma bij voorkeur in tantaliserende raadsels – wat in elk geval minder erg was dan het gedrag van zijn medebewoonster op de Olympus, Athena, die een uitgesproken voorliefde had voor mannen met talent om te liegen.

Wat moesten de Perzen wel niet denken van zulke goden? Werkelijk, niets had schokkender kunnen zijn voor hun gemoed – behalve misschien de trend, onder de meer avontuurlijke leden van de Ionische elite, om te ontkennen dat er überhaupt een goddelijk plan aan het heelal ten grondslag lag. De eerste filosofen mochten dan groot geworden zijn in het Perzische rijk, ze konden nauwelijks gerekend worden tot de steunpilaren van de idealen of de ideologie van de Grote Koning. Daar waar Darius in de macht van zijn volk een sluitend bewijs zag voor de bezielende gunst van Ahura Mazda, daar zag een vermetele Ioniër misschien alleen maar de werking van bepaalde natuurlijke beginselen. Wat die beginselen waren, was eveneens onderwerp van verhitte discussies. De ene wijze betoogde dat de wereld geheel bestond uit lucht, waardoor hij het Perzische rijk en alles wat het tot stand had gebracht reduceerde tot louter wisselwerkingen van condensatie en verdamping. En een andere kon zich daarentegen juist sterk maken voor het heilige element van Zarathustra, het vuur, waarin hij dan echter niet de immanentie van waarheid of gerechtigheid of rechtschapenheid zag, maar alleen een eindeloos voortdurende beweging. Voor zo'n filosoof was elk geloof in een diepere orde daarachter louter het toppunt van dwaze pretenties. 'Alles bestaat uit vuur en alles smelt terug in vuur.'[7] Daar kon een propagandist aan het hof van de satrapie niet veel mee beginnen.

Maar het feit dat Artaphernes bij gebrek aan een duidelijk alternatief

Op dit reliëf in Persepolis brengen Ioniërs de Grote Koning tribuut. Daarboven, gemakkelijke herkenbaar aan hun puntmutsen, de gezanten van de Saken. (*The Art Archive/Dagli Orti*)

afhankelijk was van tirannen om de Ioniërs onder de duim te houden, hielp ook niet veel om de Perzische macht een rotsvaste grondslag te geven. Ja, het had zelfs kunnen dienen als illustratie van een favoriete theorie van bepaalde filosofen – voor hen eenvoudig een ervaringsfeit –, namelijk dat alles in de wereld conflict en spanning is. De Ionische aristocraten wilden zich immers net zomin als hun tegenhangers aan de overzijde van de Egeïsche Zee onderwerpen aan een tirannie. Door de ene factie boven de andere te bevoordelen werden de Perzen onvermijdelijk meegesleurd in de eindeloze vetes van de aristocratie. Terwijl ze in Sardis hun bewind konden grondvesten op een efficiënte en eerbiedige bureaucratie, moesten ze zich in Ionië verlaten op intrige, factiestrijd en spionage. Een vertegenwoordiger van de Perzische regering daar diende net zo bedreven te zijn in list en bedrog als elke Griek. Voor Artaphernes was het zaak de winnaars eruit te pikken, ze aan de macht te houden tot ze hun nut verloren hadden, en zich vervolgens met een minimum aan ophef van ze te ontdoen.

Geen wonder dat zijn protegés, die zich welbewust waren van de rol die ze binnen het raamwerk van de satrapie vergund waren te spelen, zich oneindig meer onder druk voelden staan dan hun tegenhangers in Griekenland. Ofschoon duidelijk onmisbaar, moest voor de Perzische steun een riskante prijs worden betaald – want een Ionische tiran moest niet alleen tegen de jaloezie van zijn gelijken opboksen, maar ook tegen de achterdocht van een roerige en xenofobe onderklasse. Terwijl de aristocraten, gek op oriëntaalse chic, natuurlijke collaborateurs met hun oosterse tegenhangers bleken te zijn, koesterden hun landgenoten een ontembare minachting voor buitenlanders van welke soort ook. Thales bijvoorbeeld, een man die door de Ioniërs werd beschouwd als hun grootste wijze – zelfs als de eerste filosoof –, schijnt een goede demonstratie te hebben gegeven van zijn wijsheid door op te merken dat hij het Lot dankbaar was voor drie dingen: 'ten eerste, dat ik geen dier ben maar een mens, ten tweede dat ik geen vrouw ben maar een man en ten derde dat ik geen vreemdeling ben maar een Griek'.[8] De Ioniërs mochten hun buren graag 'barbaren' noemen: mensen die koeterwaals spraken, die van 'ba ba ba' gingen. Dat onvermogen om Grieks te spreken, verachtelijk natuurlijk, diende om duisterder tekortkomingen te verhullen, zo geloofden ze. De Ionische achterdocht tegen vreemde mores dateerde van lang voor hun vernederende onderwerping door de Perzische koning. Dezelfde Lydiërs bijvoorbeeld, die in de tijd van Croesus door streberige aristocraten zo werden bewonderd, werden uit de grond van hun hart geminacht door de overgrote meerderheid van de Ioniërs, die zich geen purperen mantels, parfum of gouden bestek konden veroorloven. Vooral over de voorgangers van Croesus werden met smaak pikante verhalen verteld. Een van hen, zo luidde het, had de vrouwelijke besnijdenis uitgevonden in een poging te besparen op eunuchen. Een andere had de gewoonte zijn koningin naakt aan voyeurs te tonen. Weer een andere, zo werd met afgewend hoofd beweerd, had een smaak voor kannibalisme ontwikkeld en was op een ochtend, na een nacht van zwaar drinken, wakker geworden met de afgebeten hand van zijn vrouw in zijn mond.

Wat voor Grieken waren dat die zulke monsters na-aapten? Critici van de aristocratie mochten graag insinueren dat het alleen maar mensen konden zijn die zelf al geperverteerd en gedegenereerd waren. Lydië was, net als zijn berucht volleerde hoeren, zowel ziek als parasitair, en degenen die zich in haar armen wierpen, verdienden elk misprijzen dat hun ten deel viel. Trok je de sluier van barbaarse delicatessen weg waar de aristocratie zo'n prijs op stelde – de zijdezachte erotiek, de verfijning, het vertoon van weelde – dan kwam er een oneindig vuige werkelijkheid bloot – het hof in Sardis kon vergeleken worden met een hoer die 'Lydisch sprak' en die in een achterafsteegje op de grond knielde om de testikels van haar klant te kneden terwijl ze hem in zijn druipende aars pookte. 'De doorgang riekte. Wolken mestkevers zoemden op de stank af.'[9] Een walgelijk, choquerend tafereel – en een passende metafoor voor een walgelijke, choquerende waarheid. De aristocratie wentelde zich in de drek, en de tirannen – de grootste schuinsmarcheerders – zaten er tot hun nek toe in.

Hetgeen de tirannen slechts de keus liet tussen twee kwaden: ofwel regeren als quislings, of gelyncht worden door een woedende menigte. Stel dat ze de mogelijkheid kregen om een doodklap uit te delen aan hun overheersers – misschien zelfs de Koning der Koningen koud maken – wat dan? Zeer vergezocht – alleen werd dat denkbeeld in 513 v.Chr. ineens heel erg reëel.[10] Darius was, toen hij net terug was van zijn overwinningen in India, met een groot leger naar Sardis gereden, had de oversteek van Azië naar Europa gemaakt, en was vervolgens in noordelijke richting verdwenen, in wat nu Oekraïne is, om een grote veldtocht tegen de Scythen te beginnen. De verschillende Griekse tirannen, die opdracht hadden gekregen om hun aandeel te leveren in de Perzische oorlogsinspanningen, waren met hun eenheden naar de Zwarte Zee gestuurd, waar ze een pontonbrug over de monding van de Donau moesten bouwen en op de terugkeer van hun meester moesten wachten. Een van hen, recent onder het Perzische juk gebracht en daar niet zo gelukkig mee, was de Atheense aristocraat Miltiades, de Philaide, tiran van de Chersonesus. Terwijl hij de dagen aftelde en de hemel steeds loodkleuriger en ijziger zag worden, broedde hij een gewaagd plan uit. Stel dat de Grieken de brug afbraken zodat Darius aan de bevroren noordoever van de Donau strandde? Scythië was geen land om de winter in door te brengen. De sneeuwstormen waren ijzingwekkend en de inboorlingen dronken graag mensenbloed. Misschien, heel misschien lag het in de macht van de Ioniërs om de hele expeditie van de Grote Koning in het honderd te laten lopen. Een gevaarlijk, aanlokkelijk idee – en nu, aan het eind van de herfst, met de Perzische verkenners nog maar een dagreis verwijderd, drong de tijd. Er werd snel een vergadering belegd tussen de tirannen. Miltiades bepleitte zijn zaak. Een bedwelmend moment lang lieten de andere Grieken zich meeslepen, tot de rede, onheldhaftig maar pragmatisch, weer de overhand kreeg. Immers, zoals elke tiran zich maar al te goed bewust was had 'ieder van hen dankzij Darius een heerserspositie'.[11] Dus besloten ze loyaal te blijven en de brug intact te laten. Discreet elke melding van het verraad dat ze beraamd hadden achterwege latend verwelkomden de verzamelde tirannen hun meester, Miltiades incluis. Het vooruitzicht van vrijheid zal zoet hebben geleken, maar het was kennelijk niet meer zo zoet als het werd afgewogen tegen de realiteit van de macht.

En voor één Griek in het bijzonder, een man die evengoed als welke Lydiër of Mediër dan ook besefte welke mogelijkheden het Perzisch bewind hem bood, was die macht vooral kostbaar. Histiaeus, de belangrijkste tegenstander van Miltiades' hanengedrag aan de Donau, had gesproken als tiran van de enige wereldstad aan de Egeïsche Zee, het door iedereen erkende 'sieraad van Ionië',[12] Milete. De geboorteplaats van Thales, en van de filosofie zelf, was een economische en culturele broeikas. Haar vier magnifieke havens, propvol met een dobberend woud van masten – graanschepen uit de Krim, koopvaardijschepen uit Syrië, uit Egypte, uit Italië, vervaarlijke, slanke gevechtsschepen van de oorlogsvloot van de Grote Koning zelf –, boden in de Griekse wereld ongeëvenaarde taferelen van weelde en drukte. Zoveel waarde hechtten de Perzen aan Milete, als overslaghaven en marinebasis, dat de stad in vergelijking met de andere Ionische steden een unieke, geprivilegieerde vorm van vazalschap genoot die haar bijna tot de status van een bondgenoot verhief. Ofschoon hij ervoor waakte dat die status hem naar het hoofd steeg, had Histiaeus niettemin genoten van de voordelen die deze hem gaf boven zijn medetirannen – in de eerste plaats de kans om een persoonlijke relatie te smeden met de machtigste man in de wereld.

Bij zijn terugkeer uit Scythië had de Grote Koning hem voor zijn trouwe steun aan de Perzische expeditie beloond door hem in Sardis te ontbieden en minzaam te informeren of zijn Milesische *bandaka* misschien een bepaald geschenk in gedachten had. Aangezien het leger dat Darius in Europa had achtergelaten op dat moment westwaarts vanuit de Chersonesus naar Thracië oprukte en ijverig de noordkust van de Egeïsche Zee met zijn achterland veroverde, vroeg Histiaeus zich hoogst brutaal af of hij misschien niet een deel kon krijgen van deze geweldige nieuwe satrapie. De Grote Koning had met zijn hoofd geknikt, het verzoek was ingewilligd en Histiaeus was eigenaar geworden van een gebied in Thracië dat Myrcinus heette. Het was geen minne beloning: het land lag aan een brede rivier, niet ver van de nieuwe grens van het rijk met het koninkrijk Macedonië, en bevatte veel zilvermijnen en bossen, een uitstekende grondstof voor een vloot. Histiaeus was uiteraard opgetogen. Niet langer beperkt tot Ionië veroorloofde hij zich grootsere dromen.

Maar terwijl hij zich naar Thracië haastte om een stad te stichten op zijn nieuwe eigendom werden er bedenkelijke blikken gewisseld onder de Perzische militairen. Na veel nerveus geschraap van kelen werd de boodschap met alle verschuldigde eerbied in het oor van de koning gefluisterd. Darius werd te verstaan gegeven dat de Grieken, vooral geraffineerde en ambitieuze Grieken zoals Histiaeus, gewoon niet te veel macht toevertrouwd kon worden. Er was natuurlijk geen sprake van dat de Grote Koning Histiaeus zijn beloning weer zou afnemen, laat staan dat hij zou toegeven wellicht een fout te hebben gemaakt. In plaats daarvan ontbood hij de Milesiër in Sardis en kondigde aan dat Histiaeus nog meer eerbewijzen te beurt waren gevallen, namelijk de luisterrijke titel van 'Gezel aan de Koninklijke Dis', en een officiële aanstelling als koninklijk adviseur in Griekse aangelegenheden. Aangezien Darius binnen korte tijd Sardis verliet, had Histiaeus nu het grote voorrecht zijn meester op zijn reizen te mogen vergezellen. Histiaeus, ongetwijfeld grijnzend als een boer met kiespijn, gehoorzaamde trouw en pakte in 511 v.Chr. zijn koffers om zijn vaderland de rug toe te keren en naar Susa te vertrekken.

Maar terwijl hij wegkwijnde in de gouden kooi van het koninklijk hof liet hij nog niet alle hoop varen om met behulp van de Perzische overheersing een machtsbasis voor zijn dynastie aan de Egeïsche Zee te creëren. In Milete bewees Histiaeus' plaatsvervangende tiran, zijn neef Aristagoras, algauw dat hij uit hetzelfde hout gesneden was als zijn oom en zijn methoden goed had bestudeerd. In 500 v.Chr. benaderde hij Artaphernes met een plan dat volgens hem in hun beider voordeel was. Waarom, zo stelde Aristagoras gladjes aan de satraap voor, stuurde hij niet een expeditie naar het eiland Naxos? Het was een zeldzame buit, halverwege op een waarschijnlijke invasieroute naar Griekenland over de Egeïsche Zee, en rijp om te worden geplukt. Het eiland werd geteisterd door factiestrijd, er dreigde een klassenoorlog, de aristocratie smeekte vrijwel om een Perzische interventie. Sardis kon de schepen leveren, Aristagoras zelf zou de contacten leggen met de ontevreden Naxische aristocratie. Iedereen zou er wel bij varen.

Na overleg met zijn koninklijke broer gaf Artaphernes het plan zijn fiat – tot grote, zij het onuitgesproken, opluchting van Aristagoras. Hij kon het natuurlijk niet aan de satraap vertellen, maar hij vond het steeds hachelijker om het precaire evenwicht te bewaren tussen de conflicterende eisen van zijn Perzische meesters en die van zijn eigen volk. Milete was altijd, zelfs naar de maatstaven van andere Ionische steden, berucht geweest om zijn woeste klassenhaat, maar die was vooral de laatste tijd moorddadig geworden. De revolutie in Athene, een stad die beweerde in de nevelen van het fabelachtige verleden de eerste kolonisten naar Ionië te hebben gezonden, was in Milete met evenveel enthousiasme gevolgd als op de eilanden in de Egeïsche Zee. De roep om een soortgelijke democratie, om de val van de tirannie en het beëindigen van de overheersing door de barbaren, klonk steeds luider in de straten van de stad. Terwijl Aristagoras zich met de Perzische strijdmacht inscheepte voor de tocht naar Naxos, wist hij dat hij zeer hoog spel speelde – de gevolgen van een mislukking durfde hij niet onder ogen te zien.

Maar daar werd hij algauw mee geconfronteerd. Alles wat er mis kon gaan met de expeditie ging mis. De poging om Naxos te veroveren mislukte faliekant, en tot overmaat van ramp kreeg Aristagoras een knallende ruzie met de Perzische commandant van de expeditie – die heel toevallig de neef van Artaphernes was. Toen het nieuws daarover Sardis bereikte, besloot de satraap, met de besluitvaardigheid waarmee hij alle Ionische affaires afhandelde, Aristagoras te vervangen en tekende daartoe het bevel. Maar Aristagoras, die nu niets meer te verliezen had en de volledige steun genoot van zijn oom in Susa, beantwoordde zijn ontslag met een verrassende, om niet te zeggen acrobatische, volte-face. Hij deed afstand van zijn tirannie voordat die hem afgenomen kon worden en verklaarde zich plots een ijverig voorstander van de democratie – zo ijverig dat hij die in alle Ionische steden gevestigd wilde zien. Dat was natuurlijk de lont in het kruitvat werpen – algauw vlamde de revolutie in heel Ionië op, overal werden tirannen afgezet en werd de democratie uitgeroepen. De tirannen die aan steniging ontkwamen vluchtten naar Artaphernes.

Wiens toorn natuurlijk verschrikkelijk was. Door de vlag van de democratie te hijsen hadden de Ioniërs een noodlottige, gevaarlijke stap gezet. Het trotseren van de bevelen van de door Darius aangestelde satrapen en het verdrijven van de regimes die hij hun had opgelegd, betekende in feite dat ze de oorlog verklaarden aan de Koning der Koningen. In de eerste roes van hun vrijheid leek dat de meesten nauwelijks te deren. Aristagoras wist echter wel beter. Hij maakte zich in elk geval geen illusies over de omvang van wat zijn landgenoten nu te wachten stond. Het was niet niks om een grootmacht als Perzië uit te dagen. Artaphernes zou zeker snel en vernietigend wraak nemen. Als de opstandige steden – met hun dromen – niet totaal verslagen wilden worden, zouden ze op zijn allerminst niet alleen een verenigd front moeten vormen, maar daarbij ook nog een slagvaardige vloot en bondgenoten nodig hebben.

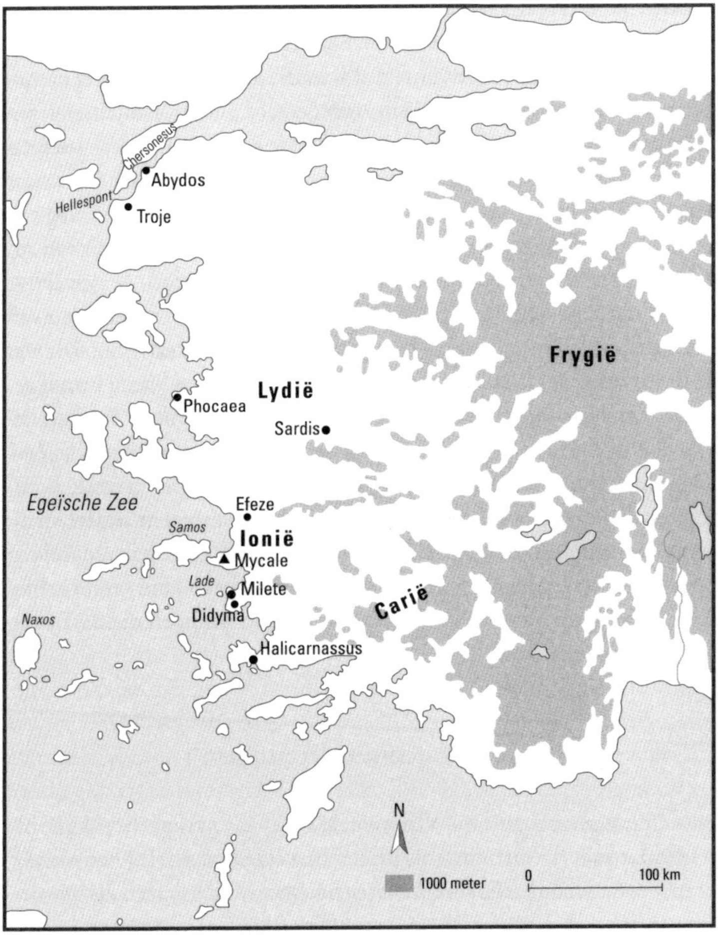

De Perzische satrapieën in het Westen

Waar moesten ze die vandaan halen? Aristagoras' rijke verbeelding broeide al een paar veelbelovende plannetjes uit. Het eerste was wel heel vermetel. Een van zijn agenten, een officier die net deed of hij Artaphernes trouw was gebleven, zeilde doodgemoedereerd een paar kilometer ten noorden van Milete de haven binnen waar de Perzische marine gelegerd was, riep alle Ionische admiraals bij elkaar en voer met de hele vloot naar Milete.[13] Het was een spectaculaire, gedurfde coup – en die gaf Aristagoras de moed om zelf een geheime missie te ondernemen. In de winter van 499 v.Chr. stapte hij aan boord van een oorlogsschip en voer de geweldige havens van zijn stad uit. Aan de overzijde van de baai, ten noorden van Milete, zag hij de grote bergrug van de Mycale boven zee verrijzen. Dat was de plaats waar de Grieken van Azië in gelukkiger tijden bijeen waren gekomen om hun onderlinge band te vieren bij het heiligdom 'Panionium' – 'het heiligdom van alle Ioniërs'. Er kwam misschien nog gelegenheid genoeg om daar met de generaals krijgsberaad te houden en een strategie uit te stippelen – maar nu niet. Aristagoras had op dit moment andere, dringender zaken aan zijn hoofd. Hij zeilde verder. Eerst zakte Kaap Mycale en vervolgens, vlak achter de meest westelijke punt, het eiland Samos achter de horizon. Voor hem lag de open zee – en de stromingen die naar Griekenland voerden.

Een vals, gemeen decennium[14]

499 v.Chr. Winter in Laconië. Vlak voor de kust van Gythion, het kleine haventje dat voor de Spartanen als marinebasis dienstdeed, lag het eilandje Cranae er onder de harde wind verlaten bij. Maar voor iedereen die het aanschouwde riep het onuitwisbare associaties op met zomerwarmte en schitterende sterren. Want daar was het, onder de blote hemel, dat Helena en Paris hun eerste nacht samen hadden doorgebracht, een delirisch gepassioneerde omstrengeling die er in korte tijd toe had geleid dat een wereldbrand Oost en West verzengde en Spartanen over de baren voor de kust van Troje voeren. Een gunstig voorteken? Aristagoras, die naar het beruchte eiland keek terwijl zijn schip Gythion binnenvoer, zal dat zeker hebben gehoopt. Het was niets meer of minder dan zijn missie om de Spartanen te rekruteren voor een tweede grote Aziatische oorlog.

Op de bijna vijftig kilometer lange weg die naar hun stad voerde repeteerde Aristagoras de punten waarmee hij zijn gastheren over de streep wilde trekken. De Perzen waren rijker dan de grootste hebberd kon dromen, ze waren geparfumeerd en verwijfd – wat? 'op het slagveld dragen zij pofbroeken'.[15] Was er een aanlokkelijker tegenstander denkbaar? Vooral als je bedacht dat de Spartanen in een van hun koningen een leider hadden met een bewezen voorkeur voor preëmptieve aanvallen. Zelfs na het debacle bij Eleusis was Cleomenes nog steeds de onbetwiste sterke man van Sparta. Demaratus, zijn collega, die er met zijn gestook grotendeels verantwoordelijk voor was geweest dat de Atheense veldtocht voortijdig werd gestaakt, was gedecideerd op zijn plaats gezet. Na terugkeer uit Attica had Cleomenes zijn medekoning er openlijk van beschuldigd de oorlogsinspanningen te hebben getorpedeerd en de Spartaanse volksvergadering aangespoord een wet aan te nemen die het de koningen verbood ooit nog samen aan dezelfde veldtocht deel te nemen. Zijn rivaal kreeg in feite huisarrest. De arme Demaratus was zelfs zo grondig de obscuriteit in gedreven dat hij zich in zijn wanhoop had ingeschreven voor de wagenrennen van de Olympische Spelen. Nog erger was dat hij prat ging op zijn overwinning toen hij won. Dat was al vulgair voor een gewone Spartaan, maar het was ongehoord voor een koning.

Cleomenes droeg echter nog de littekens van zijn mislukte Atheense avontuur. Toen hij de crisis in Ionië met Aristagoras besprak, verraste de Spartaanse opperbevelhebber zijn gast door zijn verzoek om hulp resoluut van de hand te wijzen. In de veronderstelling dat hij met smeergeld over de brug moest komen, volgde Aristagoras Cleomenes naar huis, onderwijl steeds hogere bedragen noemend. Zelfs de aanwezigheid van 's konings achtjarige dochtertje, Gorgo, vermocht hem niet in te tomen – een belangrijke vergissing, gezien het opgeheven vingertje dat Spartaanse meisjes al vroeg werd aangeleerd. 'Papa,' flapte het pientere meisje er plotseling uit, 'als u deze vreemde snoeshaan niet gauw de deur uitzet, brengt hij u nog op het slechte pad!'[16] Een vertoon van vroegrijpe rechtschapenheid dat het hart van een vader sneller deed kloppen. Maar Cleomenes zou, ook als zijn dochter hem niet het rechte pad had gewezen, Aristagoras toch wel hebben weggebonjourd. De smaak van het Atheense debacle was nog te bitter in zijn mond. Erger was dat er berichten uit het noorden kwamen dat de Argiven, de aartsvijand, zich hergroepeerden en een nieuwe confrontatie beraamden. De Spartanen hadden al hun reserves nodig om de naderende crisis het hoofd te bieden. Cleomenes was totaal niet van plan om ook maar één hopliet overzee te sturen.

Wat niet wil zeggen dat hij de Perzische dreiging als onbelangrijk afdeed. Inmiddels een door de wol geverfd strateeg was Cleomenes heel goed in staat in te zien dat de groeiende ambities van de Grote Koning een bedreiging vormden. Maar niet alleen – en zelfs niet in de eerste plaats – voor Sparta. Terwijl hij de mistroostige Aristagoras nakeek, zal de sluwe Cleomenes wel een idee hebben gehad waar hij vervolgens naartoe ging. De Ioniërs waren die winter niet de enige rebellen tegen de Grote Koning. Ook een stad in Griekenland deed mee. De Atheners, die in 507 v.Chr. bij de Perzen steun hadden gezocht tegen Cleomenes, hadden spijt als haren op hun hoofd dat ze aarde en water hadden geschonken. In een gebaar dat Cleomenes zelf alleen maar als de meest exquise poëtische gerechtigheid kon beschouwen had Artaphernes, die instinctieve tirannensponsor, de Atheners opdracht gegeven Hippias, de verbannen Pisistratide, terug te nemen. Natuurlijk hadden de Atheners geweigerd. Als gevolg daarvan waren ze praktisch gesproken in oorlog met Perzië. Was Cleomenes de aangewezen persoon om de Atheners uit hun benarde positie te bevrijden? Ze moesten hun eigen rotzooi maar opruimen. En als ze, wat ze volgens hem zeker zouden doen, ingingen op het verzoek van Aristagoras en een strijdmacht naar Ionië stuurden, dan zouden ze risico lopen en verliezen lijden en de Spartaanse inlichtingendienst werk uit handen nemen door de Perzische slagkracht op de proef te stellen.

En van dat feit waren de meer berekenende Atheners zich maar al te akelig bewust. Wijze koppen onder de aristocratie, beducht voor de reikwijdte van de Perzische macht en gepokt en gemazeld in de realpolitik, hoorden Aristagoras met zijn oorlogszuchtige taal vol afgrijzen aan. Maar het was nu niet langer de aristocratie die de volksvergadering leidde. Het Atheense volk, popelend om het Artaphernes betaald te zetten dat hij ooit hun 'aarde en water' in ontvangst had genomen, opgetogen bij het idee dat ze gemene zaak gingen maken met hun broeders overzee en bedwelmd door het vooruitzicht op gemakkelijke buit, stemde enthousiast voor het sturen van een vloot van twintig schepen om de aanval op Perzië te ondersteunen. Oorlogszucht, zoals Aristagoras vrolijk aantekende, was een ziekte waar democratieën kennelijk erg vatbaar voor waren. Immers, 'Aristagoras was niet in staat geweest de Spartaan Cleomenes te misleiden, terwijl hem dat bij dertigduizend Atheners geen moeite kostte'.[17]

Jammer voor hem, – en voor de Ioniërs – dat er niet meer democratieën voorhanden waren. Ja, met uitzondering van Eretria, een handelshaven op het eiland Euboea die zich allang in zijn belangen door Perzië bedreigd voelde, was Athene de enige stad in heel Griekenland die Aristagoras' praatjes slikte. Maar dat ontnuchterende cijfer, in plaats van de Atheners tot nadenken te stemmen, wakkerde hun gevoel van schitterende exclusiviteit en zendingsdrang alleen maar aan. In het voorjaar van 498 v.Chr. zeilde de eerste taskforce van de democratie de haven van Phalerum uit. Oostwaarts koersend langs de Attische kust kregen de schepen uit het noorden algauw gezelschap van vijf oorlogsbodems uit Eretria, waarna ze de steven ferm op Ionië richtten en uit het zicht van de Atheners verdwenen. Maar niet uit hun harten. Waar de Atheners die vroege zomer ook bij elkaar kwamen, of het nu in de wijnhuizen van de Ceramicus was of op de Agora of in Phalerum, steeds werd koortsachtig nieuws afgewacht. Weken gingen voorbij. Toen begonnen eindelijk de eerste berichten door te sijpelen. De soldaten van de democratie, zei men, hadden een glorieuze overwinning behaald. Zich niet verwaardigend laf aan de Ionische kust te blijven schuilen, hadden ze het gewaagd Artaphernes direct in het centrum van zijn macht te treffen. Samen met hun bondgenoten uit Ionië en Eretria waren ze de bergen overgestoken die Sardis beschutten en hadden geheime kronkelpaden gevolgd om vervolgens, tot volledige verrassing van de Perzen, onverwacht op de vlakte neer te dalen. Artaphernes was op de vlucht gejaagd naar zijn paleis. De benedenstad was platgebrand. Een Perzische expeditie tegen Milete was gedwongen om te keren. Athene had zijn plicht gedaan en de Ioniërs waren nu dankzij de heroïsche inspanningen van zijn krijgers zeker voorgoed bevrijd.

Missie volbracht? Zo leek het misschien. Maar het duurde niet lang of het zonnige nieuws uit Ionië versomberde. Jawel, Artaphernes was zijn paleis ingedoken, maar de Grieken, gering in aantal en zonder belegeringswerktuigen, hadden jammerlijk gefaald een bres te slaan in zijn formidabele wallen. En door de om zich heen slaande brand in de benedenstad waren ze er ook niet in geslaagd de tempel van Cybele voor de vuurzee te sparen. Die heiligschennis was zo vreselijk dat de Grieken, toch al ontmoedigd door hun onvermogen om Artaphernes gevangen te nemen, zich prompt in de bergen terugtrokken. Terwijl ze moe terugstrompelden naar de kust werden ze gevolgd door eenheden Perzische ruiters. Ze waren nog maar een kilometer of wat van hun schepen verwijderd toen ze gedwongen werden om te keren en strijd te leveren. 'Gemakkelijk te verslaan'[18] – dat had Aristagoras tijdens zijn shuttlediplomatie herhaaldelijk over de Perzen gezegd. En nu, kwijnend onder een regen van pijlen, stikkend in stofwolken die door hun onvermoeibare cavalerie werden opgeworpen, leerden de Atheners de harde waarheid. De Griekse linie, ofschoon met brons bekleed, begon uiteen te vallen. De Eretrische commandant deed een uiterste poging haar bij elkaar te houden en sneuvelde. De overlevenden onder de Atheners, geïsoleerd van de hoofdmacht van het Griekse leger, strompelden terug naar hun schepen, hesen de zeilen en vluchtten.

Toen ze hun gehavende vloot gealarmeerd en verbijsterd terug verwelkomden, begrepen hun medeburgers eindelijk dat Aristagoras ze in de maling had genomen. De bewering van de Ioniërs dat de Perzen verwijfd en zwak waren was nu als wensdenken ontmaskerd. De Atheense volksvergadering, wild heen en weer geslingerd tussen krijgshaftigheid en bangbroekerij, wees alle verdere verzoeken uit het oorlogsgebied van de hand, hoe dringend ze ook waren en hoe bitter ook de verwijten die erin doorklonken. Want het geval wilde dat Aristagoras, na aanvankelijk Athene met valse beloftes te hebben gepaaid, nu op een aantal reële successen kon wijzen. Het platbranden van Sardis, hoewel de Atheners het een ramp vonden, had er namelijk voor gezorgd dat het nieuws over de Perzische vernedering ver werd rondgebazuind. Van Cyprus tot de Chersonesus laaiden de vonken van de rebellie tot vlammen op en Artaphernes, wiens prestige danig gedeukt was, zag zich voor de wanhopige taak gesteld ze uit te stampen.

Maar de Atheners, met de koppigheid van bekeerde isolationisten, weigerden resoluut onder de indruk te zijn. Het was hun, op grond van de glimp die ze door hun korte expeditie van de Perzische macht hadden opgevangen, nu wel duidelijk dat alle plannen en ambities van Aristagoras louter luchtkastelen waren. Vooral onheilspellend was, zoals ze zelf hadden kunnen constateren, dat de Ionische hoplieten doodgewoon geen antwoord hadden op de reikwijdte en snelheid van de Perzische cavalerie – zo weinig dat in de zomer van 497 v.Chr., krap twee jaar na het begin van de opstand, de rebellen bijna volledig in zee waren gedreven. Alleen Milete, bakermat van de opstand, hield nog stand, en de Ionische vloot was nog niet verslagen, maar op zee waren geen voorraden of verse rekruten te vinden. De situatie leek zo hopeloos dat Aristagoras, die geen vertrouwen meer had in de Atheners, besloot een koekje van zijn ooms deeg te bakken en naar Myrcinus te reizen, het privérijkje van Histiaeus in Thracië, om timmerhout voor de vloot en zilver voor de huurlingen te halen. De inwoners van het land hadden echter nog minder zin om de oorlogsinspanningen te steunen dan de Atheners, en in plaats van hun landheer te verwelkomen, besloten ze zelf een gooi te doen naar de vrijheid en staken hem dood. En dat was het einde, erbarmelijk en obscuur, van Aristagoras, de aanstichter van de grote opstand tegen de Koning der Koningen, en de enige man die er echt leiding en richting aan had gegeven.

De hoop van de Ioniërs op een overwinning was al tot een sputterend vlammetje gereduceerd, maar doofde nu vrijwel geheel uit. Het kostte de Perzen, die hard werkten om de vloot die hun aan het begin van de opstand ontstolen was weer op te bouwen, nog eens drie jaar voordat ze zich in staat achtten de heerschappij van de rebellen op zee te betwisten. Maar gedurende die tijd, nu Aristagoras dood was en niemand naar voren trad om zijn plaats in te nemen, leek de oorlogsinspanning van de Ioniërs door verlamming getroffen, alsof ze in afgrijzen wachtten op de catastrofe waarvan ze wisten dat die zeker komen zou. De ene factieleider keerde zich tegen de andere, klasse tegen klasse, stad tegen stad. Nog dodelijker in zijn uitwerking dan welk getal van cavaleristen ook begon het Perzische goud zijn werk te doen. Defaitisten en voorstanders van appeasement werden losgeweekt. De Ionische vloot hield nog stand op zijn basis aan de eilanden voor de kust van het belegerde Milete, meer dan driehonderdvijftig oorlogsschepen, een geducht aantal, maar terwijl ze daar lagen te rotten in de winterstormen en te dampen in de zomerhitte begonnen ze naar angst en wanhoop te rieken, een stank die dreigend in de lucht hing en helemaal tot het zenuwachtige Athene doordrong.

Want ook de Atheners waren in paniek, in het dubbele besef dat elk bolwerk dat de Ioniërs hun eventueel te bieden hadden vroeg of laat zou vallen, en dat de Koning der Koningen zijn vooruitziende en meedogenloze blik weldra onversaagd op hun stad zou richten. Het onstuimige zelfvertrouwen dat de democratie aan haar eerste bedwelmende overwinningen had geholpen was al snel tanende. De nederlaag in Ionië was niet de enige bloedneus die de Atheners recentelijk hadden opgelopen. Al tien jaar waren ze verwikkeld in een ergerlijke oorlog met het kleine maar akelig energieke eilandje Aegina, in de ogen van de Atheners een piraten- en roversnest dat – het was om het bloed onder je nagels vandaan te halen – maar op een goede vijfentwintig kilometer ten zuiden van Salamis lag, midden in de Saronische Golf – dwars op hun scheepvaartroutes. Omdat Athene politiek geleid werd door grondbezitters, instinctieve landrotten met hun wortels in de aarde, had het er nooit over gepeinsd een oorlogsvloot te bouwen. En dat was het nu ook niet van plan, ondanks de voortdurende piratenzwerm van Aegina. Wie zou daar ook de contanten voor moeten ophoesten? Niet de armen, vanzelfsprekend, en zeker niet de rijken, die ervan uitgingen dat ze op het droge dienden te vechten, met speer en schild – zoals mannen van hun afkomst, mannen die zich een fatsoenlijke wapenrusting konden veroorloven, altijd hadden gedaan. Maar deze opgetrokken neus voor een zeemacht, hoewel die zeker de klasse der hoplieten mede behoedde voor het onwaardige zwoegen en zweten aan de roeiriem, droeg bepaald niet bij tot de oorlogsinspanningen tegen Aegina. Ja, de onmacht van de Atheners tegenover aanvallen vanuit zee was zo groot dat ze een keer werkeloos moesten toezien hoe hun hele haven in vlammen opging. Weliswaar was de brede baai van Phalerum niet gemakkelijk te verdedigen, en de piraten van Aegina waren ook niet in staat Athene aan land in gevaar te brengen, maar het feit dat de oorlog meer lastig was dan een dodelijke dreiging deed niets af aan het acute gevoel van de democratie dat ze op drift was. Eén vraag in het bijzonder moest de kiezers wel bezighouden. Als ze niet in staat waren om een klein vlekje van een eiland vlak voor hun kust te verslaan, hoe konden ze dan hopen de gerechtvaardigde toorn van een supermacht te weerstaan?

Terwijl de onweerswolken van de schijnbare Perzische onoverwinnelijkheid zich steeds donkerder boven Ionië samenpakten, werd Athene ook nog eens door vreemde schimmen uit het verleden achtervolgd. In de zomer van 496 v.Chr. koos het Atheense volk als staatshoofd een man wiens naam alleen al leek te wijzen op een naderende herroeping van de vrijheid. Hipparchus was niet alleen de zoon van een vooraanstaande Pisistratidische minister, maar had ook nog zijn zuster uitgehuwelijkt aan Hippias, de verbannen tiran. De ideale kandidaat wellicht, om openingen te maken naar zijn zwager, gunstige voorwaarden te onderhandelen met Artaphernes en een pardon van de Grote Koning voor het platbranden van Sardis binnen te slepen. Maar de democratie gaf geen krimp: ondanks al het slechte nieuws van het Ionische front diende Hipparchus zijn ambtstermijn van een jaar uit zonder actieve collaboratie. Maar de verleidingen van de overgave, die de vredespartij natuurlijk liever met 'realisme' aanduidde, bleven knagen. Geruchten over verraad – over 'medisering' – circuleerden door de stad, en onvermijdelijk, zoals al een eeuw lang geschiedde, richtte de grootste achterdocht zich op de kampioen-opportunisten, de Alcmaeoniden. Cleisthenes mocht dan de vader van de democratie zijn, maar weinigen betwijfelden dat de leden van zijn clan, als ze voldoende werden aangespoord, haar aan de dijk zouden zetten. Dat er nooit iets tegen ze bewezen kon worden wakkerde de paranoia van de democratie alleen nog maar aan. Ergens moest op de een of andere manier het goud van de Grote Koning Athene in stromen. Als het niet naar een

Alcmaeonide was dan toch zeker naar iemand anders. De ene politicus hield de andere scherp in de gaten, nam met groeiende ongerustheid kennis van het nieuws uit Ionië en manoeuvreerde zich in een gunstige positie.

Voor de eupatriden was dit natuurlijk een oud spelletje, appeasement ging hun gemakkelijk af. Evenals in Ionië koesterden in Athene de aristocraten al lange tijd een modieus soort oriëntalisme. Dat ze de vernietiging van hun stad zouden moeten riskeren in plaats van tot overeenstemming te komen met de almachtige Koning der Koningen was een idee waar ze niet bepaald bij stonden te juichen. Voorstanders van de nieuwe politieke orde, die dit beseften en die de zwarte rookwolk boven Ionië zagen hangen, gingen de oude elite steeds meer wantrouwen en twijfelden aan zijn loyaliteit. Toegegeven, niet alle eupatriden dienden noodzakelijk beschouwd te worden als bereidwillige collaborateurs: Miltiades bijvoorbeeld, ofschoon de voornaamste edelman, was op de Chersonesus vanaf het begin van de grote Ionische opstand een actieve voorvechter van de vrijheid geweest. Maar zelfs hij heerste over zijn leengoed als een tiran, en dat was geen aanbeveling voor de Atheners die zich zorgen maakten om hun democratie.

Waar konden ze dan leiderschap vinden? Misschien bij een nieuwe generatie politici en een nieuw geslacht. Politici die niet van slag raakten bij het woord 'volksmacht', zoals de telgen uit de voorname families, maar er juist door geïnspireerd werden. De revolutie, zo onrustbarend voor de eupatridische elite, leek zeldzame kansen te bieden aan getalenteerde burgers die hogerop wilden komen. Nauwelijks tien jaar na het begin van de democratie kon bijvoorbeeld een jongeman, Themistocles geheten, al zonder zich belachelijk te maken zijn oog laten vallen op het hoogste ambt van Athene, dat van archont, ook al kwam hij uit een familie zonder aanwijsbare politieke stamboom. Zijn vader was van aristocratische afkomst, maar had nooit enig belang gesteld in een openbaar ambt, en zijn moeder – o, afgrijzen! – was niet eens een geboren Atheense. In een vroegere, meer chauvinistische tijd zou dat al tegenspoed genoeg geweest zijn om Themistocles zijn burgerschap helemaal te ontzeggen. Alleen de hervormingen van Cleisthenes en de noodzaak om de tien stammen aan te vullen met zo veel mogelijk bekwame mensen hadden voor een wetswijziging gezorgd. Als gevolg daarvan was Themistocles' loyaliteit aan de nieuwe orde heel persoonlijk – en die maakte dat hij een openbaar ambt nastreefde zoals een man in een delirium naarstig zoekt naar genezing. Met het instinctieve cynisme dat zijn liefdesaffaire met de roem altijd zou kenmerken zag Themistocles in dat een staat die door het volk geregeerd wordt slechts één maatstaf voor de roem kent. 'Hoe kun je mij inschalen,' vroeg hij aan zijn vrienden, 'als ik nog niemand afgunstig heb gemaakt?'[19] De horizonten die de nieuwe orde opende doemden haast als een kwelling voor hem op.

In 494 v.Chr. vierde deze ambitieuze jongeman zijn dertigste verjaardag en was hij, na jaren wachten, oud genoeg om zich verkiesbaar te stellen als archont. Het volgend jaar, zo nam hij zich voor, zou hij het erop wagen – en bovendien met een goede kans op succes. Hij mocht dan onervaren zijn in de politiek en een obscure achtergrond hebben, maar hij bezat alle kenmerken van een ster. Stierennek, crewcut, recht van lijf en leden – Themistocles had het uiterlijk, zo oordeelde het nageslacht, 'van een ware heros':[20] ontembaar, onverwoestbaar, boordevol kracht. Maar tegelijk was hij qua intelligentie precies het tegendeel van een klerenkast: zijn verstand, watervlug en geraffineerd, zou uiteindelijk voor zijn medeburgers het voorwerp van bewondering worden – en van schrik. Geen slinkse truc die een politicus in het nieuwe bewind van Athene moest beheersen of Themistocles toonde zich er een meester in: ellebogenwerk, spinnen, netwerken – alles kon hij. Maar vooral, en dat was cruciaal, hij wist hoe hij zich zichtbaar moest maken. Zo besloot hij niet op het familielandgoed te gaan wonen, maar vestigde hij zich ten zuiden van de Ceramicus, vlak bij de 'Galgenpoort', waar de lijken van terechtgestelde misdadigers en zelfmoordenaars werden gedumpt – een ongezond adres, mag je wel zeggen, maar ook, en dat was het aantrekkelijke voor Themistocles, op loopafstand van de Agora. Om ervoor te zorgen dat de vips niet van deze onzalige plek wegbleven begon hij beroemde musici uit te nodigen om in zijn huis te repeteren. Om vrienden te maken en mensen te beïnvloeden begon hij een advocatenpraktijk en was daarmee de eerste politieke kandidaat in een democratie die zich door middel van een juridische loopbaan voorbereidde op het openbaar ambt. Maar bovenal, van nature minzaam en sociaal, paaide hij de armen en die, niet gewend door iemand het hof te worden gemaakt, waren subiet dol op hem. Hij maakte de ronde langs de wijnhuizen, de markten, de havens, hij wierf stemmen op plaatsen die de politici altijd links hadden laten liggen, en zorgde ervoor dat hij nooit de naam van een kiezer vergat. Themistocles had zijn zinnen gezet op een geheel nieuwe achterban.

Niet dat ambitie zijn enige motief was. Hoewel iets wat Themistocles deed nooit geheel vrij was van eigenbelang, zag hij in de armen niet alleen kiezers, maar ook de toekomstige redding van zijn stad. Dat was een verbluffend idee voor zijn klassegenoten – 'maar het geniale van Themistocles was dat hij ver in de toekomst kon kijken en elke mogelijkheid daar kon onderzoeken, zowel ten goede als ten kwade'.[21] Duidelijker dan wie van zijn senioren ook besefte de aankomende politicus dat de beste kans van zijn stad om te overleven niet op het droge lag, maar op zee, en dat de oorlogsschepen voor hun aandrijving afhankelijk waren van de gezamenlijke spierkracht van hun roeiers. Als toekomstbeeld was dat niet erg overtuigend, zal men misschien gedacht hebben, aangezien Athene nauwelijks een haven had, laat staan een oorlogsvloot. Themistocles, zijn visionaire blik op de lange termijn gericht, liet zich echter niet uit het veld slaan. Hij stelde zijn programma op en begon te pleiten voor de snelle afbraak van de bestaande haven en de bouw van een nieuwe in Piraeus, het rotsachtige kustgebergte dat vlak achter het strand van Phalerum lag. De kust daar bood maar liefst drie natuurlijke havens, groot genoeg voor welke vloot dan ook en gemakkelijk te versterken. Het was wel drie kilometer verder van de stad dan Phalerum, maar Themistocles betoogde hartstochtelijk dat dit een geringe prijs was voor de enorme voordelen van een nieuwe haven in Piraeus: een veilige haven voor de almaar uitdijende Atheense koopvaardijvloot, een handelspost die Korinthe en Aegina naar de kroon kon steken, bescherming tegen de piraten van Aegina. En misschien, mettertijd, als het geld ervoor gevonden kon worden en de omstandigheden het vereisten, dan heel misschien ook een marinebasis...

Themistocles, die niet van zins was de landadel schrik aan te jagen met wilde verhalen over een zeemacht, besloot op dit laatste punt niet verder aan te dringen. Maar in het voorjaar van 494 v.Chr. wierp de kwestie merkbaar haar schaduw over heel Athene. Het nieuws uit Azië werd met de dag slechter. De Perzische oorlogsvloot was eindelijk onderweg. De Ionische leiders, zo werd verteld, waren heimelijk aan land gegaan op een uitloper van de berg Mycale, waarna ze als vluchtelingen in hun eigen land de helling op slopen en zich verzamelden bij het Panionium, hun lang verlaten gemeenschappelijke heiligdom. Daar wiedden ze het onkruid en besloten stand te houden tegen de Perzen en hun toekomst in te zetten in één wanhopige manoeuvre. De opstand, daarvan waren de leiders zich pijnlijk bewust, balanceerde nu op het scherp van de snede: 'Het gaat erom of wij vrije mannen willen zijn of slaven, en dan nog wel gedroste slaven.'[22] De Ioniërs hadden geen andere keus dan elk oorlogsschip te bemannen dat ze konden krijgen, om hun laatste reserves in te zetten. Rond Kaap Mycale waren ze zuidwaarts naar Milete en het kleine eilandje Lade gezeild. Daar, drie kilometer buiten de haven van de grote stad, hadden ze hun vlootbasis ingericht. Voor hen lagen zeshonderd vijandelijke oorlogsschepen – en het vooruitzicht van een beslissende slag. Maar dagenlang, alsof ze overweldigd waren door de monsterlijke schaal van het komende treffen, durfde geen van beide kampen zich te verroeren, en heel Ionië, heel Athene, de hele Griekse wereld trilde van de zenuwen. Maar nog steeds duurde de patstelling voort en nog steeds wachtte men overal, aan alle havenfronten, gespannen op nieuws.

Toen, aan het eind van de zomer, kwamen er eindelijk berichten, even ontmoedigend en verschroeiend als ze altijd hadden gevreesd. De Ioniërs, die van de honger omkwamen op de basis van hun kleine eilandje, bleken een gemakkelijke prooi voor de agenten van de vijand te zijn geweest. Toen hun vloot de baai van Milete in voer om een onverwachte Perzische aanval te pareren, viel de strijdlinie prompt uiteen. Een aantal kapiteins van Samos, het eiland tegenover Kaap Mycale, had het op een akkoordje gegooid met de Perzen, niet alleen om hun eigen hachje te redden, maar ook om de stad naar de verdoemenis te helpen in wier commerciële schaduw ze zo lang hadden vertoefd. Toen hele eskaders het voorbeeld van de renegaten volgden en het hazenpad kozen was de nederlaag voor de rest van de Ionische vloot onvermijdelijk geworden – en de positie van Milete onhoudbaar. Met de lijken die in hun havens aanspoelden, ziektes die in de stad woedden, en alle hoop op een overwinning verdronken in de wateren voor de kust van Lade, waren de Milesiërs snel bezweken voor de Perzische belegeringswerktuigen, en Artaphernes had de stad aan een verschrikkelijke, haast Assyrische wraakoefening onderworpen. De parel van de Egeïsche Zee, ooit de favoriete bondgenoot van de Perzische koning, werd volledig in de as gelegd. De mannen werden afgeslacht, de vrouwen verkracht, de zonen gecastreerd, de dochters tot slavin gemaakt. Terwijl de miserabele overlevenden, geketend aan de rij karren die hoog beladen waren met de schatten van hun heiligste heiligdommen, strompelend aan hun lange reis naar de werkkampen en harems van Perzië begonnen, kwamen ze kolonisten tegen die de andere kant op gingen, loyalisten aan wie Artaphernes hun land in bezit had gegeven. Zulks was het lot, had de Grote Koning gezworen, dat allen treffen zou die tegen zijn macht in opstand kwamen, en zoals de Grote Koning het gezworen had, voorwaar, zo geschiedde het.

Waar zou hij vervolgens zijn blik op richten? Was er een grens aan de schaduw die zijn woede over de wereld wierp? Het nieuws over de vernietiging van Milete werd in Athene en Eretria met doodsangst ontvangen, maar ook hun buren waren merkbaar geschokt. In beslag genomen door hun eigen kibbelarijen als ze altijd waren geweest, zagen nu zelfs de meest provinciaalse Griekse steden zich gedwongen verder te kijken dan hun neus lang was en in te zien dat de Perzische macht een nieuwe en formidabele factor was waar ze rekening mee moesten houden. Maar hoe? Er waren talrijke opties – en niet allemaal even eervol. De Argiven bijvoorbeeld, wier liefde voor de vrijheid ver op de tweede plaats kwam na hun haat voor de Spartanen, hadden hun besluit al vóór de val van Milete genomen.[23] Wapperend met een van de nepstambomen die al lange tijd een kenmerk waren van hun buitenlandse politiek, waren Argivische gezanten de zee overgestoken naar Sardis om de verbaasde Perzen mede te delen dat zij – tadaa! – in feite afstamden van een oude koning van Argos. Een enigszins vergezochte theorie, zullen ze misschien gedacht hebben, maar de vermeende voorvader die de Argiven hadden opgediept, een Gorgonen verdelgende, prinsessen reddende heros die Perseus heette, had een naam alsof hij een voorvader van de Perzen zou kunnen zijn. Er werd al snel een onfris pact gesloten, want de Perzen en de Argiven hadden beiden heel goede redenen om te geloven in de fantasie dat ze verwant waren: de eersten konden rekenen op een welkome basis op de Peloponnesos, en de laatsten konden in hun handen wrijven en dromen van een Sparta dat in puin werd gelegd door hun verre verwant, de Koning der Koningen.

De Spartanen zelf hadden, hoewel ze sinds hun kleinering door Cyrus vijandig tegenover Perzië stonden, de Argivische pretenties dat ze verwant waren aan de barbaren altijd eerder pathetisch dan bedreigend gevonden. Daar kwam echter met het grimmige nieuws uit Ionië gauw verandering in. Een triomferend Perzië, een revanchistisch Argos – daar had je het spookbeeld uit de ergste Spartaanse nachtmerrie. Cleomenes, die er eerst van af had gezien in Ionië tegen de barbaren te vechten, wilde ze nu treffen op een manier die veel meer de harten van zijn landgenoten in vuur en vlam zou zetten – door Argos aan te vallen. In de zomer van 494 v.Chr., terwijl de Perzen nog bezig waren de strijdkrachten van de opstandelingen in Ionië te verpulveren, leidde Cleomenes zijn landgenoten noordwaarts op zijn eigen vernietigingsmissie. Niets vermocht hen in de weg te staan. Geïnformeerd door zijn zieners dat een Argivische riviergod de Spartanen zou verdoemen als ze hun wateren overstaken, snoof Cleomenes: 'Wat geschikt van hem,'[24] en nam smalend een andere route. Na vervolgens het Argivische leger in een grote slag bij het dorpje Sepeia te hebben verslagen en de overlevenden te hebben achtervolgd naar een heilig bos, riep hij een aantal individuele Argiven bij naam en zei dat hun losgeld was betaald. Zij die hierop uit het heiligdom tevoorschijn kwamen liet Cleomenes een voor een afmaken. Toen de vluchtelingen die dodelijke truc eindelijk doorkregen gaf Cleomenes kil opdracht het heilige bos in brand te steken.

Een gruwelijke misdaad, natuurlijk – even gruwelijk, op zijn manier, want bevolen door een Griek, als het platbranden van Milete. Hoewel Cleomenes, om de smet van heiligschennis te ontlopen, het bos door heloten in brand had laten steken, gaven de vette, met mensenvlees verontreinigde zwarte rookwolken boven de holocaust een ijselijke Spartaanse intentieverklaring aan de andere steden af. Een bedreiging van Laconië werd niet getolereerd. Argos, een hele generatie verloren, zijn grondgebied gefragmenteerd, zo verzwakt dat zelfs het piepkleine Mycene zich uit zijn greep wist te ontworstelen, diende als het verminkte voorbeeld van wat de gevolgen waren als de Spartaanse macht werd betwist. Ook de Perzen konden die waarschuwing in hun zak steken. Een invasie zou op onverzettelijke tegenstand stuiten. Sparta was vast van plan stand te houden en te vechten, hoe dan ook.

Het leek er dus op dat de Atheners toch niet alleen stonden tegenover de wraakgierige Koning der Koningen. Maar in de winter van 494 v.Chr. schenen de Atheners aan dezelfde verlamming ten prooi die hun Ionische verwanten zo fataal in haar greep had gehad. Misschien waren ze verdoofd door het akelige nieuws dat almaar van de overzijde van de Egeïsche Zee bleef komen. Ionië, ooit zo welvarend, zo luisterrijk, zo bekoorlijk, was volgens de berichten een woestenij geworden. Onkruid groeide in de voetsporen van de Perzische represailletroepen, vluchtelingen die de bergen in waren getrokken, werden opgejaagd met honden en menselijke vangnetten, de paar Milesiërs die niet gedeporteerd waren zaten huiverend tussen de geblakerde ruïnes van de bakermat der filosofie. Het vooruitzicht dat hen hetzelfde kon overkomen was haast niet te verdragen voor de Atheners. Toen er in het voorjaar van 493 v.Chr. tijdens de Stedelijke Dionysia een tragedie werd opgevoerd die niet een tafereel uit de mythologie verbeeldde, zoals het publiek had verwacht, maar rechtstreeks de val van Milete op de planken bracht, 'barstte het voltallige publiek in snikken uit'.[25] De tragedie werd prompt verboden en de toneelschrijver kreeg, als straf voor zijn uitvinding van agitprop en het overstuur maken van de burgers, een zware boete. De reactie van de Atheners op de dreiging van de Perzen was, zo leek het, de kop diep in het zand steken.

En toch, net zo goed als ze diep in hun hart wisten dat het leger van de Grote Koning onherroepelijk zou komen, zo wisten ze ook dat ze maar twee keuzes hadden wanneer hij kwam: slijmen, collaboreren, overgeven – of vechten. De keuze kon niet veel langer worden uitgesteld. De tekenen daarvoor waren overal. Nauwelijks hadden de theaterbezoekers hun tranen gedroogd of er arriveerde in de haven van Phalerum weer een bode van de onweerswolken die zich in het oosten samenpakten. Miltiades kwam met zegepraal: hij had heldhaftiger tegen de barbaren gevochten dan welke Athener ook en hij was op het nippertje ontkomen aan de wraak van de Perzische vloot door een eskader te ontwijken dat speciaal was gestuurd om hem te onderscheppen en dat hem helemaal tot Athene had achtervolgd. Maar hij had ook veel vijanden dichter bij huis: hij werd gehaat door zijn medearistocraten en gevreesd door het volk, en zijn glamour leek niet goed te rijmen met een democratie die onder vuur lag. Nauwelijks was hij aan land gegaan of er werd een vervolging tegen hem ingesteld, 'wegens zijn tirannie op de Chersonesus'.[26] De rechtszaak zou later dat jaar plaatsvinden.

Maar van het vonnis hing meer af dan het lot van Miltiades alleen. Zouden de Atheners de moed hebben een man vrij te spreken die ze zo lang hadden gevreesd als potentieel tiran, maar wiens staat van dienst als bestrijder van de Meden ongeëvenaard was? Of zouden ze in plaats daarvan bezwijken voor de meer directe – en traditionele – genoegens van de factiestrijd? Iedere burger had recht op een mening, maar de burger met de grootste invloed was de hoogste archont, het jaarlijks gekozen staatshoofd. Dat was voldoende om de verkiezingen van 493 v.Chr. een bijzonder scherp kantje te geven, en toen de overwinning werd behaald door een kandidaat die zich ondubbelzinnig aan de zijde van de tegenstanders van appeasement had geschaard, zal Miltiades zeker een diepe zucht van verlichting hebben geslaakt. Themistocles was weliswaar zeer afgunstig, en de verleiding om de ondergang van een charismatische rivaal te bewerkstelligen zal aanzienlijk geweest zijn, maar hij weerstond die. Miltiades werd berecht en vrijgesproken. Kort daarop werd hij tot legeraanvoerder van zijn stam benoemd – een van de tien generaals die advies en steun moesten verlenen aan de opperbevelhebber van de Atheners, de oorlogsarchont. Dat zal voor de Perzische spionnen, zo zeker als het in brand steken van het bos bij Sepeia, een uitdagende intentieverklaring zijn geweest.

In elk geval gaf het Miltiades een doorslaggevende invloed op de verdedigingspolitiek van de stad. Het zag ernaar uit dat de democratie eindelijk een besluit genomen had. Net als de Spartanen hadden de Atheners zich voorgenomen om te vechten.

De weg naar Marathon

Niemand in Athene twijfelde er ook maar in het minst aan dat de Grote Koning er persoonlijk op gebrand was de democratie te vernietigen. Toen Darius het bericht bereikte dat Sardis in brand stond, zo zei men, vroeg hij om zijn boog, die ontzagwekkende totem van koninklijke macht, en schoot een pijl hoog de lucht in, Ahura Mazda biddend hem te vergunnen de Atheners hun verdiende straf te geven. Zo groot heette zijn woede te zijn dat de koninklijke eetlust nooit meer herstelde van de schok. Dag na dag, zo ging het gerucht, jaar na jaar, elke keer als Darius aan tafel ging, fluisterde een dienaar hem zacht in het oor: 'Meester, denk aan de Atheners.'[27]

Geen geringe prestatie natuurlijk voor een voorheen obscuur volkje, helemaal aan de rand van de wereld, om elke dag over de tong te gaan in het heilige der heiligen van Persepolis. De Atheners, ook al kregen ze kippenvel bij de gedachte dat ze uitverkoren waren voor de wraak van de Grote Koning, voelden tegelijk als het ware een rilling van wanhopige trots bij dat idee. Al betekende het feit dat Darius overduidelijk had nagelaten dwars door Azië tegen hen op te rukken misschien alleen maar dat ze minder belangrijk waren dan ze zelf dachten. In elk geval lag de ware omvang van het rijk van de Grote Koning, en wat hij allemaal aan zijn hoofd had, volslagen buiten het voorstellingsvermogen van de meeste Grieken. Toen Cleomenes in de loop van zijn vruchteloze gesprek met Aristagoras vernam dat Susa meer dan drie maanden gaans van de kust lag, had hij een verrast en ongelovig gezicht getrokken. Maar de waarheid was dat het nog eens drie maanden duurde om het domein van de Grote Koning ten oosten van Susa te doorkruisen. Die wetenschap zou een schrale troost geweest zijn voor de Atheners, die het uur van hun doem afwachtten. Maar ze een lesje leren was niet de enige, en zelfs niet de meest dringende, bekommernis van Darius.

Wat niet wil zeggen dat het helemaal geen bekommernis was. Het geheugen van de Grote Koning was van ijzer en zijn arm reikte over de hele wereld. Er was geen crisis aan een verre grens of hij werd er gedetailleerd van op de hoogte gesteld. Zo onmetelijk als de afstanden waren in zijn domein, zo onmetelijk was ook de vindingrijkheid waarmee zijn dienaren hun best deden ze te verkleinen. Iedereen, of hij wilde of niet, stond versteld van de snelheid van de Perzische communicatie. Vuurbakens die van de ene uitkijkpost naar de andere flakkerden konden de Grote Koning bijna op het moment dat het plaatsvond van een incident op de hoogte stellen. In de bergachtige streken van het rijk, en vooral in Perzië zelf, waar de dalen een uitstekende akoestiek boden, kon gedetailleerdere informatie auditief worden overgebracht. Het was welbekend dat de Perzen, geschoold 'in de kunst van adembeheersing en efficiënt gebruik van hun longen',[28] de luidste stemmen ter wereld hadden – en menige boodschap, echoënd van klippen en ravijnen, werd binnen een dag overgebracht naar de overzijde van een gebied dat een man te voet met moeite in een maand kon doorkruisen. Informatie was dominantie, zoals de Perzen beter dan wie ook vóór hen begrepen. Wie meester is van de informatie, is meester van de wereld.

De ultieme grondslag van de Perzische grootheid was dan ook niet de bureaucratie, en zelfs niet de legers, maar de wegen. Kostbare filamenten van stof en aangestampte aarde bezorgden het immense lichaam van het keizerrijk een zenuwstelsel waar constant nieuws doorheen vloeide, van synaps naar synaps, van en naar het brein. De afstanden waar Cleomenes zo versteld van had gestaan werden dagelijks tenietgedaan door koninklijke koeriers. Elke avond vond de boodschapper na een dag hard rijden op een halteplaats een bed, proviand en een vers paard voor de volgende ochtend. Een echt dringende boodschap, in galop door stormen en donkere nacht gebracht, kon binnen twee weken van de Egeïsche Zee in Persepolis aankomen. Dat was een ongelooflijke, haast magische snelheid. Iets dergelijks was nog nooit eerder vertoond. Geen wonder dat dit instrument van de Grote Koning – de allereerste informatiesnelweg – zijn onderdanen zoveel ontzag inboezemde en hun voorkwam als de definitieve maatstaf en manifestatie van de Perzische macht.

De toegang werd angstvallig beperkt. Niemand kon 's konings wegen betreden zonder een pas, een *viyataka*. Aangezien elk reisdocument ofwel in Persepolis zelf of op het kantoor van een satraap werd uitgegeven betekende alleen het bezit ervan al prestige. Ja, het was in de *viyataka* dat de twee manieën van het Perzische imperialisme – papierwerk en rigide sociale stratificatie – in een volmaakte eenheid samenkwamen. Geen betere manier voor een functionaris om zijn precieze plaats in de imperiale pikorde te ontdekken dan een halteplaats aan te doen voor de nacht, zijn *viyataka* aan de beheerder te overhandigen en de rantsoenen te tellen die hem dat opleverde. Als hij een van 's konings grote mannen was – zeg, een medesamenzweerder van Darius – dan kon hij met zijn gevolg wel honderd kannen wijn ontvangen. Maar als hij onder aan de voedselketen stond, werd hij mogelijk vernederd doordat hij een lager rantsoen wijn kreeg dan een favoriet paard. Zo geschikt vonden de Perzen de *viyataka* als basis voor de ordening van de wereld dat niet alleen functionarissen en soldaten, maar ook vrouwen en kinderen, en zelfs gevogelte, hun definitieve plaats kregen in het imperiale raamwerk door het uitdelen van rantsoenbonnen. Als een eend bijvoorbeeld voor de koninklijke dis werd vetgemest, dan kon hij zich erop verheugen elke dag een kannetje wijn achterover te klokken. Een jong meisje, daarentegen, moest het soms doen met één kan per week.

Mannen, vrouwen, kinderen, paarden, watergevogelte – niets ontsnapte aan de nauwgezette voorschriften van Darius' bureaucraten. Het was niet alleen aan de hoven van de satrapieën dat de Grote Koning zijn 'ogen' had, altijd waakzaam, zoekend, volgend. Voor elke transactie in een halteplaats moest een formulier door de beheerder én door de klant worden bezegeld en vervolgens naar het centraal archief in Persepolis worden gestuurd. De schema's van de reizigers op de koninklijke wegen werden zo strikt gecontroleerd dat degenen die onderweg bleven talmen en niet op de opgegeven datum op hun plaats van bestemming arriveerden hun rantsoenen voor die nacht wel op hun buik konden schrijven. Degenen die zonder *viyataka* van de wegen gebruikmaakten leden niet alleen honger maar werden snel opgespoord en gedood. Zelfs post die zonder koninklijke of satrapale goedkeuring was verstuurd, werd vernietigd. Alleen de allerslimsten konden hopen aan de waakzaamheid van de wegenpatrouilles te ontkomen. Histiaeus bijvoorbeeld, die in 499 v.Chr. dolgraag zijn neefje in het verre Milete op de hoogte wilde stellen van zijn plannen voor een opstand, had het hoofd van zijn betrouwbaarste slaaf kaalgeschoren, een boodschap op zijn glimmende schedel getatoeëerd, en geduldig afgewacht tot het haar weer was aangegroeid. 'Zodra de haren waren aangegroeid zond hij hem naar Milete met de opdracht om na zijn aankomst alleen maar Aristagoras te verzoeken zijn hoofdhaar af te scheren en goed op zijn hoofd te kijken.'[29] Zo vindingrijk moesten degenen zijn zonder een *viyataka*.

Hoe konden de vijanden van de Grote Koning het dan ooit opnemen tegen het buitengewone inlichtingenapparaat van Darius? Slecht, luidde het antwoord. De Ionische opstandelingen bijvoorbeeld, die klem zaten aan de uiterste rand van Azië, hadden telkens maar een vaag idee gehad van de Perzische troepenbewegingen en plannen – een tekortkoming die in schril contrast stond met het verbluffende vermogen van Darius om op 2500 kilometer van het oorlogstoneel de gebeurtenissen te volgen alsof hij ter plekke was. Zo was hij het die in de eerste weken van 494 v.Chr. persoonlijk het plan voor het eindoffensief opstelde dat een paar maanden later zou leiden tot de grote Perzische overwinning bij Lade en de val van Milete. De inlichtingen van Darius bij die gelegenheid waren bijzonder precies en gedetailleerd, want zijn voornaamste militaire deskundige in Griekse aangelegenheden, een generaal die Datis heette, was rechtstreeks per speciale expresdienst uit Ionië afgereisd om hem op de hoogte te stellen van het laatste nieuws van het front. Niets had een betere indicatie kunnen zijn voor het eminente belang dat de Grote Koning aan inlichtingen hechtte dan dat hij een man met de positie van Datis persoonlijk de lange reis naar Persepolis liet maken. Net als Harpagus, de oorspronkelijke veroveraar van Ionië, was Datis een Mediër, maar hij was in de competitieve wereld van rantsoenbonnen en veiligheidspassen een even gewichtige speler als welke Perzische edelman ook. Zijn dagelijkse wijnrantsoen was zeventig kannen – een hoeveelheid drank waar zelfs een zuster van de koning haar neus niet voor zou hebben opgetrokken.

Nu gingen de zaken niet altijd zoals de Perzische inlichtingendienst wilde, en Darius' oog voor talent was ook niet altijd even onfeilbaar. Een van de ergste debacles vond plaats een paar jaar voor de aankomst van Datis in Persepolis, toen de Grote Koning een verrassende inschattingsfout maakte en Histiaeus terug naar Sardis stuurde als zijn persoonlijke agent. Vol afgrijzen dat hij de gladde Milesiër in zijn hoofdkwartier moest ontvangen, maar niet graag bereid zijn broer voor het hoofd te stoten, had Artaphernes tegen Histiaeus open kaart gespeeld over zijn diepe achterdocht, in de hoop daarmee zijn onwelkome gast zo te intimideren dat hij openlijk overliep naar de vijand. 'Kom nou, Histiaeus,' had de satraap dreigend gezegd, 'de zaak zit zo: jij hebt de schoen gemaakt en Aristagoras heeft hem aangetrokken.'[30] Histiaeus trok bleek weg, hij had de boodschap begrepen, maar zijn vlucht uit Sardis, diezelfde avond nog, betekende lang niet het einde van zijn vermogen om onheil te stichten. Met grote vaardigheid viste hij in het troebele water van spionagekringen en deed zich eerst aan de ene, dan weer aan de andere partij voor als een dubbelagent. Zo probeerde hij de achterbakse methoden van Artaphernes tegen hemzelf te gebruiken, en hij waagde het zelfs rebellie te zaaien aan het hof van de satrapie zelf. Het scheen dat de Grieken niet de enigen waren die tegen elkaar opgezet konden worden: de crisis leek korte tijd zo dreigend dat Artaphernes, in een verwoede poging zijn gezag te handhaven, gedwongen werd tot een grootschalige zuivering van zijn landgenoten. Gelukkig voor de satraap was die meedogenloosheid net afdoende om de desintegratie van het Perzisch provinciaal commando te voorkomen – en natuurlijk was Histiaeus vanaf dat moment ten dode opgeschreven. Geen episode in het hele neerslaan van de Ionische revolte zal Artaphernes meer genoegen hebben gedaan dan de gevangenneming, een jaar na de overwinning bij Lade, van zijn broers verraderlijke voormalige favoriet. Geketend werd de onverbeterlijke Histiaeus naar Sardis gesleurd, waar hij er zonder blikken of blozen op stond naar de Grote Koning te worden teruggestuurd – een eis waar Artaphernes prompt aan voldeed door hem te spiezen en vervolgens zijn afgehakte hoofd, gepekeld en in zout verpakt, per expresse naar Susa te sturen.

De executie van Histiaeus en de parallelle ontsnapping van Miltiades naar Athene markeerden het definitieve einde van de Ionische weerstand. Maar niet van Artaphernes' inspanningen. Na de oorlog te hebben gewonnen stond hij nu voor de even lastige taak de vrede te winnen. Ionië was platgetrapt door zes zomers van barbaarse oorlogvoering. Akkers lagen braak, schepen lagen werkeloos in uitgestorven havens te rotten, wegen waren overwoekerd door gras, dorpen en hele steden waren veranderd in verlaten, zwartgeblakerde ruïnes. De Ioniërs leden honger en begonnen onvermijdelijk te steggelen om de paar lapjes grond die niet aan de netels en braambosjes waren prijsgegeven. En hoewel ze vrijwel geen energie en mankracht meer over hadden, grepen ze opnieuw naar hun wapens. Artaphernes maakte er korte metten mee. Vertegenwoordigers van de verschillende Ionische staten werden in Sardis ontboden en kregen het bevel een eed van eeuwige vriendschap te zweren. Vanaf dat moment moesten alle grensgeschillen niet worden beslecht door gewapende schermutselingen, zoals gebruikelijk was bij de Grieken, maar door arbitrage, onder directe sanctie van de Perzische macht. Zoals zelfs de Ioniërs erkenden, was dat een ontwikkeling die 'heel goed van pas kwam'.[31] Zijn onderdanen beschermen tegen hun eigen laagste instincten, de stabiliteit bevorderen, een constante stroom van tribuut genereren – dat was en bleef altijd het standaardbeleid van de satraap. Nu de terreur zijn werk had gedaan, kon Artaphernes zich weer met een zucht van verlichting wijden aan het winnen van de hoofden en harten van zijn onderdanen. Omdat hij zich maar al te bewust was geworden van de Ionische afkeer van de tirannie was hij zelfs bereid onder bepaalde omstandigheden in hun hang naar democratie mee te gaan. Immers, zolang de openbare orde en veiligheid maar bewaard bleven, maakte het weinig uit hoe de Grieken zichzelf wilden regeren.

Die toegeeflijkheid strekte zich natuurlijk niet uit tot degenen die de wapens niet neerlegden. Terwijl Artaphernes het bloedende Ionië zalfde met een regeling die nog lang daarna zou gelden als een model van billijkheid en rechtvaardigheid, bleef het voortdurende dwarsliggen van de Atheners een open wond. En ook een actieve bedreiging. Hoe langer strafmaatregelen tegen Athene werden uitgesteld, hoe groter het risico dat terroristenstaten overal in de bergachtige en ontoegankelijke wildernis van Griekenland uit de grond zouden schieten – een nachtmerrie voor elke Perzische strateeg. Geopolitiek was echter niet de enige overweging van de Grote Koning. Ahura Mazda had hem niet voor niets de wereld in handen gegeven. Hij had niets meer of minder dan de heilige plicht om de bolwerken van de Leugen te bestormen overal waar ze de kop opstaken. Athene was zeker een rebellennest – maar veel onheilspellender was dat de stad zich ook had laten kennen als de woonplaats van demonen, *daivas*, valse goden die de weg van de opstand tegen Ahura Mazda hadden gekozen, 'de wegens des Toorns die de levens van de mensen verzieken'.[32] Alleen vuur, van het soort dat de heiligdommen van de Ioniërs reeds gezuiverd en uitgerookt had, kon Athene en zijn tempels mogelijk van de Leugen redden. Voor het geestelijk welzijn van het heelal, en voor de toekomstige stabiliteit van Ionië, diende de hele Egeïsche Zee een Perzisch water te worden – en wel onverwijld. Etappe in een spannende nieuwe fase van imperialistische expansie en heilige oorlog – het platbranden van Athene beloofde beide te worden.

Maar hoe dat het beste aan te pakken? Twee strategieën drongen zich op: de verovering van de toegangen over land aan de noordkust van de Egeïsche Zee voltooien en tegelijk de Griekse steden zodanig bedreigen dat ze zich overgaven. Voor het eerste doel werden in het voorjaar van 492 v.Chr. een vloot en een vers leger naar Thracië gestuurd, met de opdracht de Perzische heerschappij nog verder westwaarts uit te breiden, tot in Macedonië en misschien nog verder. De commandant, een drieste jonge edelman die Mardonius heette, baadde al in een gouden gloed van natuurlijk charisma toen hij aan het westfront arriveerde. Hij was de zoon van Gobryas, de beste vriend van Darius onder de Zeven, en zijn intieme betrekkingen met de koninklijke familie waren verder versterkt door zijn huwelijk met de dochter van de Grote Koning. Maar Mardonius beschikte niet alleen over de beste connecties, hij was ook een generaal met een authentiek elan en flair. Alexander, de koning van Macedonië, boog algauw het hoofd voor het onvermijdelijke, en Macedonië werd formeel opgenomen in het rijk van de Grote Koning, wiens territorium nu reikte tot de voet van de Olympus. Weliswaar verloor de overwinning iets van haar glans toen Mardonius' voltallige vloot in een storm voor de kust van Athos verging en Mardonius zelf, die een overmoedige aanval inzette op een lastige bergstam, zwaargewond raakte – maar die tegenslagen waren niet erg genoeg om het Perzische prestige te ondermijnen. Macedonië bleef in elk geval vast in handen van de Grote Koning: Alexander, ervaren windvaan die hij was, wist altijd precies uit welke hoek de wind waaide.

Maar de hamvraag voor de Perzische strategen was of de Grieken in het zuiden even gevoelig zouden blijken voor het politieke klimaat. In 491 v.Chr., een jaar na de verovering van Macedonië, werden gezanten op een verkennende rondreis door Griekenland gestuurd om aarde en water te eisen. De meeste steden wisten niet hoe gauw ze aan het verzoek moesten voldoen. Maar sommige gaven niet thuis. Twee daarvan vooral hadden hun verknochtheid aan de duisternis van de Leugen en de *daiva*, dat 'addergebroed',[33] niet duidelijker uit kunnen drukken. In Athene werden de eisen van de Grote Koning niet alleen resoluut van de hand gewezen, maar werden zijn gezanten ook nog eens, in een flagrante schending van het internationaal recht, door de volksvergadering berecht, veroordeeld en terechtgesteld. Aangezien Athene een verklaarde terroristenstaat was en de instigator van de executie, Miltiades, een beruchtige voortvluchtige van het gerecht van de Grote Koning, kwam die euveldaad misschien niet als een verrassing. Choquerender, en verontrustender in zijn implicaties, was dat de Spartanen hadden verkozen zich te verlagen tot een nog ergere daad van heiligschennis. In Sparta was er geen rechtszaak voor de gezanten van de Grote Koning: ze werden in een put gesmeten en kregen, voor ze verdronken, de boodschap mee dat 'als ze aarde en water wilden, ze het daar konden vinden'.[34]

Met zijn onverhulde uitdaging, zijn barbaarse humor en zijn hooghartige veronachtzaming van religieuze conventies was dit een spectaculaire daad die helemaal het stempel van Cleomenes droeg. Het zag ernaar uit dat de Atheense democratie tot overeenstemming was gekomen met de Spartaanse koning, die tot twee keer toe had geprobeerd haar stad te vernietigen. Toen de Atheners erachter kwamen dat Aegina de Grote Koning aarde en water had gegeven, meldden ze dit aan Sparta, en Cleomenes reisde hoogstpersoonlijk af om de Medenvriendjes de les te lezen. De koopmansvorsten van Aegina echter, die afhankelijk waren van de internationale handel, waren niet graag bereid de grote supermacht in het oosten voor het hoofd te stoten, zelfs niet op gezag van een Spartaanse koning. Om zich aan de greep van Cleomenes te ontworstelen deden ze een beroep op Demaratus, zijn collega-koning. Demaratus greep de kans om zijn gehate rivaal opnieuw een dolkstoot in de rug toe te brengen met beide handen aan en zegde gretig zijn steun toe. De Aegineten werden aangemoedigd voet bij stuk te houden. Cleomenes werd met een kluitje in het riet gestuurd.

Maar hoe goed Demaratus zijn rol in deze zaak ook verborgen had gehouden, zijn collega kwam erachter. Cleomenes' tegenzet, die hij onmiddellijk na terugkomst in Sparta deed, was wreed en sluw. Hij was nu vastbesloten zich eens en voor altijd van zijn onuitstaanbare collega te ontdoen en benaderde daartoe de neef van Demaratus, een hatelijke non-entiteit die Leotychides heette. Hij beloofde hem de troon als hij hem hielp zijn familielid uit de weg te ruimen. Het zal niet verbazen dat Leotychides zich dit geen tweemaal liet zeggen. Zoals Demaratus' vijanden heel goed wisten, had hij nog een lijk in de kast liggen dat nu maar eens tevoorschijn moest worden gehaald. De omstandigheden van Cleomenes' geboorte mochten dan onzuiver zijn, die van zijn medekoning waren dat niet minder. Demaratus' moeder, het ooit zo lelijke meisje dat door de verschijning van Helena mooi was gemaakt, was tot zo'n schoonheid uitgegroeid dat de koning van Sparta, ten prooi aan haar charmes, zijn koninklijke macht had aangewend om haar uit de armen van haar echtgenoot te roven. Zeven maanden later had de nieuwe koningin een zoon gebaard. Maar was de vader de koning of de onderdaan? Die zaak was allang beslist, zou je denken, door het feit dat de zoon van de koningin, Demaratus zelf, in 491 v.Chr. al vierentwintig jaar op de troon zat. Maar voor Cleomenes was dat slechts een onbeduidend detail: toen Leotychides de kwestie van Demaratus' legitimiteit oprakelde en voorstelde die aan het orakel van Delfi voor te leggen, hadden goed geplaatste steekpenningen aan de priesters al voor Apollo's medewerking gezorgd.

Het orakel sprak zich keurig tegen Demaratus uit. In Sparta werd hij formeel door de eforen afgezet, en de plooibare en corrupte Leotychides nam zijn plaats in. Vergezeld van zijn nieuwe collega reisde Cleomenes meteen weer af naar de Aegineten, die er deze keer niets voor voelden om zich tegen twee Spartaanse koningen te verzetten en ter plekke capituleerden. Ze stemden zelfs met de eis van Cleomenes in om als teken van goed gedrag gijzelaars uit te leveren aan hun bitterste vijand, de Atheners. Een Perzische vloot die voor de kust van Attica verscheen zou Aegina niet meer als basis kunnen gebruiken. Cleomenes, door zijn buren lang verguisd, werd nu alom geprezen om zijn onzelfzuchtige bemoeienissen 'in het belang van heel Griekenland'.[35] De Perzische agenten werden bevestigd in hun mening over de Spartaanse koning als hun gevaarlijkste en bekwaamste tegenstander en het grootste struikelblok voor de plannen van de Grote Koning met het Westen.

Maar er viel nog genoeg te bekokstoven. Zoals de Perzen vaak hadden ondervonden, was geen Grieks front zo verenigd of het kon elk moment uiteenvallen. Net toen het ernaar uitzag dat Cleomenes zijn positie voorgoed had veiliggesteld, begon nieuws over zijn steekpenningen aan Delfi uit te lekken. Het schandaal trok als een storm over Sparta. Verontwaardiging alom. Cleomenes, nu eens een keer op heterdaad betrapt, was gedwongen oneervol de stad te ontvluchten. Maar de ballingschap was geen lot dat hij werkeloos onderging. Te trots om zijn stadgenoten te vragen of hij terug mocht keren, zocht hij naar een middel om ze te intimideren. Cleomenes was er altijd goed in geweest om de knuppel in het hoenderhok te gooien, maar nu dreef dat vermogen hem tot openlijk verraad. Hij keerde de verdeel-en-heerspolitiek die hij zijn hele bewind zo effectief had toegepast om en poogde de noordelijke Peloponnesos verenigd achter zich te krijgen – met het gevolg dat zijn zenuwachtige landgenoten door de knieën gingen en hem haastig vroegen terug te komen. Maar vergevingsgezind waren ze niet: door terug te keren naar Sparta bezegelde Cleomenes in feite zijn ondergang. Het gerucht ging dat hij gek was. De Spartanen zelf gaven de schuld aan alcohol. De Argiven zagen in Cleomenes' val liever een bewijs voor de toorn van de goden. Wat de oorzaak ook was, vrijwel iedereen geloofde dat de koning die ze het jaar tevoren nog hadden verwelkomd als de rots in de branding van Griekenland nu malende was. Er klonken weinig klachten toen zijn twee nog levende halfbroers, Leonidas en Cleombrotus, hem eind 491 v.Chr. krankzinnig lieten verklaren en in het blok lieten slaan. En evenmin waren er veel bedenkelijke blikken toen hij de volgende ochtend dood werd aangetroffen, met stukken vlees gesneden uit zijn benen, heupen en buik, en een bloederig mes in het zand ernaast. Het oordeel, dat de geloofwaardigheid tot het uiterste oprekte maar dat niettemin algemeen werd geaccepteerd, luidde: zelfmoord.

Zo kwam de geduchtste vijand van de Grote Koning in Griekenland om het leven. En met hem verdween een stijl van leiderschap – zeker, zonder scrupules, maar doortastend en proactief – die de van nature omzichtige Spartanen altijd als een bedreiging hadden gezien. En ja, de onfrisse omstandigheden van Cleomenes' einde bevestigden hen ook grotendeels in hun achterdocht tegen krachtige leiders in het algemeen. Nu was Leonidas, de nieuwe koning, in meer dan één opzicht zijn broers opvolger, want hij had, met de zegen van haar vader, zijn dochter Gorgo gehuwd, Cleomenes' enige kind – de vroegere wijsneus die inmiddels een rijke erfgename was geworden. Desalniettemin bleef hij een nieuwkomer op de troon, die mogelijk besmet was met broedermoord, en dus voorlopig nog een onzekere factor: het zou wel enige tijd duren voordat hij zijn draai gevonden had. Wie anders kon, nu de klap van de Perzische hamer dreigde te komen, de leiding op zich nemen? Leotychides? Die had het te druk met leedvermaak om de miezerige Demaratus. De Gerousia, dan? Of het Eforaat? Beide waren van nature conservatieve lichamen die veel minder dan Cleomenes bereid waren aanvallend in de verdediging te gaan. De Perzische spionnen die deze winter hun inlichtingen doorspeelden naar Sardis hadden goed nieuws over Sparta. Het oproer in de stad, de factiestrijd die de strategen van Darius als een ingekankerde Griekse gewoonte zal zijn voorgekomen, scheen de perfecte opening te bieden: de kans om Athene aan te vallen en de stad uit te schakelen nu die alleen stond.

Een kans die ze niet moesten laten lopen. In de eerste weken van 490 v.Chr. werd het bevel tot de langverwachte invasie eindelijk gegeven. Een 'grote en goed uitgeruste troepenmacht', met in totaal misschien wel 25 000 man, rukte op vanuit Susa.[36] Omdat Mardonius nog herstellende was van zijn verwondingen, was het bevel over de expeditie toevertrouwd aan twee andere generaals met een gedetailleerde kennis van het westfront: Artaphernes, zoon en naamgenoot van de satraap in Sardis, en als effectief opperbevelhebber de Mediër Datis, de zeventig-kannen-per-dag-veteraan van de Ionische opstand en een man die, ongebruikelijk voor een lid van de imperiale elite, zo'n specialistische kennis had van de vijand dat hij zelfs een beetje gebroken Grieks sprak. De strategie die deze twee bevelvoerders dienden te volgen was door de Grote Koning zelf uitgestippeld: de Egeïsche Zee oversteken met een reusachtige armada, de voordelen van de Perzische heerschappij en vrede aan alle eilanden brengen, en vervolgens, als dat doel was bereikt, 'de bevolking van Athene en Eretria tot slaaf te maken en de slaven voor zijn troon te brengen'.[37] De verovering van de rest van Griekenland, inclusief Sparta en de Peloponnesos, diende te wachten. Maar de geplande expeditie was met de staande bevelen al ambitieus genoeg. Als amfibische operatie beloofde ze zeker van een omvang te worden die de wereld sinds de invasie in Egypte, vijfendertig jaar eerder, niet meer gezien had. Daarbij kwam dat het plan om niet langs de kust te zeilen, maar eilandhoppend direct op Griekenland af te stevenen, een van Darius' meest gedurfde en innovatieve strategieën was.

Toch zullen Datis en Artaphernes weinig twijfel hebben gehad over hun uiteindelijke succes. Elke dagreis westwaarts kwamen ze nieuwe bewijzen tegen voor de ongelooflijke omvang van de middelen die de Grote Koning ten dienste stonden: de werkploegen die zwoegden om de wegen te onderhouden, hele volksstammen soms, die waren overgeplant van de verste uithoeken van de aarde; de bewakers die bij elke brug, elke flottielje van pontons, elke bergpas stonden; de troepen die ze zelf aanvoerden, niet alleen Perzen en Meden, maar ook lichtingen uit zelfs nog oostelijker gebieden: Bactriërs, Sogdianen en met bijlen bewapende Saken. Wat was Athene voor volkeren zoals zij? Niet eens een naam. Maar voort marcheerden ze, gedirigeerd door de wil van hun verre, alziende koning, en elke avond, waar ze ook halt hielden, werden die mannen uit de steppen, uit de bergen, uit de dorpen van Iran gevoed uit monsterlijk grote depots, stipt voorzien van kannen wijn en broden en haver voor hun paarden. En toen ze eindelijk door de Syrische Poorten waren en naar de vlakte van Cilicië afdaalden, aan de zuidoostkust van het huidige Turkije, lag er een immense vloot schepen op hen te wachten, sommige gebouwd als oorlogsschepen, andere om paarden te vervoeren. Op de loopplank gingen ze, met man en paard. Datis gaf het bevel en de armada koos het ruime sop.

Geruchten over zijn nadering sijpelden algauw door tot Griekenland. Maar niemand maakte zich daar al te veel zorgen. De gigantische vloot was duidelijk op weg naar de Egeïsche Zee, maar zelfs voor de nerveuze Atheners leek dat nauwelijks een naderende bedreiging. Er waren immers zo vaak Perzische vloten voor de Ionische kust gesignaleerd, en die waren altijd noordwaarts gezeild, langs de kust, op naar de Hellespont. Wat voor reden hadden ze om aan te nemen dat deze een andere koers zou varen? Voort gleed de armada, langs de in puin gelegde havens van Milete, naar de zeestraat tussen Kaap Mycale en het eiland Samos – daar leek het tenminste op. Maar toen, ter hoogte van Samos, gebeurde er iets geheel onverwachts: de vloot veranderde plotseling van koers. Een rilling van ongeloof ging door iedereen die vanaf de kust toekeek. De Perzen voeren niet verder noordwaarts maar naar het westen! Daar was maar één verklaring voor: Datis en zijn legermacht zeilden de open zee op, naar Griekenland – naar Attica.

En toen de Perzische vloot over de Egeïsche Zee uitwaaierde gaf zijn commandant een masterclass in de kunst van *empire building*. Eerst: *shock and awe*. De haven van een verrast Naxos binnenzeilend nam hij verlaat wraak voor het debacle van tien jaar eerder door de stad in brand te steken en de inwoners tot slaaf te maken: geketend sleurde hij ze zijn schepen op terwijl hun huizen en tempels in brand stonden. Vervolgens: win de harten en hoofden van de mensen. In de haven waar hij daarna binnenliep, van het eiland Delos, dat in de hele Griekse wereld vereerd werd als de geboorteplaats van Artemis en Apollo, speelde Datis de vermoorde onschuld toen hij vernam dat de Deliërs voor zijn nadering waren gevlucht: 'Godgewijde heren,' protesteerde hij, 'hoe hebt u mij zo verkeerd kunnen beoordelen dat u mij ontweken bent?'[38] Erg oprecht zal het niet geklonken hebben – want de Perzen hadden er geen been in gezien om na de val van Milete het heilige orakel van Didyma te verwoesten en het grote bronzen standbeeld van Apollo naar Ecbatana te slepen. Maar de Deliërs vergisten zich deerlijk als ze dachten dat deze hardvochtige behandeling van het heiligdom van de rebellen ook maar in enig opzicht een gebrek aan respect voor de grote Apollo betekende! Het waren immers de rebellen zelf die de god van het licht grof en oneerbiedig hadden behandeld door gemene zaak te maken met de Leugen en daardoor zijn heilige orakel over te leveren aan de in duisternis uitgebroede bezoedelingen van de *daiva*. Vastbesloten aan de Grieken te laten zien dat hij het meende met zijn theologische sofisterij, gaf Datis een spectaculaire demonstratie van zijn toewijding aan de god Apollo weg: hij ging voor zijn altaar staan en verbrandde kruiwagens vol wierook. Na aldus zijn punt met een fors prijskaartje duidelijk te hebben gemaakt, keerde hij naar zijn vloot terug om andere eilanden aan te doen: hun tekenen van onderwerping in ontvangst nemen, gijzelaars nemen, met geweld troepen ronselen. Niemand peinsde erover zich te verzetten. De twee rookkolommen – de ene zwart van de walm die de vlammen van het brandende Naxos uitbraakten, de andere wit en geparfumeerd, rechtstreeks naar de neusgaten van Apollo zelf opstijgend – hadden hun werk gedaan. Het leek wel of de vloot, die nu onderweg was naar Eretria en Athene, in hun schaduw bleef zeilen – en alsof die schaduw zelf westwaarts gleed, onstuitbaar, om heel Griekenland in duisternis te hullen.

Eind juli had Datis de oostpunt van Euboea bereikt.[39] Hij was nu binnen gezichtsafstand van Attica. Athene was echter nog niet aan de beurt, want Datis had besloten om niet direct naar het vasteland over te steken, maar zich eerst te richten op het kleinere en minder geduchte doelwit op Darius' hitlist. De Perzische vloot zeilde ruim zeventig kilometer de steeds smallere zeestraat in die Attica van Euboea scheidde, tot eindelijk, een eind landinwaarts en tegen een achtergrond van bergtoppen, de rebelse stad Eretria te zien was, zijn akropolis een ruige bult in een smalle vlakte van akkers en olijfgaarden. Zenuwachtig zocht Datis met zijn ogen de kust af en kon algauw een zucht van verlichting slaken, want de Eretriërs hadden besloten zijn krijgsmacht niet op de stranden, waar ze het meest kwetsbaar zou zijn geweest, tegemoet te treden, maar zich achter hun stadswallen te verschansen. De Perzen zetten meteen de aanval in. Vijf dagen lang werd er bloedig en wanhopig gevochten, en op de zesde dag werd de stad door verraad in handen van de belegeraars gespeeld. Twee leden van de vijfde colonne openden de stadspoorten. Allebei waren ze, zoals Datis vast van tevoren geweten zal hebben, aristocraat – ja, ze waren 'de meest gerespecteerde mannen in heel Eretria'.[40] Intimideer de massa's, paai de elite – wederom had de favoriete politiek van de Perzen triomfantelijk haar waarde bewezen. Net zoals in Ionië getuigden nu ook in Euboea uitgebrande ruïnes van het talent van de Grieken voor verraad en klassenhaat.

En ongetwijfeld zal één man in het bijzonder, terwijl hij zich afwendde van het brandende Eretria en de geketende slaven die op het punt stonden te worden gedeporteerd, daarin een voorafschaduwing hebben gezien van het lot dat zijn eigen stad en zijn eigen volk wachtte, tenzij hij ze tot rede kon brengen en hen ertoe kon overhalen hun poorten te openen om hem weer te verwelkomen. Hippias, de verbannen tiran van Athene, was inmiddels over de tachtig. Hij had al twintig jaar zijn geboorteland niet meer gezien. Toch was hij er vurig van overtuigd dat hij de laatste en beste hoop van de Atheners was. Alleen hij kon de gerechtvaardigde toorn van de Grote Koning van hen afwenden, alleen hij kon hopen zijn ongelukkige stad terug te voeren naar de zonovergoten hoogvlakten van Darius' gunst.

Het was dan ook zonder enig schuldgevoel, maar eerder uit vaderlandsliefde en een geloof in zijn eigen lotsbestemming, dat de bejaarde Pisistratide aan boord ging van een Perzisch schip en de vloot van Datis leidde in de richting waar ze vandaan gekomen was. Aan de overkant van de zeestraat, op de andere oever van de Golf van Euboea, verrees de kust van

Attica steil en ruig uit het water. Aan het noordelijk deel daarvan konden ze onmogelijk landen, maar vlak voorbij het kustgebergte bevond zich de volmaakte plek, een boogvormige baai, breed en beschut tegen de wind, met stranden waar een hele vloot schepen aan wal getrokken kon worden, en daarachter een vlakte, ideaal voor de cavalerie van Datis, plus de keuze uit twee wegen die rond de berg Pentelikon naar Athene leidden. Hippias zal goede redenen hebben gehad om zich de plek te herinneren. Ruim vijftig jaar eerder was hij er met zijn broer en zijn vader, Pisistratus, geland, toen de aspirant-tiran er bij zijn derde poging eindelijk in was geslaagd voorgoed zijn heerschappij over Athene te vestigen. Nu de Perzische vloot naar hetzelfde ontschepingspunt koerste, was Hippias er vast van overtuigd dat de geschiedenis zich ging herhalen. Net zoals ooit de visioenen van zijn broer, zo hadden nu ook die van hem een verlokkelijke glimp geboden van wat stond te gebeuren. De avond tevoren had hij gedroomd dat hij met zijn moeder naar bed ging, en dus maakte de oude man, terwijl de voorsteven van zijn schip zich in het rulle zand boorde, aanstalten om van boord te gaan, om zijn geboorteland te omarmen, om de voorspelling uit te laten komen. Hij was eindelijk thuis.

Overal om hem heen in de baai zag het intussen zwart van de schepen, en mannen klauterden van boord en waadden met duizenden het met zeewier bedekte strand op, een gewapende menigte van een orde die nog nooit eerder was vertoond in Griekenland. En overal op de vlakte van Marathon wierpen de paardenhoeven van de Perzische verkenners stofwolken op.

Dat Griekenland nog vrij mag zijn[41]

De dodelijkste vijand waarmee een hopliet in de strijd te maken kon krijgen was paniek. Er hoefde maar één man te wanhopen aan de overwinning, zijn plaats te verlaten in het gelid, zijn schild te laten vallen en zijn kameraden opzij te duwen in een wanhopige worsteling naar de achterhoede, of er kon een siddering van angst door de hele falanx gaan, waardoor de vlucht van die ene soldaat binnen een paar seconden omsloeg in een algehele aftocht. Een ondermijnend fenomeen, dat de Grieken graag, in plaats van aan feilbare stervelingen, toeschreven aan een buitenissige bovennatuurlijke gebeurtenis, de ademtocht van een god, wellicht, die een huivering door de gelederen zond, of de plotselinge verschijning van een vertoornde heros die uit zijn graf was opgestaan en over het slagveld banjerde. Maar ook die theorie, ofschoon balsem op de gewonde trots van een verslagen leger, liet onverlet dat een falanx altijd kwetsbaar was voor de lafhartigheid van een paar individuen. 'Mannen dragen helmen en borstplaten voor hun eigen bescherming, maar schilden dragen ze ten behoeve van iedereen in het gelid.'[42] Ten strijde trekken zonder het volste vertrouwen in de moed van zijn maten kon betekenen dat een hopliet het gevoel kreeg dat hij zijn ondergang tegemoet marcheerde.

Dus toen de Atheners vanaf hun stadswallen naar de Pentelikon keken en daar een groot vuurbaken zagen, de waarschuwing dat de Perzen waren geland, wisten ze dat het moment dat ze zoveel jaren gevreesd hadden eindelijk was aangebroken. Maar hoe ze het gevaar het beste tegemoet konden treden, daarover verschilden ze van mening. Het gonsde in de stad van de wildste geruchten over de omvang van de Aziatische horden, en het was zelfs de nuchterste Atheense strateeg duidelijk dat elk leger dat de democratie in het veld kon brengen, afgrijselijk in de minderheid zou zijn. Voeg daarbij de overweldigende superioriteit van de vijandelijke cavalerie en het verlammende feit dat in geen vijftig jaar een Grieks leger ooit de Perzen in een open veldslag had kunnen verslaan, en de argumenten om te blijven waar ze zaten, de stadsmuren te bemannen en het beleg af te wachten, zullen onweerlegbaar hebben geleken.

Maar de beslissing om de stad uit te marcheren en de invallers tegemoet te treden was in feite al genomen. Nauwelijks was het nieuws bevestigd dat de Perzen bij Marathon waren geland, of de hoplieten van de democratie, al die burgers die zich een wapenrusting konden veroorloven, pakweg zo'n tienduizend in totaal, maakten zich op om 'proviand mee te nemen en af te marcheren'.[43] Ze vertrokken onder aanvoering van de oorlogsarchont, Callimachus, maar de strategie was van Miltiades, en die was pas na dagen van felle debatten in de volksvergadering als officiële resolutie van het Atheense volk aangenomen. Het oordeel van de grootste strijder tegen de Meden diende niet lichtvaardig opzij te worden geschoven, en Miltiades had, tegen iedereen in die zich sterk maakte voor een defensieve politiek, overtuigende argumenten voor zijn strategie aangevoerd. Jawel, de invasiemacht was overweldigend, en jawel, ze hadden een intimiderende cavalerie meegebracht, maar dat was precies de reden waarom slag tegen ze geleverd moest worden. Vanuit Marathon leidden twee wegen rond de Pentelikon naar Athene: als ze de Perzen een daarvan in bezit lieten nemen, dan zouden hun ruiters vrij spel hebben in heel Attica. Maar als de Atheners snel oprukten en de twee uitvalswegen van de vlakte blokkeerden, dan zouden ze de Perzen nog tot hun bruggenhoofd kunnen beperken. Ze moesten dan vrijwel zeker de strijd aangaan, maar het was heus niet alleen in de falanx dat zwakke zenuwen voor een ramp konden zorgen. Er waren immers maar twee verraders voor nodig geweest om de stadspoorten van Eretria te openen. Kon een stad als Athene, die al tien jaar vergeven was van de geruchten over verraad, over een vijfde colonne, over profiteurs die werden omgekocht door het goud van de Grote Koning, echt de hoop koesteren een beleg te doorstaan? Dat geloofde niemand. Het was toch veel beter, als puntje bij paaltje kwam, om in het harnas te sterven dan oneervol in de rug te worden gestoken?

Maar de Atheners, ook al hadden ze voor Miltiades' offensieve politiek gestemd, schrokken nog steeds terug voor het vooruitzicht de vreeswekkende vijand in hun eentje te moeten weerstaan. Terwijl het leger van de democratie naar Marathon marcheerde en uit het zicht van de achterblijvers in Athene verdween, vertrok één burger in de tegenovergestelde richting, naar het zuiden van de Peloponnesos. Zijn naam was Philippides, een atleet die de snelste hardloper van de stad heette te zijn, een man met een uitzonderlijk uithoudingsvermogen. Door binnen twee dagen de ongelooflijke afstand van tweehonderdvijfentwintig kilometer af te leggen kon hij op de tweede avond van zijn epische loop beginnen aan de afdaling uit de ruige noordelijke heuvels van Laconië naar de vallei van de Eurotas. Toen de zon achter de toppen van het Taygetosgebergte zonk, bereikte Philippides de verzameling barakken en tempels zonder stadsmuur die Sparta heette.

De taferelen die hij daar aantrof hadden niet in schriller contrast kunnen staan met wat hij in Athene had achtergelaten. Heel Laconië was *en fête*. Philippides was aangekomen op het hoogtepunt van een van de heiligste feesten van de Spartanen, de Carneia, en in de hele stad lagen jongemannen uit te rusten van het wild krijgertje spelen dat ze de hele dag hadden gedaan, terwijl de ouderen zaten te feesten in tenten die de indruk moesten wekken van een legerkamp. Maar dat was niet bepaald een teken dat de Spartanen bereid waren zich elk moment aan te gorden voor de strijd – integendeel, deze parodie op hun normale veldtochten betekende precies het tegenovergestelde: de Carneia was een tijd van vrede. Er was geen sprake van, deelden de Spartanen Philippides met spijt in het hart mede, dat zo'n sacrale periode van wapenstilstand geschonden kon worden. Alleen wanneer de maan vol aan de zilververlichte augustushemel stond konden ze naar Marathon afmarcheren. Dat duurde, op de avond dat Philippides in Sparta aankwam, nog een week. Voeg daarbij de marstijd, en de Atheners konden op zijn hoogst pas over tien dagen een Spartaans leger verwachten. Als Cleomenes, die spotter met taboes en verklaarde vijand van Perzië, nog geleefd had, zou hij zeker meteen bevel hebben gegeven te vertrekken, maar hij was dood en Sparta verkeerde nog in een shocktoestand na zijn gewelddadige einde. En het was ook verwikkeld in een factiestrijd. Vooral de bittere vete tussen Leotychides en Demaratus bleef het openbare leven vergiftigen omdat de nieuwe koning bij elke gelegenheid zijn voorganger uitschold voor plebejer. Nu de Spartanen zo in beroering waren, was het maar beter de goden niet verder te verzoeken, ook al betoogde Philippides: 'De Atheners vragen u hun te hulp te komen en niet lijdelijk toe te zien dat een zeer oude Griekse stad door barbaren in slavernij geraakt.'[44]

Tien dagen, dat moet de ongelukkige hardloper wel erg lang hebben geleken voor de Atheners om stand te houden. Maar het lot wilde dat hij niet helemaal met lege handen van zijn missie terugkeerde.[45] Terwijl hij terug naar Athene rende, hoorde hij op de heuvels voorbij Tegea zijn naam roepen. Het was een figuur met bokkenpoten, twee horens en een enorme fallus. Het kan een hallucinatie geweest zijn, opgewekt door wanhoop, uitputting of een zonnesteek, maar Philippides zelf twijfelde er niet aan dat hij werd toegesproken door een god. En op de koop toe een god die een plaaggeest kon zijn, want Pan had een bizar gevoel voor humor en was heel goed in staat om, als hij een wrok tegen een stad koesterde, elke burger binnen haar muren een kanjer van een erectie te bezorgen. Maar deze keer, toen hij aan Philippides verscheen, sprak de god alleen maar bemoedigende woorden en verzekerde hij de hardloper van zijn genegenheid voor de Atheners, die hij beloofde spoedig te zullen helpen. Pan trad niet in details, maar aangezien hij, zoals zijn naam al impliceerde, de god van de paniek was, wiens verschijning op het slagveld alleen al een kille huiver door het ene kamp kon jagen en het andere krachtig moed kon inspreken, zullen zijn woorden voor Philippides vervuld zijn geweest van hoop en belofte.

En des te meer toen hij eindelijk thuiskwam en niet de smeulende puinhoop aantrof die hij misschien gevreesd had te zullen zien, maar eerder een stad die de moed erin hield. Ja, het nieuws van het front was zelfs veelbelovend te noemen: de Atheense hoplieten waren zó snel naar Marathon opgerukt dat ze erin geslaagd waren de twee wegen naar Athene te blokkeren, waarna ze zich meteen hadden verschanst voordat de invasiemacht vanaf de vlakte kon toestormen. Bovendien hadden ze gezelschap gekregen van zo'n achthonderd man uit Plataea: elke hopliet die dat kleine stadje maar had kunnen missen. Dat was nauwelijks een substantiële versterking te noemen, maar het was zo'n dapper gebaar van dankbaarheid en zo'n roerend blijk van vriendschap dat de Atheners zich er danig door gesterkt voelden. Misschien, zo hoopten ze nu, terwijl ze het nieuws van Philippides aanhoorden, konden ze de patstelling bij Marathon laten voortduren tot de Spartaanse ontzettingsmacht arriveerde. Misschien kon hun stad toch nog gespaard blijven voor de Perzische vuurstorm.

Maar de optimistische stemming onder de bevolking, die geen weerbare man meer over had, was niet geheel onbewolkt. Bange spookbeelden, bange twijfels waarden nog steeds nerveus in de straten rond. Stel dat de Perzische vloot, terwijl de hoplieten bij Marathon in gevecht verwikkeld waren, de kust van Attica rondde en onverwacht bij Phalerum landde? Stel dat er verraders in verbinding stonden met Hippias? Stel dat ze plannen hadden om de stadspoorten te openen? De somberste geruchten betroffen onvermijdelijk de Alcmaeoniden. Maar er viel niets tegen ze te bewijzen, en ondanks alle praatjes was er ook geen teken van openlijk verraad of defaitisme van anderen. De stadspoorten bleven op slot. Philippides, die doorging naar Marathon, kon aan de generaals ter plekke niet alleen rapport uitbrengen over het nieuws van Sparta en zijn ontmoeting met Pan, maar ook melden dat het moreel in Athene goed was gebleven.

De hardloper zal echter zeker, toen hij in het Atheense kamp kwam en voor het eerst zag waar zijn medeburgers voor gesteld waren, zijn hart hebben voelen krimpen. Het tafereel op de vlakte van Marathon was bloedstollend, even angstaanjagend wellicht als wat de Trojaanse verdedigers vanaf hun stadswallen hadden aanschouwd – want wanneer sinds die oude tijd was er ooit ergens een invasiemacht geweest die zich kon meten met die van Datis? Aan het eind van de baai, beschut door een lange landtong die door de plaatselijke bevolking de 'Hondenstaart' werd genoemd, waren de Perzische schepen op het strand getrokken, en de rij strekte zich langs de gekromde kust kilometers ver uit. De Aziaten zelf, in monsterlijke aantallen en gekleed in hun vreemde, felgekleurde kostuums, zwermden over de vlakte en vertrapten onder hun vreemde voeten de gewassen die opschoten uit het zweet van de Atheense boeren en de heilige bodem van Attica. Hun ruiters galoppeerden naar de Atheense linies, keerden om en stormden weer aan, keerden om en stormden weer aan, het gebrek aan boogschutters bij hun tegenstanders bespottend met snel wegdrijvende wolken stof.

Ze waagden zich echter nog niet voorbij de linies, want de Atheners hadden zich verschanst op een verhoging, met achter zich een steilere helling en voor zich een heilig, aan Heracles gewijd bos dat hen voor de naderende Perzische cavalerie aan het zicht onttrok. Het was een formidabele verdedigingspositie. Nu Philippides in hun kamp was aangekomen konden ze nauwkeurig bepalen hoe lang ze nog stand moesten houden voordat de Spartanen arriveerden: een week. Heel goed te doen, vond het merendeel van de Atheense generaals. Maar toen anderen het nieuws van Philippides vernamen, beseften ze dat het een gevaarlijk moment van afrekening alleen maar dichterbij bracht. De Perzen waren, zoals vooral Miltiades had ondervonden, sinistere meesters in de spionagekunst, en ze hoefden er nauwelijks aan te twijfelen dat Datis de kuren van de Spartaanse kalender al incalculeerde, en evenmin dat hij besefte dat hij moest opschieten. Aangezien de Atheense verdedigingsmacht tot dusver duidelijk niet in verraad en tweedracht uiteen was gevallen, zoals Datis kennelijk verwacht had, zouden de Perzische bevelvoerders algauw gedwongen worden een andere strategie te kiezen – en Miltiades schijnt er in elk geval weinig twijfel over te hebben gehad wat die dan wel zou zijn. Nu de Atheners de twee wegen naar het zuiden blokkeerden, had Datis maar één manier om Athene aan te vallen voordat de Spartanen kwamen: over zee. Als de invasiemacht scheep ging, zou het Atheense leger voor een verschrikkelijke keuze komen te staan: standhouden en riskeren dat een over zee aangevoerde vijandelijke cavalerie door leden van de vijfde colonne in Athene werd verwelkomd, of oprukken naar de vlakte en de strijd aanbinden met de Perzen. Beide waren angstaanjagende vooruitzichten, maar alleen de laatste mogelijkheid, betoogde Miltiades, bood ook maar een schijn van kans op een overwinning.

Een dag ging voorbij, toen weer een, en weer een. Vier dagen nog voordat de Spartanen zouden komen en de impasse duurde voort. De Perzische schepen bleven waar ze waren, dreigend maar bewegingloos op het strand getrokken. De zon zakte achter de bergen rondom de vlakte van Marathon. Eindelijk stond de volle maan aan de augustushemel. Ver weg in Laconië maakten de mannen van Sparta zich op om ten strijde te trekken. En in het Perzische kamp? De vlakte mocht dan spookachtig zilververlicht zijn, maar het was, kilometers van de vijandelijke schepen, moeilijk te zien wat er zich precies in de schaduw van de Hondenstaart afspeelde. Iets, in elk geval, want ineens was er grote commotie, het geluid van duizenden stampende voeten klonk vaag in de verte, en toen luider, ze naderden de

Atheense linies. Het zag ernaar uit dat de invasiemacht massaal in de aanval ging. Maar was dit de hoofdaanval of alleen maar een afleiding? Het antwoord zou spoedig genoeg komen. Datis was niet de enige bevelhebber die besefte dat inlichtingen van vitaal belang waren. Iemand – en men kan alleen maar aannemen dat het Miltiades was, gepokt en gemazeld in de Perzische krijgslisten – had spionnen onder de vijandelijke troepen geronseld. Tijdens de nacht van de volle maan slopen een paar Ionische dienstplichtigen over de vlakte naar het bos dat het Atheense kamp beschutte. Het nieuws dat ze brachten had niet urgenter kunnen zijn. Haastig werd het overgebracht aan Callimachus en de tien generaals van de stammen die samen het Atheense opperbevel vormden. 'De ruiters zijn weg!'[46]

Dat was het moment waarop Miltiades had gewacht. Als de inlichtingen van zijn spionnen klopten, dan was duidelijk dat de Perzische strijdmacht was opgesplitst in enerzijds een bezettingsmacht die oprukte om de aandacht van de Atheners af te leiden, terwijl anderzijds ver in de achterhoede de cavalerie zich stiekem inscheepte.[47] Haastig werd krijgsberaad gehouden. Miltiades drong er bij zijn generaals op aan onmiddellijk met de strijd te beginnen. Nooit, zo betoogde hij, zouden ze een betere kans krijgen om de overwinning te behalen: het invasieleger was opgedeeld en bijna de hele cavalerie was weg. Vier van de andere negen generaals stemden toe en vijf, ontsteld over het vooruitzicht de Perzen op open terrein tegemoet te treden zonder boogschutters, zonder cavalerie en nog steeds geplaatst voor een overweldigende meerderheid, stemden tegen. De beslissende stem lag nu bij de oorlogsarchont, Callimachus, die consequent had laten zien dat hij het geen schande vond te buigen voor de grotere expertise van Athenes beroemdste strijder tegen de Meden. Ook nu deed hij dat weer, hij schaarde zich achter Miltiades. Het bevel werd gegeven. De strijd zou bij zonsopgang beginnen.

In het Atheense kamp werden alle mannen gewekt met het nieuws dat ze binnen het uur moesten oprukken tegen een vijand die nog nooit eerder in een open veldslag door een leger van hoplieten was verslagen en wiens naam alleen al 'een reden voor paniek in Griekenland' was.[48] Maar als er, met volle psychische en fysieke inzet en door ongehoord veel moed te scheppen, een kans was om hun ondergang en die van hun familie en stad af te wenden, dan moesten de Atheense hoplieten zich nu vermannen en die met beide handen aangrijpen. De slaven die voor hun kostbare harnassen zorgden brachten plichtsgetrouw de gepoetste wapenrusting. De naakte Atheners werden omgebouwd tot geduchte machines van brons.

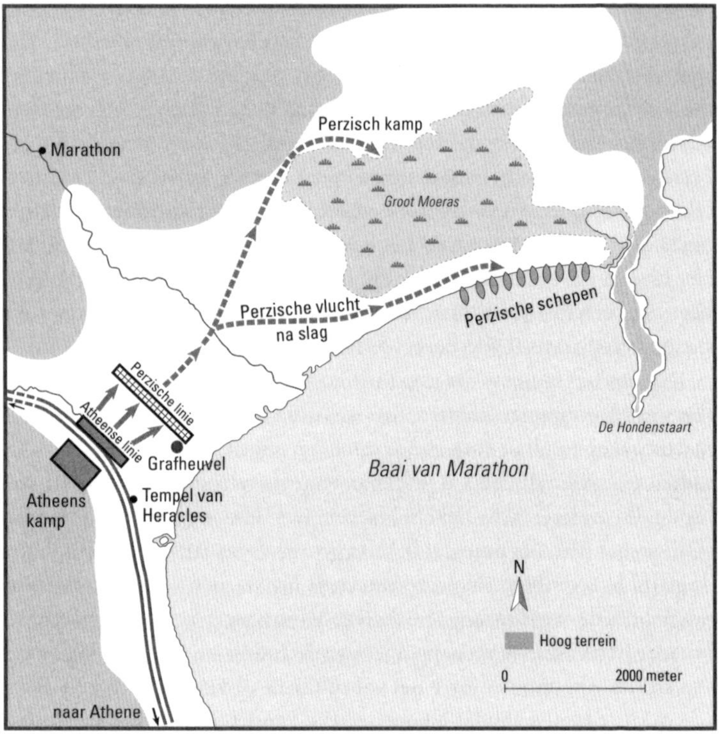
Perzisch kamp
Marathon
Groot Moeras
Perzische vlucht
na slag
Perzische schepen
Perzische linie
Atheense linie
Grafheuvel
De Hondenstaart
Baai van Marathon
Atheens
kamp
Tempel van
Heracles
N
Hoog terrein
0
2000 meter
naar Athene

Marathon

Vervolgens, bedekt met hun borst- en scheenplaten, hun schilden en speren in de hand, hun helmen achter op het hoofd geschoven, namen de hoplieten hun plaats in de strijdlinie in, naast de andere leden van hun *deme*, hun derde, hun stam. Het was gebruikelijk bij de Atheners om hun falanxen acht gelederen diep op te stellen, maar Miltiades was bang dat hij door de mobielere lichte infanterie van de Perzen en het resterende deel van hun cavalerie in de flank zou worden aangevallen, dus gaf hij opdracht het centrum uit te dunnen zodat de Atheense linie precies correspondeerde met die van de invasiemacht, die nu ruim een kilometer verderop in de vroege ochtendglinstering steeds zichtbaarder werd. Toen de eerste zonnestralen in de verte op de grijze heuvels van Euboea vielen, werden offers gebracht aan de goden. De voortekenen waren gunstig, dus de generaals namen hun plaats in het voorste gelid in. Callimachus nam, zoals gebruikelijk voor de oorlogsarchont, het commando van de rechtervleugel op zich en de Plataeërs stonden links opgesteld. Themistocles en een andere rijzende ster van de democratie, Aristeides, voerden hun stammen in het midden van de falanx aan, in het gevaarlijk verzwakte centrum.[49] Miltiades zelf, die het opperbevel voor die dag voerde, stond waar iedereen hem kon horen en hief eindelijk zijn arm om, wijzend naar de Perzen, te schreeuwen: 'Eropaf!'[50]

Metaal blonk over de hele linie toen de hoplieten hun helm over hun hoofd trokken, hun schild oppakten en hun speer schouderden. Eindelijk was het onherroepelijke moment aangebroken. Met zijn hoofd bijna geheel in metaal verpakt, was elk lid van de falanx nu akelig afgesneden van alle geluiden en beelden van het slagveld: hij zag nauwelijks de vijand voor zich en hoorde nauwelijks het schetteren van de bazuinen die de Atheners ten aanval riepen. Alleen de plotselinge schok van zijn maten aan weerskanten en het opdringen van de mannen achter hem leek reëel. Naar beneden sjokte de falanx de open vlakte op, strak in het gelid, geen moment dreigde de formatie te breken. Iedereen werd voortgestuwd op de angst en de bedwelming van het moment – want hoewel het waar was dat de lafhartigheid van enkelen in de muur van schilden fataal kon zijn voor allen, gold ook het omgekeerde: dat zelfs een hopliet die rilde van angst tijdens de opmars, die zich onbeheerst bevuilde, zijn cape besmeurde met drek, zich sterk kon wanen omdat hij één was met zijn vrienden en familie, één met het machtige lichaam van gewapende en vrijgeboren mannen. Hoe anders, zonder dat ze zich dit bewust waren, hadden de Atheners het aangedurfd te doen wat iedereen die augustusochtend in de falanx deed: een vijand aanvallen die algemeen werd beschouwd als onverslaanbaar, een terrein betreden waarvan iedereen gevreesd zal hebben dat het een vlakte des doods zou worden.

Later werden fantastische verhalen over deze aanval verteld. Gezegd werd dat de Atheners de hele anderhalve kilometer renden, alsof mannen die stoutmoedig genoeg waren om voor het eerst de Perzen aan te vallen wel meer dan menselijke wezens moesten zijn. In werkelijkheid kon niemand met de volle wapenrusting van een hopliet, ruim dertig kilo brons, hout en leer, die afstand hardlopend afleggen en dan nog energie over hebben voor een doeltreffend gevecht. Zelfs in de betrekkelijke koelte van de vroege ochtend raakte het zweet snel met het stof vermengd dat werd opgeworpen door tienduizend paar voeten, zodat de oprukkende hoplieten, knipperend met hun brandende ogen, half verblind werden en de vijand voor hen – de vreemd geklede boogschutters die naar hun pijlen, de slingeraars die naar hun projectielen grepen, de uitdrukking van vreugde en verbazing op de gezichten van de Perzen – nog slechter te zien was. Terwijl de Atheners steeds dieper het niemandsland binnendrongen, begonnen de eerste pijlen op hen neer te suizen, en toen, het monsterlijke gewicht van schilden opgetild om hun borst te beschermen, begonnen de hoplieten eindelijk te rennen. Tegelijk, alsof de falanx 'een woest, in het nauw gedreven beest was dat zijn stekels opzette terwijl het zich tegen zijn vijand keerde',[51] velden de drie voorste gelederen hun speren voor de naderende botsing. Nu, met nog zo'n honderdvijftig meter te gaan, daalde er een regen van pijlen en stenen op hen neer, dof op hun schilden ploffend, stuiterend van hun helmen, hier en daar een hopliet in de dij treffend of dwars door zijn keel priemend, maar de Atheners bleven de zwarte regen trotseren en versnelden alleen maar hun pas. De vijandelijke soldaten die direct op hun weg stonden begonnen haastig met hun gevlochten schilden verdedigingswallen te vormen, tot ze vol afgrijzen doorkregen dat de muur van schilden en ijzeren speerpunten, in plaats van een gemakkelijk doelwit te vormen voor hun boogschutters, zoals ze aanvankelijk gedacht hadden, zich niet tot staan liet brengen. Honderd meter, vijftig, tien, en toen, terwijl de Atheense strijdkreet, een bloedstollend gehuil dat zelfs boven het gestamp van hun voeten op de dorre aarde, de kakofonie van kletterend metaal en de paniekkreten van de vijand uitklonk, knarste de falanx in de Perzische linie.

De klap was vernietigend. De Atheners hadden hun strijdmethode geperfectioneerd in gevechten met andere falanxen, houten schilden die tegen houten schilden sloegen, ijzeren speerpunten die tegen bronzen borstplaten kletterden. Maar nu, tijdens die eerste huiveringwekkende seconden van het treffen, was er alleen maar de verpulverende klap van metaal op vlees en botten, waarna de Atheners als een vloedgolf over soldaten spoelden die hoogstens gewatteerde wambuizen ter bescherming droegen en die misschien alleen maar gewapend waren met bogen en slingers. De essenhouten speren van de hoplieten trilden niet, zoals altijd gebeurde wanneer de ene falanx op de andere stuitte, maar staken en staken, en de vijandelijke soldaten die de speerpunten ontweken liepen vervolgens grote kans te worden verpletterd onder het gewicht van de oprukkende mannen van brons. Algauw begonnen aan de vleugels van de Perzische formatie soldaten doodsbang te vluchten, ze renden in drommen terug over de vlakte, terwijl de Atheners stekend en hakkend hun dodelijke werk voortzetten. Alleen in het centrum, waar de slagkracht van de falanx het minst was, kregen de vijandelijke soldaten de overhand: ze weerstonden de klap en dreven de hoplieten vervolgens langzaam terug. Hier waren ook de beste troepen van de invasiemacht opgesteld: de Perzen zelf, zwaarder bepantserd dan de meeste andere soldaten, en de Saken, die brute vechters van de steppen in het Verre Oosten, die met hun bijlen heel goed in staat waren de helm van een hopliet te splijten of zijn borst te doorklieven. Maar de Atheense vleugels kromden al naar binnen, ze vielen hen in de flank aan en versterkten de onder druk staande stamgenoten van Aristeides en Themistocles, zodat algauw ook het Perzische centrum begon te verkruimelen en de slachtpartij zo mogelijk nog bloediger werd. Op dat moment voegden de weinige Perzen en Saken die nog waren overgebleven zich bij de algemene aftocht en vluchtten strompelend door het zand naar hun schepen, een paar kilometer verderop aan de rand van de vlakte. Ze werden achtervolgd door de Atheners, die jubelden van triomf, maar die het ook maar half konden geloven, totaal verdoofd door de manier waarop Pan zijn woord had gehouden.

Maar hoewel de slag gewonnen was, was de overwinning verre van zeker. Omdat de Atheense vleugels het karwei in het centrum moesten afmaken, hadden de matrozen van de Perzische vloot ruim de tijd gehad hun schepen op te tuigen en de van paniek bevangen soldaten die door het ondiepe water waadden aan boord te trekken. Veel van hun kameraden waren in de massale aftocht afgeslacht, of anders waren ze omgekomen in een groot moeras ten noorden van de afgemeerde Perzische schepen – in zo groten getale verdronken ze daar dat later werd geschat dat het 'de plaats was van de dodelijkste slachting aller tijden'.[52] Maar zolang Datis en Artaphernes nog de controle hadden over hun vloot, bleven ze een bedreiging vormen, en Miltiades en zijn mannen, niet bij machte de schepen uit te schakelen die al waren uitgevaren, wilden natuurlijk koste wat kost de vaartuigen die nog op het strand lagen veroveren en in brand steken. De gevechten op het strand waren dan ook minstens zo heftig als in de andere fasen van de strijd, en voor de Atheners even dodelijk: de hand van een hopliet die de achtersteven van een schip wilde vastpakken werd met een bijl afgehakt en hij viel terug, het bloed sproeide uit de dodelijke wond. Ook Callimachus, de oorlogsarchont, werd gedood, evenals een generaal van een stam. Uiteindelijk werden zeven schepen veroverd, maar de rest slaagde erin te ontkomen. De weg over land naar Athene mocht dan voor de Perzen zijn afgesneden, maar die over zee niet.

Hoe zat het met de schepen die vóór het begin van de slag met de cavalerie waren vertrokken? Die vraag bleef aan het gemoed van het Atheense opperbevel knagen. Terwijl ze langs de dobberende lijken door het ondiepe water terug waadden en over de vlakte in de richting van hun stad keken, zagen de vermoeide hoplieten op de helling van de Pentelikon een helder licht weerkaatsen van een glanzend gepolijst oppervlak dat precies zo was geplaatst dat het de stralen van de ochtendzon ving.[53] Dat was duidelijk een afgesproken teken, en het zou voor de Perzische vloot ergens op zee bedoeld kunnen zijn. Wat het precies betekende, viel onmogelijk te zeggen, maar elke Athener vermoedde meteen dat het op verraad duidde.

Ontsteltenis ging door de gelederen. Hun huizen en families, veertig kilometer ver weg, waren totaal onverdedigd. Uitgeput, badend in het zweet en met bloed besmeurd hadden ze geen andere keus dan onmiddellijk terug te keren naar Athene, 'zo snel als hun benen hen konden dragen'.[54] Het was nog geen tien uur in de ochtend toen ze het slagveld verlieten, en aan het eind van de middag bereikten ze hun stad, een verbluffende prestatie van taaiheid en uithoudingsvermogen.* En net op tijd ook – want kort daarna gleden de eerste schepen van de Perzische vloot in de richting van Phalerum. Een paar uur bleven ze stil op de rede

* Dat was de mars die de Franse pedagoog Michel Bréal op het idee bracht om een 'marathonloop' voor te stellen voor de Olympische Spelen van 1896, die de route van de Atheners van het slagveld naar Athene diende te volgen. De legende dat Philippides het nieuws van de overwinning kwam brengen, dat hij hijgde 'We hebben gewonnen!' en vervolgens de geest gaf, is heel poëtisch en passend, maar jammer genoeg niet waar.

liggen, en toen de zon eindelijk onderging op die lange, noodlottige dag, lichtten ze het anker, keerden om en zeilden oostwaarts de nacht in. De dreiging van een invasie was afgewend.

Zo ontkwam Athene aan het verschrikkelijke lot van Milete en Eretria en betoonde zich, in de klinkende bewoordingen van Miltiades, een stad die 'de belangrijkste van Griekenland'[55] kon worden. Bij Marathon waren de Atheners rechtstreeks geconfronteerd met hun ergste nachtmerrie: niet alleen dat ze weggevoerd zouden worden van het oeroude land waaruit ze geboren waren, van hun huizen, hun akkers en hun *demes*, nee, erger nog: dat hun geslachten in afzichtelijke taferelen van verminking verdelgd zouden worden. Elke hopliet die deze dag aan de strijd deelnam zal hebben geweten dat de Grote Koning, razend over de eedbreuk van de Atheners, 'de gruwelijkste wraak'[56] voor hen bevolen had: de castratie van hun zonen. Hadden de Atheners misschien, in de donkerste krochten van hun voorstellingsvermogen, gevreesd dat de goden zelf die gruwelijke straf zouden sanctioneren? Athene had inderdaad zijn belofte van loyaliteit aan Darius geschonden, en het was de gewoonte onder de Grieken om, als ze een eed zwoeren, op de afgesneden testikels van een offerdier te stampen en te bidden dat hun nakomelingen op dezelfde wijze vertrapt zouden worden als ze zich niet aan hun woord hielden. Door bij Marathon tegen de vijand in het krijt te treden hadden de Atheners zich in feite vermand om die grootste van al hun angsten te lijf te gaan – en ze hadden hem spectaculair bezworen.

En nog veel meer hadden ze bereikt. Wie de Perzen ook het teken vanaf de Pentelikon had gegeven, hij hield zich nu stil. Toen het nieuws kwam dat Hippias, wiens hoop geheel de bodem was ingeslagen, op de terugweg naar zijn ballingsoord van teleurstelling was bezweken, bevestigde dat alleen maar wat iedereen al wist: dat niemand na Marathon nog kon rekenen op een nieuwe tirannie in Athene. Iedereen was nu vóór een regering van het volk. Of ten minste vóór een regering van het volk dat de befaamde overwinning had behaald: de boeren, de landadel, de mannen met een wapenrusting. Honderdtweeënnegentig, zo ontdekte men, waren er in de strijd gesneuveld, en aan deze helden van de Atheense vrijheid werd een uniek eerbetoon gebracht. Voor hen geen graven in de Ceramicus, nee, voor de eerste en enige keer in de geschiedenis van hun stad werden de doden, 'als eerbetoon aan hun moed',[57] begraven op het veld waar ze gevallen waren. Een groot grafmonument van ruim vijftien meter hoog werd over hun lijken gebouwd, en marmeren zerken met de namen van alle gevallenen werden langs de muren geplaatst. Zelfs de hoogste van alle edele dynastieën kon niet op iets dergelijks bogen. In de aarde die ze zo moedig hadden verdedigd werden de doden zij aan zij begraven, zonder onderscheid van klasse, familie, of wat dan ook. Ze waren burgers – niets meer en niets minder. Was er een trotser titel om je op te beroepen dan 'Athener'? Er ging niets boven Athene zelf.

Zelfs de Spartanen, die na een afmattende mars van drie dagen aankwamen, betuigden de mannen die de Meden zonder enige hulp hadden overwonnen welwillend een tot dan toe ongekend respect. Toen ze verder marcheerden om het slagveld te verkennen, vonden ze bij Marathon, rottend in het stof van de vlakte of half gezonken in het slijmerige moeras, genoeg aanwijzingen voor de omvang van de dreiging die zo heroïsch was afgewend. Vierenzestighonderd vijandelijke soldaten lagen er de vliegen vet te mesten – en dat was nog maar een fractie van de strijdmacht die Datis had aangevoerd. Hoeveel wemelende miljoenen meer zou de Grote Koning wel niet tot zijn beschikking hebben, zwermend en zich voortplantend in het onmetelijke achterland van Azië? Daar dachten de Atheners of de Spartanen maar liever niet aan. Elke Griek die naar de Perzische doden keek en zich verheugde in de grote overwinning zal zich niettemin een tikje ongerust hebben gevoeld. Maar de Spartanen, die methodisch het slagveld afzochten en alle lijken inspecteerden terwijl ze aantekeningen maakten, zullen ook veel bemoedigends zijn tegengekomen. Het was de eerste kans die ze ooit hadden gekregen om de harnassen en wapens van de fabelachtige meesters van het Oosten te bestuderen, en wat ze zagen maakte niet veel indruk. Datis mocht dan wel een talrijk leger naar Marathon hebben aangevoerd, maar niets ervan werd door de Spartanen als aan hen gelijkwaardig beschouwd.

Terwijl ze doorgingen met hun inspectieronde werd intussen aan de zuidrand van het moeras een grote geul gegraven. In die geïmproviseerde stortkuil werden de lijken van de invasiemacht zonder enige plichtpleging gedumpt. Geen gedenkteken voor de afgeslachte Perzische horden.* Hun graf was stom en eerloos. Maar verdienden ze beter, die mannen die tijdens hun leven niets hadden geweten van de camaraderie van een stad, of de vrijdom van koninklijke dictaten, of de discipline van een falanx, maar in plaats daarvan rond renden als kippen zonder kop, dierlijke kreten slakend

* Pas toen een Duitse landmeter in de negentiende eeuw een grote hoop beenderen op de vlakte vond, was de locatie van het Perzische massagraf bekend.

vol betekenisloos geraas en gebral? De Ioniërs hadden de Perzen 'barbaren' genoemd en nu, na hun grote overwinning, deden de Atheners dat ook. Het was een woord dat precies hun angst evoceerde voor wat ze die ochtend op de vlakte van Marathon hadden gezien: een leger, talrijk en vreemd, dat snaterend op hun ondergang uit was – inderdaad: 'brabbelaars'. Maar 'barbaar', zeker uitgesproken door een veteraan van de beroemde veldslag, kon ook nog iets meer inhouden: een snier, een toon van superioriteit of zelfs minachting – iets wat weinig Grieken vóór die noodlottige ochtend in augustus hadden aangedurfd.

Marathon had niet alleen Athene maar heel Griekenland een belangrijke les geleerd: vernedering door een supermacht was niet onvermijdelijk. De Atheners hadden, zoals ze nooit moe werden iedereen onder de neus te wrijven, laten zien dat de horden van de Grote Koning verslagen konden worden. De reus had lemen voeten.

De vrijheid viel uiteindelijk toch te verdedigen.

DE NADERENDE STORM

Onkruid in het paradijs

Marathon, dat de Atheners als de grootste overwinning aller tijden uitbazuinden, werd door de Koning der Koningen begrijpelijkerwijs in een heel ander licht gezien. Nu hadden de Perzische propagandisten niet bepaald de gewoonte de aandacht te vestigen op de tegenslagen van hun meester, maar aan de andere kant was het ook niet erg overdreven van ze om de veldslag als een onbeduidend grensincident af te doen. Zeker, het was spijtig dat die vermaledijde Atheners erin geslaagd waren hun verdiende straf te ontlopen, maar het feit dat de Perzen hun stad niet hadden kunnen innemen deed nauwelijks iets af aan de expeditie, die voor het overige een groot succes was. Iemand die daaraan twijfelde hoefde alleen maar te kijken naar de Eretriërs die in de straten van Susa door het stof kropen. Darius, zijn grootmoedigheid kende geen grenzen, gaf bij het zien van de ellende en de onderwerping van zijn gevangenen opdracht hun ketenen te slaken en ze te vestigen op het land vlak ten noorden van het huidige Basra. Dat gebied was toen al befaamd om de mysterieuze zwarte vloeistof die uit het zand opborrelde, en de geur van wat de Perzen *rhadinake* noemden hing er zwaar in de lucht – heel wat anders dan de zilte lucht van de Egeïsche Zee. Net zoals ooit de Judeeërs hadden geweend aan de rivieren van Babel, zo treurden nu de Eretriërs tussen de oliebronnen van zuidelijk Irak om hun vaderland. 'Vaarwel, befaamd Eretria, niet langer ons land. Vaarwel, Athene, eens onze nabuur aan de overzijde van de zeestraat. Vaarwel, geliefde zee.'[1] Hun verbanning was, zoals Darius begreep, al straf genoeg.

Zulke grootmoedigheid kon natuurlijk altijd alleen maar de zonneschijn zijn na de storm van 's konings gerechtvaardigde toorn. Voor Athene, dat hardnekkige bolwerk van *daivas* en de Leugen, stond het doodvonnis nog steeds even rotsvast als tevoren. Maar niet alleen voor Athene. De zonde die de Spartanen hadden begaan door de gezanten van de Grote Koning te vermoorden was vergeven noch vergeten, en Darius, die zijn westerse strategie in de nasleep van Marathon herzag, was nu vastbesloten dat zowel Sparta als Athene vernietigd behoorde te worden. Gelukkig had zijn inlichtingendienst, altijd aan de spits van de militaire planning van de Grote Koning, recent een spectaculaire slag geslagen: de rekrutering als agent van niemand minder dan een voormalige koning van die gesloten en mysterieuze stad. Demaratus, door Leotychides voor de ogen van het Spartaanse volk beledigd, was eindelijk bezweken: eerst stiekem en vervolgens openlijk vluchtend naar het hof in Susa werd hij daar met rijke eretekens begroet – en gretig uitgemolken voor informatie.[2] De overloper, die al heimwee had naar zijn stad, vertelde zijn ondervragers met groot en bitter genoegen alles wat ze wilden weten.

Demaratus trapte weliswaar een open deur in toen hij zijn broodheren een invasie van de Peloponnesos voorstelde, maar Darius' veroveringsplannen lieten zich niet zo gemakkelijk haasten. De expeditie van Datis was niet veel meer geweest dan een veredeld soort razzia, en de volledige pacificatie van een zo ver en bergachtig land als Griekenland was een veel complexere uitdaging. De molens van de Perzische bureaucratie maalden zowel langzaam als uiterst fijn. In juni 486 v.Chr., drie jaar nadat Darius bevel had gegeven tot de mobilisatie van zijn rijk, kwamen de Egyptenaren, gebukt onder het juk van de voortdurende afdracht van graan en mankrachten, onverwacht in opstand. Van Athene wendde de Grote Koning abrupt zijn blik af naar het zuiden. Egypte, zo rijk, zo vruchtbaar, zo gulden, was een veel te kostbare prooi om op het spel te zetten voor de dorre wildernis van Griekenland. Een legermacht die voor Athene in gereedheid was gebracht kreeg prompt bevel zich op te maken voor een aanval op het land van de Nijl. Terwijl de zomer in de gezegende koelte van de herfst overging, werden voorbereidselen getroffen voor zijn vertrek uit Perzië. De Koning der Koningen zou de legermacht persoonlijk aanvoeren.

Aan het hof zag iedereen in dat dit wel eens een beslissend moment kon zijn. Darius had vele expedities geleid, maar hij was met zijn vijfenzestig jaar geen jongeman meer, en overal gingen geruchten over zijn zwakke gezondheid. Hovelingen die nog pijnlijke herinneringen hadden aan de laatste keer dat een Perzische koning naar Egypte was vertrokken, stelden zich al het einde van een tijdperk voor – en huiverden. Immers, toen Cambyses aan de Nijl slag leverde, had hij in Perzië maar één broer achtergelaten, terwijl Darius, een seriebruidegom die prat ging op zijn vruchtbaarheid, een heleboel ambitieuze zonen had verwekt. Oorlog in de provincies, een dreigende successiestrijd – als je op het verleden afging, zou dit geheid op een ramp uitlopen. Broedermoord, met zijn giftige consequenties die de fundamenten van het Perzisch bewind dreigden aan te tasten, had al één koningsgeslacht doen uitsterven – wie zei dat het niet weer kon gebeuren?

Maar de bejaarde Darius, die zijn hele bewind hard gewerkt had om de wereld de vruchten van waarheid en orde te schenken, was er de man niet naar om gelijkmoedig het vooruitzicht onder ogen te zien dat ze na zijn dood zouden verrotten. Hij vond eerder dat een groot reservoir aan bekwame zonen gunstig was voor zijn rijk en helemaal geen bedreiging. Het Perzische volk diende veeleer gerustgesteld dan gealarmeerd te zijn door zijn vruchtbaarheid. Niet voor niets hadden ze altijd het fundamentele principe gehuldigd dat een man pas een echte man was wanneer hij zich, in de eerste plaats, 'een held op het slagveld' betoonde, en in de tweede plaats, wanneer hij 'een hele reeks zonen' verwekte.[3] Scrupuleus als altijd had Darius in elk geval de opvoeding van zijn zonen niet verwaarloosd. In de watten leggen was niets voor de Perzen. Zelfs de Grieken, die zich graag troostten met de gedachte dat een volk dat broeken droeg alleen maar belachelijk verwijfd kon zijn, moesten dat wel erkennen. Zijn benen waren dan misschien in felgekleurde dessins gehuld, maar een Perzische prins werd echt met harde hand opgevoed.

Goed, hij bracht de eerste jaren van zijn leven door in het zijden comfort van de vrouwenverblijven, maar dat was alleen opdat de eunuchen hem des te beter konden kneden, 'zijn prille schoonheid gestalte geven, zijn kinderbeentjes vormen, zijn rug rechten'.[4] Vanaf vijfjarige leeftijd werd hij aan een even streng regime onderworpen als de Spartaan: bij het krieken van de dag werd een jonge prins gewekt door het schallen van een koperen bazuin en begon aan een straffe loop van acht kilometer, waarna een afmattende ronde lessen volgde: stemvorming, wapentraining en onderdompeling in ijskoude stromen. Om hem leiderschap bij te brengen kreeg hij het commando over vijftig andere jongens. Om hem te leren zijn lans en boog op de juiste koninklijke manier te hanteren ging hij jagen met zijn vader. Om hem in te wijden in de beginselen van het recht, van de roemrijke Perzische geschiedenis en de verering van Ahura Mazda kreeg hij les van de magiërs. Hij was dan in weeldes schoot geboren, maar weelde was er alleen om de minderwaardigen te verblinden en niet om het staal van de elite te verweken. Zelfs van een prinses, ook al was ze eigenares van hele steden die geen andere functie hadden dan haar van exquis schoeisel te voorzien, werd niet verwacht dat ze haar dagen doorbracht in laffe ledigheid, maar dat ze hard studeerde onder leiding van haar gouvernante, dat ze leerde paardrijden en dat ze zich, zo mogelijk, net als haar broers, bekwaamde in het hanteren van 'boog en lans'.[5] Er werd veel verwacht van de kinderen van de Koning der Koningen. Zo ontzagwekkend en luisterrijk als hun koninklijke privileges waren, zo zwaar waren de verantwoordelijkheden die daarmee gepaard gingen. Het erfgoed van Darius' spruiten was immers niets minder dan de heerschappij over de wereld. Nooit eerder in de geschiedenis waren kinderen geboren met zulke gouden lepels in de mond. Onder het vaardig, uitgekiend toezicht van Darius was het imperium een familieaangelegenheid geworden – en geen van zijn kinderen had er belang bij te steggelen over de duizelingwekkende baten. Als ze zich de gunst van hun vader waardig betoonden, konden ze zich allemaal verheugen op het bewind over eeuwenoude koninkrijken, of machtige satrapieën, of het commando over geweldige legers. Hoe beter ze waren, natuurlijk, hoe meer ze konden hopen binnen te halen, en de grootste prijs, Darius' eigen universele monarchie, ging zoals het betaamde naar de beste prins van allen.

Darius had al jaren eerder besloten wie dat moest zijn.[6] Eén zoon van hem stak met kop en schouders boven de andere uit: Xerxes was niet de oudste koninklijke prins, maar hij was al wel lange tijd de kroonprins van de Grote Koning. Veel factoren hadden ertoe geleid dat hij die titel kreeg. Het belangrijkste van alles was misschien toch wel dat Xerxes, in tegenstelling tot veel van zijn halfbroers, het juiste bloed door zijn aderen had stromen, want zijn moeder was de heerseres Atossa, de vrouw met de beste connecties in heel het koninkrijk, weduwe van zowel Cambyses als Bardiya en dochter van Cyrus de Grote. Maar die afkomst, hoewel zeker een voordeel, zou nauwelijks voldoende zijn geweest om de zegen van zijn vader te winnen als hij niet ook over vele andere kwaliteiten had beschikt. Xerxes zal, na de meest exclusieve leerschool in de wereld te hebben doorlopen, zijn kunde in paardrijden, het hanteren van wapens en de leer van de magiërs uitvoerig hebben gedemonstreerd – 'want geen man kon koning van Perzië worden zonder daarin naar behoren te zijn onderwezen'.[7] Zo zal hij ook op de jacht en op veldtocht, als aanvoerder in de frontlinie, ruim blijk hebben gegeven van zijn persoonlijke moed. Wat echter de doorslag kan hebben gegeven, was dat Xerxes, lang en knap als hij was, *eruitzag* als een koning. Dat was een cruciaal punt: de Perzen waren zo gespitst op uiterlijk dat elke edelman een grimeur in zijn gevolg had. Een modieuze must waren een paar schoenen met hoge hakken en plateauzolen, en valse baarden en valse snorren waren zo in trek dat de schatbewaarder ze als belastbare goederen aanmerkte. Zelfs Xerxes' vader was niet zo knap als de prins, want Darius, die voor het overige als een zeer aantrekkelijke man werd beschouwd, had armen als van een aap 'die tot zijn knieën reikten'.[8] Xerxes was vrij van dergelijke lichamelijke eigenaardigheden: 'Van al die ontelbare scharen was niemand zo statig en majestueus als Xerxes, de enige die deze wereldmacht waardig was.'[9]

Dus toen de zieke Koning der Koningen laat in de herfst van 486 v.Chr., voordat hij naar Egypte had kunnen vertrekken, eindelijk 'de troon verliet',[10] zoals de Perzen het eufemistisch uitdrukten, kon Xerxes zonder tegenstand zijn plaats als monarch van de wereld innemen. Er was waarschijnlijk geen passender symbool voor het koningschap van Darius dan de wijze waarop hij het verliet: het contrast tussen het geweld en de wetteloosheid van zijn troonsbestijging en de rimpelloze staatsie van die van zijn zoon was een opvallende getuigenis van de orde die hij zijn uitgestrekte domeinen had opgelegd. Bedekt met was en opgebaard op een weelderig versierd rijtuig, getrokken door paarden met geknipte manen, werd het lichaam van de dode koning onder hartverscheurende rouwklachten Persepolis uitgeleid. Met Xerxes zelf aan het hoofd liep de hele stad achter de baar aan, weeklagend en het haar uittrekkend, met veel misbaar spreidden ze hun verdriet tentoon terwijl ze in de richting strompelden van een rij ruige kalkstenen klippen in de verte, waar hoog in de rotswand de koninklijke grafstede was uitgehouwen. Daar werd de Grote Koning te ruste gelegd, en in heel Persepolis en Perzië, en in elke satrapie van het rijk, overal waar de zegeningen van Arta waren gebracht, werden de heilige vuren, die tijdens het zesendertigjarig regime van Darius brandend waren gehouden, plechtig gedoofd, waarna de gloeiende sintels tot stof vergingen.

De altaarvuren zouden pas weer oplaaien, en het bewind van de nieuwe koning zou pas officieel beginnen, wanneer Xerxes, die noordwaarts naar Pasargadae ging, was ingewijd in bepaalde geheimen die alleen de wijste der magiërs en de koning zelf mochten weten. Als onderdeel van de inwijdingsrite moest Xerxes eerst 'zijn kleren uittrekken en een mantel aandoen die Cyrus had gedragen voordat hij koning werd'.[11] Daarna kreeg hij verscheidene onsmakelijke brouwsels te drinken die de magiërs voor hem hadden bereid: nigromantische mengsels van gestremde melk en heilige kruiden. In zijn rechterhand ontving hij een scepter, en op zijn hoofd de *kidaris*, de geribbelde koninklijke tiara. Vervolgens werd Xerxes het felle zonlicht in geleid. De satrapen, de hoge functionarissen, de verwachtingsvolle krioelende menigten die zich allemaal voor dit moment in Pasargadae verzameld hadden, vielen nu voorover op de grond, zoals het hun plicht en hun eer was om te doen telkens wanneer ze in het bijzijn van hun koning kwamen. Als erfgenaam van Cyrus en uitverkorene van Ahura Mazda trad Xerxes in alle luister aan voor het Perzische volk.

Niet dat hij lang bleef hangen om zich toe te laten juichen. Er wachtten hem dringende zaken. Xerxes nam de teugels van Darius' commando over en zou snel zijn feestvierende hoofdstad verlaten en naar Egypte trekken. In zijn aanpak van de rebellen liet hij zien dat hij inderdaad, zoals zijn vader gehoopt had, uit hetzelfde hout gesneden was: niet alleen maakte hij korte metten met de opstand, maar hij benoemde ook, met hetzelfde gevoel voor constructief nepotisme dat zijn vader altijd met zoveel succes had toegepast, een van zijn vele broers tot satraap. De Grote Koning zelf beschouwde dit, nog fanatieker dan Darius zou hebben gedaan, als een overwinning, niet alleen op sterfelijke tegenstanders, maar ook op de veel duisterder krachten van het kosmisch kwaad. Dat landen waar *daivas* werden aanbeden aangevallen moesten worden en op de knieën gedwongen, dat hun heiligdommen vernietigd dienden te worden, dat gebieden die ooit waren overgeleverd aan de Leugen opnieuw gewonnen moesten worden voor de zaak van de Waarheid – dat zou, gedurende heel het bewind van Xerxes, het richtsnoer van het Perzische volk zijn. Voor het geval dat eraan getwijfeld werd verkondigden inscripties in Persepolis het streng aan de hele wereld en herinnerden Xerxes' hovelingen eraan dat alleen de weg gewezen door de koning de gerechte was: 'De man die de wet eerbiedigt zoals gegeven door Ahura Mazda, die Ahura Mazda en Arta vereert met de eerbied aan beiden verschuldigd, die zal geluk in het leven vinden en één worden met de gezegenden na de dood.'[12] Ofschoon hij Koning der Koningen was, 'Koning van Perzië, Koning der Landen', vergat Xerxes nooit dat al zijn onvergelijkelijke macht hem voor een heilig en gewichtig doel was verleend. De verplichtingen die op zijn brede schouders waren geladen konden niet onverschillig worden afgeschud. Degenen die hem hadden uitverkoren hun zware last te dragen konden niet worden teleurgesteld. 'Darius had andere zonen,' bekende Xerxes openhartig, 'maar Darius, mijn vader, maakte mij de grootste na hemzelf.' En dat was weer gedaan als uitdrukking van een nog hoger doel. 'Want alles geschiedde in overeenstemming met de wensen van Ahura Mazda.'[13]

Zeker, wanneer Egypte eenmaal met succes was gepacificeerd, kon er geen sprake meer zijn van verwaarlozing van die andere grote kwestie die door Darius' dood onafgehandeld was gebleven. Nauwelijks was Xerxes terug in Perzië of verschillende belangengroepen begonnen om de aandacht van de koning te vragen en hem aan te sporen een nieuwe expeditie uit te rusten, om dieper Europa binnen te dringen, om Athene te straffen, om Griekenland te veroveren. De meest hardnekkige influisteringen in Xerxes' oor waren afkomstig van zijn neef Mardonius, die allang weer was hersteld van zijn in Thracië opgelopen verwonding en die stond te trappelen om terug te keren naar het gebied rond de Egeïsche Zee, dat hij beschouwde als zijn hoogstpersoonlijke terrein van expertise. En hij was niet de enige jager op roem: één broer was weliswaar in het paleis van de farao geïnstalleerd, maar er waren nog een heleboel andere familieleden van de Grote Koning die de show wilden stelen, die wilden bewijzen wat ze waard waren, die wilden zwelgen in de glorie van het oppercommando. Verre *anairya* veroveren was immers waar het om ging als je een Pers was.

Xerxes was erg ingenomen met het feit dat zijn inlichtingenofficieren hem rapporteerden dat aan het westfront alles in orde was. Jawel, Athene en Sparta bleven zich onverzoenlijk verzetten tegen zijn streven, maar de aristocratie in andere streken van Griekenland – waaronder, niet de minste, het belangrijke land Thessalië, vlak ten noorden van Boeotië en Thebe – zou volgens de hoofden van de inlichtingendienst een Perzische invasie met open armen ontvangen. Als Thessalië eenmaal was gevallen, zouden Thebe zelf en een hele rits andere steden verder naar het zuiden wel collaboreren. Ja, zelfs Sparta en Athene hoefden niet helemaal verloren te zijn, want Demaratus, veilig in Susa, en de Pisistratiden, die nu al ruim twintig jaar op de loonlijst van de Perzen stonden, konden nog steeds de steun van een aantal horigen garanderen. De bewonderenswaardig proactieve zonen van Hippias waagden het zelfs de Grote Koning de steun van de hemelen zelf toe te zeggen: 'Een Pers zou voorbeschikt zijn een brug over de Hellespont te bouwen,'[14] waarna in details de overwinningen werden beschreven die zonder twijfel zouden volgen. De bron van deze zelfverzekerde beweringen was niemand minder dan Onomacritus, dezelfde charlatan die in Athene een vertrouweling van de tirannen was geweest, tot hij in ongenade viel na beschuldigingen van fraude met de profetieën. Misschien was hij niet de betrouwbaarste bron van informatie, maar de Pisistratiden wilden, met de vertwijfeling van de balling, dolgraag hun vaderland terugzien en waren hem weer wanhopig, pathetisch op zijn woord gaan geloven.

Het is twijfelachtig of het Perzische opperbevel evenveel vertrouwen had in Onomacritus, maar dat deed er niet veel toe. Binnen een paar maanden na Xerxes' terugkeer uit Egypte was de roep om oorlog al niet meer tot zwijgen te brengen. De paar duiven die tegen de invasie waren zagen zich niet bij machte haar tegen te houden. Als ze zich uitspraken, werden ze voor lafaards uitgemaakt. Maar ondanks ongeduldig gesnuif van de haviken lieten hun waarschuwingen zich niet makkelijk in de wind slaan. Dat de Atheners, zoals ze bij Marathon bewezen hadden, geen makkie waren, dat de bevoorrading van een legermacht zelfs voor de ervaren Perzische bureaucraten een lastig karwei zou worden, dat het bergachtige terrein van Griekenland berucht onherbergzaam was – dat soort overwegingen konden moeilijk worden afgedaan als defaitistische bangbroekerij. Maar hoewel de gevaren van de onderneming Xerxes soms even deden twijfelen, sterkten ze hem uiteindelijk alleen maar in zijn koninklijke besluitvaardigheid. Terugschrikken voor het risico, toegeven dat de Perzische macht een punt kon bereiken dat de rek eruit was, Athene en het continent daarachter voor altijd aan de Leugen prijsgeven, dat zou een verderfelijk verraad aan Darius geweest zijn en, nog onvergeeflijker, aan de grote Ahura Mazda. Ja, de invasie zat vol gevaren, maar aan de andere kant, als dat niet zo was, zou de uitdaging nauwelijks de aandacht van de Koning der Koningen waard geweest zijn.

Hoe die gevaren het beste het hoofd te bieden? Diep in het heilige der heiligen van Persepolis – voorbij de intimiderende voorportalen die waren uitgehouwen in de vorm van kolossale stieren met mensenhoofden en adelaarsvleugels, voorbij de felgekleurde binnenhoven die werden bemand door gedienstige eunuchen, nog voorbij de duizend lijfwachten die permanent op wacht stonden voor de deur van hun koninklijke heer, hun lange mantels bezet met edelstenen, de stelen van hun speren versierd met fijn geciseleerde appeltjes van goud – verzamelden Xerxes' meest vertrouwde adviseurs zich voor zijn troon om hun mening te geven. Hoewel ze in afzondering werden gehouden in het zenuwcentrum van de Perzische macht, zou wat daar besproken werd op grond van geruchten en de loop van de gebeurtenissen algauw sluw geraden worden.[15] De vraag die centraal stond, toen eenmaal besloten was dat de oorlog door zou gaan, luidde: wat voor strijdmacht moest er worden uitgerust voor de invasie en de verovering van Griekenland?

Het schijnt dat Mardonius erop aandrong dat alleen elitetroepen – de Perzen zelf, Meden, Saken en Oost-Iraniërs – geronseld werden. Zo'n aanvalsmacht, betoogde hij, zou uiterst wendbaar zijn, elke vijand te vlug af, en in staat de voortklossende infanterie van de vijand met dezelfde moordende snelheid te overvallen die altijd zo dodelijk was gebleken voor de Grieken van Ionië.[16] Maar die strategie, ofschoon gebaseerd op een triomfantelijk precedent, had een groot, ja onoverkomelijk nadeel. De tijden waren veranderd: hoe zou een leger dat uit zo weinig satrapieën was gerekruteerd voldoende kunnen zijn voor de waardigheid van de man die het moest aanvoeren? Wat misschien goed genoeg was geweest voor Cyrus in de tijd van zijn bergbanditisme, was nauwelijks toereikend voor zijn kleinzoon, die de wereld regeerde. Als Xerxes het Westen ging veroveren, dan niet louter als koning van Perzië, maar ook als koning van de domeinen daarbuiten. De volkeren van de verste grensstreken hadden de heilige plicht hem hun zonen als tribuut te schenken. En in hun gehoorzaamheid zou zich de ongeëvenaarde glorie weerspiegelen van hun meester, de Koning der Koningen.

Zo werd het geregeld. En misschien dat heel vaag, boven de koninklijke bevelen uit, van de grote binnenhof voor de audiëntiezaal, het gebeitel van beeldhouwers te horen was die de muur van een nabijgelegen trappenhuis versierden.[17] Net zoals de treden zelf, die in hun sierlijke opgang laag genoeg waren om een edelman met zijn zware mantels in staat te stellen ze zonder aantasting van zijn waardigheid te bestijgen, diende het werk van een uiterste verfijning te zijn – want de werklieden hadden opdracht gekregen om in rij na scherp gedetailleerde rij onderworpen volkeren af te beelden die de koning schatten aanboden. Dat was zo'n beetje alles wat Xerxes wist van veel van zijn onderdanen, die ver van Perzië woonden en voor het merendeel wilden waren. Maar nu, terwijl zijn boden zich opmaakten om naar alle uithoeken van het rijk te galopperen, om de satrapieën tot de strijd op te wekken, kon hij zich erop verheugen dat heel de fabelachtige verscheidenheid van zijn schatplichtigen gewapend tot de strijd voor hem aantraden. Indiërs met hun katoenen dhoti's en lange bogen van bamboe, Ethiopiërs in luipaardvellen, gewapend met pijlen met stenen punten, Moschiërs met houten helmen, Thraciërs met vossenbont op het hoofd, Kissiërs met tulbanden, Assyriërs in linnen kurassen, zwaaiend met hun beslagen knotsen. Allemaal zouden ze, alsof ze uit de stenen van Persepolis tot exotisch leven waren gewekt, voor hun meester verschijnen en met hem tegen het Westen oprukken.

Natuurlijk bezorgde deze uitbreiding van zijn leger met een veeltalige menigte van slecht bewapende rekruten de geplaagde militaire intendance van de Grote Koning daverende koppijn. Er kon geen sprake van zijn dat een leger van de omvang die Xerxes voor ogen had over de Egeïsche Zee getransporteerd zou worden: de enige mogelijke weg naar Athene was over land. Dat vereiste op zijn beurt wonderen van voorbereiding: de Hellespont moest op de een of andere manier worden overbrugd, er moesten wegen worden aangelegd door de wildernis van Thracië en Macedonië, gewassen moesten geplant, geoogst en opgeslagen worden. Een zware klus voor de logistieke diensten die daarmee belast waren, natuurlijk – maar voor de Grote Koning zelf was het een even roemruchte manifestatie van zijn macht als welke overwinning in de strijd ook. De wildernis temmen, uit de levende aarde taferelen van orde en rijpende volkomenheid oproepen – was er een volmaakter beeld van zijn wereldwijde missie denkbaar? De Perzen, rondom ingesloten door bergen en kale vlakten, hadden het vermogen een woestijn tot bloei te brengen altijd beschouwd als het zekerste teken van staatsmanschap. De satraap die tot tevredenheid van de koning kon laten zien 'dat hij zijn provincie in cultuur had gebracht, beplant met bomen en bezaaid met gewassen,'[18] steeg onveranderlijk hoog in aanzien. Presenteer de koning een volmaakt gekweekte groente, en zelfs de nederigste tuinman kon ter plekke bevorderd worden. Een erfgenaam van Xerxes schijnt te hebben gezegd, toen hem een kolossale granaatappel werd aangeboden: 'Het moet geen probleem zijn voor iemand die een vrucht van deze omvang kan kweken om een kleine stad tot vergelijkbare grootheid te brengen.'[19]

Zelfs de Grote Koning beroemde zich op zijn groene vingers. En terecht ook, want de jonge Xerxes had, als hij niet met pijl-en-boog oefende of ijskoude stromen doorwaadde, menige gelukkige namiddag in de tuin doorgebracht met 'bomen planten en geneeskrachtige wortels rooien'.[20] Ja, misschien dat alleen de jacht zich kon meten met tuinieren als passie van het hof. Een combinatie van de twee was voor een Pers het summum van bevrediging. Er was vrijwel geen hoofdstad van een satrapie zonder een park, rijk bevolkt met wild, maar ook voorzien van paviljoenen en liefderijk geschoren gazons aan de oevers van meertjes en kabbelende beekjes, allerlei soorten planten, kruidentuinen en bloembedden, appel- en perenbomen, dennen en cipressen, hun wortels diep in de grond en geurend naar exotische bloesems. Het zou niet voor het laatst zijn dat een groot rijk een manie voor tuinieren genereerde. Zelfs midden in zijn drukke werkzaamheden als consciëntieus universeel monarch had Darius zich altijd op de hoogte gesteld van de laatste tuinbouwkundige nieuwtjes en onvermoeibaar zijn satrapen aangespoord te experimenteren met stekjes en zeldzame zaailingen te verzamelen. Het verhaal ging dat Mardonius, die graag de oorlogszucht van zijn neef wilde aanwakkeren, Xerxes had verzekerd dat Europa één grote boomkwekerij was, 'met een overvloed aan fruitbomen'.[21] Toen in Persepolis het nieuws werd verspreid dat de invasie van Griekenland doorging, konden de koninklijke hoveniers zich even vergenoegd als iedereen in de handen wrijven bij het vooruitzicht op rijke buit.

Paradaida noemden de Perzen hun exquise parken, een woord dat de Grieken transcribeerden als *paradeisos* – 'paradijs'.[22] Als de Grote Koning een van die parken binnenging en langs kristalheldere, koele stromen wandelde om de wonderen der natuur die uit elke hoek van het rijk waren overgeplant te aanschouwen – zeldzame dieren, zeldzame bomen, zeldzame bloemen – dan kon hij zich echt in de hemel wanen. Maar een paradijs bood hem meer dan alleen een wijkplaats, een plek waar hij de ellende en de banaliteiten van het sterfelijke leven kon ontvluchten. Alles waar hij zich in kon verlustigen, 'de schoonheid van de bomen, de volmaakte accuratesse waarmee ze geplant waren, de rechte lijnen die ze vormden, de regelmatigheid van hun hoeken, de veelheid van exquise geuren die zich mengden en de lucht vulden',[23] was naar zijn genoegen ingericht. En overal, want hij was de Koning der Koningen en de wereld lag aan zijn voeten, kon hij de natuur op soortgelijke wijze laten ordenen.

Want zoals hij met een handgebaar aan zijn hoveniers kon beduiden hoe een rij cipressen geplant diende te worden, zo kon hij ook, door zijn vinger op een kaart te leggen, de zee en het land opnieuw intekenen. Waar het water van de Hellespont stroomde, dienden rijshout en aangestampte aarde, uitgespreid over een reusachtige ponton, Azië en Europa te verbinden, en tegelijkertijd moest verder westwaarts langs de Egeïsche kust een groot kanaal, gegraven in de landtong aan de voet van de berg Athos, de Perzische vloot bevrijden van de noodzaak het verraderlijke schiereiland te ronden waar de berg op verrees. Daar had Mardonius, twee jaar vóór Marathon, zijn vloot verloren, een ramp die nog was verergerd door vreemde natuurverschijnselen – want zeemonsters die tussen de kolkende golven deinden hadden zich, zo werd beweerd, te goed gedaan aan de verdrinkende zeelieden, terwijl witte duiven, uit het opspattende schuim geboren, fladderend boven de slachtpartij opstegen, 'de eerste keer dat deze vogels in Griekenland waren verschenen, nog nooit eerder waren ze waargenomen'.[24] Verdere erupties van het bizarre werden niet toegestaan: zo zeker als een gekooide panter in een paradijs geen gevaar opleverde voor de

Fries met palmbladeren en zonnebloemen uit de privé-vertrekken van Xerxes in Persepolis. De passie voor tuinen en de schoonheid van de natuur werd door de hele Perzische elite gedragen.

mensen die hem achter de gouden spijlen van zijn kooi gadesloegen, zo moesten ook de zeemonsters voor de kust van de berg Athos, hoeveel Perzische schepen er op weg naar Athene ook langs voeren, tevergeefs watertanden.

En heel Griekenland zou beven. Een kanaal graven dat breed genoeg was om twee oorlogsschepen naast elkaar door te laten, diep genoeg om hun kielen niet over de bodem te laten schrapen, en tweeënhalve kilometer lang, dat ging de macht van elke sterveling te boven – op één na. Toen de werkploegen aan de arbeid togen, galmden hun hamerslagen tot ver voorbij de berg Athos, een aanhoudende, luidruchtige boodschap van terreur. Heel Azië was in beroering. De Grote Koning kwam eraan.

Alle hens van dek

Het idee dat iemand maar in zijn handen hoefde te klappen en er werd een kanaal gegraven, een brug gebouwd of de hele massa van een continent te wapen geroepen, dat was voor de Atheners iets heel vreemds en alarmerends. De bestofte zuilen van de grote tempel van Zeus, achtergelaten door de Pisistratiden toen ze in ballingschap werden gezonden, verrezen als een ontnuchterend aandenken aan de afkeer van de stad om een leider te gehoorzamen. De instinctieve reflex van de Atheense aristocratie, als ze te maken kreeg met een hoge ome, was om altijd naar de sikkel te grijpen. 'Want mensen vinden het niet prettig om iemand anders te eren: dan hebben ze namelijk het gevoel dat ze zelf iets tekortkomen.'[25] Dat gevoel was wijdverbreid onder de Grieken, overal en altijd. De democratie had in die zin weinig veranderd. De vader van Themistocles, die zijn zoon een politieke carrière uit het hoofd probeerde te praten, had naar men zei gewezen op de rottende rompen van oorlogsschepen die in Phalerum op het strand waren getrokken en gewaarschuwd dat dit het lot was van elke eerzuchtige politicus. 'Want in Athene is dat de manier waarop leiders altijd worden behandeld als ze hun nut verloren hebben.'[26]

Zeker is dat de rivaliteiten onder de elite even verscheurend en onverzoenlijk bleven als ze vóór de instelling van de democratie waren geweest. Zelfs de reus Miltiades was snel ten val gebracht. In 489 v.Chr., krap een jaar nadat hij zijn stad van de vernietiging had gered, was hij aan zijn dij gewond geraakt toen hij een expeditie leidde tegen een stad van collaborateurs in de Egeïsche Zee en had zich gedwongen gezien naar Athene terug te keren. Zijn reputatie lag plotseling in scherven. De Alcmaeoniden, altijd met de neusvleugels opengesperd, roken bloed. Gebruikmakend van de talenten van een ambitieuze jonge politicus, Xanthippus genaamd, aan wie ze het nichtje van Cleisthenes al hadden uitgehuwelijkt, stelden ze een vervolging in tegen Miltiades waarbij ze hem, met kenmerkende onbeschaamdheid, beschuldigden van het 'misleiden van het Atheense volk'. Miltiades werd voor de huilende wolven van de volksvergadering geleid en prompt veroordeeld, en hij zou van zijn draagbaar zijn getild, door de 'Galgenpoort' gesleurd en in een put gegooid als de jury, die niet graag de triomfator van Marathon op dezelfde manier wilde behandelen als ze eerder met de gezanten van de Grote Koning had gedaan, hem niet in plaats daarvan een verlammende boete had opgelegd. Maar niet zo verlammend als het koudvuur dat het been van de gevallen held al aan het verteren was en dat hem binnen een paar weken na het vonnis voorgoed uit de weg zou ruimen. Zijn jonge zoon Cimon, die er op de een of andere manier in slaagde genoeg geld bij elkaar te schrapen om de boete te betalen, had het leiderschap van de clan der Philaiden geërfd, tezamen met een drastisch geslonken fortuin en – dat spreekt vanzelf – een blijvende vete met de Alcmaeoniden.

Maar het feit dat het Atheense volk, bevreesd voor een toestand 'waarin de ene man buitensporige macht kan uitoefenen over de andere',[27] goedkeurend stond te knikken bij de vernedering van de grote Miltiades, betekende niet dat het enthousiast was over zijn rivalen. Wie waren precies de marionetten geweest in het proces dat Xanthippus had aangespannen, de kiezers in de volksvergadering of de Alcmaeoniden? Het antwoord zou niet lang op zich laten wachten. Twee jaar na de dood van Miltiades stroomden de burgers naar de Agora, waar speciaal voor die dag een groot stemhok was neergezet met functionarissen die zorgvuldig controleerden wie erdoorheen liep om er zeker van te zijn dat niemand twee keer stemde. Bij de tien toegangen, één voor elke stam, lagen stapels potscherven. Elke Athener die zich bukte om een scherf op te rapen wist dat hij gebruikmaakte van een vreselijk en gevreesd recht. Ooit, in de tijd vóór de democratie, was ballingschap een lot geweest dat naar de luimen van factieleiders onder bedreiging van wapens werd opgelegd, met alle ruïneuze en wrede gevolgen van dien. Nu werd zij voor het eerst opgelegd als een afgemeten straf van het soevereine volk. Elke burger die zijn stem uitbracht op een potscherf moest de naam van een prominent politicus kiezen. Aan het eind van de dag werden alle scherven – *ostraka* in het Grieks – in stapels gesorteerd en geteld. De burger met het grootste aantal nominaties kreeg dan tien dagen de tijd om Attica te verlaten. Hij verloor niet, zoals vroeger, zijn eigendommen of zijn burgerrechten, maar hij mocht ook tien jaar lang niet meer naar huis terugkeren. Hij was, zoals de Atheners het uitdrukten, onderworpen aan 'ostracisme', ofwel een 'schervengericht'.

Dit geduchte wapen tegen de ambities van al te machtige families was sinds de tijd dat Cleisthenes het twintig jaar geleden[28] invoerde onbeproefd in het arsenaal van de democratie blijven liggen. Dat de Atheners het in de nasleep van Miltiades' val van stal wilden halen wijst erop hoe vastbesloten ze waren niet de dupe te worden van vetes tussen clans. Een volk dat de Grote Koning had verjaagd voelde er zeker niets meer voor in de schaduw te leven van roerige aristocraten. De eerste met wie ze schoon schip maakten was Hipparchus, de beruchte pro-Pisistratide die in de voorafgaande tien jaar als archont door iedereen verdacht was van collaboratie met Hippias en Artaphernes. Het jaar daarop, in 486 v.Chr., was het, niet verwonderlijk, de beurt aan een Alcmaeonide om een douw te krijgen. Twee jaar later plukte Xanthippus zelf de hem toekomende vruchten van zijn hoge positie en werd op dezelfde manier aan de dijk gezet. Philaiden, Pisistratiden, Alcmaeoniden – allemaal werden ze in de jaren na Marathon effectief onthoofd. Was de stichting van de democratie een fluwelen revolutie, het schervengericht was een guillotine die hoofden afhakte zonder bloed te vergieten.

En natuurlijk, zoals in alle revoluties, effende het elimineren van een op macht beluste elite de weg voor meer gewiekste, flexibele, en opportunistische rivalen die hun plaats innamen. De Alcmaeoniden waren niet de enige burgers die zich in de schaduw gesteld voelden door de verzengende vlam van de triomfator van Marathon, en het waren niet alleen de edelen die haakten naar een zonnig plekje in de gunst van de volksvergadering. Eén man in het bijzonder, voor wie de door Miltiades behaalde overwinning zo pijnlijk was dat hij er slapeloze nachten van kreeg, zo erg dat hij de drank liet staan, was al bezig om met behendige manoeuvres munt te slaan uit de zuivering. Themistocles, die zelf zeker geen gebrek aan vijanden had, was zich er wel van bewust dat hij door zijn politieke ambities achterna te jagen zijn eigen ondergang riskeerde. Maar hoewel hij al vanaf het eerste schervengericht een populaire kandidaat voor ballingschap was, met elk jaar hele bergen *ostraka* die zijn naam droegen, beschikte hij over één cruciaal voordeel. De beschuldigingen die soms driftig tegen andere kandidaten voor ballingschap in de scherven werden gegrift – zoals 'verrader', of 'knechtje van Datis', of zelfs een ruwe schets van een boogschutter met een Medische muts – konden moeilijk tegen Themistocles worden ingebracht. In tegenstelling tot de meesten die daadwerkelijk veroordeeld werden door het schervengericht was hij altijd consequent geweest in zijn oppositie tegen de Koning der Koningen. Het grote havencomplex van Piraeus, waarvan de aanleg was begonnen toen hij archont was en dat nu, bijna een decennium later, de grootste en best versterkte haven van Griekenland was, was daarvan een onstuimig bewijs. En Themistocles begon nu openlijk te betogen dat een vloot nu nog het enige was wat ontbrak aan de transformatie van Athene in een eersteklas zeemacht.

Een aanlokkelijk vooruitzicht voor de armere klassen, misschien, maar nauwelijks voor de landeigenaren en boeren die nog niet zo lang geleden getriomfeerd hadden bij Marathon. Themistocles drong aan op de bouw van zo'n tweehonderd schepen, maar er was zoveel mankracht nodig om een dermate grote zeemacht voort te stuwen dat er weinig burgers zouden overblijven om, zoals gebruikelijk was, met schild en speer op het land te vechten. Kon van de klasse der hoplieten nu echt verwacht worden dat ze stemde voor haar eigen opheffing? En, een misschien nog dringender vraag, wie moest die extravagante zeemacht van Themistocles betalen? Oorlogsschepen waren niet goedkoop en een hele vloot was misschien wel het duurste statussymbool dat een stad zich kon veroorloven. Als ze Themistocles hoorden met zijn voorstellen, hadden de rijken wel door wie hoogstwaarschijnlijk de rekening gepresenteerd zou krijgen. Geen wonder dus dat de bovenklasse, nu de traditionele woordvoerders van de reactie, de hoofden van de vooraanstaande families, waren geëlimineerd, naarstig op zoek ging naar een alternatieve kampioen. Daarvoor hoefden ze niet ver te zoeken. Aristeides, de generaal die aan de zijde van Themistocles in het verzwakte centrum bij Marathon had gevochten, werd midden jaren 480 v.Chr. zijn bitterste en meest geduchte opponent. Zelfs in hun karakters leken de twee mannen geschapen voor rivaliteit. Terwijl Themistocles bekendstond als een opportunist, een uiterst dubbelhartig en sluw man, werd Aristeides door zijn volgelingen geprezen als het ultieme toonbeeld van de rechtschapen eenvoud en deugd. Terwijl Themistocles berucht was om zijn steekpenningen bij elke gelegenheid, had zijn rivaal een reputatie van zo eerlijke, gestrenge armoede dat toen het Atheense leger na de slag bij Marathon wanhopig naar Phalerum kloste, ze Aristeides op het slagveld achterlieten om op de buit te passen. 'De Rechtvaardige' noemden zijn bewonderaars hem graag, een bijnaam die de grote man zich zonder een spoor van gêne liet aanleunen.[29]

Want dit ogenschijnlijke toonbeeld van deugd had een machtige en belangrijke ontdekking gedaan: dat je als staatsman in een democratie met imago even ver kwam als met inhoud. In weerwil van zijn bijnaam was Aristeides in feite een even gewiekst politiek manipulator als Themistocles. Verre van 'de verwikkelingen van facties te vermijden en zijn eigen weg te volgen',[30] zoals hij pretendeerde, was hij in werkelijkheid een zeer bedreven netwerker. Terwijl Themistocles zich bijvoorbeeld op parvenu's had moeten verlaten voor zijn politieke scholing, had Aristeides rechtstreeks op de top gemikt en was een intimus van Cleisthenes geworden. En zijn pose van ruige armoede was evengoed praatjesmakerij: misschien dat hij niet zo gemakkelijk smeergeld aannam als Themistocles, maar als eigenaar van een groot landgoed bij Phalerum, die hechte familiebanden had met een aantal van de rijkste mannen in Athene, hoefde hij dat ook nauwelijks.

Themistocles: 'de sluwe slang van Griekenland'. (*Werner Forman* / CORBIS)

Hoe is Aristeides' eigenaardige appeal voor het electoraat dan te verklaren? Zijn tegenstanders, erop wijzend dat hij uit de *deme* van Alopeke kwam, een dorp vlak ten zuiden van Athene, maakten er veel misbaar over dat het klonk als *alopeks*, het Griekse woord voor 'vos'. Maar dat ging als beschuldiging van misleiding misschien te ver. Je kunt zelfs betogen dat hypocrisie het levenssap was van de democratie. Niet vergeten mag worden dat het steeds radicalere egalitarisme van de stad maar weinig had afgedaan aan de tradities van snobisme. Aristeides, die rijkdom paarde aan zuinigheid, ambitie aan dienstbaarheid voor de publieke zaak, de privileges van afkomst aan het voornemen om op de wil van het volk te vertrouwen, bood de Atheners een enorme geruststelling, namelijk dat de idealen van het verleden ingepast konden worden in het nieuwe regime. Oude zekerheden, ontsproten aan de bodem van Attica en even diepgeworteld als de heilige olijfboom boven op de Akropolis, konden, zo leek hij te beloven, nog immer dienen om het Atheense volk door de gevaren en onzekerheden van de toekomst te loodsen. Het was nauwelijks te verwonderen dat, vergeleken met de vertrouwenwekkende hoplitische deugden van de Rechtvaardige, het oogverblindende vuurwerk van Themistocles' oproep om een oorlogsvloot te bouwen voor velen even on-Atheens was als de deining van de zee zelf.

Maar daarmee vergisten ze zich misschien in de lotsbestemming van de stad. Hoog op de Akropolis, naast de oeroude olijfboom van Athena, stond een put met zout water. Als je ernaast knielde, kon je in de diepte 'een zuchtend geluid horen, als van golven wanneer de zuidenwind waait'. En op de rots zag je 'een teken in de vorm van een drietand',[31] daar in het verre verleden ingebrand door Poseidon, de god van de zee. Ooit, zo vertelde men, hadden hij en Athena met elkaar gewedijverd om het meesterschap van de stad, en Poseidon, ofschoon voorbijgestreefd door de godin, had de put als teken van zijn blijvende beschermheerschap in de rots van het heilige der heiligen in Athene gedreven.[32] En de Akropolis was de enige plek niet waar de Atheners de god om gunsten konden smeken. Bij 'het heilige Sunium... de kaap van Athene',[33] die elk schip moest ronden voordat het van Attica de open zee op kon varen, was kort tevoren aan de rand van de steile klip een tempel voor Poseidon gebouwd. Terwijl Datis zijn met cavalerie beladen schepen aanvoerde op zijn wanhopige spurt naar Phalerum, zal hij de zuilen boven zich hebben zien verrijzen toen hij met zijn vervaarlijke flottielje langs de kaap zeilde. Had Poseidon misschien op die noodlotsdag met de punt van zijn drietand de vaart van de Perzische schepen, die uit alle macht naar Athene voeren vertraagd? In elk geval was er geen god die meer dan de heer der zeeën in aanmerking kwam om achter Themistocles' plannen te staan om zijn stad voor een tweede aanval door de barbaren te behoeden. Aangezien Sunium maar dertien kilometer ten zuiden van Themistocles' *deme* lag, zal hij gemakkelijk naar de kaap hebben kunnen reizen, en misschien deed hij dat ook vaak. Met de schaduw van Poseidons tempel in de rug en de kabbelende golven onder hem was er voorzeker geen betere plaats om te bidden voor een wonder dan hier.

En als dat gebeurde, dan lag de meest waarschijnlijke plek daarvoor, zoals Themistocles zal hebben geweten, op loopafstand van Poseidons tempel. De steile rotsen die de punt van de kaap vormden strekten zich niet ver uit. Ten noorden van Sunium lagen de kale, dorre vlakten van Laurium, die het moesten stellen zonder de verlichtende briesjes die de kaap koel hielden. De lucht aan deze kuststrook was gloeiend heet en schraal, smerig van de giftige dampen, terwijl er toch duizenden mensen woonden, niet alleen mannen maar ook vrouwen en kinderen, in schamele hutjes die opeengepakt rond fabriekscomplexen stonden. Dat waren geen burgers maar slaven, ongelukkigen die waren veroordeeld tot dwangarbeid in het stof en het vuil, ter welvaren van de democratie. Zoals de pokdalige hellingen die voorbij de zee verrezen en het niet-aflatende gehak van pikhouwelen getuigden, was Laurium een gebied zo rijk aan zilver dat er nog steeds nieuwe aders in de rotsen te vinden waren, ook al dateerden sommige mijnen al van vóór de tijd van de Trojaanse oorlog. In de voorafgaande decennia hadden de groeven geprofiteerd van een substantiële verbetering: stenen reservoirs die in de rotsbodem werden uitgehakt om het zilvererts vóór het smeltproces te wassen en te ontdoen van alle verontreinigingen, waarvan er steevast heel veel waren. Die simpele innovatie had ervoor gezorgd dat het zilver tot een buitengewone graad van zuiverheid geraffineerd kon worden. Dat bood meteen een aantrekkelijke mogelijkheid die voorheen niet bestond: als ze een nieuwe, rijke ader vonden, dan zouden ze die beter kunnen exploiteren dan ooit tevoren in de geschiedenis van Laurium. Ze hoefden maar één gelukkige vondst te doen. En dat was precies wat er in 483 v.Chr. gebeurde.

'Een zilverbron, de schatkamer van het land.'[34] Zo beschouwden de verblufte Atheners de ader. Wat te doen met die meevaller? Zodra Themistocles het nieuws had ontvangen, stond hij voor de volksvergadering een vloot te eisen. Zijn voorstel werd op verontwaardigde kreten onthaald. Aristeides, met zijn onnavolgbare mengeling van conservatisme en demagogie, keerde zich er meteen tegen. Het was gebruikelijk, zo betoogde hij fijntjes, dat de opbrengst van rijke ertsaders gelijkelijk onder de Atheners verdeeld werd, een beroep op het eigenbelang van de kiezers dat erin slaagde zowel impertinent te zijn als stichtelijk omzwachteld met traditie. Themistocles vatte de koe direct bij de horens en besloot niet op de angst van de burgers in te spelen, of zelfs maar te reppen van de Perzische dreiging. In plaats daarvan wees hij op een vijand veel dichter bij huis dan de Grote Koning, een die bij de Atheners op de stoep stond, en begon 'de kiezers op te zwepen in hun afkeer en jaloezie ten opzichte van Aegina'.[35] De volksvergadering, heen en weer geslingerd tussen de rivaliserende verleidingen van hebzucht en oorlogszucht, sloot uiteindelijk een compromis. De opbrengsten van Laurium zouden besteed worden aan oorlogsschepen, maar niet meer dan honderd. Themistocles, die zich sterk had gemaakt voor het dubbele, weigerde een stap terug te doen. En Aristeides ook. Geen van tweeën slaagde erin de overhand te krijgen. De herfst ging over in de winter en de door onenigheid geteisterde democratie raakte verlamd. Toen de volksvergadering in januari bijeenkwam om te stemmen of er dat jaar een schervengericht zou worden gehouden, stond de uitslag al bij voorbaat vast. De impasse moest worden doorbroken: óf Themistocles óf Aristeides diende te vertrekken. Besloten werd de potscherven tevoorschijn te halen als het lente werd.

Het zal misschien niet zo geformuleerd zijn, maar het schervengericht van 482 v.Chr. was het eerste referendum in de geschiedenis. En misschien ook wel het meest cruciale, want van de uitslag hing niet alleen de toekomst van Athene af, maar ook die van een onafhankelijk Griekenland, en nog veel meer. Naarmate de vastgestelde datum voor het schervengericht naderde, schijnen de Atheners zich dat zelf vaag bewust te zijn geworden. De geruchten over het massale bouwproject op het schiereiland Athos waren inmiddels dreigende harde feiten geworden, en de berichten over de oorlogsvoorbereidingen van de Grote Koning, op angstige toon gefluisterd, zullen wel als een verontrustende wervelwind door de angstige straten zijn gegaan. Dat de vijanden van Themistocles zich tegen het idee keerden om de stad een vloot te geven en tegelijk Aristeides aanprezen als 'de Rechtvaardige', schijnt steeds meer op de zenuwen van de mensen te hebben gewerkt – iets waar Aristeides gauw achter zou komen. Op de dag van het schervengericht stond hij bij de stemhokken en werd benaderd door een analfabete boer die hem, zonder de grote man te herkennen, een potscherf overhandigde met de vraag of hij er 'Aristeides' op wilde schrijven. Ontutst vroeg Aristeides de boer waarom. '"Omdat," antwoordde hij, "ik er genoeg van heb hem de hele tijd 'de Rechtvaardige' te horen noemen." En toen Aristeides dit hoorde, zei hij niets maar schreef zijn naam erop en gaf hem terug.'[36] Een stichtelijk verhaal – dat natuurlijk alleen maar van 'de Rechtvaardige' zelf afkomstig kon zijn. Als zodanig riekte het sterk naar een poging om de gedane schade zo veel mogelijk te beperken. Terwijl hij toekeek hoe de bergen *ostraka* met zijn naam steeds hoger werden, zocht Aristeides naar een manier om iets uit de puinhoop te redden. Misschien had hij zelfs gezien wat er op sommige scherven geschreven stond: 'Vriendje van Datis'. Hoe dan ook besefte Aristeides dat als de uitkomst eenmaal vaststond en hij in ballingschap zou worden gezonden, zijn reputatie van eerlijkheid, wat hij verder ook achter moest laten, in elk geval overeind diende te worden gehouden. De tijd zou komen dat hij die weer nodig had. Aristeides mocht dan door het schervengericht verbannen zijn, al voor hij vertrok effende hij de weg voor zijn terugkeer.

Maar intussen had het referendum zijn werk gedaan. De lucht was geklaard en Themistocles had gewonnen. Athene kreeg haar tweehonderd schepen. Meer dan tweehonderd, in feite, want de Atheners leken na al hun uitvluchten ineens met nerveuze energie naar de andere kant te zijn doorgeslagen, alsof ze, na eindelijk de koe bij de horens te hebben gevat, bang waren te laat te komen en te weinig te doen. Inkopers gewapend met zilver van Laurium werden in allerijl de Egeïsche Zee over gestuurd om waar ze maar konden hout te kopen. Dag en nacht weerklonk het gezaag en gehamer op de werven van Piraeus. Al sinds de stemming van de vorige zomer gleden er oorlogsschepen van de hellingen, maar nu in het moordende tempo van twee per week. Alleen het beste was goed genoeg, en het dodelijkste en modernste model, de trireem, een slanke moordmachine met een ramsteven en drie afzonderlijke roeibanken, vereiste uiterst precies vakmanschap. Themistocles, die er zoals altijd met zijn neus bovenop zat, had persoonlijk aangedrongen op experimenten met een nieuw ontwerp dat de 'snelheid en wendbaarheid'[37] diende te verbeteren, want een hoge productie was essentieel, maar kwaliteit ook. 'De schrik van de vijand, de vreugde van haar vrienden' – dat diende het keurmerk te zijn van elke trireem die de democratie te water liet.[38]

Maar het ontnuchterende feit was dat de bouwkundige uitdagingen van de vloot nog niets waren vergeleken met de vraag hoe hij aangedreven en gemanoeuvreerd diende te worden. Het doeltreffend hanteren van een roeiriem in een trireem was berucht moeilijk. 'Zeemanschap is immers, zoals zoveel dingen, een kunst. Dat kun je niet als liefhebberij in je vrije tijd beoefenen. Ja, het laat helemaal geen vrije tijd meer over.'[39] Zeker niet als er, wat steeds waarschijnlijker leek, aan tijd gebrek was. De hele bevolking van Attica diende terstond voor de roeibank te worden getraind – en zelfs dan, tobde Themistocles, zouden er misschien niet genoeg burgers zijn om de uitdijende vloot te bemannen. Dag na dag, terwijl de zomer van 482 v.Chr. voorbijging en tot winter versomberde, trainden de boeren uit de verste olijfgaarden, pottenbakkers die misschien nog nooit buiten de

Ceramicus waren geweest, 'standvastige mannen van de klasse der hoplieten',[40] hun wapenrusting op stalzolders tussen de spinnenwebben achtergelaten – allemaal trainden en trainden ze, verduurden ze de blaren, de voortdurende vermoeidheid en de pijn in vreemde spieren waarvan ze niet eens wisten dat ze die hadden, om vervolgens weer hun roeikussens te pakken en zich op hun banken te zetten en verder te trainen. Een barbaarse stoomcursus – maar er zat niets anders op. Met het aanbreken van de lente in 481 v.Chr. geloofden nog maar weinig Atheners erin dat de vijand waarvoor ze oefenden de Aeginetische vloot was. Geruchten over wat de Grote Koning met hun stad voorhad bereikten hen nu van alle kanten. Er werd zelfs gezegd, o schrik, dat Xerxes en zijn leger zich opmaakten om dat voorjaar nog uit Susa te vertrekken. Een akelig voorgevoel bekroop de Atheners – tezamen met een verlangen, in alle onzekerheid en verwarring, om het ergste te weten. Toen kwam er eindelijk, uit de meest onverwachte hoek, definitief nieuws.

De Spartanen hadden een paar blanco schrijftafels ontvangen. Een cryptische bestelling die tamelijk onthutst werd begroet, tot de slimme Gorgo, de vrouw van koning Leonidas, voorstelde de was eraf te schrapen – en ze een boodschap vonden die daaronder in het hout gekrast stond. Hij was geschreven door Demaratus, die waarschuwde voor de plannen van de Koning der Koningen. De Spartanen moesten bekennen dat ze niet wisten of deze tip 'uit sympathie dan wel uit leedvermaak' was gegeven.[41] Maar wat raar en onrustbarend was het dat er überhaupt getwijfeld moest worden aan de motieven van de overloper! Een boodschap die op onverklaarbare wijze elke controlepost op de Koninklijke Wegen had gepasseerd, die bedoeld was om het bloed van de ontvangers te doen stollen, die het imago van de in stelling staande marionettenkoning versterkte – zo'n boodschap droeg helemaal het stempel van de Perzische smerige-trukendoos. De Spartanen mochten dan niet graag hun vuile was buiten hangen, zoals de Atheners, maar ze waren evengoed verdeeld. De boodschap van Demaratus kon alleen maar bedoeld zijn om de kloof te verbreden tussen de haviken, die het volste vertrouwen hadden in de overwinning op iedereen die het mocht wagen hen uit te dagen, ook al was het de Koning der Koningen, en de pessimisten, die stiekem bang waren dat de goden hen tot de ondergang hadden gedoemd en dat hun einde nabij was.

Zowel Demaratus als zijn meesters van de Perzische inlichtingendienst zullen zeker geweten hebben dat de laatste groep geen kleine minderheid was in Sparta. De geesten van Darius' gezanten, die tien jaar eerder door

Cleomenes waren vermoord, spookten nog steeds in Laconië rond, zo werd gevreesd, de hemel aanroepend om wraak – wat natuurlijk hun volste recht was. Sommige Spartanen kwamen in acute gewetensnood en twee prominente Heracliden, die graag boete wilden doen voor de heiligschennis van hun stad, reisden in wanhoop af naar Susa om zich te offeren aan de Koning der Koningen. Xerxes was veel te geslepen om dit verrassende aanbod aan te nemen en had grootmoedig hun levens gespaard – want waarom zou hij zich verwaardigen de Spartanen te ontlasten van hun ondermijnende schuld? Hun angst werd, zoals de bedoeling was, door het nieuws van Demaratus alleen maar verergerd. De meesten vervloekten de verrader, ze haalden oude koeien uit de sloot en lasterden dat hij de bastaardzoon van een heloot was, de vrucht van zijn moeders overspel met een stinkende staljongen, geknipt als slaaf van de Aziaten. Maar anderen, die beseften dat Demaratus misschien wel de enige was die hen kon behoeden voor de totale ondergang en die erkenden dat hij zich strijk-en-zet tegen de godslasterlijke excessen van Cleomenes had verzet, begonnen uit een ander vaatje te tappen. Ook zij rakelden de geruchten over Demaratus' afkomst op, maar zij noemden hem niet de zoon van een slaaf, maar van de verschijning van een legendarische heros, half mens, half god.[42]

Natuurlijk sprak het nog steeds vanzelf dat de Spartanen, als de Grote Koning inderdaad de Peloponnesos binnenviel, in het geweer zouden komen en hem de weg zonder versperren. Maar als zelfs zij, de dapperste krijgers in de wereld, door twijfels verscheurd werden, hoe moesten de mannen van mindere staten dan hun zenuwen stalen? Terwijl de lente plaatsmaakte voor de zomer werd de keus voor elke stad in Griekenland onvermijdelijk: verzet of appeasement. Het vooruitzicht van een Perzische invasie kon niet langer worden afgedaan als de paniekerige hersenschim van streberige politici zoals Themistocles. Het was nu zelfs de meest verstokte sceptici duidelijk dat alle geruchten over Xerxes' vertrek uit Susa klopten: hij rukte inderdaad op naar het westen. Vroeg in de herfst, zo luidden de berichten uit Ionië, was hij in Sardis aangekomen – en nog steeds liepen zijn uitgestrekte domeinen op zijn bevel uit om zich onder zijn banier te scharen. De Grote Koning en al zijn horden waren onderweg. In de lente van het volgend jaar zou het beginnen: de opmars van het grootste leger ooit bijeengebracht, over de Hellespont, naar Europa en vervolgens, als een wolf die op de kudde aanvalt, zuidwaarts naar Griekenland. De mensen die daar leefden, in wat wel eens de laatste winter van hun vrijheid zou kunnen zijn, wisten nu huiverend van angstaanjagende zekerheid wat het doelwit van de Grote Koning was.

En het Perzische oppercommando, bedreven als altijd in de psychologische oorlogvoering, liet geen gelegenheid voorbijgaan om de duimschroeven aan te draaien. Net als tien jaar eerder, vóór de slag bij Marathon, begonnen gezanten Griekenland te doorkruisen en aarde en water te eisen. Elke stad werd bezocht, op twee uitzonderingen na: Athene en Sparta. De intimiderende boodschap aan de rest van Griekenland had nauwelijks duidelijker kunnen zijn. Bang om eveneens voor de ondergang te worden bestemd, gaven veel steden haastig toe aan de eisen van de imperiale gezanten. Zelfs de steden die openlijk weigerden aarde en water te schenken hadden hun pro-Perzische facties, of hielden sluw een slag om de arm. Het leek heel wel mogelijk, tijdens die grauwe en van angst doortrokken herfst, dat heel Griekenland Xerxes eenvoudig als een overrijpe vrucht in de schoot zou vallen.

Wat natuurlijk voor de Spartanen en de Atheners, die geen andere keus hadden dan te vechten, de ultieme nachtmerrie was. In de hoop de ruggen te rechten en moed te verzamelen stuurden zij ook haastig gezanten om hun Griekse broeders te wapen te roepen en krijgsraad te houden in Sparta. Dat was wel een logische plaats, omdat de Peloponnesische Bond de hoofdmacht van het geallieerde leger zou moeten leveren, maar de Spartanen, die bang waren steden van zich te vervreemden die geen lid waren van de bond, hielden onkarakteristiek rekening met hun gevoeligheden en zorgden ervoor dat het centrum waar het beraad werd gehouden het 'Hellenion' werd genoemd – 'het Griekse gebouw van de verenigde naties'.[43] En dat was geen loos gebaar. Veel steden die afgevaardigden naar Sparta stuurden voerden nog oorlog met elkaar, maar het verrassende was dat toen voorgesteld werd om al die vetes op te lossen, iedereen het er onmiddellijk mee eens was. Aegina bijvoorbeeld, dat deze keer besloten had vanaf het begin haar lot met dat van de andere tegenstanders van de invasie te verbinden, verzoende zich met Athene, in het reële vooruitzicht bovendien dat zijn schepen tot één vloot werden samengevoegd met die van zijn voormalige aartsvijand.

Maar ook die nieuwe geest van samenwerking kende zijn grenzen. Toen Themistocles wees op de disproportionele bijdrage van zijn stad aan de geallieerde zeemacht en het commando erover opeiste, hoonden de Aegineten en de delegaties van andere steden met oude maritieme tradities, zoals Korinthe en Euboea, de beginneling weg. Heldhaftig, en altijd de pragmaticus, overwon de Atheense admiraal zijn trots. Zijn ijdelheid mocht dan groot zijn, zijn vastberadenheid om de redder van Athene te worden was zo mogelijk nog groter. Themistocles was er de man niet naar om zijn ego te laten prevaleren boven zijn intelligentie of zijn griezelige vermogen om de gedachten van anderen te lezen. Met het inzicht van een geboren infighter begreep hij dat de Grieken maar één mogelijkheid hadden om te overleven: 'een einde maken aan de vetes, de verschillende steden met elkaar verzoenen en ze ertoe overhalen samen te werken voor de overwinning op Perzië'.[44] Het gevaar onderkennend dat geen enkele vloot ooit bevelen zou accepteren van de admiraal van een andere kwam hij met het meesterlijke voorstel het commando van de geallieerde vloot aan een volk te geven dat geen druppel zeemansbloed in de aderen had. Zo kwam het dat de Spartanen, die reeds het recht op het commando te land voor zichzelf hadden opgeëist, ook nog eens ter zee het bevel gingen voeren. Een bittere pil voor de Atheners – maar, zoals Themistocles heel goed wist, er waren ergere dingen die een stad konden overkomen dan dat haar *amour propre* gekwetst werd.

Nu de commandostructuur, hoe vaag ook, met succes was vastgesteld, konden de geallieerden hun plannen gaan maken. Ze stonden voor twee grote taken. De ene, dat was voor alle delegaties in het Hellenion duidelijk, was het vergroten van hun aantallen. Van de ruim zevenhonderd steden op het Griekse vasteland hadden er nauwelijks dertig delegaties naar Sparta gestuurd. Opvallende afwezigen, zoals de Argiven, moesten op de een of andere manier overreed worden mee te doen, en de pro-geallieerde facties in steden die op de wip zaten, zoals Thebe, moesten worden versterkt. De oplossing die uiteindelijk gekozen werd was er een van paaien en dreigen. Aan de ene kant, zo werd besloten, zouden gezanten naar Argos worden gestuurd, en naar alle andere steden die tot dusver buiten het bondgenootschap waren gebleven. En aan de andere kant werd een proclamatie uitgevaardigd met de waarschuwing dat eventuele collaborateurs met de Meden erop konden rekenen dat ze een tiende van hun inkomsten moesten betalen als straf voor hun verraad. Omdat de geallieerden bovendien, om dat af te dwingen, ongetwijfeld naast de steun van stervelingen ook de hulp van de goden nodig zouden hebben, dienden de opbrengsten van die heffing, zo werd vroom overeengekomen, te worden bestemd 'voor de god in Delfi'.[45]

Deze desperate hoop dat Apollo zich misschien zou laten omkopen, en zijn orakel met hem, had helemaal niets naïefs. Die verraadde eerder een van de meest gefundeerde angsten van de geallieerden. Het waren allemaal nuchtere mannen. Ze wisten dat de Perzische spionnen overal zaten, hier stiekem goud uitdelend, daar beloften influisterend over de gunst van de Grote Koning, en stiekem de Griekse vastberadenheid vanbinnen uithollend. De geallieerden moesten een manier zien te vinden om in die spionagecampagne terug te slaan. Dat was de tweede taak van de geallieerden: infiltreren in het kamp van de Koning der Koningen.

Want ondanks al hun bravoure hadden de Grieken nog maar weinig idee van de ware omvang van wat hun te wachten stond. Alleen op grond van harde inlichtingen konden ze hun strategie uitstippelen, en daar waren undercoveragenten voor nodig. Drie spionnen werden aangewezen en uitgezonden: ze moesten naar Sardis reizen en aantekeningen maken van alles wat ze zagen. Als ze dat deden zonder te worden gesnapt, zouden ze de geallieerden in staat stellen een oneindig veel beter idee te krijgen van waar ze het tegen op moesten nemen, zodat ze in de lente, wanneer ze volgens afspraak opnieuw bijeenkwamen, adequate plannen konden opstellen.

De conferentie was voorbij en de delegaties namen afscheid en vertrokken naar huis. Intussen reisden de drie agenten naar de dichtstbijzijnde haven en namen het schip naar Ionië. De lente, wanneer het seizoen van de veldtocht zou worden ingeluid, was nog maanden ver weg. Maar de Grieken hadden nu tenminste het gevoel dat de eerste klap tegen de Koning der Koningen en zijn invasiemacht was uitgedeeld.

De aanranding van Europa

Ooit, vóór de komst van de Perzen, was de Egeïsche Zee een Grieks water. Die winter van 481 v.Chr. echter, nu Ionië kreupel geslagen was en nog bezig de ruïneuze balans van de rebellie op te maken, nu Milete een geblakerd karkas was van haar voormalige grootheid, en Naxos en de andere eilanden al tien jaar geleden voor de armada van Datis waren bezweken, was de reis van de drie Griekse spionnen uit de Peloponnesos in hoge mate een tocht door vijandelijke wateren. Hoe dichter ze bij Azië kwamen, hoe akeliger het werd. Overal waren tekenen te zien van de angstaanjagend omvangrijke voorbereidselen die Xerxes trof. De winter naderde, maar het was nog druk voor de tijd van het jaar in de Ionische zeestraten. Overal langs de kust van Ionië lagen de havens vol met schepen uit alle hoeken van de oostelijke Middellandse Zee. De Grieken werden in hun eigen achtertuin overspoeld. Dertien jaar terug was bij Lade de laatste vloot van een vrij Ionië van de zee gevaagd. Nu de invasie van Griekenland zelf nog maar een paar maanden weg was, waren de contingenten die het meest hadden bijgedragen aan die verpletterende overwinning van de Koning der Koningen weer terug in Ionische wateren. Elke Griek herkende ze met angst in het hart. De triremen die de stoottroepen van Xerxes' vloot vormden, slank, met schilden bedekt en uiterst wendbaar, hadden een dodelijke reputatie. De zeelieden die ze bemanden werden alom erkend als de beste in de wereld. 'Je land,' zoals de Judese profeet Ezechiël zei, 'lag in het hart van de zee.'[46] Hij sprak tot de stad Tyrus, maar hij had zich net zo goed kunnen richten tot haar nog rijkere buur Sidon, of Byblos, of een van de andere grote handelsbolwerken op eilanden of met dubbele havenmonden aan de kust van wat nu Libanon is. Die steden waren er trots op onafhankelijk van elkaar te zijn, maar dat was voor menige buitenstaander een te verwaarlozen detail. De Grieken veegden in elk geval al hun onderdanen samen op één perfide hoop: *Foinikes* – 'Feniciërs' noemden ze ze.

Die naam, bijna zeker afgeleid van *foiniks*, het Griekse woord voor 'purper', werd uitgesproken met dezelfde mengeling van bewondering en minachting waarmee ze geneigd waren alle volkeren te bejegenen die ze bedreigend vonden. Bewondering omdat de purperen kleurstof die de Feniciërs van schelpdieren maakten zonder meer de kleur van verfijning en privilege was, een internationaal gewild luxeproduct dat de schatkisten van Tyrus en Sidon mede tot de rand toe had gevuld. Minachting omdat het immers zo vulgair was, zo ontiegelijk, hopeloos vulgair om genoemd te worden naar een handelsproduct! 'De hang naar luxe, kan men zeggen, is een typisch Fenicisch kenmerk.'[47] Dat mochten de Atheense aristocraten graag vanuit de hoogte beweren. Maar die typering van de Feniciërs als gladde geldwolven kon, hoe wijdverbreid het vooroordeel onder de Grieken ook was, in plaats van dedain ook ressentiment oproepen. De kooplieden van Tyrus en Sidon waren niet de enigen die graag winst maakten. Veel Grieken wilden dat ook en die hadden een hartgrondige hekel aan de concurrentie die ze van de Feniciërs kregen. Hoe ver ze ook reisden, waar ze ook zochten naar nieuwe afzetgebieden of grondstoffen of land voor een handelspost, die 'boeven die op hun zwart schip veel snuisterijen aanvoerden'[48] schenen hen altijd voor te zijn.

Die rivaliteit, die van eeuwen her dateerde, strekte zich tot aan de buitengrenzen van de bekende wereld uit. De Feniciërs, wier steden even ingesloten waren door bergen als die van de Grieken, hadden de blik altijd op de open verten van de zee gericht. Al in 814 v.Chr., zo werd verteld, had

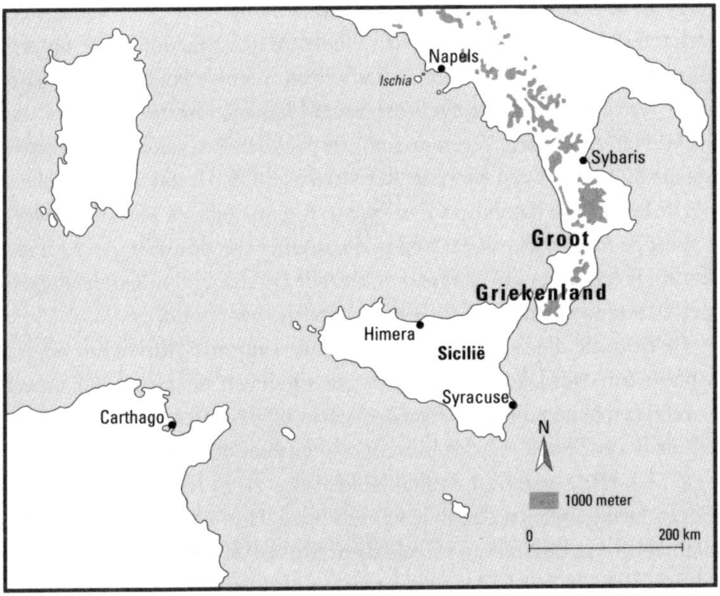
Napels
Ischia
Sybaris
Groot
Griekenland
Himera
Sicilië
Syracuse
Carthago
N
1000 meter
0
200 km

Het Westen

de Tyrische prinses Elissa haar vaderland met een grote groep kolonisten verlaten en was langs de kust van Noord-Afrika gezeild, tot ze op een plaats tegenover Sicilië kwam, waar ze een 'nieuwe stad' – *qart hadast*, ofwel 'Carthago' – stichtte, die voorbestemd was de grootste metropool van het Westen te worden. Tegen de tijd, een paar decennia later, dat kolonisten uit Euboea zelf een weg naar het westen zochten, reikten de tentakels van de Fenicische handel al tot in Spanje. Algauw reikten ze zelfs nog verder, tot de Atlantische Oceaan en in de richting van de evenaar, tot stranden langs een zoom van oerwouden, waar de Carthagers ruilhandel dreven met wezenloze wilden: spiegeltjes en kraaltjes voor goud.

De Grieken, die deze reisverhalen met van afgunst glimmende oogjes aanhoorden, ontdekten dat ze over het algemeen te laat op het toneel waren verschenen om de Afrikaanse markt te veroveren. Maar hoewel ze van Afrika en Spanje werden buitengesloten door de superieure commerciële netwerken van hun rivalen hadden ook zij in het westen een pioniersgebied gevonden dat rijke kansen bood. Hun eerste kolonie op het eiland Ischia in de baai van Napels zocht aanvankelijk de hulp van Fenicische geldschieters, maar het partnerschap met de oude vijand ging niet van harte. Algauw ontaardde het in heel Italië en Sicilië in openlijke vijandschap. Naarmate steeds meer Griekse kolonisten zich in deze contreien vestigden om een nieuwe toekomst op te bouwen, gingen hun aantallen tellen. Ze bleven maar komen: uit Euboea, uit Korinthe, uit Megara, uit Ionië, een vloedgolf van maritieme kolonisatie die pas met de ontdekking van Amerika, meer dan tweeduizend jaar later, zou worden geëvenaard. Tegen het begin van de zevende eeuw v.Chr. werd er vrijwel elk jaar een nieuwe stad gesticht in Italië of op Sicilië. Zelfs de oorspronkelijke bevolking had het over 'Groot Griekenland'.

In elk geval, tegen de tijd dat de massakolonisatie eindelijk, halverwege de zesde eeuw v.Chr., wegebde was het Wilde Westen maar half getemd. Vastbesloten de inboorlingen te intimideren als ze niet tot slaaf gemaakt konden worden, hadden de kolonisten een zelfbewuste pompeuze stijl ontwikkeld. Alles wat ze deden, deden ze op een monumentale schaal: stadsmuren waren hoger en langer in de Griekse nieuwe wereld dan in de oude, tempels waren grootser, kleuren blonken feller en gevarieerder. Zelfs het vermaak van de mannen in het Westen had het karakter van intimidatie. In Sybaris, een stad in de voet van het Italiaanse schiereiland, en zelfs voor zijn buren het voorwerp van gechoqueerde fascinatie, strekten de dandy's zich lui uit op bedden van rozenbladeren, waarna ze lijzig klaagden over de blaren die ze hadden opgelopen. In tijden van oorlog hoefden hun paarden maar de fluiten te horen die de vijandelijke falanx tot de strijd opriepen of ze begonnen allemaal tegelijk volmaakt synchroon hun danspasjes uit te voeren. Zelfs de ondergang van Sybaris, toen die eindelijk kwam, was spectaculair. De stad werd in 510 v.Chr. door een coalitie van haar vijanden ingenomen en totaal vernietigd, compleet van de aardbodem gevaagd, zodat er geen spoor van overbleef. Succes en mislukking, over beide hing in het Westen een schrille, extravagante gloed.

Geen wonder dat de geallieerden die in het Hellenion bijeenkwamen hadden besloten om tegelijk met hun drie spionnen naar het oosten ook een missie in de tegenovergestelde richting te sturen. De westerse Grieken mochten dan houden van rozenblaadjes en dansen tot laat in de nacht, maar ze konden ook vervaarlijke krijgers zijn, als ze wilden. De tiran Gelon, een meedogenloze, briesende avonturier die vier jaar tevoren de macht gegrepen had in de grote Siciliaanse havenstad Syracuse, leek geknipt om als redder van Griekenland te fungeren. Zijn geloofsbrieven als man van de daad waren indrukwekkend, op het griezelige af. Hij had, in de trant van de Assyriërs, al drie naburige steden in de as gelegd en hun inwoners naar Syracuse gedeporteerd – als hij ze al niet als slaven verkocht – en vloten en legers op een haast oosterse schaal uit de grond gestampt. Kortom, precies het soort militarisme dat veel beloofde in de strijd tegen de Koning der Koningen.

Maar het geval wilde dat in diezelfde winter van 481 v.Chr. ook over Syracuse de schaduw van een crisis viel. Gelon, die met veel vertoon steeds verder westwaarts stormde om te proberen heel Sicilië onder zijn heerschappij te brengen, botste met een rivaliserend machtsblok aan de andere kant van het eiland dat grotendeels bestond uit Fenicische kolonies. Die waren verwoed op zoek gegaan naar een bondgenoot en hadden, vanzelfsprekend, steun gezocht bij de machtigste Fenicische nederzetting: Carthago. Daar had de gisse, berekenende koopmansprinses die de stad regeerde met stijgende ongerustheid de vorderingen van Gelon gadegeslagen. Haar Siciliaanse verwanten werden met open armen ontvangen: de kans om de stokebrand van Syracuse ten val te brengen en tegelijk zelf een beetje aan expansie te doen was te mooi om te laten schieten. In de herfst van 481 v.Chr., terwijl de triremen van Tyrus en Sidon noordwaarts de Egeïsche Zee ingleden, begonnen de Carthagers een vloot uit te rusten en een geducht leger van huurlingen te ronselen om in de lente Gelon aan te pakken. Het zag ernaar uit dat de Feniciërs zowel in het Westen als in het Oosten te hoop liepen. En west of oost, het waren de Grieken die de klap van hun oorlogszucht moesten opvangen.

Toeval? Niemand in Griekenland kon het met zekerheid zeggen. De spionnen die ze naar Sardis hadden gestuurd waren misschien wel in staat om onderweg in een paar havens rond te neuzen, maar veel hoop om communicatielijnen, als ze al bestonden, tussen de Koning der Koningen en de Carthagers te achterhalen hadden ze niet. Niettemin vertrouwden de meeste Grieken de lange arm van de Fenicische machinaties niet. Immers, als het Carthaagse opperbevel zich inderdaad in verbinding had gesteld met Xerxes om hun beider invasies te synchroniseren, dan waren het hoogstwaarschijnlijk agenten uit de moederstad Tyrus geweest die als tussenpersoon hadden gefungeerd. Sommige aanhangers van een samenzweringstheorie vreesden zelfs dat dit misschien niet eens de limiet was van de Fenicische kwaadaardigheid. Stel dat die hele expeditie van de Koning der Koningen, het op de been brengen van de Aziatische horden en de verdelging van de Griekse vrijheid die daarbij dreigde, louter de climax was van een oneindig veel oudere en ingekankerde vete? 'Perzische bronnen,' zo werd met stelligheid na de oorlog beweerd, 'legden de verantwoordelijkheid voor dit geschil bij de Feniciërs.'[49] De haat tussen Oost en West, Azië en Europa, barbaar en Griek: alles kwam volgens deze theorie uit één verderfelijke bron.

Het was natuurlijk het toppunt van paranoia om te denken dat Xerxes louter een werktuig was in een wereldwijde samenzwering die vanuit Tyrus werd gedirigeerd. De Koning der Koningen trok voor niemand ten strijde behalve voor zichzelf. De Feniciërs waren, net als elk ander onderworpen volk, zijn slaven. Ze waren aan hem schatplichtig, ze moesten een satraap dulden en zich, zelfs als ze ten oorlog voeren, onderwerpen aan het gezag van een Perzische landrot. Dat wil niet zeggen dat de Feniciërs helemaal geen invloed hadden op het Perzische opperbevel. Met uitzondering van de Meden was er wellicht geen volk in het hele Perzische rijk voor wie de koning zo'n willig oor had. De koningen van Tyrus en Sidon beseften heel goed dat de expeditie van de Grote Koning een lekke schuit was zonder de enthousiaste deelname van hun vloten. Zo was het altijd geweest. Toen Cambyses de zeemacht van zijn rijk opbouwde, was hij algauw tot de ontdekking gekomen wat de beperkingen waren van zijn nieuwe speeltje. Hij had opdracht gegeven een smaldeel samen te stellen voor de verovering van Carthago, maar tot zijn stomme verbazing werden zijn plannen getroffen door een veto van de Feniciërs: 'Zij hadden destijds dure eden gezworen nooit tegen hun eigen "kinderen" ten strijde te trekken, want dat beschouwden ze als een daad van goddeloosheid.'[50] De Perzische strategen hadden snel door welke les ze uit deze verbluffende majesteitsschennis moesten trekken. Andere onderworpen naties konden gedwongen worden oorlog te voeren, maar ze deden er verstandig aan de Feniciërs diplomatieker aan te pakken. Het waren dan wel slaven, maar het loonde soms niet ze dat te hard onder de neus te wrijven. Het was beter ze niet louter uit te laten varen als dienstplichtigen, maar ook als gretige voorvechters van de Koning der Koningen. Kortom, het was beter ze te laten geloven dat het ook om hun eigen belangen ging.

En natuurlijk was dat wat Griekenland betreft ook zo. De Feniciërs, die het leeuwendeel van de Perzische vloot bij Lade leverden, hadden al enorm geprofiteerd van de vernietiging van Milete, een stad die ooit een even groot handelscentrum als Tyrus of Sidon was geweest. Als Athene op dezelfde manier met de grond gelijkgemaakt werd, en als Korinthe en Aegina geneutraliseerd werden, dan zouden de vooruitzichten voor de Fenicische handel inderdaad rooskleurig zijn. Het enthousiasme in de kanselarijen van Tyrus en Sidon voor de oorlog van de Grote Koning kende dan ook geen grenzen. De Feniciërs togen met driehonderd schepen naar de Egeïsche Zee, meer dan de hele Atheense vloot. En dat waren geen haastig in elkaar geflanste schuiten: Sidon, dat met Korinthe wedijverde als de bakermat van de trireem, ging al eeuwen op kop als maritieme innovator. De Atheense roeiers, die vaak maar een paar maanden training achter de rug hadden, zouden het al in hun vuurdoop tegen het beste van het beste moeten opnemen.

En dan waren ze ook nog eens afschuwelijk in de minderheid. De Feniciërs waren lang de enigen niet die op bevel van de Grote Koning een vloot hadden gestuurd. Sommigen, vooral de Egyptenaren en de Ioniërs, deden op de roeibank niet veel onder voor de Sidoniërs, maar die kwamen uit satrapieën die berucht waren om hun rebellie, dus misschien dat de drie Griekse spionnen daaruit enige hoop putten toen ze stiekem het havenfront bezochten. Maar als dat zo was, dan klampten ze zich vast aan een strohalm. De Perzische admiraliteit, die in het begin van de Ionische opstand had zitten slapen, was nu wel zo wijs haar rugdekking niet te verwaarlozen. Het bevel over de Egyptenaren en de Ioniërs was direct in handen gegeven van twee broers van Xerxes, en elk schip in de armada was bemand met zeesoldaten wier loyaliteit bewezen was. Waarom zou iemand in de vloot van de Grote Koning dan nog muiterij en zijn eigen ondergang riskeren ten behoeve van de Atheners, die sowieso tot de ondergang gedoemd waren? Die winter zal niemand in de drukke havens van Ionië daar veel twijfels over gehad hebben. De mammoetvloot zou weldra langs de Egeïsche kust zeilen en iedereen die haar in de weg stond vernietigen. De Griekse spionnen telden 1207 triremen – een suggestief nauwkeurig getal.[51] Of die allemaal naar Griekenland zouden uitvaren, en zo ja, of ze dan allemaal ongeschonden door de zomerstormen zouden komen, waren vragen die alleen de campagne zelf kon beantwoorden. Maar de overmacht zou, zelfs als de Grote Koning een kwart van zijn vloot verloor, zelfs als hij de helft verloor, groot blijven. Eén simpel, meedogenloos feit was de Griekse spionnen akelig duidelijk. De geallieerden zouden in de zomer de grootste strijdmacht ter zee uit de geschiedenis tegenover zich krijgen.

En te land? Alleen een bezoek aan Sardis kon daar opheldering over verschaffen. De Griekse spionnen haastten zich voort. Op de derde dagreis vanaf de kust zagen ze voor zich een onheilspellende rooksluier die de zilverglanzende bergen in het oosten aan het oog onttrok. Naarmate ze hun bestemming naderden, begonnen ze algauw grote hopen aarde te onderscheiden, de begraafplaats van de oude Lydische koningen, waarna in de nevel Sardis zelf vaag opdoemde, de rode klippen van zijn akropolis omgeven door torenhoge muren waar het monumentale paleis van Croesus boven uitstak. De banieren echter die boven de kantelen van de stad wapperden, de ene versierd met 'een beeltenis van de zon gezet in kristal' en de andere, de koninklijke krijgsstandaard, met een gulden adelaar[52] erop geborduurd, waren van een heel wat machtiger vorst dan Croesus ooit geweest was, en de tekenen van zijn grootheid strekten zich voor de met stomheid geslagen spionnen mijlenver over de vlakte uit. De rook die ze uit de verte hadden gezien kwam van kampvuren – duizenden en nog eens duizenden. Of ze nu in tenten scholen of oefenden met hun exotische wapens of brabbelden in hun onverstaanbare koeterwaals, de legerscharen van de Grote Koning leken afkomstig uit een toverwereld die vreemder en barbaarser was dan de meeste Grieken zich ooit hadden kunnen voorstellen. Alle duistere voorgevoelens van de spionnen schenen te worden bevestigd. De verste uithoeken van Azië en Afrika waren leeggelopen. Miljoenen en nog eens miljoenen zouden in minder dan een paar maanden Griekenland binnenstormen.

Daar leek het tenminste op. In werkelijkheid was het geen gemakkelijke opgave om zulke monsterlijke horden te tellen – of hun aantallen zelfs maar te schatten – en de spionnen werden al voor ze hun berekeningen konden maken ontmaskerd en gevangengenomen. De mannen die ze arresteerden waren gewone soldaten, geen inlichtingenofficieren, en dus kwam het geen seconde in ze op hun gevangenen níét te martelen en vervolgens ter dood te brengen. Maar net toen ze de executie wilden voltrekken kwamen persoonlijke lijfwachten van de Grote Koning toegesneld, die zenuwachtig bevalen de gevangenen te sparen. De drie spionnen werden strompelend de akropolis op geleid, tot in de binnenste vertrekken van het paleis, waar ze tot hun grote verbazing werden verhoord door de Grote Koning zelf en daarna nog eens een complete rondleiding kregen door het imperiale kamp. Met een karrenvracht aantekeningen werden ze naar Griekenland teruggestuurd.

En de rapporten die ze meebrachten stonden van a tot z vol met schrikbarende superlatieven, zoals ook de bedoeling van de Grote Koning was geweest. Wat de spionnen te zien hadden gekregen, was niets meer of minder dan een panorama van zijn wereldomspannende domein. In het hart daarvan stond de Grote Koning zelf met zijn elitekorps van lijfwachten: de duizend die hem persoonlijk bewaakten en wier speren versierd waren met gulden appels, en daarna nog eens negenduizend, eveneens een uitgelezen schare, met zilveren appels op hun speren, een stoottroep van krijgers die de 'Onsterfelijken' werden genoemd, omdat 'als een van hen door ziekte of dood uitviel, de lege plaats onmiddellijk door een ander werd ingenomen'.[53] Vervolgens waren er elitetroepen van de cavalerie uit Perzië en verscheidene onderworpen naties: Medië, Bactrië, India en de steppen van de Saken. En als laatste – want de Grote Koning had niet voldoende zware infanterie om het op te nemen tegen de bronzen hoplieten van Sparta of Athene – wemelende brigades van speervoer: exotisch bewapende rekruten waar de Grieken onder normale omstandigheden alleen maar minachting voor zouden hebben gehad, maar die, wanneer ze als een menselijke stortvloed voorwaarts stormden, elke muur van schilden op hun pad konden wegvagen. Zo werd het althans aan Griekenland gerapporteerd, want de drie spionnen, die afgingen op hun eigen duizelingwekkende schattingen van de troepenaantallen van de Grote Koning – en ongetwijfeld ook op statistieken die hun Perzische gastheren behulpzaam hadden verschaft – repten inderdaad van meer dan een miljoen. Een miljoen zevenhonderdduizend, om precies te zijn – en zelfs in dat totaal waren de rekruten nog niet meegerekend die de Grote Koning van plan was tijdens zijn opmars door Thracië en Griekenland te ronselen.

Die getallen, zo kolossaal dat ze vrijwel betekenisloos werden, waren

Perzische infanteristen op een fries die in Susa is ontdekt. Aan de weelde en schoonheid van hun kledij te zien behoorden ze waarschijnlijk tot de Onsterfelijken, een elite-eenheid van 10 000 man die de stoottroepen van de Grote Koning vormden. (*Gianni Dagli Orti / CORBIS*)

hoogstwaarschijnlijk schromelijk overdreven. De meeste historici zouden, als ze voor het blok werden gezet, de legermacht van Xerxes eerder op 250 000 schatten.[54] Maar ook dat zou nog altijd een invasiemacht zijn die veel groter was dan wat ooit eerder bijeengebracht was, en het zal wel niemand verbaasd hebben dat de Perzische propagandamachine, die de Grieken graag tot wanhoop en misschien zelfs tot regelrechte overgave wilde drijven, hun agenten vol desinformatie pompte. Maar bij elkaar gefantaseerd als die aantallen misschien waren – een karweitje dat elke getalenteerde bureaucraat slapende kon doen –, helemaal uit de duim gezogen waren ze niet, althans niet in de ogen van de Grote Koning. Het was eerder zo dat de boodschap die ermee verkondigd werd – dat de hele wereld zich verenigd onder zijn banier schaarde en dat alleen de meest verstokte terroristenstaten het in hun hoofd konden halen zich ertegen te verzetten – de simpele waarheid was.

En de Waarheid verdedigen was per slot van rekening waarvoor Xerxes op de troon zat. Geopolitieke overwegingen, een plichtsgevoel tegenover zijn vader en ook persoonlijke ambities, hadden voor hem zwaar gewogen, maar er was een veel diepere reden waarom Athene moest branden en waarom Griekenland veroverd moest worden. 'Al wat ik doe, doe ik bij de gratie van Ahura Mazda,' zo behaagde het Xerxes, en zo had het Darius behaagd, te verkondigen. 'Indien er een taak te verrichten is, dan is het Ahura Mazda die mij steunt tot die taak volbracht is.'[55] Om het imperiale leger dat voor de opperste uitdaging van het bewind van zijn koning in het krijt trad, hing dan ook een zweem van heiligheid. De God van het Licht diende als een constante aanwezigheid in de campagne te worden beschouwd. Nu kon Ahura Mazda natuurlijk niet worden voorgesteld zoals andere volkeren hun goden afbeeldden, in de vorm van een vulgair afgodsbeeld of een geschilderd portret – maar afwezigheid, ontzagwekkend en gehuld in mysterie, dat kon misschien wel. Zo gebeurde het dat een rijkversierde strijdwagen, met een menner die erachter liep, het leger naar Griekenland begeleidde – helemaal leeg: 'want geen sterveling mocht op de wagen zitten'.[56] Om hem voort te trekken waren acht schitterend-grote en mooie schimmels speciaal naar Sardis gebracht. Andere gingen voorop toen het leger naar Griekenland vertrok en weer andere trokken de strijdwagen van Xerxes zelf. Die dieren waren, zoals het natuurlijk hoorde, door de goden zelf aangeraakt, want ze kwamen van de vlakte van Nisea. Daar, op de cruciale eerste dag van Darius' bewind, toen de moordenaar van de valse magiër uit het fort Sikayauvatiš kwam, zijn bloederige dolk geheven, om te verkondigen dat Perzië en al zijn domeinen gezuiverd waren van de Leugen, toen hadden de schimmels hem hinnikend begroet. Nu, ver van Nisea, zouden paarden van hetzelfde ras, die de strijdwagen van Darius' zoon trokken, er getuige van zijn hoe het van demonen vergeven Athene, en met de stad heel Griekenland, aan de Waarheid werd gewijd.

Want als de wereld, zoals Xerxes met de paplepel ingegoten had gekregen, er was om door hem te worden veroverd, dan was het ook aan hem om haar te verbeteren. Fanatiek hovenier die hij was wist hij dat een paradijs pas af was als al het onkruid erin gewied was, als het was opgeknapt en verfraaid. Het is tekenend dat Xerxes, ook als hij op een barbaarse vernietigingscampagne was, altijd aandacht bleef houden voor de schoonheden van de natuur. Toen hij in de buurt van Sardis kwam, bijvoorbeeld, zag hij een zo mooie plataan dat hij zijn hele leger halt liet houden om hem te bewonderen. Een van de Onsterfelijken werd zelfs uit zijn eenheid gedetacheerd om bij hem op wacht te blijven staan. Gouden juwelen uit de mobiele schatkist van de expeditie werden als festoenen aan zijn verreikende takken gehangen. Het moet gezegd, de Grote Koning nam – maar hij gaf ook.

En niet alleen aan bomen. Xerxes, die de tuin van zijn uitgestrekte rijk onderhield, was gesteld op ondergeschikten die hem trouw dienden en overlaadde ze net als de plataan met rijke geschenken. 'Want welke klederen kunnen zich in schoonheid meten met die welke de koning uitdeelt aan zijn vrienden? Wiens geschenken, zij het armbanden, halssnoeren of paarden waarvan het tuig beslagen is met goud, zijn zo gedistingeerd?'[57] Xerxes' expeditie naar Europa, hoewel zeker bedoeld om te laten zien hoe dwaas het was om de gunst van de Grote Koning te versmaden, had ook een vredelievender oogmerk. Verre satrapieën, die tot dan toe wreed de aanwezigheid van de koning hadden moeten ontberen, konden nu het uitzonderlijke privilege genieten eer te betuigen aan de Koning der Koningen in hoogsteigen persoon. Als hij door de steden trok, stonden zijn onderdanen langs de kant van de weg om bloemen voor de klepperende hoeven van de Niseïsche paarden te gooien en zich voor hem in het stof te werpen. Bedienden in zijn kielzog verzamelden de geschenken en smeekschriften, terwijl wachters de zweep legden over de kreunende, snikkende menigten om ervoor te zorgen dat ze zelfs in hun vervoering niet vergaten waar hun plaats was. Natuurlijk was er niets wat enige onderdaan van de Grote Koning, of het nu een boer of een plutocraat was, zijn meester kon bieden wat hij niet al had. Maar Xerxes, die het licht van zijn koninklijke gunst liet schijnen over allen die zich nederig betoonden, kon genereus en minzaam zijn. 'Met gulle hand,' snoefde hij, 'beloon ik degenen die mij weldoen.'[58] Zelfs de Grieken konden, als ze zich maar wilden onderwerpen aan de majesteit van de Grote Koning, op buitensporige eer en geschenken rekenen, zoals Demaratus al ondervonden had. Dat, in de kern, was de symbiose van de wereldmonarchie. Zelfs Xerxes moest planten zowel als oogsten.

Hetgeen natuurlijk onverlet liet dat bloesems soms voor het welzijn van de tuin gesnoeid dienden te worden. Planten konden niet aanmatigend worden, maar dienaren soms wel. Kort voordat hij langs de plataan kwam waarvan de schoonheid hem zo had verbluft, was Xerxes ontvangen door Pythius, de Lydiër die de rijkste niet-aristocraat ter wereld heette te zijn. Ongeveer dertig jaar eerder had diezelfde plutocraat, die wist waar zijn Perzische meesters van hielden, Darius een plataan van goud aangeboden. Nu ontving hij Xerxes en gaf niet alleen zijn hele leger te eten, maar beloofde ook plechtig het te financieren. Xerxes, die hooghartig het aanbod van de hand wees, was niettemin gecharmeerd. Die hele winter stonden Pythius en zijn vijf zonen hoog aangeschreven bij de koning. Pythius zelf was overladen met geschenken en zijn zonen hadden allemaal prominente militaire posities gekregen. Maar toen het lente werd in Sardis en voor Xerxes en zijn legermacht eindelijk de tijd was aangebroken om aan hun grote onderneming te beginnen, was er plots groot tumult. Een zonsverduistering wierp een schaduw over de wereld. Hoewel de magiërs er als de kippen bij waren om hun angstige meester te verzekeren dat dit niet het mislukken van zijn expeditie voorspelde, maar de ondergang van de opstandige Grieken, bleef Sardis rillen van een onaangenaam voorgevoel. De bejaarde Pythius, niet minder dan de anderen 'van streek door dit natuurverschijnsel',[59] ging zelfs zover dat hij de Grote Koning smeekte zijn oudste zoon de tocht naar Griekenland te besparen. Dat was een verschrikkelijke, fatale fout. Op een moment dat Xerxes zelf zich opmaakte om het gevaar tegemoet te treden met zijn 'zoons, broers, verwanten en vrienden',[60] was dit een ongehoord schandalig verzoek. Hoewel de Grote Koning, genade parend aan de strenge eisen van rechtvaardigheid, het voor elkaar kreeg om de hand over het hart te strijken en het leven van zijn voormalige gunsteling te sparen, was er duidelijk geen sprake van dat de impertinentie van de Lydiër geheel vergeven kon worden. Pythius' geliefde oudste zoon werd prompt gearresteerd, gedood en in tweeën gezaagd. En terwijl het leger noordwaarts naar de Hellespont marcheerde, werden de twee lichaamshelften aan weerszijden van de hoofdweg in Sardis tentoongesteld. 'En daar marcheerde het leger inderdaad doorheen...'[61]

Ze zullen het niet bepaald een vrolijke manier van uitzwaaien hebben gevonden. Maar hoe akelig dit bloedoffer ook was – en hoe onsmakelijker naarmate de vliegen er bezit van namen –, het verkondigde aan de gespannen rekruten die ertussendoor liepen een krachtige, geruststellende boodschap. De eisen van het ritueel en het recht hadden de zoon van Pythius ten dode opgeschreven. Het offer van een mensenleven was een daad vol verschrikkelijke magie, een magie die Xerxes, in de hoop zijn leger te zuiveren, nu had gewaagd in te zetten. De Grote Koning zelf, vertrouwend op het oordeel van de magiërs dat de zonsverduistering een gunstig voorteken was, had stiekem zijn twijfels of er wel een kwaad was dat afgewend moest worden. Maar hij wist ook, nu Sardis zo vol was van bange voorgevoelens, dat het beter was om op safe te spelen. En zijn troepen, die zich in de wildernis van een onbekend continent waagden, konden dat nu doen in het vertrouwen dat er niets was wat hun koninklijke meester zou nalaten om de overwinning te behalen.

Toen Europa dichterbij kwam liet de Grote Koning ook niet na het bijgeloof van zijn vijand te bespelen. Xerxes was dan wel een vrome aanbidder van Ahura Mazda, maar hij beschikte ook over het traditionele Perzische talent om de religieuze gevoeligheden van vreemde volkeren in zijn voordeel aan te wenden. Daarom onderbrak hij vlak voor de Hellespont zijn reis en maakte van de gelegenheid gebruik om een plaats te verkennen die voor hem alleen maar uit met gras begroeide bulten bestond, maar die voor de Grieken oneindig veel meer betekende: Troje. Door de magiërs opdracht te geven plengoffers op die plaats te brengen, maakte Xerxes bewust aanspraak op de rol die de Grieken hem in hun doodsangst al hadden toebedeeld, namelijk die van Nemesis voor het bloedbad dat Agamemnon had aangericht. Wraak uit naam van de mannen van Azië die in het Trojaanse stof waren gesneuveld, dat zou de Koning der Koningen bewerkstelligen. Net zoals weleer Troje, zouden nu snel Athene en Sparta branden.

Vervolgens werden duizend runderen, ongetwijfeld onder bemoedigende toefluisteringen van de Pisistratiden, de heuvel op gedreven en massaal op de top aan Athena geofferd. Aangezien de godin altijd bekend had gestaan om haar afkeer van de Trojanen, zal dat misschien een misplaatst gebaar hebben geleken, maar door zo uitbundig eerbied te betuigen aan de beschermvrouwe van Athene zond Xerxes een voor iedereen te verstane boodschap aan de Atheners. De Athena die in hun stad werd aanbeden was geen olympische godin maar een demon die haar gedaante had aangenomen, een *daiva*, een dienaar van de Leugen. De Koning der Koningen had weliswaar gezworen dat hij de Akropolis in brand zou steken, maar hij was geen vijand van de ware godin, wier eredienst hij, bijgestaan door de Pisistratiden, binnenkort zou herstellen. Alleen wanneer Athene onder Perzische heerschappij kwam, kon Athena naar haar oeroude woonstede terugkeren – en dat moment kwam in het voorjaar van 480 v.Chr. steeds naderbij.

Want vanboven op de ruïnes van Troje kon de Grote Koning eindelijk, voorbij de vlakte waar zoveel Grieken en Trojanen ooit op leven en dood hadden gevochten, de omineuze glinstering zien van de Hellespont. Verderop in de zeestraat, waar Azië en Europa door slechts een paar kilometer zee van elkaar gescheiden waren, wachtte hem een dubbele pontonbrug die, vastgesjord tegen de stroming en de geselende wind, met zijn reus-

Fragment van een reliëf uit Persepolis: een strijdwagen getrokken door Niseïsche paarden. Met wagens als deze trok Xerxes over de Hellespont. (*British Museum*)

achtige kabels de twee continenten verbond. Weliswaar had die winter een buitengewoon woeste storm twee prototypes van de pontonbrug weggezwiept, maar het Perzische opperbevel had een paar leden van de genie onthoofd, *pour encourager les autres*, en met meer dan genoeg schepen en manschappen achter de hand waren ze erin geslaagd de zaak snel te herstellen. Het scheen dat zelfs de Hellespont ervan langs had gekregen, dat zou hem leren: een paar symbolische zweepslagen, een stel ketenen die in het water werden geplonsd, en de zee was sindsdien kalm gebleven. Nu Xerxes van de met gras begroeide Trojaanse heuvel afdaalde, was alles voor hem in gereedheid gebracht. Zijn leger stond verzameld op de stranden en vlakten van Abydos, de stad die het dichtst bij het bruggenhoofd lag. Zijn vloot zeilde de zeestraat in, de vissen opschrikkend met hun riemen. De plaatselijke bewoners, die met hun welkomstgeschenk goed hadden aangevoeld wat acceptabel was voor een wereldmonarch, hadden een witmarmeren troon op een rotspunt aan de kust gezet, met uitzicht over het ontzagwekkende tafereel.

Bij aankomst nam de Grote Koning 'hierop plaats en had vandaar zicht op het strand zodat hij met één oogopslag leger en vloot kon bekijken... En de Hellespont was niet meer te zien! Overal lagen schepen en op de stranden en vlakten van Abydos krioelde het van de mensen. Xerxes besefte dat hij een gezegend mens was.'[62] De wereld lag aan zijn voeten, het was een spektakel van regelrechte wereldheerschappij zoals nog nooit een koning op touw had gezet. En ook een van intimidatie. De parade mocht dan kleurrijk en extravagant zijn, en bewust theatraal met haar geronselde rekruten van over de hele wereld, onder al die tierelantijnen school wel degelijk een leger met tanden. Zelfs in de extase van het moment vergat de Grote Koning niet zijn liefde voor kwaliteit én voor kwantiteit te tonen door boodschappers naar de verschillende vlootonderdelen te sturen, met de opdracht hun kundigheid te bewijzen in een roeiwedstrijd. Pas toen die regatta was gehouden – en natuurlijk gewonnen door de Sidoniërs – decreteerde hij dat de voorbereidingen voor de oversteek moesten beginnen.

Ze namen de hele middag, de hele avond, de hele nacht in beslag. Ten slotte, toen de horizon aan hun rechterzijde begon op te lichten, stelden de Onsterfelijken zich, met kransen in het haar en de punt van hun speer naar beneden, in gesloten gelid op bij de oostelijke brug, terwijl ver weg van de andere het geluid kwam aanwaaien van lastdieren, balkende ezels, klagende kamelen, en boven dat alles uit zonden gloeiende vuurpannen wolken wierook de lucht in om de dageraad te begroeten. De Koning der Koningen zelf doemde op en liep langs de Onsterfelijken over een pad van mirtetakken naar de rand van de brug. Inmiddels tekende het silhouet van Europa aan de overzijde van de zeestraat zich met de minuut duidelijker af – tot uit het oosten de eerste zonnestralen de Hellespont troffen en Xerxes, terwijl hij wijn uit een gouden bokaal in de zee plengde, een smeekbede naar de hemel zond voor het welslagen van zijn grote onderneming. Toen hij klaar was, wierp hij de bokaal in de donkere golven, vervolgens een gouden schaal en ten slotte een zwaard. De ceremonie was voorbij. De oversteek kon beginnen. En de zon, die op de gelederen der Onsterfelijken scheen toen ze over de krakende brug marcheerden, weerkaatste in de gouden en zilveren appels op hun speren, zodat ze tijdens hun opmars op bewegende lichtpuntjes leken.*

Zeven dagen in totaal kostte het de legermacht om van Azië naar Europa

* Geen detail bewijst beter de authenticiteit van Herodotus' bronnen met betrekking tot de oversteek van Xerxes over de Hellespont dan het feit dat hij vermeldt dat ze met de punt van hun speer naar beneden marcheerden. Assyrische fresco's, die geen Griek ooit had kunnen zien, beelden exact hetzelfde tafereel uit, een bewijs van de continuïteit tussen de Perzische tradities en die van voorgaande rijken, en van Herodotus' opmerkelijke accuratesse als historicus.

over te steken. Het leger trok over de oostelijke pontonbrug, de lastkaravanen over de westelijke. Niemand weet met zekerheid wanneer Xerxes zelf de brug op reed. Sommigen zeiden dat het op de tweede dag was, anderen dat hij de allerlaatste was die de oversteek maakte. Zeker is echter dat de expeditie zonder ongelukken de overkant bereikte – en dat de prestatie, voor degenen die erbij waren, meer het werk van een god dan van een mens leek. 'Zeus,' schijnt een plaatselijke bewoner te hebben uitgeroepen toen hij de Koning der Koningen langs zag rijden, 'waarom hebt u de gedaante van een man uit Perzië aangenomen en uw naam in "Xerxes" veranderd, om daarna de hele mensheid voor te gaan in de verovering van Griekenland. Dat had u toch ook zonder al die moeite kunnen doen?'[63]

Een grens trekken

Rond dezelfde tijd dat Xerxes uit Sardis vertrok ging een delegatie uit Sparta noordwaarts voor krijgsberaad met de geallieerden op de Isthmus. De stemming zal wel heel wat minder opgewekt zijn geweest dan die van de Grote Koning. De Spartanen waren in goede tijden al niet erg reislustig, en het voorjaar van 480 v.Chr. was bepaald geen goede tijd. Het nieuws dat bijna twee miljoen barbaren op hun stad afkwamen zal niet opwekkend geweest zijn, maar zelfs het allernieuwste op het gebied van invasieangsten kon een veel oudere paranoia van de Spartanen nog niet geheel overschaduwen. Geborneerd en provinciaals als ze waren in hun benauwdheid, zoals in zoveel andere dingen, was en bleef een opstand in hun eigen achtertuin nog steeds hun grootste vrees. De heloten, die onkundig werden gehouden van alles wat niet direct met hun lijfeigenschap te maken had, zullen zelfs in dat voorjaar nog maar weinig gehoord hebben van de nadering van de Grote Koning. Maar de meeste anderen waren waarschijnlijk beter op de hoogte. In steden die allang, tegen hun zin in, onderworpen waren aan Sparta, gaf het vooruitzicht op de uitruil van een lokale supermacht voor een wereldmacht aanleiding tot kiene berekeningen. Zelfs onderweg naar Korinthe zal de Spartaanse delegatie door steden zijn gekomen waarover geruchten gingen dat ze vergeven waren van de Medische collaborateurs. Een daarvan, vlak over de grens met Tegea, was Caryae, een stad die zo intiem verbonden was met de rest van Laconië dat meisjes uit Sparta er regelmatig gingen dansen. Ook Tegea zelf had in de afgelopen jaren een zorgwekkende neiging tot insubordinatie aan den dag gelegd –

zo erg zelfs dat het 'geen goede verstandhouding met Sparta'[64] had. Dat waren echter maar speldenprikken vergeleken met de stad die Sparta's bitterste en giftigste vijand bleef, verminkt misschien na de slag bij Sepeia, maar nog steeds belust op wraak en op wat het als zijn oeroude erfrecht beschouwde: hegemonie over de Peloponnesos. De Spartaanse delegatie zal onderweg naar Korinthe wel onwillekeurig een bezorgde blik in de richting van Argos hebben geworpen.

Toegegeven, de Argiven deden ongenaakbaar en hadden zich nog niet openlijk aan de zaak van de Grote Koning gecommitteerd. Maar ze hadden zich ook niet, zoals de Spartanen maar al te pijnlijk beseften, bij de geallieerden aangesloten. Toen Spartaanse gezanten die winter naar Argos waren gegaan om hen daartoe uit te nodigen, hadden de Argiven opzettelijk onmogelijke eisen gesteld: een wapenstilstand van dertig jaar en een plaats in het opperbevel. De onderhandelingen mislukten ter plekke. De Spartaanse gezanten werden bij kop en kont beetgepakt en over de grens gezet, met de waarschuwing dat een herhaling van hun missie zou worden opgevat als een daad van agressie. 'Ze waren nog liever slaaf van de Perzen dan dat ze de Spartanen een vingerbreed toegaven.'[65]

Een verklaring van neutraliteit die voor de Spartanen even dreigend was als een oorlogsverklaring. Al vóór het eerste krijgsberaad van de geallieerden in het Hellenion hadden ze het ergste gevreesd van Argos – en met goede reden. De Argiven konden zich ter rechtvaardiging van hun roemloze neutraliteit beroepen op een waarschuwing van Delfi die hun adviseerde: 'Trek uw speerpunt terug, blijf thuis, maar wees op uw hoede'.[66] Maar ook de Spartanen hadden 'bij het eerste teken van de Perzische mobilisatie' een langetermijnvoorspelling aan Apollo gevraagd. De Pythianen die van het orakel terugkeerden hadden een hoogst schrikbarende boodschap voor hun koninklijke meesters Leonidas en Leotychides:

> Jullie, bewoners van Sparta, waar reien zo ruim kunnen dansen,
> weet dat je grote en roemrijke stad door de telgen van Perseus
> grondig verwoest wordt. Of stel dat dit niet gaat gebeuren,
> dan zal Laconië Heracles' nazaat, haar koning, betreuren.[67]

Wel iets om bij stil te blijven staan. Het ging er niet alleen om dat Leonidas of Leotychides zo te zien een doodvonnis had gekregen, maar ook dat er in de beschrijving van de verdere apocalyps waaraan Sparta ten prooi zou vallen een sinistere en typisch Delfische dubbelzinnigheid zat. Wie waren precies die 'telgen van Perseus'? De Perzen? De Argiven? Allebei? Dat het krijgsberaad van de geallieerden in het voorjaar op de Isthmus werd gehouden, halverwege tussen de Peloponnesos en Noord-Griekenland, zal de kwestie ook alleen nog maar alarmerender en urgenter hebben gemaakt. Vóór de gezanten, ver weg in de grensgebieden van Azië, maar elke dag dichterbij komend, de Perzen, en achter hen, waarschijnlijk met schitterende oogjes in hun rug priemend, de Argiven – allebei zonen van Perseus. Het was nauwelijks te verwonderen dat de Spartaanse delegatie de zenuwen had.

Of Leonidas en Leotychides erbij waren weten we niet. Het was niet gebruikelijk voor de Spartaanse koningen om als hun eigen gezant op te treden, maar vooral Leonidas, als vertegenwoordiger van het oudere koningshuis en derhalve geallieerd opperbevelhebber, zal zich zeker persoonlijk op de hoogte hebben willen stellen van de nieuwste inlichtingen. Maar als hij inderdaad aan het overleg op de Isthmus deelnam, dan zal hij het een uiterst teleurstellende ervaring hebben gevonden. Ondanks de hooggespannen verwachtingen van de vorige herfst hadden zich geen nieuwe bondgenoten gemeld. Veel staten die waren benaderd hadden net als Argos gezegd dat Apollo hun had geadviseerd zich gedeisd te houden. De grootste teleurstelling was de man op wie de meeste hoop gevestigd was: de tiran van Syracuse. Gelon, die wanhopig stond te springen om elk schip en elke soldaat voor zijn eigen dreigende krachtmeting met Carthago, maar die zijn gezicht niet wilde verliezen door dat toe te geven, had zich onder zijn verplichtingen aan de Oude Wereld uit gewerkt door zelfs de Argiven in schaamteloosheid te overtroeven. Eerst had hij het exclusieve commando over alle Griekse strijdkrachten opgeëist en daarna, met veel vertoon van compromis, over óf het leger óf de vloot. Toen de afgevaardigden van de geallieerden die voorwaarden verontwaardigd van de hand wezen, zoals ook precies de bedoeling was, had Gelon minachtend snuivend gezegd: 'Ik krijg de indruk dat jullie genoeg bevelhebbers, maar te weinig ondergeschikten hebben.'[68]

Een vernietigende schoffering – en waarschijnlijk de doodklap voor het idee dat de Grieken misschien hebben gehad om door middel van een amfibische operatie de vijand te stuiten. Een leger van hoplieten kon, als ze een geschikte bergpas vonden om te blokkeren, nog steeds goede hoop koesteren de barbaarse horden tot staan te brengen, maar de meeste afgevaardigden hadden het gevoel dat de geallieerde vloot, die het nu zonder de tweehonderd triremen van Gelon moest stellen, geen kans maakte de

Perzische vloot op voet van gelijkheid tegemoet te zeilen. Themistocles was het daar natuurlijk helemaal niet mee eens, maar het kostte hem dat voorjaar al moeite zijn eigen medeburgers binnenboord te houden. De Spartanen waren niet de enigen die een zenuwslopende winter achter de rug hadden. De Atheners, die een fortuin en veel tijd en energie hadden besteed aan hun nieuwe vloot, begonnen zich achter de oren te krabben over hun strategie. De meesten staalden hun zenuwen voor de beproeving die hun wachtte met een hernieuwd heimwee naar Marathon. Hoe dichterbij de Grote Koning kwam, hoe meer de veteranen die in die gevierde overwinning hadden gedeeld – de geduchte, onverzettelijke, conservatieve hoplietenklasse – zin kregen hun roeiriemen op het hoofd van Themistocles aan splinters te slaan en de barbaren nog eens een keer over land aan te pakken. Themistocles zelf, die had gehoopt dat deze hersenschim met het scherVengericht tegen Aristeides verdreven was, werd bijna van zijn commando ontheven. Alleen door zijn rivaal om te kopen zodat hij zijn kandidatuur introk slaagde hij erin door de jaarlijkse verkiezingen voor de generale staf te komen. Zijn gezag nam af – en zijn vijanden in Athene wisten het. Ook zijn medeafgevaardigden op de Isthmus wisten het. Themistocles was nu even niet in de positie om zich sterk te maken.

In plaats daarvan werd het initiatief overgelaten aan een troep veebaronnen, zonnehoed dragende cowboys uit Thessalië, die onverwacht op het krijgsberaad verschenen en de terneergeslagen geallieerden aanspoorden de blik op het noorden te richten. Thessalië was weliswaar een gevaarlijk vlak en open land, ideaal voor de Perzische cavalerie, maar de golvende velden waren rondom door bergruggen omgeven, voortreffelijke natuurlijke barrières die uit de grauwe vlakte verrezen. De meest imposante daarvan lag in het noorden, aan de grens met het door Perzië bezette Macedonië. Daar, zo drongen de Thessalische veebaronnen aan, moesten de geallieerden standhouden. De afgevaardigden luisterden geboeid toe. Voor velen van hen, van nature provinciaals als de meeste Grieken waren, was Thessalië terra incognita, niet alleen ver weg, maar zonder meer sinister, even beroemd om zijn heksen als zijn vee of zijn graan – maar iedereen had wel van de berg Olympus gehoord, natuurlijk, en zijn directe buur, de berg Ossa, die deel uitmaakten van Thessaliës noordgrens. Veel afgevaardigden hadden vast ook wel van Tempe gehoord, de smalle pas van acht kilometer tussen de Olympus en de Ossa, met wanden zo steil dat alleen de drietand van Poseidon, zo werd algemeen aangenomen, de rotsen had kunnen klieven. De Thessaliërs verzekerden de geallieerden dat een zuidwaarts trekkend leger door die kloof zou moeten passeren, en het enige wat de Grieken hoefden te doen om de opmars van de Grote Koning een halt toe te roepen was een strijdmacht naar Thessalië sturen en Tempe afstoppen. Er leek geen speld tussen te krijgen. Zelfs de Spartanen waren overtuigd, en dat ondanks het feit dat het plan ze verplichtte troepen te sturen naar een gebied dat zo gevaarlijk ver van hun comfortzone op de Peloponnesos lag. Tienduizend hoplieten uit allerlei steden werden voor de reis geronseld, hetzelfde aantal, veelzeggend misschien, dat bij Marathon de barbaren had verslagen. Een Spartaan natuurlijk, een zekere Euainetos, kreeg het opperbevel. Het Atheense contingent werd aangevoerd door Themistocles.

Een paar weken later werd de hele expeditie met gezichtsverlies afgeblazen. De glad pratende Thessaliërs die de geallieerden tot de operatie hadden verleid, waren over een aantal ongewenste details heen geschaatst. Ten eerste had een rivaliserende factie in Thessalië zich al aan de Perzen gecommitteerd. Ten tweede bleek Tempe niet de enige pas door de bergen. Ten derde wemelde het in het hele gebied al jaren van de vijandelijke agenten, al vanaf de tijd dat de dominante factie in Thessalië, die naar een manier zocht om haar rivalen voorgoed uit te schakelen, contact had gelegd met de inlichtingenofficieren van Xerxes om een invasie voor te stellen. De geallieerde strijdmacht was, in plaats van een onneembare positie voor zichzelf te verzekeren, in een val gelopen. Met achter hun rug een burgeroorlog die in de maak was en geen kans om alle bergpassen naar Thessalië af te sluiten, hadden Euainetos en Themistocles zich nauwelijks bij Tempe verschanst of ze besloten hun verlies te nemen en schielijk terug te keren naar huis. Dat was ongetwijfeld de juiste beslissing, en een die tienduizend mannen het leven spaarde – maar het smadelijke karakter van de aftocht zond onwillekeurig een huivering door heel Griekenland. Nu ze waren overgeleverd aan de barbaren, begonnen alle rivaliserende facties in Thessalië verwoed gemene zaak te maken met de Meden. Collaborateurs in steden verder naar het zuiden zagen zich bevestigd in hun mening dat ze realisten waren. Degenen die nog bereid waren te vechten verzonken in verlammende wanhoop. Met het opkomend tij van de dreiging, die elke dag zwarter werd, leek het dat de geallieerden nog maar één keuze hadden: terugtrekken. Het gerucht dat de Perzen onoverwinnelijk waren zwol aan. Dat was de stemming, zelfs in de steden die vastbesloten waren weerstand te bieden, toen eind mei het nieuws dat de Grote Koning met zijn leger veilig de Hellespont was overgestoken als een donderslag in Griekenland aankwam.[69]

In Athene kwam de klap het hardst aan – en daar was het dat de impasse inzake de strategie het meest omineus en noodlottig leek. Met niet louter het vooruitzicht op een nederlaag, zoals de burgers van andere steden, maar op vernietiging, wendde het Atheense volk zich in zijn doodsnood tot Apollo om raad.[70] Atheense boodschappers verlieten Attica, trokken omzichtig om Thebe heen, beklommen de heuvels van onderaan de Parnassus en bevonden zich weldra op de steeds eenzamer wordende weg die tussen scherpe pieken en gekloofde rotswanden naar Delfi leidde. Toen ze daar waren aangekomen, werden ze eerst door de kitscherige frutsels van het heiligdom naar de Castalia-bron geleid om zich te zuiveren in het ijskoude water, waarna ze, voor ze terugkeerden naar de tempel zelf, een offer brachten voor de vlammen van het eeuwige vuur. Aan het eind van het heilige der heiligen, aan het oog onttrokken door een allegaartje van oude schatten, zat de Pythia in de diepste schaduwen gehuld op hen te wachten. Vergeleken met de steen van de Omfalos, waar een net omheen gespannen was, of de heilige laurierboom, of de lier van de god, die allemaal samen in dit kleine vertrek waren gepropt, zag de Pythia, een oude vrouw in het kleed van een jong meisje, er haast potsierlijk uit, in elk geval leek ze slecht geschikt om het voertuig te zijn van de gouden Apollo. Maar terwijl de dampen van de schaal waar ze boven zat over haar gespreide dijen streelden en onder de rok van haar maagdenjurk wolkten, sidderde ze al van profetische extase: ze was in trance geraakt. Op aanwijzing van de priesters namen de Atheners naast de deuropening plaats, en meteen begon de Pythia, zonder zelfs maar hun vraag af te wachten, verwoed te kronkelen van bezetenheid door de god. 'O, rampzaligen, wat zitten jullie daar?' riep ze met van angst dikke stem. 'Vlucht naar het einde der aarde.' Woorden in afgrijzen uitgebraakt kwamen er hortend en stotend in een woest ritme uit, beelden oproepend van slachting en vuur en vernietiging. De oorlogsgod was onderweg, de wielen van de Assyrische strijdwagen ratelden, torens verkruimelden in zijn kielzog. De tempels van Athene zouden branden. Zwart bloed zou de stad doordrenken. 'Gaat nu heen uit mijn tempel. Bereidt uw hart voor op rampen!'[71]

Toen ze met knikkende knieën het zonlicht in wankelden, hadden de Atheense boodschappers weinig andere keus dan te doen wat de Pythia bevolen had en togen in wanhoop op huis aan. Het was dus allemaal beslist: het uur van de ondergang van hun stad had geslagen. Of niet? Een priester, die kennelijk net zo geschokt was door het visioen van de Pythia als de Atheners zelf, snelde hen achterna en bezwoer hun het orakel een tweede keer te raadplegen. Voor een scepticus zal dat verdacht veel op een slag om de arm hebben geleken. En dat was het misschien ook wel. De priesters moesten immers aan hun eigen toekomst denken. Het was begrijpelijk dat ze niet graag de Grote Koning tegen zich in het harnas wilden jagen, maar aan de andere kant konden ze zich ook niet veroorloven al hun kaarten te zetten op een gemakkelijke overwinning van de Perzen. Met elke eventualiteit – zelfs zoiets onwaarschijnlijks als een Griekse overwinning – moest rekening worden gehouden. Het was dus alleen maar verstandig van de priesters om hun Atheense gasten ten minste een sprankje hoop te bieden.

Maar cynisme kon, zoals het fatale voorbeeld van Cleomenes aantoonde, ook te ver gaan. Niet elke dubbelzinnigheid van het orakel kon als louter berekening worden afgedaan. Spotten met Delfi was spotten met de goden. De veronderstelling achter het advies van de priester aan de Atheners – dat Apollo, na hun een onversneden pessimistische voorspelling te hebben gedaan, op enigerlei wijze ertoe overgehaald kon worden die te verzachten met een rooskleuriger boodschap – was niet noodzakelijk vergezocht. De wijsheid van een god was uit de aard der zaak iets mysterieus en onbepaalds. Bij Apollo waren de dingen zelden helemaal wat ze leken. Als Delfi, zoals de meeste Grieken aannamen, inderdaad een venster naar het bovennatuurlijke opende, dan zouden de glimpen van de toekomst die dit opleverde wel eens wisselend en flakkerend kunnen zijn, als de vlammen van een vuur.

De Atheners, die het advies van de priester opvolgden, waren dus niet helemaal verbaasd toen de Pythia bij hun tweede bezoek opnieuw de stuipen kreeg en verse profetieën begon te reciteren. 'Nooit lukt het Pallas om Zeus de Olympiër gunstig te stemmen,' waarschuwde ze, 'hoe zij ook smeekt, hem bepraat en haar listige plannen zal smeden.' Tot dusver geen opwekkende boodschap – maar dan ineens een sprankje hoop: 'Luister,' kreunde de Pythia:

Luister opnieuw naar mijn woorden die sterk als het ijzer gesmeed
zijn:
nagenoeg niets blijft gespaard van de grond die tot Kekrops' gebied
hoort,
reikend zover als de heilige kloof en het dal van Cithaeron.
Toch schenkt de ver ziende Zeus aan zijn dochter Athena een uitweg:
muren van hout, onverwoestbare redding voor u en uw zonen.

> Wacht niet de aartsvijand af die te paard of te voet naar u toe komt,
> talloze hordes uit Azië... Vlucht toch en laat ze uw rug zien.
> Ooit komt de dag dat Atheners de Meden het hoofd zullen bieden.
> Salamis, goddelijk land! U brengt dood aan de zonen der vrouwen,
> eventueel als het zaad wordt gestrooid, maar misschien in de
> oogsttijd.[72]

En met die laatste cryptische woorden ontwaakte de Pythia abrupt uit haar trance. En iedereen viel weer stil in Apollo's tempel.

Waar had ze het in hemelsnaam over? De Atheense boodschappers hadden geen flauw idee, maar ze waren opgelucht dat haar tweede reeks verzen opgewekter klonk dan de eerste en gingen dankbaar met het afschrift terug naar Athene. Daar werd het uitputtend ontleed. Ontsteltenis en discussie alom. Vooral over één frase waren de meningen sterk verdeeld: 'de muren van hout'. Themistocles' tegenstanders legden een verbazingwekkend vermogen tot lateraal denken aan den dag en betoogden dat dit sloeg op de twijgenschutting die in de tijd van Erechtheus om de top van de Akropolis had gestaan. Themistocles zelf voerde met meer waarschijnlijkheid aan dat het sloeg op schepen. Waarom zou de Pythia anders, betoogde hij, het eiland Salamis hebben genoemd? Ja, wierpen zijn opponenten tegen, maar ze had niet gezegd welke moeders – Griekse of barbaarse – zouden rouwen om hun zonen. Dat is waar, kaatste Themistocles terug, maar had ze Salamis niet 'goddelijk' genoemd? En zo woedde de discussie voort.

Alleen een stemming van de volksvergadering kon het pleit beslechten. Ziedaar de wijsheid van Apollo: Athene een orakel geven dat niet alleen zijn diepste twijfels een spiegel voorhield, maar het ook nog dwong die zelf te overwinnen. Het was als burgers van een democratie dat de Atheners nu voor hun beslissende beproeving stonden, en het was als burgers van een democratie dat ze uiteindelijk zouden besluiten hoe die het beste te ondergaan. Er werd een datum geprikt, begin juni, om officieel over het orakel te debatteren, en dan zouden ze natuurlijk ook eens en voor altijd besluiten hoe ze de komende oorlog gingen voeren. Nu de Grote Koning nog maar een paar weken reizen van hun stad verwijderd was, konden de Atheners het zich niet langer veroorloven te dralen. Eindelijk waren ze gedwongen óf Themistocles en zijn strategie te steunen, óf ze allebei voorgoed te verwerpen.

De plaats van handeling voor dat gewichtige debat was het eerste en hoogst imposante monument dat de democratie voor zichzelf had opgericht: de grote ontmoetingsplaats die vijfentwintig jaar eerder uit de Pnyx was gehouwen. Terwijl ze daar hun zetels innamen te midden van het stof en de geur van tijm, zagen de deelnemers voor zich een ongeëvenaard panorama van hun stad en van dat gezegende landschap waar in den beginne de eerste Atheners aan waren ontsproten. In de verte, bijna kleurloos gebleekt door het zuivere Attische licht, de omtrekken van de Pentelikon en de wegen die naar Marathon leidden. Op de voorgrond de Agora met zijn twee grote naakten van de tirannendoders en zijn glanzend nieuwe burgerlijke monumenten. Direct rechts verrees het meest imposante van alle stadsgezichten: de heilige rots van de Akropolis. Hoewel de top nog steeds hutjemutje vol stond met wat de aristocratie had achtergelaten – familietempels, standbeelden, votiefschilden en bronzen bustes – waren er ook, zelfs op deze allersacraalste plek, imposante tekenen van de nieuwe orde. De eerbiedwaardige, zij het sjofele tempel van Athena Polias, bijvoorbeeld, ooit een uitstalkast van Boutadische exclusiviteit, was allang weg, in het eerste decennium van de democratie vervangen door een indrukwekkend bouwwerk dat oneindig meer recht deed aan de waardigheid van de godin en van het Atheense volk zelf. Het flamboyant gedecoreerde heiligdom dat halverwege de eeuw daarvoor door de Alcmaeoniden was gebouwd, was eveneens gesloopt, met de grond gelijkgemaakt toen het schervengericht de politieke grondslag onder de familie wegsloeg. Op die plaats waren de werkzaamheden al begonnen voor een magnifieke nieuwe tempel ter ere van Marathon en om Athena te danken voor de bescherming die ze had geboden. Vanaf de Pnyx konden de leden van de volksvergadering de steigers zien die om het half afgebouwde casco stonden. Zulk liefdewerk op zo'n plek in zo'n stad – dat konden ze toch niet prijsgeven? Niet aan de barbaren. Niet aan hun heidens vuur.

Maar een ontruiming van de stad, op die noodlotsdag in het meest beslissende debat van de Griekse – en misschien wel de hele Europese – geschiedenis, was exact wat Themistocles voorstelde. Zo al ooit, dan konden nu in elk geval de consequenties van zijn maritieme politiek niet langer meer uit de weg worden gegaan. Zelfs als elke burger die daartoe in staat was zijn plaats op de roeibanken innam, dan nog zou de Atheense vloot ernstig onderbemand zijn. Ze konden geen weerbare man missen om een 'houten muur' op de Akropolis, of waar dan ook in Athene, te bemannen. Vrouwen, kinderen, ouden van dagen, iedereen moest geëvacueerd worden en de stad zelf moest worden toevertrouwd 'aan Athena, de meesteres van

Athene, en aan de andere goden'.[73] Het was natuurlijk mogelijk – zoals Themistocles ongetwijfeld zal hebben betoogd – dat de barbaren ten noorden van Attica tot staan werden gebracht. Maar aangezien alle Atheners op de vloot waren ingezet, was het in dat geval aan de Spartanen en hun bondgenoten om te land stand te houden. Of de Peloponnesiërs ertoe konden worden overgehaald zich voor de tweede keer voorbij de Isthmus te wagen, ver van hun eigen steden, zou de tijd leren. Maar de Atheners hadden, als ze enige hoop wilden koesteren de Spartanen ervan te overtuigen dat ze Attica niet in de steek moesten laten, weinig andere keus dan te tonen dat ze daar zelf toe bereid waren. Themistocles had zijn medeburgers zeker bloed, zweet en tranen te bieden, maar wat hij niet kon was ze beloven dat ze de vijand op hun stranden konden bevechten. Geef Athene over, maar zweer dat je je nooit over zult geven – dat was de gedurfde paradoxale tactiek waartoe Themistocles de Atheners dringend probeerde te overreden.

Welke retorische hoogstandjes hij bedreef, welke gedenkwaardige en roerende frasen hij bezigde, we kunnen het niet weten: er is niet één verslag van zijn toespraak bewaard gebleven. Alleen aan de uitwerking daarvan op de volksvergadering kunnen we zien hoe prikkelend en bezielend die was – want de vermetele voorstellen van Themistocles werden in stemming gebracht en aangenomen. Het Atheense volk, dat het gevaarlijkste moment in zijn geschiedenis beleefde, gaf zich definitief over aan het onbekende element van de zee, en schonk zijn vertrouwen aan een man wiens ambities velen lange tijd gevreesd hadden. Er schenen nog maar weinig Atheners te zijn die betwijfelden dat Themistocles beschikte over 'een buitengewoon talent om op precies het juiste moment de juiste oplossing te vinden voor een crisis'[74] – al konden ze zich misschien ook alleen maar op de rand van de afgrond ertoe zetten de uitzonderlijke kwaliteit van zijn inzicht te erkennen. Onder normale omstandigheden had de democratie weinig op met genieën. De omstandigheden van die zomer waren echter zonder meer niet normaal, en dus besloten de Atheners hem zijn zin te geven, in plaats van hem te straffen voor het feit dat hij al die tijd gelijk had gehad wat betreft de Perzische dreiging. In een crisissituatie als deze was het voor Athene geen optie meer om haar achterdocht jegens talent uit te leven. Zo gebeurde het dat op aandringen van Themistocles zelf de verschillende slachtoffers van het schervengericht dringend terug naar Athene werden geroepen, 'opdat alle Atheners één zijn in de verdediging tegen de barbaar'.[75] En Cimon, de zoon van Miltiades, wellicht meer dan wie ook de erfgenaam van de traditie van Marathon, leidde een processie van de

Atheense *jeunesse dorée* door de Ceramicus naar de Akropolis, waar hij met groot vertoon het hoofdstel van zijn paard aan Athena wijdde, om vervolgens zijn schild op te pakken en met zijn kornuiten naar Piraeus te tijgen. 'En dat deed hij om de hele stad een simpele boodschap te verkondigen: dat het niet ruiterschap was wat ze op dit moment nodig hadden, maar mannen om ter zee te vechten.'[76]

Nu Athene eindelijk verenigd was, hoefden alleen zijn bondgenoten er nog maar toe overgehaald te worden hun deel te doen. Themistocles had nu heel wat sterkere troefkaarten toen hij naar de Isthmus terugkeerde, en de Peloponnesiërs waren nu ook, ondanks het debacle bij Tempe, minder gekant tegen een tweede vooruitgeschoven linie. De Atheense vloot moest immers naast de kust van Attica ook die van de hele Peloponnesos beschermen, en Themistocles, voor wie de expeditie naar Thessalië duidelijk geen compleet tijdverlies was geweest, had al de volmaakte plek uitgekozen voor een poging om de Perzische vloot tegen te houden. Tussen de noordpunt van Euboea en het vasteland lag een smalle zeestraat van nauwelijks tien kilometer breed, ideaal voor een blokkade. Bovendien was het daar maar zo'n vijfenzestig kilometer van de nog smallere pas van Thermopylae. Vloot en leger hadden eendrachtig een goede kans om zowel de zeestraat als de pas te behouden, ook tegen een monsterlijk grote overmacht. Aangespoord door Themistocles hadden de Atheners al toegestemd in het sturen van honderd schepen naar Euboea, en nu gingen de geallieerde delegaties op de Isthmus – ongetwijfeld wederom op aandringen van Themistocles – akkoord met deze strategie. Korinthe, Aegina, Megara en de andere, kleinere zeemachten zouden allemaal eskaders sturen om de Atheense vloot bij te staan. Sparta zou een strijdmacht naar Thermopylae sturen. Het zag ernaar uit dat eindelijk, ondanks alles, een gezamenlijk besluit genomen was. Nu, in de stilte voor de storm, zat er niets anders op dan te wachten op de barbaar.

En te wachten – en nog eens te wachten. Het werd juni, juli, en nog steeds was de Grote Koning niet gekomen. Geruchten bliezen de berichten over zijn opmars tot ongekende proporties op: dat zijn leger rivieren leegdronk, dat iedereen op zijn weg zich haastte om hem aarde en water aan te bieden, dat zijn roeiwedstrijden en banketten en feesten zo luisterrijk waren. Tot dusver, scheen het, was zijn veldtocht door Europa niet zozeer een invasie als wel een kalme processie geweest – en nu het augustus werd, was de beste tijd voor een zeeslag voorbij. Weldra zou het snikheet worden op de Egeïsche Zee, en met koudere lucht in het noorden die turbulent werd braken de zomerstormen aan, noordoostelijke winden die door de Grieken 'Hellesponters' werden genoemd. 'Spreek een gebed uit tot de winden,' adviseerden de priesters van Delfi in een laatste boodschap aan de Atheners, 'want die worden nog machtige bondgenoten van de Grieken.'[77] Een boodschap die iedereen die met de Griekse vloot uitvoer ter harte nam.

Maar in één stad begon door het talmen van de Grote Koning het enthousiasme behoorlijk te bekoelen. Voor de Spartanen was het vooruitzicht om Thermopylae in augustus te moeten verdedigen een werkelijk verlammend dilemma. Vier jaar waren verstreken sinds de laatste spelen in Olympia, en nu, met wassende maan, zouden de spelen beginnen wanneer hij vol was. En om het nog erger te maken: de Carneia ook. Het samenvallen van die twee festivals kondigde een periode van wapenstilstand aan met een nog meer dan gebruikelijk sacraal karakter. Hoe konden de Spartanen die verbreken? Ze werden al achtervolgd door de spoken van de vermoorde Perzische gezanten, dus het idee dat ze de goden met nog meer heiligschennis verzochten was te afschuwelijk om te overwegen. Nu het op de Peloponnesos wemelde van potentiële collaborateurs en de Argiven zoals altijd hun kans afwachtten, was de Grote Koning bepaald niet de enige die klaarstond om de goddelijke vergelding te voltrekken. Nee, de Spartanen konden onmogelijk in augustus noordwaarts marcheren. Dat zou zowel misdadig als krankzinnig zijn. De olympische wapenstilstand mocht niet verbroken worden.

Maar wat hadden de barbaren voor boodschap aan dat soort scrupules? Nauwelijk was augustus aangebroken of het nieuws bereikte de Isthmus dat heel Griekenland half gevreesd en half verwacht had: de Perzen maakten de wegen vrij aan de voet van de Olympus. Het krijgsberaad werd onmiddellijk gestaakt. In Athene, waar de haven al in beroering was door de evacuatie, was een wapenstilstand wel het laatste waar de mensen aan dachten. Het was eerder een kwestie van alle hens aan dek – letterlijk. Alle weerbare mannen van de stad verdrongen zich. Sommige schepen – die waaraan het minst te verliezen was – werden zelfs toevertrouwd aan vrijwilligers van het loyale Plataea, 'die daar op grond van hun voorbeeldige inzet een plaats hadden gekregen ondanks het gebrek aan ervaring op zee'.[78] Zelfs met achterlating van een substantiële reservevloot om de thuiswateren te bewaken slaagden de Atheners erin nog zevenentwintig schepen méér dan de honderd die ze al beloofd hadden naar Euboea te sturen. Andere steden, met als belangrijkste Korinthe en Aegina, hadden ook

Van deze buste van een Spartaanse krijger werd altijd gedacht dat hij Leonidas voorstelde, de koning die zijn lijfwacht van 300 man bij Thermopylae naar een heroïsche dood leidde. Of dit echt Leonidas moet voorstellen of niet – hoogstwaarschijnlijk niet –, het is in elk geval een krachtige uitbeelding van de vastberadenheid en trots die Spartanen hun hele leven geleerd werd na te streven. (*The Art Archive / Archeologisch Museum van Sparta / Dagli Orti*)

alles gestuurd wat ze konden. Voor iedereen die de geallieerde vloot nakeek toen hij op zijn reis noordwaarts Kaap Sunium rondde, trireem na trireem, de roeiriemen woelend in het water, moet het een roerend gezicht geweest zijn. Er zeilden in totaal tweehonderdeenenzeventig gevechtsschepen naar Euboea, ongetwijfeld maar een fractie van de schepen die de Grote Koning onder zijn bevel had, maar toch een zeer dappere poging – en een inspirerende.

De bevelvoerder was, zoals een jaar eerder in het Hellenion afgesproken, een Spartaan, een aristocraat die Eurybiades heette. Voor zijn landgenoten was dat een bittere ironie. Ze mochten dan doodsbang zijn om de olympische wapenstilstand te verbreken, als ze keken naar wat andere steden bijdroegen aan de oorlogsinspanningen zullen ze zich toch behoorlijk in hun eergevoel gekwetst hebben gevoeld. De toegangen te land te bemannen zoals anderen de zeestraten bewaakten, dat was een plicht waar de Spartanen nu nauwelijks nog onderuit konden. Ergens moest een compromis gevonden worden dat hen de toorn der goden bespaarde en tegelijk de gelegenheid bood hun eed na te komen. Er kon geen sprake van zijn dat ze een volledige strijdmacht stuurden zolang de olympische wapenstilstand nog niet voorbij was, maar was er iets op tegen om alvast een kleine eenheid vooruit te sturen om de pas te bewaken? Als ze andere steden op de ruim driehonderd kilometer lange weg die van Laconië naar Thermopylae kronkelde ertoe konden overhalen versterkingen te leveren, dan zou zelfs een kleine strijdmacht van Spartanen stand kunnen houden. Zeker als die strijdmacht werd samengesteld uit de meest geharde, meest taaie elitetroepen. En vooral – omdat dan de boodschap van de Spartaanse vastberadenheid aan de hele wereld werd verkondigd – als die strijdmacht werd aangevoerd door een koning.

Leonidas was het die de gevaarlijke taak op zich nam. Als vertegenwoordiger van de oudere dynastie zal hij het ongetwijfeld als zijn plicht hebben beschouwd – maar hij heeft misschien ook een meer persoonlijk motief gehad. Het kan zijn dat de geesten van de Perzische gezanten die zomer niet de enige spoken in Laconië waren. Ruim tien jaar waren verstreken sinds Cleomenes met opengesneden benen en buik in verwrongen houding in het blok was gevonden. Wat een raadsel bleef, was of hij de hand aan zichzelf had geslagen – de verdiende straf voor het omkopen van het orakel en het bespotten van de goden – of dat hij het slachtoffer was geworden van een brute samenzwering, mogelijk georkestreerd door het Spartaanse opperbevel zelf. In beide gevallen zal Leonidas zich bij het gruwelijke einde van zijn voorganger betrokken hebben gevoeld. Cleomenes was immers van hetzelfde vlees en bloed. Het bloed was allang weggewassen, maar het gevoel van een vloek, drukkend, dreigend, even benauwend als de augustushitte, hing nog steeds zwaar over Sparta. Terwijl Leonidas zich opmaakte voor zijn wanhopige missie zal hij misschien hebben teruggedacht aan de dreigende woorden van het orakel: ofwel zijn stad werd 'grondig verwoest... of stel dat dit niet gaat gebeuren / dan zal Laconië Heracles' nazaat, haar koning, betreuren'. Het zal hem ook niet ontgaan zijn dat op een bergtop boven Thermopylae Heracles zelf was omgekomen, dat hij daar zijn sterfelijke vlees en bloed in het vuur had geworpen opdat hij tot de goden zou opstijgen. Terecht, dus, dat Leonidas de Hippeis, de elite-eenheid van driehonderd jongemannen die gewoonlijk in de strijd als lijfwacht van de koning fungeerde, liet vervangen door oudere veteranen – 'allen mannen die zonen hadden'.[79] Een duidelijke intentieverklaring. Wat er ook gebeurde op de pas – roemrijke overwinning of verpletterende nederlaag –, Leonidas zou zijn fatale missie trouw blijven. Hij zou hoe dan ook de redding van zijn stad verzekeren. Van Thermopylae was geen wijken.

IN HET NAUW

Epische voorbereidselen

Hipparchus, de playboy-tiran die in 514 v.Chr. in een vrijersruzie was vermoord – een feit dat de Atheners als een gewonnen slag voor de vrijheid beschouwden –, was zijn hele bewind door een groot liefhebber geweest van de kunsten. Hij was een enthousiast mecenas van de architectuur, zoals vorsten zo vaak zijn, en hij had altijd een zeldzame passie aan den dag gelegd voor literatuur. Onder de rijzige fallussen die een enigszins verrassend kenmerk waren van de wegwijzers in Attica stonden nog steeds de bondige en stichtelijke verzen gegraveerd die door de vermoorde Pisistratide zelf waren geschreven. Ook in andere opzichten hadden de Atheners geprofiteerd van Hipparchus' studieuze tirannie. Het was bijvoorbeeld te danken aan zijn geestdriftige ruggensteun dat de crème de la crème van het Griekse literair talent, die vroeger zijn neus optrok voor het dorpse Athene, de stad ging beschouwen als een culturele broeikas en in groten getale toestroomde. De tiran was er zo op gebrand geweest gevierde dichters naar zijn hof te loodsen dat hij zelfs een luxe veerdienst voor ze had ingesteld in de vorm van een privégalei met vijftig roeiers.

Maar meer nog dan naar de moderne literatuur ging Hipparchus' ware passie – en die werd door de hele Griekse wereld gedeeld – uit naar twee ongeëvenaarde epen: de *Ilias* en de *Odyssee*, eeuwen daarvoor geschreven en gesitueerd in de tijd van de Trojaanse oorlog. Weinig was met zekerheid bekend over de auteur, een dichter die Homerus heette, maar voor de Grieken was hij in zo oneindige, zo onuitputtelijke, zo alles overstijgende mate de bron van hun diepste geloofsartikelen en idealen, dat alleen de oceaan, die de hele wereld omvatte en bevloeide, hem naar hun gevoel adequaat kon verzinnebeelden. Geen wonder dat Hipparchus, die zijn stad op de literaire kaart wilde zetten, dolgraag van Homerus op de een of andere manier een Athener wilde maken – in weerwil van het frustrerende feit dat iedereen ervan overtuigd was dat hij aan de oostkust van de Egeïsche Zee geboren was. Men zei zelfs dat Pisistratus, de vader van Hipparchus, toen hij een uitgave van het werk van de dichter financierde, geprobeerd had stiekem een paar verzen van hemzelf in de tekst te voegen die Athene en zijn antieke helden bezongen. Hipparchus gooide het over een minder vulgaire boeg en voerde voordrachten van de epen op de Panathenaea in. Niet dat die overigens een geest van verfijnde bellettrie ademden: ze waren veeleer, net als de atletiekwedstrijden die ook tijdens het festival werden gehouden, moordend competitief – en zo hoorde het ook. 'Wees altijd de dapperste. Wees altijd de beste.' Motto's, dat spreekt vanzelf, uit de *Ilias*.

En die werden door de Grieken alom, wat Hipparchus ook probeerde, als hun aller erfgoed beschouwd. De Spartanen bijvoorbeeld, de landgenoten van Helena en Menelaos, hadden geen poëzievoordrachten nodig om hun affiniteit met de waarden van Homerus' epen te demonstreren. Naar de letter stamde hun krijgscode van Lycurgus, maar naar de geest, die heroïsche vastberadenheid om de dood en 'een roemrijke reputatie die nooit teloor zal gaan'[1] te prefereren boven een leven van lafheid en schaamte, was hij de intense, geduchte uitstraling van de heroën die bezongen werden door 'de Dichter'. En van één heros in het bijzonder: Achilles, de grootste en dodelijkste krijger, die naar Troje was getrokken om in een luisterrijke gloed te schitteren, wetend dat al zijn roem hem slechts een voortijdige dood zou bezorgen. Natuurlijk, de pure extase van zijn zucht naar roem, die hem met Agamemnon deed bakkeleien over een slavinnetje, die maakte dat hij in zijn tent ging zitten mokken terwijl zijn kameraden werden afgeslacht en die hem slechts naar het slagveld liet terugkeren omdat zijn geliefde neef geveld was, dat was een hang naar zelfbehagen die een Spartaanse soldaat bepaald niet was toegestaan. Maar dat de dood in de strijd iets moois kon zijn, dat die de herinnering aan een krijger, terwijl zijn geest in de grijstinten van de onderwereld vertoefde, levend hield met een schitterend gouden aureool, dat die hem *kleos*, onsterfelijke roem, kon brengen – die noties, voor altijd verbonden met Achilles, werden door de Grieken eveneens beschouwd als traditioneel Spartaans. Anderen mochten die idealen nastreven, maar alleen in Sparta werd de burgers vanaf hun geboorte ingeprent ernaar te leven.

Toen Leonidas aan het hoofd van zijn kleine krijgsmacht begin augustus bij de pas van Thermopylae kwam, zal het voorbeeld van de heroën die eeuwen geleden in de eerste grote confrontatie tussen Europa en Azië hadden gestreden hem onwillekeurig voor ogen hebben gestaan. Homerus had hem geleerd dat de goden, 'als gieren', weldra onzichtbare schaduwen over de posities van zijn mannen zouden werpen – want altijd wanneer stervelingen bovenmenselijke moed moesten scheppen, wanneer ze zich moesten aangorden voor de strijd, 'in dichte formatie, het ruig uitziende gelid van schilden en helmen en speren zoals een rimpeling over de zee trekt',[2] dan wisten ze dat ze het domein van het goddelijke betraden. Nu was het moeilijk je een griezeliger toegang daartoe voor te stellen dan Thermopylae, de 'Warme Poorten'. Dampend water welde op uit de bronnen die de pas zijn naam gaven, en de rotsen waarboven ze sisten zagen er bleek en misvormd uit, als gesmolten was, een vochtige zwavelgeur hing in de augustushitte. Het was allemaal koortsig en eng en dichtgekoekt met stof. De pas was grotendeels zo smal dat er aan de twee uiteinden – de zogenaamde Oost- en Westpoort – maar ruimte was voor één wagen. Aan één kant van deze doorgang klotste de moerassige ondiepte van de Malische Golf, en aan de andere kant, 'te steil en te hoog',[3] lag de berg Callidromus, aan de voet nog met bomen begroeid, maar daarboven grijs en kaal oprijzend in het meedogenloze azuur. Het was een vreemde, onaardse plek – maar geknipt voor een defensieve stelling.

Iets wat de plaatselijke bewoners allang wisten. Mannen uit Phocis, het met valleien doorsneden land tussen Thermopylae en Delfi, hadden ooit een muur dwars over de pas gebouwd, niet bij de twee flessenhalzen aan de uiteinden, maar in het midden, waar de pas ongeveer achttien meter breed was, de zogenaamde 'Middenpoort'. Hier waren de rotswanden het steilst en het moeilijkst te beklimmen voor een omtrekkende beweging. Aan de voet daarvan sloeg Leonidas zijn bivak op en liet onmiddellijk de muur van de Phociërs herstellen – geen moeilijk karwei, want hij had naast zijn lijfwacht nog zo'n driehonderd heloten en vijfduizend andere soldaten bij zich.[4] Die waren deels overreed, deels gedwongen hem te volgen en kwamen voor het merendeel van de Peloponnesos – maar niet allemaal. Zevenhonderd waren vrijwilligers van Thespiae, een stad in Boeotië die net als Plataea allang de buik vol had van het machtsvertoon van Thebe en bereidwillig mankracht had afgestaan aan de geallieerden, en vierhonderd kwamen uit Thebe zelf. Leonidas, zich pijnlijk bewust dat Midden-Griekenland vergeven was van de collaborateurs, had expres op weg naar Thermopylae de belangrijkste samenzweerders bezocht en botweg hun steun geëist. De Thebaanse bovenklasse, nog niet brutaal genoeg om een Spartaanse koning af te schepen, had gereageerd met fluwelen uitvluchten. Erop vertrouwend dat Leonidas aan een zelfmoordactie begon, hadden ze echter vrolijk 'mannen van de rivaliserende factie',[5] degenen die tegen collaboratie met de Perzen waren, met hem meegestuurd, en Leonidas, die geen extra man kon missen, had deze loyalisten dankbaar verwelkomd. Maar terwijl hij naar de zinderende lege vlakten voorbij Thermopylae tuurde en de horizon afzocht naar stofwolkjes, de eerste tekenen van de monsterlijke horden van de Grote Koning, zal hij er niettemin weinig twijfel over hebben gehad dat velen in zijn achterhoede duimden dat hij zou falen.

En dat was nog niet het einde van zijn zorgen. Terwijl zijn mannen bezig waren zich te verschansen, kwam er een delegatie van de stad Trachis, op wier grondgebied Thermopylae lag, met zeer onwelkom nieuws. Het bleek dat de pas toch niet zo veilig was als de strategen op de Isthmus hadden gedacht. Er liep een pad om de bergtoppen van Thermopylae heen. Het was nauwelijks geschikt voor cavalerie of zware infanterie, maar heel goed begaanbaar voor lichtgewapende mannen, zeiden de Trachiërs. Als de barbaren die route ontdekten, zouden ze hem zeker nemen. De verdedigers van de Warme Poorten hadden geen andere keus dan hem af te snijden. Makkelijk genoeg, zou je denken, maar Leonidas, die zich schrap moest zetten tegen de volle sterkte van het leger van de Grote Koning, kon geen enkele hopliet missen. Hij had weinig keus en besloot uiteindelijk tot een compromis. Duizend man uit Phocis, die zich uit afkeer van de collaborerende Thessaliërs enthousiast aan de zijde van de geallieerden hadden geschaard, meldden zich vrijwillig om het pad te bewaken. Leonidas, die rekende op hun kennis van het terrein en die ervan uitging dat ze waarschijnlijk alleen maar met lichte infanterie te maken zouden krijgen, nam hun aanbod aan. Geen Spartaan, niet één officier, werd meegestuurd om hun onervarenheid te compenseren. Leonidas, zich aangordend voor de komende storm, wilde al zijn elitetroepen bij zich houden. Begrijpelijk, misschien, maar toch een gruwelijke gok.

En de Spartaanse koning was de enige bevelvoerder niet die een paar moeilijke optelsommen te maken had. Vijfenzestig kilometer naar het oosten, aan de overkant van de Malische Golf en voorbij de nauwe zeestraat die Euboea van het vasteland scheidde, tobden de geallieerde admiraals over de situatie aan hun eigen flank. De positie die ze hadden gekozen leek net als Thermopylae wel sterk. In tegenstelling tot de onverbiddelijke kustlijn aan de overzijde, waar met struikgewas begroeide heuvels als olijfgroene tanden in kaken van kale rotsen waren geplant, bestond de noordpunt van Euboea grotendeels uit stranden van kiezels en zwart zand. Die stranden waren vlak en lang, dus het was voor de Grieken een fluitje

In het nauw: Griekenland in 480 v.Chr.

van een cent geweest om hun oorlogsschepen bij honderden op het grind te trekken. En aangezien er voor de kust geen zandbanken of riffen lagen, alleen een vrij steile onderwaterhelling, beloofde het al even simpel te worden de vloot weer vlot te trekken wanneer de Perzische schepen kwamen. Maar welke kant zouden de barbaren op gaan? Dat was de vraag die knaagde aan het zelfvertrouwen van de Grieken. Als ze naar het westen voeren en de zeestraat die naar Thermopylae leidde ingingen, dan zou de geallieerde strijdlinie als een deur aan zijn hengsels uitzwaaien en in een goede positie liggen om de doorgang te blokkeren. Maar als ze oostwaarts zeilden, om Euboea heen, om vervolgens een aanval te doen op Attica en de Isthmus, of verder noordwaarts langs de andere kant van het eiland om de Griekse vloot in de rug aan te vallen, dan was het gevaar echt levensgroot. De Grote Koning had zoveel triremen onder zijn bevel dat hij gemakkelijk zijn armada in tweeën kon splitsen en nog steeds op verschillende fronten een overweldigende overmacht kon inzetten. De geallieerde admiraals liepen dus het risico dat ze klem kwamen te zitten in de zeestraat die Euboea van het vasteland scheidde in plaats van dat ze de toegang daartoe blokkeerden. Net zoals bij Thermopylae hield een vooruitgeschoven defensieve positie het risico in van een totale vernietiging.

De eerste twee weken van augustus gingen voorbij. Nog steeds waren er geen schepen in de noordelijke doorvaart verschenen. Tegenover de almaar zenuwachtiger wordende Grieken lag een bergachtig schiereiland, Magnesië geheten, waar monsters door dichte bossen waarden, en iedereen wist dat langs die onherbergzame kust, onzichtbaar voor waarnemers op Euboea, de invasiemacht moest komen, en pas als de Perzen aan de zuidelijke punt tussen het eiland Skiathos en het vasteland doorvoeren, zouden ze eindelijk in zicht komen. Alleen vanaf Skiathos konden de Grieken op tijd gewaarschuwd worden voor hun nadering, en dus waren drie patrouilleschepen op het eiland gestationeerd en waren er bakens op de heuvels aangelegd. Maar nog steeds verschenen er geen schepen op de zee, en de bemanningen van de Griekse vloot bleven over het knerpende grind ijsberen en het zweet uit hun brandende ogen wissen terwijl ze angstvallig Skiathos in de gaten hielden, wachtend op het uitbreken van de oorlog. Pas als het begon te schemeren en de zon achter de verre piek van de Callidromus zonk, konden ze zich ontspannen, want niemand in de Egeïsche Zee, waar navigeren eilandhoppen betekende, waagde het bij nacht het open water over te steken. Op dat moment konden de Grieken zich in een andere tijd wanen, toen hun voorvaderen ook zo bij hun schepen op een eenzaam strand gelegerd waren. Want hoewel er op een laag heuveltje achter hen een tempel van Artemis stond – waar de kaap zijn naam aan ontleende: Artemisium – was er verder niemand op het strand.

> Zo dan zaten die nacht op het slagveld de mannen tezamen,
> trots en bewust van zichzelf, te midden van talrijke vuren.
> Zoals wanneer aan de hemel, om 't glanzende maanlicht, de sterren
> schitterend opkomen, hoog in de windstille lucht...[6]

Toen, op een ochtend midden in augustus, op een hoogst onverwacht tijdstip van de dag, vlak na zonsopgang, verrees er ineens een steekvlam op Skiathos. De vijand was in zicht. De eerste slag was al gestreden, en die was voor de Griekse patrouilleschepen op een vernederend pak slaag uitgelopen. Als uit het niets, terwijl de sterren nog aan de hemel twinkelden, was een eskader van tien Sidonische triremen op Skiathos aangevallen – want de Feniciërs hadden, in tegenstelling tot hun rivalen, wél geleerd bij nacht op open zee hun koers te bepalen.[7] Eerst hadden ze de Griekse patrouilleschepen verrast en vervolgens ingehaald. Eén had zich vrijwel onmiddellijk overgegeven, en de keel van de knapste gevangene was ritueel boven de voorsteven doorgesneden als offer aan de goden: het eerste bloed was voor de Sidoniërs. Het tweede schip van de Grieken werd daarentegen pas na felle gevechten veroverd. De vijand was zelfs zo onder de indruk van de krijgshaftigheid van één Griekse marinier dat ze, na hem te hebben overmeesterd, zijn wonden met mirre bedekten, hem verbonden en hem toejuichten als een oorlogsheld. Het derde schip, een Atheense trireem, was erin geslaagd aan zijn achtervolgers te ontsnappen, maar liep vervolgens vlak bij een riviermonding op een modderbank vast. Geen erg roemrijk begin voor de verdediging van de Griekse vrijheid.

Intussen was heel Artemisium in rep en roer. Het was niet duidelijk of het vuurbaken op Skiathos de komst van de hele barbaarse vloot aankondigde, en de bemanningen strompelden druk over het grind en waadden door het ondiepe water om hun schepen vlot te trekken. Naarmate de uren verstreken en er geen vijandelijke versterkingen kwamen, werd duidelijk dat de Sidoniërs geen voorhoedemacht vormden, maar alleen op verkenning uit waren. Ondanks het spectaculaire succes dat ze in het begin hadden geboekt ging dat niet helemaal volgens plan. Griekse patrouillevaartuigen die voor de zeestraat tussen Skiathos en het vasteland langs voeren zagen hoe drie van de vijandelijke triremen op een verborgen rif liepen. Maar in Artemisium gingen de Grieken niettemin door met het te water laten van hun schepen, om meteen als ze vlot waren geraakt de zeestraat van Euboea op te zeilen in de richting van het vasteland, alsof ze in dolle paniek waren. De indruk van angsthazerij werd nog versterkt door het feit dat ze geen enkele poging deden de Sidoniërs gevangen te nemen, zelfs niet toen ze brutaal, alsof er niks aan de hand was, een baken op het verborgen rif gingen zetten. Het leek wel of de Grieken expres te koop liepen met hun ontreddering, zodat het aan het Perzische oppercommando zou worden gerapporteerd.

En misschien was dat ook wel zo. Natuurlijk, gezien de enorme klap die ze te wachten stond, was het wel begrijpelijk dat ze last hadden van zenuwen. Misschien wel helemaal tot aan het hoogste commando toe. Eurybiades, de vlootadmiraal, was niet bepaald een inspirerend leider. Als Spartaan schijnt hij zich dubbel ongemakkelijk te hebben gevoeld aan boord van een schip en ver weg van de Peloponnesos. Zijn belangrijkste bijdrage aan de geallieerde strategie was herhaaldelijk kreunen dat 'de Perzen onoverwinnelijk waren op zee'.[8] Maar Eurybiades, ook al was hij opperbevelhebber, voerde nauwelijks het bevel. Het werkelijke leiderschap van de Griekse vloot berustte bij de admiraal van het grootste contingent – en Themistocles had altijd gepleit voor een vooruitgeschoven linie. Waarom had hij er dan mee ingestemd dat de vloot zich terugtrok van Artemisium? Aan zijn moed hoefde niet te worden getwijfeld: hij had gevochten bij Marathon, hij wist wat het was om het tegen de barbaar op te nemen zonder de aftocht te blazen. Hij zal zich ook wel herinnerd hebben hoe de gevierde overwinning was behaald. Samen met zijn kameraden in het verzwakte centrum had hij zich laten terugdrijven zodat de vijandelijke flank opgerold kon worden en de Perzen in een dodelijke val liepen. Overmoed, de overmoed van een vijand die zich onoverwinnelijk waant, kon zodanig slim gemanipuleerd worden dat zelfs een overweldigende overmacht in een nadeel verkeerde – dat schijnt de les te zijn die Themistocles had geleerd van zijn vorige treffen met de vijand. Vandaar misschien zijn keuze om van Artemisium terug te trekken. Terugtrekken terwijl de Perzische oorlogsvloot naderde, hem in de nauwe zeestraat van Euboea lokken, waar hij niet uit de voeten kon, en hem dan aanvallen – en misschien zelfs vernietigen. Een waagstuk, maar waagstukken hadden wel eerder goed uitgepakt tegen de Meden.

Niet deze keer. De val werd uitgezet, maar niemand trapte erin. De dag verstreek en nog steeds rapporteerden de uitkijken op de hoogten van

Euboea een lege zeestraat bij Magnesië. De Griekse oorlogsschepen, in plaats van terug te keren naar Artemisium, trokken zich nog verder zuidwaarts terug. Chalcis, waar de vermoeide roeiers eindelijk aanlegden om op adem te komen, lag halverwege de westkust van Euboea. Daar waren de Grieken in een goede positie om, afhankelijk van het nieuws dat ze van hun uitkijken ontvingen over de intenties van de Perzische vloot, ofwel snel de betrekkelijke veiligheid van de Attische kust op te zoeken, of weer om te keren en Leonidas' flank te verdedigen. Met het langgerekte Euboea als een schild tussen hen en de open zee in zullen de roeiers zich, nu de hitte nog verstikkender werd, opgelucht hebben gevoeld dat ze de vlakke stranden van Artemisium hadden verlaten – want verstikkende hitte aan het eind van de zomer bracht onveranderlijk een Hellesponter. De zeemanswijsheid in de Egeïsche Zee luidde: nooit het weer vertrouwen na 12 augustus – en 12 augustus was al voorbij. Maar nog steeds verstreken de dagen. Nog steeds waren er geen nieuwe tekenen van de Perzische vloot. Nog steeds nam de hitte niet af. De Grieken, verschanst bij Chalcis, hun ogen op de bakens boven op de Euboeïsche heuvels gericht, lieten hun voeten in de verkoelende zeestroom bungelen en deden wat Apollo hun geadviseerd had: ze zonden gebeden naar de wind.

Die hielpen ook voor degenen die standhielden en afwachtten. Terwijl Leonidas zich op zijn eenzame wachtpost bij Thermopylae voorbereidde op de dood, had Themistocles zijn zinnen even ferm gezet op overleven. Roemrijk als het was om huis en haard te verlaten en naar een ver land te trekken om oorlog te voeren, je leven te wagen in een opperste krachtmeting vol moed en uithoudingsvermogen, en vervolgens in de strijd te sneuvelen, het was ook een Griekse traditie om het instinct tot zelfbehoud te volgen en daarom niet minder een held te zijn. Achilles, die van zijn moeder de keus kreeg tussen een gelukkige, maar obscure oude dag en een vroege dood met onsterfelijke roem, had niet geaarzeld. Maar in zijn tweede grote epos had Homerus de daden bezongen van een man die een heel andere keus had gemaakt. Odysseus, even rondborstig als Themistocles en evenzeer een 'man van listen en lagen', wilde na Troje verslagen te hebben niets liever dan naar zijn vrouw thuis terugkeren. Om dat te bereiken achtte hij geen list, geen bedrog, geen truc beneden zijn waardigheid. Daarom bewonderde Athena hem en eerde hem boven al haar andere favorieten: 'daar jij de andere mannen ver overtreft in woord en beleid en ik bij de goden om mijn vernuftige plannen en slimheid befaamd ben',[9] zei ze tegen Odysseus. Daarom hield ze van de Atheners, die als de intelligentste van alle Grieken beschouwd werden, en daarom was het ook dat een sterveling, telkens wanneer het onmogelijke plotseling mogelijk leek en de oplossing van een schijnbaar onoverkomelijk probleem zich aandiende, erop kon rekenen Athena aan zijn zijde te hebben. Terwijl hij de kansen van de strijd afwoog en nadacht over nieuwe strategieën zal Themistocles zich niet beperkt hebben tot het opzeggen van gebeden tegen de wind.

'Aan het werk, samen met Athena,' zo luidde het spreekwoord.[10] Maar nu was het initiatief even aan Themistocles ontglipt. Zijn volgende zet zou afhangen van wat anderen – de Perzen en de windgoden – het eerst deden. Nog steeds waren er geen nieuwe ontwikkelingen, en nog steeds steeg de temperatuur. Toen, eindelijk, zo'n tien dagen nadat de Griekse vloot zijn positie bij Artemisium verlaten had, kwam er een onverwachte reveille. Een dertigriems kotter, aangevoerd door een Athener, een makker van Themistocles die Abronichus heette, kwam door de zeestraat naar Chalcis gesneld. Abronichus, die aan het begin van de campagne was aangesteld als verbindingsofficier tussen Leonidas en de Griekse vloot, bracht schrikbarend nieuws. De schemeroorlog was kennelijk voorbij. Het leger van de Grote koning naderde Thermopylae. De Meden stonden voor de Warme Poorten.

De storm barst los

Er waren niet echt uitkijkposten voor nodig om te waarschuwen voor de nadering van de Koning der Koningen. Ruim vóór de Perzische verkenningseenheden uitwaaierden over het vlakke land aan de kust van de Malische Golf zal Leonidas geweten hebben dat een strijdmacht van onmetelijke omvang naderde. De augustushemel was wolkeloos, maar de noordelijke horizon ging schuil onder een mist van stof. Steeds vuiler, dikker, wervelender werd hij, en toen begon de aarde zelf, vertrapt onder duizenden en nog eens duizenden voetstappen, te beven. Dat was letterlijk de macht van de Grote Koning: dat hij de wereld kon doen beven. Jarenlang hadden zijn agenten op de Grieken een tactiek van sluipende terreur toegepast, en nu stond die terreur eindelijk voor hun poorten.

Voor de verdedigers van Thermopylae, die in afgrijzen over de baai uitkeken, boden de horden van de Grote Koning een spektakel dat hun zwartste vermoedens overtrof. Almaar door daverde de dreun van hun voortgang, in en uit het zicht zinderden ze, voortgedreven op de rollende branding van verstikkend stof rukten de barbaren op. Terwijl de Grieken het gruis uit hun tranende ogen wisten en de aarde uur na uur onophoudelijk onder zich voelden huiveren, zullen de berichten van de drie spionnen die naar Sardis waren gezonden en die hadden gerept van een Azië dat leegliep en miljoenen die tegen hen in het geweer werden gebracht, op een angstaanjagende manier bevestigd zijn. Paniek beving de kleine krijgsmacht. Behalve de Spartanen, natuurlijk, die hun gebruikelijke kalmte bewaarden, en Leonidas gaf, terwijl hij probeerde zijn geallieerde manschappen gerust te stellen, zijn lijfwacht opdracht stelling te nemen voorbij de muur. Algauw trappelde er een Perzische verkenner door de Westpoort. Geen van de driehonderd keek op. Sommigen kamden hun lange haar, zoals de gewoonte was bij de Spartanen als ze zich opmaakten om de dood in de ogen te zien. Anderen, hun naakte lichamen glibberig van de olie, zaten elkaar achterna of stoeiden, maar niet te hard, want 'gedurende veldtochten waren hun lichamelijke oefeningen minder zwaar... zodat alleen voor hen onder alle mensen de oorlog een verlichting betekende van de voorbereiding tot de oorlog'.[11] De Perzische verkenner aanschouwde dit tafereel stomverbaasd, keerde om en galoppeerde terug. De Spartanen deden geen poging hem tegen te houden.

Later die dag kwam er een formele delegatie van Xerxes naar de Warme Poorten. Leonidas, die de gezanten zeker voorbij de muur tegemoet zal zijn getreden, zodat ze niet zagen hoe weinig mannen hij onder zijn bevel had, kreeg te horen wat de voorwaarden waren van de Grote Koning. Als de verdedigers hun wapens neerlegden, konden ze ongemoeid naar hun huizen terugkeren en kregen ze de titel 'Vrienden van het Perzische Volk' – 'en aan alle Grieken die zijn vriendschap aanvaardden zou Xerxes meer land geven, van betere kwaliteit dan enig land dat ze nu bezaten'.[12] Voor veel Peloponnesiërs, die al stonden te popelen om met de staart tussen de benen naar de Isthmus terug te keren, waren die voorstellen alleen maar een extra stimulans om van de pas terug te trekken. Maar de Phociërs, voor wie de Isthmus wat bescherming betreft evengoed in Egypte had kunnen liggen, waren mordicus tegen. Ook, het zal niet verbazen, Leonidas, en aangezien hij de opperbevelhebber was en nog een Spartaanse koning op de koop toe, was zijn vastberadenheid voldoende om de weifelaars over de streep te trekken. De geallieerden bleven waar ze waren. De pas zou verdedigd worden. Toen de gezanten van de Grote Koning terugkeerden naar de Warme Poorten om te eisen dat de Grieken hun wapens overhandigden, antwoordde Leonidas heel toepasselijk en laconiek: *Molon labe* – 'Kom ze maar halen.'[13]

Zijn landgenoten hadden dat soort parels van onverstoorbaarheid altijd hogelijk gewaardeerd. Hoe uitzichtlozer de situatie, hoe onwankelbaarder een Spartaan, werd hun geleerd. En Leonidas, die heel goed besefte dat koelbloedigheid de beste oppepper was die hij zijn weifelmoedige bondgenoten te bieden had, rekende erop dat zijn lijfwacht hem met een eigen staaltje van nonchalance ruggensteun verschafte. Ze stelden hem niet teleur. Wanneer de barbaren hun pijlen afschoten, zei een van de plaatselijke bewoners bibberend, dan floten er zoveel door de lucht dat de zon verduisterd werd. De Spartanen, die de gewoonte hadden pijlen af te doen als louter speldenprikken, iets voor vrouwen en lafaards, schenen bepaald niet onder de indruk. 'Dat is nog eens goed nieuws!' zei een van hen lijzig. 'Als de Perzen de zon verduisteren, hoeven wij niet in het felle licht met ze te vechten – dat kunnen we dan mooi in de schaduw doen.'[14]

Maar hoe hartversterkend dat soort snedigheden ook waren, ze moeten Leonidas gevaarlijk als galgenhumor in de oren hebben geklonken. Hij wist dat de situatie in werkelijkheid voor zijn mannen nog ernstiger was dan de meesten dachten. Themistocles en de Griekse vloot gingen door met bidden om stormen en bleven bij Chalcis liggen. Nu Artemisium verlaten was, kon niets de Perzische vloot, als die eenmaal bij Euboea was gearriveerd, ervan weerhouden direct naar de ondiepten voor de kust van Thermopylae te zeilen. Dat moment kon, nu de Grote Koning reeds zijn tenten voor de Warme Poorten had opgeslagen, niet meer veraf zijn. Terwijl Leonidas de oostelijke horizon afzocht naar masten in de verte zal hij een diepe zucht van verlichting hebben geslaakt toen de schemer boven de Malische Golf inviel en de kampvuren oplaaiden in de pas. De nacht was gekomen – en de Perzische vloot niet. De geallieerden hadden Thermopylae nog in handen. Maar voor hoe lang nog? Nerveus keken de mannen naar de lucht. De maan was bijna vol en glom aan een wolkeloze, windstille hemel. Zo glom hij ook boven het verre Olympia en boven Laconië. Leonidas had die middag boden naar de Isthmus gezonden met een dringend verzoek om versterkingen, maar hij wist dat de kans klein was dat daaraan gehoor zou worden gegeven – of anders op zijn vroegst pas over een week, wanneer de Olympische Spelen en de Carneia voorbij waren. En de tijd drong.

Het werd ochtend. Nog steeds geen teken van een naderende aanval op de pas. Over de kustweg trokken verspreide logistieke eenheden en gevechtstroepen van het leger van de Grote Koning naar zijn kamp. Voorbij de Malische Golf waren nog steeds geen Perzische schepen te zien. De imperiale vloot bevond zich zeker ergens in die richting, zuidwaarts zeilend voor een rendez-vous met de Koning der Koningen – maar waar precies? Misschien dat de nieuwe dag het antwoord zou brengen. De zee, verlicht door de stralen van de ochtendzon, strekte zich kalm en helder uit, met daarin het blauwe silhouet van Euboea. In de verte, in het noordoosten, verrezen de bergtoppen van Magnesië. Alles was stil: vreemd, lichtend, dreigend stil. Een zeeman, gepokt en gemazeld in de stemmingen van de Egeïsche Zee, zou hebben geweten wat dit voorspelde, maar er waren weinig zeelui bij Thermopylae. De weersverandering, die met een abrupte, loeiende windstoot kwam, zal hun dan ook als iets griezeligs en bovenaards, ja, als de ademtocht der goden, zijn voorgekomen. Schijnbaar uit het niets stak een storm op die de golven van de baai opzweepte en de bewakers van de Warme Poorten met pluimen van schuim striemde. De ochtendhemel werd zwart en in de verte rolde de donder over de Egeïsche Zee.[15] De Hellesponter, waar zo naar gesnakt was, waar zo lang om was gebeden, was eindelijk gekomen – en de zee werd 'een kolkende massa'.[16]

Twee dagen woedde de storm. Twee dagen scholen de geallieerden bij de Middenpoort, de Spartanen met hun scharlaken mantels strak om zich heen getrokken, terwijl de stormwinden over de zee in hun richting zwiepten. Twee dagen wachtten de barbaren af zonder een aanval op de pas te doen. In plaats daarvan hielden beide kampen het weer in de gaten, terwijl ze de oostelijke horizon afzochten en met spanning op nieuws van hun afwezige vloten wachtten. Op de derde ochtend van de storm, toen de wind eindelijk ging liggen, zagen ze wrakhout op de woelige baren van de Malische Golf dobberen. Vervolgens kwamen in de verte op de grijze zee vlooteskaders in zicht die moeizaam noordwaarts tegen de wind in roeiden. De Griekse vloot had de storm doorstaan en keerde nu, tot grote opluchting van de kleine strijdmacht bij Thermopylae, naar zijn positie in Artemisium terug. De schakel in de keten was weer hersteld. Het front hield, vooralsnog tenminste, stand. En nog steeds was de vijandelijke vloot niet gesignaleerd.

Het rapport waarmee de verbindingsofficier van Artemisium die avond kwam gaf een mogelijke verklaring. Op weg naar de smalle doorvaart bij Skiathos waren de barbaren midden op zee verrast. De kust van Magnesië, met volle kracht gegeseld door de storm, scheen bezaaid te liggen met lijken, rondhout en goud. Naar het exacte aantal schepen dat in de storm vergaan was konden ze voorlopig slechts gissen, maar sommige bemanningsleden van de Griekse vloot waagden al te zeggen dat ze nog 'maar een schamele rest van de vijandelijke vloot tegenover zich zouden vinden'.[17] Wat Leonidas natuurlijk niet bepaald kon nazeggen, want op de vlakte voorbij de Westpoort brandden nog steeds talloze barbaarse kampvuren. Daar zou de slachting van Magnesië ook al wel zijn gerapporteerd. De mislukte poging om Thermopylae vanuit zee in de flank aan te vallen zou wel zijn doorgedrongen. Er zou wel bevel gegeven zijn tot een nieuw aanvalsplan, en dringend, want de Grote Koning had honderdduizenden monden te voeden en kon zich bepaald niet veroorloven met de duimen te gaan zitten draaien. De dreigende consequenties zullen Leonidas en zijn kleine strijdmacht die avond wel duidelijk zijn geworden. Vier dagen hadden ze gewacht tot de Grote Koning een frontale aanval op hun stelling zou ondernemen, en de volgende ochtend, de vijfde, zouden de Aziatische horden zich zeker op hen storten. Hun moed en vastberadenheid zouden een proef moeten doorstaan waaraan weinigen ooit eerder waren onderworpen, zelfs niet in de dagen waarvan de barden zongen, zelfs niet op de vlakte van Troje. Ze kamden hun haren, ze slepen hun zwaarden, ze poetsten hun schilden tot ze verblindend glommen – de Spartanen bereidden zich voor op de ochtendstond en op datgene waar ze hun hele leven voor waren getraind: een staaltje weggeven van de kunst om te doden.

En ja hoor, de zon kwam op en daarmee kwamen de barbaren. Het waren de Meden die opdracht hadden gekregen de pas vrij te maken. Dat waren mannen die bedreven waren in alle kunsten van de strijd in de bergen, goed gepantserd ook, hun maliënkolders glinsterend als de schubben van ijzeren vissen, en hun naam alleen al was sinds lange tijd de schrik van de Grieken. Leonidas had zijn positie echter zorgvuldig gekozen en de Meden, hoe ervaren ook in het beklimmen van de passen in het Zagrosgebergte, slaagden er niet in tegen de steile wand van de Middenpoort op te komen en de defensieve gelederen van de vijand in de flank aan te vallen. En de enge pas bood ook geen ruimte voor een tactiek die onder andere omstandigheden niet minder dodelijk zou zijn geweest: een regen van pijlen, zo dicht dat ze de zon voor de in het zweet badende Spartanen verduisterden. De Meden hadden weinig andere keus dan frontaal de muur van schilden te bestormen in een poging er een bres in te slaan. Maar dat was een vorm van oorlog voeren waarin alle hoplieten uitmuntend getraind waren, en de schilden van de Meden waren van vlechtwerk en hun speren waren veel korter dan die van de Grieken.

Deze aquarel van hoplieten die zich opmaken voor de strijd is gemaakt naar een afbeelding op een vaas die dateert uit het decennium vóór de slag bij Marathon. Met de overwinning van de Atheners op de Perzische agressor in 490 v.Chr. werd voor het eerst de dodelijke slagkracht getoond van de Griekse wapens en pantsers tegen de veel lichter bewapende troepen van het Oosten. *(akg-images / Peter Connolly)*

Zodat hun getalsmatige overmacht, die overweldigend moet hebben geleken, niet telde. Ze hadden zich nog nooit eerder met de barbaren gemeten, maar de Spartanen zullen binnen een paar seconden na het eerste treffen hebben geweten wat voor vlees ze met hun aanvallers in de kuip hadden. Er was geen twijfel aan de moed van de Meden, mannen die bereid waren zich tegen een linie van speerpunten en schilden te werpen, maar ze waren zelfs met hun ijzeren schubben een gemakkelijke prooi voor de muur van met brons beklede professionele killers. Binnen een paar minuten was het front veranderd in een slachthuis. De Spartanen reten met hun speerpunten en zwaarden de buiken van hun tegenstanders open en hun bekwaamheid in 'lijf-aan-lijfgevechten'[18] was een verschrikking voor hun Griekse broeders. Nu, in de nauwe hel van de Warme Poorten, leerden de Meden te delen in die verschrikking. Degenen die vielen hadden gapende wonden en degenen die overeind bleven dropen van het bloed en gleden uit over ingewanden en struikelden over de groeiende hoop gesneuvelden.

Maar ook voor de Grieken, die zich schrap zetten om stand te houden tegen de ziedende drang van de vijand, was het een wanhopige strijd. Ze dreven hun aanvallers terug met hun zware schilden, ze staken, kliefden, hakten al wat ze konden, terwijl de zon gestaag het brons van hun wapenrusting verhitte, tot ze in zweet en bloed baadden. Van de mannen in de frontlinie kon niet verwacht worden dat ze de hele dag op hun post bleven. Dat hoefden ze ook niet, want Leonidas zorgde kalm en efficiënt voor een regelmatige aanvoer van verse troepen naar het front. Degenen die werden teruggetrokken konden hun wapenrusting afleggen, een slokje drinken, en hun wonden verbinden. Zelfs een Spartaan moest soms even uitblazen.

En vooral omdat Leonidas, die niet zeker wist welke andere tactieken de Koning der Koningen nog voor hem in petto had, zijn elitekorps scherp wilde houden voor noodgevallen. De hele dag woedde de strijd, tot de Grieken, na de Meden en vervolgens versterkingen uit Susa te hebben afgeslagen, terwijl de schaduwen lengden, met exact zo'n noodgeval te maken kregen. Een glinstering van met juwelen bezette wapens, een schittering van exquise kleuren, en de Onsterfelijken, het meest bedreven en gevreesde regiment van de Grote Koning, even hoog aangeschreven bij de Perzen als de Spartanen bij de Grieken, rukten de pas binnen. Om ze tot staan te brengen haalde Leonidas zijn hele lijfwacht terug naar de frontlinie – en 'de inzet van de Spartanen gedurende de strijd was onvergetelijk'.[19] Moed, kracht en vastberadenheid spreidden ze tentoon, zoals te verwachten viel. Maar ook een moordend talent voor tactische manoeuvres. Op een teken draaiden ze zich om en deden alsof ze strompelend in paniek wegvluchtten, waarna ze zich, als de vijand even de discipline uit het oog verloor en triomfantelijk voorwaarts stormde, omdraaiden en met angstwekkend gekletter van schilden de gelederen sloten om hun achtervolgers in de pan te hakken. Die tactiek was dubbel ontmoedigend voor de aanvallers, omdat ze, naast de verliezen die ze leden, ook nog met de neus op het brute feit werden gedrukt dat de Spartanen, zelfs na een hele dag vechten, zelfs in de hitte en het bloed en de stank en te midden van de vliegen, nog volledig gevechtsklaar waren. Niet bereid zijn beste troepen nodeloos te verspillen, beval de Grote Koning uiteindelijk hun aftocht, en de Onsterfelijken trokken terug door de Westpoort. De pas werd overgelaten aan de schemering, het bloedbad en de Grieken.

Die nacht, terwijl in de verte de donder boven Magnesië rommelde, striemde de regen het slagveld en veranderde het langzaam in een smurrie van bloed en modder. In de stapels verstrengelde lijken zullen de sieraden om de halzen van Xerxes' afgeslachte lijfwachten, sprankelend in het licht van de sputterende toortsen, honend hebben afgestoken tegen de vunzigheid van de slachtpartij. En ook tegen de pretenties van de Koning der Koningen? Dat zal Leonidas wel dolgraag hebben willen geloven. Maar hij wist wel beter dan zich over te geven aan zelfgenoegzaamheid. Hoewel zijn stelling onneembaar was gebleken voor een frontale aanval, was die altijd nog zo sterk – of zo zwak – als haar flanken. Boodschappers uit het Phocische kamp hoog op de hellingen van de Callidromus, die glijdend en strompelend naar Thermopylae waren afgedaald, verzekerden Leonidas dat er niemand op de bergpaden was gesignaleerd. Maar communicatie met de vloot in Artemisium was uitgesloten, zo ruw was het weer die nacht geworden. Net als tijdens de laatste storm zat er voor Leonidas niets anders op dan naar het huilen van de wind te luisteren, zijn rode mantel strak om zich heen te trekken en er het beste van te hopen.

En misschien was dat ook maar beter voor zijn gemoedsrust, want de dag die door de verdedigers bij Thermopylae als een triomf van standvastigheid kon worden beschouwd, was door de admiraals in Artemisium in een heel andere stemming doorgebracht.[20] De ene onaangename verrassing was snel op de andere gevolgd. De Perzische vloot was helemaal niet nagenoeg vergaan, zoals optimistische Grieken hadden gehoopt, verre van dat. Hij mocht dan gehavend zijn door de storm, maar de hele eerste helft van de middag zeilde het ene na het andere eskader voorbij Skiathos en rond de kaap van Magnesië, om zich aan de kust tegenover Artemisium te verzamelen. De Grieken keken met toenemende wanhoop toe. Nog nooit had ook maar iemand van hen de zee zo zwart van schepen gezien. Zelfs na de schade die de storm had aangericht konden de Perzen nog steeds bogen op misschien wel achthonderd triremen, voldoende om een overmacht van bijna drie tegen één op de geallieerde vloot te vormen. Zelfs het feit dat vijftien vijandelijke schepen per ongeluk op hun basis terechtkwamen en werden veroverd, kon de Grieken niet opvrolijken. Nu ze de Perzische vloot voor zich zagen, op een afstand van maar vijftien kilometer open zee, begonnen velen te pleiten voor een tweede terugtocht, en wel gauw, voordat de barbaren klaar waren met hun reparaties. De roep werd steeds luider en luider – tot ontsteltenis van de plaatselijke bewoners, die zich al zenuwachtig begonnen te maken dat ze overgeleverd zouden worden aan de Meden. Weldra stuurden ze een opgewonden delegatie, eerst naar Eurybiades, en toen die hun verzoek afwees naar Themistocles, met de dringende bede aan de geallieerden om stand te houden. Themistocles, die even sterk tegen de ontruiming van Artemisium gekant was als de Euboeërs, eiste niettemin doodleuk smeergeld voor zijn diensten. Na het grootste deel daarvan voor zichzelf opzij te hebben gezet, gebruikte hij de rest om Eurybiades om te kopen. Dat was niet Leonidas' stijl om de ruggen te rechten, maar wel net zo effectief. Eurybiades en de andere admiraals stemden er prompt mee in dat de geallieerde vloot in Artemisium bleef en standhield.

Nauwelijks hadden de admiraals dit probleem opgelost, of ze raakten opnieuw in paniek. Laat in de middag, rond dezelfde tijd dat de Onsterfelijken tegen de Warme Poorten oprukten, en terwijl de Perzische eskaders, met al het vertoon waartoe ze in staat waren, een intimiderende verkenningstocht langs de tegenoverliggende kust maakten, visten de geallieerden een Griekse deserteur van de vijandelijke vloot, een zekere Scyllias, uit zee. Het was een beroepsduiker, en hij beweerde dat hij de volle vijftien kilometer naar Artemisium onder water had gezwommen. Het nieuws dat hij bracht was geloofwaardiger dan zijn gesnoef zal zijn geweest – in elk geval was het voldoende om het bloed van de toeluisterende admiraals te doen stollen. Terwijl ze bezig waren de hoofdmoot van hun vloot te repareren, had de vijand, zo vertelde Scyllias, een detachement van tweehonderd zeewaardige schepen erop uitgestuurd om ongezien langs de oostkust van Euboea af te zakken, en via de zuidpunt langs de westkust terug naar het noorden te zeilen. Daar had je het weer: het doemscenario voor de Grieken, dat ze opgesloten kwamen te zitten tussen de Perzen die hen van voren aanvielen en van achteren de vluchtweg versperden. Een moment van doodsgevaar, zeker, maar Themistocles was er als de kippen bij om erop te wijzen dat de informatie van Scyllias niet alleen alarmerend was maar ook kansen bood. Stuur een substantieel eskader van de vloot bij Artemisium zuidwaarts door de zeestraat tussen Euboea en het vasteland, vertrouw op de goden dat de patrouilles voor de kust van Attica de achtervolging van de tweehonderd Perzische schepen zouden inzetten zodra ze in zicht kwamen, en het zouden wel eens de barbaren kunnen zijn die in de tang werden genomen.

Eén grote gok natuurlijk, maar wilden de Grieken enige hoop koesteren de Perzische opmars tot staan te brengen, dan moesten ze af en toe wel vertrouwen op vermetelheid en geluk. Er werd meteen een besluit genomen: 'de vijandelijke schepen tegemoet gaan die om het eiland waren gevaren'.[21] Aangezien het van essentieel belang was dat de barbaren aan de tegenoverliggende kust niets merkten van een uitdunning van de hoofdvloot in Artemisium, kon het detachement pas na donker vertrekken – en nadat de Grieken, zo mogelijk, de vijand hadden laten zien dat ze niet van plan waren de strijd op te geven en ervandoor te gaan. Dat deden ze door brutaalweg hun stellingen te verlaten en de zee op te varen om de Perzen tot de aanval uit te dagen – wat de Perzen, vertrouwend op hun verpletterende aantallen en de grotere vaardigheid van hun bemanningen, prompt deden. Terwijl de zon achter de bergtoppen in het westen begon te zakken, snelde hun vloot begerig door de open zeestraat en maakte een omtrekkende beweging om de veel kortere linie van de Grieken in te sluiten en in de pan te hakken en daarmee ter plekke de oorlog te beëindigen. Maar de Grieken waren op die tactiek voorbereid en hadden een manoeuvre bedacht die daar speciaal tegen gericht was. Ze gingen in een kring liggen met hun ramstevens naar buiten gericht, als de stekels van een egel die zich strak tot een bal heeft opgerold, en gingen vervolgens onverwacht in de aanval. In de zo ontstane schermutseling werden de grotere snelheid en beweeglijkheid van de Perzen tenietgedaan. Ongeveer dertig van hun schepen werden veroverd, en toen de dieper wordende schemer ten slotte een einde maakte aan de gevechten, waren het de Grieken die tot hun verbazing en vreugde met de eer van het treffen gingen strijken. De zeemanskunst van de barbaren, zo leek het, kon toch weerstreefd worden, en zelfs verslagen. Een betere opsteker was niet denkbaar voor de bemanningen die aan een gevaarlijke nachtelijke tocht begonnen.

Toen kwam natuurlijk de storm. Terwijl de regen op de schepen van de Griekse vloot trommelde, blies de wind, die huilend uit het zuidoosten over het kale strand van Artemisium woei, elk plan om er 's nachts tussenuit te knijpen algauw aan flarden. Maar gelukkig voor de geallieerden was dat niet de enige schade die de storm aanrichtte: resten van de strijd van die avond, dobberend rondhout en lijken, werden door de zeestraat in de richting van de vijandelijke posities gestuwd, waar ze de haven vulden en tegen de roeiriemen van de slingerende patrouilleschepen bonkten. Gegeseld door weer een nieuwe storm, terwijl ze nog de wonden likten van het onverwachte pak slaag dat ze van de Grieken hadden gekregen, was het nu de beurt aan de Perzen om in paniek te raken: ze dachten dat 'hun laatste uur had geslagen'.[22] Maar dat hadden ze mis, zoals bleek: de havens waarin de vloot de vorige dag zijn toevlucht had gezocht beschermden hen tegen de ergste verwoestingen van de storm. Zo'n toevlucht was er echter niet voor de tweehonderd schepen die zuidwaarts rond Euboea waren gezonden, want de woeste oostkust van het eiland, met zijn puntige rotsen en klippen, was een miserabele plek om door een storm overvallen te worden. Verteld werd dat de armada, 'toen het zo begon te regenen en te stormen', te pletter sloeg op een berucht rampzalige plek die de 'Holten' werd genoemd – en in elk geval had de storm, ongeacht of alle schepen waren vergaan, zoals de Grieken later zouden kraaien, een einde gemaakt aan hun missie.[23]

De volgende middag bereikten de berichten over de schipbreuk Artemisium, en de Griekse admiraals konden opgelucht ademhalen nu ze wisten dat hun terugtocht niet langer afgesneden dreigde te worden. Niet dat ze ook maar in het minst van plan waren hun vooruitgeschoven positie op te geven. Ineens was het vooruitzicht op het handhaven van hun stelling even rooskleurig als het de dag tevoren somber had geleken. Van alle kanten kwam goed nieuws: een versterking van drieënvijftig schepen uit Athene, een nachtelijke uitval waarbij een eskader van Cilicische schepen naar de kelder werd gejaagd, en het bericht, gebracht door Abronichus, de verbindingsofficier, dat Leonidas en zijn mannen een tweede dag van hard beuken bij de Warme Poorten hadden doorstaan. Als de Grote Koning niet snel een doorbraak kon forceren, dan zou zijn leger van honger omkomen. Het was al laat in het campagneseizoen en de barbaren waren ver van huis. Als ze alleen maar hun nederlaag konden ontlopen en de Meden tot staan brengen, dan was dat voor de Grieken al een overwinning.

Maar de ware beproeving voor de geallieerde vloot en zijn vermogen om de vijand op afstand te houden moest nog komen. De Perzen, die verwoed zwoegden om hun overgebleven schepen weer volledig zeewaardig te maken, hadden nog geen poging gedaan de stelling van de Grieken bij Artemisium volledig te vernietigen, zodat de zeestraat tussen Euboea en het vasteland, en daarmee de weg naar Thermopylae, vrij zou komen. De derde dag van de zeeslag brak aan en de Grieken die vanaf Artemisium toekeken konden er weinig twijfel over hebben dat het uur van de waarheid eindelijk geslagen had. Een voor een verzamelden de eskaders van de barbaarse vloot – Feniciërs, Egyptenaren, Ioniërs – zich in de open zeestraat. Nu, na alle schermutselingen, na alle schijngevechten, kwam het: de eerste volle frontale aanval door de marine van de Grote Koning op de Griekse posities. Mannen die nog maar een paar maanden tevoren – of weken, in het geval van de Plataeërs – voor het eerst een roeiriem in hun handen hadden genomen, voeren uit om de doorgang te blokkeren en gordden zich aan voor de strijd.

Na de zeestraat te hebben afgesloten, besloot de Griekse vloot, die minder mobiel was dan de vijand, de Perzen af te wachten en zo een aanval uit te lokken. De roeiers, de knokkels wit, zo stevig omklemden ze de riemen, hun neus opgetrokken tegen de geweldige stank van zweet en darmen die geleegd werden, zaten met gekromde rug op hun houten banken, de oren gespitst om boven het krakende hout en de kabbelende golven en het nerveuze gepraat van hun makkers het tij van de veldslag te horen naderen. Algauw klonk van de mariniers aan dek de kreet: de barbaren komen. 'Overweldigende aantallen, in schreeuwende kleuren geschilderde boegbeelden, arrogante kreten, woeste krijgszangen':[24] dat waren de geluiden en de beelden van de Perzische charge over de hele breedte van de zeestraat. De klap, toen die kwam, was verpletterend. De hele dag vochten de Grieken wanhopig om de vijand tot staan te brengen, elkaar moed insprekend 'om de overweldigers geen kans te geven hun land binnen te vallen, terwijl de vijand op de vernietiging van de Griekse zeemacht uit was om zo vrije doorgang te krijgen'.[25] Ondanks het vreselijke pak slaag dat ze kregen, lukte het de Grieken op de een of andere manier de zeestraat te behouden – maar het was kantje boord. Talloze schepen werden gekelderd of veroverd, verliezen die de kleinere vloot zich moeilijk kon veroorloven, en veel andere werden zodanig beschadigd dat ze onbruikbaar waren. De Atheners, die de hele slag door de volle laag hadden gekregen van de vijandelijke aanval, waren de helft van hun vloot kwijt. Het zag er niet naar uit dat ze de volgende dag de zeestraat nog wel konden behouden. Mismoedig begonnen de Grieken de wrakstukken van de strijd uit het water te vissen en daarvan op het strand grote brandstapels voor de doden te maken. Onderwijl debatteerden de admiraals over wat hen nu te doen stond. Inmiddels was de plaatselijke bevolking, die na het zien van de gehavende Griekse vloot haar conclusies al had getrokken, bezig het vee naar de kust te drijven, in de hoop dat zij bij een eventuele evacuatie inbegrepen zouden worden. Themistocles zag in dat ze misschien inderdaad Artemisium moesten ontruimen, en omdat hij zijn door de slag toch al uitgeputte mannen niet de hele nacht op een lege maag wilde laten roeien, gaf hij opdracht het vee te roosteren.

Maar de stemming tussen de vuurtjes op het strand was die avond, ondanks alle vermoeidheid en teleurstelling, niet geheel wanhopig. De Grieken waren in een open zeeslag de confrontatie met de armada van de Grote Koning aangegaan en konden het navertellen. Grootse daden waren verricht bij Artemisium, en niet allemaal waren ze aan de wind te danken. De geallieerde vloot was als strijdmacht intact gebleven, en een eventuele terugtocht zou strategisch en ordelijk verlopen. Een definitieve beslissing kon echter nog niet genomen worden zolang ze geen nieuws hadden van de Warme Poorten, want synchronisatie met Leonidas en zijn leger bleef cruciaal in de hele campagne. En niemand van de vloot wist wat er bij Thermopylae was gebeurd. Met het invallen van de schemer en de avond zat er voor de admiraals niets anders op dan af te wachten. Knerpend ijsbeerden ze over het grind langs de kust, de gemengde geur van verbrand rund- en mensenvlees opsnuivend, de ogen gericht op de overzijde van de zeestraat en de verre lichtjes van de Perzische posities, wachtend tot Abronichus zou komen met zijn dagelijkse bericht van de Spartaanse koning.

Zijn kleine galei legde die avond op een gunstig moment bij Artemisium aan. De bemanningen zaten om hun kampvuren te eten. De schepen waren nog niet in gereedheid gebracht voor vertrek, er heerste geen crisissfeer in het kamp. Maar één blik op het gezicht van Abronichus die door het ondiepe water strompelde was voldoende om dat alles te veranderen. Iedereen die hem zag wist al voor hij zijn mond had opengedaan dat er iets rampzaligs was gebeurd bij Thermopylae.

Koningsdiner en Spartaans ontbijt

Zelfs gestrand op een grauwe vlakte aan de kust van de Bittere Zee, in een ver en woest land, bleef de Grote Koning de spil waaromheen de spaken van zijn wereldrijk draaiden. Niet in staat de invasie van Griekenland vanuit Persepolis te dirigeren, had Xerxes simpelweg opdracht gegeven Persepolis mee te nemen naar Griekenland. Nacht na nacht, waar de koning ook halt hield, haastten bedienden zich om bergen bagage af te laden van karavanen muildieren en kamelen, om een groot terrein te egaliseren en daar een tent op te zetten, zo luisterrijk dat de meeste paleizen er niet bij in de schaduw konden staan. Aangezien de Perzische koningen van nature rusteloos waren en van de ene hoofdstad naar de andere trokken, afhankelijk van het seizoen, wisten de technici van de Grote Koning, met hun lange ervaring in het plannen van koninklijke trips, precies hoe ze luxe moesten prefabriceren. Het gevolg was dat zelfs in de barre omgeving van Thermopylae de imperiale waardigheid, gestoffeerd met kleedjes en kussentjes, leren luifels en kleurrijke wandtapijten, geen moment gevaar liep: kamer na kamer volgde op het koninklijke vertrek, en bij elke doorgang stonden Onsterfelijken om te waken tegen eventuele moordaanslagen van veteranen van de Crypteia.* Het contrast met de omstandigheden binnen de Warme Poorten had natuurlijk niet schriller kunnen zijn: terwijl Leonidas noodgedwongen midden in de stank en de verrotting zat, kon de Grote Koning de strijd dirigeren vanuit de geparfumeerde koelte van zijn ontvangstkamer, of zich 's nachts, als hij zijn krachten wilde sparen, te ruste leggen op een sofa met zilveren poten, waarvan de lakens door een gespecialiseerde beddenmaker vervaardigd waren, een slaaf die was opgeleid om 'mooi en zacht linnen te maken, want de Perzen waren het eerste volk dat dit als een kunst beschouwde'.[26]

De Grieken, die zich aan strohalmen vastklampten, schreven die extravagante manier van campagne voeren hooghartig toe aan verwijfdheid – waarmee ze jammerlijk hun eigen gebrek aan verfijning verraadden. Xerxes had als jongeman voldoende zijn moed getoond en was niet van plan zijn leven in de strijd te riskeren, niet met een groot leger en een grote vloot die allebei leiderschap van hem verwachtten, en een campagne van ongeëvenaarde complexiteit die hij moest dirigeren. De koninklijke tent mocht dan monumentaal zijn, maar dat was ook nodig wilde hij een adequaat zenuwcentrum van een wereldmacht vormen. Net als in Persepolis, versmaadde de Grote Koning ook langs de kant van de weg naar Thermopylae geen advies, maar eiste het eerder, omdat hij inzag dat slechts hij de wijste meester is die het best gebruikmaakt van zijn slaven. Xerxes, wiens onderdanen zelden een gebrek aan gehoorzaamheid en moed aan den dag legden, had klaarblijkelijk een talent om toewijding in ze op te wekken – niet voor niets betekende zijn naam 'Hij Die Heerst Over Helden'.

Niet minder dan de Spartanen, dus, waren de volgelingen van de Grote Koning gestaald in rigoureuze discipline. Het protocol, zelfs op veldtocht, zelfs voor helden, was onaantastbaar. Hoe hard het buiten de tent ook mocht stormen, of hoe schrikbarend het nieuws van het front ook was, de Grote Koning, in gepaste heerlijkheid gezeten op een troon van massief goud, hield krijgsraad op exact dezelfde manier als in Persepolis. Alleen in zoverre hij het oor kon laten hangen naar buitenlanders, drongen de

* Mogelijk werd zo'n poging ondernomen. Verschillende bronnen beweren dat Leonidas op de vooravond van het laatste gevecht van de Spartanen een aanval op de koninklijke tent ondernam en gedood werd. Het is moeilijk te zeggen wat we van dit verhaal moeten denken, want Leonidas zelf stierf in elk geval in de strijd. Maar misschien is het een verhaspelde overlevering van een mislukte missie om Xerxes te vermoorden.

De Grote Koning wordt hier symbolisch op de schouders van zijn soldaten gedragen. De invasie van Griekenland was niet louter een militaire expeditie: die was ook bedoeld om de reikwijdte en de omvang van de koninklijke macht te tonen. (*Sadie Holland*)

geheel andere omstandigheden van Thermopylae tot de beraadslagingen door. De militaire topposities werden weliswaar bezet door de familieleden en intimi van de Grote Koning, maar niet iedereen die tot een post in de nabijheid van de koning verheven was, was noodzakelijk een Pers. Twee zonen van Datis bijvoorbeeld, voerden het bevel over de cavalerie. En dan was er natuurlijk de cruciale adviseur in alle Griekse aangelegenheden: Demaratus. Terwijl Xerxes de ene na de andere van zijn troepen naar de Warme Poorten zond om te zien of de verdedigers van de pas al tekenen van zwakte begonnen te vertonen, bleef hij de koning in ballingschap uitmelken over de Spartaanse psyche. Overweldigende slagkracht en superieure inlichtingen, dat waren zoals altijd de twee kenmerken van de Perzische manier van oorlog voeren. Die adequaat met elkaar te verbinden om een probleem zoals dat van de verdedigers van Thermopylae op te lossen, was een taak die echt alleen maar verricht kon worden in de tent van de Koning der Koningen, waar vorsten van koninklijken bloede en inlichtingenofficieren en hoofden van logistieke diensten en Griekse renegaten allemaal gelijkelijk ontboden werden om met rapporten en oordelen hun steentje bij te dragen.

En Xerxes, ofschoon ziedend over de verdediging van de Warme Poorten, gaf zich niet over aan zijn frustraties, maar bestudeerde zijn rapporten, maakte berekeningen, gaf bevelen en bewaarde zijn geduld. Voor deze koning van een bergvolk zal het geen verbazing hebben gewekt dat een smalle pas ondoordringbaar was voor een frontale aanval. De Syrische Poorten, bijvoorbeeld, waar Datis en zijn leger doorheen waren geglipt op weg naar Marathon, stonden stijf van versterkingen die heel wat imposanter waren dan die van Thermopylae – een sluis die altijd klaar was om in geval van nood de stroom van de Koninklijke Weg af te dammen. Maar wanneer 'een natuurlijke doorgang precies de versterkingen imiteert die door het menselijk vernuft worden opgeworpen',[27] dan bevatten ze ook altijd, zoals de Perzische militairen heel goed wisten, een dodelijke zwakte – want er zijn weinig passen die niet op de een of andere manier via een pad door de bergen omzeild kunnen worden. De Syrische Poorten en de Cilicische Poorten en de Perzische Poorten – allemaal waren ze kwetsbaar voor een omtrekkende beweging over bergpaden. Waarom dan niet ook de Warme Poorten?

Nu de Grieken standhielden tegen elke directe aanval werd die vraag met het uur prangender. Het lijdt weinig twijfel dat Perzische agenten al vóór de komst van de Grote Koning over de heuvels van de Oeta en de Callidromus waren uitgewaaierd om het terrein te verkennen en de plaatselijke boeren met goud te verlokken voor hen te gidsen. Maar niemand had zich gemeld: de stad Trachis, gelegen boven de met rotsblokken bezaaide kloof van de rivier de Asopos, was de Grote Koning openlijk vijandig gezind, en het merendeel van de plaatselijke bevolking was ofwel de bergen in gevlucht of had zich bij Leonidas gevoegd. Maar er waren er nog een paar over, en er hoefde maar één Griek, eentje maar, te bezwijken voor de pracht en praal van de Grote Koning – en pracht en praal, dat was natuurlijk iets waar de Grote Koning onvergelijkelijk goed, ja onovertroffen in was.

Dat gold in de eerste plaats voor de koninklijke tent, die kolossaal midden in het uitgestrekte kamp stond, zijn banieren met de adelaars imperiaal wapperend in de wind. Dat was niet zomaar een militair hoofdkwartier, maar dankzij de zorgvuldige reproductie, tot in de kleinste details, van het paleis in Persepolis, een mobiele masterclass in de dynamiek van de koninklijke macht. De Grieken, die hiervan onkundig waren, zoals alleen wilden in de verste uithoek van de wereld konden zijn, dienden verblind en overdonderd te worden, en met een schok uit hun beklagenswaardige onnozelheid te worden gewekt. In een poging Xerxes de betekenis van de Lycurgische code duidelijk te maken had Demaratus botweg gezegd dat de Spartanen die 'nog veel meer vrezen dan uw onderdanen u'[28] – waarop de Grote Koning in lachen was uitgebarsten en 'zich helemaal niet boos' maakte en vervolgens 'vriendelijk afscheid' van hem nam.[29] Misschien was het steile provincialisme van een door heimwee gekwelde balling wel te zielig om de heer van een wereldmacht boos te maken. En misschien hoefde Xerxes aan hun arrogantie ook bepaald niet te twijfelen – want de Spartanen hadden het aangedurfd de gezanten van zijn vader te vermoorden en zich met slechts driehonderd man tegen de volle sterkte van zijn leger te weer te stellen. Het Griekse volk 'heeft zo zijn streken. Als een ander geluk heeft, zijn zij jaloers en alles wat boven hen uitsteekt deugt niet.'[30] Dit vernietigende, maar weloverwogen oordeel over de psychologie van hun vijand werd met niet geheel onterechte neerbuigendheid door het Perzische opperbevel geveld. Maar hetzelfde profiel paste ooit ook op de Meden, de Babyloniërs of de Egyptenaren – en al die oude volkeren waren streng op de dwalingen huns weegs gewezen.

Dat de Grote Koning de vrome plicht gevoelde om Europa de ogen te openen voor zijn toekomst in de nieuwe wereldorde was te zien aan de kalme voortgang van zijn opmars voorbij de Hellespont. Daardoor was hij gevaarlijk laat in het campagneseizoen bij Thermopylae aangekomen, maar voor Xerxes was het belangrijk om zijn nieuwe onderdanen heel precies de aard van de onderwerping die ze hem verschuldigd waren duidelijk te maken. Terwijl voortdurend door middel van parades, regatta's en paardenraces gepronkt werd met de middelen op wereldschaal waarover de Grote Koning beschikte, kregen de inboorlingen met even harde hand ingepeperd dat ook zij hun bijdragen moesten leveren aan zijn luister, en dat hun genadiglijk werd toegestaan een knieval voor hun meester te maken. In de loop van de winter had elke stad waar de expeditie door trok opdracht gekregen een gepast feestmaal voor de koning aan te richten. Maandenlang hadden de plaatselijke bewoners weinig anders gedaan dan zich druk maken over het menu. Een feestmaal aanrichten naar de opulente maatstaven van Persepolis kostte op zichzelf al hoofdbrekens genoeg, maar dat was misschien nog wel de minste van hun verplichtingen. Ook de soldaten van de Grote Koning moesten gevoed worden, plus zijn paarden, zijn muildieren en zijn kamelen. Hout moest aangedragen worden voor de vuren van de koninklijke koks. De bekers op de dis van de Grote Koning moesten van zilver en goud zijn, de stoffering van het fijnste linnen, de kleden en tapijten van de zachtste, meest luxueuze materialen die de arme burgerij zich maar kon veroorloven. En als ze waren gebruikt, konden ze er ook niet op rekenen de spullen te verkopen om de kosten gedeeltelijk te dekken, want de Perzen waren de ondankbaarste gasten die je in huis kon halen, ze namen 'alles mee wat los en vast zat, ze lieten werkelijk niets achter!'[31] Geen wonder dat een grappenmaker, berooid door de 'eer' het imperiale leger te hebben mogen ontvangen, zijn medeburgers opriep de goden te danken dat ze niet 'behalve het avondeten ook nog eens het ontbijt hadden moeten verzorgen'.[32]

En geen wonder ook dat Alexander van Macedonië in mei, toen de Griekse strijdmacht zich in Tempe aan de zuidgrens van zijn koninkrijk dreigde te nestelen, een dringende waarschuwing naar de bevelvoerders stuurde dat hun stelling onhoudbaar was. Helemaal waar natuurlijk, en die conclusie hadden de Grieken zelf ook al getrokken, maar voor Alexander was de veiligheid van de strijdmacht maar bijzaak geweest. Zijn voornaamste zorg was een zo kort mogelijk verblijf van het Perzische leger in Macedonië. Als vazal van de Koning der Koningen was Alexander zich er maar al te pijnlijk van bewust dat zijn meester zijn hele rijk als zijn provisiekamer beschouwde, dat 'de diverse delicatessen van de landen waarover hij heerste, de uitgelezen vruchten van elk'[33] hem allemaal toekwamen, een tribuut om af te romen, exclusief ten behoeve van de koninklijke dis. De banketten die met zoveel inzet en pijn door de volkeren op het pad van Xerxes bij elkaar waren geschraapt, werden niet voorgesteld als een gift van hen die ze geleverd hadden, maar van de Grote Koning zelf, die ze grootmoedig aan zijn volgelingen schonk: 'Des Konings Gastmaal'. Aan de andere kant had Xerxes naar men zei alle Griekse specialiteiten afgewezen en ze laten weghalen als ze werden opgediend – want slechts de vruchten van het land van zijn eigen onderdanen mochten de lippen van de Grote Koning passeren. Er kwam nog tijd genoeg voor Attische vijgen als Xerxes eenmaal in het veroverde Athene zat.

De mogelijkheid dat zijn leger van honger omkwam, of – de gedachte alleen al – dat de koninklijke dis leeg bleef, was een meer dan louter logistieke crisis – dan kwamen de grondslagen van het imperiale prestige in gevaar. Werd de Grote Koning zijn toetje ontzegd, dan kon het moreel naar de bliksem gaan. Niet dat een bureaucratie met zoveel oog voor detail dat ze consumptiebonnen uitdeelde aan eenden zich makkelijk van de wijs liet brengen. Uitgebreide voorzorgsmaatregelen waren genomen voor precies zo'n crisis als nu bij Thermopylae dreigde. In de bagagekaravaan zal zeker watergevogelte zijn meegenomen, maar ook grote hoeveelheden andere delicatessen waar de koninklijke smaakpapillen aan gewend waren geraakt: acanthusolie uit Carmanië, dadels uit Babylonië, komijn uit Ethiopië. Zelfs drinkwater uit een rivier in de buurt van Susa was in forse kruiken voor de Grote Koning meegevoerd.

Maar toch, de voorraad – en vooral verse voorraad – was beperkt, zelfs voor de ongeëvenaarde logistici van Perzië. Op de zesde dag van het gedwongen oponthoud bij Thermopylae begon de situatie buiten de vergulde beslotenheid van de koninklijke tent, onder de krioelende menigten gewone soldaten, ernstig te worden. Vooral de eetlust van de Iraniërs leende zich niet erg voor het aantrekken van de broekriem. De Grieken, die over het algemeen alleen vlees aten van dieren die eerst aan de goden waren geofferd, vertelden met grote ogen verhalen over de carnivore appetijt van hun vijand. Een Pers, zo zeiden ze, zag er geen been in een hele ezel te braden om zijn verjaardag te vieren, en als hij rijk was, wel een kameel. Soldaten te velde verorberden hun portie vlees van 'runderen, ezels, herten, kleinwild, struisvogels, ganzen en kippen'[34] en zagen dat als hun dagelijks recht. Het voorgebied van Thermopylae, toch al niet rijk aan struisvogels, was een schrikbarende culinaire teleurstelling voor de soldaten van de Grote Koning. Hoewel befaamd om hun vindingrijke recepten, konden de

Perzische koks moeilijk maaltijden bereiden met de ingrediënten van kaalgeplukte velden.

Maar Xerxes wist, hoewel hij zich zorgen maakte over de rammelende maag van zijn soldaten, dat er anderen waren die nog meer last hadden van de krapte. De aanwezigheid van het Perzische leger op hun stoep dreigde de plaatselijke grondbezitters te ruïneren. Aangezien de verantwoordelijkheid voor deze betreurenswaardige toestand geheel en al bij Leonidas en zijn pestlegertje lag, was de aangewezen – nee, de enige – weg voor de plaatselijke bevolking om de bedelstaf te ontlopen hulp bieden aan de Grote Koning bij het ontstoppen van de Warme Poorten. Dan kon Xerxes er toch wel op vertrouwen dat, waar het spektakel van koninklijke onoverwinnelijkheid tot dusver onvoldoende was geweest om een gids te rekruteren, eigenbelang daar spoedig voor zou zorgen?

En uiteindelijk gebeurde dat ook, toen in het stof en de teleurstelling van de tweede gevechtsdag het Griekse talent om verraad te plegen het Perzische opperbevel te hulp schoot. Bijna een week lag het imperiale leger al voor Thermopylae en nu werd er eindelijk een kruiperige informant de koninklijke tent binnengeleid. Zijn naam was Ephialtes, een bewoner van de vlakte waar het Perzische leger lag, en hij onthulde aan zijn ondervragers dat de Callidromus inderdaad een geheim bezat. 'In de verwachting een grote beloning van de koning te zullen krijgen wees hij hem het voetpad dat over de bergen naar Thermopylae leidde'[35] – en hij bood zelfs aan, een daad van werkelijk dodelijk verraad, om als gids voor de Perzen te fungeren.

Onmiddellijk kwam de geduchte machinerie van het imperiale leger soepel en dodelijk in actie. Het was al laat op de dag, maar er was geen sprake van verder uitstel: nog diezelfde avond werd bevel gegeven tot beklimming van de Callidromus. En niet aan de lichte infanterie, waarvan Leonidas had aangenomen dat ze als enige in staat was die tocht te maken. De Onsterfelijken, gehard in de hooglanden van Iran, waren geknipt voor zo'n avontuur. Door de bloedige nederlaag die ze de dag tevoren in de pas geleden hadden waren ze als één man belust op wraak. Vooral voor hun aanvoerder was de missie bijzonder pikant. Hydarnes was de zoon en naamgenoot van de medesamenzweerder van Darius, die eenenveertig jaar daarvoor de Chorasanweg had verdedigd tegen een groot leger van opstandige Meden. Nu kreeg Hydarnes de kans om de krijgseer van zijn familie nog verder te vergroten door voor de zoon van Darius een pas te veroveren in plaats van te verdedigen.

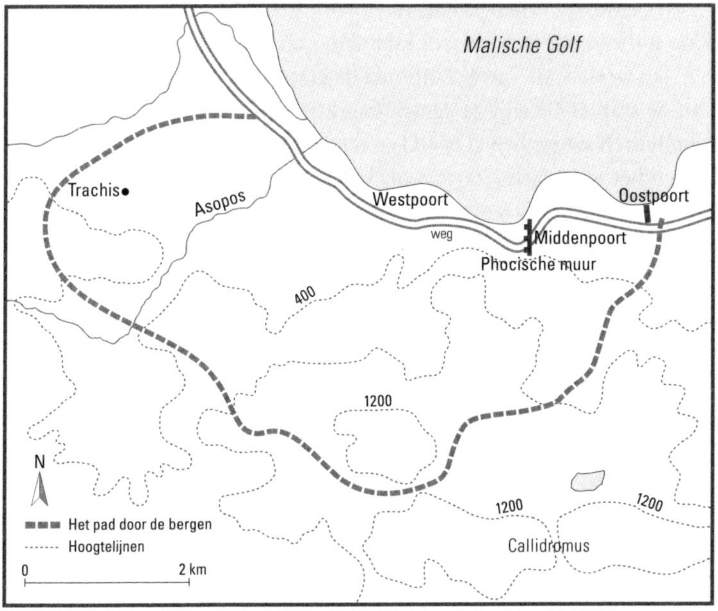

Thermopylae

Bij het vallen van de avond vertrok hij met zijn tienduizend mannen. Hun tocht begon verscheidene kilometers ten westen van de Warme Poorten, ten westen ook van Trachis met de kloof van de Asopos aan de voeten van de stad.[36] Terwijl ze aan hun beklimming begonnen, lichtten de kampvuren achter hen al overal op de vlakte op, maar weldra verdwenen die uit het zicht. Gelukkig was het pad makkelijk te volgen, zoals Ephialtes had gezegd, en de maan, de noodlotszwangere Carneïsche maan die vol aan een wolkeloze hemel hing, overtrof zelfs het heldere licht van de augustussterren. Urenlang marcheerden de Onsterfelijken door zilveren licht en schaduwen, linksaf de weidse vlakte op, voorbij de steile wand van Trachis, neerwaarts de vallei in en vervolgens de Asopos over. Aan de andere oever daarvan werd het pad eindelijk steiler. Maar ook nu nog hoefden de Perzen, ondanks het gewicht van hun schilden en pantsers, niet zigzaggend omhoog te lopen, en na ongeveer een uur klommen ze door een smal bos van eiken en dennenbomen en kwamen aan de rand van een nieuwe brede vlakte. Voor hen, door nog meer bossen en plukken open grasland, slingerde het pad verder, nog steeds omhoog, maar opnieuw flauw hellend, en de Onsterfelijken versnelden wederom de pas en begonnen de piek te ronden die nu tussen hen en Thermopylae opdoemde. En ook tussen hen en de oostelijke horizon. Maar geleidelijk aan begonnen de sterren te verbleken en voelden de marcherende Perzen de ochtend naderen en de zon die weldra, met de eeuwig lichtende schoonheid van Ahura Mazda, boven de Warme Poorten zou opkomen. De flauwe helling ging over in vlak terrein. De Onsterfelijken liepen een eikenbos in. Maar zelfs onder de bomen konden ze ver voor zich uit kijken, want niet alleen werd het met de minuut lichter, maar de recente stormen hadden ook het traliewerk van takken boven hun hoofd kaalgeplukt. De bladeren, die al verdord waren, kraakten onder hun voeten. Toen klonk, boven het ritselen en stampen van tienduizend paar voeten uit, een onverwacht gekletter: het geluid van metaal.

De commandant van de Onsterfelijken liep naar de rand van het bos en zag tot zijn ontsteltenis een troep hoplieten die hem de weg versperden. Hij had ze duidelijk verrast, want de Grieken worstelden nog met hun wapenrusting, maar Hydarnes was door schade en schande wel zo wijs geworden de Spartanen niet te onderschatten, en hij wilde revanche op ze nemen bij de Warme Poorten, niet in de bergen boven de pas. Toen Ephialtes echter, wijzend op het ontbreken van scharlaken tunieken en mantels bij de vijand, zijn meester verzekerde dat hij niet met de mannen van

Leonidas te maken had, maar met soldaten van een andere stad, hoogstwaarschijnlijk Phocis, gaf Hydarnes zijn soldaten onmiddellijk bevel aan te vallen. De Onsterfelijken pakten hun bogen en schoten prompt een vernietigend salvo af op de nog maar half gevormde falanx. De Phociërs, die niet over een goed strategisch inzicht beschikten, dat ze wellicht hadden kunnen krijgen van een aanwezige Spartaanse officier, en die ervan uitgingen dat de barbaren de hele nacht door hadden gemarcheerd met het speciale doel hen te vernietigen, bliezen een chaotische aftocht naar de top van een nabijgelegen heuvel. Daar zetten ze zich schrap voor een heroïsch gevecht tot het bittere eind – maar de Onsterfelijken lieten ze minachtend links liggen en vervolgden hun weg.

Terwijl Hydarnes afdaalde naar de Warme Poorten moest hij er rekening mee houden dat er nu een Phocische hardloper voor hem uit over het pad snelde om Leonidas te waarschuwen. Maar waarschijnlijk zal hem dat niet veel hebben kunnen schelen – het kan zelfs een strategie van de Perzen zijn geweest de Grieken te waarschuwen voor hun ondergang. Kort voor zonsopgang en het treffen van de Onsterfelijken met de Phociërs was een deserteur uit het kamp van de Grote Koning naar de Warme Poorten geglipt. Het was een Ioniër, een zekere Tyrrhastiades, die volhield uitsluitend gemotiveerd te zijn door bezorgdheid om zijn Griekse broeders. Misschien was dat ook zo, maar zijn komst had niet zo'n klein beetje de schijn van een Perzische gemene streek. Afgezien van het feit dat ratten meestal niet aan boord van een zinkend schip klimmen, had ook de timing van zijn komst in het Griekse kamp alle elementen van een zorgvuldige berekening. Te laat voor Leonidas om versterkingen naar de Phociërs te sturen, terwijl hij tegelijk verleid werd de hoop te koesteren dat er nog kans was op een terugtocht. En dat was natuurlijk precies wat de Grote Koning hem wilde laten geloven: want als de Grieken ervoor kozen beide uiteinden van de Warme Poorten te verdedigen tegen de tangbeweging die op ze werd uitgevoerd, dan zouden ze de pas nog wel eens dagen kunnen behouden. Maar als ze ingehaald werden terwijl ze terugtrokken over de open weg, zou de Perzische cavalerie er geen moeite mee hebben gehakt van ze te maken. De pas ontruimd, vijfduizend hoplieten die van de militaire balans konden worden afgevoerd – de overwinning van de Grote Koning zou compleet zijn.

Maar zou Leonidas toehappen? De opperbevelhebber van de geallieerden, die allerminst zijn hele leger wilde verliezen, maar die als Spartaanse koning gehouden was niet te wijken van Thermopylae, had nog een derde optie. Na te hebben vastgesteld dat rampspoed te lezen stond in de ingewanden van een geofferde geit, ontbood hij de lodderig uit hun ogen kijkende commandanten van de andere contingenten voor een krijgsberaad. Het zal niet verbazen dat verwarring en paniek troef waren op die bijeenkomst, waar sommigen niets wilden horen van evacuatie, terwijl de meerderheid wilde dat ze daar terstond mee begonnen. Leonidas maande tot stilte en kondigde aan dat zijn lijfwacht van plan was om de doorgang tegen de vijand te verdedigen, hoe hard ze het ook te verduren kregen. Vervolgens gaf hij niet alleen toestemming, maar zelfs bevel aan de hoofdmacht van het leger om te vertrekken, en wel zo snel mogelijk, om de kans te vergroten dat ze het overleefden en verder konden vechten. De Thespiërs, bekend om hun eigenwijsheid, weigerden hun post te verlaten, en dat gold ook voor de loyale Thebanen – want nu hun stad gedoemd was tot collaboratie met de Meden hadden ze niets om naar terug te keren, behalve het vooruitzicht weggezuiverd te worden.[37] Leonidas beval de heloten ook bij de Warme Poorten te blijven, om de Spartanen te helpen bij de voorbereidselen van de strijd, om als lichte infanterie te dienen en te sterven voor de vrijheid van hun meesters. Zo'n vijftienhonderd man in totaal, de klamme handen om hun gekerfde en gehavende wapens geklemd terwijl de eerste zonnestralen op hun gezicht vielen, probeerden hun emoties – van misprijzen, berusting, of afgunst – te verbergen terwijl ze toekeken hoe hun kameraden hun wapenrusting pakten, het kamp verlieten en zuidwaarts trokken.[38] Marcherende voetstappen die wegstierven, een witte stofwolk die uitdunde op de ochtendbries, en de kleine verdedigingsmacht was alleen met de stank en de engte van de pas. Niets wat de rust verstoorde kwam van de westelijke hellingen van de Callidromus, waar Hydarnes en zijn Onsterfelijken op dat moment afdaalden, niets wat erop wees dat de barbaren eraan kwamen. Van de Westpoort kwam ook nog niets. 'Eet maar een stevig ontbijt,' raadde Leonidas zijn mannen aan, 'want vanavond eten we in de onderwereld.'[39]

Intussen werd er ook in de koninklijke tent ontbeten, maar ongetwijfeld in een heel wat opgewekter stemming. En ook meer ontspannen, want hoewel Xerxes bij zonsopgang plengoffers aan de zon had gebracht, wilde hij Hydarnes de kans geven de pas te bereiken voordat hij zijn eigen aanval ondernam. Eindelijk, rond een uur of negen gaf hij zijn generaals het teken, en de kolossale massa van zijn leger begon de opmars. Al voor ze de pas bereikten zal de stank des doods, hoorbaar gemaakt door de vliegen, in de lucht hebben lijken te zinderen, samen met de stofwolken en de hitte, en toen ze bij de Warme Poorten kwamen, zullen ze voor zich de ineengestrengelde lichamen van hun afgeslachte kameraden hebben gezien, met opgezwollen of uiteengereten buik, krijtwit, de ingewanden naar buiten gestulpt. Ook de vijand was naar voren getreden, want in plaats van achter de muur van de Middenpoort te blijven, zoals ze tijdens de gevechten van de twee voorafgaande dagen hadden gedaan, waren de Grieken nu voorwaarts opgerukt en zetten ze zich schrap voor de strijd, niet in gelederen, maar als één massa, stekelig van zwaarden en speren. Toen ze deze mannen van brons en bloed zagen, stokten de troepen van de Grote Koning even, maar hun officieren klapten met hun zwepen en geselden ze voorwaarts. Dit detail wordt vaak misprijzend als Griekse propaganda afgedaan, maar er is weinig reële aanleiding eraan te twijfelen. Getalsmatig overwicht, nu het efficiënter tegen de vijand kon worden ingezet, was een verpletterend voordeel dat het Perzische opperbevel terecht wilde uitbuiten, en het gebruik van ongetrainde rekruten, tenminste tijdens het helse begin van de slag, moet ze de meest kosteneffectieve manier geleken hebben om de lange speren van de Grieken uit te schakelen. Gevangen tussen hun eigen militaire politie en de angstwekkende bronzen punten van de met bloed bespatte Griekse falanx, hadden de ongelukkige rekruten weinig andere keus dan voorwaarts te strompelen en ofwel verpletterd te worden tegen de muur van schilden of ten onder te gaan in het bloedbad, met honderden tegelijk te sneuvelen, zeker, maar daarbij tegelijk de Griekse speren aan splinters te slaan.

En toen pas, schijnt het, toen alle speren gebroken waren, kwamen de Perzische elitetroepen voor de genadeklap. Wat volgde was een strijd zoals in de *Ilias* beschreven: het treffen van machtige kampioenen, 'gejammer en de juichende kreten van hen die doodden en werden gedood'.[40] Twee zonen van Darius en een van zijn broers vielen – en toen Leonidas zelf. Een wanhopige schermutseling, waarlijk homerisch, volgde om het lijk van de koning, tot de Spartanen, met de felheid van hun zielenleed en wanhoop, het tijdelijk in veiligheid wisten te brengen. Maar toen verschenen er achter hen, net boven de oostelijke toegang tot de Warme Poorten, glimmende speerpunten tussen de struiken op de helling: de Onsterfelijken waren gekomen. Van alle kanten bedreigd trokken de overgebleven Grieken zich nu terug achter de muur, naar een klein heuveltje in de schaduw van de Middenpoort. Daar – zonder de Thebanen, die het niet hadden gehaald omdat ze gescheiden van hun kameraden tegen de steile rotswand waren gedreven – leverden de Spartanen en de Thespiërs hun laatste gevecht.

Dik onder het bloed en bekleed met een verendek van pijlen boden ze tot het bittere eind weerstand. Toen hun zwaarden braken gebruikten ze nog de gevesten als boksbeugels, of vochten met hun tanden, hun vuisten en hun nagels. Pas toen de laatste Spartaan en de laatste Thespiër gesneuveld waren, de aarde volgezogen met bloed, de lijken hoog opgestapeld, kon de strijd ten einde worden verklaard en was de pas eindelijk in handen van de Grote Koning.

Xerxes, die rond de middag bij de Warme Poorten kwam, was opgetogen bij het zien van de Perzische banieren die boven het slagveld wapperden, maar hij walgde van de slachtpartij. Zoals zijn plicht was tegenover de mannen die voor hem waren gevallen, liet hij sleuven graven waarin de doden werden gelegd en vervolgens eerbiedig afgedekt met aarde en bladeren. De lijken van de Grieken liet hij rotten en de paar Thebanen die hun wapens hadden neergelegd in plaats van zich te laten afslachten liet hij in ketenen slaan en brandmerken. Dat hij niet in de stemming was voor grootmoedigheid is nauwelijks te verwonderen, want ondanks het schitterende succes dat hij had behaald door de schijnbaar onneembare stelling van de Grieken in slechts tweeënhalve dag van gevechten te veroveren, paste het niet in zijn krijgsplan dat zoveel soldaten van de verdedigingsmacht aan de vernietiging waren ontkomen. Er zou spoedig nog een speldenprik volgen, want de Griekse vloot, zo werd hem de volgende middag medegedeeld, had ook een geslaagde evacuatie volbracht en was er in het holst van de nacht naar veiliger wateren tussenuit geknepen. De Perzische vloot, die 's ochtends naar Artemisium was overgestoken, had van de vijand alleen nog de rokende sintels van hun kampvuren en de kaal geknaagde botjes van het vee aangetroffen. De Grieken mochten dan op de vlucht zijn, vernederd te land en ter zee, maar het zag ernaar uit dat ze nog steeds vastbesloten waren de strijd voort te zetten.

Nu zou het echter niet lang meer duren eer ze als kippen de nek werden omgedraaid. De Grote Koning, die in de nasleep van Thermopylae rapporten van zijn inlichtingendienst bestudeerde, zal onwillekeurig geglimlacht hebben om de desperate pogingen van zijn vijand om hem in de psychologische oorlogvoering naar de kroon te steken. Zo las hij dat een Griekse admiraal op zijn vlucht zuidwaarts overal langs de kust van Euboea oproepen aan de Ioniërs in de rotsen had gekrast om te deserteren – of op z'n minst niet al te hard te vechten. Een belachelijke krijgslist! Als het Perzische leger net twee grote overwinningen had behaald, als de steden van Boeotië zich haastten hun poorten te openen voor de veroveraar, als de heerschappij over Europa binnen handbereik van de Grote Koning lag, waarom zouden zijn onderdanen dan gaan muiten? Zijn eskaders mochten dan door de storm geteisterd zijn, mogelijk zelfs terneergeslagen omdat de Grieken hen waren ontglipt, maar een manier om hun moreel op te vijzelen lag voor het grijpen. De vloot ontving een formele uitnodiging: 'Zijne Majesteit geeft ieder die dat wil verlof zijn onderdeel te verlaten om met eigen ogen te zien hoe hij kortzichtige mensen aanpakt die de illusie koesteren zijn almacht te kunnen weerstaan.'[41] Zo velen gingen naar verluidt op dit aanbod in, dat er niet genoeg schepen waren om ze allemaal naar de Warme Poorten te vervoeren.

Meer dan de lijken van de Grieken, meer dan de stapels gekliefde en gedeukte helmen met hun paardenharen pluimen, meer nog dan die emblemen bij uitstek van Spartaanse trots, hun bloedrode mantels en tunieken, nu nog slechts gescheurde vodden, zal één afzichtelijke en shockerende trofee de Ionische zeelieden de volle verschrikking van hun meesters macht duidelijk hebben gemaakt. Langs de kant van de weg was een staak in de grond gedreven en op de punt van die staak was een mensenhoofd gedreven. Hoewel doorgaans 'de Perzen juist meer dan elk ander volk respect voor dappere tegenstanders tonen',[41] werd Leonidas geen eer betoond. Had hij, als koning van een vervloekte stad, een beter lot verdiend? Zo rekende zijn overwinnaar, de Koning der Koningen, af met alle dienaren van de Leugen.

En de blinde oogbollen van de geallieerde opperbevelhebber, reeds geslonken en onder de vliegen, waren gericht op de weg die naar Athene voerde – en die nu open en onverdedigd lag.

Spookstad

Eén dag per jaar, wanneer de lentedooi de winter verjoeg, werden de Atheners vreemdelingen in hun eigen stad. Hun tempels werden met touwen afgezet en tot strikt verboden gebied verklaard. Hun deuren werden ingesmeerd met pek. Hun familieleden, hun kinderen, zelfs hun slaven werden van de straat gehouden. In de beslotenheid van hun huizen zaten de Atheners aan aparte tafels om het hardst te drinken, waarbij het verboden was te praten zolang hun kannen nog niet leeg waren. Het was het feest van de Anthesteria: het festival van de nieuwe wijn. Geen betere gelegenheid voor een vrolijke braspartij met de hele familie dan deze. Kinderen van drie jaar, gekroond met bloemenkransjes en hun eigen kleine wijnkannetjes in hun handjes, mochten ook meedoen met de drinkwedstrijd, waarna ze onvast op hun beentjes ronddarden, zich vergapend aan de feestelijke taferelen. 'Banken, tafels, kussens, lakens, slingers, parfum, hoeren, het is er allemaal, sponzen, pannenkoeken, sesambroodjes, taartjes, dansers, en goede ook, en alle favoriete liedjes.'[43] De hoeren – misschien – buiten beschouwing gelaten was er geen ander feest op de Atheense kalender dat zo dicht bij de sfeer van het tegenwoordige Kerstmis kwam.

Maar terwijl het feestgedruis van achter de glinsterend zwarte deuren klonk, zullen de straten wel niet helemaal verlaten zijn geweest. Er waarden demonen rond, zo geloofde men: boze geesten, brengers van onheil. De mensen noemden ze *Keres*, spoken van buiten de stadsmuren. Alleen bij zonsondergang achtten de Atheners zich in staat opgelucht uit te roepen: 'Weg met jullie, *Keres* – de Anthesteria zijn voorbij!'[44] De met pek besmeurde deuren werden geopend, mannen kwamen op straat en de touwen rond de tempels werden weggehaald. Het ritme van het dagelijks leven keerde weer naar Athene terug.

Maar stel dat dat ritme verdween en nooit meer terugkwam? Die vraag was de stad blijven achtervolgen vanaf het moment dat Themistocles vroeg in de zomer de Atheners ervan had overtuigd dat een evacuatie noodzakelijk was. Misschien waren er vreemdelingen die nog dreigender waren dan spoken. Een verontrustende dubbelzinnigheid wierp haar schaduw over de Anthesteria. In het Attisch werd *Keres* bijna net zo uitgesproken als *Kares* – 'Cariërs', ofwel 'het volk van Carië'. Die buren van de Ioniërs in de zuidwesthoek van wat nu Turkije is, waren een van de eerste barbaarse volkeren die hun intrede deden in het bewustzijn van de Grieken. Eeuwenlang waren ze emblematisch geweest voor vreemdelingen, en voor Azië. Gezegd werd dat ze aan de kant van de Trojanen hadden gevochten in de eerste grote oorlog tussen Oost en West, en in tegenstelling tot hun verwanten in Ionië hadden ze zich nooit aan de Griekse kolonisten onderworpen. Halicarnassus, de grote metropool van Carië, was weliswaar oorspronkelijk door kolonisten van de Peloponnesos gesticht, maar de Grieken waren slechts één ingrediënt in wat in de loop der eeuwen een complexe smeltkroes was geworden. In elk geval was de stad in de ogen van de Atheners een enge halfbloed. Eigenaardige manieren, opzichtig en exotisch, hadden ze daar. Ja, de stad werd zelfs geregeerd door een vrouw, koningin Artemisia. Door 'mannenmoed en haar zucht naar avontuur gedreven'[45] had ze zich bij de imperiale vloot gevoegd. Ze mocht dan behangen zijn met gouden juwelen en purperen kleden en besprenkeld met dure geurtjes, maar aan haar kundigheid als bevelvoerder van een vloot viel nauwelijks te twijfelen. Haar triremen werden zo goed geleid dat ze in reputatie alleen onderdeden voor de eskaders van Sidon. Als de barbaren niet tot staan gebracht konden worden voordat ze Attica bereikten, zou Artemisia misschien weldra met haar oorlogsschepen Piraeus binnen varen. *Keres* of *Kares* – het maakte nauwelijks verschil welk woord gebruikt werd: vreemdelingen zouden door de straten van Athene lopen en ze zouden bij zonsondergang niet verdwijnen.

Het was daarom misschien alleen maar te verwachten dat veel Atheners, terwijl hun landgenoten bij Artemisium vochten en sneuvelden om tijd te winnen voor de evacuatie van Attica, bleven dralen. Dat kwam zeker niet door de kwaliteit van de voorzieningen die voor hen in hun ballingsoord waren getroffen. De poorten van Troezen, een stad die veilig op de Peloponnesos lag – zo'n vijftig kilometer van Piraeus, aan de overkant van de Saronische Golf – stonden al vanaf het begin van de crisis voor vluchtelingen uit Athene open. Hoe ellendig het ook voor hen was om van huis en haard verdreven te zijn – en misschien des te erger voor een uit de aarde geboren Athener – de Troezeniërs hadden zich opmerkelijk gulle gastheren betoond: elke zenuwachtige moeder die naar hun stad kwam kreeg ondersteuning, elk kind gratis onderwijs, en het mocht zelfs naar hartenlust verse vruchten uit de bosjes en de boomgaarden plukken. Toch was het juist het succes van de evacuatie dat zorgde voor een hernieuwde vlaag van beklemming in Athene. Hoe meer families te zien waren die hun huizen dichttimmerden, die door de straten sjokten met hun bagage en overvolle handkarren naar de stranden en de haven duwden, hoe meer het tot de achterblijvers, die te zeer van streek of te kwaad waren om mee te gaan, doordrong dat de wereld op zijn kop was gezet.

En wat een omineus teken des tijds was het niet dat vrouwen en moeders – eerbare Atheense matrones! – überhaupt de straat op gingen. De gelegenheid die een internationale crisis aan vrouwen bood om zich te misdragen, knaagde al minstens sinds de tijd van de Trojaanse oorlog aan het gemoed van de Griekse mannen. In Athene had die bezorgdheid echter een bijzondere weerklank gevonden. 'Opgevoed onder de meest strenge beperkingen, van kindsbeen af ingeprent zo min mogelijk te zien en te horen en zo min mogelijk vragen te stellen,'[46] leidden de vrouwen van Athene een opgesloten bestaan dat elders in Griekenland niet bestond, en dat kwam uitgerekend door het speciale karakter van de democratie. Het vermogen van vrouwen om onrust te stoken in het openbare leven had allang vóór de revolutie van 507 v.Chr. bedachtzame hervormers gealarmeerd. Solon, die graag de elite de deugden van zelfbeperking wilde bijbrengen, vond vooral elk vertoon van vrouwelijke opzichtigheid onverdraaglijk en had alles in het werk gesteld om die in te tomen. In plaats van de dochters van de aristocratie toe te staan te koop te lopen met hun rijkdom en smaak, had hij een simpele maar drastische stap gezet: hij vaardigde een decreet uit dat elke vrouw die 'over straat liep'[47] beschouwd moest worden als een prostituee. De Atheense mannen – of ten minste degenen met genoeg woonruimte om hun vrouwen in aparte vertrekken op te sluiten – hadden de kans die deze wetgeving hun bood gretig aangepakt. In de loop van de decennia had de wet tot gevolg dat uitsluitend nog vrouwen die zich nooit lieten zien als eerbaar konden worden beschouwd. Die wet deed natuurlijk tegelijk wonderen voor de seksindustrie.

En wel in die mate dat Solon een eeuw na zijn dood door de Atheense burgerij dankbaar werd herdacht als de man die met geld van de staat bordelen had gesubsidieerd, uitgaande van het onkreukbare egalitaire principe dat hoeren voor iedereen beschikbaar moesten zijn. Aangezien de houding van de grote hervormer tegenover vrouwen er vrijwel zeker een van grimmige onverschilligheid was, is die overlevering waarschijnlijk een verdraaiing van de feiten, maar ze toont wel aan dat het recht op hoerenlopen door veel burgers gezien werd als een hoeksteen van de democratie. Net als het standbeeld van de tirannendoders op de Agora, of de rijen zitplaatsen die waren uitgehakt in de Pnyx, diende de rosse buurt van Athene, zinderend van losbandigheid, lijden en genot, als een van de voornaamste monumenten voor de nieuwe orde. Overal waren hoeren te zien in de Ceramicus, topless zonnebadend buiten bordelen, ruziënd in gore achterafsteegjes, of tot buiten de stadsmuren over de begraafplaats spokend. Voor hun eerbare zusters was die flamboyante zichtbaarheid een bedreiging, waardoor ze in een schrikreactie nog onzichtbaarder werden dan voorheen. Het gevolg was dat het onder de democratie gewoonte werd zelfs de naam van een getrouwde vrouw niet in het openbaar te noemen. Ja, door het verscheurende karakter van de Atheense politiek kon zelfs de meest deugdzame vrouw alleen maar een risico betekenen voor de carrière van haar man. Voor een politicus was er maar één ding erger dan niet over de tong gaan, en dat was dat zijn familie over de tong ging. Veel burgers waren zo gechoqueerd toen ze matrones en hoeren elkaar op weg naar de kust zagen verdringen dat ze hun vrouwen stomweg verboden aan de exodus deel te nemen.

Het gevolg was dat toen Themistocles, na zijn gehavende vloot veilig uit Artemisium te hebben teruggevoerd, eindelijk in Piraeus binnenliep, hij tot zijn afgrijzen moest constateren dat Athene nog helemaal niet geëvacueerd was. Hij was het natuurlijk geweest – altijd 'de man van listen en lagen' – die de oproep aan de Ioniërs om te muiten in de rotsen had gekrast. Maar hij was wel zo wijs niet te rekenen op een ineenstorting van de imperiale oorlogsvloot. En op de Peloponnesiërs ook niet, eigenlijk. Velen in de bovenklasse van de Atheense maatschappij, vertrouwend op persoonlijke verzekeringen van de Spartanen, klampten zich vast aan de hoop dat er spoedig een geallieerd leger aan zou komen marcheren om hen te redden. Maar niet Themistocles. Op een pas ver weg van de Peloponnesos lag een Spartaanse koning met zijn hele lijfwacht, dood, en er was niets wat de Atheners nu nog konden zeggen of doen om de Spartanen ertoe te bewegen wederom troepen naar een slagveld in den vreemde te sturen. De reactie van de geallieerde delegaties in Korinthe op het nieuws van Thermopylae had dat niet duidelijker kunnen maken. Unaniem hadden de Peloponnesiërs voor hun eigen achtertuin gekozen. Terwijl de verkenners van de Grote Koning Attica naderden, was een legertje arbeiders, onder leiding van Leonidas' jongere broer Cleombrotus, al bezig een muur dwars over de acht kilometer brede Isthmus te bouwen: 'Keien, bakstenen, balken, met zand gevulde manden – noem maar op, alles werd aangesleept. Dag en nacht werd er doorgewerkt zonder een moment te verspillen.'[48] Anderen waren al bezig met het opbreken van de weg naar Megara, een smalle richel die was uitgehakt in de steile helling van een kustgebergte, en in feite de enige route over land die een leger naar – of van – de Isthmus kon volgen. Met elke grondverschuiving die van de weg in de ondiepe inhammen stortte lieten de Peloponnesiërs Attica steeds onherroepelijker aan zijn lot over.

Zelfs de goden schenen nu aan Athene te wanhopen. Nauwelijks was Themistocles terug in de volksvergadering om driftig het evacuatiebevel te bekrachtigen of er kwam bloedstollend nieuws van de Akropolis. De heilige slang, wiens aanwezigheid naast het graf van Erechtheus voor generaties Atheners de verzekering was geweest dat hun stad nooit zou vallen, had volgens zijn verzorgers zijn honingkoekje niet aangeroerd en was verdwenen. Als een lopend vuurtje ging het gerucht door de paniekerige menigte 'dat Athena zelf de stad verlaten had en hun de weg wees naar de zee'.[49] Dat kwam Themistocles natuurlijk allemaal heel goed van pas, net als een tweede verdachte ontdekking, die gedaan werd terwijl de vluchtelingen met hun bagage naar de kust drongen. Het scheen dat de heilige slang niet als enige van de Akropolis was verdwenen, dat gold ook voor een gouden Gorgonenkop die gestolen was van de hals van het allersacraalste standbeeld, het zelfportret van Athena Polias. Themistocles, die luidkeels zijn verontwaardiging over deze heiligschennis kenbaar maakte, liet onmiddellijk de bundels van zeer vermogende burgers doorzoeken. Als hij, wat natuurlijk gebeurde, zakken met goud weggemoffeld in de bagage vond, confisqueerde hij ze ter plekke. Die rekwisities, gecombineerd met een inzameling onder de voormalige archonten, leverden een behoorlijke som geld op, een financiële reserve die het Atheense volk, nu het in ballingschap ging, wel eens gauw nodig zou kunnen hebben om te overleven.

En intussen, terwijl snikkende kinderen aan de handen van hun vaders door het ondiepe water werden geleid en moeders met verschrikte, witte gezichten hun hoofddoeken straktrokken en achter ze aan strompelden en schepen van allerlei aard zich in de zee voor Phalerum en Piraeus verdrongen, verstreek de tijd. Zes dagen was het geleden dat de Warme Poorten waren opengebroken. Nu Athene steeds meer een spookstad werd, keken de drommende menigten almaar zenuwachtiger achterom en zochten de horizon af naar stofwolken, een glinstering van metaal, een glimp van een vuur. Nog steeds niets. Tegen de avond, toen Athene eindelijk ontruimd was, waren de honden, ontdaan door de plotselinge stilte, het enige wat nog bewoog in de hele uitgestrektheid van de verlaten stad. Vele waren hun eigenaars trouw gevolgd naar het strand, jankend renden ze over het strand, huilend naar de boten die verdwenen. Xanthippus, zo werd gezegd, die samen met alle andere slachtoffers van het schervengericht terug naar Athene was geroepen en nu opnieuw op het punt stond in ballingschap te gaan, had achteromgekeken toen hij van het vasteland wegzeilde en zijn hond wanhopig achter hem aan zien zwemmen. Toen het dier eindelijk op het droge was, klauterde het uitgeput op de rotsen, jankte en gaf de geest.[50]

De bestemming van Xanthippus en al zijn medeburgers was Salamis. Hier, aan de overkant van de smalle zeestraat voor de berg Aigaleos, hadden de Atheners een spookachtige en armelijke nabootsing gebouwd van de stad die ze zojuist hadden verlaten. Een paar vrouwen en kinderen – de achterblijvers voor wie de reis naar Troezen te gevaarlijk was geworden – werden daar ondergebracht. Evenals de magistraten van de democratie, symbolen en hoeders tegelijk van de wet. De ouderen, wier wijsheid in tijden van crisis van onschatbare waarde werd geacht, waren al vanaf het begin van de evacuatie op het eiland gestationeerd, tezamen met de schatten en de graanreserves van de stad. En nu, het meest sensationeel van al, lagen daar, verweerd en gehavend in de strijd, hun spanten vol sporen van verwoede werkzaamheden op de werven, honderdtachtig Atheense triremen voor de rede van Salamis klaar – inderdaad een houten muur. Met recht kon Themistocles op de vloot wijzen en volhouden dat zijn landgenoten, zelfs in ballingschap, nog steeds burgers waren van 'de grootste stad in heel Griekenland'.[51]

Een claim waar hij zich in de uren na aankomst op Salamis aan vast zal hebben moeten klampen als een drenkeling aan een vlot. Atheense schepen waren niet de enige die vanaf het eiland te zien waren. De afgelopen twee dagen, terwijl Themistocles en zijn mannen vluchtelingen uit Attica overzetten, hadden ook andere eskaders van de geallieerden in de zeestraat op wacht gelegen. Dat de Peloponnesische admiraals erin hadden toegestemd voor de hele duur van de evacuatie daar te blijven liggen, zegt veel over de kameraadschap die in Artemisium was gesmeed. Want zowel op grond van persoonlijke overwegingen als op grond van hun orders zullen ze zo snel mogelijk naar de Isthmus hebben willen gaan. Vanaf Salamis was nog net in de verte boven het blauwe water van de golf een rotspunt tegen de hemel te zien: deze tantaliserende wegwijzer was de akropolis van Korinthe, de wachttoren van de Peloponnesos, krap acht kilometer ten zuiden van de muur op de Isthmus. Het was daarom misschien niet verwonderlijk dat een Korinthiër, de jonge, vurige commandant Adeimantus, de leiding nam van het krijgsberaad dat plaatsvond onmiddellijk na de terugkeer van Themistocles op de geallieerde vloot. Direct naar de Isthmus zeilen, eiste hij van Eurybiades en zijn medeadmiraals. Concentreer de land- en zeestrijdkrachten op één punt. Laten we ons voegen bij het leger dat zich al op de Isthmus heeft verzameld. Er waren baaien en inhammen genoeg rond Korinthe om een strijdlinie in de flank te dekken. En als de vloot een ramp overkwam – nou, dan konden de Peloponnesiërs 'altijd nog naar hun eigen land terugkeren'.[52]

Dat was natuurlijk geen argument waar een Atheense admiraal warm voor liep – evenmin als de admiraals van Aegina en Megara – en je zou denken dat de bezwaren van deze mannen, die het bevel voerden over ongeveer driekwart van de in totaal driehonderdtien triremen van de Griekse vloot, de doorslag gaven.[53] Maar niks. Opnieuw liepen Themistocles en zijn twee collega's het risico dat de oorlogsinspanningen vanaf het begin had geplaagd, namelijk dat de alliantie verdeeld zou raken en uiteenvallen.

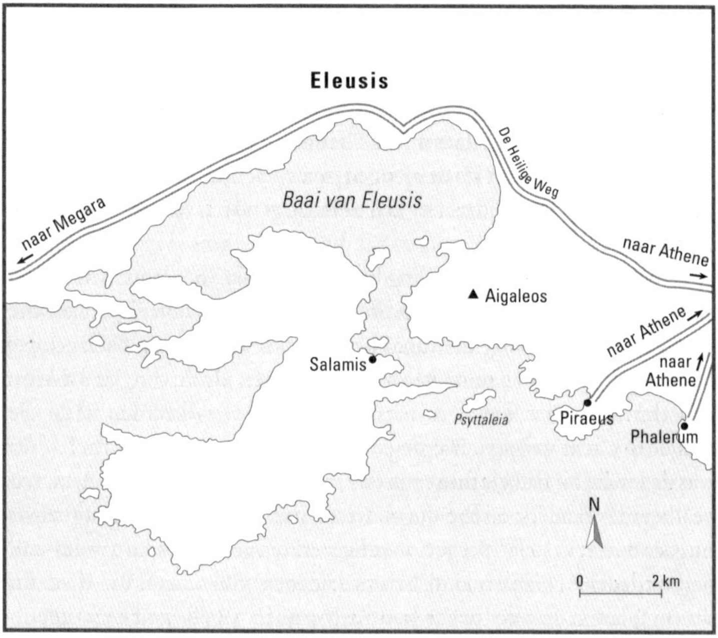
Eleusis
Baai van Eleusis
De Heilige Weg
naar Megara
naar Athene
Aigaleos
naar Athene
naar Athene
Salamis
Psyttaleia
Piraeus
Phalerum
N
0
2 km

Salamis

De Griekse vloot stond waarschijnlijk nog steeds tegenover een overmacht van twee tegen één en dus konden zelfs de Atheners zich niet veroorloven er alleen op af te gaan. De geringste verdeeldheid binnen de geallieerde eskaders zou alle hoop op een overwinning de bodem inslaan.

En een overwinning, daar mikte Themistocles op – niet louter de vloot van de Grote Koning tot staan brengen, zoals Adeimantus voor ogen stond, maar zijn hele zeestrijdmacht een vernietigende klap toebrengen. Om zijn collega's ervan te overtuigen dat dit streven meer was dan de hersenschim van een wanhopige balling beriep hij zich op het enige wat hen, en wel op een glorieuze manier, kon verenigen: hun gezamenlijke herinnering aan de slag bij Artemisium. Themistocles wist dat een open zeeslag, waar de Grieken mee te maken zouden krijgen als ze voor de kust van de Isthmus gingen liggen, in het voordeel van de vijand was. Maar, betoogde hij, 'met weinig bewegingsvrijheid zijn wij in het voordeel'.[54] Dat was de les die hij had getrokken uit de dag van de felste gevechten, toen de geallieerde eskaders, ofschoon gehavend, met succes de doorgang tussen Euboea en het vasteland tegen de volle sterkte van de barbaarse vloot hadden verdedigd. De zeestraat daar was drie tot vijf kilometer breed, terwijl die bij Salamis – als de barbaren er toch eens in gelokt konden worden! – maar hoogstens een kilometer breed was. 'Als alles goed gaat, en de vooruitzichten daarop zijn niet onredelijk, dan kunnen we winnen.'[55]

En dat, met een ijzeren zelfvertrouwen geponeerd, was een oordeel dat evenzeer wortelde in de ervaringen van allen die bij Artemisium hadden gestreden – de Peloponnesische admiraals incluis – als in het vruchtbare, altijd konkelende brein van de Athener. Dat besefte Themistocles heel goed, want hij had, in een mate waar zijn tegenstanders in de verste verte niet aan konden tippen, zijn carrière gebouwd op overreding. De democratie was in de eerste decennia van haar bestaan een harde leerschool gebleken. Niemand in de wereld was beter getraind om zijn zin door te drijven dan een geslaagde Atheense politicus. De effectiviteit van Themistocles' speech is af te lezen aan het feit dat toen halverwege het krijgsberaad boodschappers arriveerden met het verschrikkelijke nieuws dat de barbaren Attica waren binnengedrongen 'en het hele gebied platbrandden',[56] de vergadering niet in paniek werd beëindigd. En ondanks het bloedstollende besef dat de Perzische vloot elk moment de Atheense wateren kon binnenzeilen en wellicht de ontsnappingsroutes blokkeren, drongen de Peloponnesiërs niet verder op een onmiddellijke aftocht aan. Alle admiraals waren het erover eens dat de vloot diende te blijven waar hij was: voor de kust van Salamis. Themistocles had, althans voorlopig, de twijfelaars over de streep getrokken.

En dat in weerwil van het feit dat hij nu in de ogen van zijn collega-admiraals het meest verachtelijke wezen was dat er bestond – 'een man zonder land'.[57] Die kwalificatie was natuurlijk niet helemaal terecht, niet zolang Salamis in Atheense handen bleef. En Athene zelf was, terwijl de Perzische cavalerie al met kletterend hoefgetrappel naar de stad snelde, nog niet helemaal opgegeven, want één bolwerk, het heilige hart van Attica, hield stand. Zelfs de beeldenstormende Themistocles had het nooit in zijn hoofd gehaald voor te stellen de Akropolis te verlaten. In plaats daarvan had de volksvergadering ermee ingestemd 'dat de schatten en priesteressen daar dienden te blijven om de eigendommen van de goden te bewaken'.[58] Ook andere Atheners, die te koppig waren om in ballingschap te gaan, hadden er hun toevlucht gezocht. De verdedigers hadden weken de tijd gehad om zich te bevoorraden en barricades op te werpen – 'muren van hout' – zodat ze zich goed verschanst konden achten voor een langdurig beleg.

Maar niettemin zal de moed hen in de schoenen zijn gezonken toen ze de vijand zagen. Er was geen beter punt om de intocht van de Grote Koning in Athene gade te slaan dan vanaf de hoge heilige rots. Vuur, dat de gezegende bossen en velden van Attica in de as legde, kondigde de komst van Xerxes aan. Vanaf de westelijke kantelen keken de verdedigers machteloos toe hoe de koninklijke banieren triomfantelijk boven de stad werden gehesen. De soldatenhordes van de Grote Koning zwermden uit over de stad en namen bezit van de vertrouwde straten, ze vernielden de huizen van de verdedigers. Op de Agora en de hellingen van de Areopaag, de heuvel tussen de Pnyx en de Akropolis, was de genie bezig putten te slaan – de barbaren wantrouwden de Atheners kennelijk zozeer dat ze hun water niet wilden drinken. Andere werkploegen waren bezig de stad te plunderen en kaal te plukken. Het ergst om aan te zien voor de verdedigers op de Akropolis was de ontmanteling van de bronzen tirannendoders, die potente symbolen van de democratie, die van hun sokkels werden gehaald en ingepakt om te worden weggevoerd. Ongetwijfeld hadden de Pisistratiden, eindelijk weer terug in hun vaderland, de precieze betekenis van die standbeelden uitgelegd. Een volmaakte trofee om de paleizen van Susa mee op te sieren.

Intussen had de Grote Koning zijn commandopost op de Areopaag ingericht. Boogschutters werden naar de heuvel ontboden en kregen opdracht vuurpijlen af te schieten op de barricades die de oprit naar de

Akropolis blokkeerden. De houten muur, waar ze 'niets aan hadden',[59] stond algauw in lichterlaaie, maar de verdedigingswerken daarachter hielden stand. De Grote Koning, die graag het goede nieuws naar Perzië wilde seinen dat het nest van *daivas* was uitgerookt, werd ongeduldig. De Pisistratiden werden bij hem ontboden en de Akropolis op gestuurd om met hun stijfkoppen van landgenoten te onderhandelen. Hun voorstellen werden afgewezen. De aanval op de Akropolis werd hernieuwd. Pijlen suisden en rotsblokken, die door de verdedigers met een hefboom over de versterkingen werden getild, rolden verwoestend naar beneden. Chaos en strijdgewoel alom.

Maar terwijl alle aandacht van de Atheners werd opgeëist, begonnen de officieren van de Grote Koning de andere kant van de Akropolis te verkennen. Hier was de rots zo steil dat er niet één schildwacht was uitgezet, en elitetroepen slaagden er uiteindelijk in ertegenop te klimmen. Net als bij Thermopylae was de Grote Koning ook hier weer in staat met talenten die in het Zagrosgebergte waren geperfectioneerd de Grieken in de rug aan te vallen. De Akropolis werd bestormd. Veel verdedigers stortten zich liever van de kantelen dan dat ze zich lieten afslachten. Anderen zochten hun heil in de tempel van Athena. De Perzen maakten ze natuurlijk allemaal af, waarna ze, zoals hun meester het bevolen had, de hele top in brand staken. Wat niet wilde branden werd afgebroken, omgegooid of kapotgeslagen. Het grote magazijn van Atheense memento's, in de loop der eeuwen vergaard – het verleden zelf van de stad – werd in een paar uur tijd weggevaagd.

Dikke rookpluimen stegen op van het inferno en verduisterden de hemel boven Attica. Ze gaven de Atheners, die stokstijf op hun schepen of op de heuvelhellingen van Salamis toekeken, een ijzingwekkende boodschap. Voor hun bondgenoten was het spektakel, terwijl de avond in de nacht overging en het silhouet van de Aigaleos nog immer van een woedend rood verlicht was, niet minder ontmoedigend. Maar bij anderen, die zich die avond ook op zee bevonden, zal het heel andere emoties hebben opgeroepen. De admiraals van de Grote Koning, die pas voor de kust van Athene wilden verschijnen als ze er zeker van konden zijn dat de havens van de stad in veilige handen waren, hadden hun tijd genomen voor een rendezvous met het leger. Maar nu langs de hele Attische kustlijn, van Kaap Sunium tot de Akropolis, tempels in lichterlaaie stonden, werd de boodschap van de Perzische overwinning tot ver op zee verkondigd. De eskaders van de Grote Koning die nog onderweg waren naar een haven hoefden hun koers die avond niet aan de hand van de sterren te bepalen, want de golven die hun riemen opwierpen zullen verlicht zijn geweest door vuur.

De zon ging op boven een zwartgeblakerde, in puin gelegde Akropolis. Ooit een nest van demonen was het nu gezuiverd door de vlammen en eindelijk vrij van de Leugen. De beginselen van Arta hadden gezegevierd en Xerxes, dienaar van de Heer Ahura Mazda, had zijn dure plicht jegens de Waarheid vervuld. Ten teken daarvan liet de Grote Koning de Pisistratiden bij zich ontbieden en gaf hun opdracht de Akropolis te bestijgen 'om daar een offer te brengen volgens het eigen ritueel'[60] – want van alle Atheners waren alleen zij niet bezweken voor de verlokkingen van de Leugen. Dankbaar beklommen de teruggekeerde ballingen de geblakerde heuvel. Tussen de kapotte standbeelden en omgevallen zuilen en de verkoolde lijken van hun afgeslachte landgenoten zochten ze hun weg naar de heiligste plek van deze voor het overige kale rotspunt, daar waar de oeroude olijfboom, het geschenk van Athena aan de stad, altijd gestaan had. Het heiligdom dat eromheen was gebouwd, was systematisch met de grond gelijkgemaakt, maar van onder het puin werd weldra een zwartgeblakerde stomp opgegraven. Verwoed, zoals altijd, klampten de levende wortels zich aan de rots vast.

En uit de stomp – een waar wonder – groeide een lange groene scheut naar de zon.

NEMESIS

Opstopper

En dus kwam het op Salamis aan.

'U brengt dood aan de zonen der vrouwen.' Met de geallieerde vloot voor de rede van het eiland en de Perzen in Phalerum drukten de dubbelzinnigheden van het orakel nog dreigender op het gemoed van de mensen. Maar niet alleen in het Griekse opperbevel werd gedebatteerd over de pesterige woorden van Apollo: ook de Perzen, als altijd onverdroten bezig met inlichtingen vergaren, zullen van de profetie hebben gehoord. 'Hij die waarheid onthulde aan mijn voorvaderen'[1] – zo had Darius zelf de boogschuttergod omschreven. Maar hoeveel eerbied de Perzen ook herhaaldelijk voor Apollo hadden getoond, hun vertrouwen in de uitspraken van Delfi was natuurlijk niet zo instinctief als dat van hun vijanden. Veel stafleden van de Grote Koning zullen zich het hoofd hebben gebroken over de zinsnede 'Salamis, goddelijk land', en zich afgevraagd hebben wie precies daarvan de auteur was. Had misschien iemand anders dan de god de Pythia iets ingefluisterd? Een priester, bijvoorbeeld? Delfi was immers het middelpunt van een groot netwerk van internationale contacten, en de dienaren van Apollo, met hun diepgaande kennis van de actuele gebeurtenissen, waren even gekwalificeerd als wie dan ook om de waarschijnlijke uitkomst van de oorlog te voorspellen.

Ze zullen zeker niet vergeten zijn wat het lot was geweest van de laatste Griekse poging om een imperiale armada te verslaan. Veertien jaar eerder waren ongeveer driehonderdvijftig Ionische triremen tegen een Perzische vloot van bijna tweemaal zoveel schepen uitgevaren om bij het Milesische eiland Lade slag te leveren, en ze waren vernietigend verslagen. Net zoals destijds Milete de kern van het verzet tegen de Perzen was, zo was Athene dat nu. En het enige potentiële equivalent van Lade voor de kust van Attica was natuurlijk Salamis. Of de Perzische strategen nu geloofden dat de Delfische profetie aan de hemel was ontleend of aan louter menselijke berekening, in elk geval zullen ze zich erdoor gesterkt hebben gevoeld in hun overtuiging dat de hand van een oneindig veel machtiger god dan Apollo hun zaken bestierde. De grote raderen van de tijd, die wentelden op bevel van Hem die aan gene zijde vertoefde, Ahura Mazda, maalden duidelijk met een meedogenloze precisie. Er was al een keer een onhandelbare alliantie van Griekse eskaders door verraad en intrige uiteengevallen – en nu, met een mysterieuze, maar ongetwijfeld van godswege verordonneerde symmetrie, leek de geschiedenis gedoemd zich te herhalen.

Zeker, er waren er in Xerxes' gevolg die hun meester dringend waarschuwden daar niet op te vertrouwen. Demaratus bijvoorbeeld, die heel goed aanvoelde wat het ergste zou zijn voor zijn landgenoten, had de Grote Koning aangeraden een amfibische operatie direct tegen Laconië uit te voeren, want 'met zo'n oorlogsdreiging vlak naast de deur laten zij het wel uit hun hoofd om de rest van Griekenland te helpen als dat door uw leger onder de voet gelopen wordt'.[2] Dat was wel waar, maar de stormen en de vijandelijke aanvallen hadden de imperiale vloot zo uitgedund dat zelfs de detachering van een klein smaldeel zou kunnen betekenen dat de Grieken tegen beide onderdelen opgewassen waren. Het voorstel werd daarom verworpen. Evenals, hoewel na dieper nadenken, het advies van de geduchte koningin Artemisia van Halicarnassus. Toen de Grote Koning in staatsie bij Phalerum arriveerde en zijn admiraals ontbood voor een krijgsraad was zij een eenzame roepende in de woestijn met haar waarschuwing tegen het plan om een tweede Lade te forceren. Strijd leveren, zo betoogde ze, was een zinloos risico. Athene was bezet en de herfst naderde. Het was dus veel beter om de ingenomen stelling te handhaven en de Griekse eskaders de keus te laten tussen verhongeren of 'halsoverkop hun eigen woonplaats opzoeken'.[3] Een scherpe analyse, zoals Xerxes ook heel goed wist, maar de tijd drong en hij kon zich niet veroorloven die strategie over te nemen. Er was geen sprake van dat de Grote Koning de winter zou doorbrengen in de verre wildernis van het Westen: een verwoest Athene was niet de plaats om de wereld te regeren. Na de expeditie tegen Europa de eer van zijn koninklijke aanwezigheid te hebben vergund, was het nu zaak de oorlog nog vóór het einde van het seizoen tot een besluit te brengen. Alleen een daverende overwinning, zolang het weer het nog toeliet, was goed genoeg.

Wat kwam het dan mooi uit dat de imperiale inlichtingenofficieren aan hun koninklijke meester konden rapporteren dat de vijand, kiftend en kibbelend in zijn kamp, zich weer helemaal liet kennen. Net zoals vroeger de Ionische eskaders voor de kust van Lade door onderlinge haat, twijfel en angst uiteen werden gereten, zo leek ook nu aan de overzijde van de zeestraat, voor de kust van Salamis, een Griekse vloot aan de rand van een soortgelijke implosie te staan. Aan de bewijzen voor defaitisme hoefde nauwelijks getwijfeld te worden. Al op de dag dat de Akropolis brandde waren verscheidene bemanningen in paniek naar hun schepen gedraafd om de zeilen te hijsen en ervandoor te gaan. Gezegd werd dat het oppercommando diezelfde avond wederom in rivaliserende facties uiteen was gevallen: Peloponnesiërs tegen Atheners en hun bondgenoten. De beledigingen die werden uitgewisseld waren het gesprek van de dag in het Griekse kamp. Adeimantus zou Themistocles spottend een 'vluchteling' hebben genoemd en hem hebben gewaarschuwd, toen hij voor zijn beurt sprak, dat 'al te vlotte starters op de renbaan een pak slaag krijgen'. 'Jawel,' zou Themistocles toen bitter hebben geantwoord, 'maar wie te laat start, mist de prijs.'[4] Alleen door te dreigen de hele Atheense vloot uit de strijdlinie terug te trekken en stante pede in permanente ballingschap naar Italië te gaan kreeg hij uiteindelijk zijn zin. Maar voor hoe lang, dat was onmogelijk te zeggen. Stel dat de Peloponnesiërs, als ze in paniek raakten door het vooruitzicht klem te komen zitten in de zeestraat, uiteindelijk in zouden gaan op zijn blufpoker? Welke keus hadden de Atheners en hun vloot dan?

De Perzische inlichtingenofficieren, die gebruik konden maken van meer dan zestig jaar ervaring met de Griekse verdeeldheid, wisten precies hoe ze daarachter moesten komen. Na het krijgsberaad in Phalerum, toen de Grote Koning zijn ondergeschikten duidelijk te kennen had gegeven dat hij een tweede Lade wilde creëren, werd een contingent Perzische troepen op weg naar de Isthmus gestuurd. Omdat de kustweg voorbij Megara was vernield en de Isthmus zelf goed versterkt was, had de expeditie weinig kans om de poorten van de Peloponnesos te bestormen – maar dat was ook niet de bedoeling. De soldaten vertrokken uit Athene, marcheerden om de berg Aigaleos heen en namen de Heilige Weg naar Eleusis en verder langs de zuidkust van Attica. Hun wapens blonken helder. Hun krijgsliederen waren mijlenver in de omtrek te horen. Hun voeten, dertigduizend paar, daverden over de weg. Een grote stofwolk rees achter hen op en werd door de wind over de zeestraat meegevoerd naar Salamis.

Waar met ontsteltenis werd gereageerd – precies zoals de Perzische strategen verwacht hadden. Opnieuw klonk er muitend gemurmureer onder de Peloponnesische contingenten. Vervolgens, toen het begon te schemeren en bezorgde matrozen er al bij hun kapiteins op aan begonnen te dringen om naar de Isthmus te zeilen, gaf de Grote Koning opdracht de duimschroeven nog verder aan te draaien. Eskaders van de imperiale vloot stevenden op Salamis af en 'daar aangekomen namen de Perzen kalm hun eigen positie in',[5] waarna ze vlak voor de kust van het eiland gingen patrouilleren en dreigden de ontsnappingsroutes af te snijden. Terwijl de ondergaande zon zijn vlammende spiegelbeeld op de zee tussen Salamis en de Isthmus wierp, schenen veel Peloponnesiërs op het punt van muiten te staan.

> Daar zaten ze dan bij Salamis, bedachten ze met schrik in het hart, om voor het Attische grondgebied te strijden, terwijl hun eigen land er onbeschermd bij lag en zij na een nederlaag op het eiland als vogels in de knip zouden zijn opgesloten. Nog dezelfde nacht rukte het vijandelijke voetleger naar de Peloponnesos op.[6]

Dat was al sinds het begin van het contact tussen de twee volkeren de manier waarop de Perzen altijd kat en muis met de Grieken hadden gespeeld. Het nieuws over het gekrakeel op Salamis, dat door zijn agenten aan de Grote Koning was overgebriefd, gaf hem de zekerheid dat hij het karakter van zijn vijanden nauwkeurig had ingeschat. Nu de Grieken kennelijk als kemphanen tegenover elkaar stonden was het tijd de val die hij zo sluw geplaatst had van aas te voorzien. De zon ging bijna onder. De eskaders die voor Salamis patrouilleerden werden teruggeroepen naar hun basis. Die terugtocht, onder de ogen van de geallieerde uitkijkposten, liet de ontsnappingsroute naar de Isthmus heel duidelijk – en heel verleidelijk – open. Zoals de Perzische admiraliteit in Artemisium had ontdekt, waren de Griekse zeevaarders er als de kippen bij om zich 's nachts schielijk terug te trekken als een acute crisis dat leek te vereisen. De Peloponnesiërs, die niet wisten wanneer ze weer een kans zouden krijgen halsoverkop uit hun rattenhol te ontkomen, zouden zeker vinden dat ze die avond exact voor zo'n crisis stonden. Als dat het geval was, en ongeacht of de Atheners met ze mee wilden gaan of niet, zouden ze wel eens heel goed hun kans kunnen grijpen en de zeestraat uit vluchten. Net zoals bij Lade zou de Griekse vloot dan in stukken uiteenvallen.

Maar Xerxes wikte en woog die avond nog en wist het vooralsnog niet zeker. De hinderlaag kon maar één keer worden gelegd. Het was niet voldoende louter verdeeldheid te zaaien – actief verraad was ook nodig. Een dubbelagent in het Griekse oppercommando zou ideaal zijn. Gelukkig had de Perzische inlichtingendienst een lange en vruchtbare ervaring met het rekruteren van hooggeplaatste mollen. De Ionische strijdlinie bij Lade, daar zullen de spionagechefs wel niet op hebben hoeven te wijzen, was immers ten dode opgeschreven geweest doordat de kapiteins van Samos waren omgekocht. Met dat verlokkelijke precedent voor ogen zullen de agenten van de Grote Koning ongetwijfeld ook nu wel, gewapend met goud en de belofte van koninklijke gunsten, actief zijn geweest op Salamis. En als dat het geval was, wie was dan hun doelwit? De Perzen zullen zeker in de zenuwenoorlog die ze zo kundig tegen de verdeelde Grieken voerden een aanval op twee fronten tegelijk hebben proberen te lanceren. Terwijl ze aan de ene kant de Peloponnesiërs bedreigden en onder druk zetten om te vluchten, zullen ze zeker ook oog hebben gehad voor de angsten en ressentimenten van degenen die met het vooruitzicht moesten leven alleen achter te blijven: de Aegineten, de Megariërs – en de Atheners.

'De man die met mij samenwerkt zal ik met rijke geschenken overladen.'[8] Dat, kaal gezegd, was altijd het credo van de Perzische monarchie geweest. Welke beloning was er dan weggelegd voor de man die het in zijn macht had om de hele Griekse vloot te verraden en de oorlog, en het Westen zelf, voor de Grote Koning te winnen? Ongetwijfeld een schitterende en glorieuze, een beloning die haar weerga niet kende. Het maakte dan weinig uit dat Themistocles afkomstig was uit wat jarenlang gegolden had als een van duivels vergeven bolwerk van de Leugen – niet nu vuur, dat de Akropolis had verteerd, Athene van het kwaad had gezuiverd. Als ze zich maar vol gepaste wroeging voor hem in het stof wierpen, konden de Atheners zeker op gratie rekenen – en misschien zelfs, als ze hem goede diensten bewezen, op de tekenen van zijn gunst. Niemand in de hele wereld had immers de macht om genadiger, genereuzer, goedgunstiger te zijn. 'De beloningen die ik uitdeel staan in verhouding tot de hulp die ik ontvang.'[9]

Nergens wordt openlijk vermeld dat er contacten waren tussen Themistocles en de Perzische agenten. De duistere sluier die over verraad en spionage hangt is vaak ondoordringbaar, en des te meer bij een terugblik na tweeënhalfduizend jaar. Wat we echter wel weten is dat, kort nadat de Perzische eskaders van hun patrouille naar Phalerum waren teruggekeerd, en terwijl de verschillende Griekse bevelvoerders elkaar nog in de haren vlogen over het alarmerende nieuws van die dag, een klein bootje in het donker uit de gelederen van de Atheense vloot wegglipte en naar de overkant van de zeestraat voer. Aan boord bevond zich de vertrouwde leraar van Themistocles' zonen, een slaaf die Sicinnus heette. Aangezien zijn naam erop wijst dat hij uit Frygië kwam, een satrapie ten oosten van Lydië, is het mogelijk dat hij een beetje Perzisch sprak.[10] Het is ook mogelijk dat zijn komst op het vasteland voor zijn gastheren niet geheel onverwacht kwam, want zodra Sicinnus voet op het droge zette, werd hij haastig naar het Perzische opperbevel gebracht. Zeker is dat de boodschap die hij bracht uiterst dringend was: de Grieken, meldde Sicinnus, waren van plan diezelfde nacht nog te vluchten. 'Wanneer u dat weet te verhinderen, is er voor u een prachtkans om de kroon op het werk te zetten.' Over de Atheense admiraal zelf, die walgde van de lafheid van zijn bondgenoten, zei zijn slaaf: 'Mijn baas heeft namelijk het beste met de koning voor en wenst niets liever dan dat de Perzen de Grieken verslaan.'[11] Als de Perzische spionagechefs inderdaad uit waren op communicatie met Themistocles, dan hadden ze niet kunnen hopen beter nieuws te bemachtigen.

Het was werkelijk een spectaculaire coup. De Grote Koning, die ongetwijfeld zal zijn gewezen op de mogelijkheid dat er die avond een doorbraak zou komen aan het inlichtingenfront, werd onmiddellijk op de hoogte gesteld. Noodplannen, die klaarblijkelijk klaarlagen voor een dergelijke eventualiteit, werden gesmeerd in werking gesteld. De vloot kreeg opdracht zich gereed te maken voor de strijd. De roeiers stonden van hun avondeten op en haastten zich naar hun banken, soldaten namen hun posities in aan dek. 'En van de slagschepen riep smaldeel smaldeel langszij, en ieder vaart in de positie waarin hij was opgesteld.'[12] Waarna ze, gelid na gelid, uit Phalerum de zee op voeren, de wachtende duisternis tegemoet. Nu geen gejuich meer, want het geringste geluid kon de vijand opschrikken. Met slechts het afgemeten plonzen van de riemen dat hun voortgang markeerde gleden de verschillende eskaders door de nacht naar posities die hun meester hun had toegewezen. De tweehonderd Egyptische schepen hadden opdracht gekregen helemaal om de zuidkust van Salamis heen te zeilen naar de nauwe flessenhals van de meest westelijke zeestraat, om die af te snijden voor het geval dat de Grieken daarlangs zouden proberen te ontkomen. De andere schepen gingen drie gelederen dik voor de oostelijke zeestraat liggen, waarvandaan, zoals hun kapiteins hadden verzekerd, de in paniek geraakte Peloponnesiërs elk moment op de vlucht konden slaan. Vlak voor de plek waar de zeestraat uitmondde in open zee, lag een klein aan Pan gewijd eilandje dat de Atheners Psyttaleia noemden. Daar stationeerde de Grote Koning, als kroon op de meedogenloze efficiëntie van zijn voorbereidingen, een eenheid van vierhonderd infanteristen. Wat hij in gedachten had was dat, wanneer om middernacht de ontsnappingspoging kwam, 'het eilandje precies midden in de zee-engte lag waar de slag zou plaatsvinden en dat, als de strijd eenmaal begonnen was, daar dus de meeste drenkelingen met de wrakstukken zouden aanspoelen'.[13] Niets was aan het toeval overgelaten. Niet één Griek mocht aan de dodelijke valstrik van de Grote Koning ontsnappen.

Intussen was Sicinnus, de slaaf die met zijn boodschap voor al deze voorbereidselen verantwoordelijk was geweest, naar Themistocles teruggekeerd. Hij had een verbluffende moed getoond. Hij moet zeker verwacht hebben dat de Perzen hem langer zouden vasthouden voor verhoor, en het is inderdaad nauwelijks te geloven dat ze hem vrijlieten, tenzij het was om hem een boodschap van de Perzische spionagechefs mee terug te laten nemen naar zijn meester.[14] Het is ook niet moeilijk te raden wat de inhoud van die boodschap geweest kan zijn: het laatste aanbod van de Grote Koning, amnestie misschien, een kans voor de Atheners om hun familieleden op te pikken voordat ze in ballingschap gingen, of de verzekering van een geprivilegieerde toekomst in Attica als begunstigde dienaren van de Koning der Koningen. Wat de precieze details ook waren, Themistocles zal zeker een zucht van verlichting hebben geslaakt toen hij ze las, want nu wist hij zeker dat zijn dochters gered waren van de slavenmarkt, zijn zoons van het castratiemes, zijn medeburgers van de vernietiging. Als de Griekse vloot in de ochtend werd weggevaagd, dan zouden de Atheners tenminste nog kunnen rekenen op de genade van de Grote Koning.

Maar de terugkeer van Sicinnus bood een oneindig veel schitterender en glorieuzer mogelijkheid. Terwijl de imperiale gevechtseskaders hun geheime manoeuvres begonnen, waren de Griekse admiraals nog steeds in spoedberaad bijeen, ze waren verwikkeld in 'een heftige woordenwisseling',[15] zoals het heette. Themistocles, die het er kennelijk druk mee had en de vergadering in en uit liep, stond tegen middernacht op en ging weer naar buiten. En daar, verborgen in de schaduw, stond een oude vijand hem op te wachten. Aristeides, 'de Rechtvaardige', die samen met Xanthippus en alle andere slachtoffers van het schervengericht terug uit ballingschap was geroepen, had weer naadloos zijn plaats ingenomen in het politieke hart van de democratie. Diezelfde avond nog had hij, terugkerend van een missie naar Aegina, de dreigende silhouetten gezien van de Perzische vloot die over de golf uitwaaierde om de uitgangen van de zeestraat te blokkeren. Themistocles, voor wie dit nieuws natuurlijk nauwelijks als een verrassing kwam, bekende dat hij opgetogen was en vertelde aan Aristeides dat het allemaal door hem kwam. 'Tja, ik moest wel,' zei hij. 'Want nu de Grieken niet goedschiks de strijd willen aangaan, kan het niet anders dan kwaadschiks'. Hij omhelsde zijn oude tegenstander en spoorde hem aan het nieuws aan de andere admiraals te vertellen, want 'als ik het doe, denken ze vast dat ik het uit mijn duim zuig'.[16]

Wat natuurlijk allemaal bedoeld was om de Peloponnesiërs neer te zetten als zielige klungels. Geen wonder dat de Atheners in de jaren daarna dat verhaal gretig bleven rondtetteren. Maar toch is er iets vreemds mee. Aristeides vertelde de Griekse commandanten wel dat hun vloot omsingeld was, maar hij verzweeg kennelijk dat dit het gevolg was van een truc die hun eigen collega had uitgehaald. Begrijpelijk, zou je denken, maar het eigenaardige is dat de Spartanen en de andere Peloponnesiërs, zelfs toen de details van Themistocles' list algemeen bekend werden, niet het geringste teken van ressentiment toonden tegenover de man die hen kennelijk zo volledig te slim af was geweest, maar hem integendeel alleen maar prezen voor zijn sluwe inzicht. En ondanks het feit dat ze volgens de onthulling van Aristeides in de val zaten, schijnen de Griekse admiraals niet in paniek te zijn geraakt. Integendeel zelfs – de regelingen die ze voor de volgende ochtend troffen wijzen op minutieuze voorbereidselen. Het was bijna alsof het nieuws over de Perzische blokkade ook voor hen niet als een grote verrassing kwam. Bijna alsof ze vanaf het begin met Themistocles hadden samengezworen.

En misschien was dat ook wel zo. De details van de slag bij Salamis gaan schuil achter een wervelende mist en zijn alleen bij vlagen te zien, waarna ze ofwel verloren gaan, of zo warrig zijn dat ze op alle mogelijke manieren geïnterpreteerd kunnen worden. Frustrerend, natuurlijk, maar in die nevel tekenen zich ook de tantaliserende omtrekken af van een anderszins verborgen oorlog, die een schimmig contrapunt vormt met het geraas en getier en gedreun van de strijd. De Perzen konden er met recht aanspraak op maken meesters te zijn in het uithalen van vuile trucs, dus het zal niet verbazen dat hun spionagechefs in Attica arriveerden met het gratuite vooroordeel van superioriteit waar de heersende klassen van de wereld zo goed in zijn. Maar net zoals de admiraals van de Grote Koning door het optreden van de Grieken bij Artemisium gewaarschuwd hadden moeten zijn voor enige vorm van zelfgenoegzaamheid, zo hadden zijn inlichtingenofficieren ook op hun hoede moeten blijven. De geallieerden hadden al getoond bedreven te zijn in afleidingsmanoeuvres en het verspreiden van valse informatie. Het lijdt geen twijfel dat Themistocles op Salamis zijn gebruikelijke messcherpe psychologische inzicht aan den dag legde en de Perzische agenten niet alleen vertelde wat hun meester wilde horen, maar wat hij ook verschrikkelijk nodig had. Hoe gretig hij echter ook was, de Grote Koning zou zeker geen geloof hebben gehecht aan de mogelijkheid van verraad door de Atheners als de Peloponnesische admiraals niet zo te koop hadden gelopen met hun demoralisatie. Of ze inderdaad een incompetent, ruziënd zootje waren dat totaal geen zin had om in de zeestraat slag te leveren, ondanks de lessen die ze bij Artemisium hadden geleerd, of dat ze eerder samenzweerders waren in een dodelijke list, dat zullen we wel nooit met zekerheid weten. Wat echter vaststaat, is dat de Peloponnesische admiraals, als ze er echt die avond dolgraag vandoor hadden willen gaan, zich wel heel gelijkmoedig neerlegden bij het nieuws dat ze klem zaten in de zee-engte. Toen de zon opkwam, begon een van de beslissendste dagen in de menselijke geschiedenis – en elk eskader van de Griekse vloot was tot het uiterste gespannen voor de strijd.

En voor de mannen hing er boven de zeestraat plots een unheimische sfeer, een haast voelbare verhoging van de intensiteit van het ochtendlicht. Voor ze hun posities op de dekken innamen, werden de Atheense mariniers door Themistocles onthaald op een toespraak die hen nog lang zou heugen en waarin hij zijn mannen opriep een afweging te maken 'van de goede en slechte zijden in de natuur van de mens en zijn plaats in de wereld' en 'om toch vooral voor het goede te kiezen'.[17] Maar zelfs die woorden zullen waarschijnlijk niet zoveel nekharen overeind hebben gezet als de verzekering, die ineens als een mare door de hele vloot ging, dat de godenzonen, die in vervlogen tijden de hoeders waren geweest van de rotsen en bossen en tempels van Griekenland, onder hen waren – zodat ze later beweerden geestverschijningen te hebben gezien, en zelfs spookslangen die over het water gleden, en onaardse strijdkreten over de zeestraat te hebben horen galmen. Dat heroën van weleer uit hun graf waren opgestaan om de barbaarse invasie tot staan te brengen, was een overtuiging die erin gehamerd was door het Griekse opperbevel. Ja, waarschijnlijk had Aristeides, toen hij tussen de Perzische blokkade door glipte, de relikwieën bij zich van een aantal Aeginetische heroën, aan Zeus zelf ontsproten. In elk geval hoeft niet getwijfeld te worden aan de urgentie van zo'n missie, en een teken van zijn succes is wellicht het feit dat de Peloponnesiërs, die de avond tevoren nog op het punt van muiten hadden gestaan, zich even overtuigd als de anderen opmaakten voor de strijd.

En voorzeker hing er al dagen iets spookachtigs in de lucht. Zelfs de

Grieken in de entourage van de Grote Koning schijnen te hebben voorvoeld dat de hemelen zich wel eens tegen hun meester konden keren. Demaratus, die de dag voor de zeeslag door de verlaten velden voorbij Eleusis liep, zag een stofwolk van de kustweg opstijgen. Die zou van de Perzische divisie op weg naar de Isthmus afkomstig kunnen zijn, maar een Atheense collaborateur die met Demaratus opliep had het gezang dat hij in de verte van de Heilige Weg hoorde komen onmiddellijk herkend als de *iakchos*, de vreugdekreet die pelgrims elk jaar in september aanhieven als ze naar Eleusis trokken. Dat was natuurlijk onmogelijk, al was het inderdaad het tijdstip van de jaarlijkse pelgrimage – tenzij de *iakchos* werd aangeheven door een bovennatuurlijke processie ter ere van het grote mysterie van Eleusis, de terugkeer naar het leven van wat ogenschijnlijk volslagen, onherroepelijk dood was geweest. Dat was voor de Athener die over de verschroeide aarde van zijn vaderland liep een erg griezelige gedachte. 'Het lijdt niet de geringste twijfel,' zei hij ten slotte terwijl hij naar de stofwolk keek, 'dat het leger van de koning een verschrikkelijke ramp boven het hoofd hangt.' En Demaratus, hoewel geschrokken van dit oordeel, sprak het niet tegen. 'Alsjeblieft, praat je mond niet voorbij en hou het onder ons,' zei hij dringend tegen zijn metgezel. 'Als de koning maar één woord hiervan opvangt, maakt hij je een kopje kleiner.'[18]

Verstandige raad, want Xerxes was vastbesloten een overwinning te forceren en zeker niet in de stemming om defaitisme te tolereren. Het was voor hem zonneklaar dat het aan een gebrek aan ruggengraat te wijten was dat zijn vloot er niet in was geslaagd de Grieken bij Artemisium te vernietigen. Om dat recht te zetten had hij zijn bevelvoerders de ernstige waarschuwing gegeven dat 'als de Grieken hun rampzalige lot zouden ontvluchten, en stiekem een vluchtweg zouden vinden met hun schepen, dat ze dan allemaal werden onthoofd'.[19] Als ze daarentegen dapper streden, zouden hun heldendaden persoonlijk door de koning worden herdacht – een aanmoediging die ze pijnlijk hadden gemist bij Artemisium. Zo geschiedde het dat de Grote Koning, terwijl de Griekse roeiers zich naar hun banken haastten, gevolgd door een machtige stoet generaals, hoffunctionarissen en bedienden, in zijn strijdwagen langs de zuidpunt van de Aigaleos reed naar 'z'n rotsige stee / Die uitkeek over Salamis in zee'.[20] Hier, boven een tempel gewijd aan Heracles, liet hij zijn Niseïsche schimmels halt houden. Terwijl hij uitsteeg, waarbij hij eerst op een gouden voetenbankje stapte en vervolgens (want de koninklijke plateauzolen mochten vanzelfsprekend de kale grond niet raken) op een haastig uitgerolde loper, waren bedienden al bezig een troon op te zetten. De Grote Koning had zijn uitkijkpost goed gekozen. Onder hem ontvouwde zich, met de minuut beter zichtbaar, een weergaloos panorama: Salamis, de zeestraat, de golf daarachter, en in de verte de Isthmus. Maar wat zag Xerxes die fatale ochtend op het water zelf, toen de zon achter zijn rug opkwam en het langverwachte, beslissende moment van de strijd, waar zo lange tijd naartoe was gemanoeuvreerd, eindelijk aanbrak?

Niet wat hij gehoopt had te zullen zien, zoveel is zeker: niet het tafereel van een Griekse vloot die in een hinderlaag in de pan werd gehakt, rondhout dobberend op de golven van de open zee, bergen verwrongen lijken op de rotsen van Psyttaleia. De Grote Koning zal al voor zijn komst op zijn uitkijkpost hebben gehoord dat de verwachte vlucht van de Peloponnesiërs niet was doorgegaan. Maar toch zal hij bitter teleurgesteld zijn geweest toen hij de Griekse vloot nog steeds in de nauwe zeestraat beneden hem in slagorde zag liggen. En zijn eigen eskaders, waar waren die bij het ochtendgloren? Een heel goede vraag, want terwijl de geallieerde strategie gericht was op een zeeslag binnen de zeestraat, hadden de admiraals van de Grote Koning er steeds naar gestreefd de Grieken op open zee te treffen. De patstelling die daarvan het gevolg was duurde nu al drie weken. Alleen als ze zeker wisten dat de vijand inderdaad maar een ongeregeld zootje was, waren de commandanten van de imperiale vloot bereid die strategie te laten varen en hun eskaders de zeestraat in te sturen. En dat was een van de meest doorslaggevende beslissingen in de krijgsgeschiedenis, omdat die niet alleen de uitkomst van de zeeslag, en van de hele oorlog bepaalde, maar ook de toekomst van Europa en de westerse beschaving. Het is helsmakend, maar we weten niet wanneer of waarom die beslissing genomen werd – alleen dat de zeeslag, toen die begon, inderdaad plaatsvond waar de Perzen hem per se niet hadden willen voeren: in de zee-engte van Salamis.

De historici gaan er in het algemeen van uit dat de Perzen onder dekking van de duisternis de zeestraat in voeren. Maar dat lijkt onwaarschijnlijk.[21] De instructies die de kapiteins van hun Grote Koning hadden gekregen waren glashelder: 'de bruisende af- en aanvoerroutes' controleren.[22] Het is, gezien de dreiging met onthoofding, niet waarschijnlijk dat er die nacht veel animo was voor gedurfd particulier initiatief. De klare weigering van de Grieken om met open ogen in de hinderlaag te lopen die zo zorgvuldig voor hen was uitgezet zal de Perzische admiraals alleen maar hebben bevestigd in hun voornemen te blijven waar ze waren, want hun roeiers, die hard aan de riemen moesten trekken om te voorkomen dat hun schepen uit de formatie wegdreven, hadden zich die nacht nou niet bepaald goed kunnen voorbereiden op de strijd. Het zou kunnen dat de aankomst van de Grote Koning bij zonsopgang boven Salamis een paar kapiteins, die bij de koning in het gevlij wilden komen, heeft aangespoord hun schepen opdracht te geven de zeestraat in te zeilen, en dat vervolgens de hele formatie ze is gevolgd. Maar waarschijnlijker is dat de vloot, bij het zien van zijn meester, alleen maar werd gesterkt in zijn discipline. Terwijl de afzonderlijke kapiteins, hoe verwoed ze ook tuurden vanaf de stevens van hun triremen, nauwelijks konden waarnemen wat er vóór hen in de zeestraat gebeurde, zagen ze wel dat de Grote Koning in een gunstige positie was om dat voor hen te doen. En wie kon beter het eindbesluit nemen dan Xerxes zelf? Wie kon beter het beslissende teken geven voor een gok waar zoveel van afhing?

Het lijkt daarom het waarschijnlijkst dat het bevel om de vijand in de zeestraat aan te vallen kort na zonsopgang aan de Perzische vloot werd gegeven en dat het bevel rechtstreeks afkomstig was van de Koning der Koningen zelf. We weten niet hoe het teken werd gegeven en ook niet hoe Xerxes in staat was het opwindende spektakel dat hij onverwacht vanaf zijn positie hoog boven zee aanschouwde aan zijn admiraals door te geven. Want wat hij zag kwam erop neer dat de hele Griekse formatie uiteenviel. Zo'n vijftig triremen, die in de richting van Eleusis voeren, leken halsoverkop op de vlucht te zijn geslagen en op de nauwe zee-engte voor de noordwestkust van het eiland af te stevenen, waar, zonder dat hun commandant het wist, de Egyptenaren op de loer lagen. Zo was het bij Lade gegaan en zo leek het ook hier te gebeuren – precies zoals de verraderlijke Atheense admiraal had gezegd. Tijd, dus, om de kaken van de val te sluiten. Tijd om het Griekse verzet voorgoed te breken. Tijd om de zeestraat binnen te zeilen.

Een angstaanjagend bazuingeschal, versterkt door de nabijheid van de heuvels aan beide oevers, en de grote massa van de Perzische vloot, die dwars voor het eiland Psyttaleia lag, voer om de oostelijke landtong van Salamis heen en begon sneller te roeien. Feniciërs op de rechtervleugel, Ioniërs links, Ciliciërs, Cariërs en de andere contingenten in het centrum, geen van allen hadden ze de eerste minuten van de aanval goed zicht op de vijand, want dat werd door de ligging van de zeestraat belemmerd, en het opspattende schuim en de mist van die vroege herfstochtend zullen een sluier over het water hebben gelegd. Maar toen, terwijl de frontlinies de Griekse posities naderden, hoorden ze voor zich uit gezang, en de paean

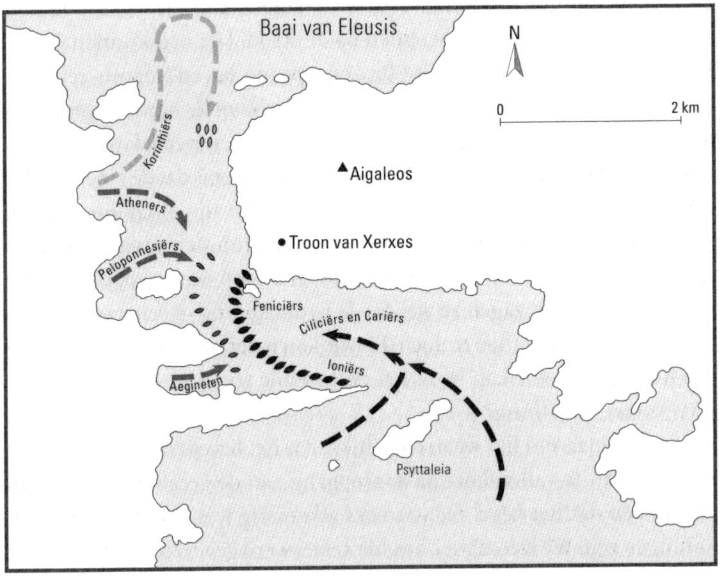

Slag bij Salamis

steeg hoog 'en schel, tegelijkertijd weerklonken klanken van de rotsige eilanden, de echo'.[23] Niet bepaald het geluid van mannen die zich in paniek terugtrokken – maar er was nu geen keren meer aan voor de vloot van de Grote Koning, zelfs niet als bepaalde kapiteins in de voorste gelederen ineens hun maag voelden omdraaien en het klamme, koude zweet hen uitbrak bij het akelige voorgevoel dat zíj in de val waren gelopen. Achter hen was al zover het oog reikte een uitgestrekt woud van masten te zien die zich in de zeestraat verdrongen, dobberend op het door roeiriemen opgeschuimde water, terwijl de verschillende eskaders positie probeerden in te nemen zonder elkaar in de engte van de zeestraat te hinderen. Dicht bij het vasteland blijvend, waar het op de kust geruststellend wemelde van hun eigen troepen, zullen de Perzische kapiteins, als ze in de richting van Salamis keken, er nauwelijks nog aan getwijfeld hebben dat de Grote Koning grondig in de maling was genomen. De Griekse triremen sloegen bij hun nadering helemaal niet op de vlucht, maar waren in een lange strijdlinie opgesteld langs de baaien en landtongen van het eiland, van de Atheners in de noordelijkste vleugel tot de Aegineten in het zuiden – en de ramsteven van elk schip was recht op de Perzische vloot gericht.

Toch zullen de imperiale admiraals in de laatste misselijkmakende momenten voor het losbreken van de strijd nog hebben gehoopt dat de vijand een ongeregeld zootje was, want de Griekse oorlogsschepen bleven, uit angst leek het wel, zich steeds verder terugtrekken naar de kust. Maar toen, net op het moment dat ze aan de grond leken te lopen, snelde er één schip uit de gelederen van terugtrekkende triremen naar voren. Later zeiden ze dat de bemanning opgeschrikt was door de woorden van een vrouwelijke verschijning, een schim die ineens voor de Griekse linie was opgedoemd en luid smalend vroeg: 'Hé, sufferds, komt er nog wat van? Vooruit, eropaf!'[24] En nu antwoordde de bemanning door keihard aan de riemen te trekken, waardoor het schip over het open water schoot dat de twee strijdlinies nog scheidde, zijn bronzen ram, die glimmend door de zee sneed, op de achtersteven van een afgedwaald Perzisch schip gericht. Een kletterende regen van pijlen op het dek, dan een krakende klap en het geluid van splinterend hout: het eerste treffen van de strijd. Maar het was geen doodklap, want de riemen van de twee triremen haakten in elkaar, zodat de twee schepen aaneen geklonken werden. Toen ze dat zagen, vlogen de kapiteins van andere schepen naar voren om hun kameraden te hulp te schieten. Algauw was alles in beweging, en de Grieken, 'goed geformeerd voorop, gedisciplineerd',[25] hieven gezangen aan uit dolzinnige vreugde om het doden dat ging komen.

En in een mum van tijd werd er overal in de zeestraat gevochten. Het is tekenend voor de verwarring van het treffen dat zelfs over de identiteit van het schip dat als eerste de barbaren aanviel naderhand heftige discussies losbrandden, want zowel de Aegineten als de Atheners eisten de eer op. Het was onmogelijk te zeggen. De twee eenheden vochten aan de uiteinden van een linie die bijna twee kilometer lang was, en niemand in de zeestraat had volledig zicht op de strijd. Geen wonder dus dat de herinneringen aan die grimmige, roemrijke dag niet te maken hebben met strategie, of de prestaties van rivaliserende eskaders, en al evenmin met de bewegingen van de zeeslag, maar met opwindende daden van individuele heldenmoed, wapenfeiten die des te schitterender glansden tegen het decor van zoveel strijdrumoer en bloedvergieten en chaos.

De grootste roem viel te beurt aan de azen van bepaalde triremen. De meest gevierde daarvan was een Athener, Ameinias, uit het dorpje Pallene. Toen de zeeslag losbarstte, had hij de euvele moed gehad om het vlaggenschip van de Fenicische vloot aan te vallen, een torenhoog schip onder commando van een broer van de Grote Koning. De koninklijke vlootvoogd was natuurlijk ziedend over de brutaliteit van zijn aanvaller en gaf opdracht een regen van projectielen over de Atheners uit te storten, terwijl hijzelf de leiding van een enterploeg nam – maar hij werd door Ameinias aan het zwaard geregen toen hij op zijn schip sprong en overboord geworpen. Heel wat twijfelachtiger was het gedrag van een tweede commandant van de Grote Koning die door Ameinias werd aangevallen: niemand minder dan koningin Artemisia van Halicarnassus. Toen ze Ameinias op zich af zag stormen en in paniek raakte, werd haar vluchtweg versperd door de trireem van een van haar eigen vazallen, waarop ze de verrassende maatregel nam die zelf maar te rammen. Het schip zonk met zijn ongelukkige bemanning als een baksteen naar de bodem van de zeestraat, en Ameinias, in de veronderstelling dat de koningin was overgelopen, staakte zijn achtervolging. Zo ontkwam Artemisia.

En de Grote Koning, op de hoogten boven de zeeslag gezeten, zag het allemaal aan en was diep bedrukt. Hij vergiste zich op zijn manier evenzeer als Ameinias, want hij dacht dat het schip dat door Artemisia was gekelderd een Grieks schip was – het strijdgewoel was zo hevig dat zijn adviseurs moeilijk vriend van vijand konden onderscheiden. Maar hoewel het zeker zo nu en dan lastig zal zijn geweest voor de koninklijke secretarissen, die druk aantekeningen maakten van bijzondere krijgsverrichtingen, om alle details nauwkeurig waar te nemen, zullen zij en hun meester zich weinig illusies hebben gemaakt over de voortgang van de zeeslag als geheel. 'Mijn mannen zijn wijven geworden,' schijnt Xerxes te hebben uitgeroepen terwijl hij het oorlogsschip van Artemisia weg zag zeilen van de trireem die ze tot zinken had gebracht, 'en de vrouwen kerels.'[26] Zijn bitterheid was begrijpelijk, want de Grote Koning kon veel duidelijker dan zijn in de strijd verwikkelde kapiteins de catastrofe die zich in de zeestraat voltrok in volle omvang overzien. Hij zag hoe zijn Fenicische elite-eskaders, beroofd van hun bevelvoerder nu hun admiraal gesneuveld was, door de Atheners werden omsingeld en steeds verder terug naar de kust werden gedreven, of anders op de vlucht sloegen. Hij zag de chaos die ontstond toen zijn eskaders poogden terug te trekken, waarbij het ene gelid na het andere de formatie verbrak. De schepen verdrongen zich in de zee-engte en 'werden door hun eigen ramstevens geraakt' en 'heel hun arsenaal aan roeispanen ging aan splinters'.[27] Met groeiend ongeloof keek hij toe hoe een dodelijke wig van Griekse schepen massaal op zijn vloot in voer en die in tweeën spleet, waardoor de Feniciërs op de rechtervleugel als tonijnen in een net vast kwamen te zitten en met speren en zwaarden en bijlen werden afgemaakt. En misschien bedacht hij toen dat hijzelf het bevel tot de aanval op de Grieken had gegeven.

Dat zijn bevel een blunder was, zal hem al vóór het begin van de strijd duidelijk zijn geworden. De triremen die hij noordwaarts door de zeestraat naar Eleusis had zien koersen en die door de Grieken onder zijn helpers ongetwijfeld als Korinthisch zullen zijn geïdentificeerd waren niet, toen ze bij de noordoostkaap van Salamis kwamen, verder gevlucht. Integendeel, na gekeken te hebben of er schepen aankwamen door de zeestraat tussen Salamis en Eleusis, hadden de Korinthiërs de steven gewend en waren met gestreken zeilen teruggekeerd naar de strijdlinie. Het was duidelijk dat ze helemaal niet in paniek waren, maar op verkenning waren gestuurd om er zeker van te zijn dat het Egyptische eskader, dat 's nachts om het eiland was gestuurd, de Griekse vloot niet in de rug aanviel. Wat natuurlijk niet het geval was. Het Egyptische eskader lag, zoals Xerxes zelf zich pijnlijk bewust was, bij de meest westelijke zeestraat te wachten op een Griekse ontsnappingspoging die nooit kwam, en bevond zich nog dertien kilometer van de zeeslag, waar zijn extra aantallen de doorslag hadden kunnen geven.

Het zal niet verbazen dat de Grote Koning in zijn woede uiterst korte metten maakte met de overlevenden van het fiasco. Toen een groepje verfomfaaide Fenicische kapiteins de schuld van het verlies van hun schepen wilden schuiven op het verraad van andere eenheden in de vloot liet hij ze ter plekke onthoofden. Er kon natuurlijk geen sprake van zijn dat de Grote Koning zelf enige verantwoordelijkheid op zich nam voor de catastrofe, en de Feniciërs konden, nu hun strijdmacht op de rotsen beneden zijn troon aan duigen lag, mooi als zondebok dienen. Toen Xerxes echter het debacle vanaf zijn commandopost gadesloeg, zal hij met groeiende bitterheid hebben beseft dat zijn listen, die hij met zoveel vertrouwen in een overwinning had uitgedacht, zich tegen hem hadden gekeerd. Het werd middag en de Perzen werden de zeestraat uitgeveegd. Misschien de helft van de triremen die de dodelijke engte waren binnengevaren slaagde erin heelhuids te ontkomen. Terwijl ze wanhopig terug peddelden naar Phalerum werden ze door de Grieken achternagezeten op dezelfde open zee waar de Grote Koning de dag tevoren nog van plan was geweest zijn hinderlaag te leggen voor de verovering van Griekenland.

Wellicht de wreedste slag kwam tegen zonsondergang. Inmiddels was de zeestraat, op het 'gejammer en gegil' na dat 'het wijde wateroppervlak' vervulde, en de dobberende Perzische lijken die de riemen van de roofzuchtige overwinnaars hinderden, gezuiverd van de manschappen van de Grote Koning. Er was nog één slachtpartij die de Grieken moesten uitvoeren vóór 'de zwarte aanblik van de nacht'.[28] De vierhonderd soldaten die de avond tevoren door de Grote Koning op Psyttaleia waren gestationeerd, zaten daar nog vast, want in de paniek en de radeloosheid van het pak slaag dat de imperiale vloot had geïncasseerd, was er geen gelegenheid geweest ze te evacueren. Nu, na aangesteld te zijn als de beulen van alle Grieken die op de rotsen van het eiland zouden aanspoelen, werden de ongelukkige Perzen zelf het slachtoffer van een executiecommando. Slingeraars, boogschutters en zwaar bepantserde mariniers sprongen van de geallieerde oorlogsschepen en namen bloedig wraak voor het in de pan hakken van de Spartanen bij Thermopylae. Aangevoerd door Aristeides 'slaan zij toe, hakken als slagers in op armen en benen van arme stumpers, totdat zij hen allen hebben uitgeroeid'.[29] De rotsen waren spekglad van de slachting en Aristeides' mannen, uitglijdend over de lijken, staken met messen op ze in en roofden hun ringen en armbanden, of waadden door de bloedrode branding om de doden te plunderen die daar ronddreven. En mijlen in de omtrek was de zee bezaaid met het wrakhout van talloze oorlogsschepen, dat langzaam wegdreef en werd verspreid door de golven van de donker wordende zee.

En zo eindigde de poging van de Grote Koning om de zeestraat van Salamis te veroveren.

Zo dichtbij en toch veraf

In 484 v.Chr., toen Xerxes net terug was van het neerslaan van de Egyptische opstand en zijn eerste plannen maakte voor de verovering van het Westen, waren de Mesopotamiërs onverwacht in opstand gekomen. Tientallen jaren waren verstreken sinds Darius, door de man te spiezen die hij minachtend als 'Nidintu-Bel' aan de kaak had gesteld, zich had ontdaan van de laatste inheemse 'Koning van Babylon, Koning der Landen'. Die benamingen, doordesemd van heel de oeroude roem van de stad tussen de twee stromen, behoorden tot de luisterrijkste eretitels die de usurpator zijn zoon had nagelaten. Niet dat, zoals Darius zelf heel goed begreep, titels voldoende waren om Koning van Babylon te zijn. De Perzische greep op Mesopotamië was in de lange jaren van zijn bewind steeds meer een kwestie geworden van landconfiscatie. Hele lappen grond van de ongelukkige inwoners werden onteigend en tot persoonlijk bezit van de Koning der Koningen gemaakt. Andere landgoederen waren aan gunstelingen van de koning toegewezen, met de opdracht er kolonies reservisten uit verafgelegen streken van het rijk te vestigen. Het gevolg was dat de moddervlakten van Mesopotamië, net als de reusachtige metropolis die ze voedden, volstroomden met immigranten. Een wandelaar die langs een met palmen omzoomd kanaal liep kon hele dorpen met buitenlanders passeren: Egyptische boogschutters, Lydische cavaleristen, met bijlen bewapende Saken. Dat was, onder het bewind van de Koning der Koningen, de toekomst van de wereld: een universele smeltkroes.

Toen aan de oevers van de Eufraat een opstand uitbrak haastte Xerxes zich dan ook hem neer te slaan. Een riskante expeditie naar het Westen kon niet goed ondernomen worden zolang het gistte in Babylon, de grootste en welvarendste stad van zijn rijk. De voorname hoofdstad was nog steeds van cruciaal belang in de Perzische orde, iets wat niet alleen de bureaucraten van de koninklijke schatkist konden beamen. Net zoals Cyrus en Darius in de oeroude stad hun hovaardigste pretenties weerspiegeld hadden gezien, zo gaf nu ook Xerxes met zijn invasie van Europa gestalte aan een gedroomde wereldmonarchie die lang geleden in Babylon, de oorspronkelijke kosmopolis, was geconcipieerd. Het legerkamp van de Grote Koning, waar het krioelde van de soldaten uit alle hoeken van de wereld, bracht meer dan een zweem van het verre Mesopotamië naar Attica. Ook van de Atheners, en van de Peloponnesiërs, ja van alle Grieken, zelfs die van de eilanden in het verre westen, zou spoedig worden verwacht dat ze hun bijdrage leverden aan de mix. Als ze eenmaal veroverd waren. Als ze maar eenmaal veroverd waren.

Maar hoe die onderwerping tot stand moest worden gebracht was na Salamis ineens een onverwacht probleem. Mardonius wuifde in het krijgsberaad na de zeeslag het hele debacle als totaal onbelangrijk weg. 'Wat betekenen nu die paar onnozele planken?' snoof hij geringschattend. 'Wat hebben wij ermee te maken dat de Feniciërs, Egyptenaren, Cyprioten en Ciliciërs zich eervergeten hebben gedragen? Wij Perzen zijn met deze ondeugd niet behept en wij zijn niet verantwoordelijk voor wat er heeft plaatsgevonden.'[30] Een klinkende toespraak – en een uitdrukking van het chauvinisme dat voor elke Perzische aristocraat een tweede natuur was. Net als voor de koning zelf, natuurlijk, want Xerxes was er de man niet naar om de moed en de bekwaamheid van zijn landgenoten ter discussie te stellen. Maar aan de andere kant: hij was tegen Griekenland opgerukt als meer dan alleen de koning van Perzië – hij was letterlijk 'Koning der Landen'. De nederlaag van de eskaders die onder zijn vaandel hadden gestreden had zijn trots gekwetst. Het was allemaal goed en wel dat Mardonius afgaf op het allegaartje van de imperiale vloot, maar dat allegaartje was precies wat in de ogen van de Grote Koning de effectieve belichaming van zijn wereldmacht was.

En ondanks de afstraffing die hij had geïncasseerd kon Xerxes aanvankelijk maar niet accepteren dat zijn macht door deze nederlaag was aangetast. Nauwelijks was zijn vloot uit de zeestraat weggevaagd of hij poogde zijn heerschappij op een nieuwe en gepast imperiale manier te vestigen door een pontonbrug naar Salamis te bouwen. Rotsblokken werden in het ondiepe water gegooid, koopvaardijschepen aan elkaar gesjord in een verwoede poging de diepte midden in de zeestraat te overbruggen. Maar het waren uiteindelijk de Griekse boogschutters, en niet de zeestraat, die een onoverkomelijk obstakel bleken. De genietroepen van de koning, belaagd door roofzuchtige oorlogsschepen, vormden een gemakkelijk doelwit voor de vijandelijke schutters, en eindelijk boog de koning het hoofd voor het onvermijdelijke en staakte noodgedwongen en met tegenzin het project. Voor een man die de Hellespont had overbrugd en het schiereiland Athos had doorsneden was dat pijnlijk en frustrerend. Nog maar een paar dagen geleden had hij ervan gedroomd een heel continent te winnen, en nu werd hij tegengehouden door een watergeul van nog geen twee kilometer breed.

En door verdere grimmige tijdingen. Van Sicilië, een oorlogstoneel dat van levensbelang was voor de plannen van de Grote Koning om zijn macht nog verder naar het westen uit te breiden, kwamen berichten over een tweede Griekse overwinning.* Gelon, de vroegrijpe tiran van Syracuse, had naar verluidt een spectaculaire overwinning op de Carthagers behaald. De vernietiging van hun leger schijnt een ongeëvenaard bloedbad te zijn geweest. Beneden de muren van Himera, een stad in Noord-Sicilië, lagen 150 000 afgeslachte Carthagers, de overlevenden waren allemaal tot slaaf gemaakt en hun generaal, die verrast werd toen hij een offer aan de goden bracht, had zichzelf in de vlammen geworpen. Voor de Grote Koning, die in het steeds herfstiger wordende Athene nadacht over zijn volgende zet, waren de implicaties van dat nieuws uiterst ontgoochelend. Zijn ooit zo grandioze ambities leken plots verschrompeld en ingeperkt. Dromen over het verleggen van de grenzen van de Perzische grootheid tot de ondergaande zon verbleekten bij de realiteit van een geblokkeerde Isthmus en een ongepacificeerde Peloponnesos. Wat eerder was voorgesteld als een universele veroveringstocht, leek te zijn gereduceerd tot een stuntelige grensoorlog.

En als zodanig natuurlijk niet bepaald de persoonlijke aandacht van de Grote Koning waard. Zijn neef Mardonius zag dit in en greep gauw zijn kans. Hij raadde hem aan terug te keren naar zijn hoofdkwartier in Sardis – 'en neem het grootste deel van het leger mee. Maar laat mij hier mijn plicht doen en met een selectie van 300 000 soldaten de Grieken als slavenvolk aan u uitleveren.'[31] Zo'n opdracht was precies waar Mardonius al jaren naar hengelde, en de Grote Koning, die niet graag weer een zomer op veldtocht in Griekenland wilde doorbrengen, zag geen enkele reden meer om zich tegen de strategie van zijn neef te verzetten. De grote schaal en de flamboyante aankleding die de expeditie onder zijn leiding hadden gekenmerkt zouden hoogst ongepast zijn als hij niet langer zelf aan het hoofd ervan stond. Als nieuwe commandant van de strijdmacht zou Mardonius maar op één punt beoordeeld worden: of hij erin slaagde de nieuwe satrapie op de knieën te krijgen of niet. Tegen de Spartanen en hun bondgenoten was het kwaliteit, niet kwantiteit, wat telde. Uit de ervaringen bij

* De precieze datum van de slag bij Himera is niet met zekerheid bekend. De propagandisten van Gelon, die dolgraag de indruk wilden wekken dat hun meester strijd leverde ter verdediging van de Griekse vrijheid in plaats van alleen maar uit eigenbelang, beweerden dat de slag werd geleverd op dezelfde dag dat de Spartanen bij Thermopylae voor het laatst standhielden, of op de dag van de zeeslag bij Salamis.

Thermopylae was een pijnlijke les getrokken. Terwijl de Grote Koning het nog nasmeulende Attica achter zich liet en aan het hoofd van zijn troepen noordwaarts door Boeotië naar Thessalië trok, begon Mardonius, die van zijn neef de vrije hand had gekregen, zijn elitetroepen te selecteren.

Boven aan zijn verlanglijstje prijkte cavalerie: beweeglijk, zwaar gepantserd en, in het geval van de Saken, in staat een regen van pijlen te laten neerdalen op elke logge falanx waar ze langs galoppeerden. Dat de Griekse hoplieten vrijwel weerloos waren tegen zo'n vijand, was in de afgelopen decennia herhaaldelijk bewezen, en er waren weinig redenen om te betwijfelen dat het nu anders zou gaan. Mardonius stond ook niet alleen in die mening. Wat de neutralen dachten van zijn kans op welslagen viel af te lezen aan het feit dat de Grote Koning, hoewel hij er niet in geslaagd was de Grieken te onderwerpen, rustig en ongestoord zijn terugtocht volbracht.[32] Natuurlijk, de geallieerden verzonnen allerlei vergezochte anekdotes – ze beweerden dat zijn leger gedwongen was gras te eten, dat het vrijwel geheel was omgekomen toen het door het ijs van een bevroren rivier zakte, dat Xerxes zelf in zijn eentje verscholen in een vissersbootje de Hellespont was overgestoken – maar dat waren allemaal leugens. Elke stam of stad die dreigde zijn eed van onderwerping te verzaken kon rekenen op een onmiddellijke, vernietigende reactie. De meesten kozen ervoor op safe te spelen. Thracië, Macedonië en Thessalië bleven allemaal trouw aan de Koning der Koningen. Ook Thebe en heel Midden-Griekenland. Zelfs de imperiale vloot, ofschoon zeker gehavend, was verre van uitgeschakeld. Ondanks de slachting bij Salamis hadden ze nog steeds een overmacht op de geallieerde vloot. Het zag er helemaal naar uit dat Mardonius in de zomer inderdaad 'het karwei zou afmaken'.

Of misschien hoefde hij dat niet eens. Hoe gênant het inlichtingendebacle bij Salamis ook geweest was, en hoe vernietigend ook in zijn consequenties, het Perzische opperbevel zocht nog steeds naar een manier om te verdelen en heersen. Opmerkelijk genoeg werden zelfs communicatiekanalen met Themistocles opengehouden. Het was immers niet op aanbeveling van de Athener geweest dat de Grote Koning had verkozen in de zeestraat slag te leveren – een detail waarbij Themistocles goed garen lijkt te hebben gesponnen. Pas dagen na Salamis had hij, in een daad van opperste brutaliteit, Sicinnus weer naar de overzijde van de zeestraat gestuurd met een tweede boodschap voor de Perzen: de verzekering dat hij 'in zijn ijver u van dienst te zijn'[33] een matigende invloed uitoefende op de rest van de geallieerde vloot. Een verbijsterende bewering, hebben ze misschien gedacht, maar hoewel de vingers van de spionagechefs gejeukt zullen hebben, veroordeelden ze Sicinnus niet tot een langzame marteldood, maar stuurden ze de slaaf, net als aan de vooravond van Salamis, terug naar zijn meester. We weten niet welke boodschap ze hem meegaven, maar dát ze hem een boodschap meegaven is haast zeker – ongetwijfeld een verruiming van de vredesvoorwaarden van de Grote Koning. Van het Atheense volk, nog steeds in juichstemming over de overwinning bij Salamis, kon nauwelijks worden verwacht dat ze die accepteerden, maar dat was het punt niet. Themistocles was duidelijk bezig met schaduwboksen, maar het Perzische opperbevel ook. Beide zijden bekenden elkaar een schuldig geheimpje: dat het moment nog wel eens zou kunnen komen dat het in hun beider belang was dat Athene een overgave onder gunstige voorwaarden vergund zou worden.

Maar waarom zou Themistocles, op het moment van zijn grootste triomf, zo'n verraderlijke boodschap sturen? Het antwoord op die vraag liet, voor degenen die bedreven waren in de zwarte kunst van het interpreteren van Griekse diplomatieke manoeuvres, niet lang op zich wachten. Een paar weken na Sicinnus' tweede missie stuurden de Spartanen hun eigen gezanten naar het Perzische kamp. In Thessalië, waar de Grote Koning zich opmaakte om naar de Hellespont te vertrekken, eisten ze botweg genoegdoening voor de dood van Leonidas. De Grote Koning barstte in lachen uit, maar zweeg vervolgens om even na te denken. 'Mardonius hier,' zei hij op zijn neef wijzend, 'zal het ruimschoots vergoeden en ze geven wat ze verdienen.'[34] Heel geestig, maar Xerxes zal zeker meer in gedachten hebben gehad dan een intimiderend bon mot. Hij zal hebben ingezien dat achter de schijnbaar botte eis van de Spartanen een intrigerende stille wenk school: als hij maar genoeg te bieden had, zouden zij bereid zijn de status-quo te tolereren. Een komisch idee, natuurlijk, want de Grote Koning marchandeerde met niemand. Toch was het in zijn implicaties een interessant denkbeeld, want het zou immers de Spartanen verplichten hun handen af te trekken van heel Midden-Griekenland – inclusief Attica. De Grote Koning had alle reden om zijn wenkbrauwen te fronsen en daar even bij stil te blijven staan.

En de Spartanen hadden, toen hun eis werd afgewezen, alle reden om bij hoog en bij laag te beweren dat ze hun gezanten alleen maar hadden gestuurd op aanraden van Apollo. De Atheners, en alle anderen, geloofden hen graag. Niemand van de Griekse overwinnaars bij Salamis had er belang bij het bondgenootschap in gevaar te brengen. Terwijl te midden van herfststormen het campagneseizoen ten einde liep, werden de lengende avonden nog verlicht door de nagloed van de befaamde overwinning. Om die te vieren kwamen alle Griekse eskaders – na een profijtelijke rondreis van een paar weken door de Egeïsche Zee waarbij ze de eilanders afpersten – voor de kust van de Isthmus bij elkaar. Daar werd, bij de tempel van Poseidon die de hele zomer tot hoofdkwartier van de geallieerden had gediend, een groot feest met veel wederzijds schoudergeklop gegeven. Er werden offers gebracht aan de goden. Het gevoel van opluchting was immens. 'Wij hebben de donkere wolk verdreven die boven Griekenland hing,'[35] zei Themistocles.

Boven de zee misschien, maar boven het land hing hij nog – en dat zou nog wel eens omineuze implicaties voor het bondgenootschap kunnen hebben, zoals de slimmere Atheners en Spartanen al begrepen hadden. De Isthmus, waar het feest van eenheid werd gehouden, was tegelijk een breuklijn. Als een afgevaardigde het feestvieren moe was, kon hij dit tot zich door laten dringen door een bezoek te brengen aan de meest voor de hand liggende alternatieve bron van vermaak in de buurt. Zeshonderd meter boven Korinthe, op de top van de steile akropolis van die stad, stond een tempel gewijd aan Aphrodite, de godin van de liefde. Als aanvulling op haar marmeren standbeeld was hier een heel wat minder zuiver soort offergave te vinden: prostituees. Aan de godin geschonken door dankbare olympische kampioenen en andere uitblinkers hadden die een zo grote reputatie dat in het Grieks *korinthiazein* – 'de Korinthiër uithangen' – neuken betekende. De tempelhoeren van Aphrodite, vaderlandslievend én bedreven, hadden de weken vóór Salamis dringende gebeden aan hun goddelijke meesteres gezonden om haar te smeken de geallieerden van strijdlust te vervullen. Elke oorlogsheld die zich vrijmaakte van de festiviteiten op de Isthmus kon zich verheugen op een bijzonder warm onthaal. En daarna, afgemat door de klim en alle volgende exercities, kon hij naar beneden kachelen en, genietend van het weergaloze uitzicht, met eigen ogen zien waarom het bondgenootschap dat de slag bij Salamis had gewonnen zoveel gevaar liep te scheuren.

Want nergens anders waren de mogelijkheden en de dilemma's die de Isthmus bood beter in ogenschouw te nemen. Ten zuiden ervan strekte zich de Peloponnesos uit – nu, grotendeels dankzij de Atheense vloot, gered van een invasie. En in het noorden liep de kust in een boog naar Attica – nog immer wijdopen voor Mardonius. Niet zo verwonderlijk, dus, dat de Atheners, toen ze de zeestraat van Salamis overstaken om naar hun verwoeste vaderland terug te keren, zenuwachtig de blik op de weg naar Thessalië gericht hielden. Ze waren verbolgen over de monsterlijk unfaire geografie en wilden het liefst de Peloponnesiërs daarvan de schuld geven, zodat ze luid aandrongen op een belofte van hun bondgenoten om in de lente een leger tegen Mardonius naar het noorden te sturen. De Peloponnesiërs verzetten zich en bloc, en hoe meer de Atheners ze honend tot actie aanspoorden, hamerend op hun rol als overwinnaars bij Salamis, hoe meer hun partners, veilig verschanst achter hun muur, de hakken in het zand zetten.

Het resultaat was een borrelend gifmengsel van rancune en ressentiment onder de aimabele oppervlakte. De Peloponnesiërs waren woedend over de verwaandheid van de Atheners en zorgden ervoor dat Aegina ging strijken met de prijs voor de stad die de grootste prestaties in de zeeslag had geleverd. En in plaats van te moeten aanzien dat Themistocles trots met de kroon van de grootste individuele prestatie paradeerde, verdeelden ze de stemmen over kandidaten van hun eigen steden, zodat helemaal niemand de prijs won. De Atheners antwoordden door met modder te gaan gooien – waarbij de grootste gotspe de beschuldiging was dat de Korinthiërs niet noordwaarts de zeestraat in waren gezeild om de Egyptenaren tegen te houden, maar omdat ze laf op de vlucht waren geslagen. De delegaties op de Isthmus konden zich er met recht op verheugen dat ze van de barbaarse dreiging verlost waren. Kleinzieligheid, afgunst, achterklap – het was weer als vanouds.

Maar de Spartanen, hoewel ze misschien graag aan de keet mee hadden willen doen, zagen tenminste in dat hun stad zich dat moeilijk kon veroorloven. Hun veiligheid kwam vóór het genot van Themistoclesje jennen. Het Spartaanse oppercommando was zich er pijnlijk van bewust dat de Atheense vloot nog steeds de sleutel was tot de veiligheid van de Peloponnesos. Alleen als Mardonius Athene aan de kant van de Grote Koning kreeg kon hij hopen de Isthmus te forceren. Dus de Spartanen pasten weer het boerse pragmatisme toe dat onveranderlijk hun begrip van de menselijke natuur kenmerkte en besloten de Atheense admiraal niet te beledigen maar zijn ego te strelen en te kietelen.

Themistocles, nog steeds in zijn trots gekwetst door de kleinzielige beledigingen die hem op de Isthmus waren aangedaan, werd prompt naar Laconië uitgenodigd. Toen hij de grens van dat gewoonlijk zo kribbige en achterdochtige land overstak, werd hij op een ware orgie van vleierij onthaald. De kroon die hem op de Isthmus ontzegd was kreeg hij nu in Sparta opgezet – 'vanwege zijn tactisch inzicht en slagvaardigheid'.[36] Hij kreeg ook een schitterende strijdwagen aangeboden. Bij vertrek werd hij helemaal tot aan Tegea geëscorteerd door driehonderd leden van de Hippeis. Geen enkele vreemdeling was ooit die eer te beurt gevallen. Maar waarschijnlijk kreeg Themistocles zijn lijfwacht ook toegewezen om een veel pregnantere reden. Op weg naar huis kwam hij langs Caryae, de stad die ervan verdacht werd de hele zomer bij de barbaren op de loonlijst te hebben gestaan: de Caryatiden waren kennelijk nog uit op collaboratie met de Meden. Achter hun grenzen loerde op zijn beurt een nog veel gevaarlijker beest: Argos, de hond die tot dusverre opvallend had verzuimd te blaffen. Maar dat kon nog komen, want het verhaal ging dat de Argiven in directe verbinding met Mardonius stonden en ze schenen hem te hebben beloofd 'dat zij naar vermogen de opmars van de Spartanen zouden stuiten'.[37] Het was dus wel duidelijk dat de Spartanen, door Themistocles zijn escorte van driehonderd man mee te geven, hem niet alleen aan het offer wilden herinneren dat ze bij Thermopylae hadden gebracht, maar hem ook wilden wijzen op de gevaren die ze nog steeds in hun eigen achtertuin te duchten hadden. Tegen de tijd dat de Hippeis in Tegea hun gast vaarwel zwaaiden en hem een goede reis wensten zal het hem wel goed aan zijn verstand zijn gebracht: de Spartanen waren geenszins van plan een leger naar het gebied ten noorden van de Isthmus te sturen.

En dat was, vanuit Themistocles' standpunt bezien, niet bepaald de ideale opsteker voor zijn carrière. Berichten over de eer die hun admiraal te beurt was gevallen vormden een schrale troost voor de Atheners die honger en kou leden tussen de puinhopen van hun stad. En al evenmin geruststellend was het vermoeden dat hun vloot, die de honkvaste Peloponnesiërs moest bewaken, weinig deed voor de bescherming van de boerderijen en families van zijn bemanning. De woede en de wrok groeiden in de kampen van de thuislozen waarmee de stad inmiddels bezaaid was. De klasse der hoplieten, wier afkeer van Themistocles alleen maar was aangewakkerd door zijn gesnoef na de slag bij Salamis, rook ineens zijn bloed. Al tijdens de winter waren verwoede pogingen ondernomen om de afslachting van het Perzische garnizoen op Psyttaleia voor te stellen als hét keerpunt in de strijd, met Aristeides als de ster. Nu het lente werd en het campagneseizoen van 479 v.Chr. naderde, werden de aanvallen op de held van Salamis steeds smeriger. Het electoraat kon, zoals steeds weer bewezen was in de korte geschiedenis van de democratie, soms dodelijk kort van memorie zijn. Tijdens de verkiezingen van februari werd Themistocles als beloning voor het redden van zijn stad ontheven van het commando van zijn onbetaalbare vloot.[38] Het admiraalsschip werd toegewezen aan Xanthippus, de geadopteerde Alcmaeonide. Het bevel over de landtroepen ging naar – wie anders? – Aristeides.

Die veranderingen hadden direct een ingrijpende invloed op de Atheense politiek. De energie die voorheen in de vloot werd gestoken ging nu naar de voorbereidselen voor een tweede Marathon. Toen de geallieerde eskaders zich in de lente bij Aegina verzamelden, schitterden de Atheners door afwezigheid. De Spartanen, die hun enthousiasme voor een vlootoperatie kenbaar hadden gemaakt door een koninklijke opperbevelhebber, in de niet bepaald inspirerende persoon van koning Leotychides, te sturen, kwamen tot de ontdekking dat de Atheners hun poot stijf hielden: er deden geen schepen mee aan de geallieerde vloot zolang de Spartanen geen mankracht leverden voor een expeditie ten noorden van de Isthmus. De Spartanen speelden het blufpoker mee en weigerden toe te geven. Het gevolg was een patstelling. Leotychides, met nauwelijks honderd triremen onder zijn bevel, hield zich schuil voor de kust van Delos, te benauwd voor de Perzen om verder oostwaarts te zeilen. Intussen hield de Perzische vloot, al even benauwd voor de Grieken, zich schuil onder de rook van Samos. De Peloponnesiërs hielden zich schuil achter hun muur. Mardonius, die wist dat hij zijn satrapie nooit zou winnen als hij de Spartanen niet ten noorden van de Isthmus kon lokken, of op de een of andere manier de Atheense vloot aan zijn kant wist te krijgen, hield zich schuil in Thessalië. De Atheners, machteloos tussen beide ingeklemd, hadden weinig andere keus dan zich ook maar schuil te houden. En zo duurde de patstelling voort, helemaal tot in mei.

Het was Mardonius die haar uiteindelijk verbrak. Hij was de geheime diplomatie beu, maar wilde de potentiële vruchten daarvan niet in gevaar brengen en had daarom besloten de voorwaarden van de Grote Koning open en bloot op tafel te leggen voordat hij zuidwaarts vanuit Thessalië oprukte. Na demonstratief een hele stoet Griekse orakels te hebben geraadpleegd in een poging de Atheners van zijn goede bedoelingen te overtuigen, stuurde hij als gezant de zalvende wedder op twee paarden, koning Alexander van Macedonië. Als zwager van een Perzische generaal en officieel 'Vriend en Weldoener van het Atheense Volk' moet de vorst met de gladde tong Mardonius zijn voorgekomen als de ideale tussenpersoon – en Alexander wist onmiskenbaar zijn zaakjes goed te verkopen. Met achter zijn rug de puinhopen van de Akropolis en de Agora, en een uitdrukking van oprechte bezorgdheid op zijn gezicht, waarschuwde hij het Atheense volk dat hun stad van alle steden die zich tegen de Grote Koning gekeerd hadden 'het dichtst aan de route van de Perzische troepen' lag. Ze hadden daarom twee keuzen. De eerste was 'verlies van uw land' en 'een niet-aflatende strijd om het bestaan'. De tweede was niet alleen vrienden met de Grote Koning te worden, maar vrienden zoals er weinige waren in het hele Perzische rijk. Een generaal pardon, gegarandeerd zelfbestuur, het herbouwen van hun tempels op kosten van de koning, uitbreiding van hun grondgebied – ze konden het allemaal krijgen. 'Stem ermee in!' riep Alexander uit. 'Het is waarachtig toch geen kleinigheid dat Xerxes de Grote alleen u en niet een ander volk van Griekenland in genade wil aannemen en dat hij u zijn vriendschap aanbiedt?'[39]

Sluw als het aanbod van Mardonius inspeelde op hun zwartste vermoedens omtrent Sparta, zullen de Atheners diep in hun hart het gevoel hebben gehad dat ze volledig in hun recht stonden om zulke genereuze voorwaarden te accepteren. Ze hadden langer gestreden dan enige andere stad in Griekenland en tegen een veel hogere prijs – en toch, zoals Alexander fijntjes had betoogd, lieten de Peloponnesiërs ze zo te zien rustig aan hun lot over. Natuurlijk hadden de Atheners zelf, voordat ze Alexander toestemming gaven het Perzische vredesaanbod uit de doeken te doen, ervoor gezorgd dat er een hoge delegatie uit Sparta bij was om mee te luisteren. Maar toen het hun beurt was om de volksvergadering toe te spreken kozen de Spartanen nóg voor draaierij. Een aanbod om vluchtelingen op te nemen was in de verste verte niet wat de Atheners wilden horen en al evenmin zaten ze te wachten op hoogdravend gepreek over het verderfelijke karakter van de barbaren. 'Je weet maar al te goed dat barbaren nooit te vertrouwen zijn en nooit de waarheid spreken.'[40] Een kwalificatie die de Atheners de Spartanen heel goed zelf in het gezicht hadden kunnen slingeren.

En ooit, misschien, zouden ze dat gedaan hebben ook. Ooit, misschien, zouden ze hun dromen over onafhankelijkheid hebben opgegeven, hebben geaccepteerd dat onderwerping zonder eerverlies mogelijk was, het hoofd hebben gebogen voor de Koning der Koningen. Maar er was veel veranderd. De dertigjarige ervaring met de democratie, plus het feit dat ze haar hadden verdedigd tegen een onvoorstelbare overmacht, had de Atheners het gevoel gegeven dat vrijheid kostbaar was, en de volksvergadering was niet van zins die nu voor vrede te verkwanselen. 'Wij zijn niet blind,' zeiden ze tegen Alexander, 'en wij weten heus wel dat de macht van de Perzen vele malen groter is dan die van ons. Maar dit weerhoudt ons niet ons met alle middelen te verdedigen, want onze vrijheid is ons te lief.'[41] Voorwaar, dappere woorden, want nu werden de Atheners wederom met de mogelijke vernietiging van hun stad geconfronteerd.

En de Spartaanse gezanten? Het is moeilijk te geloven dat ze niet geroerd waren door zoveel lef. Terwijl ze Athene verlieten, begonnen de kampen van de thuislozen weer leeg te lopen, en duwden voor de tweede keer in tien maanden tijd de evacués hun handkarren naar de kust. De bewondering voor de kranigheid van de Atheners hield niet noodzakelijk een verplichting in voor de Spartanen, maar de gezanten zullen bij terugkomst de eforen zeker hebben gewaarschuwd dat de crisis die in Attica broeide inderdaad gevaarlijk was voor Sparta. Hoe bezielend ook verkondigd, de Atheense liefde voor de vrijheid kon nog steeds gebroken worden. Alleen de illusie dat de Spartanen gehouden waren de Isthmus over te steken om hen te verdedigen smoorde het geroep om appeasement nog. 'Breng binnen de kortste keren je troepen in het veld!' Dat waren de afscheidswoorden geweest van Aristeides. 'De tijd dringt en wij moeten ons naar Boeotië haasten om de vijand voor te zijn eer hij in Attica opdaagt.'[42]

Zo kwam het dat, toen de barbaren zuidwaarts Attica binnenvielen en voor de tweede keer een verlaten Athene bezetten, de Peloponnesiërs overal gealarmeerd raakten. Koning Leotychides, die nog steeds met zijn geallieerde vloot voor de kust van Delos cruiste, zag in de verte aan de westelijke horizon een kort oplaaiend vuur, en daarna weer een, en vervolgens weer een, toen de bakens die Attica direct verbonden met het imperiale informatienetwerk aan het verre Sardis het nieuws van de val van Athene overbrachten. Intussen hadden de eforen in Laconië een nog onrustbarender bericht ontvangen. Mardonius, zo heette het, had zijn gezanten naar Salamis gestuurd om de Atheense evacués nogmaals zijn vredesvoorwaarden voor te leggen. Deze keer had een vooraanstaande edelman, Lycidas, het gewaagd er openlijk voor te pleiten ze te aanvaarden. Een teken aan de wand, zoveel was zeker – ondanks het feit dat zijn medeburgers, in een hoek gedreven en wanhopig als ze waren, de would-be collaborateur onmiddellijk hadden gestenigd. En Lycidas' vrouw en kinderen waren in het kamp van de vrouwen op Salamis op dezelfde wijze tot moes gebeukt. Het zag ernaar uit dat de Atheense weerstand pathologische trekjes begon aan te nemen. Hoe woester en achterdochtiger, hoe groter het risico dat die bezweek.

Inmiddels was het juni. De Spartanen, er was geen ontkomen aan, hadden weer een festival. Deze keer waren het de Hyacinthia, een groot spektakel met gezang en feesten ter ere van een dode geliefde van Apollo. Wederom, net zoals in de donkere dagen voor Marathon, trof een Atheens gezantschap, dat naar Laconië was gestuurd met een dringend verzoek om militaire steun, iedereen feestend aan.[43] Maar achter de coulissen was de machinerie al in werking gesteld. Tien dagen werden de Atheense gezanten in Sparta gehouden. Tien dagen zaten ze duimen te draaien. Op de elfde dag verloren ze eindelijk hun geduld. Ze stelden een uitdrukkelijk ultimatum: of de Spartanen staakten hun gefeest en trokken ten oorlog, of de Atheners zouden gedwongen zijn de voorwaarden van Mardonius te accepteren. De eforen raakten niet in paniek en kregen geen stuip van gerechtvaardigde verontwaardiging, maar glimlachten slechts. En toen onthulden ze alles. Goh! riepen ze doodleuk uit. Hadden de gezanten het dan niet gehoord? Het Spartaanse leger was al op mars.

Een ware *coup de théâtre* – en de Atheners waren lang de enigen niet voor wie dit als een donderslag bij heldere hemel kwam. De Argiven, die gezworen hadden elke Spartaanse expeditie tot staan te brengen voor die de Isthmus kon bereiken, merkten ineens dat ze gepasseerd waren. 'Alle weerbare mannen hebben Sparta verlaten,' rapporteerden ze over hun toeren aan Mardonius, 'en wij zijn er niet in geslaagd ze te onderscheppen.'[44] Mardonius, die nog met zijn leger in Attica was, gaf prompt zijn pogingen om de Atheners te paaien op en stak wat er nog was overgebleven van hun stad, 'muren, huizen en tempels',[45] in brand. Vastbesloten de Peloponnesiërs zo ver mogelijk ten noorden van de Isthmus te lokken, trok hij vervolgens uit Attica naar Boeotië terug. Daar, na door enthousiaste Thebaanse verbindingsofficieren over de veiligste paden te zijn gegidst, hield hij halt. Dit terrein was geknipt voor cavalerie. De volmaakte plek om zijn kamp op te slaan. De volmaakte plek om een veldslag te leveren.

Ruim zes kilometer ten zuiden van Thebe, aan de oever van de Asopos, de breedste rivier in Boeotië, liet Mardonius een palissade bouwen. Opnieuw had hij zijn positie goed gekozen. Aan de overzijde van de rivier strekte zich het licht golvende land uit van Thebes oude vijand Plataea. Achter de velden van Plataea verrezen heuvels, en daarachter de berg Cithaeron met zijn uitgestrekte kammen en kloven. Als de geallieerden de strijd met Mardonius wilden aangaan, moesten ze eerst allerlei barrières nemen – in de wetenschap dat een nederlaag een gegarandeerde vernietiging inhield. Er was geen gemakkelijke terugtocht van Plataea naar de

Isthmus. Net zomin als er voor Mardonius, in het geval dat hij verloor, een gemakkelijke aftocht naar Thessalië was. Met de komst van de geallieerden zou ook het uur van de waarheid slaan.

De Dorische speer

Het was lang uitgesteld, maar er werden geen halve maatregelen genomen toen de Peloponnesiërs eindelijk hun hol uit marcheerden. Geniesoldaten hadden het sloopwerk van de vorige zomer al ongedaan gemaakt en de route over land naar Megara hersteld, en het was maar goed dat ze zich er niet met een jantje-van-leiden van hadden afgemaakt, want de weg over de Isthmus, daverend onder duizenden stampende voeten, had nog nooit het gewicht van zo'n leger te dragen gekregen. Ja, een Griekse expeditiemacht van die omvang was niet meer vertoond sinds de legendarische tijd van de Trojaanse oorlog. Van Korinthe tot Mycene, van Tegea tot Troezen had een immense coalitie van Peloponnesiërs gehoor gegeven aan de Spartaanse oproep. Natuurlijk waren het de Spartanen zelf, vijfduizend in getal, bijna driekwart van het totale aantal manschappen van hun stad, die de strijdmacht zijn meest geduchte speerkracht gaven. Met nog vijfduizend hoplieten van afgelegen dorpen in Laconië en duizenden heloten die bijeen waren gedreven om als knechten en lichte infanterie dienst te doen, was dit zeker het grootste leger dat Sparta ooit op de been had gebracht.[46]

Zelfs lafaards waren gemobiliseerd. Of liever gezegd – want dat was niet noodzakelijk hetzelfde – mannen die de Spartanen lafaards noemden. Een van hen, een onfortuinlijke veteraan die Aristodemus heette, was wel bijzonder dankbaar dat hij de kans kreeg zijn eer te redden, want dit was niet de eerste keer dat hij tegen de barbaren ten strijde trok. Nog geen jaar geleden was hij een van de driehonderd geweest die Leonidas naar Thermopylae hadden vergezeld. Bij de pas hadden hij en een andere Spartaan een oogontsteking gekregen en waren uit actieve dienst ontslagen om te herstellen. Op de fatale ochtend dat hun koning zijn laatste weerstand bood was Aristodemus' partner van zijn ziekbed opgestaan en had hij een heloot opdracht gegeven hem, blind als hij nog steeds was, naar het heetst van de strijd te leiden. Aristodemus had er de voorkeur aan gegeven het bevel van Leonidas direct op te volgen en was ziek naar huis teruggekeerd. Bij aankomst daar werd hij echter met afkeer begroet. Zijn medeburgers noemden hem een 'bibberaar', het meest beschamende woord in het Spartaanse vocabulaire.

Erg unfair, maar iets anders viel niet te verwachten van een stad waar moed als een dermate grote deugd werd beschouwd dat het minste teken van lafheid een burger te schande maakte. Het leven van een 'bibberaar' in Sparta was uiterst miserabel. Er werden lappen op zijn mantel genaaid die de hele stad opmerkzaam maakten op zijn schande. Of hij zich nu aan de eettafel in de kantine zette, of mee wilde doen aan een balspel, hij werd ijzig genegeerd door zijn voormalige vrienden. Op festivals moest hij opstaan of uit de weg gaan voor iedereen die dat van hem eiste, hoe jong ook. Het wreedst van alles was dat zijn dochters, als hij die had, geen echtgenoot konden vinden - een typisch Spartaanse eugenetische maatregel om te voorkomen dat lafheid op de volgende generaties zou overgaan. Niet in staat die vernederingen te verdragen had de enige andere overlevende van Thermopylae, een verbindingsofficier die door Leonidas op een missie naar Thessalië was gestuurd, zich opgehangen. 'Immers, wanneer lafheid tot zulke schande leidt, is het alleen maar te verwachten dat de dood verkozen wordt boven een eerloos, smadelijk leven.'[46]

En voor Aristodemus, de man die zijn kans had laten lopen om aan de zijde van zijn koning in de strijd te sneuvelen, waren de lange maanden die volgden op zijn terugkeer van Thermopylae bijzonder bitter geweest. Er was geen ontkomen aan de schaduw die de dood van Leonidas wierp. Rouwen in Laconië was niet, zoals bijvoorbeeld in Athene, het werk van vrouwen alleen. Ook elke man, of hij nu efoor of heloot was, diende te weeklagen en de haren uit zijn hoofd te trekken als een koning afdaalde naar de onderwereld. Andere Grieken vonden het Spartaanse gelamenteer erg overdreven, haast barbaars. Officieel duurde de rouwplechtigheid die een koninklijke begrafenis begeleidde tien dagen, maar Leonidas' geest liet zich niet gemakkelijk te ruste leggen. Zijn verminkte lichaam, dat in een ver oord aan de honden en roofvogels was prijsgegeven, was nooit achterhaald.* Wat zijn meelijwekkende lot nog erger maakte, en wat de Spartanen constant herinnerde aan het verlies dat ze hadden geleden, was het feit dat zijn zoon, de nieuwe koning, nog maar een knaap was. Cleombrotus, Leonidas' jongere broer, was bekwaam als regent opgetreden, maar in de loop van de winter was ook hij gestorven. Dus toen de Spartanen eindelijk

* In 440 v.Chr. werden zijn stoffelijke resten eindelijk naar Sparta teruggebracht om te worden herbegraven.

het besluit hadden genomen om de strijd aan te gaan en naar de Isthmus te marcheren, stonden ze onder bevel van een jongeman van begin twintig, Pausanias, de zoon van Cleombrotus. Aangezien hij als regent van Sparta ook de opperbevelhebber van de geallieerde strijdkrachten was, droeg hij voor zo'n jong iemand een enorme verantwoordelijkheid op zijn schouders – maar Pausanias, wiens kwaliteiten als generaal het nooit helemaal haalden bij zijn eigendunk, droeg die onbekommerd. Toch zal het naakte feit dat hun generaal zo jong was de Spartanen des te sterker hebben herinnerd aan Thermopylae en Leonidas. Ze rukten niet alleen op om Griekenland te bevrijden maar ook om wraak te nemen. En dat gold vooral voor Aristodemus, want het was aan de barbaren te wijten dat hij zijn bibberaarsmantel met de opgenaaide lappen droeg.

En er waren natuurlijk ook anderen die het ze betaald wilden zetten – mannen wier verliezen oneindig veel groter waren dan die van de Spartanen. Bij Eleusis, op vijfenvijftig kilometer langs de kustweg van de Isthmus, hield Pausanias halt terwijl Aristeides met achtduizend Atheners de overtocht vanaf Salamis maakte. Ook zeshonderd ballingen van een andere door de Perzen bezette en in brand gestoken stad, Plataea, sloten zich bij de expeditie aan. Nu was eindelijk, een jaar nadat ze hun vaderland waren ontvlucht, het lang verhoopte moment van terugkeer aangebroken. Het was tijd voor de Plataeërs, en voor iedereen die de barbaren tegemoet wilde treden, om de weg naar Boeotië in te slaan.

Noordwaarts trekkend lieten de geallieerden Eleusis algauw achter zich. Weldra benamen kalkstenen bergruggen en hellingen met dorre struiken hun het zicht op de achter hen liggende zee. Naarmate ze verder trokken, werd de weg onder de stampende voeten van de hoplieten steeds ruiger, de valleien, en vooral de met dennen begroeide hellingen van de berg Cithaeron, steeds eenzamer, een land niet van mensen maar van wilde dieren, herten, beren en leeuwen – en soms, want hij had een zwak voor dit soort verlaten oorden, van de grote god Pan zelf. In gelukkiger tijden hadden de Boeotiërs een steeds terugkerend, spookachtig festival gevierd, waarbij kolossale houten godsbeelden op wielen helemaal van de oever van de Asopos naar de top van de berg werden gereden, waar ze vervolgens werden aangestoken zodat de vlammen kilometers ver in de omtrek te zien waren, een baken voor de goden. De Plataeërs zullen zeker onder aan de barse hoogten van de Cithaeron de pas hebben versneld, want ze waren nu nog maar een paar uur gaans van hun stad, en de weg kwam, na tussen kloven en getande bergrichels te hebben geslingerd, plotseling op open terrein, met links eindelijk uitzicht op hun geliefde vaderland.

Maar niet zoals ze het hadden achtergelaten. De akkers waren overwoekerd en hun stad was een geblakerd casco. Tot ver in de omtrek waren bomen geveld. Geschild en ontdaan van hun takken dienden ze nu als palissade voor de barbaren. Intussen zwermden de barbaren zelf, door de zinderende hitte als één vage massa op een hoop geveegd, over de vlakte, en overal waren paarden, leek het wel, gekluisterd of in kralen, of anders bereden door ruiters op de perkamentdroge modder van Boeotië, waar ze beschaduwd door een helmbos hun snelheid en behendigheid demonstreerden. Er zullen maar weinig Grieken geweest zijn die niet een steek van ontzetting voelden toen ze dat zagen, en Pausanias zelf, die wel arrogant maar zeker niet gek was, was niet van plan om meteen toe te stormen en de vijand te treffen op terrein dat zo gunstig was voor zijn cavalerie. Hij gaf zijn mannen opdracht in de heuvels van de Cithaeron te blijven en manoeuvreerde ze in een positie ongeveer recht tegenover Mardonius' legermacht – boven en ruwweg tien kilometer ten oosten van Plataea. De zeshonderd hoplieten uit die stad zouden nog wel even moeten wachten voordat ze naar huis konden terugkeren.

Maar omzichtig als Pausanias te werk ging, het is onwaarschijnlijk dat hij bij het zien van de Perzische strijdmacht zo schrok als Mardonius gedaan zal hebben toen hij aan de oever van de Asopos opkeek en de volle omvang van het leger zag dat boven hem door de heuvels kronkelde. Hij had al wel rapporten van zijn agenten gekregen over de geallieerde voorbereidselen, en dagenlang had het oppercommando in zijn rats gezeten. Zo had tijdens een diner dat gegeven werd door een Thebaanse collaborateur een Perzische officier tegen zijn Griekse buurman gefluisterd dat van alle gasten aan tafel en van alle soldaten in het legerkamp aan de rivier er 'binnen afzienbare tijd nog maar een paar in leven zijn'.[48] Mardonius zelf zou zich nooit bezondigd hebben aan dergelijk defaitisme, maar nooit, zelfs niet in zijn meest pessimistische buien, had hij kunnen bevroeden dat de eeuwig verdeelde geallieerden in staat zouden zijn een strijdmacht te coördineren zoals die nu aan de voet van de Cithaeron tegen hem in het geweer werd gebracht. Steeds maar weer, de hele dag door, daalden de Grieken af van de pas en betrokken hun stellingen, en toen ze eindelijk gelegerd waren, zag Mardonius de grootste legermacht van hoplieten voor zich die ooit op één plaats bijeen was gebracht: zo'n veertigduizend man.[49]

Tegenover dat geduchte aantal kon hij misschien wederom het dubbele stellen, maar hij zal zich er geen illusies over hebben gemaakt dat zijn licht bewapende en gepantserde infanterie de Griekse posities ooit zou kunnen innemen.[50] Er restten hem slechts twee mogelijkheden die enig reëel uitzicht op een overwinning boden. De eerste was de geallieerden op de een of andere manier naar de vlakte te lokken en er vervolgens op te rekenen dat de verschillende contingenten, niet gewend als ze waren zij aan zij te vechten, zo stom zouden zijn zich te laten isoleren, zodat ze een gemakkelijke prooi voor zijn cavalerie vormden. De tweede was tweedracht te zaaien in de vijandelijke gelederen door strategisch uitgedeelde steekpenningen, en vervolgens af te wachten tot de endemische rivaliteit die alle Griekse coalities parten speelde haar werk deed. Ruiters en spionnen: zoals altijd de dodelijkste wapens in het Perzische arsenaal.

En Mardonius, die zocht naar een manier om ze gecoördineerd in te zetten, besloot als eerste stap de zenuwenoorlog te hervatten die hij de hele zomer tegen de Atheners had gevoerd. Algauw zou blijken dat de Spartanen gelijk hadden met hun vermoeden dat de collaborateurs zich in de vluchtelingenkampen op Salamis als ratten vermenigvuldigden. De vermoorde Lycidas was niet de enige geweest met een pro-Perzisch standpunt. Andere prominente burgers, geruïneerd door de oorlog en afkerig van de democratie, wilden graag hun verloren fortuin terugwinnen en waren eveneens gaan samenzweren – en bij hen ging het niet meer alleen om appeasement, maar om puur verraad. Mardonius, die het contact met deze collaborateurs na zijn aftocht uit Attica verloren had, zal zeker haastig geprobeerd hebben de communicatie weer te herstellen. Hij stuurde daartoe infiltranten naar het vijandelijke kamp, terwijl hij tegelijk, in de hoop daarmee elke twijfel bij de verraders weg te nemen, zijn cavalerie opdracht gaf prikacties te ondernemen tegen de vijandelijke linies.

Een sluw beraamde tangbeweging, maar ze verliep niet helemaal volgens plan. Ten eerste had de cavalerieaanval geen demoraliserend effect op de Grieken, maar versterkte juist hun moreel omdat de Perzische commandant, een logge dandy die het strijdperk op was gereden in een purperen tuniek en een opvallend kuras van gouden visschubben, nadat zijn Niseïsche schimmel onder hem vandaan geschoten was, open en bloot – en dood – op een wagen eindigde die demonstratief voor de met open mond toekijkende geallieerde troepen heen en weer werd gereden. Kort daarop werd het verraad in het Atheense kamp door Aristeides ontdekt, die het complot natuurlijk niet door de vingers kon zien, maar die toch zijn neus liever niet te diep in de beerput stak en daarom besloot de acht prominentste samenzweerders te arresteren.[51] Twee daarvan vluchtten, terwijl de andere zes de opdracht kregen zich in de komende strijd te rehabiliteren en zonder aanklacht werden vrijgelaten. Aristeides, die zelf op beschuldiging van collaboratie door het schervengericht was verbannen, wist precies wat het betekende om een tweede kans te krijgen. Er werd vanaf dat moment in het Atheense kamp niet meer van verraad gerept.

Maar die tegenslagen gaven, in plaats van Mardonius' strategie te verijdelen, hem ironisch genoeg weer de wind in de zeilen. Pausanias voelde zich voldoende gesterkt om een nieuwe positie in te nemen, veel dichter bij de Asopos en dus bij de vijand. Mardonius, die hoopte de Grieken op open terrein te treffen, volgde onmiddellijk haastig hun bewegingen op de andere oever, wachtend op een kans om toe te slaan. Die kwam nooit. Terwijl hij zich op de vlakte waagde, had Pausanias ervoor gezorgd zijdelings over het grondgebied van Plataea te trekken, en er was geen heuvelrug op de route die hij nam, geen verheffing van het terrein, of de Plataeërs konden de geallieerden eromheen leiden. Aan het eind van hun manoeuvre hadden de Spartanen zich verschanst achter een heuvelrij rechts van de strijdlinie en de Atheners hadden zich links daarvan op een terreinverheffing geïnstalleerd. De andere contingenten, aangevoerd door mannen die minder in de melk te brokkelen hadden dan Pausanias of Aristeides als het ging om het innemen van de veiligste posities, moesten zich tevredenstellen met het lagere, en daardoor kwetsbaardere terrein in het midden. Mardonius, die van de andere oever van de Asopos toekeek en zijn kansen schatte, moet zijn hart sneller hebben voelen kloppen. Hij was misschien nog niet in de positie om een frontale aanval te lanceren – want zelfs op hun vlakst golfden de velden van Plataea nog gevaarlijk – maar als hij Pausanias kon verlokken zijn opmars voort te zetten tot over de rivier, dan zou de Perzische cavalerie hem te grazen nemen. Mardonius was een ervaren tegenstander van de Grieken en hij wist dat een hoplietenleger altijd instinctief de strijd zocht. Dus toen de goden, sprekend door middel van ontwijfelbare voortekenen, het Perzische opperbevel waarschuwden niet in de aanval te gaan, luisterde Mardonius maar al te graag naar hun raad. De factor tijd leek ook gunstig voor een strategie van afwachten, want nauwelijks acht kilometer ver weg, in Thebe, 'hadden ze een grote voorraad voedsel en genoeg veevoer',[52] en Mardonius had wel zoveel reserves in zijn schatkist dat hij het hele Griekse kamp met goud kon overladen. Hij deed wat de goden hem hadden aangeraden: hij bleef op de noordelijke oever, hij stak de rivier niet over.

Maar Pausanias ook niet. Hij logenstrafte alle verwachtingen van Mardonius over de gedragingen van een Griekse generaal en bleef grimmig op zijn post. De Spartanen bleven achter hun heuvelkam, de Atheners op hun terreinverheffing en de rest op de velden daartussenin. Hoewel er zo nu en dan ruzie uitbrak tussen de verschillende contingenten – en vooral als de Atheners kapsones kregen – escaleerden de twisten nooit zover dat het bondgenootschap in gevaar kwam. Ja, de Griekse linie werd, in plaats van te desintegreren, zelfs steviger toen er een dag verstreek, vervolgens weer een, en ten slotte een hele week, en er steeds meer versterkingen binnendruppelden. Eindelijk, op de achtste dag van de patstelling, verloor Mardonius zijn geduld. Zijn cavalerie kreeg opdracht een razzia te houden in de passen over de Cithaeron. Een lange rij wagens vol proviand van de Peloponnesos werd met succes overvallen. De muildieren en de voerlieden werden allemaal afgeslacht. 'Na hun bloeddorst bevredigd te hebben',[53] dropten de Perzen de lijken in de heuvels, waar ze duidelijk zichtbaar waren voor de Grieken beneden op de vlakte, en reden ze de wagens in triomf naar hun kamp.

Nu was het de beurt aan Mardonius om zich gesterkt te voelen. Geschraagd door de overwinning begon zijn cavalerie directe aanvallen op de vijandelijke posities aan de overkant van de Asopos uit te voeren. Telkens wanneer de Grieken het waagden de rivier te naderen, lieten de aanstormende en weer wegdravende ruiters een ravage van drijvende lijken met gepluimde helmen in het ondiepe water achter. En de Grieken leden steeds meer dorst. Na een paar uur was de Asopos geheel prijsgegeven aan de Perzische cavalerie. De enige bron van water die de Grieken nu nog over hadden was een enkele put. Terwijl de zon laaiend aan de meedogenloze hemel van Boeotië stond, verdrongen rijen uitgedroogde mannen zich gewapend met emmers, kruiken en wijnzakken bij de put. Vooral voor de Atheners was het een hard gelag om zich te voorzien van water. De put, vlak achter het kamp van de Spartanen, stond een volle vijf kilometer sjokken van hun stelling. Maar op die manier konden ze tenminste hun heuvel behouden – en een sterke defensieve positie wilden de Atheners, nu de Perzen de hele Griekse linie met prikacties bestookten, niet graag opgeven. Maar er verstreek een dag, en nog een, en de onbeweeglijke Atheense infanterie, gekweld en gepijnigd door het niet-aflatende gestook van de vijand, begon zich te bedenken. Ja, hoe brutaler de Perzen werden, hoe woedender hun stationaire doelwitten, voor wie het ondoenlijk was 'handgemeen te worden met deze ruiters, die met een boog waren gewapend'.[54] Maar de galopperende, wendbare ruiters tastten de grenzen van hun mobiliteit nog verder af, tot ze er op de derde dag van prikacties tegen de geallieerde linies in slaagden een flankaanval uit te voeren. De cavalerie maakte een omtrekkende beweging om de heuvelkam waar de Spartanen zich verschanst hadden en dook achter de falanx op. Recht voor hen lag de onbetaalbare – en schijnbaar onbewaakte – put. Vlug, voordat de Griekse reserves hen konden tegenhouden, vernielden de ruiters de put, stortten hem dicht en trokken in triomf terug. Een zeer stoutmoedige klap – en een dodelijke, natuurlijk, voor de hoop van Pausanias om zijn vooruitgeschoven positie te behouden.

Op een haastig belegde krijgsraad wogen de Grieken de onaantrekkelijke opties af die ze nog over hadden. Hun posities bij daglicht verlaten zou ongetwijfeld neerkomen op zelfmoord: de Perzische cavalerie zou ze aan mootjes hakken. Maar uitstel van de terugtocht was even rampzalig: de Grieken hadden niet alleen dorst, maar begonnen nu ook honger te lijden, omdat de barbaren de voedselkonvooien over de passen van de Cithaeron bleven overvallen en plunderen. De voor de hand liggende oplossing was een nachtelijke terugtocht, ondanks de kans op wanorde en alle monsterlijke risico's van dien. Pausanias gaf daarom de verschillende geallieerde contingenten opdracht om bij het invallen van de duisternis terug te trekken naar een nieuwe linie direct ten oosten van Plataea. Iedereen was het erover eens dat hun positie daar veel en veel sterker was. De heuvels boden een uitstekende bescherming tegen de cavalerie en van daaruit konden ze de passen over de Cithaeron bewaken. En er was voldoende water. Er was maar één nadeel: de Grieken moesten hun nieuwe posities als eerste zien te bereiken.

En dat was niet eenvoudig. In het centrum, waar soldaten van een hele reeks verschillende steden door het donker strompelden en hun weg moesten zien te vinden op volledig onbekend terrein, verliep de terugtocht natuurlijk algauw slecht. Gezien het feit dat ze honger en dorst hadden en zenuwachtig waren is het misschien niet te verwonderen dat ze de afgesproken ontmoetingsplaats misten en bijna twee kilometer verder naar het westen terechtkwamen, vlak voor de ruïnes van Plataea, waar 'ze zich verspreidden en willekeurig hun tenten opzetten'.[55] Intussen was de verwarring aan de vleugels nog groter. Het begon al licht te worden en de Atheners noch de Tegeaten en de Laconiërs aan het andere eind van de linie waren aan de terugtocht begonnen. Deze drie contingenten, die als achterhoede moesten fungeren, schijnen als gevolg van de algemene chaos en de vertraagde aftocht van hun bondgenoten de hele nacht op hun vooruitgeschoven posities vastgeklonken te hebben gezeten. En nu begonnen overal langs de rivier de vogeltjes te zingen en werd de vijand aan de andere oever wakker.

De Atheners raakten in paniek. Een ruiter werd in galop over de vlakte naar het Spartaanse kamp gezonden om te vragen wat er aan de hand was. Toen hij daar aankwam, waren Pausanias en zijn stafofficieren in een verhitte discussie verwikkeld. Wat er precies besproken werd, zou later een zeer omstreden kwestie worden. Sommigen beweerden dat Pausanias met rechtstreekse insubordinatie te maken kreeg: een Spartaanse officier, Amompharetus, zou hebben volgehouden dat terugtrekken laf was, en geweigerd hebben de bevelen van zijn generaal op te volgen. Volgens een andere overlevering echter was diezelfde Spartaan een van de drie die zich het meest onderscheidden in de slag bij Plataea – niet bepaald een teken van muiterij. Het is daarom waarschijnlijker dat Amompharetus, verre van de bevelen van Pausanias te negeren, voor zijn mannen de eer opeiste van een ongekend gevaarlijke missie. Want nu de zon begon op te komen en de terugtocht van de Laconiërs en de Tegeaten nog moest beginnen, hadden ze broodnodig behoefte aan een divisie om de heuvelkam zo lang mogelijk te behouden. Dus terwijl Pausanias hun Spartaanse kameraden en de Atheners bevel gaf te beginnen met de terugtocht, bleven Amompharetus en zijn mannen waar ze waren, hun schilden en helmen gereed, grimmig en vastbesloten hun positie zo lang als ze konden te behouden. En aan de andere oever waren al ruiters te zien die breed oprukkend door de rivier plasten en naar hun kamp draafden.

Voorzichtig inspecteerden de Perzische verkenners alle verlaten Griekse posities. Het nieuws over de terugtocht van de vijand zag Mardonius, die met de infanterie klaarstond, algauw bij zonsopgang op spectaculaire wijze met eigen ogen bevestigd. Het uiteenvallen van de Griekse strijdlinie, een doel dat hij zich vanaf het begin van de veldtocht had gesteld, was op spectaculaire wijze geslaagd – en zonder dat hij de strijd met de vijand op diens termen had hoeven aangaan. Het beste van alles was dat de Spartanen, de zogenaamd onoverwinnelijke, spijkerharde Spartanen, nog steeds ongedekt op de terugtocht waren, geïsoleerd van hun bondgenoten en uiterst kwetsbaar. Vechten tegen een falanx was natuurlijk riskant – vooral tegen een Spartaanse falanx – maar Mardonius wist dat hij nooit meer zo'n kans zou krijgen om het hart van het geallieerde leger uit te rukken. De kans werd ook met de minuut kleiner. Als hij nu niet van de gelegenheid gebruikmaakte, zouden de Spartanen hun aftocht voltooien. Dus klom

Mardonius in het zadel van een rijzige Niseïsche hengst en gaf de elite-eenheden van de infanterie die om hem heen verzameld waren het noodlottige bevel om op te rukken. Ze begonnen het ondiepe water van de Asopos te doorwaden, over de hele linie onder gejuich hun banieren heffend, en elke eenheid van Mardonius' leger stormde gretig, met of zonder permissie van hun generaal, van de rivieroever naar voren.

En nu, terwijl de ochtendmist glinsterde en door de opgaande zon werd weggebrand, trok 'het ruig uitziende gelid van helmen en speren' als een rilling door de Laconische gelederen, altijd een teken voor krijgers dat een slachtpartij naderde en dat de goden zelf nabij waren. Pausanias had zijn mannen bevel gegeven halt te houden en zich op te maken voor de strijd naast de bomen van een tempelbos, en vanuit die gunstige positie zag hij hoe Amompharetus en zijn divisie met afgemeten discipline heuvelopwaarts terugtrokken terwijl de Perzische ruiters hen en masse steigerend achternagingen. Pausanias had de barbaren aan de rivier woeste kreten horen slaken en ze vervolgens in een monsterlijke vloedgolf van banieren naar de overkant zien komen. Hij wist dat weldra niet alleen de cavalerie maar ook het volle gewicht van Mardonius' elite-infanterie zich op zijn muur van schilden zou storten. Vlug, nu hij nog de kans had, stuurde hij een dringend verzoek naar de Atheners om zich bij hem te voegen – maar de boodschap kwam te laat. Terwijl Aristeides omkeerde en zijn mannen zijwaarts naar de posities van de Laconiërs leidde, voelde hij de aarde dreunen en zag achter zich het leger van de Thebanen naderen. De botsing van de twee falanxen galmde over het slagveld en bevestigde Pausanias, ongeveer twee kilometer verder naar het oosten, in zijn bangste vermoedens.

Ze kregen weliswaar wat verlichting toen Amompharetus en zijn mannen buiten adem arriveerden, maar er was nu geen hoop meer op nog meer versterkingen van de falanx. De Spartanen en de Tegeaten moesten Mardonius dus alleen tegemoet treden: 11 500 man tegen de elite van een supermacht. Algauw lieten de Saken vanaf hun wendbare paarden een regen van pijlen op hun schilden neerdalen. Daarna, nauwelijks zichtbaar door de hagel van projectielen – en derhalve des te angstaanjagender – naderde van achter de ruiters donderend en afgemeten de elite-infanterie van de barbaren. De cavalerie van Mardonius trok terug en zijn infanterie, afstand houdend tot de stekelige falanx, plantte een muur van gevlochten schilden. De pijlenregen werd dikker.

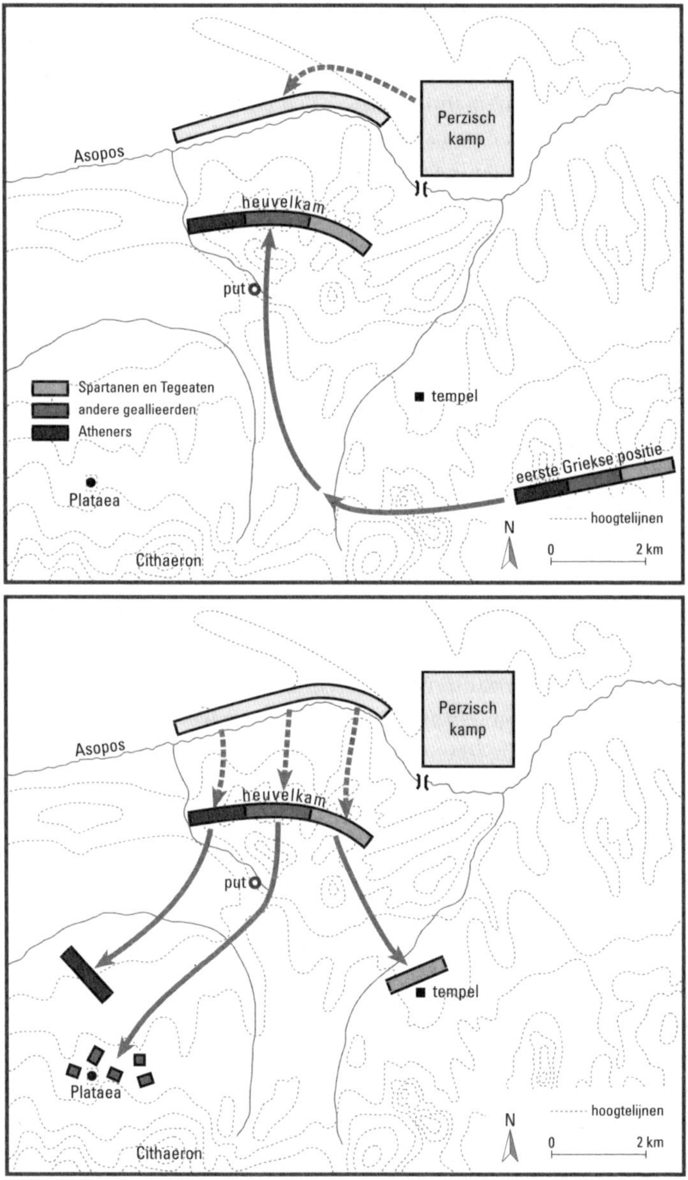
Perzisch kamp
Asopos
heuvelkam
put
Spartanen en Tegeaten
andere geallieerden
Atheners
tempel
eerste Griekse positie
Plataea
hoogtelijnen
N
0
2 km
Cithaeron
Perzisch kamp
Asopos
heuvelkam
put
tempel
Plataea
hoogtelijnen
N
0
2 km
Cithaeron

Plataea

Maar de in een hoek gedreven Grieken bewaarden hun discipline. Met opgeheven schild luisterden ze binnen hun helmen naar het spookachtig gedempte fluiten en neerploffen van de niet-aflatende stroom projectielen overal om hen heen. Mannen struikelden en vielen, met pijlen in hun kruis of schouders die tot aan de veren onder het bloed zaten. En nu, dachten de Laconiërs en de Tegeaten, was het moment gekomen om met de falanx voorwaarts over het niemandsland te stormen en zich op de muur van flinterdunne twijgenschilden te storten, die ze stampend onder de voet zouden lopen en doorboren met hun speren. Maar Pausanias hield zijn krijgers nog tegen. Pas als de goedkeuring van Artemis voor de grote strijd die hun wachtte duidelijk te lezen stond in een bloedoffer kon hij het bevel tot de aanval geven, en de godin, hoeveel geiten te harer ere ook werden geslacht, weigerde de Grieken haar zegen te geven. Uiteindelijk zond Pausanias in wanhoop een gebed rechtstreeks tot de hemel en toen 'vielen de offers wel goed uit'.[56] Dat was maar goed ook, want net toen Pausanias de falanx het bevel tot de aanval wilde geven, waren de Tegeaten al op de Perzische linie toegestormd – met onder hen één Spartaan. Van de Tegeaten, die niet de authentieke Lycurgische discipline bezaten, was zulke onbesuisdheid misschien te verwachten, maar niet van Aristodemus, de voormalige leerling van de *agoge*. Toch, ook al verdiende hij geen eer voor het verlaten van zijn plaats in de Spartaanse schildenmuur, ook al was het geen stijl dat hij zich moederziel alleen, en in een zo krankzinnige razernij dat die nauwelijks nog Grieks te noemen was, op de barbaren had gestort om te doden en te worden gedood, toch had de 'bibberaar' zijn naam gezuiverd, daar waren zijn makkers het later wel over eens. Ja, zijn moed zou nog lang door de mannen van andere steden herdacht worden als iets werkelijk buitengewoons. In die zin kon ten minste geconcludeerd worden dat Aristodemus als Spartaan gesneuveld was.

De ware roem was echter weggelegd voor degenen die niet zelfzuchtig om eigen eer vochten, maar als raderen in één machinerie – en die verschrikkelijke ochtend won elk lid van de falanx grote roem. Alleen 'de Dorische speer', die de grond van Plataea kleverig maakte van een 'grote brij vergoten bloed',[57] kon voor de overwinning hebben gezorgd, want alleen de mannen die hem hanteerden waren vanaf hun geboorte gestaald om te vechten en nooit op te geven. Toen ze afdaalden over de door een pijlenwolk verduisterde helling van het niemandsland en zich op de vijandelijke frontlinie stortten, ondergingen de Spartanen een beproeving waar ze hun hele leven op waren voorbereid. Anderen zouden misschien in de botsing met een vijand zo talrijk, zo roemrijk en zo dapper als de Perzen de moed in de schoenen hebben voelen zinken, de arm met het schild voelen verlammen, het lichaam beurs voelen worden, maar niet de Spartanen. Hoe lang de strijd ook onbeslist bleef, ze hielden niet op onverbiddelijk voorwaarts te beuken. En het maakte niet uit dat de Perzen in hun groeiende wanhoop trachtten de opmars van hun vijand te stuiten door de speren van de Spartanen vast te grijpen en te versplinteren, want zwaarden waren niet zo gemakkelijk te breken, noch was het gewicht van met brons bepantserde lichamen tot staan te brengen. Maar nog steeds bleef Mardonius, 'als de onbetwiste held',[58] zijn troepen aanvuren. Nu naderden de Spartanen echter de elite-eenheid van zijn lijfwacht en Mardonius zelf, luisterrijk op zijn witte strijdros gezeten, werd een gemakkelijk doelwit. Een Spartaan gooide een steen tegen zijn hoofd en uit het zadel tuimelde de neef van de Grote Koning, de man die dacht satraap van Griekenland te worden.

En de Perzen die hem zagen vallen wisten dat de strijd verloren was. De lijfwachten van Mardonius hielden heldhaftig stand, maar werden ter plekke afgemaakt, terwijl wat er nog over was van de divisies, gedemoraliseerd door de dood van hun charismatische generaal, op de vlucht sloeg. Algauw namen alle Perzen deel aan de aftocht. Veertigduizend man, aangevoerd door een kordate officier, slaagden erin noordwaarts over de weg naar Thessalië te ontkomen, maar de meesten vluchtten wild en in paniek naar het fort, achternagezeten door de Laconiërs en de Tegeaten. Even later kreeg Pausanias voor de poorten van het fort gezelschap van de Atheners, wier bitter-wrokkig treffen met de Thebanen was geëindigd in de overhaaste vlucht van de collaborateurs naar hun stad. Nu, eindelijk samen, forceerden de zegevierende geallieerden de palissade. Het bloedbad dat volgde was nagenoeg totaal: van de uiteengeslagen resten van Mardonius' leger werden er krap drieduizend gespaard. En zo eindigde het waagstuk van de Grote Koning tegen het Westen.

Zich vergapend aan de weelde en luxe van Mardonius' kamp vroegen de Grieken zich opnieuw af waarom hij zo'n brandend verlangen had gehad hun land te veroveren, als hij klaarblijkelijk al meer dan voldoende had. Eén trofee in het bijzonder wees hen op de onwaarschijnlijke omvang van hun overwinning: de tent van de Grote Koning zelf. Men zei dat Xerxes bij zijn vertrek uit Griekenland de vorige herfst Mardonius het gebruik van zijn hoofdkwartier had gegund, en nu opende Pausanias de geborduurde voorhangen en liep over de geparfumeerde tapijten om bezit te nemen van wat het jaar tevoren nog het zenuwcentrum van de wereld was geweest.

Verbluft starend naar de inrichting probeerde de regent zich voor te stellen hoe het zou zijn om op de plaats te zitten waar de dood van zijn oom beraamd was, en dus gaf hij de koks van Mardonius opdracht hem een koninklijk maal te bereiden. Toen dat klaar was, liet hij er een pot Spartaanse zwarte soep naast zetten en nodigde zijn medebevelvoerders uit naar binnen te komen en het contrast te bewonderen. 'Heren,' zei hij lachend, 'ik heb jullie hier gevraagd om te laten zien hoe stom die Perzen zijn geweest: ondanks alle luxe die je hier ziet, moesten ze zo nodig naar Griekenland om ons van dit schamele boeltje te beroven.'[59] Een grap, maar aan de andere kant natuurlijk ook weer niet. Vrijheid was niet om te lachen. Toen de bezwete Griekse commandanten het contrast tussen de obscene luxe op de dis van de Grote Koning en de eenvoudige pot soep zagen, zullen ze er in meerderheid niet aan hebben getwijfeld waar de barbaren de nederlaag en hun eigen steden de overwinning aan te danken hadden.

Intussen waren de heloten buiten de met kwastjes versierde voorhangen van de tent druk bezig het kamp af te schuimen. Pausanias had ze opdracht gegeven de buit op een grote hoop te gooien en dus sleurden ze meubels uit de tenten, stopten gouden schalen in zakken en beroofden de lijken van hun ringen. Natuurlijk leverden ze niet alles in wat ze vonden: ze stopten zo veel mogelijk zelf weg. Met die buit hoopten de heloten hun vrijheid te kunnen kopen, maar ze waren onwetend en achterlijk en dus een gemakkelijke prooi voor oplichters. Een syndicaat van Aegineten, die gemakkelijke winst roken, overtuigden de heloten ervan dat hun goud koper was en betaalden er dienovereenkomstig voor. Naar het schijnt werden de heloten gevoelig getild en sloegen de Aegineten een slag.

Hybris

Twee verhalen werden verteld over de afkomst van Helena, de vrouw wier schoonheid eerst Europa en vervolgens Azië in een oorlog stortte. Volgens het best bekende was ze een Spartaanse die uit een ei was gebroed dat haar moeder, de koningin, had gelegd nadat ze door Zeus in de gedaante van een reusachtige zwaan was verkracht. Het tweede verhaal wil echter dat de Spartaanse koningin alleen maar de broedster was geweest en dat het ei zelf was gelegd door een heel ander slachtoffer van Zeus' attenties: een godin, zowaar, even plechtig als machtig, even sereen als dodelijk. In één hand hield ze een schaal met alles wat voorbeschikt was en in de andere een maatstok waarmee ze de excessen van de stervelingen mat. Degenen die zich schuldig maakten aan 'buitensporige eigendunk'[60] werden door haar geveld. Niemand kon haar weerstaan en de machtigsten wel het minst. Het was haar gewoonte om, als zij liep, over lijken te gaan. Haar naam was Nemesis.

Tart haar en de wereld zelf kon op zijn kop worden gezet. Als bewijs daarvoor wezen de Grieken altijd op Croesus, die ooit zo rijk en zelfgenoegzaam was geweest dat hij het gewaagd had 'te beweren dat hij de gelukkigste mens op aarde was'[61] – tot Nemesis ingreep. Maar zelfs dat vergrijp, hoe stuitend ook, was nog niets vergeleken met de verschrikking van de Grote Koning, de Koning der Koningen, de Koning der Landen, die zich ten doel had gesteld heerser van de hele mensheid te worden. In het Grieks was er maar één woord voor die krankzinnige houding: *hybris*. 'Want dit is de misdaad bedreven door de man die plezier beleeft aan het vertrappen van andere mensen, en die daarbij het gevoel heeft dat hij boven anderen verheven is.'[62] Een maar al te menselijke tekortkoming, misschien, maar wel een waar de barbaren, met hun onmatigheid, hun monarchen, hun overdaad, bijzonder toe geneigd waren. De Grieken hadden dat altijd al vermoed, maar nu, met Xerxes, hadden ze het harde bewijs in handen. Wat had de Grote Koning immers bereikt met zijn torenhoge ambitie, zijn onvergelijkelijke macht, zijn legers, zijn vloten, zijn grootheid? Een belediging van Nemesis die haar weerga niet kende.

Haar wraak was snel en onherroepelijk gekomen. 'Wat er tot stand is gebracht, is niet ons werk geweest,' had Themistocles, een man die weinig last had van bescheidenheid en die ook weinig had om bescheiden over te zijn, vroom na de slag bij Salamis gezegd,

> 'maar dat van de goden en van de helden die met schele ogen aanzagen dat een mens in zijn godverlaten hoogmoed de macht over Azië en Europa voor zich opeiste. Niets heeft hij ontzien, alles, gewijd of ongewijd, heeft hij laten verbranden en zelfs de godenbeelden heeft hij in zijn vernielzucht niet gespaard. Hij heeft godbetert de zee durven geselen en ketens in de golven gegooid.'[63]

Terwijl ze over de met bloed bemeste velden van Plataea liepen en de verstrengelde lichamen van de beste krijgers van de Grote Koning bekeken, zijn luisterrijke tent kaalplukten, zullen de overwinnaars van Mardonius dit hebben kunnen beamen. Iedereen wist aan wie de overwinning te danken was. De hand van de godin was duidelijk zichtbaar.

Maar ze was nog niet klaar: er volgde nog een laatste wending. Het was altijd de – genotvolle – gewoonte van Nemesis geweest om beledigingen terug te kaatsen naar de overtreder. Nu was de Grote Koning, ver weg in Sardis, aan de beurt om zo'n lesje te krijgen. De vorige zomer had hij, na de heilige tempels van de Akropolis in brand te hebben gestoken, het gewaagd met zijn onuitsprekelijke misdaad te koop te lopen door vuurbakens het nieuws vlammend aan de overzijde van de zee te laten verkondigen. Toen Mardonius Athene voor de tweede keer innam, had hij hetzelfde gedaan. De bakens stonden er nog, maar waren nu veilig in Griekse handen. Pausanias gaf opdracht ze aan te steken en kon er zo zeker van zijn dat het nieuws van de overwinning binnen een paar uur de kust van Ionië bereikte. En zo schijnt het ook precies te zijn gebeurd.[64]

Anders valt een spookachtige samenloop van omstandigheden moeilijk te verklaren. Meer dan honderdvijftig kilometer van Plataea, aan de overzijde van de Egeïsche Zee, op dezelfde dag als de grote overwinning, 'ging het nieuws als een lopend vuurtje door alle gelederen dat de Grieken aan de winnende hand waren tegen het leger van Mardonius in Boeotië'.[65] De toename van het zelfvertrouwen van de bemanningen van de Griekse vloot had niet beter getimed kunnen zijn, want ook zij stonden die middag voor een leger van barbaren. Na maanden van inactiviteit had Leotychides zich eindelijk een paar dagen tevoren oostwaarts van zijn hoofdkwartier gewaagd en lag nu voor anker in de grote haven van Samos, recht tegenover Kaap Mycale. Daar, op de berghelling van de Mycale, stond het Panionium, het oeroude gemeenschappelijke heiligdom van de Ioniërs. Verder weg naar het zuiden lag aan de kust het verwoeste Milete en vlak voor zijn haven verrees in de baai het eilandje Lade. Allemaal noodlotstonelen en duidelijke aanwijzingen voor de bemoeienis van Nemesis, want in het begin van de oorlog lag zijn einde besloten.

Het was ook niet moeilijk de hand van de godin te zien in het feit dat de verhoudingen, die vijftien jaar geleden nog zo in het voordeel van de Perzen waren geweest, nu spectaculair waren omgekeerd. De imperiale oorlogsvloot, ooit de schrik van de zeeën, was nu nog maar een treurig overblijfsel van zijn gebruikelijke praal. Zijn schepen waren gehavend door de strijd, zijn bemanningen gedemoraliseerd, zijn eskaders stonden op het punt van muiten. De Feniciërs, ooit de steun en toeverlaat van de vloot, waren helemaal uit zijn gelederen verwijderd. Leotychides, daarentegen, had onlangs substantiële versterking gekregen in de vorm van het Atheense oorlogseskader, want Xanthippus, die de eerste helft van de zomer op Salamis had zitten niksen, was vrolijk naar Delos gezeild op het moment dat hij hoorde dat Pausanias de Isthmus achter zich had gelaten. Het gevolg was dat de geallieerden – een verrassende omkering van de situatie van de vorige zomer – nu een getalsmatig overwicht hadden. Nerveus zochten de Perzische admiraals de horizon af, en meteen toen ze de Griekse vloot zagen aanvallen verlieten ze hun schepen. Aan de voet van de berg Mycale gingen ze aan wal, trokken hun triremen op het strand, en begonnen verwoed een barricade van rotsblokken en appelbomen op te werpen, waarachter ze zich verschansten.

En die barricade besloot Leotychides op de dag van de slag bij Plataea aan te vallen. Het was middag en een rookpluim steeg op aan de westelijke horizon, spoedig beantwoord door een vuurbaken dat op de hoogten van Samos oplaaide. Intussen landden mariniers – Atheners, Korinthiërs en Troezeniërs – op het strand bij het geïmproviseerde fort van de Perzen. Aangemoedigd door de geringe omvang van de geallieerde strijdmacht kwamen de Perzen achter hun barricade vandaan en de Grieken vielen ze onmiddellijk aan. Er ontstond een wanhopig gevecht, waarbij de Perzen zich moedig verdedigden achter een geïmproviseerde muur van schilden, maar uiteindelijk werden ze, net als bij Marathon en Plataea, door de hoplieten overweldigd. Intussen nam Leotychides, die samen met de Peloponnesiërs achter de barricade was geland, zoet wraak voor Thermopylae door plotseling vanaf een heuvel op te duiken en de nederlaag compleet te maken. Slechts een fractie van de Perzische strijdmacht wist naar Sardis te ontkomen. Het fort en alle schepen die daarbinnen lagen werden verlaten. Leotychides plunderde eerst alles grondig en stak de Perzische vloot diezelfde avond nog in brand. De Grieken verdedigden nu niet langer hun eigen grondgebied, maar waren met succes in de aanval gegaan. Het werd donker in Ionië, en de hele nacht laaiden de branden aan de rand van Azië.

'Door vele tekenen blijkt het goddelijk ingrijpen in menselijke aangelegenheden.'[66] Voor de Grieken leek het een wonder dat ze twee keer op dezelfde dag hadden getriomfeerd over wat per slot van rekening nog steeds een supermacht was. Leotychides zelf kon het nauwelijks geloven. Terug op Samos, toen ze de Perzische vloot brandend aan de overzijde van de zeestraat hadden achtergelaten, bleven hij en zijn admiraals nog de toorn vrezen van de Koning der Koningen. Zijn wraak moest nu elk moment wel komen, dachten ze. Maar die kwam niet. Integendeel, een paar

Geveld en bijna verslagen. De Perzische nederlaag bij Plataea maakte een einde aan de hoop van de Grote Koning op een definitieve verovering van Griekenland. (*National Museum of Scotland*)

weken na Mycale werd gerapporteerd dat Xerxes 'in staat van verbijstering'[67] Sardis helemaal verlaten had en de lange weg terug naar Susa had genomen. Met hem ging het grootste deel van zijn leger. Een Perzisch commando dat vanuit Sardis was gezonden slaagde er nog wel in een klap uit te delen aan de favoriete boksbal van de Perzen, het heiligdom van Didyma, en er wederom vandoor te gaan met een standbeeld van Apollo, maar verder was er weinig actie van de kant van de barbaren. Een jaar ging voorbij en toen weer een, en nog steeds keerde de Grote Koning niet weerom.

Die inactiviteit leidde tot veel speculaties onder de Grieken. Laf, verwijfd, soft, het waren allemaal kwalificaties die als plausibele verklaringen naar voren werden gebracht. Het idee dat de barbaren decadent waren, wat iedereen vóór Marathon bespottelijk zou hebben gevonden, werd nu door de Grieken als een simpel feit beschouwd. En het kwam niet alleen doordat de Perzen geen derde invasie lanceerden dat dit behaaglijke vooroordeel steeds inniger werd gekoesterd. Alles wat de invasie van Xerxes destijds voor de Grieken zo angstaanjagend had gemaakt – de talrijke horden van de Grote Koning, de onuitputtelijke middelen die hem ten dienste stonden, de weelde, het vertoon, het spektakel, de buitensporige luister van zijn gevolg – leek achteraf alleen maar een teken te zijn geweest van zijn slapte. Ze mochten dan de veroveraars van Azië zijn, maar vergeleken met de vrijgeboren, bronsbepantserde mannen van Griekenland waren de Perzen ouwe wijven.

Sommigen begonnen zich zelfs af te vragen of de bloedige klap die de Grote Koning had geïncasseerd zijn bewind niet geheel en al omver had geworpen. Een van die optimisten was een Athener die Aeschylus heette, een man die alle reden had die hoop te koesteren. Hij was een veteraan van zowel Marathon als Salamis en hij had tevens door toedoen van de barbaren een pijnlijk persoonlijk verlies geleden, want het was zijn broer geweest die zich aan een van de schepen die bij Marathon afgemeerd lagen had vastgegrepen en wiens hand met een bijl werd afgehakt. Aeschylus droomde dan ook van een ineenstorting van de Perzische macht. In 472 v.Chr., acht jaar na Salamis, gaf hij zijn optimisme op een waarlijk visionaire manier gestalte tijdens de Stedelijke Dionysia, het jaarlijkse toneelfestival van Athene. Toen de toeschouwers in de schaduw van de Akropolis toestroomden, zullen ze overal om zich heen de littekens en de getuigenissen hebben gezien van de recente beproeving die hun stad had doorstaan. Het silhouet van de heilige rots achter hen bleef een aanblik van verwoesting behouden, want de geallieerden, de Atheners incluis, hadden vóór ze tegen Mardonius in het strijdperk traden gezworen dat alle tempels die door de barbaren in brand waren gestoken voor altijd ruïnes zouden blijven 'om als getuigen te dienen voor toekomstige generaties'.[68] De tribunes waar het publiek op plaatsnam waren vrijwel zeker gebouwd van de overblijfselen van de vernietigde barbaarse vloot, en op het podium zelf stond waarschijnlijk de meest spectaculaire trofee van alle: de buitgemaakte koninklijke tent.[69] Als dat het geval was, dan zal het leer van de tent die ooit de Grote Koning onderdak bood nu als zonnescherm hebben gediend voor het podium van de Dionysia – en als perfect decor voor de tragedie die Aeschylus de titel *De Perzen* had gegeven.

Het stuk was gesitueerd in Susa en bracht voor de Atheners een dramatische reconstructie op de planken van Xerxes' thuiskomst na de slag bij Salamis. De koning, die Perzië had verlaten in de volle pracht en praal van zijn majesteit, strompelde in het toneelstuk in vodden gekleed naar huis, en zijn hovelingen, die hadden gedacht een heldhaftige veroveraar te onthalen, jammerden van ellende. Allemaal heel fijn en opbeurend voor het publiek, natuurlijk. De Grote Koning was echt op de knieën gebracht, verzekerde Aeschylus zijn medeburgers, en Athene, de stad die hem verslagen had, was nu een baken voor de vrijheid van alle naties. 'Maar wie in Azië wonen, kennen geen Perzisch bestuur meer. Niet langer zijn ze schatplichtig onder de dwang van hun heersers. Niet zullen zij nog ter aarde vallend ontzag hebben, want de koningsmacht is teniet.'[70] De wereld, met andere woorden, was veilig gemaakt voor Athene – en voor de democratie. Geen wonder dat Aeschylus de eerste prijs in de wacht sleepte.

Maar terwijl hij zijn overwinning vierde, zullen zijn medeburgers zich niet helemaal vrij van een restje angst hebben gevoeld. Aeschylus kon dan wel beweren dat het de Grote Koning na Salamis ontbrak 'aan helpers',[71] maar hoe kwam het dan dat er nog steeds Perzische troepen waren in Thracië en aan de Hellespont? Wat deden ze dan in Sardis? Hoe konden ze dan in elke hoofdstad van elke satrapie zijn, tot aan de opgaande zon? Het rijk van de Grote Koning wankelde helemaal niet, het rustte in werkelijkheid nog op even solide en geduchte fundamenten als altijd. Dat het machtige bouwwerk hier en daar een kras had opgelopen aan zijn westelijke façade viel niet te ontkennen, maar weinigen in het enorm uitgestrekte rijk zullen dat ook maar hebben beseft. De Grote Koning had immers bepaald niet de gewoonte zijn falen van de daken te schreeuwen. Als zijn onderdanen al ooit van Athene hadden gehoord, dan toch als de stad die door hun meester in brand was gestoken. Als ze al ooit van de Spartanen hadden gehoord, dan toch alleen als een volk wiens koning door hun meester in de strijd was gedood. 'Moge Ahura Mazda en al de goden mij beschermen. En moge hij mijn koninkrijk beschermen. En moge hij alles beschermen wat ik tot stand heb gebracht'.[72] Aldus bad Xerxes. En wie zei dat Ahura Mazda hem niet meer verhoorde?

Maar Aeschylus, die zich 'wie in Azië wonen' voorstelde als zuchtend onder het Perzisch juk, had zich niet helemaal aan wensdenken overgegeven. Waarom was de Grote Koning anders zo haastig uit Sardis vertrokken? En waarom precies was hij niet teruggekeerd? De oplossing van het raadsel lag ver weg van Griekenland, in die hanenmat van het Nabije Oosten,

Babylon. Daar was laat in het campagneseizoen van 479 v.Chr., terwijl Xerxes het rampzalige nieuws over Plataea en Mycale vernam, een nieuwe opstand uitgebroken.[73] De Grote Koning was tot zijn afgrijzen tussen twee fronten komen te zitten. Hij had zijn veldtocht tegen de onhandelbare periferie van zijn rijk gelaten voor wat die was en zich naar het centrum van het rijk terug gespoed, waar de opstand, zoveel is zeker, met gemak werd neergeslagen. Vanaf dat moment had Babylon zijn lesje eens en voor altijd geleerd en zijn gemak gehouden. Maar Xerxes zelf had naar het schijnt, ondanks zijn geslaagde pacificatie van de rebellie, een pijnlijke les voor de kiezen gekregen. Cyrus, Cambyses en Darius hadden het als vanzelfsprekend beschouwd dat de Perzische heerschappij geen grenzen kende. Vooral Darius, de toegewijde en cynische autocraat, had verkondigd dat hem niet alleen het recht maar zelfs de heilige plicht vergund was om de Leugen te onderdrukken waar die maar te vinden was, tot aan de grenzen van de wereld toe. Xerxes, minstens zo vroom in de verering van Ahura Mazda als zijn vader, had dit idee van een wereldmissie samen met de imperiale tiara geërfd. Dat was immers ook de reden waarom hij de invasie van het Westen had geleid. Maar die invasie had gefaald, en de strijdwagen van Ahura Mazda, met zulk ontzagwekkend ceremonieel over de pontonbrug van de Hellespont gereden, was gestolen door een bende Thracische struikrovers en ergens op een akker achtergelaten. De bouw van een brug van Azië naar Europa en het streven om over beide continenten te heersen, was de Grieken altijd voorgekomen als de meest fatale dwaasheid van de Grote Koning, en misschien was Xerxes het daar later diep in zijn hart wel mee eens. In elk geval zou er na zijn terugkeer naar Sardis geen poging meer volgen om Europa te veroveren. Xerxes was als eerste Perzische koning gedwongen geweest een onaangename waarheid te accepteren die nu eens buiten de orde van zijn eigen land viel: dat zelfs de machtigste rijken zich kunnen vertillen.

De Perzische strijdkrachten hadden het gevecht in de Egeïsche Zee nog niet opgegeven, maar ze bevonden zich niet langer in de voorhoede van een wereldverovering. De nederlaag van de Grote Koning in het Westen had die hoogmoedige droom de doodklap bezorgd. De Perzische ambities waren nu oneindig veel bescheidener: de controle over Ionië stabiliseren. Terwijl hij zich nog in het zonnetje van zijn overwinning bij Mycale koesterde had Leotychides al beseft dat dit het beleid van de Grote Koning zou worden, en hij was bang dat de Grieken daar niets tegen konden doen. Maar toen hij voorstelde Ioniërs uit hun steden te evacueren en op het vasteland te vestigen, was Xanthippus haast ontploft van verontwaardiging. Het was niet aan de Spartanen, protesteerde hij, om wat oorspronkelijk Atheense kolonies waren te ontbinden, en hij zwoer dat zijn stad eeuwig pal zou staan voor de Ionische vrijheid. 'Omdat zij zich zo vastberaden verzetten, gaven de Peloponnesiërs toe.'[74]

Zo kwam het dat de etnische zuivering van de Grieken in Azië 2400 jaar werd uitgesteld, tot de tijd van Atatürk. En de aanspraak van Athene op het bevel over de voortgezette oorlog tegen de Perzen werd expliciet gemaakt. Een jaar later werd die ook geformaliseerd. Er kwam een officieel bondgenootschap dat zijn zetel op Apollo's heilige eiland Delos had en waarvan de contributie werd voldaan in schepen of in baar geld. De Ioniërs, de Egeïsche eilanden, de Grieken van de Hellespont, bijna allemaal werden ze lid. Met de extra slagkracht van deze Delische Bond gingen de Atheners nu frontaal tegen de barbaren in de aanval. In de loop van de jaren 470 v.Chr. werden de Perzische garnizoenen in Thracië en rond de Hellespont systematisch uitgedund. Het decennium daarna werden nog spectaculairdere successen geboekt. Onder aanvoering van Cimon, de drieste zoon van Miltiades, verjoegen de Atheners de vijand uit de Egeïsche Zee en stookten onrust in heel Ionië en Carië. Het hoogtepunt van die reeks overwinningen kwam in 466 v.Chr., toen Cimon tegen de grootste concentratie Perzische troepen sinds het jaar van de slag bij Salamis een sensationele dubbele overwinning behaalde. Eerst voer hij de monding van de Eurymedon binnen, een rivier in het zuiden van wat nu Turkije is, en vaagde een hele Fenicische vloot weg. Vervolgens bracht hij zijn vermoeide mariniers aan wal en gaf het imperiale leger een soortgelijke afstraffing. Het was deze veldslag die eens en voor altijd een nog sluimerend vooruitzicht op een derde Perzische invasie de kop indrukte. Eindelijk was Griekenland veilig. De grote oorlog was nu echt voorbij.

Maar Athene, dat de overwinning bij de Eurymedon had behaald, leek niet opgewassen tegen zijn eigen prestaties, alsof het de strijd niet kon opgeven waaraan het dertig jaar lang zijn identiteit had ontleend. Dus bleef Perzië in de gebeden van de volksvergadering genoemd worden als de nationale vijand. En dus besloten de Atheners, die de Perzen uit de Egeïsche Zee verjaagd hadden maar nog steeds niet konden ophouden oorlog tegen ze te voeren, de vijand in het buitenland te achtervolgen. In 460 v.Chr. werd een reusachtige vloot naar Cyprus en Egypte gezonden. Na zes jaar van strijd was die volledig verwoest. De Atheners, doodsbang dat de barbaren nu weer met bekwame spoed de Egeïsche Zee binnen zouden varen, verplaatsten het hoofdkwartier van de bond naar hun eigen stad. Zelfs toen de Perzen zich niet vertoonden in Griekse wateren bleef de bondskas op de Akropolis. Natuurlijk eisten de Atheners zoals altijd dat de lidstaten hun bijdragen volledig betaalden. De vrijheid kostte nu eenmaal een lieve duit, zeiden ze. Maar een flink aantal van de steeds knorriger wordende bondgenoten begon te mopperen dat de door Athene gesponsorde vrijheid heel wat duurder was dan de slavernij onder de Koning der Koningen ooit geweest was.

Dat een Griek die zich had verbonden tot de omverwerping van de Perzische despotie in de decennia na de grote invasie de Perzen zou gaan na-apen was niet een geheel nieuwe paradox. Pausanias, bijvoorbeeld, was in de wolken van zijn verwaandheid een notoire dweper geworden met barbaarse chic. Zijn landgenoten, die vol afschuw toekeken hoe een Spartaanse generaal op veldtocht gekleed ging in de broek van een satraap, begonnen steeds meer achterdocht te koesteren jegens hun voormalige held. Tien jaar na de slag bij Plataea beschuldigden de eforen hem van samenzwering tegen de staat. Pausanias, die zijn toevlucht had gezocht binnen de bronzen muren van de tempel op de Spartaanse akropolis, werd uitgehongerd. Pas op het laatste moment werd zijn uitgemergelde lichaam naar buiten gedragen opdat zijn dood het heiligdom niet zou bezoedelen. De man die had gelachen om de luxe eettafel van de Grote Koning en die vervolgens een gulzige smaak voor de Perzische haute cuisine ontwikkelde, was gepast van honger omgekomen.

Nemesis had zich zoals altijd weer meedogenloos en geestig tegelijk betoond, en om nog eens te benadrukken dat hybris zowel de Grieken als de barbaarse koningen fataal kon worden, bracht ze in de weken volgend op Pausanias' ellendige einde een nog grotere held dan de Spartaanse regent op de knieën. Themistocles, die sinds Salamis gehaat werd omdat hij zo spectaculair en zo aanhoudend gelijk had gehad, was al in 470 v.Chr. door zijn rancuneuze medeburgers via een schervengericht verbannen. Nu, beschuldigd van betrokkenheid bij het verraad van Pausanias, was hij helemaal uit Griekenland gevlucht. Na omzwervingen en avonturen een Odysseus waardig was hij uiteindelijk in Susa terechtgekomen, waar de zoon van Xerxes, de nieuwe Grote Koning, dol van vreugde zijn vaders grootste vijand gevangennam. 'De sluwe slang van Griekenland',[75] van zijn giftand ontdaan, werd een grote favoriet van zijn nieuwe meester, en alle briljante kwaliteiten van zijn intellect, ooit zo dodelijk voor de Perzische ambities, werden in dienst van de Grote Koning gesteld. Themistocles werd naar het westelijk front gestuurd en vestigde zich een klein stukje landinwaarts van Milete, waar hij zijn eigen munt liet slaan en aan het hoofd stond van een leger, net als elke willekeurige satraap. Hij bracht zijn laatste dagen door met het hof in Sardis te adviseren hoe ze het beste zijn opdringende landgenoten konden weerstaan. En zo, als dienaar des konings en als verrader, blies Themistocles in 459 v.Chr. zijn laatste adem uit.

Een akelig precedent: dat de redder van Griekenland eindigde als vijand van de vrijheid. Zelfs in ballingschap, vonden velen, bleef Themistocles een voorbeeld voor zijn stad. Want in de jaren 450 v.Chr. sloeg het gevoel van dankbaarheid jegens Athene, van steden die van de barbaarse overheersing waren verlost, steeds meer om in duistere naijver, achterdocht en angst. Ze konden weinig verschil zien tussen de schatplicht die ze vroeger van Susa kregen opgelegd en de contributie die ze nu aan de Akropolis moesten betalen. Al in de jaren 460 v.Chr. hadden de steden die probeerden zich uit het bondgenootschap los te maken bezoek gekregen van de Atheense vloot. En in het decennium daarna overkwam dat steden die niet eens lid waren. In 457 bijvoorbeeld, hadden de Atheners afgerekend met een halve eeuw van rivaliteit door hun oude concurrent Aegina te belegeren, zijn stadswallen te ontmantelen en zijn vloot te confisqueren – waarna de stad uitgenodigd werd lid te worden van de Delische Bond. Een aanbod dat de arme Aegineten nauwelijks konden afslaan – en waarop zelfs de meest heerszuchtige oriëntaalse despoot trots had kunnen zijn. De mensen begonnen zich het moment dat Athene een grootmacht werd te herinneren als een omineuze en noodlottige gebeurtenis. Xanthippus, zo werd gezegd, was na de slag bij Mycale noordwaarts gezeild om in de Hellespont voor anker te gaan en de kabels van Xerxes' brug als buit binnen te halen, waarna hij een gevangengenomen Pers levend aan een plank liet spijkeren. Die kruisiging, een gebeurtenis die in de hoofden van de mensen steeds groter werd, leek onderhand voldoende om een schaduw over heel Griekenland te werpen.

Maar de Atheners zelf wisten wel beter. Hun stad was dan groot en machtig en rijk geworden, maar ze vergaten geen moment wat ze doorgemaakt hadden, wat ze hadden moeten trotseren om die vooraanstaande positie te winnen. 'Bolwerk van Griekenland, fameus Athene, stad van godgelijke mensen': de wereld die ze in haar schaduw stelde verlichtte ze tegelijk met haar glorie. Letterlijk, want een zeeman die Kaap Sunium rondde en keek naar 'de schitterende stad met haar purperen kroon, befaamd van gezangen',[76] kon vanaf een afstand van vijftig kilometer een heldere lichtflits zien. Dat was de weerkaatsing van de zon op een gepolijste speer, vastgehouden door een kolossale Athena van zo'n tien meter hoog die in haar heldhaftige schoonheid op de top van de Akropolis de toegang tot de rots bewaakte, de blik sereen op Salamis gericht. Gemaakt van materiaal dat op de barbaren was buitgemaakt, gefinancierd door leden van de Delische Bond en vervaardigd door Phidias, de grootste Atheense beeldhouwer van zijn tijd, verbeeldde de bronzen sculptuur de hele triomfantelijke loop van de geschiedenis van de democratie. Waarlijk een vrijheidsbeeld.

En waarom niet ook een beeld van Griekse broederschap? Dat begonnen de Atheners zich af te vragen. In 449 v.Chr. werd eindelijk een rechtstreekse regeling getroffen met de barbaren, die na een halve eeuw oorlog definitief een einde maakte aan de vijandelijkheden tussen de Grote Koning en zijn grootste vijand.[77] In hetzelfde jaar nodigde Athene de steden van Griekenland en Ionië uit delegaties te sturen voor een congres op de Akropolis.[78] Het doel van die voorgestelde conferentie was zogenaamd om te bespreken of de tempels die door de barbaren in brand waren gestoken weer mochten worden opgebouwd. Maar ze diende ook een hoger doel: 'Laat iedereen komen en deelnemen aan het debat over de beste methode om vrede en welvaart voor Griekenland te bereiken,'[79] luidde de uitnodiging. Een idealistische oproep – en een die, tijdens de eerste maanden van vrede met Perzië, de geest van Athenes *finest hour* evoceerde. 'Wij zijn één volk,' had Aristeides trots in 479 v.Chr. tegen de Spartaanse gezanten gezegd, in antwoord op de beschuldiging dat zijn stad mogelijk met Mardonius zou gaan heulen. 'Wij spreken dezelfde taal en hetzelfde bloed stroomt ons door de aderen; wij eren dezelfde goden met heiligdommen en offers, wij onderhouden dezelfde wetten en geboden. Het zou wel heel kwalijk zijn als wij, Atheners, dit alles gingen verloochenen.'[80] En de Atheners hadden niet geheuld maar gehandeld naar Aristeides' roerende woorden en toe moeten zien hoe hun stad in brand gestoken werd. De gebarsten en geblakerde bewijzen van hun offer waren nog op de hele Akropolis te zien. Waarom, zo vroegen de Atheners nu, hadden de barbaren moeten komen om de Grieken eraan te herinneren dat ze één volk waren? Waarom kon hun eigen voorbeeld niet dienen tot inspiratie van een tijdperk van universele vriendschap en vrede?

De Peloponnesiërs, aangevoerd door Sparta, reageerden smalend. En wie, snierden ze, zou dan wel de Griekse steden die beloofde gouden eeuw in leiden? Het antwoord dat de Atheners voor ogen stond lag besloten in hun vraag: de steden die delegaties naar de Akropolis stuurden dienden het primaat van Athene te respecteren. Sparta, het was onvermijdelijk, weigerde resoluut, en zijn bondgenoten op de Peloponnesos volgden trouw zijn voorbeeld. De conferentie werd afgebroken. De Atheners schudden de tegenslag van zich af en reageerden met het aandraaien van de duimschroeven bij degenen die ze hun wil konden opleggen. De oorlog met Perzië mocht dan ten einde zijn, maar de Atheners hadden geen zin het bondgenootschap uiteen te zien vallen alleen maar omdat er vrede was gekomen over de Egeïsche Zee. Op elk teken van weerstand van een lidstaat, laat staan openlijke rebellie, volgde een meedogenloze strafexpeditie. De contributies aan de Akropolis werden elk jaar afgeperst, en er werden geen doekjes meer om gewonden dat het om schatplicht ging. Het woord 'bondgenoten' was hopeloos uit de tijd geraakt en werd vervangen door de term 'steden onderworpen aan het Atheense volk' – tenminste een beschrijving die recht deed aan de werkelijkheid. In plaats van verenigd was het Griekse volk verdeeld in rivaliserende machtsblokken, elk geleid door een stadstaat die de afhankelijke leden op een vernederende manier in de schaduw stelde door zich luid op de borst te kloppen over zijn prestaties in de verdediging van de vrijheid.

Want Athene was niet de enige stad die aanspraak maakte op de titel 'redder van Griekenland'. Sparta, zijn voormalige bondgenoot en nu steeds bitterder rivaal, kon per saldo bogen op Plataea en – vooral – Thermopylae. Voor de rest van Griekenland bleven de Spartanen ongeëvenaard als toonbeelden van heldendom en deugd, en niets, zelfs niet hun schitterendste overwinningen, had hun reputatie zo rotsvast gevestigd als de herinnering aan de driehonderd en hun voorbeeldige nederlaag. 'Vreemdeling, lees deze woorden en meld dan aan alle Spartanen dat wij hun laatste bevel opvolgden tot in de dood.'[81] Die regels, gebeiteld in een eenvoudige gedenksteen, stonden te lezen op de plaats van de beroemde laatste slag: een grafschrift even laconiek en gestreng als Leonidas zelf. En ook even onsterfelijk, want van alle veldslagen tegen de legers van de Grote Koning werd de slag bij Thermopylae tot de meest roemrijke legende omgesmeed. Maar de Atheners, zo briljant en welbespraakt en ad rem als hun Spartaanse tegenhangers nuchter waren, maakten er niettemin goede sier mee. Eind 449 v.Chr. werd een belangrijke motie op de volksvergadering in stemming gebracht. Nog maar een paar maanden daarvoor had Sparta geweigerd een delegatie naar Athene te sturen en toestemming te geven voor de herbouw van de tempels. Nu stemden de Atheners over de kwestie zonder de rest van Griekenland te raadplegen. Het voorstel voor de wederopbouw van de monumenten op de Akropolis werd met overdonderende meerderheid aangenomen. Plannen voor een spectaculaire facelift van de heilige rots werden onmiddellijk ten uitvoer gebracht.

Die plannen waren allang in voorbereiding. De drijvende kracht erachter was een edelman, een lid van de eupatriden, die Pericles heette, een doorgewinterd politiek dier dat zijn hang naar in het oog springende culturele projecten voor het eerst in 472 v.Chr. had gedemonstreerd toen hij de beroemde tragedie over de Perzen van Aeschylus had gesponsord. Pericles kon zich naast zijn liefde voor *grands projets* beroepen op een hoge afkomst: niet alleen was hij de zoon van Xanthippus, maar van moederskant ook nog een Alcmaeonide. Dat betekende natuurlijk dat hij de erfgenaam was van een lange traditie in het sponsoren van monumenten op de Akropolis, maar geen Alcmaeonide had ooit de kans gekregen die Pericles nu met beide handen aangreep. Het brandoffer van de barbaren had de hele top van de rots in de as gelegd, zodat Pericles niet een enkele tempel maar de hele Akropolis wilde herbouwen. Door de crème de la crème van het Atheense talent te engageren, inclusief de grote beeldhouwer Phidias, wilde hij, zoals hij het uitdrukte, 'gedenktekenen en monumenten voor het rijk van onze stad' oprichten die zo volmaakt waren dat 'toekomstige generaties ons zullen bewonderen zoals de huidige generaties ons nu bewonderen'.[82] In 447 v.Chr. begonnen de werkzaamheden aan een tempel die de mooiste en weelderigste diende te worden die ooit gebouwd was. Latere generaties zouden hem kennen als het Parthenon.*

Hoe gedurfd en origineel al die nieuwe monumenten op de Akropolis ook beloofden te zijn, hun fundamenten reikten nog steeds diep in de rotsbodem van het verleden. Het Parthenon, bijvoorbeeld, dat uitdagende monument voor de nieuwe grootheid van Athene, werd gebouwd op de verkoolde fundamenten van een ouder, onafgemaakt gebouw: de grote tempel die in 480 v.Chr. werd opgericht ter ere van de overwinning bij Marathon. Met zijn plannen voor de Akropolis wilde Pericles nu de herinnering aan Marathon voor de eeuwigheid bewaren. Overal op de heilige rots dienden gedenktekens voor de veldslag te komen. Of het nu was in het grondplan van het Parthenon zelf, of in de zegetekens voor de overwinning, of in de friezen die de gevechten in beeld brachten, het belangrijkste moment in de Atheense geschiedenis diende geëerd te worden met een luis-

* Hoe de tempel in de tijd van Pericles heette, is niet bekend.

ter die Athene niet alleen uitriep tot redster van Griekenland, maar ook tot zijn leerschool en meesteres.

Want de gevallenen bij Marathon waren niet helemaal dood. Een Athener die de stoffige, galmende bouwplaats van de Akropolis in de ochtend achter zich liet kon tegen de avond het slagveld bereiken. Daar zag hij, afgetekend tegen de sterren, de grote grafheuvel die was opgeworpen op de vereerde as van de gesneuvelden, met daarnaast een recenter monument, liefderijk uit wit marmer gehouwen, nauwelijks tien jaar oud. Het indringendste en griezeligste gedenkteken was echter niet te zien – alleen te horen. Elke nacht, zo zei men, werd de stilte op de vlakte spookachtig verstoord door geluiden van gevechten: het rinkelen van zwaarden, het suizen van pijlen, strijdkreten, stampvoeten, gillen. Geen enkel ander slagveld waar tegen de barbaren was gestreden kon bogen op zo'n verschijning, en een Athener, ook al zou hij het niet gewaagd hebben de spoken te benaderen, kon aan hun aanwezigheid een zekere burgerlijke trots ontlenen. Ze hadden immers een rol gespeeld in het grootste drama van de geschiedenis – toen Athene er alleen voor stond en de vrijheid voor heel Griekenland bewaarde. 'Want zij waren de vaders, niet alleen van kinderen van sterfelijk vlees en bloed, maar ook van de vrijheid van hun kinderen en de vrijheid van eenieder die woont in het westelijk werelddeel.'[83] Alles sproot voort uit Marathon, en alles werd ook door Marathon gerechtvaardigd.

Voorbij de vlakte met haar monumenten, grafheuvels en spoken, slingerde de weg verder noordwaarts en leidde over kale heuvels naar een tempel op een helling boven de zee. Dat was Rhamnus, de plaats waar volgens de legende Zeus Nemesis, na haar over de hele wereld te hebben achtervolgd, eindelijk naar de aarde voerde. Helena was de vrucht van die verkrachting geweest, evenals de Trojaanse oorlog en de hele lange, gewelddadige geschiedenis van haat tussen Oost en West. Als gevolg daarvan was Datis de Mediër met zijn reusachtige armada naar Marathon gekomen, krap acht kilometer ten zuiden van deze plek: 'en zo zeker was hij dat niets hem tegen kon houden Athene in te nemen dat hij een blok marmer had meegenomen waaruit hij van zins was een trofee te houwen ter viering van zijn overwinning'.[84] Na de nederlaag van zijn expeditie werd het marmeren blok op het slagveld gevonden, waar het was achtergelaten, en de plaatselijke bewoners hadden het naar Rhamnus gezeuld. Een betere plaats ervoor was niet denkbaar, want de tempel daar boven aan de helling die naar de zee leidde was voor Nemesis zelf heilig. Het was duidelijk haar toorn geweest die de expeditie van de barbaren tot mislukken had gedoemd, en dus werden plannen gesmeed om een tweede tempel te harer ere en ter herinnering aan Marathon op te richten. Het plan was om uit het marmer een beeld van de godin te houwen. De grote Phidias werd gevraagd het te doen. Net als op de Akropolis kon een Athener in Rhamnus pogen een glimp van de toekomst op te vangen. Als hij bij het blok nog maagdelijk marmer kwam, kon hij zich gemakkelijk voorstellen dat hij in het spookachtig zuivere wit een afschaduwing zag van de sculptuur die nog komen moest, dat hij een glimp opving van het gelaat van Nemesis zelf.

ENVOI

In 431 v.Chr. barstte de groeiende spanning tussen Athene en Sparta eindelijk los in openlijke vijandelijkheden. De daaropvolgende strijd, door de Atheners 'de Peloponnesische oorlog' genoemd, duurde met tussenpozen zevenentwintig jaar. Hij eindigde in 404 v.Chr. met de totale nederlaag van Athene. Zijn rijk werd ontmanteld, zijn vloot vernietigd en zijn democratie buiten werking gesteld. Hoewel het zich in de eeuw daarna spectaculair herstelde zou Athene nooit meer de overheersende macht van Griekenland worden.

En na 371 v.Chr. Sparta ook niet meer. Honderdacht jaar nadat Pausanias zijn grote overwinning op Mardonius had behaald werd het Spartaanse leger door de Thebanen sensationeel verslagen bij het dorpje Leuctra, krap acht kilometer van Plataea. De Thebanen maakten vervolgens van hun voordeel gebruik om Laconië binnen te vallen. De Peloponnesische Bond werd ontbonden. Messenië werd bevrijd. Sparta, beroofd van zijn heloten, verloor van de ene op de andere dag zijn hegemonie over Griekenland en werd een middelgrote macht.

In de decennia daarna bleven de Griekse stadstaten elkaar verscheuren. Intussen maakte in het noorden een nieuwe veroveraar zich op voor de moordende strijd om de hegemonie over Griekenland. In 338 v.Chr. trad koning Philippus II van Macedonië in de voetsporen van Xerxes en viel zuidwaarts Boeotië binnen. Een leger van Atheners en Thebanen dat hem tegen wilde houden werd aan mootjes gehakt. 'Wij liggen hier omdat we Griekenland de vrijheid wilden geven,' stond geschreven op het graf van de gevallenen. 'De roem die wij genieten verbleekt nooit.'[1] Trotse woorden, maar zelfs het meest roerende grafschrift kon de grimmige realiteit niet verhullen dat er nu echt een einde was gekomen aan de Griekse onafhankelijkheid. Vier jaar later stak de zoon van Philippus, Alexander, de Hellespont over om het Perzische rijk binnen te vallen. Nu was het de beurt aan de Grote Koning om in het stof te bijten. Drie grote opeenvolgende veldslagen verloor hij tegen de invasiemacht. Babylon viel, Persepolis werd in brand gestoken. De laatste Koning der Koningen stierf een miserabele, door dorst gekwelde dood. Alexander maakte aanspraak op de *kidaris* van Cyrus en op een rijk dat zich uitstrekte van de Adriatische Zee tot de Indus.

Voor het eerst erkenden Griekenland en Perzië één heerser.

Zelfs Nemesis zal zich misschien een glimlach veroorloofd hebben.

DANKWOORD

Ik wilde al op zeer jonge leeftijd een boek schrijven over de Perzische oorlogen, en ik ben veel dank verschuldigd aan iedereen die mij de gelegenheid heeft gegeven drie jaar van mijn leven te besteden aan de voorstudie daarvan. Aan Patrick Walsh, de beste vriend en de beste literair agent die er is. Aan mijn redacteuren Richard Beswick en Steve Guise. Aan Gerry Howard, Dan Israel, Ricardo Artola en Joan Eloi Roca Martinez, voor hun aanmoedigingen vanuit het buitenland. Aan Louise Allen-Jones en Elizabeth van Lear, voor hun steun dichter bij huis. Aan Amélie Kuhrt en Paul Cartledge, die zo gul hun fenomenale eruditie met mij hebben gedeeld en die me voor zoveel fouten hebben behoed dat ik de tel ben kwijtgeraakt. Aan de bibliotheekstaf van de Society for the Promotion of Hellenic Studies, voor hun perfecte combinatie van efficiëntie en voorkomendheid. Aan Maike Bohn, omdat ze met Michael Cullen uitging en me zodoende liet kennismaken met een reisschrijver die over een onuitputtelijke kennis van Griekenland beschikt. Aan Philip, Francis en Barbaro Noel-Baker, voor gelukkige maanden in Euboea. Aan Jonathan Tite voor het organiseren van een prachtige boottocht rond Salamis. Aan Nick en Sarah Longman, voor hun gastvrijheid in Athene. Aan mijn vader voor zijn gezelschap tijdens expedities in de omgeving van Thermopylae. Aan Michael Lowry en Deniz Gurtin voor hun gastvrijheid in Bodrum. Aan Elahe Tabari voor haar hulp in Persepolis. Aan Audrey en Becky Gordon voor alles wat ze gedaan hebben om de vijanden van goede kunst buiten de deur te houden. Aan Caroline en Jamie Muir, zonder wier vriendschap, steun en goede humeur ik dit boek nog steeds niet af zou hebben, en aan wie het is opgedragen. Aan mijn geliefde vrouw en kinderen, Sadie, Katy en Eliza, omdat ze mijn lange perioden van studieuze afzondering zo geduldig hebben doorstaan en omdat ze zo opgewekt een tocht hebben gemaakt langs de grauwe ruïnes van Griekenland, Iran en Turkije, en omdat ze me een aantal van de gelukkigste momenten van mijn leven hebben bezorgd. οὐ μὲν γὰρ τοῦ γε κρεῖσσον καὶ ἄρειον.

TIJDTAFEL

Alle jaartallen zijn vóór Christus.

ca. 1250	De Trojaanse oorlog.
ca. 1200	Vernietiging van de koninklijke paleizen in Mycene en Sparta.
ca. 1200-1000	Migratie van de Doriërs naar de Peloponnesos.
ca. 1000-800	Migratie van de Meden en Perzen naar West-Iran.
814	Stichting van Carthago.
750-700	De Assyrische koningen vestigen hun heerschappij over de Meden van het Zagrosgebergte.
ca. 750-650	Sparta verovert Messenië.
ca. 670	Assyrië verliest zijn greep op Medië.
632	Cylon slaagt er niet in tiran van Athene te worden.
612	De Meden en Babyloniërs maken Nineve met de grond gelijk.
608	De ineenstorting van het Assyrische rijk.
600	Alcmaeoniden verbannen uit Athene.
594	Solon wordt archont.
586	Nebukadnezar vernietigt Jeruzalem.
585	Astyages wordt koning van Medië. Na een onbesliste oorlog wordt een vredesverdrag gesloten met Lydië.
566	Instelling van de Grote Panathenaea.
560	De eerste tirannie van Pisistratus. Terugkeer van de Alcmaeoniden naar Athene.
559	Cyrus wordt koning van Perzië.
556	Nebonidus wordt koning van Babylon.
555	Tweede tirannie en verbanning van Pisistratus.
550	Cyrus verovert Medië.
546	Cyrus verovert Lydië. 'Slag van de Kampioenen' tussen Sparta en Argos. Slag van Pallene de derde tirannie van Pisistratus; de Alcmaeoniden gaan weer in ballingschap.

545-540 Cyrus valt Midden-Azië binnen.
539 Cyrus verovert Babylonië.
529 Dood van Cyrus. Cambyses wordt koning van Perzië.
527 Dood van Pisistratus. Hippias en Hipparchus worden tirannen van Athene.
525 Cambyses verovert Egypte.
522 Bardiya komt in opstand tegen Cambyses. Dood van Cambyses. Darius vermoordt met zes samenzweerders Bardiya. Darius wordt koning van Perzië en slaat een opstand in Babylon neer.
521 Darius onderdrukt wijd verbreide opstanden tegen het rijk.
520 Cleomenes wordt koning van Sparta.
519 Athene voert oorlog met Thebe ter verdediging van Plataea.
514 Moord op Hipparchus.
513 Darius valt Scythië binnen.
512-511 De Perzen veroveren Thracië.
510 Verbanning van Hippias uit Athene.
508 Isagoras wordt archont. Cleisthenes stelt democratische hervormingen voor.
507 Verbanning uit Athene van Cleisthenes. Cleomenes en Isagoras worden op de Akropolis belegerd. Cleisthenes keert uit ballingschap terug en voert zijn hervormingen door. Atheense gezanten bieden Artaphernes aarde en water aan.
506 Invasie van Cleomenes in Attica afgeslagen. Athene zegeviert over Thebe en Chalcis.
499 Mislukte aanval van de Perzen op Naxos. Aristagoras voert een Ionische opstand aan en reist naar Griekenland om steun te zoeken.
498 De Ioniërs steken Sardis in brand met hulp van Athene en Eretria.
497 Dood van Aristagoras.
494 De Ioniërs worden verslagen in de slag bij Lade. Argos wordt door Cleomenes verslagen in de slag bij Sepeia. Val van Milete.
493 Themistocles wordt archont. Miltiades ontsnapt van de Chersonesus naar Athene.

492	Proces tegen Miltiades, die wordt vrijgesproken. Mardonius verovert Macedonië.
491	De gezanten van Darius reizen door Griekenland om aarde en water te eisen; in Athene en Sparta worden ze vermoord.
490	Datis en Artaphernes leiden een expeditie naar de overzijde van de Egeïsche Zee. Eretria wordt verwoest. Slag bij Marathon.
487	Eerste schervengericht in Athene.
486	Opstand in Egypte. Dood van Darius. Xerxes wordt koning van Perzië.
485	Gelon wordt tiran van Syracuse.
484	Verbanning van Xanthippus door schervengericht. Opstand in Babylon.
483	Rijke zilverader gevonden in Laurium.
482	Aristeides wordt verbannen door schervengericht. Athene stemt in met de bouw van tweehonderd triremen.
481	Xerxes komt in Sardis aan. In Sparta wordt een bijeenkomst gehouden van Griekse steden die vastbesloten zijn zich tegen Perzië te verzetten. Gezanten worden naar Gelon gestuurd. Spionnen worden naar Sardis gestuurd.
480	Gezanten komen met lege handen terug van Gelon. Xerxes steekt de Hellespont over. De Atheners stemmen in met de evacuatie van hun stad. Slagen bij Thermopylae en Artemisium. Slag bij Himera. Athene wordt bezet en in brand gestoken. Slag bij Salamis. Xerxes trekt zich terug in Sardis. Mardonius blijft achter in Thessalië.
479	Athene wordt voor de tweede keer bezet. Slagen bij Plataea en Mycale. Opstand in Babylon. Xerxes verlaat Sardis.
472	Aeschylus brengt *De Perzen* op de planken.
470	Themistocles wordt verbannen door schervengericht.
469	Dood van Pausanias. Vlucht van Themistocles naar Susa.
466	Slag bij de Eurymedon.
460	Athene stuurt een expeditie naar Cyprus en Egypte.
459	Dood van Themistocles.
457	Aegina wordt gedwongen lid te worden van de Delische Bond.

454 Vernietiging van de Atheense expeditie naar Egypte. De bondskas van de Delische Bond wordt van Delos verplaatst naar de Akropolis.

449 Vrede tussen Athene en Perzië. De Peloponnesiërs weigeren in te gaan op een Atheens verzoek voor een pan-Helleense conferentie. De Atheners besluiten de verwoeste tempels op de Akropolis te herbouwen.

447 Werkzaamheden beginnen aan het Parthenon.

NOTEN

Tenzij anders vermeld verwijzen de namen van auteurs bij citaten naar de volgende werken: Aelianus, *Varia Historia*; Aeschylus, *Persae* (*De Perzen*); Aristides, *Aelius, Aristides Orationes*, ed. W. Dindorf, Leipzig 1829; Athenaeus, *Deipnosophistae*; Cicero, *De divinatione*; Ctesias, *Persica*; Diodorus Siculus, *Bibliotheca Historica*; Diogenes Laërtius, *De vitis philosophorum*; Herodotus, *Historia* (*Historiën / Het verslag van mijn onderzoek*); Pausanias, *Graeciae descriptio*; Polyaenus, *Strategemata*; Quintus Curtius, *De rebus Alexandri magni*; Strabo, *Geographica*; Thucydides, *Historiae*.

VOORWOORD

1 Uit Bin Ladens 'Oorlogsverklaring aan de Amerikanen die het land met de twee heilige plaatsen bezet houden', geciteerd in Burke, p. 163.
2 Gibbon, deel 3, p. 1095.
3 Herodotus, 1.4.
4 Id., 1.5. Letterlijk: 'de Perzen en de Feniciërs'.
5 Herodotus werd lange tijd uitgemaakt voor een fantast: hij was niet de vader van de geschiedenis, maar van de leugen. In de afgelopen decennia heeft zijn accuratesse een radicale herwaardering beleefd: steeds weer opnieuw hebben archeologische ontdekkingen de betrouwbaarheid van zijn beweringen aangetoond. Een kort maar uitstekend overzicht is te vinden in het artikel van Stephanie Dalley, 'Why did Herodotus not mention the Hanging Gardens of Babylon?', in: Derow en Parker (red.), *Herodotus and his World*. Voor de tegengestelde opvatting, nog steeds niet geheel en al verdwenen, dat Herodotus veel van zijn verhaal verzon, zie Fehling.
6 Herodotus, 1.1.
7 J.S. Mill, p. 283.
8 G.W.F. Hegel, *Philosophie der Geschichte*, p. 363.

9 Herodotus, 7.228.
10 M. de Montaigne, 'Over de kannibalen', in: *Essays van Michel Montaigne*, vertaling André Abeling en Jos Tielens.
11 Lord Byron, 'The Isles of Greece', 1.7.
12 W. Golding, 'The Hot Gates', in: *The Hot Gates*, p. 20. Het kwam door het lezen van dit essay op de ontvankelijke leeftijd van twaalf jaar dat ik voor het eerst een passie opvatte voor de geschiedenis van de Perzische oorlogen.
13 Geciteerd door David, p. 208.
14 Aeschylus, 104-105.
15 Curzon, deel 2, pp. 195-196.
16 'The historical record of the Imperial visit to India, 1911' (Londen 1914), pp. 176-177.
17 Green, p. xxiii.
18 Murdoch, p. 171.
19 Starr (1977), p. 258.
20 Ehrenberg, p. 389.
21 Om helemaal precies te zijn, want de schrijver, François Ollier, was een Fransman: *Le Mirage Spartiate*.
22 Plutarchus in zijn jeugdige en onkarakteristiek hypochondrische essay 'Over de boosaardigheid van Herodotus'.
23 Davidson (2003).

DE CHORASANWEG

1 De annalen van Assoernasirpal, kolom 1.53.
2 Geciteerd door Kuhrt (1995), p. 518.
3 Dat de Ariërs vanuit het oosten naar het Zagrosgebergte kwamen, wordt door vrijwel iedereen aangenomen, hoewel harde bewijzen daarvoor moeilijk te vinden zijn. Er is een minderheid die stelt dat de Meden en Perzen vanuit het noorden, over de Kaukasus, naar het Zagrosgebergte kwamen.
4 Uit de krijgsverslagen van Salmanasser III (843 v.Chr.); zie Herzfeld, p. 24.
5 De exacte geografische begrenzing van Medië tussen de negende en de zevende eeuw v.Chr. is onduidelijk. Volgens Levine (*Iran* 12, p. 118) was het hoogstwaarschijnlijk 'een smalle landstrook beperkt tot de Chorasanweg zelf'.

6 Nahum, 3.3.

7 Dit relaas over het Medische rijk steunt – onvermijdelijk – zwaar op de getuigenis van Herodotus, die de gebeurtenissen meer dan een eeuw later opschreef. In grote lijnen lijkt zijn weergave te worden bevestigd door contemporaine Babylonische geschriften, die zowel melding maken van Kyaxares (Umakistar) als van Astyages (Istuwigu), maar niets is volkomen duidelijk. De archeologie van belangrijke Medische plaatsen toont een scherpe terugval in de levensstandaard na de val van het Assyrische rijk – precies in de periode dat de Meden zogenaamd hun bloeitijd beleefden. Deze schijnbare discrepantie tussen de schriftelijke en de materiële overlevering is voor sommige onderzoekers (met name Sancisi-Weerdenburg in *Achaemenid History* [hierna *Ach Hist*] 3, pp. 197-212 en *Ach Hist* 8, pp. 39-55) aanleiding geweest te betwijfelen of er überhaupt wel een Medisch rijk heeft bestaan. Natuurlijk, kleinere rijken gebouwd op de ruïnes van grotere kunnen vaak in vergelijking armer lijken – de geschiedenis van Europa in de middeleeuwen is een voor de hand liggende analogie. Maar goed, zelfs als men aanneemt – zoals de meeste historici doen – dat Herodotus het in principe bij het rechte eind had, dan nog blijven de details van de Medische geschiedenis frustrerend vaag.

8 Beschrijvingen van de twee expedities zijn te vinden in respectievelijk Xenophon en Ctesias. Ofschoon geen van beide historici bekendstaat om zijn accuratesse, schijnt er weinig reden te zijn om in dit geval aan hun woorden te twijfelen. Weliswaar was Astyages volgens een zekere overlevering, doorgegeven door Aristoteles (*Politica*, 1311b40), een weke hedonist, maar dat wordt zonder meer tegengesproken door alle andere bronnen, om maar te zwijgen van de bewijzen voor de duur van zijn bewind: zwakke koningen hielden het in het Nabije Oosten zelden lang vol.

9 De precieze datum van de stichting van Ecbatana is niet bekend, maar er wordt geen melding van gemaakt in Assyrische bronnen. Dat verleent steun aan de bewering van Herodotus dat de stad werd gesticht als uitdrukking van de Medische koninklijke macht.

10 Zie Herodotus, 1.98.

11 Diogenes Laertius, 1.6.

12 De historici zijn het er tegenwoordig over eens dat ze dat niet waren.

13 De Perzische heerschappij over Anšan werd kort na 650 v.Chr. gevestigd. De laatste inheemse koning van Anšan moet in die periode hebben

geleefd, en de eerste Pers die aanspraak maakte op deze titel kwam een generatie later. Anšan zelf was gebouwd op de ruïnes van het nog oudere koninkrijk Elam.

14 De belangrijkste bron van informatie over de opvoeding van Cyrus is Herodotus, die beweerde het verhaal van Perzische informanten te hebben gehoord (1.95). Varianten zijn opgetekend door Nicolaus van Damascus – die zijn verslag aan Ctesias ontleende – en Justinus. Het lijkt waarschijnlijk dat de folkloristische elementen in het verhaal wel uit het Nabije Oosten stammen, want een vrijwel identieke opvoeding wordt toegeschreven aan Sargon van Akkad, een soort proto-Koning der Koningen uit het derde millennium v.Chr. (zie p. 67). Alleen de overlevering dat Cyrus de kleinzoon was van Astyages kan echt historisch betrouwbaar worden genoemd, want zowel Xenophon als Diodorus Siculus en Herodotus beweren het met grote stelligheid, en we weten van Babylonische bronnen dat Astyages inderdaad de gewoonte had zijn dochters uit te huwelijken aan de vorsten van naburige koninkrijken. Zie echter voor de onvermijdelijke alternatieve visie Sancisi-Weerdenburg, *Ach Hist* 8, pp. 52-53.

15 Uit de zogenaamde 'Droom van Nabonidus' (Beaulieu, p. 108). Uit een andere contemporaine bron, de *Nabonidus Kroniek*, weten we dat Astyages – en niet Cyrus, zoals Herodotus beweert – de oorlog begon.

16 Darius, inscriptie in Persepolis (DPd 2).

17 Herodotus, 1.129.

18 *Nabonidus Kroniek*, II.17. Deze passage slaat bijna zeker op Lydië, maar door schade aan de inscriptie is het niet met rotsvaste zekerheid te zeggen.

19 Diodorus Siculus, 9.35.

20 Darius, inscriptie in Persepolis (DPg).

21 Herodotus, 1.164.

22 Xenophanes, Fragment 22.

23 We weten vrijwel niets van de precieze omstandigheden van Cyrus' veldtochten. Ofschoon het geen twijfel lijdt dat grote gebieden ten noordoosten van Iran onder Perzische heerschappij werden gebracht, moeten de waarschijnlijke data vrijwel vanuit het niets beargumenteerd worden. We weten wel dat Cyrus in 539 v.Chr. in Babylon was, maar over de acht jaar daarvoor en de negen jaar daarna bestaan vrijwel geen gegevens. Dat gezegd zijnde – en ofschoon voor beide alternatieven door historici argumenten zijn aangevoerd – lijkt een vroegere

datum voor zijn veroveringen plausibeler dan een latere. Die is strategisch zeker logischer, en Cyrus was zonder meer een meesterlijk strateeg. Bovendien is de kennelijk succesvolle integratie van de oostelijke provincies in het Perzische rijk ten tijde van Cyrus' dood makkelijker te verklaren wanneer we uitgaan van een langere dan een kortere periode van pacificatie. Ten slotte is er de getuigenis van Herodotus, wiens kennis van het Oosten onvermijdelijk nevelig was, maar die categorisch stelt: 'Harpagus haalde de bezem door West-Azië, terwijl Cyrus zelf in het binnenland letterlijk ieder gebied inlijfde zonder er ook maar één over te slaan' (1.177). Berossus, een Babylonische geleerde die kort na het bewind van Alexander de Grote leefde, maar die toegang moet hebben gehad tot geschriften die de Grieken onbekend waren, onderschrijft deze bewering.

24 *Mihr Yasht*, 14-15.

25 Id., 13.

26 Door sommige historici voorlopig geïdentificeerd als de Wolga.

27 In het Perzisch 'Kuruskath'. De Jaxartes wordt tegenwoordig Syr Darya genoemd en stroomt door Kazachstan.

28 Cyrus Cilinder, 11.

29 Deze weergave van Cyrus' dood is ontleend aan Herodotus (1.204-214) en lijkt de meest logische van alle versies die zijn overgeleverd. Volgens Xenophon, bijvoorbeeld, sneuvelde Cyrus niet eens in de strijd, maar stierf hij in zijn bed, in Perzië – dat zijn de contradicties die de bronnen van de Perzische geschiedenis plagen. Dat Cyrus zeventig was toen hij stierf, is opgetekend door Cicero (*De divinatione*, 1.23) – wederom, met hoeveel nauwkeurigheid valt onmogelijk te zeggen. Zeventig jaar is misschien een te verdacht rond getal.

30 Xenophon, *Kyropaidia*, 1.4-1.5.

31 De praktijk van *chvaitvadatha*, ofwel endogamie, werd door Zarathustra goedgekeurd, het was in zijn ogen een positieve religieuze plicht, en het is mogelijk – misschien zelfs waarschijnlijk – dat de incestueuze huwelijken van Cambyses de invloed van de leer van de Profeet verraden. Zoals wel vaker met het zoroastrisme is dit echter pure speculatie. De filosoof Antisthenes, een geestverwant van Socrates, beweerde dat een Perzische man gewoonlijk 'gemeenschap genoot met zijn moeder, zijn zuster en zijn dochter' – wat misschien een verdraaide navertelling is van een reële traditie.

32 Sommige bronnen schijnen deze lezing tegen te spreken. Volgens Cte-

sias werd Bardiya twee keer door zijn broer aan het hof ontboden, maar kwam hij pas op het derde bevel en dan nog met tegenzin. Volgens Herodotus was hij korte tijd bij Cambyses in Egypte, maar werd hij daarna oneervol teruggestuurd naar Perzië. Geen van beide verhalen lijkt aannemelijk. Als we rekening houden met de latere gebeurtenissen, moeten we concluderen dat Bardiya de meeste, misschien wel de hele tijd dat Cambyses in Egypte was, zich in de oostelijke helft van het rijk ophield, en daar kan hij alleen de rol van plaatsvervanger van zijn broer hebben vervuld – elke andere rol zou politiek ontoelaatbaar zijn geweest. Kennelijk had Cambyses voldoende redenen om Bardiya te vertrouwen, en ten minste vier jaar lang werd zijn vertrouwen niet beschaamd.

33 Dit verhaal is te vinden in het zevende boek van de *Strategemata* van Polyaenus, geschreven in de tweede eeuw n.Chr. – wellicht een verdacht late datum.

34 De stad Anthylla. Zie Herodotus, 2.98.

35 Herodotus, 3.89.

36 Wat voor zijn oneervolle uitwijzing uit Egypte had gezorgd, was volgens Herodotus zijn vermogen om een boog te spannen die niemand anders aan het hof had kunnen spannen.

37 Herodotus, 3.20. De Egyptenaren en de Perzen kenden Ethiopië als Nubië. Volgens Herodotus was Cambyses' invasie van Ethiopië een fiasco, maar dat lijkt wederom een gevolg van zijn vertrouwen op Egyptische bronnen. Perzische bronnen maken duidelijk dat ten minste het noorden van Nubië bij het rijk werd ingelijfd.

38 Met name in Babylon.

39 Wanneer precies is niet duidelijk. Dat is behoorlijk frustrerend, want het is mogelijk dat Cambyses stierf *voordat* Bardiya zichzelf tot koning uitriep, in welk geval het ook mogelijk is dat er, strikt gesproken, nooit een poging tot usurpatie geweest is. Sommige latere bronnen zeggen dit in bedekte termen, maar die moeten waarschijnlijk niet serieus genomen worden. De overlevering die Cambyses aanwijst als het slachtoffer van een couppoging is erg sterk, en de chaos die in de Perzische wereld uitbrak na de dood van Cambyses valt moeilijk te begrijpen als we uitgaan van een ordelijke troonsopvolging van broer tot broer. Wat ook voor dit argument pleit is het feit dat het laatst bekende document uit het bewind van Cambyses op 18 april is gedateerd, terwijl het oudst bekende document dat melding maakt van 'koning Bardiya' op de veer-

tiende van dezelfde maand is gedateerd. Dat is misschien geen sluitend bewijs voor een coup, maar lijkt minstens een aanwijzing in die richting.

40 Nergens wordt expliciet beweerd dat Bardiya in Ecbatana was tijdens de zomermaanden, maar aangezien dit de favoriete zomerresidentie van de Perzische koningen was, en omdat we weten dat de koning in september zeker in Medië was, kunnen we dat veilig aannemen.

41 Darius, Behistun-inscriptie (DB 14).

42 Aeschylus, 1.774.

43 Een ander gegeven – zij het vaag – is als bewijsstuk tegen Darius gebruikt. In zijn eigen weergave van de gebeurtenissen in de zomer van 522 gebruikt hij de vreemde zinswending: 'Daarna was Cambyses dood door zijn eigen dood' (DB 11). Zoals Balcer opmerkt: 'Het zou heel goed kunnen dat Cambyses niet gewoon was gestorven, maar dat om een bepaalde reden zijn dood de opstellers van de Behistun-tekst aanleiding gaf te benadrukken dat hij 'een dood van zichzelf' was gestorven terwijl dat misschien niet waar was. Dus de opstellers kunnen ons een aanwijzing hebben nagelaten dat er iets bijzonders was gebeurd dat de dood van Cambyses veroorzaakte' (*Herodotus and Bisitun*, p. 98).

44 Voor de actieve aanwezigheid van buitenlandse kooplieden en bankiers in Iran, zie Zadok.

45 Strabo, 11.13.7.

46 Deze weergave van de moord op Bardiya is een samenvoeging van Darius' eigen verslag en de weergaven van verschillende Griekse auteurs. Herodotus schijnt, ook al situeert hij de moord op een verkeerde plaats, in dit geval over buitengewoon exacte informatie te hebben beschikt. Historici vermoeden allang dat de bron Zopyros de Jongere was, de achterkleinzoon van Megabyzos, een van de zeven samenzweerders. In de jaren 440 v.Chr. was Zopyros als banneling in Athene, waar hij Herodotus ontmoet kan hebben en hem een volledig verslag kan hebben gegeven van de coup. De details dat Bardiya in het gezelschap van een concubine was en zich verdedigde met een stoelpoot zijn van Ctesias afkomstig (14-15) – en zijn typisch sensationele toevoegingen. De bewering dat het Darius' broer was die Bardiya vermoordde komt van Aeschylus (776) en is veel overtuigender, omdat Artaphernes vervolgens een belangrijke rol ging spelen in de affaires van Athene, en zijn levensloop moet welbekend zijn geweest. Zeker lijkt het dat de aanname van de meeste historici dat 'Artaphernes' een foute spelling is van 'Inta-

phernes' – door Herodotus als een van de zeven samenzweerders genoemd – onjuist is, vooral omdat de tijdgenoot van Herodotus, de Ionische etnograaf Hellanicus van Lesbos, eveneens Artaphernes aanwees als de man die Bardiya had vermoord. Sikayauvatiš, de plaats van de aanslag, is nooit precies geïdentificeerd, maar het was ergens in de buurt van het tegenwoordige Harsin, even ten zuiden van de Chorasanweg.

47 DB 11.

48 DB 55.

49 Herodotus, 1.136.

50 *Mihr Yasht*, 2.

51 Herodotus, 3.84.

52 *Yasna*, 43.4.

53 *Ameša* wordt meestal vertaald als 'onsterfelijke', maar *Spenta* is een veel moeilijker te vertalen woord: het betekent 'sterk', 'heilig', 'machtig', 'weldadig' en 'overvloedig'. Zie Boyce (1975), 1.196-197.

54 *Yasna*, 30.2.

55 Voor de opinie van de Perzen moeten we ons verlaten op wat de Grieken hebben nagelaten: Zarathustra zou volgens Xanthus van Lydië (vijfde eeuw v.Chr.) zesduizend jaar vóór de tijd van Xerxes hebben geleefd, een getal dat vrijwel zeker is ingegeven door de zoroastrische noties van cyclische wereldtijdperken. De eerste Griek die hem tijdens het bewind van Astyages dateert is Aristoxenus, in de vierde eeuw v.Chr., die ook de Profeet als leraar van Pythagoras aanwijst. Beide overleveringen zijn waarschijnlijk apocrief, hoewel het feit dat ze naast elkaar konden bestaan wijst op de mate waarin Zarathustra een mysterieus en mythisch figuur was. De verwarring duurt voort tot in de tegenwoordige geschiedvorsing. De huidige consensus – op grond van datering van de oudste zoroastrische teksten – plaatst Zarathustra om en nabij 1000 v.Chr., maar de meningen blijven sterk uiteenlopen. Sommigen (met name Boyce) plaatsen hem in de jaren 1700-1500 v.Chr. en anderen (met name Gnoli) aan het eind van de zevende eeuw v.Chr. Maar zoals Gnoli (p. 5) zelf droevig erkent: discussiëren over de tijd waarin Zarathustra leefde is voor iranisten 'het favoriete tijdverdrijf'.

56 Hoewel de Medische stad Ragha, in de buurt van het huidige Teheran, zich op een dag zou profileren als de geboortestad van de Profeet.

57 De term 'vuurhouder' is van Boyce (*Zoroastrianism*, deel 2, p. 52), evenals de identificatie van de drie bouwwerken in Pasargadae als zodanig.

58 Clemen, pp. 30-31.
59 DB 63.
60 In het Oudperzisch: Bagastana.

BABYLON

1 'Enuma Elish', 6.5-6.
2 Jeremia 28:14.
3 Id., 5:16-17.
4 Geciteerd door Leick, p. 96.
5 Nabonidus, inscriptie, 15.
6 Cyrus Cilinder.
7 George, p. 41.
8 Herodotus, 1.191.
9 'Instructies van Suruppak', 204-206.
10 Darius, inscriptie in Naqs-i Rustam (DNa 2).
11 Cyrus Cilinder.
12 Haggai 2:6.
13 DB 25 (Babylon).
14 DB 1.
15 DB 4.
16 Byron, p. 43.
17 DB 70.
18 DB 72.
19 DB 73.
20 De oorsprong van deze titel is niet duidelijk. De koningen van Urartu, in wat nu Armenië is, voerden hem, maar hoe hij precies via hen – als dat al het geval is – bij de Perzische koningen is terechtgekomen, blijft een raadsel. De koningen van Assyrië maakten er soms aanspraak op, maar slechts zelden; de koningen van Babylon helemaal nooit.
21 Darius, inscriptie in Persepolis (DPf).
22 Herodotus, 3.89.
23 Darius, inscriptie in Susa (DSf 3e).
24 Id., 3h-i.
25 Id., 3f.
26 Darius, inscriptie in Persepolis (DPg 2).
27 Dat is een logische veronderstelling. 'De Perzische koningen,' zo wordt

ons verzekerd, 'lieten water uit de Nijl en de Donau halen, dat ze in hun schatkamers bewaarden als een soort getuigenis van de grootheid van hun macht en hun universele rijk' (Plutarchus, *Alexandros*, 36.4). De lijst met rivieren ondersteunt in elk geval de Griekse zienswijze, en het lijkt onwaarschijnlijk dat de Indus daarop niet voorkwam.

SPARTA

1 Herodotus, 1.153.
2 Id., 1.4.
3 Homerus, *Ilias*, 3.171.
4 Cicero, *De officiis*, 2.22.77. Hans van Wees heeft in zijn essay 'Tyrtaeus' *Eunomia*' de archaïsche oorsprong van dit anonieme gezegde afdoende aangetoond. Zie Hodkinson en Powell, pp. 1-41.
5 Herodotus, 1.65.
6 Phocylides, Fragment 4. Deze regels zijn bijna zeker na de val van Nineve geschreven en weerspiegelen waarschijnlijk de angst voor de groei van de Perzische macht in de jaren 540 v.Chr.
7 Wie de Doriërs precies waren, is een van de grote raadsels van een tijdperk dat zelfs door oudheidkundigen, die zeer bekend zijn met het ziften van minieme fragmenten informatie, de Duistere Eeuwen wordt genoemd. Net als de precieze details van de migraties van de Meden en de Perzen zijn die van de Dorische invasie niet meer te achterhalen. Onvermijdelijk is er een minderheid van historici die betwijfelt of het ooit iets meer was dan een mythe.
8 Plato, *Hippias Maior*, 285d.
9 Tyrtaeus, 5.2-5.3.
10 Id., 5.4.
11 Id., 5.10.
12 Plutarchus, *Lycurgus*, 2.
13 Herodotus, 1.65.
14 Plutarchus, *Lycurgus*, 29.
15 Thucydides, 1.6.
16 Tyrtaeus, 7.31-7.32.
17 Plutarchus, *Lycurgus*, 29.
18 Voor de beste bespreking, zie Hodkinson, p. 76.
19 Bijvoorbeeld Ephorus, geciteerd door Strabo (8.5.4). Een alternatieve –

en etymologisch overtuigender – theorie stelt het woord 'heloot' gelijk aan een woord voor 'gevangene'.

20 Tyrtaeus, 6.1.

21 Herodotus, 1.66.

22 Xenophon, *Agesilaos*, 2.7.

23 De oudste verwijzing naar de scharlakenrode mantels van de Spartanen – in de komedie *Lysistrata* van Aristophanes – dateert pas uit 411 v.Chr., en het is onmogelijk precies te weten wanneer ze die voor het eerst gingen dragen. Het lijkt echter het waarschijnlijkst dat ze werden ingevoerd in het kader van een steeds toenemende standaardisatie van het Spartaanse leger die kenmerkend was voor het midden van de zesde eeuw v.Chr. Een bijkomende complicatie is de dubbelzinnigheid van de Griekse woorden die worden gebruikt om de mantel te beschrijven: het kan zijn dat zowel de Spartaanse tunieken als hun mantels rood waren.

24 Lysias, 'Verdediging van Mantitheus', 16.17.

25 Thucydides, 1.10.

26 Homerus, *Ilias*, 21.470. Haar heiligdom aan de oever van de Eurotas was oorspronkelijk gewijd aan een obscure godin, Ortheia genaamd. De Spartanen vereerden Artemis daar als Artemis Ortheia, waarschijnlijk vanaf de zesde eeuw v.Chr., hoewel de bewijzen voor het gebruik van haar naam pas uit de Romeinse tijd stammen.

27 De maskers dateren uit de zevende en vooral uit de zesde eeuw v.Chr.

28 Pindarus, geciteerd door Plutarchus, *Lycurgus*, 21.

29 Volgens Plato was het alleen aan de ouderen toegestaan staatszaken te bekritiseren. Zie *Nomoi* (*De Wetten*), 634d-e.

30 Pindarus, geciteerd door Plutarchus, *Lycurgus*, 21.

31 Xenophon, *Lakedaimonion Politeia* (*De staat der Spartanen*), 10.3.

32 Plutarchus, *Lycurgus*, 16.

33 Ibykos, Fragment 58.

34 Plutarchus, *Lycurgus*, 14.

35 Herodotus, 6.61.

36 De koning was Charilaus, maar aangezien die in de achtste eeuw schijnt te hebben geleefd, vóór de Lycurgische revolutie, is de uitspraak zeker apocrief. Hij is opgetekend door Plutarchus en is gerubriceerd onder zijn *Gezegden der Spartanen*.

37 Plutarchus, *Lycurgus*, 16.

38 Gezegd dient te worden dat beide details afkomstig zijn uit latere bronnen, respectievelijk van Aelianus en Aethenaeus (allebei tweede eeuw n.Chr.).

39 De exacte oorsprong van dit gebruik is onbekend – sommige historici dateren het helemaal in de vijfde eeuw v.Chr.

40 Xenophon, *Lakedaimonion Politeia (De staat der Spartanen)*, 2.9.

41 De bronnen zijn op dit punt niet eenduidig. Gezegd wordt dat de Spartanen in het geheim trouwden, maar hoe een bruid haar nieuwe status als vers geplukte vrucht geheim kon houden is onduidelijk. In Sparta waren het alleen de getrouwde vrouwen die in het openbaar een sluier droegen.

42 Critias, 88B37 D-K.

43 Herodotus, 7.104.

44 Tyrtaeus, Fragment 2.

45 *Homerische hymnen*, 3.214-15.

46 Wanneer dit precies gebeurde is onduidelijk. Het verhaal dat de Pythia aanvankelijk een jong meisje was werd vaak verteld, maar alle klassieke auteurs gingen ervan uit dat ze oud was. Aangezien onze kennis van het archaïsche Griekenland zo fragmentarisch is, is het heel goed mogelijk dat ze dat altijd is geweest.

47 *Homerische hymnen*, 3.538.

48 De zogenaamde 'Heilige Oorlog' wordt gewoonlijk gedateerd tussen 595-591 v.Chr. De bronnen zijn dermate mysterieus dat sommige historici denken dat de hele episode misschien een legende is.

49 Pausanias, 10.5.

50 Id., 10.4.

51 Heraclitus, geciteerd door Plutarchus, 'Waarom de Pythia niet langer in versvorm profeteert', 404E.

52 Homerus, *Odyssee*, 17.323-324.

53 Plutarchus, *Agis*, 11.

54 Thucydides, 1.70.

55 Het jaartal is bij benadering gegeven. Cleomenes was zeker op zijn laatst in 519 v.Chr. koning.

56 Herodotus, 5.42.

ATHENE

1 Uit de beroemde grafrede van Pericles (Thucydides, 2.36). De sentimenten hier verwoord zijn ontleend aan de gouden eeuw van het Atheense zelfvertrouwen, halverwege de vijfde eeuw v.Chr., maar het

geloof van de Atheners dat ze uit de aarde geboren waren schijnt echt archaïsch te zijn en kan, zij het vaag, op zijn minst tot in de tijd van Homerus worden getraceerd.

2 Van de Acharnes-stèle, een kopie van de eed die gezworen moest worden door de efeben, jonge Atheners die verplicht waren twee jaar militaire training te volgen. Het formele karakter van de eedaflegging was een bedenksel van de vierde eeuw v.Chr., maar de tekst is traditioneel en dateert minstens uit de tijd van de Perzische oorlogen.

3 Hoe de oudste held van de Atheners precies heette is een bron van verwarring die typisch is voor de archaïsche Griekse geschiedenis. De Atheners noemden hem aan het eind van de vijfde eeuw Erichthonius en beschouwden Erechtheus als zijn kleinzoon. Het feit dat die twee namen zo op elkaar lijken en dat de naam 'Erechtheus' veel ouder is, wijst er sterk op dat grootvader en kleinzoon oorspronkelijk een en dezelfde waren. Een extra laag van verwarring ontstaat doordat Cecrops, een andere Atheense koning van wie soms werd gezegd dat hij de zoon van Erechtheus was, ook uit de aarde was geboren en een slangenstaart had. Erechtheus zelf bleef lang als een god vereerd op de Akropolis. Zijn legende is een extra bewijs dat het geloof van de Atheners dat ze uit de aarde waren geboren oud was. Zoals Shapiro (p. 102) zei: 'In het algemeen zijn de mythen over de legendarische koningen van Attica echt oud.'

4 Homerus, *Ilias*, 2.549-551.

5 Herodotus, 7.161.

6 De vraag of Attica formeel verenigd werd, zodat de burgers van gemeenschappen buiten Athene werden geïdentificeerd als 'Atheners', is nooit afdoende beantwoord. De orthodoxe zienswijze is dat het proces op zijn laatst aan het eind van de zevende eeuw v.Chr. was voltooid, hoewel Greg Anderson, in een briljant zij het omstreden boek, heeft betoogd dat het pas rond 500 v.Chr. voltooid was, in het kader van de hervormingen die ook mede de democratie vestigden.

7 De aanwijzingen voor het retrospectieve karakter van deze Atheense uitzonderingspositie in de zevende eeuw v.Chr. komen voornamelijk van de archeologie. Zie vooral Morris (1987).

8 Sappho, 58.25.

9 Id., 1-13.

10 Alcaeus, 360. Een dichter van Lesbos, in de Egeïsche Zee, die Aristodemus van Sparta citeert.

11 De datum die door de meesten wordt aangenomen. Zie R. Wallace. Sommige historici hebben gespeculeerd dat de hervormingen van Solon na zijn archontschap werden doorgevoerd.
12 Solon, 3.
13 Id., 36. Het is waarschijnlijk dat het uitgraven van de grensstenen niet zozeer een rechtstreekse kwijtschelding van de schuld inhield als wel een hervorming van het systeem van deelpacht, waarbij de pachters een zesde van hun oogst aan de landheren betaalden.
14 Id., 5.
15 Id., 4.
16 Aristoteles, *Politica*, 1274a16-17.
17 Homerus, *Ilias*, 6.208.
18 Pindarus, 'Vijfde Isthmische ode'. Het gedicht werd in 478 v.Chr. geschreven, toen aristocraten nog beschreven konden worden in termen die de goden op de Olympus evoceerden, maar alleen met streng voorbehoud. Het gedicht van Pindarus beschrijft de roem die een winnaar van de spelen in Korinthe ten deel valt, maar geeft hem vervolgens een dringende waarschuwing: 'Probeer geen Zeus te worden.'
19 Plutarchus, 'Tafelgesprekken' (*Moralia VIII*), 2.5.2.
20 Ofschoon volgens de ongestaafde bewering van Thucydides (1.126) Cylon en zijn broer erin slaagden te ontsnappen.
21 Zie Rhodes (1981), p. 85, voor de datering.
22 Dat wil althans de overlevering. De chronologie klopt niet helemaal.
23 Herodotus, 6.125.
24 Degene die de Grote Panathenaea met zijn statige processie naar de top van de Akropolis voor het eerst organiseerde zal zeker ook verantwoordelijk zijn geweest voor de bouw van de oprit. Er zijn andere namen genoemd (zie Shapiro, pp. 20-21), maar Lycurgus, die verantwoordelijk was voor het cultusbeeld van Athena en wiens politieke dominantie in de jaren 560 v.Chr. ondubbelzinnig is gedocumenteerd, is verreweg de meest waarschijnlijke kandidaat.
25 Deze beschrijving van het standbeeld van Athena is ontleend aan Pausanias (1.26.7), die schijnt te impliceren dat het heiligenbeeld van een meteoriet was gemaakt. Het verwarrende is echter dat in een toespraak van Demosthenes ('Tegen Androtion', 13) wordt gezegd dat het van olijfhout was. De waarheid is niet meer te achterhalen.
26 Wat ter discussie staat is de vraag of de zogenaamde 'Blauwbaardtempel' – genoemd naar een figuur die in het puin van het timpaan werd

gevonden – in de plaats van de zevende-eeuwse tempel van Athena Polias is gebouwd, of als concurrent daarvan. In het eerste geval waren de Boutaden waarschijnlijk verantwoordelijk voor de bouw ervan, en in het tweede de Alcmaeoniden. De consensus onder historici, die oorspronkelijk de eerste hypothese aanhingen, is nu verschoven naar de tweede. Zie Dinsmoor voor de archeologische vondsten en Greg Anderson (pp. 70-71) voor de rol van de Alcmaeoniden.

27 Dat is tenminste, op grond van het *cui bono*-principe, de meest waarschijnlijke verklaring voor de warrige beschrijvingen van de episode die zijn overgeleverd.

28 Vrijwel zeker. Het grafschrift is afkomstig van de 'Anavyssos Kouros', een standbeeld opgericht ter ere van een jongeman die Kroisos heette en van wie gewoonlijk wordt aangenomen dat hij een in Pallene gesneuvelde Alcmaeonide was.

29 Aristoteles, *Athenaion Politeia* (*De staat der Atheners*), 15.5.

30 Solon, 36.

31 Aristoteles, *Athenaion Politeia* (*De staat der Atheners*), 16.2.

32 Id., 16.5.

33 Id., 16.7.

34 De exacte datum is onbekend. Later mochten de Alcmaeoniden graag pretenderen dat ze nooit tot overeenstemming kwamen met de tirannen, maar altijd onvermurwbaar en principieel in ballingschap waren gebleven. Pas de ontdekking in 1938 van een lijst met archonten uit het einde van de vijfde eeuw v.Chr. bracht de waarheid aan het licht.

35 Plutarchus, *Solon*, 29. Naar verluidt was de opmerking gericht tegen Thepsis, die door de antieken voor de uitvinder van de tragedie werd gehouden. Aangezien Solon rond 560 v.Chr. stierf en Thepsis de eerste tragedie in 535 schijnt te hebben geschreven, is het duidelijk dat de overlevering op dit punt hoogst onbetrouwbaar is.

36 Herodotus, 5.93.

37 Thucydides, 6.54.

38 Id., 6.57.

39 Aristoteles, *Athenaion Politeia* (*De staat der Atheners*), 19.3.

40 Herodotus, 5.63.

41 Id.

42 Aristoteles, *Athenaion Politeia* (*De staat der Atheners*), 20.1.

43 Nergens wordt expliciet vermeld dat Cleisthenes zijn voorstellen aan de volksvergadering deed, maar dat wordt vrijwel unaniem aangenomen.

44 Of Cleisthenes ooit het woord *demokratia* heeft gebruikt, daar wordt druk over gediscussieerd. De consensus is dat hij het nooit gebruikte en dat het op zijn vroegst pas in de jaren 470 v.Chr., ruim dertig jaar later, in omloop kwam. In zekere zin is het echter een vruchteloze discussie, omdat latere generaties Atheners in elk geval de regeringsvorm die door Cleisthenes was ingesteld als een democratie beschouwden, en dat heeft ook vrijwel elke moderne historicus gedaan. In dit boek noem ik het Athene onder Cleisthenes en daarna een democratie. Voor de redenering van een classicus die net als ik vindt dat dit geen anachronisme is, zie Hansen (1986).
45 Herodotus, 5.66.
46 Aristophanes, *Lysistrata*, 279.
47 Dat is in elk geval de implicatie van een uitspraak in Herodotus (5.78), waarin hij de plotselinge grootheid van het democratisch Athene koppelt aan de voordelen van *isegoria* – letterlijk gelijkheid op de *agora*, de verzamelplaats van een Griekse stad, maar met een specifieke bijbetekenis, namelijk het recht van elke burger om het volk toe te spreken. Sommige geleerden betogen dat *isegoria* door latere hervormers in Athene was geïntroduceerd.
48 Plato, *Protagoras*, 9.82.
49 Herodotus, 5.74.
50 In het Grieks: *Eteoboutadai*.
51 Herodotus, 5.78.
52 Id., 5.77.
53 Voor de beste geschiedenis van de vroege *agora*, zie Robertson.
54 Herodotus, 5.73.

DE PERZISCHE KONING AAN ZIJN BAARD TREKKEN

1 Xenophon, *Kyropaidia*, 8.2.11-12.
2 Darius, inscriptie in Naqs-i Rustam (DNb 8a).
3 Dat is in elk geval waar de archeologische gegevens op wijzen. Zie Dusinberre, p. 142.
4 Jesaja 45:1. 'Christus' – *christos* – is de Griekse vertaling.
5 Id., 45:2-3.
6 Xenophanes, 3d.
7 Heraclitus. Uit Diogenes Laertius, 9.6.

8 Diogenes Laertius, 1.21. De uitspraak werd ook toegeschreven aan Socrates.
9 Hipponax, 92.
10 De datering is niet absoluut zeker.
11 Herodotus, 4.137.
12 Id., 5.28.
13 Voor deze interpretatie van Herodotus, 5.36, zie Wallinga (1984).
14 *A low, dishonest decade*. Regel uit het beroemde gedicht *September 1, 1939* van W.H. Auden. [noot van de vertaler]
15 Herodotus, 5.49.
16 Id., 5.51.
17 Id., 5.97.
18 Id.
19 Aelianus, 2.12.
20 Plutarchus, *Themistocles*, 22. Plutarchus geeft verder geen beschrijving van Themistocles, maar zijn bewering dat levensgetrouwe borstbeelden van de grote man in de tijd van het Romeinse rijk nog te zien waren maakt het feit dat exact zo'n buste in de Romeinse haven Ostia bewaard is gebleven des te intrigerender. Het borstbeeld wordt gewoonlijk gedateerd in de tweede eeuw n.Chr., en de meeste historici – maar zeker niet alle – denken dat het vervaardigd is naar een origineel dat tussen 480 en 450 v.Chr. werd gemaakt en dat dus bijna zeker levensecht was.
21 Thucydides, 1.138.
22 Herodotus 6.11.
23 Wanneer precies is niet duidelijk.
24 Herodotus, 6.76.
25 Id., 6.21.
26 Id., 6.104.
27 Id., 5.105.
28 Strabo, 15.3.18.
29 Herodotus, 5.35.
30 Id., 6.1.
31 Id., 6.42.
32 *Yasna*, 30.6.
33 Id., 32.3.
34 Herodotus, 7.133.
35 Id., 6.61.
36 Id., 6.95. Er werden zeshonderd triremen voor de expeditie ingezet,

maar Herodotus vertelt ons niet hoeveel troepen gezonden werden. Vierenzestighonderd Perzen sneuvelden bij Marathon, de meesten in het centrum. Aangezien het centrum van een leger meestal een derde van het totaal was en aangezien niet alle troepen van de expeditiemacht aan de veldslag deelnamen, lijkt 25 000 een redelijke schatting.

37 Id., 6.94.

38 Id., 6.97.

39 De chronologie moet worden afgeleid uit verspreide aanwijzingen. De sleutelvraag is of de slag bij Marathon in augustus of in september gestreden werd – nergens wordt dat expliciet vermeld. Hoogstwaarschijnlijk was het augustus: als de slag in september plaatsvond, zoals sommige historici beweren, dan zou Datis er onwaarschijnlijk lang over gedaan hebben om de Egeïsche Zee over te steken.

40 Pausanias, 7.10.1.

41 Regel uit het gedicht *The Isles of Greece* van Lord Byron. De volledige strofe luidt: *The mountains look on Marathon – / And Marathon looks on the sea; / And musing there an hour alone, / I dream'd that Greece might still be free; / For standing on the Persians' grave, / I could not deem myself a slave.* [noot van de vertaler]

42 Plutarchus, *Apofthegmata Lakonika* (*Spartaanse gezegden*). Het aforisme wordt aan Demaratus toegeschreven.

43 Aristoteles, *Rhetorica*, 3.10.

44 Herodotus, 6.106.

45 De overlevering dat Philippides van Sparta terug naar Athene rende werd opgetekend door de tweede-eeuwse essayist Lucianus, in zijn artikel 'Over fouten bij het groeten' (3). Rationalist die hij over het algemeen was, betoonde Lucianus zich meedogenloos tegenover de vergezochte claims met betrekking tot Marathon. Zo dreef hij in een ander essay de spot met het idee dat Pan aan de slag zou hebben deelgenomen. Dat wijst er in elk geval op dat de terugkeer van Philippides naar Athene door de antieken voor waar werd aangenomen, en het valt moeilijk in te zien waarom Lazenby (1993, p. 52) het betwijfelt. Het nieuws over de Spartanen was van dringend belang voor de Atheners (zoals natuurlijk ook voor de Perzen), en Philippides zal nauwelijks in de stemming geweest zijn om in Sparta te blijven hangen en te genieten van de Carneia. Natuurlijk lijdt het geen twijfel dat terug rennen naar Athene gruwelijk moet zijn geweest voor de toch al uitgeputte hardloper, en het feit dat hij zich misschien heeft gedreven tot het

punt dat hij ging hallucineren wijst er zeker op dat hij zijn visioen van Pan op de terugweg, en niet op de heenweg kreeg.

46 Een zo gevierde frase dat ze uiteindelijk een Grieks spreekwoord werd. Als zodanig werd ze vermeld in een Byzantijnse encyclopedie, de zogenaamde *Suda*, tezamen met een uitleg over de oorsprong ervan in de slag bij Marathon. Hoewel de *Suda* in de tiende eeuw werd gecompileerd, bijna 1500 jaar na Marathon, heeft het feit dat het om een duidelijk traditioneel en alom bekend gezegde ging historici ervan overtuigd dat het accuraat is (maar zeker niet alle historici: zie bijvoorbeeld Shrimpton). Een ander houvast – ofschoon een argument op grond van een omissie – is dat Herodotus geen enkele melding maakt van cavalerie in zijn weergave van de beroemde veldslag. Hoewel Datis wel een paar ruiters moet hebben achtergelaten, is het duidelijk dat er niet genoeg waren om de uitkomst te beïnvloeden.

47 Een alternatieve theorie, dat de cavalerie weg was om te foerageren of om de paarden te drenken, is weinig steekhoudend. Waarom zou de héle cavalerie midden in de nacht om die reden zijn weggestuurd?

48 Herodotus, 6.112.

49 Dat Themistocles een van de tien generaals was wordt nergens met zoveel woorden gezegd, maar wordt wel krachtig gesuggereerd door een passage in Plutarchus' biografie van Aristeides (5), waarin van de twee mannen wordt gezegd dat ze als gelijken bij Marathon vochten – en van Aristeides weten we zeker dat hij generaal was van zijn stam. Aangezien Themistocles kort tevoren tot archont was benoemd en een krachtig voorstander was van een anti-Perzische politiek, valt moeilijk in te zien aan wie zijn stam de voorkeur zou hebben gegeven boven hem.

50 Aristides, 3.566.

51 Plutarchus, *Aristeides*, 18. Het citaat is een beschrijving van de Spartaanse falanx in de latere slag bij Plataea.

52 Pausanias, 1.32.6.

53 Herodotus zegt dat hiervoor een schild werd gebruikt, maar de schilden van de Grieken waren convex en er is een vlak oppervlak voor nodig om de zonnestralen te vangen, dus dat lijkt niet waarschijnlijk. Dat het teken gegeven werd vanaf de Pentelikon wordt verondersteld op grond van de topografie.

54 Herodotus, 6.116.

55 Id., 6.109.

56 Id., 8.105.

57 Pausanias, 1.29.4.

DE NADERENDE STORM

1 Uit Plato's epigram 'Over de Eretrische bannelingen in Perzië'.
2 De exacte datum van Demaratus' vlucht uit Sparta is onzeker. Hoogstwaarschijnlijk was het ergens tussen september 490 v.Chr. en september van het jaar daarop, maar het kan ook later geweest zijn.
3 Herodotus, 1.136.
4 Plato, *Alkibiades*, 121d. Herodotus (1.136) en Strabo (15.3.18) beweren dat de volledige dagopleiding van Perzische jongens op vijfjarige leeftijd begon. Plato zegt, onmiddellijk na de geciteerde passage, op zevenjarige leeftijd.
5 Ctesias, 54.
6 Hoewel Herodotus (7.2-5) beweert dat Xerxes pas tot troonopvolger werd uitgeroepen toen Darius zich opmaakte om naar Egypte te vertrekken, is er een fries die dateert uit een veel eerdere periode van zijn bewind (minstens 490 v.Chr.), waar Darius op staat met Xerxes als kroonprins achter hem.
7 Cicero, 1.41.90.
8 Strabo, 15.3.21.
9 Herodotus, 7.187.
10 Xerxes, inscriptie in Persepolis (XPf).
11 Plutarchus, *Artaxerxes*, 3.
12 Xerxes, inscriptie in Persepolis (XPh).
13 Id., (XPf).
14 Herodotus, 7.6.
15 Herodotus, zoals altijd onze voornaamste bron, geeft een gedetailleerd verslag van het debat, compleet met toespraken van Xerxes, Mardonius en Artabanus, de oom van Xerxes en een prominente duif – hij zegt ze allemaal direct te hebben ontleend aan Perzische bronnen (7.12). Zelfs al zijn de toespraken, anders dan Herodotus suggereert, geen woordelijke weergaven, dan nog lijkt de onenigheid die ze weerspiegelen authentiek. Vooral de karakterisering van Mardonius is in het licht van de latere gebeurtenissen heel suggestief.
16 Dat is in elk geval de implicatie van de commentaren die Herodotus Mardonius na de slag bij Salamis in de mond legt (7.100).
17 Om precies te zijn: het zuidelijke uiteinde van de zogenaamde Apadanatrap, waarvan het beeldhouwwerk is gedateerd in het begin van Xerxes' bewind.

18 Xenophon, *Oikonomikos*, 4.8.
19 Aelianus, 1.33.
20 Strabo, 25.3.18.
21 Herodotus, 7.5.
22 *Paradaida* is een reconstructie op basis van het Griekse leenwoord. Een exact synoniem, het Elamitische woord *partetas*, is gevonden op de tafels van Persepolis. Zie Briant (2002), pp. 442-443.
23 Xenophon, *Oikonomikos*, 4.21.
24 Athenaeus, 9.51. De bewering is oorspronkelijk van Charon van Lampsacus, een tijdgenoot van Herodotus.
25 Een anonieme vijfde-eeuwse filosoof – misschien Democritus. Geciteerd door Cartledge (1997), p. 12.
26 Plutarchus, *Themistocles*, 2.
27 Aristoteles, *Politica*, 1302b15.
28 Aristoteles, (*De staat der Atheners*, 22.1 en 4) stelt specifiek dat Cleisthenes verantwoordelijk was voor de wet op het schervengericht. Historici hebben soms betwijfeld of het wel waar is dat de wet twintig jaar lang niet werd toegepast, maar de sceptici in dezen gaan voorbij aan de bijzondere omstandigheden van het proces tegen Miltiades en de nasleep daarvan.
29 De titel werd pas in 478 v.Chr. geformaliseerd, een jaar na het einde van de Perzische oorlogen, maar hij hing kennelijk allang in de lucht (cf. Plutarchus, *Aristeides*, 7).
30 Plutarchus, *Aristeides*, 2.
31 Pausanias, 1.26.5.
32 De oudste verwijzing naar de strijd tussen Athena en Poseidon is van Herodotus (8.55), en dat is voor sommige historici (met name Shapiro) aanleiding geweest om te opperen dat het een vijfde-eeuws verzinsel was. Er kan niets met zekerheid over gezegd worden, maar de verwarring en de inconsistenties in de verschillende versies van de mythe duiden op een veel oudere oorsprong.
33 Homerus, *Odyssee*, 3.278.
34 Aeschylus, *De Perzen*, 238.
35 Plutarchus, *Themistocles*, 4.
36 Plutarchus, *Aristeides*, 7.
37 Plutarchus, *Cimon*, 12.
38 Xenophon, *Oikonomikos*, 8.8.
39 Thucydides, 142.

40 Plato, *Nomoi* (*De Wetten*), 4.706.

41 Herodotus, 7.239.

42 Voor deze uitleg over de elkaar tegensprekende verhalen over Demaratus' afkomst in Herodotus, zie Burkert (1965).

43 Pausanias, 3.12.6. Algemeen wordt aangenomen dat de bijeenkomst plaatsvond in Korinthe, waar ook alle volgende vergaderingen werden gehouden, maar aangezien de vroegste bron hiervoor een historicus is uit de eerste eeuw v.Chr., Diodorus Siculus (9.3), die op zijn beurt Herodotus als ultieme bron van informatie gebruikte, zie ik geen reden om de getuigenis van Pausanias te verwerpen, zoals de meeste historici doen – ja, die is zelfs, om de redenen die ik geef, heel logisch.

44 Plutarchus, *Themistocles*, 6.

45 Herodotus, 7.132.

46 Ezechiël 27:4.

47 Plato, *Politeia* (*De Staat*), 4.436a.

48 *Odyssee*, 15.416-417.

49 Herodotus, 1.1.

50 Id., 3.19.

51 Het getal is van Herodotus (7.89) en het wordt nagezegd – zij het niet geheel ondubbelzinnig – in het toneelstuk *De Perzen* van Aeschylus (341-343). De ouderdom en de consistentie van de overlevering wijzen erop dat de Grieken zelf geloofden dat het getal accuraat was, maar dat is op zichzelf natuurlijk geen bewijs. Het enige wat de historicus met enige zekerheid kan zeggen is dat de Perzische vloot reusachtig groot was, en dat die waarschijnlijk – in elk geval aan het begin van de expeditie – een overmacht op de Grieken had van vier tegen één. Voor de beste bespreking zie Lazenby (1993), pp. 92-94.

52 Quintus Curtius, 3.3.8. De beschrijving slaat op de banier van Darius III, de laatste koning van Perzië, die door Alexander de Grote werd onttroond. Zonneverering was echter een constante in de hele Perzische geschiedenis, en het lijkt redelijk te veronderstellen dat de Grote Koningen die als een embleem van hun macht hebben bewaard. Xenophon (*Anabasis*, 1.10) zegt dat de imperiale krijgsstandaards een adelaar droegen. Zie ook Nylander.

53 Herodotus, 7.83.

54 Zie bijvoorbeeld Cook (1983, pp. 113-115), die uitkomt op een getal van 300 000 voor de landstrijdkrachten van Xerxes, Hammond (*Cambridge Ancient History*, 1988, p. 534) die het houdt op 242 000, Green (pp. 58-59)

die kiest voor 210 000, en Lazenby (1993, pp. 90-92) die aarzelt tussen 210 000 en 360 000, om ten slotte te zakken naar 90 000. Kortom, deze reeks uiteenlopende meningen maakt treffend duidelijk dat we het wel nooit zullen weten. De beste bespreking, ofschoon niet noodzakelijk de meest overtuigende conclusie, is te vinden in Lazenby.

55 Xerxes, inscriptie in Persepolis (XPh).

56 Herodotus, 7.40.

57 Xenophon, *Kyropaidia*, 8.2.8.

58 Xerxes, inscriptie in Persepolis (XPl).

59 Herodotus, 7.38.

60 Id., 7.39.

61 Id., 7.40.

62 Id., 7.44-45.

63 Id., 7.56.

64 Id., 9.37.

65 Id., 7.149.

66 Id., 7.148.

67 Id., 7.220. Het is natuurlijk denkbaar dat de priesters in Delfi en de Spartanen na de oorlog de koppen bij elkaar hebben gestoken en deze valse profetie hebben gefabriceerd, maar het is hoogstonwaarschijnlijk. Herodotus schreef toen de zaken nog vers in het geheugen lagen en je zou verwachten dat de Spartanen, als ze de profetie hadden gefabriceerd, hun eigen rol in de oorlog veel rooskleuriger zouden hebben voorgesteld. Zoals Burn schrijft, niet alleen over deze, maar over alle profetieën die Herodotus vermeldt: 'Dat de antwoorden van het orakel, en de daarmee verbonden verhalen, tijdens het doorvertellen "verbeterd" zijn, kan zeker niet worden uitgesloten, maar het lijkt overdreven te twijfelen aan het feit dat ze werden gegeven toen erom gevraagd werd' (pp. 347-348).

68 Herodotus, 7.162.

69 Het tijdstip eind mei impliceert dat Xerxes half april uit Sardis vertrok: het zou hem een maand hebben gekost de Hellespont te bereiken.

70 Herodotus, aan wie we twee antwoorden van het orakel aan de Atheners te danken hebben, geeft geen indicatie wanneer die noodlottige consultatie heeft plaatsgevonden. Aangezien hij wel zegt dat de Spartanen hun voorspelling het jaar daarvoor ontvingen (7.220), hebben sommige historici de Atheense profetieën in dezelfde periode gedateerd. Maar dat lijkt onwaarschijnlijk. Het is waar dat de Atheners bijna

zeker in 481 v.Chr. Delfi hebben bezocht, maar de herinnering aan eerdere consultaties zou zijn uitgewist door de latere en oneindig sensationelere orakels. Hun boodschap was zo explosief en hun invloed zo ingrijpend dat het heel logisch is een onmiddellijk oorzakelijk verband te zien tussen die orakels en de Atheense politiek in de zomer van 480 v.Chr. In welk geval het heel waarschijnlijk is dat de Atheense gezanten vroeg in de zomer van 480 v.Chr. naar Delfi werden gestuurd als gevolg van het nieuws dat Xerxes de Hellespont was overgestoken – en van Herodotus (7.147) weten we dat dit nieuws Athene bereikte kort na de terugkeer van de expeditie naar Tempe.

71 Herodotus, 7.140.
72 Id., 7.141.
73 Uit de regels 4 en 5 van het zogenaamde 'Troezen-evacuatiedecreet', een stenen stèle die in 1959 gevonden werd en die een kopie uit de derde eeuw v.Chr. lijkt van de motie die werd ingediend door Themistocles. Over de authenticiteit wordt sinds de ontdekking druk gedebatteerd. Lazenby, immer de sceptische dwarsligger, doet de stèle af als een 'patriottische fabricatie', maar de meeste andere historici van de Perzische oorlogen – Green, Frost en Podlecki, *inter alios* – accepteren dat het geschrift ons, in de woorden van Green, 'iets geeft wat heel dicht bij het feitelijke voorstel van Themistocles komt, hoewel het misschien een samenvatting is van verschillende moties die op verschillende dagen werden ingediend' (p. 98). De beste en meest genuanceerde bespreking is te vinden in Podlecki, pp. 147-167.
74 Thucydides, 1.138.
75 Het Troezen-evacuatiedecreet, 44-45.
76 Plutarchus, *Cimon*, 5.
77 Herodotus, 7.178.
78 Id., 8.1.
79 Id., 7.205.

IN HET NAUW

1 Tyrtaeus, 12.
2 Homerus, *Ilias*, 7.59-62.
3 Herodotus, 7.176.
4 Voor de implicatie dat elke Spartaan een heloot met zich meenam, zie id., 7.229.

5 Diodorus Siculus, 11.4.7.
6 Homerus, *Ilias*, 8.553-556.
7 Dat lijkt althans de enige plausibele verklaring voor het feit dat de Griekse patrouille op Skiathos zo compleet werd verrast. Dat hun aanvallers Sidoniërs waren, valt af te leiden uit het feit dat Herodotus het heeft over de 'snelst varende schepen' van Xerxes' vloot (7.179).
8 Plutarchus, *Themistocles*, 7.
9 Homerus, *Odyssee*, 13.296-299.
10 Geciteerd door Burkert (1985), p. 141.
11 Plutarchus, *Lycurgus*, 22.
12 Diodorus Siculus, 11.5.4.
13 Plutarchus, *Apofthegmata Lakonika* (*Spartaanse gezegden*), Leonidas 11.
14 Herodotus, 7.226.
15 Voor dit laatste meteorologische detail zie de (toegegeven) omstreden verwijzing in Polyaenus, 1.32.2.
16 Herodotus, 7.188.
17 Id., 7.192.
18 Plutarchus, *Moralia*, 217 E.
19 Herodotus, 7.211.
20 De chronologie hier is van Lazenby, wiens kwadratuur van de talloze cirkels in Herodotus' weergave van de tweelingslagen bij Thermopylae en Artemisium verreweg het meeste hout snijdt. Zie *The Defence of Greece*, pp. 119-123.
21 Herodotus, 8.9.
22 Id., 8.12.
23 Id., 8.13. De precieze plaats van de schipbreuk heeft menig historicus hoofdbrekens gekost. Herodotus zegt dat die plaatsvond voor de kust van de 'Holten', die door latere geografen – maar niet door Herodotus zelf – in het zuiden van Euboea gesitueerd werden. Maar dat lijkt niet goed mogelijk: een vloot die 's middags van Skiathos vertrok kon onmogelijk vóór middernacht zo ver gekomen zijn. Lazenby heeft gewezen op een klein eilandje dat nog steeds 'Holte' (*Koile*) heet. Aangezien dat halverwege Euboea ligt, lijkt dit de meest waarschijnlijke plaats voor de ramp.
24 Plutarchus, *Themistocles*, 8.
25 Herodotus, 8.15.
26 Athenaeus, 2.48d.
27 Quintus Curtius, 3.4.2.

28 Herodotus, 7.104.
29 Id., 7.105.
30 Id., 7.236.
31 Id., 7.119.
32 Id., 7.120.
33 Athenaeus, 14.652b.
34 Id., 4.145e.
35 Herodotus, 7.213.
36 Ervan uitgaande, zoals de meeste historici tegenwoordig doen, dat het pad dat de Onsterfelijken namen bij het huidige dorp Ayios Vardates begon. Voor de beste analyse van de verschillende alternatieve routes en die welke ik in elk geval het meest bruikbaar vond op mijn eigen wandeling, zie Paul Wallace (1980).
37 Herodotus (7.222) zegt dat Leonidas de Thebanen tegen hun wil, als gijzelaars, op de pas hield, maar dit is een van de plaatsen waar de partijdigheid van zijn, vrijwel zeker Atheense, zegslieden voelbaar is. Zoals Plutarchus, een trotse Boeotiër, verontwaardigd betoogde: als Leonidas de Thebanen als gijzelaars beschouwde, waarom droeg hij ze dan niet over aan de terugtrekkende Peloponnesiërs? Zo moedig en zo principieel als de loyalistische Thebanen zich betoonden bij Thermopylae, dat verdient een betere beoordeling dan de laster van de Atheners.
38 Driehonderd Spartanen marcheerden naar Thermopylae, tezamen met zo'n driehonderd heloten, zevenhonderd Thespiërs en vierhonderd Thebanen, een totaal van zeventienhonderd man. De verliezen van de twee voorafgaande dagen moeten het totaal hebben teruggebracht tot ongeveer vijftienhonderd.
39 Diodorus Siculus, 11.9.4.
40 Homerus, *Ilias*, 4.450.
41 Herodotus, 8.24.
42 Id., 7.238.
43 Aristophanes, *Acharnes*, 1090-1093.
44 Zie Burkert (1983), p. 226.
45 Herodotus, 7.99.
46 Xenophon, *Oikonomikos*, 7.5.
47 Demosthenes, 'Tegen Neaira', 67.
48 Herodotus, 8.71.
49 Plutarchus, *Themistocles*, 10.

50 Plutarchus, *Themistocles*, 10. Hondenliefhebbers zullen opgelucht zijn te vernemen dat de hond van Xanthippus volgens Aelianus (12.35) de overtocht overleefde.
51 Plutarchus, *Themistocles*, 11.
52 Herodotus, 8.49.
53 Het getal is van Aeschylus (*De Perzen*, 339-340). Herodotus (8.48) houdt het totaal van de Griekse vloot op driehonderdtachtig. Op dit punt is Aeschylus vrijwel zeker nauwkeuriger. Per slot van rekening vocht hij mee in de slag bij Salamis.
54 Herodotus, 8.60.
55 Id. Deze woorden, zoals geciteerd door Herodotus, werden gesproken in het debat volgend op het in brand steken van de Akropolis. Ze zijn echter geen woordelijke weergave van wat Themistocles zei, maar geven de strekking van zijn argumenten weer die hij vanaf het begin met klem naar voren bracht.
56 Id., 8.50.
57 Id., 8.61.
58 Het Troezen-evacuatiedecreet, 11-12.
59 Herodotus, 8.52.
60 Id., 8.54.

NEMESIS

1 Uit de brief van Darius aan Gadatas. Zie Meiggs en Lewis, p. 20.
2 Herodotus, 7.235.
3 Id., 8.68b.
4 Id., 8.59.
5 Id., 8.70.
6 Id., 8.70-71.
7 We weten van Herodotus (8.70) dat de Perzische vloot laat in de middag uitvoer. Van Aeschylus (374-376) weten we dat hij op tijd voor het avondeten weer terug was in de haven.
8 Darius, inscriptie in Naqs-i Rustam (DNb 8c).
9 Id.
10 Volgens Plutarchus was hij in werkelijkheid een Perzische krijgsgevangene.
11 Herodotus, 8.75.

12 Aeschylus, 380-381.
13 Herodotus, 8.76.
14 Dat lijkt althans de enige logische verklaring voor de vrijlating van Sicinnus. Sommige historici hebben geopperd dat hij zijn boodschap misschien van de boot schreeuwde zonder aan land te gaan, maar dat is niet alleen gezien de aard van de gebeurtenis onwaarschijnlijk (de Perzen hadden makkelijk een boot kunnen sturen om hem gevangen te nemen), maar ook rechtstreeks in tegenspraak met wat Herodotus (8.75) zegt.
15 Herodotus, 8.78.
16 Id., 8.80.
17 Id., 8.83.
18 Id., 8.65.
19 Aeschylus, 369-371.
20 Regels uit het gedicht *The Isles of Greece* van Lord Byron. De volledige strofe luidt: *A king sate on the rocky brow / Which looks o'er sea-born Salamis / And ships, by thousands, lay below, / And men in nations; – all were his! / He counted them at break of day – / And when the sun set where were they?* [noot van de vertaler]
21 Aangezien de slag bij Salamis niet alleen de meest beslissende is die ooit gestreden werd, maar ook hachelijk moeilijk te reconstrueren aan de hand van bestaande bronnen, is er, het zal niet verbazen, heel veel literatuur over. Ja, er zijn vrijwel evenveel interpretaties van de gebeurtenissen als er historici zijn die erover geschreven hebben. Voor de beste verdediging van de orthodoxe opvatting dat de Perzische vloot bij nacht de zeestraat binnenvoer, zie Lazenby (1993) en zijn typisch spitsvondige hoofdstuk 'Divine Salamis'. De meest overtuigende tegenargumentatie is te vinden in het hoofdstuk van Green, 'The Wooden Wall', in *The Greco-Persian Wars*. Het detail dat de doodklap toebrengt aan de theorie dat de Perzen bij nacht de zeestraat binnenvoeren is het feit dat de Perzische oorlogsvloot, als ze inderdaad al vóór het ochtendgloren tegenover de geallieerde triremen in positie had gelegen, onmiddellijk in de aanval zou zijn gegaan zodra het licht het toeliet en de Griekse roeiers weinig tijd gegund zou hebben om hun roeibanken te bereiken, laat staan dat Themistocles een toespraak had kunnen houden, zoals Herodotus duidelijk zegt dat hij deed. Volgens deze theorie zou het ook onzinnig zijn dat de Perzen probeerden hun manoeuvres geheim te houden.

22 Aeschylus, 367.
23 Id., 388-390.
24 Herodotus, 8.84.
25 Aeschylus, 399-400.
26 Herodotus, 8.88.
27 Aeschylus, 415-416.
28 Id., 426-428.
29 Id., 462-464.
30 Herodotus, 8.100.
31 Id. Het getal is schromelijk overdreven.
32 In vijfenveertig dagen, volgens Herodotus (8.115) – hoewel niet vanuit Athene, zoals algemeen wordt aangenomen, maar bijna zeker vanuit Thessalië.
33 Id., 8.110.
34 Id., 8.114.
35 Id., 8.109.
36 Id., 8.124.
37 Id., 9.12.
38 Het is moeilijk te geloven dat Themistocles geheel en al uit het opperbevel van tien generaals werd verwijderd, maar definitieve bewijzen ontbreken.
39 Herodotus, 8.140-141.
40 Id., 8.142.
41 Id., 8.143.
42 Id., 8.144. Dat het Aristeides was die deze aansporing ten afscheid sprak, is een detail dat is opgetekend door Plutarchus.
43 Wederom volgens Plutarchus werd deze delegatie aangevoerd door Aristeides. Als we echter in aanmerking nemen dat hij de opperbevelhebber van de landstrijdkrachten van zijn stad was en dat de Perzen op dat moment Attica bezet hielden, lijkt dit onwaarschijnlijk. Plutarchus zelf geeft ook toe dat zijn informatie dubieus was.
44 Herodotus, 9.12.
45 Id., 9.13.
46 Herodotus (9.29) zegt dat er zeven heloten waren op elke Spartaan – 35 000 in totaal. Dat lijkt overdreven.
47 Xenophon, *Lakedaimonion Politeia* (*De staat der Spartanen*), 9.6.
48 Herodotus, 9.16.
49 Als we Herodotus' cijfers (9.29) moeten geloven, dan waren er precies

38 100 hoplieten in het geallieerde leger. Dat is zeker een veel geloofwaardiger getal dan het totaal van 69 500 lichtgewapende krijgers dat hij ook noemt en waar hij op grond van een reeks willekeurige berekeningen op schijnt te zijn uitgekomen. Als er lichtbewapende troepen bij Plataea waren, dan was hun inbreng in de veldslag te verwaarlozen.

50 Herodotus (9.32) beweert dat het leger van Mardonius 300 000 infanteristen en 50 000 Boeotische en Thessalische hoplieten telde, om nog maar te zwijgen van de cavalerie. Aangezien die getallen duidelijk overdreven zijn, is de enige manier om de ware omvang van de Perzische strijdmacht bij Plataea te schatten een berekening te maken van het aantal mannen dat binnen de palissade zou passen, en die ruimte was volgens Herodotus 2000 vierkante meter groot. Elk getal tussen de 70 000 en de 120 000 is mogelijk. Zie Lazenby (1993), p. 228.

51 Plutarchus, *Aristeides*, 13. Het verhaal wordt vaak afgedaan als een verzinsel, deels omdat het niet in Herodotus voorkomt en deels omdat de chronologie van Plutarchus zeker niet klopt. Toch is het, als een van de zeldzame glimpen die we mogen opvangen van de Perzische spionageoorlog, een gegeven van onschatbare waarde dat in de context overtuigend lijkt.

52 Herodotus, 9.41. Een paar alinea's verderop (9.45) wordt het tegendeel beweerd, maar die boodschap is van de eeuwig onbetrouwbare Alexander van Macedonië. De koning zou persoonlijk in zijn eentje midden in de nacht het niemandsland zijn overgestoken om de Perzische krijgsplannen aan Aristeides te verraden – een hoogstonwaarschijnlijk verhaal. Het heeft er alle schijn van dat een notoire collaborateur zichzelf wilde vrijpleiten.

53 Id., 9.39.

54 Id., 9.49.

55 Plutarchus, *Aristeides*, 17.

56 Herodotus, 9.62.

57 Aeschylus, 816-817.

58 Herodotus, 9.71.

59 Id., 9.82.

60 Euripides, *Foinissai* (*Fenicische vrouwen*), 184.

61 Herodotus, 1.34.

62 Aristoteles, *Rhetorica*, 2.2.6.

63 Herodotus, 8.109.

64 Zoals Green (p. 281) al aangeeft, is dit de enige verklaring voor de

ondubbelzinnige bewering in de antieke bronnen dat de slag bij Plataea en de slag bij Mycale op dezelfde dag werden gevoerd.

65 Herodotus, 9.100.
66 Id.
67 Diodorus Siculus, 11.36.
68 Lycurgus, 'Tegen Leocrates', 81.
69 Zie Broneer.
70 Aeschylus, 584-590.
71 Id., 1024.
72 Xerxes, inscriptie in Persepolis (XPc).
73 Het is een maar al te deprimerend teken van de algemene verwarring in de geschiedschrijving van het Nabije Oosten over deze periode dat de opstand ook is gedateerd in 482 v.Chr.
74 Herodotus, 9.106.
75 Plutarchus, *Themistocles*, 29.
76 Pindarus, Fragment 64.
77 Het is onwaarschijnlijk – hoewel de controverse over deze kwestie eindeloos is – dat die vrede formeel werd gesloten met een vredesverdrag: de Grote Koning had de gewoonte niet om vredesverdragen met buitenlanders te tekenen.
78 Voor deze datum, en voor de authenticiteit van het hele verhaal, zie Stadter, pp. 201-204.
79 Plutarchus, *Pericles*, 17.
80 Herodotus, 8.144.
81 Id., 7.228.
82 Thucydides, 2.41.
83 Plato, *Menexenos*, 240e.
84 Pausanias, 1.33.2.

ENVOI

1 *Anthologia Palatina*, 7.253.

BIBLIOGRAFIE

ABSA = *Annual of the British School at Athens*
AJA = *American Journal of Archaeology*
CJ = *Classical Journal*
JCS = *Journal of Cuneiform Studies*
JHS = *Journal of Hellenic Studies*
TAPA = *Transactions of the American Philological Association*

Anderson, Greg, *The Athenian Experiment: Building an Imagined Political Community in Ancient Attica, 508-490 BC* (Ann Arbor 2003)

Anderson, J.K., 'The Battle of Sardis' (*California Studies in Classical Antiquity* 7, 1975)

Andrewes, A., 'Kleisthenes' Reform Bill' (*Classic Quarterly* 27, 1977)

Austin, M.M., 'Greek tyrants and the Persians, 546-479 BC' (*Classic Quarterly* 40, 1990)

Badian, E., 'Back to Kleisthenic Chronology', in: Pernille Flensted-Jensen, Thomas Heien Nielsen en Lene Rubenstein (red.), *Polis and Politics; Studies in Ancient Greek History* (Kopenhagen 2000)

Bakker, Egbert J., Irene J.F. de Jong en Hans van Wees, *Brill's Companion to Herodotus* (Leiden 2002)

Balcer, Jack Martin, 'Athenian Politics: The Ten Years after Marathon', in: T.E. Gregory en A.J. Podlecki (red.), *Panathenaia: Studies in Athenian Life and Thought in the Classical Age* (Lawrence, Kansas, 1979)

—: 'The Greeks and the Persians: The Processes of Acculturation' (*Historia* 32, 1983)

—: *Sparda by the Bitter Sea: Imperial Interaction in Western Anatolia* (Chicago 1984)

—: *Herodotus and Bisitun: Problems in Ancient Persian Historiography* (Stuttgart 1987)

—: 'The Persian Wars Against Greece: A Reassessment' (*Historia* 38, 1989)

—: *A Prosopographical Study of the Ancient Persians Royal and Noble c. 550-450 BC* (Lewiston, Wales, 1993)

Barnett, R.D., 'Xenophon and the Wall of Media' (JHS 83, 1963)
Basirov, Oric, 'Zoroaster's Time and Place' (*Circle of Ancient Iranian Studies at the School of Oriental & African Studies*, 1998)
Beaulieu, Paul-Alain, *The Reign of Nabonidus, King of Babylon 556-539 BC* (New Haven 1989)
Bichler, Reinhold, 'Some Observations on the Image of the Assyrian and Babylonian Kingdoms within the Greek Tradition', in: R. Rollinger (red.), *Melammu Symposia V: Commerce and Monetary Systems in the Ancient World* (Stuttgart 2004)
Bickerman, E.J. en H. Tadmor, 'Darius I, Pseudo-Smerdis and the Magi' (*Athenaeum* 56, 1978)
Bigwood, J.M., 'Ctesias as Historian of the Persian Wars' (*Phoenix* 32, 1978)
—: 'Ctesias' Description of Babylon' (*American Journal of Ancient History* 3, 1978)
Boardman, John, 'Artemis Orthia and Chronology' (ABSA 58, 1963)
—: *Persia and the West: An Archaeological Investigation of the Genesis of Achaemenid Art* (Londen 2000)
Boedeker, Deborah, 'The Two Faces of Demaratus' (*Arethusa* 20, 1987)
—: 'Protesilaos and the End of Herodotus' *Histories*' (*Classical Association* 7, 1988)
Boegehold, Alan L. en Adele C. Scafuro, *Athenian Identity and Civic Ideology* (Baltimore 1994)
Borgeaud, Philippe, *The Cult of Pan in Ancient Greece*, vert. Kathleen Atlass en James Redfield (Chicago 1988)
Boyce, Mary, *A History of Zoroastrianism*, dl. 1 en 2 (Leiden 1975)
—: *Zoroastrians: Their Religious Beliefs and Practices* (Londen en New York 1979)
Bradford, Ernle, *The Year of Thermopylae* (Londen 1980)
Briant, Pierre: *Bulletin d'Histoire Achéménide I* (Parijs 1997)
—: *Bulletin d'Histoire Achéménide II* (Parijs 2001)
—: *From Cyrus to Alexander: A History of the Persian Empire*, vert. Peter T. Daniels (Winona Lake 2002)
Broneer, Oscar, 'The Tent of Xerxes and the Greek Theater' (*University of California Publications in Classical Archaeology* 1, 1944)
Brosius, Maria, *Women in Ancient Persia (559-331 BC)* (Oxford 1996)
Brown, S., 'Media and Secondary State Formation in the Neo-Assyrian Zagros: An Anthropological Approach to an Assyriological Problem' (JCS 38, 1986)

Brunt, P.A., 'The Hellenic League against Persia' (*Historia* 2, 1953)
Budge, E.A. Wallis en L.W. King, *Annals of the Kings of Assyria* (Londen 1902)
Burke, Jason, *Al-Qaeda: The True Story of Radical Islam* (Londen 2004)
Burkert, Walter, 'Damaratos, Astrabakos und Herakles: Königsmythos und Politik' (*Museum Helveticum* 22, 1965)
—: *Homo Necans*, vert. Peter Bing (Berkeley en Los Angeles 1983)
—: *Greek Religion*, vert. John Raffan (Oxford 1985)
—: *Babylon, Memphis, Persepolis: Eastern Contexts of Greek Culture* (Cambridge, Mass., 2004)
Burn, A.R., *Persia and the Greeks: the Defence of the West* (Londen 1984)
Byron, Robert, *The Road to Oxiana* (Londen 1992)
Cambridge Ancient History: The Expansion of the Greek World, Eighth to Sixth Centuries BC, John Boardman en N.G.L. Hammond (red.) (Cambridge 1982)
Cambridge Ancient History: Persia, Greece and the Western Mediterranean, c. 525-479 BC, John Boardman, N.G.L. Hammond, D.M. Lewis en M. Ostwald (red.) (Cambridge 1988)
Cambridge History of Iran: The Median and Achaemenian Periods, Ilya Gershevitch (red.) (1985 Cambridge)
Cameron, G.G., *History of Early Iran* (New York 1936)
Carter, Jane Burr, 'The Masks of Ortheia' (AJA 91, 1987)
Cartledge, Paul: *Sparta and Lakonia: A Regional History 1300 to 362 BC* (Londen 1979)
—: 'Herodotus and "The Other": A Meditation on Empire' (*Echos du Monde Classique* 34, 1990)
—: '"Deep Plays": Theatre as Process in Greek Civic Life', in: P.E. Easterling (red.), *The Cambridge Companion to Greek Tragedy* (Cambridge 1997)
—: *Spartan Reflections* (Londen 2001)
—: *The Spartans* (Londen 2002)
—: 'What Have the Spartans Done for Us?: Sparta's Contribution to Western Civilization' (*Greece & Rome* 52/2, 2004)
Cawkwell, George, *The Greek Wars: The Failure of Persia* (Oxford 2005)
Champdor, Albert, *Babylon*, vert. Elsa Coult (Londen 1958)
Clemen, C. (red.), *Fontes Historiae Religionis Persicae* (Bonn 1920)
Cohen, Edward E., *The Athenian Nation* (Princeton 2000)
Coldstream, J.N., *Geometric Greece* (Londen 1977)
Coleman, John E. en Clark A. Walz, *Greeks and Barbarians: Essays on the Interactions between Greeks and Non-Greeks in Antiquity and the Consequences for Eurocentrism* (Bethseda 1997)

Connolly, Peter, *Greece and Rome at War* (Londen 1998)
Connor, W.R., 'Tribes, Festivals, and Processions; Civic Ceremonial and Political Manipulation in Archaic Greece' (JHS 107, 1987)
Cook, J.M., *The Greeks in Ionia and the East* (Londen 1962)
—: *The Persian Empire* (Londen 1983)
Curtis, John (red.), *Mesopotamia and Iran in the Persian Period: Conquest and Imperialism 539-331 BC* (Londen 1997)
Curzon, George N., *Persia and the Persian Question*, 2 delen (Londen 1892)
Dabrowa, E. (red.), *Ancient Iran and the Mediterranean World* (Krakow 1998)
Dandamaev, M.A., *A Political History of the Achaemenid Empire*, vert. W.J. Vogelsang (Leiden 1989)
David, Saul, *Military Blunders: The How and Why of Military Failure* (Londen 1997)
Davidson, James, *Courtesans and Fishcakes: The Consuming Passions of Classical Athens* (Londen 1997)
—: 'Versailles with Panthers' (*London Review of Books* 13/23, 2003)
Derow, Peter en Robert Parker, *Herodotus and his World: Essays from a Conference in Memory of George Forrest* (Oxford 2003)
De Souza, Philip, *The Greek and Persian Wars 499-386* BC (Oxford 2003)
De Souza, Philip, Waldemar Heckel en Lloyd Llewellyn-Jones, *The Greeks at War: From Athens to Alexander* (Oxford 2004)
De Ste Croix, G.E.M., *The Origins of the Peloponnesian War* (Londen 1972)
—: *Athenian Democratic Origins*, geredigeerd door David Harvey en Robert Parker (Oxford 2004)
Dinsmoor, W.B., 'The Hekatompedon on the Athenian Akropolis' (AJA 51, 1947)
Donlan, W. en J.G. Thompson, 'The Charge at Marathon: Herodotus 6.112' (CJ 71, 1976)
—: 'The Charge at Marathon Again' (*Classical World* 72, 1979)
Dontas, G., 'The True Aglaurion' (*Hesperia* 52, 1983)
Dougherty, Carol en Leslie Kurke (red.), *Cultural Poetics in Archaic Greece* (Cambridge 1993)
Drews, Robert, 'The First Tyrants in Greece' (*Historia* 21, 1972)
—: *The Greek Accounts of Eastern History* (Washington 1973)
Ducat, Jean, 'Le Mépris des Hilotes' (*Annales* 6, 1974)
Dusinberre, Elspeth R.M., *Aspects of Empire in Achaemenid Sardis* (Cambridge 2003)

Ehrenberg, Victor: *From Solon to Socrates: Greek History and Civilization During the Sixth and Fifth Centuries BC* (Londen 1973)

Evans, J.A.S., 'Notes on Thermopylae and Artemision' (*Historia* 18, 1969)

—: 'The Oracle of the "Wooden Wall"' (CJ 78, 1982)

—: 'Herodotus and Marathon' (*Florilegium* 6, 1984)

Fehling, Detlev, *Herodotus and his 'Sources': Citation, Invention and Narrative Art*, vert. J.G. Howie (Leeds 1989)

Felton, D., *Haunted Greece and Rome: Ghost Stories from Classical Antiquity* (Austin 1999)

Fisher, N.R.E., *Hybris: A Study in the Values of Honour and Shame in Ancient Greece* (Warminster 1992)

Flower, M., 'Simonides, Ephorus, and Herodotus on the Battle of Thermopylae' (*Classical Quarterly* 48, 1998)

Fornara, C.W., 'The Hoplite Achievement at Psyttaleia' (JHS 86, 1966)

—: *Herodotus: An Interpretative Essay* (Oxford 1971)

Forrest, W.G., 'Herodotus and Athens' (*Phoenix* 38, 1984)

Francis, E.D., 'Greeks and Persians: the Art of Hazard and Triumph', in: D. Schmandt-Bessarat (red.), *Ancient Persia: The Art of an Empire* (Malibu 1980)

Francis, E.D. en M. Vickers, 'The Agora Revisited: Athenian Chronology c. 500-450 BC' (ABSA 83, 1988)

French, D.H., 'The Persian Royal Road' (*Iran* 36, 1998)

Frost, Frank J., 'A Note on Xerxes at Salamis' (*Historia* 22, 1973)

—: *Plutarch's Themistocles: A Historical Commentary* (Princeton 1980)

—: 'The Athenian Military before Cleisthenes' (*Historia* 33, 1984)

—: 'Toward a History of Peisistratid Athens', in: J.W. Eadie, en J. Ober (red.), *The Craft of the Ancient Historian: Essays in Honor of Chester G. Starr* (Lanham 1985)

Frye, Richard N., 'The Charisma of Kingship in Ancient Iran' (*Iranica Antiquita* 4, 1964)

—: *The Heritage of Persia* (Londen 1976)

Gentili, Bruno, *Poetry and its Public in Ancient Greece*, vert. Thomas Cole (Baltimore 1988)

George, A., *Babylonian Topographical Texts* (Leuven 1992)

Georges, Pericles, *Barbarian Asia and the Greek Experience: From the Archaic Period to the Age of Xenophon* (Baltimore 1994)

Gershevitch, I., 'The False Smerdis' (*Acta Antiqua* 27, 1979)

Ghirshman, Roman, *Persia: From the Origins to Alexander*, vert. Stuart Gilbert en James Emmons (Londen 1964)
Gibbon, Edward, *The History of the Decline and Fall of the Roman Empire*, 3 delen, geredigeerd door David Womersley (Londen 1994)
Gnoli, Gherardo, *Zoroaster in History* (New York 1997)
Golding, William, *The Hot Gates* (Londen 1965)
Gould, John, *Herodotus* (New York 1989)
Graf, David, 'Greek Tyrants and Achaemenid Politics', in: J.W. Eadie en J. Ober (red.), *The Craft of the Ancient Historian: Essays in Honor of Chester G. Starr* (Lanham 1985)
Grant, John R., 'Leonidas' Last Stand' (*Phoenix* 15, 1961)
Grayson, A.K., *Assyrian and Babylonian Chronicles* (New York 1975)
Green, Peter, *The Greco-Persian Wars* (Berkeley en Los Angeles 1996)
Hall, Edith: *Inventing the Barbarian: Greek Self-Definition through Tragedy* (Oxford 1989)
Hallock, R.T., *The Evidence of the Persepolis Tablets* (Cambridge 1972)
Hamilton, Richard, *Choes and Anthestria: Athenian Iconography and Ritual* (Ann Arbor 1992)
Hansen, M.H., 'The Origins of the Term *Demokratia*' (*Liverpool Classical Monthly* 2, 1986)
—: 'The 2500th Anniversary of Cleisthenes' Reforms and the Tradition of Athenian Democracy', in: R. Osborne en S. Hornblower (red.), *Ritual, Politics, Finance: Athenian Democratic Accounts Presented to David Lewis* (Oxford 1994)
Hanson, Victor Davis, *The Western Way of War: Infantry Battle in Classical Greece* (Berkeley en Los Angeles 1989)
—: *Warfare and Agriculture in Classical Greece* (Berkeley en Los Angeles 1998)
—: *The Wars of the Ancient Greeks* (Londen 1999)
—: 'No Glory That Was Greece: The Persians Win at Salamis, 480 BC', in: Robert Cowley (red.), *What If?: Military Historians Imagine What Might Have Been* (New York 1999)
Harrison, Thomas, *Divinity and History: The Religion of Herodotus* (Oxford 2000)
—: *The Emptiness of Asia: Aeschylus' 'Persians' and the History of the Fifth Century* (Londen 2000)
—: (red.), *Greeks and Barbarians* (Edinburgh 2002)
Hartog, François, *Le Miroir d'Hérodote: Essai sur la Représentation de l'Autre* (Parijs 1980)

Hegel, G.W.F., *The Philosophy of History*, vert. J. Sibree (New York 1956)
Herzfeld, Ernst, *The Persian Empire: Studies in Geography and Ethnograpy of the Ancient Near East* (Wiesbaden 1968)
Hignett, C., *Xerxes' Invasion of Greece* (Oxford 1963)
Hodge, A. Trevor, 'Marathon: The Persians' Voyage' (TAPA 105, 1975)
—: 'Reflections on the Shield at Marathon' (ABSA 91, 2001)
Hodkinson, Stephen, *Property and Wealth in Classical Sparta* (Swansea 2000)
Hodkinson, Stephen en Anton Powell (red.), *Sparta: New Perspectives* (Swansea 1999)
Hope Simpson, R., 'Leonidas' Decision' (*Phoenix* 26, 1972)
Huxley, G.L., *Early Sparta* (Londen 1962)
—: *The Early Ionians* (Londen 1966)
—: 'The Medism of Caryae' (*Greek, Roman and Byzantine Studies* 8, 1967)
Immerwhar, H.R., *Form and Thought in Herodotus* (Cleveland 1966)
Jameson, M., 'A Decree of Themistokles from Troizen' (*Hesperia* 29, 1960)
—: 'Provisions for Mobilization in the Decree of Themistokles' (*Historia* 12, 1963)
Jeffery, L.H., *Archaic Greece: The City-States c. 700-500 BC* (Londen 1976)
Jong, Albert de, *Traditions of the Magi: Zoroastrianism in Greek and Latin Literature* (Leiden 1997)
Kakavoyannis, Evangelos, 'The Silver Ore-Processing Workshops of the Lavrion Region' (ABSA 91, 2001)
Karavites, Peter, 'Realities and Appearances, 490-480 BC' (*Historia* 26, 1977)
Kellens, Jean (red.), *La Religion Iranienne à l'Époque Achéménide* (Gent 1991)
—: *Essays on Zarathustra and Zoroastrianism*, vert. en red. Prods Oktor Skjvaerø (Costa Mesa 2000)
Kennell, Nigel M., *The Gymnasium of Virtue: Education and Culture in Ancient Sparta* (Chapel Hill 1995)
Kent, Roland G., *Old Persian: Grammar, Texts, Lexicon* (New Haven 1953)
Kimball Armayor, O., 'Herodotus' Catalogues of the Persian Empire in the Light of the Monuments and the Greek Literary Tradition' (TAPA 108, 1978)
Kingsley, Peter, 'Meetings with Magi: Iranian Themes among the Greeks, from Xanthus of Lydia to Plato's Academy' (*Journal of the Royal Asiatic Society* 3(5), 1995)
Konstan, David, 'Persians, Greeks and Empire' (*Arethusa* 20, 1987)
Kraay, C.M., *Archaic and Classical Greek Coins* (Londen 1976)
Kuhrt, Amélie, 'The Cyrus Cylinder and Achaemenid Imperial Policy' (*Journal for the Study of the Old Testament* 25, 1983)

—: 'Usurpation, Conquest and Ceremonial: from Babylon to Persia', in: David Cannadine en Simon Price (red.), *Rituals of Royalty: Power and Ceremonial in Traditional Societies* (Cambridge 1987)
—: *The Ancient Near East, c. 3000-330 BC*, dl. 1 en 2 (Londen 1995)
Kurke, Leslie, *Coins, Bodies, Games, and Gold: The Politics of Meaning in Archaic Greece* (Princeton 1999)
Lane Fox, Robin, 'Cleisthenes and his Reforms', in: John A. Koumoulides (red.), *The Good Idea: Democracy in Ancient Greece* (New Rochelle 1995)
Langdon, M.K., 'The Territorial Basis of the Attic Demes' (*Symbolae Osloenses* 60, 1985)
Lateiner, Donald, *The Historical Method of Herodotus* (Toronto 1989)
Lavelle, B.M., *The Sorrow and the Pity: A Prolegomenon to a History of Athens under the Peisistratids, c. 560-510 BC* (Stuttgart 1993)
Lazenby, J.F., 'The Strategy of the Greeks in the Opening Campaign of the Persian War' (*Hermes* 92, 1964)
—: *The Spartan Army* (Warminster 1985)
—: 'Aischylos and Salamis' (*Hermes* 116, 1988)
—: *The Defence of Greece 490-479 BC* (Warminster 1993)
Leick, Gwendolyn, *Mesopotamia: The Invention of the City* (Londen 2001)
Lenardon, R.J., *The Saga of Themistocles* (Londen 1978)
Lévêque, P. en P. Vidal-Naquet, *Clisthène l'Athénien: Essai sur la Représentation de l'Espace et du Temps dans la Pensée Politique Grecque de la Fin du VIe Siècle à la Mort de Platon* (Parijs 1964)
Levine, Louis D., 'Geographical Studies in the Neo-Assyrian Zagros' (*Iran* 11 en 12, 1973/'74)
Lewis, D.M., 'Cleisthenes and Attica' (*Historia* 12, 1963)
—: *Sparta and Persia* (Leiden 1977)
—: 'Datis the Mede' (JHS 100, 1980)
Loraux, Nicole, *The Invention of Athens: The Funeral Oration in the Classical City*, vert. Alan Sheridan (Cambridge, Mass., 1986)
—: *The Experience of Tiresias: The Feminine and the Greek Man*, vert. Paula Wissing (Princeton 1995)
—: *Born of the Earth: Myth & Politics in Athens*, vert. Selina Stewart (Ithaca 2000)
MacGinnis, J.D.A., 'Herodotus' Description of Babylon' (*Bulletin of the Institute of Classical Studies* 33, 1986)
Mallowan, Max, 'Cyrus the Great (558-529 BC)' (*Iran* 10, 1972)
Manville, P.B., *The Origins of Citizenship in Ancient Athens* (Princeton 1990)

Matheson, Sylvia A., *Persia: An Archaeological Guide* (Londen 1972)
Mee, Christopher en Antony Spawforth, *Greece: An Oxford Archaeological Guide* (Oxford 2001)
Meier, Christian, 'Historical Answers to Historical Questions: The Origins of History in Ancient Greece' (*Arethusa* 20, 1987)
—: *The Greek Discovery of Politics*, vert. David McLintock (Cambridge, Mass., 1990)
—: *Athens: A Portrait of the City in its Golden Age*, vert. Robert en Rita Kimber (New York 1993)
Meiggs, R. en D. Lewis, *A Selection of Greek Historical Inscriptions to the End of the Fifth Century BC* (Oxford 1969)
Mill, John Stuart, *Collected Works, Volume XI: Essays on Philosophy and the Classics*, geredigeerd door John M. Robson (Toronto 1978)
Miller, Margaret C., *Athens and Persia in the Fifth Century BC: A Study in Cultural Receptivity* (Cambridge 1997)
Miroschedji, P. de, 'La Fin du Royaume d'Anshan et de Suse et la Naissance de l'Empire Perse' (*Zeitschrift für Assyriologie* 75, 1985)
Moles, J., 'Herodotus Warns the Athenians' (*Papers of the Leeds International Latin Seminar* 9, 1996)
Momigliano, Arnaldo, 'The Place of Herodotus in the History of Historiography' (*History* 43, 1958)
—: *Alien Wisdom: The Limits of Hellenization* (Cambridge 1975)
Montaigne, Michel de, *The Complete Essays*, vert. M.A. Screech (Londen 1991)
Morris, Ian, *Burial and Society: The Rise of the Greek City State* (Cambridge 1987)
—: 'The Early Polis as City and State', in: J. Rich and A. Wallace-Hadrill (red.), *City and Country in the Ancient World* (Londen 1991)
Morris, Ian en Kurt A. Raaflaub (red.), *Democracy 2500?: Questions and Challenges* (Dubuque 1998)
Morrison, J.S., J.F. Coates en N.B. Rankov, *The Athenian Trireme: The History and Reconstruction of an Ancient Greek Warship* (Cambridge 2000)
Moscati, Sabatino: *The World of the Phoenicians*, vert. Alastair Hamilton (Londen 1968)
—: (red.), *The Phoenicians* (Londen 1997)
Munson, Rosaria Vignolo, *Telling Wonders: Ethnographic and Political Discourse in the Work of Herodotus* (Ann Arbor 2002)
Murdoch, Iris, *The Nice and the Good* (Londen 1968)
Nylander, Carl, 'The Standard of the Great King – A Problem in the Alexander Mosaic' (*Opuscula Romana* 14, 1983)

Oates, Joan, *Babylon* (Londen 1986)
Ober, Josiah, *Mass and Elite in Democratic Athens: Rhetoric, Ideology, and the Power of the People* (Princeton 1989)
—: *The Athenian Revolution: Essays on Ancient Greek Democracy and Political Theory* (Princeton 1996)
Ober, Josiah en Charles Hedrick (red.), *Demokratia: A Conversation on Democracies, Ancient and Modern* (Princeton 1996)
Ollier, François, *Le Mirage Spartiate: Étude sur l'Idéalisation de Sparte dans l'Antiquité Grecque*, 2 delen (Parijs 1933 en 1945)
Olmstead, A.T., 'Darius and his Behistun Inscription' (*American Journal of Semitic Languages and Literatures* 55, 1938)
—: *History of the Persian Empire* (Chicago 1948)
Osborne, Robin, *Greece in the Making: 1200-479 BC* (Londen 1996)
Ostwald, Martin, *Nomos and the Beginnings of the Athenian Democracy* (Oxford 1969)
Parke, H.W., *A History of the Delphic Oracle* (Oxford 1939)
—: *Festivals of the Athenians* (Londen 1977)
Patterson, O., *Freedom in the Making of Western Culture* (New York 1991)
Pedley, J., *Sardis in the Age of Croesus* (Norman 1968)
Pelling, Christopher (red.), *Greek Tragedy and the Historian* (Oxford 1997)
—: 'East is East and West is West – or Are They? National Stereotypes in Herodotus' (*Histos* 1, 1997)
Petit, Thierry, *Satrapes et Satrapies dans l'Empire Achéménide de Cyrus le Grand à Xerxés Ier* (Parijs 1990)
Podlecki, A.J., *The Life of Themistocles: A Critical Survey of the Literary and Archaeological Evidence* (Montreal 1975)
Pomeroy, Sarah B., *Spartan Women* (New York 2002)
Powell, Anton (red.), *Classical Sparta: Techniques Behind her Success* (Londen 1989)
Powell, Anton en Stephen Hodkinson (red.), *The Shadow of Sparta* (Swansea 1994)
—: *Sparta: Beyond the Mirage* (Swansea 2002)
Pritchett, W.K., 'New Light on Thermopylae' (AJA 62, 1958)
—: *The Greek State at War*, dl. 1-5 (Berkeley en Los Angeles 1971-1991)
Rawson, Elizabeth, *The Spartan Tradition in European Thought* (Oxford 1969)
Redfield, J., 'Herodotus the Tourist' (*Classical Philology* 80, 1985)
Rhodes, P., 'Peisistratid Chronology Again' (*Phoenix* 30, 1976)
—: *A Commentary on the Aristoteleian 'Athenaion Politeia'* (Oxford 1981)

—: *Ancient Democracy and Modern Ideology* (Londen 2003)
Robertson, Noel, 'Solon's Axones and Kyrbeis, and the Sixth-Century Background' (*Historia* 35, 1986)
Root, Margaret Cool, *The King and Kingship in Achaemenid Art: Essays on the Creation of an Iconography of Empire* (Leiden 1979)
Roux, Georges, *Ancient Iraq* (Londen 1992)
Sancisi-Weerdenberg, Heleen (red.), *Achaemenid History 1: Sources, Structures, Synthesis* (Leiden 1987)
—: 'The Personality of Xerxes, King of Kings', in: L. de Meyer en E. Haerinck (red.), *Archeologia Iranica et Orientalis: Miscellanea in Honorem L. Vanden Berghe*, dl. 1 (Gent 1989)
—: *Peisistratos and the Tyranny: A Reappraisal of the Evidence* (Amsterdam 2000)
Sancisi-Weerdenberg, Heleen en Amélie Kuhrt (red.), *Achaemenid History 2: The Greek Sources* (Leiden 1987)
—: *Achaemenid History 3: Method and Theory* (Leiden 1988)
—: *Achaemenid History 4: Centre and Periphery* (Leiden 1990)
—: *Achaemenid History 5: The Roots of the European Tradition* (Leiden 1990)
—: *Achaemenid History 6: Asia Minor and Egypt: Old Cultures in a New Empire* (Leiden 1991)
Sancisi-Weerdenberg, Heleen, Amélie Kuhrt en Margaret Cool Root (red.), *Achaemenid History 8: Continuity and Change* (Leiden 1991)
Schoff, Wilfred H. (vert. en red.) *'Parthian Stations' by Isidore of Charax* (Londen 1914)
Sealey, Raphael, 'Again the Siege of the Acropolis, 480 BC' (*California Studies in Classical Antiquity* 5, 1972)
—: 'The Pit and the Well: The Persian Heralds of 491 BC' (CJ 72, 1976)
Sekunda, N., *The Spartan Army* (Oxford 1998)
—: 'Greek Swords and Swordsmanship' (*The International Review of Military History* 3(1), 2001)
Sekunda, N. en S. Chew, *The Persian Army 560-330 BC* (Oxford 1992)
Shapiro, Harvey A., *Art and Cult under the Tyrants in Athens* (Mainz 1989)
Shrimpton, Gordon, 'The Persian Cavalry at Marathon' (*Phoenix* 34, 1980)
Smith, J.A., *Athens Under the Tyrants* (Bristol 1989)
Smith, Sidney, *Babylonian Historical Texts Relating to the Capture and Downfall of Babylon* (Londen 1924)
Snodgrass, A.N., *Arms and Armor of the Greeks* (Baltimore 1967)
—: *Archaic Greece: The Age of Experiment* (Londen 1980)

Stadter, P.A., *A Commentary on Plutarch's Pericles* (Chapel Hill 1989)
Starr, Chester G., *The Origins of Greek Civilization, 1100-650 BC* (New York 1961)
—: 'The Credibility of Early Spartan History' (*Historia* 14, 1965)
—: *The Economic and Social Growth of Early Greece, 800-500 BC* (Oxford 1977)
—: 'Why Did the Greeks Defeat the Persians?', in: Arthur Ferrill en Thomas Kelly (red.), *Essays on Ancient History* (Leiden 1979)
Stoyanov, Yuri, *The Other God: Dualist Religions from Antiquity to the Cathar Heresy* (New Haven 2000)
Strauss, Barry, *Salamis: The Greatest Naval Battle of the Ancient World, 480 BC* (New York 2004)
Szemler, G.J., W.J. Cherf en J.C. Kraft, *Thermopylai: Myth and Reality in 480 BC* (Chicago 1996)
Tadmor, H., 'The Campaigns of Sargon II of Assur' (JCS 12, 1958)
Tuplin, Christopher, *Achaemenid Studies* (Stuttgart 1996)
—: 'The Seasonal Migration of Achaemenid Kings: A Report on Old and New Evidence', in: Maria Brosius en Amélie Kuhrt (red.), *Studies in Persian History: Essays in Memory of David M. Lewis* (Leiden 1998)
—: 'The Persian Empire', in: Robin Lane Fox (red.), *The Long March: Xenophon and the Ten Thousand* (New Haven 2004)
Vanderpool, E., 'A Monument to the Battle of Marathon' (*Hesperia* 35, 1966)
Veer, J.A.G. van der, 'The Battle of Marathon: A Topographical Survey' (*Mnemosyne* 35, 1982)
Vernant, Jean-Pierre, *Mortals and Immortals: Collected Essays*, geredigeerd door Froma I. Zeitlin (Princeton 1991)
Wallace, Paul W., 'Psyttaleia and the Trophies of the Battle of Salamis' (AJA 73, 1969)
—: 'The Anopaia Path at Thermopylae' (AJA 84, 1980)
—: 'Aphetai and the Battle of Artemision' (*Greek, Roman and Byzantine Monographs* 10, 1984)
Wallace, R., 'The Date of Solon's Reforms' (*American Journal of Ancient History* 8, 1983)
Wallinga, H.T., 'The Ionian Revolt' (*Mnemosyne* 37, 1984)
—: 'The Trireme and History' (*Mnemosyne* 43, 1990)
—: *Ships and Sea-Power Before the Great Persian War: The Ancestry of the Ancient Trireme* (Leiden 1993)
Wees, Hans van: *Greek Warfare: Myths and Realities* (Londen 2004)
West, S.R., 'Herodotus' portrait of Hecataeus' (JHS 111, 1991)

Whatley, N., 'On the Possibility of Reconstructing Marathon and Other Ancient Battles' (JHS 84, 1964)
Whitby, Michael (red.), *Sparta* (Edinburgh 2002)
Wiesehöfer, Josef, *Ancient Persia*, vert. Azizeh Azodi (Londen 2001)
Wycherley, R.E., *The Stones of Athens* (Princeton 1978)
Young, T.C. Jr., '480/79 BC – a Persian Perspective' (*Iranica Antiqua* 15, 1980)
Zadok, Ron, 'On the Connections between Iran and Babylonia in the Sixth Century BC' (*Iran* 14, 1976)

Voor de Nederlandse vertaling zijn de volgende werken gebruikt, waarbij de vertaling een enkele maal is aangepast:

Aeschylus, *De Perzen*, vertaling Herman Altena, Baarn 1994.
Euripides, *Fenicische vrouwen*, vertaling Herman Altena, Baarn 1996.
Hegel, G.W.F., *Philosophie der Geschichte*, Stuttgart 1961.
Herodotus, *Historiën*, vertaling dr. Onno Damsté, Bussum 1968/1987, *Het verslag van mijn onderzoek*, vertaling Hein L. van Dolen, Nijmegen 1995.
Homerus, *Ilias*, vertaling H.J. de Roy van Zuydewijn, Amsterdam 1980, 1993.
Homerus, *Odyssee*, vertaling H.J. de Roy van Zuydewijn, De Arbeiderspers, Amsterdam 1992.
Montaigne, Michel de, *Essays van Michel Montaigne*, vertaling André Abeling en Jos Tielens, Utrecht 1992.
Plutarchus, *De wetgever van Sparta: het leven van Lykoergos*, vertaling G.M. Stibbe, Hilversum-Antwerpen 1966.
Sappho, *Liederen van Lesbos*, vertaling Paul Claes, Leuven 1985.
Sappho, *Verzamelde gedichten en fragmenten*, vertaling Aart R.P. Wildeboer en Pierre J. Suasso de Lima de Prado, Baarn 1985.
Thucydides, *Een blijvend bezit: de oorlog tussen de Peloponnesiërs en de Atheners*, vertaling Leo Lewin, s.d.n.l.

LIJST VAN KAARTEN

REGISTER